동영상&전화중국어 할인 이.벤.트

사이버 jRC 패키지 할인 쿠폰

할인 코드

jrchina09aw

패키지 할인 쿠폰

20% 할인

할인 쿠폰 사용 안내

1. 사이버JRC(http://www.cyberjrc.com)에 접속하여 [회원가입] 후 로그인을 합니다.
2. 메뉴中[쿠폰]→하단[쿠폰 등록하기]에 쿠폰번호 입력→[등록]을 클릭하면 쿠폰이 등록됩니다.
3. [패키지] 수강신청 후, [온라인 쿠폰 적용하기]를 클릭하여 등록된 쿠폰을 사용하세요.
4. 결제 후, 일반패키지는 [나의강의실], 전강좌 수강 패키지는 [맛있는중국어클래스]에서 수강합니다.

쿠폰 사용 시 유의 사항

1. 본 쿠폰은 사이버JRC의 패키지 강좌 결제 시 사용 가능합니다.
2. 본 쿠폰은 타 쿠폰 및 J포인트와 중복 할인이 되지 않습니다.
3. 교재 환불 시 쿠폰 사용이 불가합니다.

*본 쿠폰과 관련된 사항은 사이버JRC 고객센터(02-567-3327)로 문의해 주십시오.

jRC 맛있는 전화/화상 중국어 할인 쿠폰

할인 코드

jrcphone2qsj

전화/화상중국어 할인 쿠폰

10,000원

할인 쿠폰 사용 안내

1. JRC 맛있는 전화중국어(www.phonejrc.com)에 접속하여 [회원가입] 후 로그인을 합니다.
2. 메뉴中[쿠폰]→하단[쿠폰 등록하기]에 쿠폰번호 입력→[등록]을 클릭하면 쿠폰이 등록됩니다.
3. 전화&화상중국어 수강 신청 후, [온라인 쿠폰 적용하기]를 클릭하여 등록된 쿠폰을 사용하세요.

쿠폰 사용 시 유의 사항

1. 본 쿠폰은 JRC 맛있는 전화&화상중국어 결제 시에만 사용이 가능합니다.
2. 본 쿠폰은 타 쿠폰 및 J포인트와 중복 할인이 되지 않습니다.
3. 교재 환불 시 쿠폰 사용이 불가합니다.

*본 쿠폰과 관련된 사항은 전화중국어 고객센터(02-567-3327)로 문의해 주십시오.

『전공략 新HSK 원패스 합격모의고사 5급』은 최신 출제 경향과 난이도를 철저히 분석한 모의고사 5세트로 구성되어 있습니다.
또한 최강 저자의 합격 전략 노하우, 저절로 외워지는 합격 보카, 문제별·속도별 MP3 파일, 트레이닝 북 등 다양한 콘텐츠를 함께 수록해 합격의 가장 빠른 길을 제시합니다.

全功略

全力以赴掌握新HSK成功的策略

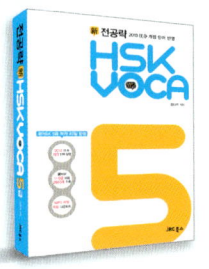

5급

전공략 新HSK

원패스

합격모의고사

JRC 북스

5급
원패스 전공략 新HSK
합격모의고사

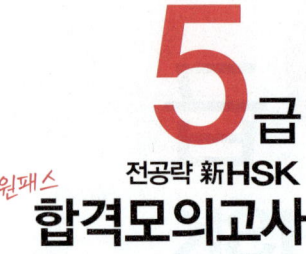

초 판 1쇄 발행 2015년 1월 10일
초 판 3쇄 발행 2017년 8월 25일

저자 김은정
감수 倪明亮(北京语言大学 교수)
기획 JRC 중국어연구소
발행인 김효정
발행처 JRC 북스
등록번호 제300-2002-42호
편집 최정임 | 이소연 | 김소연 | 조해천
디자인 신은지 | 최여랑
제작 박선희
영업 김영한 | 강민호
홍보 이지연
웹마케팅 오준석 | 김희영

주소 JRC 북스 서울 강남구 테헤란로 109, 3층
전화 구입문의 02·567·3861 | 02·567·3837
내용문의 02·567·3860
팩스 02·567·2471
홈페이지 www.booksJRC.com

ISBN 978-89-98444-50-1 14720
978-89-98444-48-8 (세트)
가격 19,500원

이 도서의 국립중앙도서관 출판시도서목록(CIP)은 서지정보유통지원시스템 홈페이지(http://seoji.nl.go.kr)와 국가자료공동목록시스템(http://www.nl.go.kr/kolisnet)에서 이용하실 수 있습니다.(CIP제어번호: CIP2014033638)

책을 만들면서

新HSK 급수에 대한 수요가 늘면서, 단기간에 좋은 성적으로 합격하고자 하는 학생들이 증가했습니다. 최대한 빠른 시일 안에 또는 정해진 기간 안에 급수를 따고 싶은데, 막상 어떤 교재를 선택해야 하는지, 어떻게 공부해야 하는지, 감이 잡히지 않아 난감한 학생들이 많습니다. 수년 간 많은 학생들을 가르치면서 어떻게 하면 시험에 필요한 내용만 효과적으로 가르칠 수 있을까, 어떻게 하면 학생들이 쉽게 받아들이고 완벽하게 소화할 수 있을까에 대해 연구하면서 해결책을 찾았습니다.

출제자의 출제 의도를 꿰뚫어라!

순수하게 중국어를 공부하고 중국어 실력을 향상시키는 것과 新HSK 시험에 대비하는 것은 다른 문제로, 다른 접근 방법이 필요합니다. 시험은 출제자가 원하는 것을 정확하게 파악하여 높은 성적을 거두는 것이 목적이기 때문에, 전략적인 학습 방법이 필요합니다. 『전공략 新HSK 원패스 합격모의고사 5급』은 변화하는 시험 출제 경향에 맞춰 최신 경향을 반영하였고, 교재 한 권으로 완벽하게 준비할 수 있도록 구성했습니다. 또한 교재 안에 그간 수업하면서 쌓은 강의와 학습 노하우를 충실하게 담았습니다.

최소 시간으로 최대 효율을 내는 학습 전략을 마스터하라!

한 권으로 끝낸다는 교재는 많습니다. 그중에서 짧은 기간 안에 효과적으로 학습할 수 있는 교재를 선별하는 것은 그다지 쉽지 않습니다. 이 교재는 '최소 시간, 최대 효과'를 목표로 집필되었기 때문에, 학습자들이 학습 시간은 최대한 줄이면서 효과는 최대한으로 끌어올릴 수 있도록 핵심 전략들을 교재 곳곳에 심어 놓았습니다. 단순히 문제를 푸는 데서 끝나는 것이 아니라, 기출 문제 유형을 통해 최신 경향에 적응하고, 시험에 꼭 필요한 공략법을 익힐 수 있습니다. 뿐만 아니라, 문제 풀이에 필요한 핵심 내용을 일목요연하게 정리하여 부록으로 제공하므로 휴대하며 학습하기에 매우 편리합니다.

자신에게 맞는 교재를 골라라!

짧은 시간 안에 큰 효과를 거두고 싶은 학생들, 新HSK 5급 성적이 잘 오르지 않는 학생들, 필요한 핵심 내용만 체계적으로 강의하고자 하는 강사분들께 이 교재를 추천합니다. 좋은 교재를 선택하는 것이 시험 당락에 절대적인 영향을 미치는 만큼, 이 교재를 자신 있게 추천합니다. 본 교재로 학습하여, 높은 성적으로 합격하는 기쁨을 만끽하시길 바랍니다.

김은정

차례

- 머리말 3
- 이 책의 특징 5
- 이 책의 구성 & 활용법 6
- 新HSK란? 8
- 新HSK 5급 소개 9

- 합격모의고사 1회 해설 10
- 합격모의고사 2회 해설 76
- 합격모의고사 3회 해설 144
- 합격모의고사 4회 해설 210
- 합격모의고사 5회 해설 278

이 책의 특징

『전공략 新HSK 원패스 합격모의고사 5급』은 최신 출제 경향과 난이도를 철저히 분석한 모의고사 5세트로 구성되어 있습니다. 또한 최강 저자의 합격 전략 노하우, 저절로 외워지는 합격 보카, 속도 훈련용 MP3 파일, 받아쓰기 트레이닝 북 등 다양한 콘텐츠를 함께 수록해 합격의 가장 빠른 길을 제시합니다.

특징 1 최신 출제 경향과 난이도를 최대 반영한 모의고사 5세트

적중률 높은 기출 문제로 구성된 모의고사가 총 5세트 수록되어 있습니다. 최근에 높아진 시험의 난이도를 최대한 반영하여 최신 출제 경향에 가장 적합합니다.

특징 2 新HSK 전문 강사의 합격 전략 무료 동영상 강의

新HSK 시험을 준비하는 학습자들이 꼭 알아야 하는 핵심 공략을 명쾌하게 설명합니다. 실전에서 비법을 어떻게 활용하는지 新HSK 전문가의 강의를 무료로 들을 수 있습니다.

특징 3 영역별 맞춤 해설로 학습 시간 down! 학습 효과 up!

듣기 · 독해 · 쓰기 영역의 특성을 살린 해설 방식을 제시하여, 각 영역별 키포인트를 확인할 수 있어 학습 효과가 두 배로 늘어납니다.

특징 4 명쾌한 비법 합격 전략 D-5

新HSK의 최신 출제 경향을 분석하여 시험에 필요한 핵심 비법을 정리했습니다. 또한 실제 시험에 출제된 단어, 문장, 어법 등 핵심 표현이 수록되어 있습니다. 언제 어디서든 듣고 다니면서 공부해 보세요.

특징 5 2013 한반(汉办) 개정 단어를 수록한 합격 보카

5급 개정 단어 2500개와 실력 점검을 위한 확인 학습 문제가 제시되어 있습니다. 모든 단어가 '중국어-한국어-중국어'로 녹음되어 있어, 녹음만 들어도 저절로 단어가 외워집니다.

특징 6 문제별&속도별 다양한 MP3 파일 제공

문제별&속도별 듣기 MP3 파일을 제공하여 취약한 문제만 골라서 반복적으로 학습할 수 있습니다.

특징 7 듣기 트레이닝 북 무료 다운로드

듣기 영역을 완벽하게 대비할 수 있는 받아쓰기 트레이닝 북을 무료로 제공합니다. 속도별 MP3 파일을 들으며 실제 듣기 영역의 속도에 적응해 보세요.

이 책의 **구성&활용법**

『전공략 新HSK 원패스 합격모의고사 5급』은
「문제집」, 「해설집」, 「합격 전략집」, 「합격 보카」로 구성되어 있습니다.

문제집

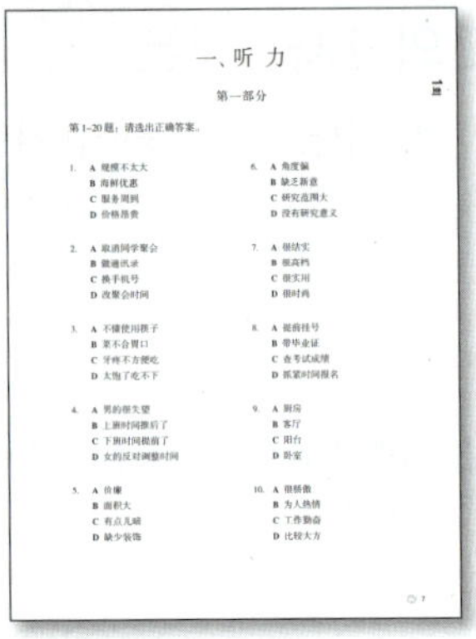
一、听力

第一部分

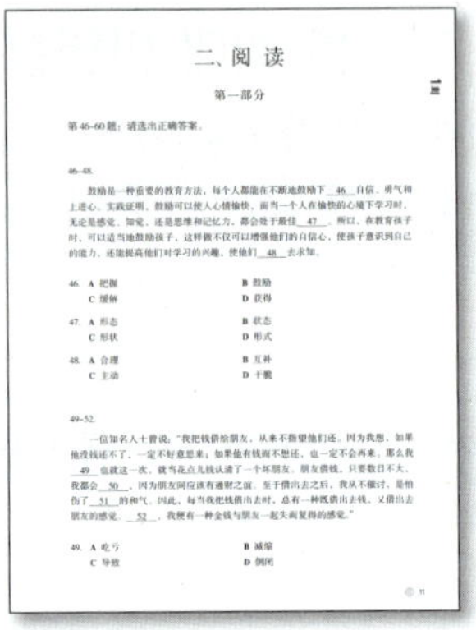
二、阅读

第一部分

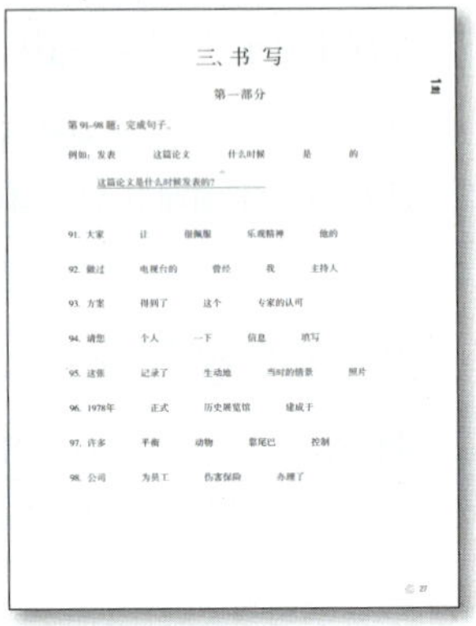
三、书写

第一部分

- 실제 시험의 문제 형식과 동일하게 구성된 모의고사가 **총 5세트** 수록되어 있습니다.

해설집

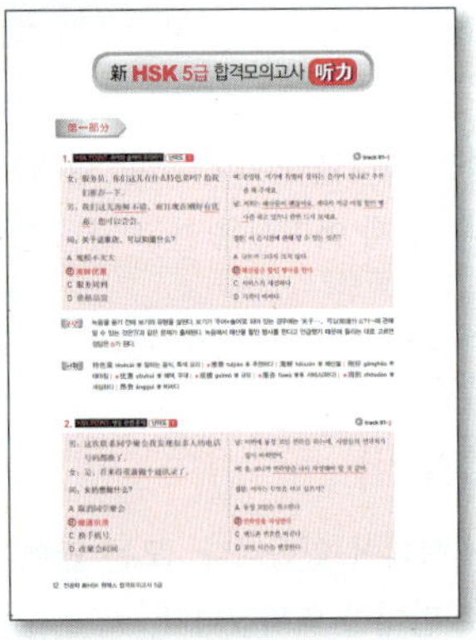
新 HSK 5급 합격모의고사 听力

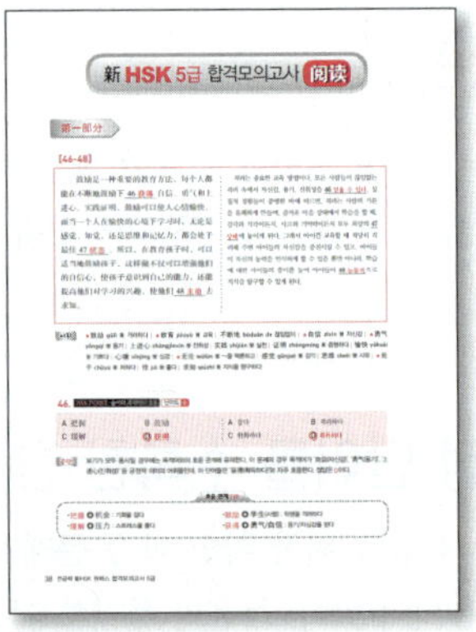
新 HSK 5급 합격모의고사 阅读

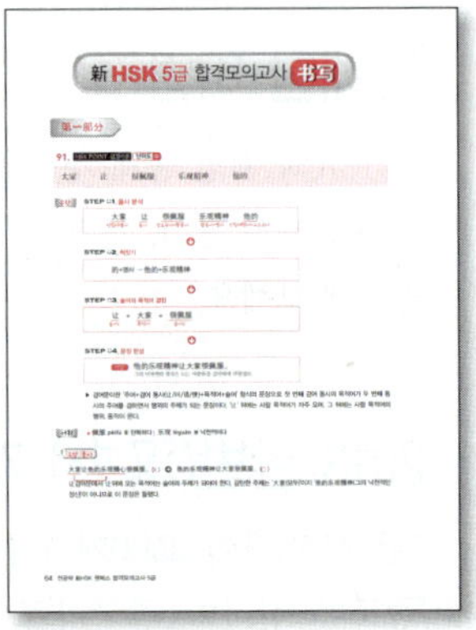
新 HSK 5급 합격모의고사 书写

- 모든 문제에 HSK POINT, 난이도가 제시되어 있습니다.
- 문제의 핵심이 되는 부분은 밑줄로 표시해 두었습니다.
- 듣기 영역은 각 문제별로 학습할 수 있도록 트랙을 나누어 놓았습니다.
- 어휘를 자세하게 정리해 놓아, 별도로 사전을 찾을 필요가 없습니다.
- 영역별로 꼭 알아야 하는 어법, 표현 등은 〈TIP〉으로 정리했습니다.
- 주요 단어와 표현 등을 알기 쉽게 해당 부분에 설명을 달아 놓았습니다.

MP3 파일 활용법

실제 시험과 똑같이 녹음된 **실전용** 파일로 문제를 풀면서 실전 감각을 익히고,
문제별로 트랙이 나누어진 **훈련용** 파일로 여러 번 반복하며 학습해 보세요.

전공략 新HSK 원패스 합격모의고사의 다양한 콘텐츠

1. 최강 저자의 합격 전략 노하우

- **마지막 합격 전략 D-5**

  핵심만 콕콕 짚어주는 합격 전략! 新HSK를 준비하는 학습자들이 꼭 알아야 할 핵심 공략이 깔끔하게 정리되어 있습니다. 시험 전, 막판 뒤집기 정보도 수록되어 있으니, 시험장에 반드시 들고 가세요.

- **무료 동영상 강의 제공**

  JRC북스 홈페이지(www.booksJRC.com)에서 저자의 강의를 무료로 들을 수 있습니다. 친절하고 핵심을 꿰뚫는 강의를 들으며, 新HSK 합격 비법을 마스터해 보세요.

2. 저절로 외워지는 합격 보카

- **한반(汉办) 개정 단어 수록**

  2013년 한반(汉办)에서 발표한 개정 단어를 수록했습니다. 총 40DAY로 구성되어 있으며, 단어를 암기한 후 확인 학습 문제를 풀며 다시 한번 복습할 수 있습니다.

- **중국어와 한국어 뜻이 제공되는 MP3 파일**

  모든 단어에 '중국어-한국어-중국어' 순서로 반복 훈련이 가능한 MP3 파일이 제공됩니다. 듣고 따라 읽다 보면 저절로 단어를 마스터 할 수 있습니다.

3. 속도 훈련용 MP3 파일

- **문제별 MP3 파일**

  자신에게 취약한 문제만 골라서 반복 학습이 가능하도록 모든 문제의 개별 MP3 파일을 제공합니다.

- **속도별 MP3 파일**

  실제 시험에 적응 훈련이 가능하도록 빠른 속도 훈련용 MP3 파일을 제공합니다.

4. 듣기 트레이닝 북

- **듣기 영역 완벽 대비**

  취약 부분을 보완할 수 있는 받아쓰기 트레이닝 북을 무료로 제공합니다.
  속도별 MP3 파일을 들으며 듣기 영역의 속도에 적응해 보세요.
  빠른 속도에 익숙해지면, 실전에서는 편안한 마음으로 문제를 들을 수 있습니다.

* 받아쓰기 트레이닝 북과 MP3 파일은 JRC북스 홈페이지(www.booksJRC.com)에서 다운로드 할 수 있습니다.

新HSK란?

新HSK는 제1언어가 중국어가 아닌 사람의 중국어 능력을 평가하기 위해 만들어진 중국 정부 유일의 국제 중국어 능력 표준화 고시로, 생활, 학습, 업무 등 실생활에서의 중국어 운용 능력을 중점적으로 평가합니다.

1. 용도

- 중국 대학(원) 입학·졸업식 평가 기준
- 한국 대학(원) 입학·졸업식 평가 기준
- 중국 정부 장학생 선발 기준
- 한국 특목고 입학식 평가 기준
- 교양 중국어 학력 평가 기준
- 각급 업체 및 기관의 채용·승진을 위한 기준

2. 구성

新HSK는 국제 중국어 능력 표준화 시험으로, 필기 시험과 회화 시험 두 가지 부분으로 나뉘며, 회화 시험은 녹음 형식으로 이루어집니다.

필기 시험	新HSK 6급	新HSK 5급	新HSK 4급	新HSK 3급	新HSK 2급	新HSK 1급
회화 시험	HSKK 고급		HSKK 중급		HSKK 초급	

3. 원서 접수

❶ 인터넷 접수 | 한국HSK사무국 홈페이지(www.hsk.or.kr)에서 접수

❷ 우편 접수 | 구비 서류를 동봉하여 한국HSK사무국으로 등기 발송

- 구비 서류 | 응시원서(최근 6개월 이내에 촬영한 반명함판 사진 1장 부착) 및 별도 사진 1장, 응시비 입금 영수증

❸ 방문 접수 | 서울공자아카데미로 방문하여 접수

- 접수 시간 | 평일 오전 9시 30분~12시, 오후 1시~5시 30분 / 토요일 오전 9시 30분~12시
- 구비 서류 | 응시원서, 최근 6개월 이내에 촬영한 반명함판 사진 3장

4. 시험 당일 준비물

❶ 유효한 신분증 | 주민등록증, 운전면허증, 기간 만료 전의 여권, 군장교 신분증, 현역 사병 휴가증

- 18세 미만(주민등록증 미발급자) : 기간 만료 전의 여권, 청소년증, HSK신분확인서(한국 내 소재 초·중·고등학생만 가능)
- 주민등록증 분실 시, 재발급 확인서는 인정하나, 학생증, 사원증, 의료보험증, 주민등록등본, 공무원증 등은 인정되지 않음

❷ 수험표

❸ 2B 연필, 지우개

新HSK 5급 소개

1. 대상

新HSK 5급은 매주 2~4시간, 4학기(400시간 이상) 집중적으로 중국어를 학습하고, 2,500개의 상용 어휘와 관련 어법 지식에 숙달한 학습자를 대상으로 합니다.

2. 구성

新HSK 5급은 총 100문제로, 듣기·독해·쓰기 세 영역으로 구성되어 있습니다.

영역	문제 유형		문항 수		시험 시간
듣기 (听力)	제1부분	두 사람의 대화를 듣고 질문에 답하기	20	45	약 30분
	제2부분	4~5개 문장의 대화 또는 단문 듣고 1~4개 질문에 답하기	25		
듣기 영역 답안지 작성					5분
독해 (阅读)	제1부분	빈칸에 들어갈 알맞은 어휘 고르기	15	45	45분
	제2부분	단문 읽고 내용에 부합하는 보기 고르기	10		
	제3부분	비교적 긴 단문 읽고 3~5개 질문에 답하기	20		
쓰기 (书写)	제1부분	주어진 어휘를 조합하여 문장 만들기	8	10	40분
	제2부분	주어진 어휘 및 그림을 보고 80자 단문 쓰기	2		
합계			100		약 120분

3. 영역별 점수 및 성적 결과

- 新HSK 5급 성적표는 듣기·독해·쓰기 세 영역의 점수와 총점이 기재됩니다.
- 각 영역별 만점은 100점이며, 영역별 점수에 상관없이 총점 180점 이상이면 합격입니다.
- 시험일로부터 1개월 후에 중국 고시 센터 홈페이지(www.chinesetest.cn)에서 응시자 개별 성적을 조회할 수 있습니다.
- 新HSK 성적은 시험일로부터 2년간 유효합니다.

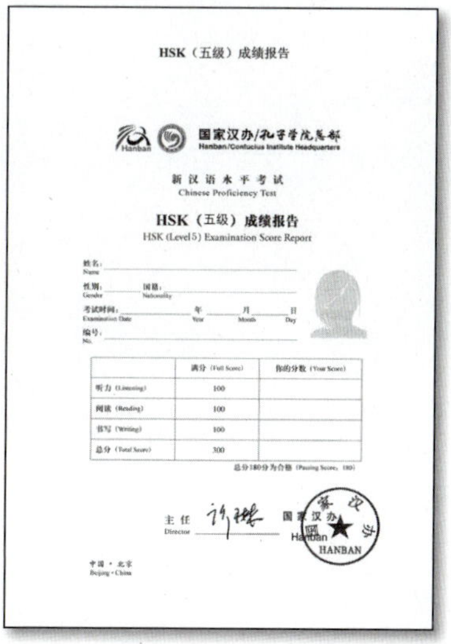
HSK（五级）成绩报告

国家汉办/孔子学院总部
Hanban/Confucius Institute Headquarters

新汉语水平考试
Chinese Proficiency Test

HSK（五级）成绩报告
HSK (Level5) Examination Score Report

姓名：
Name
性别：　国籍：
Gender　Nationality
考试时间：　年　月　日
Examination Date　Year　Month　Day
编号：
No.

	满分 (Full Score)	你的分数 (Your Score)
听力 (Listening)	100	
阅读 (Reading)	100	
书写 (Writing)	100	
总分 (Total Score)	300	

总分180分为合格 (Passing Score: 180)

主任
Director

国家汉办
Hanban

中国・北京
Beijing・China

1회 해설

합격모의고사 1회 정답

一、听力

第一部分 1. B 2. B 3. C 4. B 5. B 6. C 7. C 8. D 9. D 10. C
11. C 12. C 13. D 14. B 15. C 16. D 17. C 18. C 19. C 20. C

第二部分 21. B 22. A 23. B 24. B 25. D 26. C 27. A 28. B 29. D 30. D
31. B 32. C 33. B 34. D 35. B 36. D 37. A 38. C 39. C 40. D
41. D 42. D 43. D 44. A 45. C

二、阅读

第一部分 46. D 47. B 48. C 49. A 50. B 51. B 52. C 53. A 54. D 55. D
56. C 57. B 58. A 59. B 60. A

第二部分 61. C 62. B 63. C 64. D 65. D 66. B 67. A 68. C 69. D 70. C

第三部分 71. D 72. C 73. B 74. C 75. D 76. C 77. D 78. C 79. C 80. C
81. A 82. B 83. D 84. C 85. A 86. D 87. D 88. B 89. D 90. C

三、书写

第一部分 91. 他的乐观精神让大家很佩服。
92. 我曾经做过电视台的主持人。
93. 这个方案得到了专家的认可。
94. 请您填写一下个人信息。
95. 这张照片生动地记录了当时的情景。
96. 历史展览馆正式建成于1978年。
97. 许多动物靠尾巴控制平衡。
98. 公司为员工办理了伤害保险。

第二部分 99. 72쪽 모범답안 참고
100. 74-75쪽 모범답안 참고

新 HSK 5급 합격모의고사 听力

第一部分

1. HSK POINT 주어와 술어에 유의하기 | 난이도 下 　　track 01-1

女：服务员，你们这儿有什么特色菜吗？给我们推荐一下。
男：我们这儿海鲜不错，而且现在刚好有优惠，您可以尝尝。

问：关于这家店，可以知道什么？

A 规模不太大
B 海鲜优惠
C 服务周到
D 价格昂贵

여: 종업원, 여기에 특별히 잘하는 음식이 있나요? 추천 좀 해 주세요.
남: 저희는 해산물이 괜찮아요. 게다가 지금 마침 할인 행사를 하고 있으니 한번 드셔 보세요.

질문: 이 음식점에 관해 알 수 있는 것은?

A 규모가 그다지 크지 않다
B 해산물은 할인 행사를 한다
C 서비스가 세심하다
D 가격이 비싸다

공략 녹음을 듣기 전에 보기의 유형을 살핀다. 보기가 '주어+술어'로 되어 있는 경우에는 '关于…, 可以知道什么?(~에 관해 알 수 있는 것은?)'과 같은 문제가 출제된다. 녹음에서 해산물 할인 행사를 한다고 언급했기 때문에 들리는 대로 고르면 정답은 B가 된다.

어휘 特色菜 tèsècài 명 잘하는 음식, 특색 요리 | ★推荐 tuījiàn 동 추천하다 | 海鲜 hǎixiān 명 해산물 | 刚好 gānghǎo 부 때마침 | ★优惠 yōuhuì 명 혜택, 우대 | ★规模 guīmó 명 규모 | ★服务 fúwù 명동 서비스(하다) | ★周到 zhōudào 형 세심하다 | 昂贵 ángguì 형 비싸다

2. HSK POINT 행동 관련 문제 | 난이도 下 　　track 01-2

男：这次联系同学聚会我发现很多人的电话号码都换了。
女：是，看来得重新做个通讯录了。

问：女的想做什么？

A 取消同学聚会
B 做通讯录
C 换手机号
D 改聚会时间

남: 이번에 동창 모임 연락을 하는데, 사람들의 연락처가 많이 바뀌었어.
여: 응, 보니까 연락망을 다시 작성해야 할 것 같아.

질문: 여자는 무엇을 하고 싶은가?

A 동창 모임을 취소한다
B 연락망을 작성한다
C 핸드폰 번호를 바꾼다
D 모임 시간을 변경한다

공략 보기의 문장 형태가 모두 행동 관련 술어로 되어 있으면, 행동 관련 문제이다. 들리는 그대로 정답은 B이다. '重新做个通讯录了(연락망을 다시 작성해야 할 것 같아요)'에서 술어에 유의하여 들어야 한다.

어휘 联系 liánxì 통 연락하다 | ★同学聚会 tóngxué jùhuì 명 동창 모임 | ★重新 chóngxīn 부 다시, 새로 | 通讯录 tōngxùnlù 명 연락망

1회

3. HSK POINT 유사 표현 듣기 난이도 上 track 01-3

女：看你，都没怎么动筷子，菜不合你胃口？
男：不是，前几天刚拔了一颗牙。到现在吃东西还有点儿疼。

问：男的是什么意思？

A 不懂使用筷子
B 菜不合胃口
C 牙疼不方便吃
D 太饱了吃不下

여: 너 왜 이렇게 젓가락질을 잘 안 하는 거야? 음식이 입에 안 맞아?
남: 아니. 며칠 전에 이를 뽑았거든. 아직까지 음식 먹을 때 조금 아파.

질문: 남자의 말은 무슨 뜻인가?

A 젓가락을 사용할 줄 모른다
B 음식이 입에 맞지 않는다
C 이가 아파 먹는 것이 불편하다
D 너무 배불러서 더 이상 먹을 수가 없다

공략 보기를 보면 먹는 것과 관련된 문제임을 알 수 있다. 대화 중 '吃东西还有点儿疼(음식을 먹을 때 조금 아파)'라는 말은 C의 '不方便吃(먹는 것이 불편하다)'와 같은 뜻이기 때문에 유사 표현에 유의하여 들으면 정답은 C이다.

어휘 筷子 kuàizi 명 젓가락 | ★胃口 wèikǒu 명 입맛, 식욕 | 拔 bá 통 뽑다 | 颗 kē 양 알(둥근 알맹이의 단위) | ★牙 yá 명 치아

4. HSK POINT 유의어 듣기 난이도 中 track 01-4

男：你看通知了吗？从下礼拜开始上班时间调整为十点了。
女：太好了。延后了一个小时，早上不用那么赶了。

问：根据对话，下列哪项正确？

A 男的很失望
B 上班时间推后了
C 下班时间提前了
D 女的反对调整时间

남: 공지 사항 봤어? 다음 주부터 출근 시간이 10시로 조정이 된다고 하네.
여: 아주 잘됐다. 한 시간 연기됐으니까 아침에 그렇게 서두를 필요가 없겠어.

질문: 대화에 근거해서 다음 중 옳은 것은?

A 남자는 매우 실망했다
B 출근 시간이 늦춰졌다
C 퇴근 시간이 앞당겨졌다
D 여자는 시간 조정에 반대한다

공략 보기가 주어와 술어로 이루어진 문장일 경우에는 녹음 내용과 일치하는 보기를 고르는 문제가 자주 출제된다. 녹음에서 출근 시간이 조정됐고, 한 시간 미뤄졌다는 말이 나왔으므로 '延后(연기하다)'의 유의어인 '推后(뒤로 물러서다)'가 있는 보기 B를 정답으로 골라야 한다.

어휘 通知 tōngzhī 명 공지 | ★下礼拜 xiàlǐbài 명 다음 주 | ★调整 tiáozhěng 동 조정하다 | ★延后 yánhòu 동 연기하다 | 赶 gǎn 동 서두르다, 따라가다 | ★提前 tíqián 동 앞당기다

5. HSK POINT 상태를 묻는 문제 난이도 下

track 01-5

女：先生，您觉得这套公寓怎么样？
男：还不错，客厅很大，也很亮。要是租金能再降一些，就更好了。

问：男的觉得客厅怎么样？

A 价廉
B 面积大
C 有点儿暗
D 缺少装饰

여: 선생님, 이 아파트는 어떠신가요?
남: 좋은데요. 거실도 넓고 환하네요. 집세가 조금 더 싸면 좋을 것 같아요.

질문: 남자의 생각에 거실은 어떠한가?

A 가격이 저렴하다
B 면적이 넓다
C 조금 어둡다
D 인테리어가 부족하다

공략 보기의 '面积(면적)', '装饰(인테리어)'를 통해 주택이나 음식점 등 건물에 대한 이야기임을 추측할 수 있다. 녹음을 통해 거실이 넓음을 알 수 있기 때문에 정답은 B이다.

어휘 套 tào 양 벌, 세트(세트를 이루는 물건의 단위) | 公寓 gōngyù 명 아파트 | 客厅 kètīng 명 거실 | ★租金 zūjīn 명 임대료 | ★降 jiàng 동 내리다 | ★价廉 jià lián 가격이 저렴하다 | 暗 àn 형 어둡다 | ★缺少 quēshǎo 동 부족하다 | 装饰 zhuāngshì 명 장식

6. HSK POINT 상태를 묻는 문제 난이도 下

track 01-6

男：你毕业论文的题目确定了吗？
女：没呢，老师说我的题目研究范围太大，得缩小范围。

问：论文题目怎么了？

A 角度偏
B 缺乏新意
C 研究范围大
D 没有研究意义

남: 졸업 논문의 제목은 정했어?
여: 아니, 선생님이 내 제목의 연구 범위가 너무 넓다고 범위를 줄여야 한다고 하셨어.

질문: 논문의 제목은 어떠한가?

A 관점이 치우쳐 있다
B 새로운 의미가 부족하다
C 연구 범위가 크다
D 연구의 의미가 없다

공략 보기 A의 '角度(관점)'이나 보기 C의 '研究范围(연구 범위)'라는 단어를 통해서 논문에 대한 대화임을 추측할 수 있다. 전체 보기를 보면 이 문제는 무엇의 상태를 묻는 문제일 가능성이 크다. 녹음에서 연구 범위가 넓다는 말이 직접적으로 나왔기 때문에 C가 정답이다.

어휘 毕业论文 bìyè lùnwén 명 졸업 논문 | 题目 tímù 명 제목 | 确定 quèdìng 동 확정하다 | ★研究范围 yánjiū fànwéi 명 연구 범위 | ★缩小 suōxiǎo 동 축소하다

7. HSK POINT 상태를 묻는 문제 난이도 下

track 01-7

女：这组家具不错，跟咱家的装修风格挺像的。	여: 이 가구 세트가 괜찮네. 우리 집 인테리어 분위기와 비슷해.
男：的确是，而且这个衣柜很实用，正好可以把我的衣服都装下。	남: 정말 그래. 게다가 이 옷장은 매우 실용적이야. 내 옷을 다 넣을 수 있겠어.
问：男的认为衣柜怎么样？	질문: 남자 생각에 옷장은 어떠한가?
A 很结实	A 매우 견고하다
B 很高档	B 매우 고급스럽다
C 很实用	**C 매우 실용적이다**
D 很时尚	D 매우 유행에 맞다

공략 보기가 모두 형용사이기 때문에 사물의 상태를 묻는 문제임을 알 수 있다. '很实用(매우 실용적이다)'을 들으면 쉽게 문제를 풀 수 있다. 정답은 C이다.

어휘 家具 jiājù 명 가구 | ★装修 zhuāngxiū 명동 인테리어(하다) | 风格 fēnggé 명 스타일, 분위기 | 的确 díquè 부 확실히 | 衣柜 yīguì 명 옷장 | ★正好 zhènghǎo 부 마침, 딱 | ★装 zhuāng 동 담다 | ★结实 jiēshi 형 견고하다 | 高档 gāodàng 형 고급이다 | ★实用 shíyòng 형 실용적이다 | ★时尚 shíshàng 명형 유행(에 맞다)

8. HSK POINT 행동 관련 문제 난이도 中

track 01-8

男：这次考试报名20号就结束，你得抓紧时间了。	남: 이번 시험 등록이 20일이면 끝나. 서두르는 게 좋을 것 같아.
女：幸亏你提醒我，我今天就去，都需要带什么证件呢？	여: 네가 알려줘서 정말 다행이야. 오늘 갈 건데, 어떤 증명서를 가져가야 해?
问：男的提醒女的做什么？	질문: 남자는 여자에게 무엇을 상기시켜 주는가?
A 提前挂号	A 미리 접수한다
B 带毕业证	B 졸업 증명서를 가져간다
C 查考试成绩	C 시험 성적을 알아본다
D 抓紧时间报名	**D 서둘러서 등록한다**

공략 보기가 모두 술어이고 행동에 관한 것이기 때문에 녹음을 들을 때 술어와 인물의 행동에 유의한다. '报名(등록하다)'와 '抓紧时间(서두르다)'를 들으면 답이 D임을 알 수 있다.

어휘 ★报名 bàomíng 동 등록하다 | ★抓紧 zhuājǐn 동 꽉 쥐다, 서둘러 하다 | 幸亏 xìngkuī 부 다행히 | ★提醒 tíxǐng 동 일깨우다 | 证件 zhèngjiàn 명 증명서 | ★挂号 guàhào 동 접수하다 | 查 chá 동 찾아보다

9. HSK POINT 장소 관련 문제 | 난이도 下 　　track 01-9

女：爸，客厅有个信封，你看到没？里面装着几份文件。
男：我放你卧室了，以后东西不要乱放。

问：信封现在在哪儿？

A 厨房　　B 客厅
C 阳台　　**D 卧室**

여: 아빠, 거실에서 편지 봉투를 보셨어요? 그 안에 문서 몇 부가 들어 있어요.
남: 내가 네 침실에 놨어. 앞으로 물건을 함부로 두지 마렴.

질문: 편지 봉투는 어디에 있나?

A 부엌　　B 거실
C 베란다　　**D 침실**

공략 보기가 모두 장소이기 때문에 장소에 유의하여 듣는다. 처음에 거실이 나오지만 나중에 침실에 서류를 놓았다는 내용이 나오기 때문에 끝까지 집중하여 들으면 정답 D를 고를 수 있다.

어휘 信封 xìnfēng 명 편지 봉투 | ★文件 wénjiàn 명 서류 | 卧室 wòshì 명 침실 | 乱放 luàn fàng 어지럽히다 | 厨房 chúfáng 명 부엌 | ★阳台 yángtái 명 베란다

10. HSK POINT 유사 표현으로 의미 유추 | 난이도 上 　　track 01-10

男：小黄在你们出版社干得怎么样？
女：他干活儿很卖力，工作做得也很好，就是不善交际。

问：关于小黄，可以知道什么？

A 很骄傲　　B 为人热情
C 工作勤奋　　D 比较大方

남: 당신 출판사에서 샤오황은 일하는 것이 어떤가요?
여: 열심히 일하고, 일도 참 잘해요. 단지 사교적이지 못해요.

질문: 샤오황에 관해 알 수 있는 것은?

A 매우 거만하다　　B 사람에게 친절하다
C 일을 열심히 한다　　D 비교적 대범하다

공략 보기를 보면 사람의 성격을 묻는 문제임을 유추할 수 있다. '很卖力(열심히 하다)'와 '工作做得很好(일도 참 잘해요)'를 보면 샤오황이 일을 성실히 잘한다는 것을 알 수 있기 때문에 정답은 C이다. '不善交际(사교적이지 않다)'를 보면 B는 정답이 아니다.

어휘 出版社 chūbǎnshè 명 출판사 | 干活儿 gànhuór 동 일하다, 노동하다 | ★卖力 màilì 전심전력하다 | ★不善 búshàn 동 잘하지 못하다 | ★交际 jiāojì 동 교제하다 | ★骄傲 jiāo'ào 형 거만하다 | 热情 rèqíng 형 열정적이다, 친절하다 | ★勤奋 qínfèn 형 부지런하다 | 大方 dàfang 형 대범하다

관련 어휘 TIP

▶ 성격 및 능력

- 干活儿 gànhuór 일하다(육체노동)
- 耐力 nàilì 인내심
- 善于交际 shànyú jiāojì 사교적이다
- 骄傲 jiāo'ào 거만하다
- 做工作 zuò gōngzuò 일하다
- 勤奋 qínfèn 부지런하다
- 为人热情 wéirén rèqíng 사람에게 친절하다
- 傲慢 àomàn 거만하다

11. HSK POINT 주어와 술어에 유의하기 | 난이도 中

track 01-11

女：小李，你那儿有6号的电池吗？我的无线鼠标没电了。
男：我找找看，好像还有两节新的。

问：女的为什么要电池？

A 电脑坏了
B 办公室停电了
C 鼠标没电了
D 新买的电池丢了

여: 샤오리, 너한테 6호 건전지가 있어? 내 무선 마우스에 건전지가 다 닳았어.
남: 내가 한번 찾아볼게. 아마도 새 건전지가 2개 있을 거야.

질문: 여자는 왜 건전지를 원하는가?

A 컴퓨터가 고장 나서
B 사무실이 정전돼서
C 마우스 건전지가 닳아서
D 새로 산 건전지를 잃어버려서

공략 보기 문장의 주어와 술어가 모두 다르기 때문에 이에 유의해야 하며, 보기에서 여러 차례 언급된 어휘 '电池(건전지)'에도 집중해야 한다. '没电了(건전지가 다 닳았어)'를 들었다면 C가 정답임을 알 수 있다.

어휘 ★电池 diànchí 명 건전지 | ★无线鼠标 wúxiàn shǔbiāo 명 무선 마우스 | 节 jié 양 개(여러 개로 나누어진 것을 세는 단위)

12. HSK POINT 보기를 통해 상세 정보 대조 | 난이도 中

track 01-12

男：你怎么了？这么不开心。
女：别提了，我的电脑中病毒了。要交的实验报告也没了。

问：关于女的，下列哪项正确？

A 汽车坏了
B 实验报告还没写完
C 电脑中病毒了
D 和男的吵架了

남: 무슨 일이야? 왜 이렇게 기분이 안 좋아?
여: 말도 마. 컴퓨터가 바이러스에 감염됐어. 제출해야 하는 실험 보고서도 없어졌어.

질문: 여자에 관해 다음 중 옳은 것은?

A 자동차가 고장 났다
B 실험 보고서를 다 작성하지 못했다
C 컴퓨터가 바이러스에 감염됐다
D 남자와 다퉜다

공략 보기의 주어와 술어에 유의하여 상세 정보를 듣는다. 들리는 그대로 답을 고를 수 있으나 보기 B의 어휘도 대화에 등장하기 때문에 정확하게 들어야 한다. '中病毒(바이러스에 감염됐어)'를 들으면 정답은 C이다.

어휘 开心 kāixīn 형 기쁘다 | 别提了 bié tí le 말도 마라 | ★中病毒 zhòng bìngdú 바이러스에 감염되다 | 实验 shíyàn 명 실험 | ★报告 bàogào 명 보고서 | ★吵架 chǎojià 동 말다툼하다

13. HSK POINT 특정 명사에 유의하기 난이도 中

track 01-13

女：您好，我想咨询一下。注册一家公司需要多少资金？
男：那主要看公司的性质了。

问：他们在谈什么？

A 公司经营情况　　B 经济不景气
C 投资股市　　D 注册公司所需资金

여: 안녕하세요. 자문을 좀 구하고 싶은데요. 회사를 등록하려면 자금이 얼마나 필요한가요?
남: 그건 회사의 성격을 봐야 할 것 같아요.

질문: 그들은 무엇에 대해 이야기하는가?

A 회사의 경영 상황　　B 경제 불경기
C 주식 시장 투자　　D 회사 등록에 필요한 자금

공략 보기가 모두 명사이기 때문에 특정 명사나 대화의 주제를 묻는 문제일 가능성이 크다. 대화 초반에 등장하는 내용을 보기에서 찾으면 정답은 D이다. '咨询(자문하다)', '注册(등록하다)', '资金(자금)' 등 비교적 높은 수준의 어휘들도 평소에 익혀 두자.

어휘 ★咨询 zīxún 동 자문하다 | ★注册 zhùcè 동 등록하다 | ★资金 zījīn 명 자금 | 性质 xìngzhì 명 성질 | 经济 jīngjì 명 경제 | 不景气 bùjǐngqì 형 불경기이다 | ★投资 tóuzī 동 투자하다 | ★股市 gǔshì 명 주식 시장

14. HSK POINT 특정 명사에 유의하기 난이도 中

track 01-14

男：那家企业的工资福利怎么样？
女：据说，在同行业里算是比较高的。

问：他们在谈论什么？

A 行业竞争　　B 公司待遇
C 公司规模　　D 行业发展

남: 그 기업의 급여 복지는 어때?
여: 듣자 하니, 동종 업계에서는 높은 편이야.

질문: 그들은 무엇에 대해 이야기하는가?

A 업계 경쟁　　B 회사 대우
C 회사 규모　　D 업계 발전

공략 보기가 모두 명사이고, 보기에 특정 어휘 '公司(회사)'와 '行业(업계)'가 반복해서 등장하기 때문에 이 어휘에 유의하여 녹음을 듣는다. '工资(급여)'와 '福利(복리)' 등의 어휘를 통해 회사의 대우에 관한 대화를 나누고 있으므로 정답은 B이다.

어휘 企业 qǐyè 명 기업 | 工资 gōngzī 명 월급 | ★福利 fúlì 명 복지 | 据说 jùshuō 동 말하는 바에 의하면 ~라 한다 | 同行业 tónghángyè 명 동종 업계 | ★算是 suànshì 동 ~라고 할 만하다 | ★竞争 jìngzhēng 명 경쟁 | ★待遇 dàiyù 명 대우 | 发展 fāzhǎn 동 발전하다

15. HSK POINT 주어와 술어에 유의하기 난이도 上

track 01-15

女：我怎么又输了？咱们再下一盘。
男：你下象棋可不是我的对手，不管下多少盘结果都一样。

问：男的是什么意思？

여: 내가 어떻게 또 진 거야? 우리 다시 한판 더 두자.
남: 장기 두는 것에서는 너는 내 상대가 아니야. 몇 판을 둬도 결과는 똑같을 거야.

질문: 남자의 말은 무슨 뜻인가?

A 他最近不太忙	A 그는 최근에 별로 바쁘지 않다
B 女的实力很强	B 여자의 실력은 뛰어나다
C 女的赢不了他	C 여자는 그를 이기지 못한다
D 他不想教女的	D 그는 여자를 가르치기 싫다

공략 보기에서 주어가 남자 또는 여자이면, 주어에 주의하여 녹음을 들어야 한다. 보기를 통해 실력이나 승패에 대한 내용임을 추측할 수 있는데, 여자가 졌다는 내용을 통해서 여자의 실력이 좋지 않음을 알 수 있고, '你下象棋可不是我的对手(장기 두는 것에서는 너는 내 상대가 아니야)'로 미루어 남자는 장기에서 여자를 이길 것이라는 확신을 갖고 있음을 알 수 있다. 정답은 C이다.

어휘 输 shū 동 패하다 | 盘 pán 양 판(장기나 바둑 시합을 세는 단위) | ★下象棋 xià xiàngqí 장기를 두다 | ★对手 duìshǒu 명 상대, 적수 | ★不管 bùguǎn 접 ~을 막론하고 | 结果 jiéguǒ 명 결과 | 实力 shílì 명 실력 | ★赢 yíng 형 이기다

16. HSK POINT 상태를 묻는 문제 난이도 中

track 01-16

男：你怎么这么没精神？晚上熬夜了？	남: 왜 이렇게 정신이 없어? 저녁에 밤샌 거야?
女：不是，我昨天刚从加拿大回来。时差还没倒过来。	여: 아니. 어제 캐나다에서 돌아왔거든. 시차 적응이 안 돼서 그런 것 같아.
问：女的看起来怎么样？	질문: 여자는 어떠해 보이나?
A 很粗心 　B 不耐烦	A 매우 부주의하다 　B 견디지 못한다
C 很时髦 　D 没精神	C 매우 유행에 맞다 　D 정신이 없다

공략 보기를 보면 사람의 상태를 묻는 문제임을 알 수 있다. 여자가 시차 때문에 정신이 없음을 알 수 있으므로 정답은 D이다.

어휘 精神 jīngshén 명 정신 | ★熬夜 áoyè 동 밤새다 | 加拿大 Jiānádà 고유 캐나다 | 时差 shíchā 명 시차 | 倒过来 dǎo guòlai 뒤집다(여기서는 시차가 뒤바뀐 것을 의미함) | ★粗心 cūxīn 형 부주의하다 | ★不耐烦 búnàifán 형 견디지 못하다 | ★时髦 shímáo 형 유행에 맞다

관련 어휘 TIP

▶ 습성 관련 유의어

- 熬夜 áoyè 밤을 새다
- 粗心 cūxīn 부주의하다, 덜렁거리다
- 粗心大意 cū xīn dà yì 부주의하다, 덜렁거리다
- 开夜车 kāi yèchē 밤을 새다
- 马大哈 mǎdàhā 부주의하다, 덜렁거리다
- 丢三落四 diū sān là sì 부주의하다, 덜렁거리다

▶ 유행 관련 유의어

- 时尚 shíshàng 명 유행
- 时髦 shímáo 형 유행이다
- 流行 liúxíng 동 유행하다

我对时尚很敏感。나는 유행에 민감하다.
他穿得很时髦。그는 유행에 맞게 옷을 입었다.
最近流行短发。요즘 단발이 유행이다.

17. HSK POINT 장소 관련 문제 난이도 中 track 01-17

女：没想到居然在这儿碰到你。你也去北京？ 男：是啊，真巧，我在十号车厢，你呢？	여: 너를 여기에서 만나다니 정말 뜻밖이다. 너도 베이징에 가는 거야? 남: 그래. 정말 공교롭다. 나는 10호 객실에 있어. 너는?
问：他们现在最可能在哪儿？	질문: 그들은 지금 어디에 있는가?
A 路上　B 机场 **C 火车上**　D 车库	A 길　B 공항 **C 기차 안**　D 차고

공략 보기가 모두 장소이기 때문에 장소에 신경을 쓰고 듣는다. 녹음에서 '车厢(객실)'을 들으면 장소가 기차 안임을 알 수 있다. 참고로 '没想到居然在这儿碰到你(너를 여기에서 만나다니 정말 뜻밖이다)', '真巧(정말 공교롭다)' 등의 표현은 시험에 자주 출제되기 때문에 따로 기억해둔다. 정답은 C이다.

어휘 ★居然 jūrán 부 뜻밖에 | ★碰到 pèngdào 만나다 | 真巧 zhēnqiǎo 정말 공교롭다 | ★车厢 chēxiāng 명 객실 | 车库 chēkù 명 차고

18. HSK POINT 보기를 통해 상세 정보 대조 난이도 下 track 01-18

男：听说你的新书就要出版了。恭喜呀。 女：谢谢，不过有些地方得调整一下，估计下个月才能正式出版。	남: 네 새 책이 곧 출판된다고 들었어. 축하해. 여: 고마워. 하지만 아직 조정이 필요한 부분이 있어. 다음 달에 정식으로 출판될 것 같아.
问：关于那本书，可以知道什么？	질문: 책에 관해 알 수 있는 것은 무엇인가?
A 不接受预订　B 销量不错 **C 下个月出版**　D 获奖了	A 예약을 받지 않는다　B 판매량이 좋다 **C 다음 달에 출판한다**　D 수상을 했다

공략 보기 중 '销量(판매량)', '出版(출판하다)', '获奖(수상하다)' 등의 어휘를 통해 책에 관한 대화임을 추측할 수 있고, 보기에 구체적인 여러 정보들이 있기 때문에 녹음을 들으며 보기와 정확히 대조해야 한다. 정답은 '估计下个月才能正式出版(다음 달에 정식으로 출판될 것 같아)' 문장 들리는 그대로 C이다.

어휘 出版 chūbǎn 동 출판하다 | 恭喜 gōngxǐ 동 축하하다 | ★估计 gūjì 동 추측하다 | 正式 zhèngshì 형 정식의 | ★预订 yùdìng 동 예약하다 | 销量 xiāoliàng 명 판매량 | ★获奖 huòjiǎng 동 수상하다

관련 어휘 TIP

▶ 판매 관련 유의어

- 营销 yíngxiāo 마케팅하다(전략적으로 물건을 판매함)
  那家公司实行免费营销策略。그 회사는 무료 마케팅 전략을 사용했다.
- 销售 xiāoshòu 판매하다(일반적으로 상품을 판매하는 것을 말함)
  网上如何销售商品？ 인터넷에서는 어떻게 상품을 판매하는가?
- 促销 cùxiāo 판촉하다(판매를 촉진시키기 위해 기타 활동을 하는 것을 말함)
  为了吸引顾客，这个商店开展促销活动。고객을 유치하기 위해서, 이 상점에서는 판촉 행사를 열었다.

19. HSK POINT 유사 표현으로 의미 유추 난이도 上

track 01-19

女：我的视力好像又下降了。电视上的字幕都看不清了。
男：明天我陪你去检查一下。不行就再配一副眼镜。

问：关于女的，可以知道什么？

A 找不到眼镜
B 新配了眼镜
C 视力不太好
D 不想去医院

여: 내 시력이 또 떨어진 것 같아. 텔레비전 자막이 잘 보이지 않아.
남: 내일 같이 검사 받으러 가자. 안 좋으면 안경을 다시 맞추면 돼.

질문: 여자에 관해 알 수 있는 것은?

A 안경을 찾지 못했다
B 새로 안경을 맞췄다
C 시력이 그다지 좋지 않다
D 병원에 가고 싶지 않다

공략 '视力下降了(시력이 떨어졌다)'와 '视力不太好(시력이 그다지 좋지 않다)'는 유사한 뜻이며, 녹음에서 자막이 잘 보이지 않는다고 분명히 말했기 때문에 정답은 C이다. 안경을 새로 맞춰야 한다는 얘기를 이미 맞췄다고 생각하여 헷갈리면 안 된다.

어휘 视力 shìlì 명 시력 | ★下降 xiàjiàng 동 낮아지다, 떨어지다 | 字幕 zìmù 명 자막 | ★检查 jiǎnchá 동 검사하다 | 配 pèi 동 맞추다, 조화를 이루다 | 副 fù 양 벌, 세트(짝이나 쌍이 되는 물건의 단위) | 眼镜 yǎnjìng 명 안경

20. HSK POINT 상태를 묻는 문제 난이도 上

track 01-20

男：吃早饭时，不小心把油弄到衣服上了。怎么办？
女：我在网上看到一个办法，说用白面包在有油迹的地方反复擦几下，可以消除油迹。你试试看。

问：衣服怎么了？

A 被淋湿了
B 被撕碎了
C 被油弄脏了
D 掉色很严重

남: 아침밥 먹을 때 실수로 기름을 옷에 묻혔는데, 어떻게 하지?
여: 내가 인터넷에서 방법을 찾아봤는데, 식빵으로 기름 얼룩이 있는 부분을 반복해서 문지르면 지울 수 있다고 해. 한번 해 봐.

질문: 옷이 어떻게 됐나?

A 젖었다
B 찢어졌다
C 기름으로 더러워졌다
D 탈색이 심하다

공략 보기를 보면 모두 술어이고, 특정 대상의 상태에 대해 설명하고 있기 때문에 이에 유의하여 녹음을 듣는다. 보기에 집중하여 녹음을 들으면 '把油弄到衣服上了(기름을 옷에 묻혔다)'를 통해서 정답이 C임을 알 수 있다.

어휘 ★油 yóu 명 기름 | 弄 nòng 동 하다(일반적으로 부정적인 의미의 보어를 동반한다) | 白面包 báimiànbāo 명 식빵, 흰 빵 | 油迹 yóujì 명 기름 얼룩 | ★反复 fǎnfù 부 반복하여 | ★擦 cā 동 문지르다 | ★消除 xiāochú 동 없애다 | 淋湿 línshī 동 흠뻑 젖다 | 撕碎 sīsuì 동 갈기갈기 찢다 | 弄脏 nòngzāng 동 더럽히다 | 掉色 diàoshǎi 동 탈색되다

관련 어휘 TIP

▶ 칭찬 관련 유의어

- 表扬 biǎoyáng 칭찬하다
- 夸奖 kuājiǎng 칭찬하다
- 佩服 pèifú 탄복하다
- 羡慕 xiànmù 선망하다 부러워하다
- 称赞 chēngzàn 칭찬하다
- 欣赏 xīnshǎng 마음에 들다
- 敬服 jìngfú 탄복하다

第二部分

21. HSK POINT 보기를 통해 상세 정보 대조 난이도 中 track 01-21

女：您到深圳了吗？
男：不好意思，我还在北京，这边临时有点儿事需要处理。我12号下午到深圳。
女：好的，那么我们13号上午见怎么样？
男：好的。

问：他们打算哪天见面？

A 后天
B 13号上午
C 12号下午
D 下个月下旬

여: 선전에 도착했어요?
남: 미안해요. 아직 베이징에 있어요. 여기서 잠시 처리할 일이 좀 생겼어요. 12일 오후에 선전에 도착할 거예요.
여: 좋아요. 그러면 우리 13일 오전에 보는 게 어때요?
남: 좋아요.

질문: 그들은 언제 만날 계획인가?

A 모레
B 13일 오전
C 12일 오후
D 다음 달 하순

공략 보기를 통해서 시기와 시간을 묻는 문제임을 알 수 있다. 12일 오후와 13일 오전의 정보를 정확하게 구분하여 답을 고른다. 답은 B이다.

어휘 ★临时 línshí 부 잠시, 일시적으로 | 处理 chǔlǐ 동 처리하다 | 下旬 xiàxún 명 하순

22. HSK POINT 주어와 술어에 유의하기 난이도 上 track 01-22

男：墙上的图画是不是挂歪了？
女：是，有点儿斜。
男：我去搬个椅子重新弄一下。
女：不用，你脱鞋踩这个柜子上就可以。

问：根据对话，下列哪项正确？

남: 벽에 그림이 비뚤어지지 않았어?
여: 응. 조금 기울어졌어.
남: 내가 의자를 가져와서 다시 걸게.
여: 그럴 필요 없을 거 같아. 신발 벗고 이 수납장 위에 올라가면 될 거 같아.

질문: 대화에 근거해서 다음 중 옳은 것은?

A 图画歪了	A 그림이 비뚤어졌다
B 椅子太矮了	B 의자가 너무 낮다
C 椅子脏了	C 의자가 더러워졌다
D 柜子坏了	D 수납장이 망가졌다

공략 보기가 모두 주어와 술어로 구성된 문장일 경우에 주어와 술어에 유의하여 듣는다. 보기 A의 동사 뒤 결과보어 '歪(기울다)'는 그림을 반듯하게 걸지 못했거나, 주차를 반듯하게 하지 못했을 때 자주 쓰이는 단어이다. 남녀가 비뚤어진 그림을 바로잡는 것에 대해 이야기를 나누고 있으므로 정답은 A이다.

어휘 墙 qiáng 명 벽 | 图画 túhuà 명 그림 | ★挂 guà 동 걸다 | ★歪 wāi 형 기울다 | 斜 xié 형 비스듬하다 | ★搬 bān 동 옮기다 | 椅子 yǐzi 명 의자 | 弄 nòng 동 하다 | 脱 tuō 동 벗다 | 鞋 xié 명 신발 | ★踩 cǎi 동 밟다 | 柜子 guìzi 명 함, 수납장 | ★脏 zāng 형 더럽다

23. HSK POINT 대화 속 질문과 대답에 유의하기 난이도 中

track 01-23

女：工作定了吗？	여: 일자리는 정해졌어?
男：还没，明天去一家报社面试。听说竞争很激烈。	남: 아직, 내일 신문사에 면접을 보러 가. 경쟁이 치열하대.
女：你这么优秀，肯定没问题。	여: 너처럼 우수한 인재라면 분명 별 문제 없을 거야.
男：希望如此。	남: 그랬으면 좋겠다.
问：关于男的，可以知道什么？	질문: 남자에 관해 알 수 있는 것은?
A 想跳槽	A 이직을 원한다
B 工作没定	B 일자리를 정하지 못했다
C 是报社记者	C 신문사 기자이다
D 面试表现很好	D 면접에서 좋은 기량을 보였다

공략 보기를 통해서 인물의 상황에 대한 문제이며, 취업 또는 직장에 관한 내용임을 추측할 수 있다. 녹음에서 질문과 대답이 나오면 긍정의 대답인지 부정의 대답인지 주의 깊게 들어야 한다. 질문에 대한 답으로 '还没(아직)'을 들었다면 정답을 B로 골라야 한다.

어휘 报社 bàoshè 명 신문사 | ★面试 miànshì 명 면접 시험 | ★竞争 jìngzhēng 명 경쟁 | 激烈 jīliè 형 치열하다 | 优秀 yōuxiù 형 우수하다 | ★肯定 kěndìng 부 틀림없이 | 如此 rúcǐ 대 이와 같다 | ★跳槽 tiàocáo 동 이직하다 | 记者 jìzhě 명 기자 | 表现 biǎoxiàn 명 표현, 기량

24. HSK POINT 유사 표현으로 의미 유추 난이도 中

track 01-24

男：上班快六个月了。业务都熟悉了吧。
女：差不多了，比实习时强多了。
男：平时加班多不多?
女：不多，就是月底偶尔不回家。

问：关于女的，下列哪项正确?

A 对工作不满意
B 偶尔要加班
C 对业务不太熟
D 每天都很轻松

남: 출근한 지 곧 6개월이 되어 가니, 업무에 적응했겠네.
여: 거의 적응했어. 실습 기간보다는 훨씬 좋아졌어.
남: 평소에 야근을 많이 해?
여: 많지는 않아. 월말에 가끔 집에 못 들어가.

질문: 여자에 관해 다음 중 옳은 것은?

A 일에 만족하지 못한다
B 가끔 야근한다
C 업무에 익숙하지 않다
D 매일 여유롭다

공략 보기를 통해서 업무에 관한 내용임을 추측할 수 있다. '平时加班多不多?(평소에 야근을 많이 해?)'라는 질문에 대한 대답 '偶尔不回家(가끔 집에 못 들어가)'는 '偶尔要加班(가끔 야근한다)'와 같은 뜻이므로 정답은 B이다.

어휘 业务 yèwù 명 업무 | 熟悉 shúxī 형 익숙하다 | 差不多 chàbuduō 형 큰 차이가 없다, 그런대로 괜찮다 | ★实习 shíxí 동 실습하다 | 强 qiáng 형 강하다 | ★加班 jiābān 동 초과 근무를 하다 | ★偶尔 ǒu'ěr 부 때때로 | ★轻松 qīngsōng 형 수월하다, 가볍다

25. HSK POINT 대화 속 질문과 대답에 유의 난이도 上

track 01-25

女：我最近总是失眠，睡不好觉。
男：是不是压力太大了?
女：可能是，月底就要交毕业论文了，可我还没写完呢。
男：还有半个月，你肯定能写完。

问：女的为什么睡不好觉?

A 和男朋友分手了
B 工作特别紧张
C 家务活儿太多
D 担心论文写不完

여: 최근에 항상 불면증에 시달려. 잠을 잘 못 자.
남: 스트레스가 너무 심한 거 아니야?
여: 아마 그런 것 같아. 월말에 졸업 논문을 제출해야 하는데, 아직 완성하지 못했어.
남: 아직 보름이나 남았으니, 분명히 완성할 수 있을 거야.

질문: 여자는 왜 잠을 잘 자지 못하는가?

A 남자 친구와 헤어졌다
B 일이 유난히 바쁘다
C 가사일이 너무 많다
D 논문을 완성하지 못할까 걱정이다

공략 보기가 모두 술어이기 때문에 특정 인물이나 사물의 상태에 위의하여 듣는다. '是不是压力太大了?(스트레스가 너무 심한 거 아니야?)', '可能是(아마도 그런 것 같아)', '要交毕业论文了，可我还没写完呢(논문을 제출해야 하는데, 아직 완성하지 못했어)'로 미루어 정답은 D이다.

어휘 ★总是 zǒngshì 부 늘, 줄곧 | ★失眠 shīmián 동 불면증에 걸리다 | ★压力 yālì 명 스트레스, 압력 | 毕业论文 bìyè lùnwén 명 졸업 논문

26. HSK POINT 보기를 통해 상세 정보 대조 난이도 下

track 01-26

男：你怎么把头发剪得这么短？
女：我想尝试一下新发型。怎么样？好看吧？
男：好看，很适合你，没想到你舍得把那么长的头发剪了。
女：那有什么舍不得的？

问：关于女的，可以知道什么？

A 心情很低落
B 染头发了
C 剪短发了
D 烫头发了

남: 왜 머리카락을 이렇게 짧게 자른 거야?
여: 새로운 스타일을 시도해 보고 싶었어. 어때? 괜찮아?
남: 좋아. 너한테 잘 어울려. 그렇게 긴 머리카락을 미련 없이 자를 거라고 생각하지 못했어.
여: 미련이 있을 건 또 뭐야?

질문: 여자에 관해 알 수 있는 것은?

A 의기소침하다
B 머리카락을 염색했다
C 머리카락을 짧게 잘랐다
D 머리카락을 파마했다

공략 보기를 통해 헤어스타일에 관한 질문임을 알 수 있다. '剪头发(머리카락을 자르다)', '短(짧다)' 등의 단어로 미루어 정답은 C이다.

어휘 头发 tóufa 명 머리카락 | ★剪 jiǎn 동 자르다 | 尝试 chángshì 동 시도하다 | 发型 fàxíng 명 헤어스타일 | ★适合 shìhé 동 적합하다 | ★舍得 shěde 동 미련이 없다 | ★舍不得 shěbude 동 아쉽다, 미련이 남다 | ★心情 xīnqíng 명 기분 | 低落 dīluò 동 떨어지다 | 染头发 rǎn tóufa 머리카락을 염색하다 | 烫头发 tàng tóufa 파마하다

27. HSK POINT 보기를 통해 상세 정보 대조 난이도 中

track 01-27

女：小刘，那个化学实验进行得怎么样了？
男：已经做完了，但还没得出最终结论，正在分析数据。
女：实验报告大概什么时候能写完？
男：下周末之前。

问：实验进行到哪一步了？

A 数据分析
B 资料收集
C 刚获得批准
D 实验报告完成了

여: 샤오류, 그 화학 실험은 어떻게 진행되고 있습니까?
남: 이미 끝났지만, 최종 결론은 아직 나오지 않았습니다. 현재 데이터를 분석하는 중입니다.
여: 실험 보고서는 언제쯤 완성되는 겁니까?
남: 다음 주말 전에는 완성될 겁니다.

질문: 실험은 어느 정도까지 진행됐나?

A 데이터 분석
B 자료 수집
C 막 허가를 받았다
D 실험 보고서를 완성했다

공략 보기를 통해 자료 및 보고서에 대한 대화임을 추측할 수 있다. 보기 어휘에 주목하여 대화를 들으면, 들리는 그대로 A가 정답이다. '数据(데이터)', '分析(분석)', '资料(자료)', '报告(보고서)' 등의 단어를 익혀 두자.

어휘 化学 huàxué 명 화학 | ★实验 shíyàn 명 실험 | 进行 jìnxíng 동 진행하다 | 得出 déchū 동 얻어 내다 | 最终结论 zuìzhōng jiélùn 명 최종 결론 | ★分析 fēnxī 동 분석하다 | ★数据 shùjù 명 데이터 | ★报告 bàogào 명 보고서 | 大概 dàgài 부 아마, 대개 | 资料 zīliào 명 자료 | 收集 shōují 동 수집하다 | ★批准 pīzhǔn 동 허가하다

28. HSK POINT 유의어 듣기 난이도 中

track 01-28

男：喂，你现在在家吗？
女：我在商场，正排队结账呢。怎么了？
男：刚才快递员打电话说大概半小时后到咱们小区，你赶紧回去吧。
女：好的，我结完账就直接回家。

问：男的希望女的怎么做？

A 少买些零食
B 尽快回家
C 去排队买衣服
D 先别结账

남: 여보세요. 지금 집에 있어?
여: 쇼핑센터에서 계산하려고 줄 서 있어. 무슨 일이야?
남: 방금 택배 기사한테 전화가 왔는데, 30분쯤 후에 우리 단지로 온다니까 빨리 집으로 돌아가.
여: 알았어. 계산을 끝내자마자 바로 집에 갈게.

질문: 남자는 여자가 어떻게 하기를 바라나?

A 간식을 적게 산다
B 최대한 빨리 집에 돌아간다
C 옷을 사려고 줄을 선다
D 우선 계산하지 않는다

공략 보기가 모두 술어이기 때문에 동사에 유의하여 듣는다. 대화에서 많은 정보를 제공하고 있기 때문에 끝까지 선택지에 집중해야 빨리 답을 찾을 수 있다. 들리는 그대로 정답을 고르면 B이다. 대화에서의 '赶紧(재빨리)'가 보기에서의 '尽快(최대한 빨리)'와 유의어임을 숙지하자.

어휘 商场 shāngchǎng 명 쇼핑센터 | 排队 páiduì 동 줄을 서다 | ★结账 jiézhàng 동 계산하다 | 快递员 kuàidìyuán 명 택배 기사 | 小区 xiǎoqū 명 주택 단지 | ★赶紧 gǎnjǐn 부 서둘러, 재빨리 | ★零食 língshí 명 간식

29. HSK POINT 보기를 통해 상세 정보 대조 난이도 上

track 01-29

女：你电脑上有处理图片的软件吗？
男：有，怎么了？
女：帮我处理一下这张照片吧。把尺寸改成报名网站上要求的那么大。
男：行，你传给我，等我填完这份登记表，就帮你改。

问：女的让男的帮忙做什么？

A 交学费
B 填登记表
C 安装软件
D 修改照片大小

여: 네 컴퓨터에 사진을 처리하는 소프트웨어가 있어?
남: 있어. 무슨 일인데?
여: 이 사진을 처리하는 것 좀 도와줘. 사진 크기를 등록 사이트에서 원하는 크기로 크게 조정해 줘.
남: 알았어. 나한테 보내 줘. 이 신청서를 작성하고 고치는 걸 도와줄게.

질문: 여자는 남자에게 무엇을 도와 달라고 하나?

A 학비 납부
B 신청서 작성
C 소프트웨어 설치
D 사진 크기 수정

공략 보기를 통해 행동에 관한 질문임을 알 수 있다. '把尺寸改成报名网站上要求的那么大(사진 크기를 등록 사이트에서 원하는 크기로 크게 조정해 줘)'를 들으면 정답은 D이다. 등장하는 어휘가 비교적 어렵기 때문에 보기에 집중하여 녹음을 들어야 한다.

어휘 图片 túpiàn 명 사진, 그림 | ★软件 ruǎnjiàn 명 소프트웨어 | 照片 zhàopiàn 명 사진 | ★尺寸 chǐcun 명 사이즈 | ★网站 wǎngzhàn 명 웹사이트 | 要求 yāoqiú 동 요구하다 | 传 chuán 동 전하다 | ★填 tián 동 기입하다 | 登记表 dēngjìbiǎo 명 신청서 | 学费 xuéfèi 명 학비 | ★安装 ānzhuāng 동 설치하다

30. HSK POINT 장소 관련 문제 난이도 中

track 01-30

男：请问劳动节还有去杭州的旅行团吗？
女：还有一个四天三夜的团没报满。
男：我能看一下具体的行程安排吗？
女：请稍等，我给您拿一下日程表。

问：他们最可能在哪儿？

A 火车站　　B 机场
C 饭店　　D 旅行社

남: 노동절에 항저우로 가는 여행단이 있나요?
여: 3박 4일짜리 여행이 아직 자리가 있어요.
남: 자세한 여행 일정을 보여주실 수 있나요?
여: 잠시만 기다리세요. 일정표를 가져다 드릴게요.

질문: 그들은 어디에 있는가?

A 기차역　　B 공항
C 호텔　　D 여행사

공략 보기를 통해 장소를 묻는 문제임을 알 수 있다. '旅行团(여행단)', '行程(여행 일정)' 등의 단어를 들으면 여행사에서 나누는 대화임을 알 수 있다. 정답은 D이다.

어휘 劳动节 láodòngjié 명 노동절 | 旅行团 lǚxíngtuán 명 여행단 | 报满 bàomǎn 등록이 다 차다 | ★具体 jùtǐ 형 구체적이다 | 行程 xíngchéng 명 여행 일정 | ★安排 ānpái 동 안배하다 | 日程表 rìchéngbiǎo 명 일정표, 스케줄 | ★旅行社 lǚxíngshè 명 여행사

[31-32]

亲爱的旅客朋友们，你们好。欢迎乘坐本次列车。31由于前方江苏省部分地区出现暴雨天气，出于安全考虑，列车将减速运行，预期将晚点一小时，对于列车晚点给你们带来的不便，我们深表歉意。32列车在济南西站停靠后，我们将为每位旅客免费发放矿泉水及零食。如果你还有其他需要，请告知乘务员，我们将竭诚为您服务。

친애하는 승객 여러분, 안녕하십니까? 이번 열차에 탑승해 주신 여러분을 환영합니다. 31전방 장쑤성(江苏省)의 일부 지역에 폭우가 내리고 있기 때문에 안전상의 문제로 열차의 운행 속도를 줄이려고 하며, 한 시간 정도 늦어질 것으로 예상됩니다. 이로 인해 승객 여러분께 불편을 끼쳐 드려 깊은 사과의 말씀을 드립니다. 32열차는 지난(济南) 서역에서 정차한 후, 모든 승객 여러분께 무료로 생수와 간식을 나눠 드릴 예정입니다. 만약 다른 요구 사항이 있으시면 승무원에게 알려 주세요. 최선을 다해 도와드리겠습니다.

어휘 ★旅客 lǚkè 명 여행객 | ★乘坐 chéngzuò 동 탑승하다 | 列车 lièchē 명 열차 | 出现 chūxiàn 동 출현하다 | 暴雨 bàoyǔ 명 폭우 | ★出于 chūyú 동 ~에서 출발하다, ~에서 비롯되다(원인) | 安全 ānquán 명 안전 | 考虑 kǎolǜ 동 고려하다 | ★减速 jiǎnsù 동 감속하다 | 运行 yùnxíng 동 운행하다 | ★预期 yùqī 동 예측하다 | ★晚点 wǎndiǎn 동 연착하다 | 不便 búbiàn 형 불편하다 | 深表歉意 shēn biǎo qiànyì 깊이 미안한 마음을 나타내다 | 停靠 tíngkào 동 잠시 정차하다 | 发放 fāfàng 동 나누어 주다 | 需要 xūyào 명 요구 | ★乘务员 chéngwùyuán 명 승무원 | 竭诚 jiéchéng 부 성의를 다해, 성심성의껏

어법 TIP

▶ 인과관계 접속사 由于

행동의 원인과 결과를 묻는 문제는 자주 출제되기 때문에 '由于(~때문에)', '因为(~때문에)', '所以(그래서)', '于是(그래서)', '因此(그래서)'와 같은 인과관계를 나타내는 접속사에 주의하여야 한다.

由于有雾，我们花了两三天时间才到达那里。
안개 때문에 우리는 2, 3일이 걸려서야 그곳에 도착했다.

由于比赛还没开始，所以他先在场外做一下准备。
경기가 아직 시작하지 않았기 때문에 그는 우선 경기장 밖에서 준비를 한다.

31. HSK POINT 원인을 묻는 문제 | 난이도 中 | track 01-31

列车为什么晚点了?	열차는 왜 연착했나?
A 有大雾	A 안개가 짙어서
B 天气恶劣	**B 날씨가 좋지 않아서**
C 前方堵车	C 전방에 열차가 막혀 있어서
D 车厢临时维修	D 객실을 임시로 수리해서

공략 보기를 보면 날씨와 기차에 관한 내용을 묻는 문제임을 예측할 수 있다. 폭우가 쏟아지고 있다고 했기 때문에 A는 정답이 아니며, 폭우가 쏟아진다는 것은 날씨가 나쁘다는 뜻이므로 B가 정답이다.

어휘 ★大雾 dàwù 명 짙은 안개 | 恶劣 èliè 형 열악하다 | ★车厢 chēxiāng 명 객실 | 维修 wéixiū 동 수리하다

32. HSK POINT 행동 관련 문제 | 난이도 中 | track 01-32

列车停靠济南西站后，会做什么?	열차가 지난 서역에 정차한 후 무엇을 할 것인가?
A 在餐车提供晚餐	A 식당 칸에서 저녁 식사를 제공한다
B 休息一个小时	B 한 시간 동안 휴식한다
C 发放免费食品	**C 무료로 음식을 제공한다**
D 检车票	D 차표를 검사한다

공략 보기를 보면 모두 행동 관련 술어이기 때문에 행동을 묻는 문제임을 미리 추측할 수 있다. '免费发放矿泉水及零食(무료로 생수와 간식을 나누어 준다)'로 미루어 정답은 C이다. 간식을 준다고 했지, 식사를 제공한다고 하지 않았으므로 A는 오답이다. '餐车(식당칸)', '检车票(차표를 검사하다)' 등의 기차와 관련된 표현을 익혀 두자.

어휘 ★餐车 cānchē 명 식당칸

[33-35]

一个富翁听说有位画家擅长画动物，又专诚去请那位画家画一只孔雀。画家让富翁一年后再来，一年后富翁再次登门："你的孔雀就要画好了。"画家说着拿出画纸，过一会儿就画出了一只美丽的孔雀。富翁很满意，但是33画家要的价钱却使他大吃一惊："就那么一会儿功夫，你居然要五十万。"富翁问，画家没说话，34他领着富翁走进另一间画室，那里放着一堆画着孔雀的废纸。画家说："你看我画这只孔雀好像毫不费力，但实际上，35我是花了整整一年的时间和精力来做准备的。"

부자가 어느 화가 한 명이 동물을 그리는 것에 능통하다는 말을 듣고 특별히 그 화가를 청해 공작 한 마리를 그려 달라고 했다. 화가는 부자에게 1년 뒤에 다시 오라고 했고, 1년 후 부자는 다시 방문했다. "당신이 부탁한 공작이 곧 완성됩니다." 화가는 말하면서 종이 한 장을 꺼냈고, 잠시 후 아름다운 공작을 그려냈다. 부자는 몹시 만족했지만 33화가가 제시한 가격을 듣고 깜짝 놀랐다. "별로 공들이지 않고 그렸는데, 놀랍게도 50만을 요구하다니요." 부자가 물었는데, 화가는 말 없이 34부자를 데리고 또 다른 화실로 갔다. 그곳에는 공작이 그려져 있는 폐지 한 더미가 쌓여 있었다. 화가가 말했다. "당신이 보기에는 내가 조금도 힘을 들이지 않고 이 공작을 그린 것 같겠지만, 사실은 35내가 꼬박 1년이라는 시간과 공을 들여 준비한 것입니다."

어휘 富翁 fùwēng 명 부자 | ★擅长 shàncháng 동 뛰어나다, 잘하다 | 专诚 zhuānchéng 부 지극 정성으로 | 孔雀 kǒngquè 명 공작 | ★登门 dēngmén 동 방문하다 | 画纸 huàzhǐ 명 화지 | ★大吃一惊 dà chī yì jīng 성 크게 놀라다 | ★功夫 gōngfu 명 시간, 재주 | ★居然 jūrán 부 놀랍게도 | 一堆 yìduī 한 더미 | 毫不费力 háobù fèilì 조금도 힘들이지 않다 | 整整 zhěngzhěng 부 꼬박 | ★精力 jīnglì 명 정신과 체력

어법 TIP

▶ 使사역문

듣기 문제에서는 누가 무엇을 했는지 주의 깊게 들어야 한다. 사역문은 동작과 행위의 주체가 문장 처음에 나오지 않기 때문에 어순을 이해하고 들어야 한다. '使'사역문의 문장 형식은 '주어+동사1使+목적어1+동사2+(목적어2)'이며, '使' 바로 뒤에 행위나 동작의 주체가 오고, '~가 ~하게 하다'로 해석된다.

婚姻使我们成长。
결혼은 우리를 성장하게 만든다.

冬天令人拥抱，夏天使人分离。
겨울은 사람을 안아 주게 만들고 여름은 사람을 분리시킨다.

33. HSK POINT 원인을 묻는 문제 난이도 中 — track 01-33

富翁为什么很吃惊？

A 画儿不见了
B 画家要价高
C 画家说谎了
D 画家画得很快

부자는 왜 놀랐는가?

A 그림이 보이지 않아서
B 화가가 요구한 가격이 높아서
C 화가가 거짓말을 해서
D 화가가 그림을 빨리 그려서

공략 부자가 놀란 원인은 화가가 제시한 그림 가격이 너무 높았기 때문이다. 녹음을 듣기 전에 보기를 통해서 화가의 행동에 대한 문제임을 유추할 수 있어야 한다. 녹음에서 화가가 제시한 가격이 높아서 부자가 놀랐기 때문에 정답은 B이다.

어휘 说谎 shuōhuǎng 동 거짓말하다

34. HSK POINT 특정 명사에 유의하기 난이도 中

track 01-34

富翁在另一间画室里看到了什么?	부자는 또 다른 화실에서 무엇을 보았나?
A 很多动物	A 많은 동물
B 一只孔雀	B 공작 한 마리
C 别人订的画儿	C 다른 사람이 예약한 그림
D 一堆画着孔雀的废纸	**D 공작이 그려져 있는 한 더미의 폐지**

공략 보기가 모두 명사이다. 수량사가 동반된 명사일 경우에는 목적어를 묻는 문제일 가능성이 높으므로 녹음에서 목적어에 유의하여 듣는다. 들리는 그대로 정답을 고르면 D이다.

어휘 ★订 dìng 동 예약하다

35. HSK POINT 인물 관련 문제 난이도 中

track 01-35

关于画家，可以知道什么?	화가에 관해 알 수 있는 것은?
A 把画儿撕了	A 그림을 찢었다
B 准备了一年	**B 1년 동안 준비했다**
C 没卖那幅画儿	C 그 그림을 팔지 않았다
D 不想跟富翁做生意	D 부자와 장사를 하고 싶지 않았다

공략 일반적으로 마지막 문제는 녹음 끝부분에 단서가 있다. 보기에 주어가 없고 모두 술어이기 때문에 특정 인물에 대한 문제임을 알 수 있다. 화가가 1년이라는 세월 동안 꼬박 준비해서 아름다운 공작을 그려낸 것이 이 글의 핵심이며, 끝부분 '我是花了整整一年的时间和精力来做准备的(내가 꼬박 1년이라는 시간과 공을 들여 준비한 것입니다)'로 미루어 정답은 B이다.

어휘 ★撕 sī 동 찢다

[36-38]

一个猎人在湖边装网捕鸟，不久便有很多鸟飞入网中，猎人赶紧收网，没想到，36网里的鸟太多，力气很大，竟然带着网飞走了。猎人只好跟在后面拼命追赶。37一个农夫看到了，对猎人说："算了吧，你跑得再快也追不上会飞的鸟啊。"猎人却信心十足地说："不，你错了，如果网里只有一只鸟，我恐怕真的追不上，但现在有这么多鸟，我一定能追到。"果然，不一会儿因为所有的鸟都想回自己的窝。于是有的往东飞，有的往西飞，乱作一团，最后那群鸟跟着网一起落地，被猎人捉住了，猎人之所以认为自己能追上那群鸟，是因为他看到了那群鸟的致命弱点，38它们目标不一致，因此它们坠落下来是必然的。

한 사냥꾼이 호수 근처에서 그물을 설치해 새를 잡으려고 하는데, 얼마 되지 않아 많은 새가 그물로 들어갔다. 사냥꾼이 재빨리 그물을 거두는데, 예상치 못하게 36그물 안의 새가 너무 많고 힘이 세서, 그물을 끌고 날아갔다. 사냥꾼은 어쩔 수 없이 사력을 다해 뒤를 좇아갔다. 37한 농부가 보고 사냥꾼에게 말했다. "관두시오. 아무리 빨리 뛰어가도 날아가는 새를 좇아갈 수 없소." 사냥꾼은 오히려 자신감이 넘쳐서 말했다. "아니요. 당신은 틀렸소. 만약 그물에 새 한 마리만 있었으면 나는 따라가지 못했을 거요. 하지만 지금은 이렇게 많은 새가 있으니 분명 따라잡을 수 있소." 과연 얼마 되지 않아 모든 새가 자신의 둥지로 돌아가려고 했고, 어떤 새는 동쪽으로 어떤 새는 서쪽으로 날아가려고 뒤죽박죽이 되어 결국 새 무리는 그물을 따라 땅에 떨어졌고, 사냥꾼에게 잡혔다. 사냥꾼이 자신이 그 새들을 좇아갈 수 있다고 한 것은 새들의 치명적인 약점을 보았기 때문이다. 38새들의 목표는 서로 달랐고, 그래서 추락할 수밖에 없었다.

어휘 猎人 lièrén 명 사냥꾼 | 装网 zhuāngwǎng 그물을 설치하다 | ★捕 bǔ 동 잡다 | 鸟 niǎo 명 새 | ★力气 lìqi 명 힘 | ★竟然 jìngrán 부 뜻밖에 | ★只好 zhǐhǎo 부 어쩔 수 없이 | ★拼命 pīnmìng 동 필사적으로 하다 | 追赶 zhuīgǎn 동 쫓아가다 | 追 zhuī 동 뒤쫓다 | 信心十足 xìnxīn shízú 자신감이 넘쳐흐르다 | ★恐怕 kǒngpà 부 아마도 | 窝 wō 명 둥지 | 乱 luàn 형 어지럽다 | 落地 luòdì 동 땅에 떨어지다 | 捉住 zhuōzhù 잡다 | ★A之所以B, 是因为C A zhīsuǒyǐ B, shì yīnwèi C A가 B한 것은 C때문이다 | 致命 zhìmìng 동 치명적이다 | 弱点 ruòdiǎn 명 약점 | ★目标 mùbiāo 명 목표 | 一致 yízhì 형 일치하다 | 坠落 zhuìluò 동 추락하다 | 必然 bìrán 형 필연적이다

어법 TIP

▶ 가능보어 追不上

부정 형태의 가능보어는 부정사가 동사와 보어 사이에 위치한다. 평소에 '동사+不+결과보어 또는 방향보어'와 같은 가능보어 구문을 익혀 두자. '追不上'은 '쫓을 수 없다'라는 뜻이다.

我怎么也追不上他。
나는 아무리 해도 그를 따라잡을 수가 없다.

我追不上你的脚步。
나는 너의 발걸음을 따라잡을 수 없다.

36. HSK POINT 결과를 묻는 문제 난이도 上

track 01-36

猎人准备收网时，发生了什么事?	사냥꾼이 그물을 거두려고 할 때 무슨 일이 발생했나?
A 下了暴雨	A 폭우가 내렸다
B 鸟窝破了	B 새 둥지가 부서졌다
C 猎人掉进了河里	C 사냥꾼이 강에 빠졌다
D 鸟带着网飞走了	**D 새가 그물을 끌고 날아갔다**

공략 보기의 동사 뒤에 모두 '了(~했다)'가 있기 때문에 발생한 일을 묻는 문제임을 추측할 수 있다. 녹음에서 새들이 그물을 끌고 날아갔다는 내용을 들으면 정답 D를 바로 찾을 수 있다. 녹음을 들을 때 보기에 주목하여 들어야 한다.

어휘 鸟窝 niǎowō 명 새 둥지

37. HSK POINT 행동 관련 문제 난이도 上

track 01-37

农夫建议猎人怎么做?	농부는 사냥꾼에게 어떻게 하라고 했나?
A 别追了	**A 쫓아가지 마라**
B 把网织得大一点	B 그물을 크게 만들어라
C 一会儿再捕鸟	C 잠시 후 다시 새를 잡아라
D 和他一起抓鸟	D 그와 함께 새를 잡아라

공략 '算了吧(관둬라)', '追不上(따라갈 수 없다)'를 들으면 농부는 사냥꾼이 새를 쫓아가는 것은 불가능하다고 생각하고 있음을 알 수 있다. 정답은 A이다. 농부와 사냥꾼의 의견이 대립하고 있으므로, 둘의 의견을 정확하게 구분하여 정답을 고르도록 한다.

38. HSK POINT 원인을 묻는 문제 난이도 中

track 01-38

那群鸟为什么最后会掉落下来?	새들이 왜 결국 추락했나?
A 猎人打枪了	A 사냥꾼이 총을 쏴서
B 翅膀受伤了	B 날개가 다쳐서
C 目标不统一	**C 목표가 같지 않아서**
D 没劲儿	D 힘이 없어서

공략 원인을 묻는 문제는 본문을 들을 때 '因为(~때문에)', '由于(~때문에)', '为什么(왜)'와 같은 원인을 나타내는 어휘와 '所以(그래서)', '于是(그래서)', '因此(그러므로)'와 같은 결과에 관한 어휘를 주의 깊게 들어야 한다. 들리는 그대로 정답은 C이다.

어휘 翅膀 chìbǎng 명 날개

[39-41]

39如果你想迅速提高棋艺，成为棋手中的高手，那最好的办法就是找高手下棋。40如果找棋艺不如你或者和你差不多的人下棋，虽然你可能会轻而易举地战胜对手，但并不能使你的棋艺得到提高。和高手对弈，既能发现自己的不足，又能学到对方的优点。只有取长补短，你的棋艺才能逐渐提高。其实，交友也是同样的道理。41如果你想成为一个优秀的人，最好的办法就是和比自己强的人交朋友，和这样的人交往，你会获益匪浅。

39만약 당신이 장기 두는 기술을 빨리 향상시켜서 장기의 고수가 되고 싶다면, 가장 좋은 방법은 고수를 찾아 장기를 두는 것이다. 40만약 당신보다 못하거나 당신과 비슷한 상대와 장기를 둔다면 쉽게 승리를 거두겠지만, 당신의 장기 기술은 결코 향상되지 못할 것이다. 고수와 겨루면 자신의 부족을 발견할 수 있을 뿐 아니라 상대의 장점을 배울 수 있다. 장점은 취하고 단점을 버리면 당신의 장기 기술은 점점 높아질 것이다. 사실, 친구를 사귀는 것 역시 마찬가지이다. 41만약 우수한 사람이 되고 싶다면 가장 좋은 방법은 자신보다 강한 사람과 친구가 되는 것이다. 이런 사람과 사귄다면, 당신은 꽤 많은 이득을 얻을 것이다.

어휘 迅速 xùnsù 부 신속하게 | ★提高 tígāo 동 향상시키다 | 棋艺 qíyì 명 장기를 두는 기술 | ★成为 chéngwéi 동 ~이 되다 | 棋手 qíshǒu 명 (바둑이나 장기)기사 | 高手 gāoshǒu 명 고수, 달인 | ★下棋 xiàqí 동 바둑이나 장기를 두다 | 不足 bùzú 명 부족 | 对弈 duìyì 동 대국하다, 바둑이나 장기를 두다 | 轻而易举 qīng ér yì jǔ 성 매우 수월하다 | ★战胜 zhànshèng 동 승리하다 | ★优点 yōudiǎn 명 장점 | ★取长补短 qǔ cháng bǔ duǎn 성 장점은 취하고 단점은 보완하다 | ★逐渐 zhújiàn 부 점점 | 交友 jiāoyǒu 동 친구를 사귀다 | 获益匪浅 huòyì fěiqiǎn 꽤 많은 이득을 얻다

어법 TIP

▶ A 不如 B

비교문은 자주 나오는 문장 형태이므로 반드시 기억해야 하며, 특히 비교문의 부정문에 유의해야 한다. 비교 주체와 비교 대상의 관계와 문장에서의 위치를 정확하게 파악하여, 어느 쪽이 우월한지 반드시 구분할 수 있어야 한다. 'A不如B'는 'A는 B만 못하다' 즉, 'B가 더 낫다'라는 뜻이다.

百闻不如一见。
백 번 듣는 것이 한 번 보는 것만 못하다.

知道怎么学习的人，不如爱好学习的人。
어떻게 공부할지 아는 사람은 공부하는 것을 좋아하는 사람보다는 못하다.

39. HSK POINT 어휘의 의미를 묻는 문제 | 난이도 上 — track 01-39

高手最可能是什么意思?

A 想法独特的人
B 手很快
C 棋艺高的人
D 头脑灵活

고수는 무슨 뜻인가?

A 생각이 독특한 사람
B 손이 빠르다
C 장기를 두는 기술이 좋은 사람
D 두뇌 회전이 빠르다

공략 장기의 기술을 높이고 싶으면 고수와 겨뤄야 하며, 자신과 비슷하거나 자신보다 못한 사람과 겨루면 실력을 향상시킬 수 없다는 내용으로 미루어 정답은 C이다. 소재가 장기라는 것을 알았다면 A, B, D보다는 C의 '棋艺(장기를 두는 기술)'이 주제와 더욱 연관성 높은 어휘이기 때문에 정답으로 고를 수 있어야 한다.

어휘 独特 dútè 형 독특하다 | ★灵活 línghuó 형 재빠르다

40. HSK POINT 보기를 통해 상세 정보 대조 난이도 中

track 01-40

和水平相当的人下棋会怎么样?	수준이 비슷한 사람과 장기를 두는 것은 어떠한가?
A 不能赢	A 이길 수 없다
B 互相帮助	B 서로 돕는다
C 可以吸取教训	C 교훈을 얻을 수 있다
D 水平得不到提高	D 수준이 향상되지 않는다

공략 녹음에서 수준이 비슷한 사람과 장기를 두면 실력을 향상시킬 수 없다고 언급했기 때문에 정답은 D이다. 보기에 집중해서 녹음을 정확하게 듣는 것이 중요하다. 여기에서 '不能得到提高 (높아지지 못하다)'와 '得不到提高 (향상되지 못하다)'는 같은 의미이다.

어휘 吸取 xīqǔ 동 (교훈 등을) 흡수하다 | ★教训 jiàoxùn 명 교훈

41. HSK POINT 유사 표현 듣기 난이도 中

track 01-41

根据这段话，应该和什么样的人交朋友?	이 글에 근거해서 어떤 사람과 사귀어야 하는가?
A 性急	A 성격이 급한 사람
B 傲慢	B 거만한 사람
C 著名人士	C 저명인사
D 比自己优秀	D 자기보다 우수한 사람

공략 녹음 중 '和比自己强的人交朋友(자신보다 강한 사람과 친구가 된다)'의 '比自己强(자기보다 강하다)'와 보기의 '比自己优秀(자기보다 우수하다)'는 유사 표현이므로 정답은 D이다.

어휘 性急 xìngjí 형 성급하다 | 傲慢 àomàn 형 거만하다

[42-43]

战国时期鲁国的宰相公孙仪非常喜欢吃鱼，在他任职期间，很多人买鱼送给他，可是公孙仪从来不收，42他的学生很不理解就问："老师，您不是喜欢吃鱼吗？现在这么多人给你送鱼，您为什么不收呢？"公孙仪说："43正因为我爱吃鱼，才不收人家的鱼。你想，如果我收了别人的鱼，就要按人家的意思去办事。这样做难免触犯法律。如果我犯了法，成了罪人，还能吃得上鱼吗？"

전국 시대 노나라 재상 공손의(公孙仪)는 생선 먹는 것을 아주 좋아했다. 재상의 임기 동안에 많은 사람들이 그에게 생선을 선물로 주었지만, 공손의는 한번도 받지 않았다. 42그의 제자가 이해가 되지 않아 물었다. "선생님, 생선 좋아하시는 것 아니었습니까? 지금 이렇게 많은 사람이 생선을 선물로 주는데 왜 받지 않으십니까?" 공손의가 말했다. "43생선을 좋아하기 때문에 받지 않는 거라네. 자네 생각에 만약 내가 다른 사람들이 주는 생선을 받으면 그 사람들의 의사에 따라 일을 처리해야 하지 않겠나. 그렇게 되면 법을 위반할 수밖에 없지. 만약 법을 위반하고 죄인이 된다는데 생선을 먹을 수 있겠는가?"

어휘 战国时期 zhànguó shíqī 명 전국 시대 | 鲁国 Lǔguó 고유 노나라 | 宰相 zǎixiàng 명 재상 | 任职 rènzhí 동 직무를 맡다 | 期间 qījiān 명 기간 | ★收 shōu 동 받다 | ★理解 lǐjiě 동 이해하다 | ★按 àn 개 ~에 따라서 | ★办事 bànshì 동 일을 처리하다 | ★难免 nánmiǎn 동 면하기 어렵다 | 触犯 chùfàn 동 (법률 등을) 위반하다 | 法律 fǎlǜ 명 법률 | 罪人 zuìrén 명 죄인 | 吃得上 chī de shàng 동 먹을 수 있다

어법 TIP

▶ 不是…吗？

'~한 거 아니었어?'라는 뜻의 이 구문은 부정이 아니라 확인하는 표현이며, 긍정의 의미를 가지고 있다. 듣기 문제에서는 반문 형태의 문장이 자주 등장한다. 반문에는 부정사가 등장하기 때문에 부정문과 헷갈리기 쉬운데, 함정에 빠지지 않도록 주의한다.

你不是喜欢吃辣的吗？ 너는 매운 것을 좋아하는 거 아니었어?(너는 매운 것을 좋아한다.)

我们不是分手了吗？ 우리 헤어진 거 아니었어? (우리는 헤어졌다.)

42. HSK POINT 행동의 원인을 묻는 문제 난이도 中

track 01-42

学生对公孙仪的什么行为很不理解？

학생은 공손의의 어떤 행동을 이해하지 못했나?

A 不爱吃鱼 — 생선 먹는 것을 좋아하지 않는 것
B 送给别人鱼 — 다른 사람에게 생선을 준 것
C 不想做官 — 관리가 되고 싶지 않은 것
D 不收别人送的鱼 — **다른 사람이 준 생선을 받지 않는 것**

공략 원인을 묻는 문제는 본문을 들을 때 '因为(~때문에)', '由于(~때문에)', '为什么(왜)', '所以(그래서)', '于是(그래서)', '因此(그러므로)' 등의 원인과 결과에 관한 어휘를 주의 깊게 들어야 한다. '您不是喜欢吃鱼吗？现在这么多人给你送鱼，您为什么不收呢？(생선을 좋아하는 것 아니었습니까? 지금 이렇게 많은 사람이 생선을 선물로 주는데, 왜 받지 않으십니까?)'는 비교적 듣기 쉬운 문장이므로 어렵지 않게 정답을 고를 수 있다. 정답은 D이다.

어휘 做官 zuòguān 동 관리가 되다

43. HSK POINT 주제를 묻는 문제 난이도 上

track 01-43

这段话主要想告诉我们什么？

A 不要忽视别人
B 做人要谦虚
C 要相信别人
D 不要占小便宜

이 글은 우리에게 무엇을 알리려고 하는가?

A 다른 사람을 무시하지 마라
B 겸손해야 한다
C 다른 사람을 믿어야 한다
D 작은 이익을 탐하지 마라

공략 생선을 받으면 일을 공명정대하게 처리할 수 없고, 작은 이익 때문에 대의를 저버리게 된다는 것이 주제이므로 정답은 D이다. 공손의가 생선을 받지 않은 이유를 정확하게 파악해야만 정답을 고를 수 있다.

어휘 ★忽视 hūshì 동 소홀히 하다 | ★谦虚 qiānxū 형 겸손하다

[44-45]

院子里，有两只羊正在打架。他们头顶着头，脚对着脚，就像两个小孩儿似的。谁也不肯让谁。44主人使劲儿地把它们往后拉，却怎么也拉不开。如果你在旁边，会怎么做呢？有个人很聪明。45他采来两把鲜嫩的青草，放在两只羊的两侧。那两只羊一见到青草，就立刻抢着去吃了。哪还有心思打架呢？

정원에 양 두 마리가 싸우고 있다. 그들은 머리를 서로 들이받고, 발과 발을 맞대고 있어 마치 어린 두 아이 같았다. 서로 한치도 양보하지 않았다. 44주인이 있는 힘껏 갈라놓으려고 했지만 아무리 해도 갈라 놓을 수 없었다. 만약 당신이 옆에 있다면 어떻게 하겠는가? 어떤 사람이 아주 현명했는데, 45그가 신선하고 부드러운 풀잎을 뜯어서 양 두 마리 옆에 놓았다. 양들이 풀잎을 보자마자 즉시 앞다투어 먹었다. 어찌 싸울 마음이 있겠는가?

어휘 院子 yuànzi 명 정원 | ★打架 dǎjià 동 (때리며) 싸우다 | 顶头 dǐngtóu 동 머리로 서로 들이받다 | 脚 jiǎo 명 발 | 像 xiàng 부 마치 (~인 것 같다) | ★似的 shìde 조 ~와 같다 | ★不肯 bùkěn 동 원하지 않다 | 使劲儿 shǐjìnr 동 힘을 쓰다 | 拉 lā 동 끌다 | ★却 què 부 오히려 | 鲜嫩 xiānnèn 형 신선하고 연하다 | 青草 qīngcǎo 명 푸른 풀 | 两侧 liǎngcè 명 양쪽 | ★立刻 lìkè 부 즉시 | 抢 qiǎng 동 앞다투어 ~하다 | ★哪有 nǎ yǒu 어디 ~있겠는가

어법 TIP

▶ **평서문의 怎么**

의문사가 의문문에 쓰이지 않고 평서문에 쓰이는 관용적인 표현을 익혀 두자. '怎么'의 평서문은 '怎么+都/也+술어' 형식으로 쓰인다.

门怎么也弄不开。 문이 아무리 해도 열리지 않는다.
你怎么都不吃饭？ 너는 어째서 밥을 안 먹니?

44. HSK POINT 부정부사에 유의하기 난이도 上

track 01-44

关于主人的办法，可以知道什么?

주인의 방법에 관해 알 수 있는 것은?

Ⓐ 没效果 / 효과가 없었다
B 使羊受伤了 / 양을 다치게 했다
C 在逃避现实 / 현실을 도피하고 있다
D 有助于羊的成长 / 양의 성장에 도움이 된다

공략 주인이 싸움을 말리려 했으나 성공하지 못했기 때문에 정답은 A이다. 지문의 '怎么也拉不开(아무리 해도 갈라놓을 수 없었다)'와 보기 A의 '没效果(효과가 없었다)'는 여기에서 같은 의미이다. 부정문에 유의하여 들으면, 정답을 수월하게 찾을 수 있다.

어휘 ★逃避 táobì 동 도피하다 | ★有助于 yǒuzhùyú 동 ~에 도움이 되다

45. HSK POINT 행동 관련 문제 난이도 中

track 01-45

那两只羊看见青草后是什么反应?

그 양 두 마리가 풀잎을 보고 어떤 반응을 보였나?

A 视而不见 / 보고도 못 본 척하다
B 躲了起来 / 숨었다
Ⓒ 抢着去吃 / 앞다투어 먹었다
D 得病了 / 병에 걸렸다

공략 보기가 술어이기 때문에 행동에 관한 문제임을 추측할 수 있고, 보기에 집중해서 끝까지 들으면 '抢着去吃(앞다투어 먹다)'를 근거로 정답을 고를 수 있다. 정답은 C이다.

어휘 视而不见 shì ér bú jiàn 성 보고도 못 본 체하다

新 HSK 5급 합격모의고사 阅读

第一部分

[46-48]

鼓励是一种重要的教育方法，每个人都能在不断地鼓励下 46 获得 自信、勇气和上进心。实践证明，鼓励可以使人心情愉快，而当一个人在愉快的心境下学习时，无论是感觉、知觉，还是思维和记忆力，都会处于最佳 47 状态 。所以，在教育孩子时，可以适当地鼓励孩子，这样做不仅可以增强他们的自信心，使孩子意识到自己的能力，还能提高他们对学习的兴趣，使他们 48 主动 去求知。

격려는 중요한 교육 방법이다. 모든 사람들이 끊임없는 격려 속에서 자신감, 용기, 진취성을 46 얻을 수 있다. 실질적 경험들이 증명한 바에 따르면, 격려는 사람의 기분을 유쾌하게 만들며, 즐거운 마음 상태에서 학습을 할 때, 감각과 지각이든지, 사고와 기억력이든지 모두 최상의 47 상태에 놓이게 된다. 그래서 아이를 교육할 때 적당히 격려해 주면 아이들의 자신감을 증진시킬 수 있고, 아이들이 자신의 능력을 인식하게 할 수 있을 뿐만 아니라, 학습에 대한 아이들의 흥미를 높여 아이들이 48 능동적으로 지식을 탐구할 수 있게 된다.

어휘 ★鼓励 gǔlì 동 격려하다 | ★教育 jiàoyù 명 교육 | 不断地 búduàn de 끊임없이 | ★自信 zìxìn 명 자신감 | ★勇气 yǒngqì 명 용기 | 上进心 shàngjìnxīn 명 진취성 | 实践 shíjiàn 명 실천 | 证明 zhèngmíng 동 증명하다 | 愉快 yúkuài 형 기쁘다 | 心境 xīnjìng 명 심경 | ★无论 wúlùn 접 ~을 막론하고 | 感觉 gǎnjué 명 감각 | 思维 sīwéi 명 사유 | ★处于 chǔyú 동 처하다 | 佳 jiā 형 좋다 | 求知 qiúzhī 동 지식을 탐구하다

46. HSK POINT 술어와 목적어의 호응 난이도 中

A 把握	B 鼓励	A 잡다	B 격려하다
C 缓解	**D 获得**	C 완화하다	**D 획득하다**

공략 보기가 모두 동사일 경우에는 목적어와의 호응 관계에 유의한다. 이 문제의 경우 목적어가 '自信(자신감)', '勇气(용기)', '上进心(진취성)' 등 긍정적 의미의 어휘들인데, 이 단어들은 '获得(획득하다)'와 자주 호응한다. 정답은 D이다.

호응 관계 TIP

- 把握 ➕ 机会 : 기회를 잡다
- 缓解 ➕ 压力 : 스트레스를 풀다
- 鼓励 ➕ 学生(사람) : 학생을 격려하다
- 获得 ➕ 勇气/自信 : 용기/자신감을 얻다

47. HSK POINT 술어와 목적어의 호응 난이도 中

A 形态	**B 状态**	A 형태	**B 상태**
C 形状	D 形式	C 모양	D 형식

공략 보기가 모두 명사이고, 밑줄이 목적어 자리라면 동사와의 호응 관계에 유의한다. 이 문제의 경우 동사 '处于(~에 처하다)'에 어울리는 목적어는 '状态(상태)'가 된다. 정답은 B이다.

호응 관계 TIP

- 处于 ⊕ 状态 : ~상태에 놓이다
- 形状 ⊕ 独特 : 모양이 독특하다

48. HSK POINT 앞뒤 문장의 의미 파악 난이도 中

A 合理	B 互补	A 합리적이다	B 상호 보완적이다
C 主动	D 干脆	**C 능동적이다**	D 아예, 명쾌하다

공략 아이들을 적당히 격려하면 학습에 대한 흥미가 높아지기 때문에 강요하지 않아도 스스로 능동적으로 학습하게 된다는 내용이다. 정답은 C이다.

호응 관계 TIP

- 合理 ⊕ 利用 : 합리적으로 이용하다
- 互补性 ⊕ 强 : 상호 보완성이 강하다
- 主动 ⊕ 处理 : 능동적으로 처리하다
- 干脆 ⊕ 不要 : 아예 ~하지 마라

[49-52]

一位知名人士曾说："我把钱借给朋友，从来不指望他们还。因为我想，如果他没钱还不了，一定不好意思来；如果他有钱而不想还，也一定不会再来。那么我 49 吃亏 也就这一次，就当花点儿钱认清了一个坏朋友。朋友借钱，只要数目不大，我都会 50 答应 ，因为朋友间应该有通财之谊。至于借出去之后，我从不催讨，是怕伤了 51 彼此 的和气。因此，每当我把钱借出去时，总有一种既借出去钱，又借出去朋友的感觉。 52 而每当他们把钱还回来时 ，我便有一种金钱与朋友一起失而复得的感觉。"

저명한 인사가 이런 이야기를 한 적이 있다. "나는 친구한테 돈을 빌려 주면 친구들이 돈을 갚을 것이라고 기대하지 않습니다. 왜냐하면 만약에 친구가 돈이 없어 갚지 못하면 면목이 없어서 안 올 것이고, 돈이 있어도 갚을 생각이 없으면 분명 다시 오지 않을 것이라고 생각하기 때문입니다. 그러면 49 손해 보는 것도 한 번이고, 돈을 조금 들여서 좋지 않은 친구를 분명히 구분할 수 있게 됩니다. 친구가 돈을 빌릴 때 액수가 크지만 않다면 50 빌려 줍니다. 친구 간에는 재물을 통용할 수 있는 정도의 우정은 있어야 하기 때문입니다. 돈을 빌려 주고 나서는 절대 돌려달라고 독촉하지 않습니다. 51 서로 간의 화기애애한 분위기를 망칠까 걱정되기 때문입니다. 그래서 나는 돈을 빌려 줄 때 항상 돈도 빌려 주고 친구도 빌려 주는 기분이 듭니다. 52 그러나 친구가 돈을 갚을 때는 돈과 친구를 모두 잃었다가 다시 찾는 느낌이 듭니다."

어휘 指望 zhǐwàng 동 기대하다 | ★还 huán 동 돌려주다 | 不好意思 bùhǎoyìsi 면목이 없다 | 认清 rènqīng 동 확실히 알다 | 数目 shùmù 명 수 | 通财之谊 tōng cái zhī yì 재물이 오고 가는 우정 | ★至于 zhìyú 개 ~에 관해 | ★从不 cóngbù 부 지금까지 ~않다 | ★催讨 cuītǎo 동 독촉하다 | 伤 shāng 동 상하다 | 和气 héqi 명 화목한 감정 | ★既…又… jì…yòu… ~하고 또 ~하다 | 便 biàn 부 곧, 바로 | 失而复得 shī ér fù dé 성 잃어버린 것을 다시 얻다

49. HSK POINT 앞뒤 문장의 의미 파악 난이도 中

Ⓐ 吃亏	B 减缩	Ⓐ 손해를 보다	B 축소하다
C 导致	D 倒闭	C 야기하다	D 도산하다

공략 앞 문장에서 친구가 돈을 빌리고 갚지 않는 상황을 설명하고 있기 때문에 '吃亏(손해를 보다)' A가 정답이다. C는 안 좋은 결과를 야기한다는 뜻이기 때문에 목적어로 안 좋은 결과가 나와야 한다. B와 D는 의미상 적합하지 않다.

호응 관계 TIP

- 导致 ⊕ 부정적 결과 : 안 좋은 결과를 야기하다
- 面临 ⊕ 倒闭 : (회사 등이) 도산에 직면하다

50. HSK POINT 앞뒤 문장의 의미 파악 난이도 中

A 拒绝	Ⓑ 答应	A 거절하다	Ⓑ 응하다
C 转告	D 提醒	C 전해 주다	D 일깨우다

공략 앞 문장에서 친구가 돈을 빌릴 때 액수가 크지 않으면이라고 전제하고 있기 때문에, 돈을 빌려주는 내용이 이어져야 자연스럽다. A는 요구를 거절한다는 뜻이고, B는 요구에 응한다는 뜻이다. C는 제3자에게 이야기를 전달한다는 뜻이고, D는 기억하지 못하는 일을 다시 상기시킨다는 뜻이다. 그러므로 정답은 B이다.

호응 관계 TIP

- 答应 ⊕ 要求 : 요구에 응하다
- 提醒 ⊕ 他(사람) : 그를 일깨우다

51. HSK POINT 앞뒤 문장 의미 파악 난이도 上

A 如何	Ⓑ 彼此	A 어떻게	Ⓑ 피차
C 各自	D 多余	C 각자	D 나머지

공략 지문에서 친구가 돈을 빌려 가도 독촉하지 않는 이유가 서로 간의 관계가 깨지는 것을 두려워하기 때문이라고 했기 때문에 관계에 관한 어휘를 선택해야 한다. A는 '怎么(어떻게)'와 같은 뜻의 단어로 오답이며, C는 서로의 관계보다는 각자를 나타내는 어휘이므로 오답이다. B는 서로 간의 관계에 관한 어휘이므로 정답이 된다. D는 있어도 되고 없어도 된다는 뜻으로 정답이 아니다.

52. HSK POINT 접속사 호응 및 대구 호응 난이도 上

A 不管他们还钱还是借钱
B 而他们又找我借钱时
C 而每当他们把钱还回来时
D 尽管我还是会借钱给他们

A 그들이 돈을 갚거나 빌려도 상관없이
B 그러나 그들이 또 찾아와서 돈을 빌릴 때
C 그러나 매번 그들이 돈을 돌려줄 때
D 비록 내가 그들에게 돈을 빌려 주더라도

공략 보기가 문장으로 되어 있으면 의미 파악은 물론이고, 문장과 문장간의 연결 관계에 주목해야 한다. 보기의 모든 문장이 접속사로 시작하면 그 다음 절과의 호응 관계를 살피자. 앞 문장이 '每当…时, 总有一种…的感觉(매번 ~할 때, 항상 ~한 기분이 든다)'의 구조로 되어 있으므로, 문제 뒤의 지문 역시 '每当…时, 我便有一种…的感觉(매번 ~할 때, 곧 ~한 기분이 든다)'로 대구를 이루도록 한다. 정답은 C이다.

어휘 ★而 ér 접 그러나 | 尽管 jǐnguǎn 접 비록 ~일지라도

호응 관계 TIP

- 不管/不论/无论 ➕ 都/也 : ~을 막론하고 ~하다
- 虽然/尽管 ➕ 但是/然而 : 비록 ~일지라도 ~하다

[53-56]

人类的进食方式大致可分为三种。其一是用手。这是一种最自然的进食方式，例如，婴儿不需母亲教导，53 就会用手抓东西吃 。其二是用刀叉。刀叉当然是在人类发明火和冶铁之后才会有的 54 工具 。人们获得猎物之后，在火上烤熟，然后用叉子叉着，用刀割来吃，这比用手抓进食已经有了很大进步。其三是用筷子。在当今世界，用筷子进食的国家 55 基本 上集中在亚洲，包括中国以及受汉文化影响较 56 深 的韩国、日本、越南和新加坡等。

인류의 식사 방법은 크게 세 가지로 나눌 수 있다. 하나는 손을 사용하는 것이다. 이것은 가장 자연스러운 식사 방식이다. 예를 들어 갓난 아기는 어머니의 지도 없이 53 손을 사용해 음식을 집어 먹을 수 있다. 두 번째는 칼과 포크를 사용하는 것이다. 칼과 포크는 물론 인류가 불을 발명하고 철을 제련할 수 있게 된 후에야 나타난 54 도구이다. 사람들이 사냥감을 획득하고 난 후, 불 위에서 익힌 다음 포크로 찍어 칼로 잘라 먹는 방식은 손을 이용한 식사 방식보다 크게 진보한 것이다. 세 번째는 젓가락을 사용하는 것이다. 현재 세계에서 젓가락을 사용해서 식사하는 국가는 55 기본적으로 아시아에 집중되어 있는데, 중국과 한자 문화의 영향을 비교적 56 깊이 받은 한국, 일본, 베트남과 싱가포르 등을 포함한다.

어휘 进食 jìnshí 동 식사하다 | 大致 dàzhì 부 대략 | ★分为 fēnwéi 동 ~로 나누다 | 婴儿yīng'ér 명 갓난아기 | 教导 jiàodǎo 동 지도하다 | 刀叉 dāochā 명 나이프와 포크 | ★人类 rénlèi 명 인류 | ★发明 fāmíng 동 발명하다 | 冶铁 yětiě 동 철을 제련하다 | 猎物 lièwù 명 사냥감 | 烤熟 kǎoshú 구워서 익다 | 叉子 chāzi 명 작살, 포크 | 割 gē 동 칼로 자르다 | ★抓 zhuā 동 쥐다 | ★进步 jìnbù 명 진보 | 当今 dāngjīn 명 현재 | ★世界 shìjiè 명 세계 | 亚洲 Yàzhōu 고유 아시아 | 受 shòu 동 받다 | ★文化 wénhuà 명 문화 | ★影响 yǐngxiǎng 명 영향 | 越南 Yuènán 고유 베트남 | 新加坡 Xīnjiāpō 고유 싱가포르

53. HSK POINT 앞뒤 문장의 의미 파악 난이도 中

Ⓐ 就会用手抓东西吃	Ⓐ 손을 사용해 음식을 집어 먹을 수 있다
B 都会用假装哭泣达到目的	B 우는 척을 하여 목적을 달성할 수 있다
C 很容易学会用筷子	C 젓가락 사용을 아주 쉽게 배울 수 있다
D 很容易适应周围环境	D 주변 환경에 쉽게 적응한다

공략 앞 문장에서 손을 사용하는 것이 가장 자연스러운 방법이라고 언급했으므로, 그 예로 아기가 어머니의 도움을 받지 않고도 손으로 음식을 먹을 수 있다는 내용을 제시할 수 있다. 정답은 A이다.

어휘 假装 jiǎzhuāng 동 가장하다 | 哭泣 kūqì 동 울다 | ★达到 dádào 동 달성하다 | ★目的 mùdì 명 목적 | ★适应 shìyìng 동 적응하다 | 周围 zhōuwéi 명 주위 | ★环境 huánjìng 명 환경

54. HSK POINT 앞뒤 문장의 의미 파악 난이도 下

A 硬件	B 软件	A 하드웨어	B 소프트웨어
C 财物	Ⓓ 工具	C 재물	Ⓓ 도구

공략 칼과 포크는 식사를 할 수 있는 도구이기 때문에 정답은 D이다.

55. HSK POINT 上과의 호응 난이도 中

A 根本	B 总算	A 근본	B 결국
C 一律	Ⓓ 基本	C 일률적으로	Ⓓ 기본적인

공략 밑줄 뒤의 '上'과 호응할 수 있는 단어는 '根本(근본적인)'과 '基本(기본적인)'이다. '根本(근본적인)'은 사물의 본질을 뜻하며 '基本(기본적인)'은 일반적이라는 뜻을 가졌다. 지문에서 현재 젓가락을 사용하는 국가에 관한 일반적인 얘기를 하고 있으므로 정답은 D이다. B와 C는 부사로 '上'과 어울리지 않는다.

56. HSK POINT 주어와 술어의 호응 난이도 下

A 浓	B 浅	A 짙다	B 얕다
Ⓒ 深	D 嫩	Ⓒ 깊다	D 부드럽다

공략 '影响(영향)'은 '深刻(깊다)'와 호응을 이룬다. 정답은 C이다.

호응 관계 TIP

- 香/味 ➕ 浓 : 향기가 짙다
- 印象/影响 ➕ 深 : 인상/영향이 깊다
- 学识 ➕ 浅 : 학식이 얕다
- 肉 ➕ 嫩 : 고기가 연하다

[57-60]

清朝有个著名画家，名叫李方膺。有一次，他到朋友家做客。大家天南海北，无所不谈，谈着谈着，57 话题 转到了绘画上。其中一个人说："我看世界上什么都能入画，就一种东西画不出来。" 有人问它是什么东西，他轻轻地说了一个字："风。" 大家听了都沉默不语，58 觉得的确如此 ，只有李方膺不以为然地说："风，能画，完全能画。" 在场的人听了很好奇，都催促李方膺，让他当场给大家画一张"风"看看。

李方膺没有 59 推辞 ，他沉思片刻，便俯身画起来。不到一顿饭的功夫，就把"风"画出来了。众人忙上前观看，只见画面上有片茂密的竹林，正用力地向一边倾斜着，使人一看就能 60 强烈 地感到一股狂风正在吹过，似乎还能听到竹叶互相摩擦的"沙沙"声。在场的人无不连声称赞。

청나라에 이방응(李方膺)이라는 유명한 화가가 있었다. 한 번은 그가 친구 집에 손님으로 갔다. 다같이 이런저런 온갖 얘기를 나누며 이야기하고 또 이야기를 하다가 57 화제가 그림에까지 이르렀다. 그 중 한 사람이 말했다. "내가 보기에 세상에 있는 무엇이든 다 그림에 넣을 수 있지만, 그릴 수 없는 것이 하나 있어." 어떤 사람이 그것이 무엇이냐고 묻자, 가볍게 대답했다. "바람이지." 모두들 듣고 아무 말 없이, 58 그의 말이 일리가 있다고 생각했다. 단지 이방응만이 그렇게 생각하지 않는다는 듯이 말했다. "바람은 그릴 수 있어. 확실히 그릴 수 있어." 그 자리에 있던 사람들이 듣고 궁금해서 이방응에게 당장 바람을 그려서 모두에게 보여달라고 독촉했다.

이방응은 59 사양하지 않고 깊게 생각한 후 허리를 굽혀 그리기 시작했다. 밥 한끼 먹을 수고도 안 들이고 그는 바람을 그려냈다. 사람들이 황급히 와서 봤다. 그림에는 무성한 대나무 숲이 있었는데 한쪽으로 힘껏 기울어져 있어서, 사람들은 60 강렬하게 강풍이 지금 불어오는 것을 느꼈다. 마치 대나무 잎이 서로 마찰하여 '쏴쏴' 소리를 내는 것 같았다. 그 자리에 있던 사람들은 연이어 칭찬했다.

어휘 清朝 qīngcháo 명 청나라 | ★著名 zhùmíng 형 저명하다 | 画家 huàjiā 명 화가 | 做客 zuòkè 동 손님이 되다 | 天南海北 tiān nán hǎi běi 방방곳곳, 이런저런 (이야기를 나누다) | ★无所不谈 wúsuǒ bù tán 말하지 않는 것이 없다 | 绘画 huìhuà 명 회화 | 入画 rùhuà 동 그림에 담다 | 轻轻地 qīngqīng de 살짝, 가볍게 | ★沉默不语 chén mò bù yǔ 성 덤덤하게 말이 없다 | 不以为然 bù yǐ wéi rán 성 그렇다고 생각지 않다 | 在场 zàichǎng 동 현장에 있다 | ★好奇 hàoqí 형 호기심을 갖다 | 催促 cuīcù 동 재촉하다 | 当场 dāngchǎng 부 현장에서 | 沉思片刻 chénsī piànkè 잠시 깊이 생각하다 | 便 biàn 부 곧 | 俯身 fǔshēn 동 허리를 굽히다 | 茂密 màomì 형 (초목이) 무성하다 | 竹林 zhúlín 명 대나무 숲 | ★用力 yònglì 동 힘을 쓰다 | 倾斜 qīngxié 형 기울다 | 狂风 kuángfēng 명 광풍 | ★吹 chuī 동 (바람이) 불다 | ★似乎 sìhū 부 마치 ~인 것 같다 | 竹叶 zhúyè 명 대나무 잎 | 摩擦 mócā 동 마찰하다 | 沙沙 shāshā 의 쏴쏴 | 无不 wúbù 부 ~하지 않은 것이 없다 | 连声 liánshēng 부 (말을) 계속해서 | ★称赞 chēngzàn 동 칭찬하다

57. HSK POINT 앞뒤 문장의 의미 파악 난이도 下

A 观点
B 话题
C 视觉
D 道理

A 관점
B 화제
C 시각
D 도리, 이치

공략 '谈着谈着，转到了绘画上(이야기하고 또 이야기하다가, 그림에까지 이르렀다)'는 여러 가지에 대해서 이야기를 나누다가 화제가 그림에까지 왔다는 의미이기 때문에 정답은 B이다.

58. HSK POINT 앞뒤 문장의 의미 파악 난이도 上

Ⓐ 觉得的确如此	**Ⓐ 확실히 그렇다고 느끼다**
B 每个人都很得意	B 모든 사람들이 만족했다
C 认为他说的没有道理	C 그가 한 말이 일리가 없다고 생각한다
D 突然说出来自己的意见	D 갑자기 자신의 의견을 말하다

공략 앞 문장에서 '大家听了都沉默不语(모두들 듣고 아무 말 없이)', '只有李方膺不以为然地说(단지 이방응만이 그렇게 생각하지 않는다는 듯이 말했다)'를 통해 다른 사람들은 모두 동의했다는 것을 알 수 있으므로 정답은 A이다.

어휘 ★得意 déyì 형 대단히 만족하다

59. HSK POINT 앞뒤 문장의 의미 파악 난이도 中

A 告辞	A 이별을 고하다
Ⓑ 推辞	**Ⓑ 사양하다**
C 躲藏	C 숨다
D 诽谤	D 비방하다

공략 사람들의 요구를 거절하지 않고 그림을 그렸다는 내용이므로 정답은 B이다. 부정부사 '没有'(~않다)'에 유의하여 정답을 고른다.

60. HSK POINT 구조조사 地와의 호응 난이도 上

Ⓐ 强烈	**Ⓐ 강렬하다**
B 究竟	B 도대체
C 陆续	C 잇따라
D 照常	D 평소대로

공략 밑줄 뒤의 구조조사 '地(~히/~하게)'와 호응하는 어휘를 고른다. 일반적으로 '地(~히/~하게)'는 형용사 뒤에 붙어 형용사를 부사어로 바꿔 주는 역할을 한다. 이 문장에서는 동사 '感到(느끼다)'를 수식해 주고 있으며, 의미상 대나무가 그려져 있는 그림을 기울이자 바람이 불어오는 느낌이 강하게 들었다는 뜻이므로 정답은 A가 된다.

호응 관계 TIP

- 究竟/到底 ➕ 의문문 : 도대체
- 照常 ➕ 营业 : 평소대로 영업하다

第二部分

61. HSK POINT 유사한 표현으로 의미 유추 | 난이도 上

有氧运动是指以增强人体吸入、输送与使用氧气为目的的耐久性运动。它的特点是强度低、有节奏、不中断，而且持续时间较长。有氧运动如步行、骑自行车等，能有效地改善心、肺功能，调节心理和精神状态。

유산소 운동은 인체가 산소를 흡수하고, 수송하고, 사용하는 것을 강화시키는 것을 목적으로 하는 지구력 운동이다. 유산소 운동의 특징은 강도가 약하고, 리듬이 있으며, 멈추지 않고, 지속 시간이 비교적 길다. 유산소 운동에는 걷기, 자전거 타기 등이 있으며 효과적으로 심폐 기능을 개선하고, 심리 및 정신 상태를 조절할 수 있다.

A 有氧运动强度大
B 有氧运动效果不佳
C 有氧运动有利于身心健康
D 有氧运动宜在早晨进行

A 유산소 운동은 강도가 세다
B 유산소 운동은 효과가 좋지 않다
C 유산소 운동은 심신 건강에 도움이 된다
D 유산소 운동은 새벽에 하는 것이 좋다

공략 보기의 주어가 모두 같기 때문에 유산소 운동이라는 어휘의 뜻을 알지 못하더라도 술어 부분의 내용과 지문을 대조하면 어렵지 않게 답을 고를 수 있다. 이 글에서 언급한 '能有效地改善心、肺功能(효과적으로 심폐 기능을 개선한다)'는 육체적인 건강을 의미하고, '调节心理和精神状态(심리 및 정신 상태를 조절한다)'는 정신적인 건강을 의미하기 때문에 이 둘을 아우르는 C가 정답이다.

어휘 有氧运动 yǒuyǎng yùndòng 명 유산소 운동 | ★指 zhǐ 동 가리키다 | ★增强 zēngqiáng 동 강화하다 | 人体 réntǐ 명 인체 | ★吸入 xīrù 동 흡입하다 | 输送 shūsòng 동 수송하다 | 氧气 yǎngqì 명 산소 | 耐久性 nàijiǔxìng 명 내구성, 지구력 | ★节奏 jiézòu 명 리듬 | 中断 zhōngduàn 동 중단하다 | 步行 bùxíng 동 보행하다 | ★有效 yǒuxiào 형 효과적이다 | ★改善 gǎishàn 동 개선하다 | 心肺功能 xīnfèi gōngnéng 명 심폐 기능 | 调节 tiáojié 동 조절하다 | ★状态 zhuàngtài 명 상태 | ★有利于 yǒulìyú 동 ~에 유리하다 | ★宜 yí 동 ~에 적합하다 | 早晨 zǎochen 명 새벽

62. HSK POINT 유사한 표현으로 의미 유추 | 난이도 中

人在愤怒时智商是最低的。在愤怒时，人们会做出非常愚蠢的决定而自以为是，也会做出相当危险的举动而浑然不知。通常这个时候所做的决定，90%以上都是错误的。

사람은 분노할 때 지능 지수가 가장 낮다. 분노할 때 사람들은 아주 우둔한 결정을 내리고 그것이 옳다고 생각하고 아주 위험한 행동을 하고도 전혀 모른다. 일반적으로 이때 내리는 결정은 90% 이상이 잘못된 것이다.

A 智商高的人不容易发脾气
B 愤怒时不要轻易做决定
C 人在不生气时都很理智
D 做决定前应多和别人商量

A 지능 지수가 높은 사람은 쉽게 화를 내지 않는다
B 분노할 때는 쉽게 결정을 내리지 마라
C 사람은 화를 내지 않을 때 이성적이다
D 결정을 내리기 전에 반드시 다른 사람과 상의해야 한다

공략 보기의 주어가 모두 다르기 때문에, 주어와 지문의 내용을 대조하며 정답을 찾아야 한다. 분노할 때 잘못된 결정을 내린다고 했기 때문에 정답은 B이다.

어휘 ★愤怒 fènnù 형 분노하다 | ★智商 zhìshāng 명 지능 지수 | 愚蠢 yúchǔn 형 우둔하다 | ★自以为是 zì yǐ wéi shì 성 자신만이 옳다고 생각하다 | ★危险 wēixiǎn 형 위험하다 | ★举动 jǔdòng 명 행동 | 浑然不知 húnrán bùzhī 전혀 알지 못하다 | 通常 tōngcháng 형 일반적이다 | ★错误 cuòwù 명 잘못 | ★发脾气 fā píqi 동 성질을 부리다 | 理智 lǐzhì 형 이성적이다

63. HSK POINT 보기와 유사 표현 대조 난이도 下

昆虫是地球上数量最多的动物群体，它们的踪迹几乎遍布世界的每个角落。大多数昆虫都具有高超的飞行技术，能借助飞行来选择适宜的生存环境，寻找食物和同伴。

A 昆虫的数量非常有限
B 昆虫的寿命没有人类那么长
C 昆虫的分布很广
D 昆虫的飞行技术不佳

곤충은 지구상에서 수가 가장 많은 동물 집단이다. 곤충의 자취는 세계 곳곳에 분포되어 있다. 대다수의 곤충이 뛰어난 비행 기술을 가지고 있어 비행을 통해 적합한 생존 환경을 선택하고 먹잇감과 짝을 찾는다.

A 곤충의 수는 매우 제한적이다
B 곤충의 수명은 사람만큼 길지 않다
C 곤충의 분포는 넓다
D 곤충의 비행 기술은 좋지 않다

공략 곤충은 세계에서 수량이 가장 많은 동물 집단이기 때문에, 보기 A의 '数量有限(수량이 제한적이다)'와는 일치하지 않는다. '大多数昆虫都具有高超的飞行技术(대다수의 곤충이 뛰어난 비행 기술을 가지고 있다)'에서 '高超(뛰어나다)'와 '不佳 (좋지 않다)'는 상반된 의미이기 때문에 D도 정답이 아니다. '遍布世界的每个角落(세계 곳곳에 분포되어 있다)'는 C의 분포가 넓다는 의미와 일치하기 때문에 정답은 C이다.

어휘 昆虫 kūnchóng 명 곤충 | 数量 shùliàng 명 수량 | 群体 qúntǐ 명 집단 | 踪迹 zōngjì 명 자취 | ★遍布 biànbù 동 널리 퍼지다 | ★角落 jiǎoluò 명 구석 | 高超 gāochāo 형 뛰어나다 | 借助 jièzhù 동 도움을 빌리다 | ★适宜 shìyí 형 알맞다, 적합하다 | ★寻找 xúnzhǎo 동 찾다 | ★食物 shíwù 명 음식물, 먹이 | 同伴 tóngbàn 명 짝, 동료 | ★有限 yǒuxiàn 형 유한하다 | ★寿命 shòumìng 명 수명 | ★分布 fēnbù 동 분포하다 | 不佳 bùjiā 형 좋지 않다

64. HSK POINT 보기와 유사 표현 대조 난이도 中

可再生能源是指在自然界中可以不断再生、永续利用的能源，具有取之不尽、用之不竭的特点，主要包括太阳能、风能、水能、地热能和海洋能等。可再生能源对环境无害或危害极小，而且分布广泛，有很大的发展潜力。

재생 에너지는 자연계에서 끊임없이 재생하고 영원히 이용할 수 있는 에너지이며, 아무리 사용해도 없어지지 않는 특징을 가진다. 주로 태양 에너지, 풍력 에너지, 수력 에너지, 지열 에너지, 해양 에너지 등이 있다. 재생 에너지는 환경에 무해하거나 해가 지극히 적으며 널리 분포되어 있고, 엄청난 발전 잠재력을 가졌다.

A 可再生能源分布不均	A 재생 에너지는 분포가 고르지 않다
B 可再生能源开发难度大	B 재생 에너지는 개발이 어렵다
C 可再生能源利用率不高	C 재생 에너지는 이용률이 높지 않다
D 可再生能源不易污染环境	**D 재생 에너지는 쉽게 환경 오염을 시키지 않는다**

공략 보기의 주어가 모두 일치하므로 술어 부분의 내용을 대조하면 정답을 찾을 수 있다. '对环境无害或危害极小(환경에 무해하거나 해가 거의 없다)'는 '不易污染环境(쉽게 환경 오염을 시키지 않는다)'와 뜻이 일치하므로 정답은 D이다.

어휘 可再生能源 kězàishēng néngyuán 명 재생 에너지 | 自然界 zìránjiè 명 자연계 | ★永续 yǒngxù 동 영원히 이어지다 | 取之不尽，用之不竭 qǔ zhī bú jìn, yòng zhī bù jié 성 아무리 써도 없어지지 않는다 | ★包括 bāokuò 동 포함하다 | 太阳能 tàiyángnéng 명 태양 에너지 | 风能 fēngnéng 명 풍력 에너지 | 水能 shuǐnéng 명 수력 에너지 | 地热能 dìrènéng 명 지열 에너지 | 海洋能 hǎiyángnéng 명 해양 에너지 | 无害 wúhài 동 무해하다 | ★危害 wēihài 명 훼손 | ★分布 fēnbù 동 분포하다 | ★广泛 guǎngfàn 형 광범위하다 | ★潜力 qiánlì 명 잠재력 | 不均 bùjūn 형 고르지 않다 | ★难度 nándù 명 난이도 | ★不易 búyì 형 쉽지 않다 | ★污染 wūrǎn 동 오염시키다

65. HSK POINT 지문의 핵심 의미 파악 난이도 上

婚姻是一双鞋。无论什么鞋，最重要的是合脚；无论什么样的婚姻，最美妙的是和谐。切莫只贪图鞋的华贵，而委屈了自己的脚。别人看到的是鞋，自己感受到的是脚。脚比鞋重要，这是一条真理，却常常被人们忘记。	결혼은 한 켤레의 신발이다. 어떤 신발이든 가장 중요한 것은 발에 맞는 것이다. 어떤 결혼이든 가장 중요한 것은 화합이다. 신발의 화려함만 중시해 자신의 발을 괴롭히지 말아야 한다. 다른 사람이 보는 것은 신발이고, 자신이 느끼는 것은 발이다. 발은 신발보다 중요하다. 이것은 진리이지만, 사람들은 항상 이것을 잊어버린다.
A 鞋子的款式最重要	A 신발은 스타일이 가장 중요하다
B 夫妻双方要互相尊重	B 부부간에는 서로 존중해야 한다
C 要重视人的内心	C 사람의 내면을 중시해야 한다
D 要选择适合自己的对象	**D 자신에게 적합한 상대를 선택해야 한다**

공략 결혼을 신발에 비유하고 있으며 신발의 외관이나 화려함보다는 발에 맞는 것이 중요하다고 말하고 있다. 자신에게 맞는 상대를 선택해야 한다는 것이 이 글의 주제이므로 D가 정답이다.

어휘 ★婚姻 hūnyīn 명 결혼 | 鞋 xié 명 신발 | 合脚 héjiǎo 형 발에 맞다 | 美妙 měimiào 형 훌륭하다 | 和谐 héxié 형 조화롭다 | 切莫 qièmò 동 절대 ~하지 마라 | ★贪图 tāntú 동 욕심을 부리다 | 华贵 huáguì 형 화려하고 진귀하다 | ★委屈 wěiqu 형 억울하다 | ★真理 zhēnlǐ 명 진리 | ★忘记 wàngjì 동 잊어버리다 | ★款式 kuǎnshì 명 스타일 | 夫妻 fūqī 명 부부 | ★尊重 zūnzhòng 동 존중하다 | 对象 duìxiàng 명 (연애, 결혼) 상대

66. HSK POINT 보기를 통해 핵심 의미 대조 난이도 中

什么东西都想得到的人，到最后往往什么都得不到。人的生命有限，精力有限，我们应当有所取舍。该取时，要毫不犹豫，勇往直前；该舍时，也要做到干脆果断，绝不可惜。任何患得患失的行为，都只会加重心理负担，无形之中成为我们前进的绊脚石。

어떤 것이든 다 갖고 싶어하는 사람은 결국 항상 어떤 것도 얻을 수 없다. 사람의 생명은 유한하고 정력도 유한하기 때문에 사람들은 마땅히 선택하고 버려야 한다. 취할 때는 조금도 망설이지 말고 용감하게 앞을 향해 나가야 한다. 버려야 할 때도 단호하게 결단을 내리고 아쉬워하지 말아야 한다. 얻으면 잃을까 걱정하고 잃어도 얻을 것을 걱정하는 모든 행위는 심리적 부담을 가중시킬 뿐이며 모르는 사이에 우리가 전진하는 데 걸림돌이 된다.

A 勇敢面对困难
B 要学会取舍
C 不要轻易放弃
D 选择多不见得好

A 용감하게 어려움에 맞서야 한다
B 취할 것과 버릴 것을 배워야 한다
C 쉽게 포기하지 마라
D 선택을 많이 한다고 좋은 것은 아니다

공략 '我们应当有所取舍(마땅히 선택하고 버려야 한다)'를 통해서 정답이 B임을 알 수 있다. 보기의 내용을 파악하고 지문과 대조하면 어렵지 않게 정답을 고를 수 있다.

어휘 生命 shēngmìng 명 생명 | ★精力 jīnglì 명 정신과 체력 | 应当 yīngdāng 동 반드시 ~해야 한다 | 有所 yǒusuǒ 동 다소 ~하다 | 取舍 qǔshě 동 취사선택하다 | ★毫不 háobù 부 조금도 ~않다 | ★犹豫 yóuyù 형 망설이다 | 勇往直前 yǒng wǎng zhí qián 성 용감하게 앞으로 나아가다 | ★干脆 gāncuì 형 명쾌하다 | 果断 guǒduàn 형 결단력이 있다 | ★绝不 juébù 부 결코 ~이 아니다 | ★可惜 kěxī 형 아쉽다 | ★任何 rènhé 대 무슨 | 患得患失 huàn dé huàn shī 얻으면 잃을까봐 걱정이고, 잃으면 얻는 것을 염려한다(있어도 없어도 걱정한다) | 加重 jiāzhòng 동 가중하다 | ★负担 fùdān 명 부담 | 无形 wúxíng 부 모르는 사이에 | 前进 qiánjìn 동 앞으로 나아가다 | 绊脚石 bànjiǎoshí 명 걸림돌 | ★勇敢 yǒnggǎn 형 용감하다 | ★困难 kùnnan 명 어려움 | ★轻易 qīngyì 형 수월하다 | ★放弃 fàngqì 동 포기하다 | 不见得 bújiànde 반드시 ~한 것은 아니다

67. HSK POINT 지문의 핵심 의미 파악 및 유사한 표현으로 의미 유추 난이도 上

中国有句话叫"没有规矩，不成方圆"，这里的"规"指的是圆规，"矩"指的是尺子，意思是说如果没有规和矩这两样工具就画不出方形和圆形。同样，做事也需要遵守一定的规则和制度，否则便很难成功。

중국에는 '규와 궤가 없으면 방원을 만들 수 없다'라는 말이 있다. 여기에서 '규'는 컴퍼스를 의미하고 '궤'는 자를 의미한다. 만약 '규'와 '궤' 이 두 가지 도구가 없으면 사각형과 원을 그릴 수 없다. 마찬가지로 일을 하는 데 일정한 규칙과 제도가 있어야 하며, 그렇지 않으면 성공하기 어렵다.

A 规矩和制度不可缺少
B 采取谨慎的态度
C 不要忽视工具的作用
D 成功源于打破常规

A 규칙과 제도는 없어서는 안 된다
B 신중한 태도를 취해라
C 도구의 작용을 무시하지 마라
D 성공은 일상적인 규칙을 깨는 것에서 시작한다

공략 규칙과 제도가 없으면 성공할 수 없다는 것은 곧 규칙과 제도는 없어서는 안 된다는 의미이므로 정답은 A이다. '不可缺少(없어서는 안 된다)'의 의미를 통해 정답을 유추한다.

어휘 规矩 guīju 명 규칙 | 方圆 fāngyuán 명 사각형과 원형 | 圆规 yuánguī 명 컴퍼스 | 尺子 chǐzi 명 자 | 方形 fāngxíng 명 사각형 | 圆形 yuánxíng 명 원형 | ★遵守 zūnshǒu 동 준수하다 | ★规则 guīzé 명 규칙 | ★制度 zhìdù 명 제도 | ★否则 fǒuzé 접 만약 그렇지 않으면 | ★不可缺少 bùkě quēshǎo 필수 불가결하다, 없어서는 안 된다 | ★采取 cǎiqǔ 동 (조치나 행동 등을) 취하다 | ★谨慎 jǐnshèn 형 신중하다 | ★态度 tàidu 명 태도 | 工具 gōngjù 명 공구, 도구 | ★源于 yuányú ~에서 근원하다 | ★打破 dǎpò 동 타파하다, 깨다 | 常规 chángguī 명 관례, 일상적인 규칙

68. HSK POINT 보기를 통해 상세 정보 대조 난이도 中

票号是清代出现的一种金融机构。中国最早的票号是山西省的日升昌票号，它坐落于平遥古城西大街的繁华地段，是中国现代银行的开山鼻祖。日升昌票号经历百年，分号遍布全国35个大中城市，业务远及欧美、东南亚等。

표호(票号)는 청대 나타난 금융 기관이다. 중국 최초의 표호는 산시성(山西省) 일성창 표호(日升昌票号)이다. 그것은 핑야오(平遥) 고성 서대가 번화지에 있었으며 중국 현대 은행의 시초였다. 일성창 표호는 100년의 역사를 가졌으며 분점은 전국 35개의 중대 도시에 분포해 있었다. 업무는 아메리카, 유럽, 동남아시아 등에 이르렀었다.

A 票号创办于明朝
B 票号是现代金融机构
C 日升昌的业务远及海外
D 中国最早的票号位于北京市

A 표호는 명나라 때에 만들어졌다
B 표호는 현대 금융 기관이다
C 일승창의 업무는 해외에까지 이르렀었다
D 중국 최초의 표호는 베이징시에 위치했다

공략 '票号是清代出现的一种金融机构(표호는 청대 나타난 금융 기관이다)'에서 표호는 청대에 출현했다고 했기 때문에 A와 B는 정답이 아니고, '中国最早的票号是山西省的日升昌票号(중국 최초의 표호는 산시성 일성창 표호이다)'를 보면 D도 정답이 아니다. 업무가 유럽, 아메리카, 동남아 등에 이르렀었기 때문에 정답은 C이다.

어휘 票号 piàohào 명 표호(옛 금융 기관) | 金融机构 jīnróng jīgòu 명 금융 기관 | ★坐落于 zuòluòyú 동 ~에 자리잡다 | 繁华地段 fánhuá dìduàn 명 번화 지역 | 开山鼻祖 kāishān bízǔ 명 시초, 원조 | ★经历 jīnglì 동 경과하다, 겪다 | 分号 fēnhào 명 분점, 지점 | ★遍布 biànbù 동 널리 퍼지다 | 城市 chéngshì 명 도시 | 远及 yuǎnjí 멀리 ~에 이르다 | 欧美 Ōu Měi 고유 유럽과 미국 | 东南亚 Dōngnányà 고유 동남아시아 | ★创办 chuàngbàn 동 창설하다 | ★位于 wèiyú ~에 위치하다

69. HSK POINT 보기를 통해 핵심 의미 대조 난이도 上

一个人如果长期生活在一个相对不变的环境中，没有新信息激发他去思考、去比较，他就很难"预测"未来。相反，一个人若处于不断变化的环境中，时常接触一些新的信息，他就可以打开思路，把自己在

어떤 사람이 상대적으로 변화하지 않는 환경에서 오랫동안 생활을 해서, 생각을 하거나 비교를 할 수 있는 새로운 정보가 없다면, 미래를 예측하기 힘들다. 이와 반대로 어떤 사람이 끊임없이 변화하는 환경에서 계속 새로운 정보를 접하면, 사고를 넓힐 수 있고, 스스로가 다양한 환경에서 관찰한 것들을 비교하여 규칙을 찾아내고 미래의 발

不同环境中观察到的东西加以比较，找出规律，预测出未来的发展趋势。

전 상황을 예측할 수 있다.

A 不变的环境能促人思考
B 要学会适应环境
C 人的性格与环境息息相关
D 变化的环境有利于人的成长

A 변하지 않는 환경은 사람의 사고를 촉진한다
B 환경에 적응하는 것을 배워야 한다
C 사람의 성격은 환경과 밀접한 관계가 있다
D 변화하는 환경은 사람의 성장에 도움이 된다

공략 보기의 A와 D에 변화하는 환경과 변화하지 않는 환경에 대한 언급이 있기 때문에 지문과 대조하면서 정답을 골라야 한다. 변화하지 않는 환경에 있으면 미래를 예측하기 어렵지만, 변화하는 환경에 있으면 미래를 예측할 수 있다고 했기 때문에 정답은 D이다.

어휘 相对 xiāngduì 부 상대적이다 | 激发 jīfā 동 불러일으키다 | 思考 sīkǎo 동 사고하다 | ★比较 bǐjiào 동 비교하다 | ★预测 yùcè 동 예측하다 | 未来 wèilái 명 미래 | ★相反 xiāngfǎn 접 반대로 | 若 ruò 접 만일 | 时常 shícháng 부 항상 | 接触 jiēchù 동 접촉하다 | ★打开 dǎkāi 동 열다 | 思路 sīlù 명 사고의 맥락 | 观察 guānchá 동 관찰하다 | ★规律 guīlǜ 명 규율 | 趋势 qūshì 명 추세 | ★适应 shìyìng 동 적응하다 | 息息相关 xī xī xiāng guān 성 관계가 아주 밀접하다 | ★成长 chéngzhǎng 동 성장하다

70. HSK POINT 보기를 통해 상세 정보 대조 난이도 中

铁树开花具有很强的地域性。在热带，铁树生长10年后就能开花结果。但当它被移植到中国寒冷干燥的地方时，就很少开花了。即使是室内盆栽的铁树，有的往往也要几十年甚至上百年才能开花，所以人们就用"铁树开花"来比喻极难实现或非常罕见的事情。

소철 개화는 지역성이 강하다. 열대 지역에서 소철은 10년을 자란 후에야 꽃을 피우고 열매를 맺을 수 있다. 그러나 중국의 한랭하고 건조한 지역으로 옮겨 심으면 꽃이 피는 경우가 드물다. 실내에서 자라는 소철 분재라고 하더라도 종종 수십 년 심지어 백여 년이 되어서야 꽃을 피울 수도 있다. 그래서 사람들은 '铁树开花'라는 성어를 통해 실현하기 어렵거나 매우 보기 드문 일을 비유한다.

A 在热带地区铁树不能生存
B 盆栽铁树年年开花
C 铁树开花需一定的气候条件
D 铁树开花在寒冷地区很常见

A 열대 지역에서 소철은 생존할 수 없다
B 소철 분재는 매년 꽃을 피운다
C 소철이 꽃을 피우는 것은 일정한 기후 조건이 필요하다
D 한랭지에서 소철이 꽃을 피우는 것은 흔한 일이다

공략 열대 지방에서는 10년이 지나면 소철이 꽃을 피운다고 했기 때문에 A는 정답이 아니고, 실내 분재도 종종 꽃을 피우기 어렵다고 했기 때문에 B도 정답이 아니다. 한랭한 지역에서는 꽃을 피우는 경우가 드물다고 했기 때문에 D역시 정답이 아니다. 정답은 C이다.

어휘 铁树 tiěshù 명 소철 나무 | 开花 kāihuā 동 꽃이 피다 | 地域性 dìyùxìng 명 지역성 | 热带 rèdài 명 열대 | 移植 yízhí 동 옮겨 심다 | ★寒冷 hánlěng 형 한랭하다 | ★干燥 gānzào 형 건조하다 | ★即使 jíshǐ 접 설령 ~하더라도 | 室内 shìnèi 명 실내 | 盆栽 pénzāi 명 분재 | ★比喻 bǐyù 동 비유하다 | ★实现 shíxiàn 동 실현하다 | ★罕见 hǎnjiàn 형 보기 드물다 | ★气候条件 qìhòu tiáojiàn 명 기후 조건 | 常见 chángjiàn 형 흔히 보다

第三部分

[71-74]

国王梦见自己的牙齿都掉了。醒来后，他请一位智者为他解梦。智者说："陛下，很不幸，每掉一颗牙齿，就意味着您会失去一个亲人。"国王大怒："你竟敢胡说八道，给我滚出去！" 71国王气愤之余，还命人重打了这位智者100棍。国王又找来另一位智者为他解梦。这位智者对国王说："72陛下，您真幸福！这是个吉祥的梦，意味着您会比您的亲人长寿。"国王听后大喜，赏给这位智者100个金币。

A가 B보다 장수하다

当这位智者拿着赏金走出宫殿时，73一位大臣不解地问他："真是不可思议！您对梦的解释其实同第一位智者是一样的，73为什么他被惩罚了，而您却得到了金币呢？"智者语重心长地说："很简单，74不同的表达方式所产生的效果往往有很大的差异，真理亦须巧言。任何时候都要讲真话，但说出真相也要选择适当的方式。真理就像一块儿宝石，如果拿起来扔到别人的脸上，就可能造成伤害。但是，如果加上精美的包装，诚心诚意地奉上，对方必定会欣然接受。"

~할 때 / A와 B는 같다 / 만약에 ~라면

국왕이 자신의 치아가 모두 뽑히는 꿈을 꿨다. 깨고 나서 현자에게 해몽을 부탁했다. 현자가 말했다. "폐하, 불길한 꿈입니다. 치아가 하나씩 뽑힐 때마다 가족을 한 명씩 잃는 것을 뜻합니다." 국왕이 크게 노하며 말했다. "네가 감히 헛소리를 하다니, 당장 나가!" 71국왕이 분노해 사람을 불러 곤장 100대를 때리게 했다. 국왕이 또 다른 현자를 불러 이 현자에게 해몽을 청했다. 현자가 국왕에게 말했다. "72폐하, 좋은 징조입니다. 이것은 길몽입니다. 폐하께서는 폐하의 가족보다 장수하실 것입니다." 국왕이 크게 기뻐하며 이 현자에게 금화 100냥을 하사했다.

현자가 상금을 들고 궁을 떠날 때 73한 대신이 이해가 되지 않아 물었다. "정말 불가사의합니다! 당신의 꿈 해몽과 첫 번째 현자의 꿈 해몽은 사실 같은데, 73왜 그는 징벌을 받고 당신은 금화를 받은 것입니까?" 현자가 의미심장하게 말했다. "간단합니다. 74표현 방식이 다르기 때문에 그 효과 역시 차이가 큰 것입니다. 옳은 말도 반드시 말의 기술이 필요합니다. 언제든지 진실을 이야기해야 하지만 진실을 말할 때에도 적절한 방식을 선택해야 합니다. 진리는 보석과 같아서 그것을 다른 사람의 얼굴에 던지면 상처를 내게 됩니다. 그러나 아름답게 포장해서 성심성의를 다해 바치면 상대는 분명히 기꺼이 받아들일 것입니다."

어휘 牙齿 yáchǐ 명 치아 | ★掉 diào 동 빠지다, 떨어지다 | 智者 zhìzhě 명 지자, 현자 | 陛下 bìxià 명 폐하 | ★失去 shīqù 동 잃다 | 亲人 qīnrén 명 가족 | 大怒 dànù 동 크게 성내다 | ★胡说八道 hú shuō bā dào 성 허튼 소리를 하다 | ★滚 gǔn 동 나가다, 꺼지다 | 气愤之余 qìfèn zhī yú 화가 남다 | 棍 gùn 명 몽둥이 | 吉祥 jíxiáng 형 운이 좋다 | ★长寿 chángshòu 형 장수하다 | ★赏 shǎng 동 상을 주다 | 宫殿 gōngdiàn 명 궁전 | 大臣 dàchén 명 대신 | 不可思议 bù kě sī yì 성 불가사의하다, 이해할 수 없다 | ★惩罚 chéngfá 동 징벌하다 | 语重心长 yǔ zhòng xīn cháng 성 말이 의미심장하다 | 表达方式 biǎodá fāngshì 명 표현 방식 | 亦 yì 부 또한 | 须 xū 동 반드시 ~해야 한다 | 巧言 qiǎoyán 명 교묘한 말 | ★任何时候 rènhé shíhou 언제나 | ★适当 shìdàng 형 적절하다 | 宝石 bǎoshí 명 보석 | ★扔 rēng 동 버리다 | ★造成 zàochéng 동 초래하다 | ★伤害 shānghài 동 상처를 입(히)다 | 精美 jīngměi 형 정교하다 | 包装 bāozhuāng 동 포장하다 | 诚心诚意 chéng xīn chéng yì 성 성심성의 | 奉 fèng 동 바치다 | 欣然 xīnrán 부 기꺼이

71. HSK POINT 특정 인물 파악 난이도 中

关于第一位智者，可以知道：	첫 번째 현자에 관해 알 수 있는 것은?
A 很明智	A 현명하다
B 运气好	B 운이 좋다
C 指责国王	C 국왕을 질책했다
D 被国王下令重打	**D 국왕에게 태형에 처할 것을 명 받았다**

공략 첫 번째 현자에 대한 세부 사항을 묻는 문제이다. 첫 번째 단락 '还命人重打了这位智者100棍(사람을 불러 곤장 100대를 때리게 했다)'로 미루어 정답은 D이다.

어휘 明智 míngzhì 형 현명하다 | ★运气 yùnqi 명 운 | ★指责 zhǐzé 동 질책하다 | 下令 xiàlìng 동 명령을 내리다

72. HSK POINT 특정 인물의 행동 파악 난이도 中

第二位智者是怎么解梦的?	두 번째 현자는 어떻게 꿈을 해몽했나?
A 国王的牙不会掉光	A 국왕의 치아는 다 빠지지 않을 것이다
B 国王要精心照顾亲人	B 국왕은 성심성의껏 가족을 돌봐야 한다
C 国王比亲人的寿命长	**C 국왕은 가족보다 수명이 길다**
D 国王身边的人会遭遇不幸	D 국왕의 곁에 있는 사람이 불행해진다

공략 또 다른 현자가 등장하는 부분에서 두 번째 현자는 '您会比您的亲人长寿(폐하께서는 폐하의 가족보다 장수하실 것입니다)'라고 했기 때문에 정답은 C이다.

어휘 ★精心 jīngxīn 형 정성을 들이다 | 遭遇 zāoyù 동 당하다 | 不幸 búxìng 명 불행

73. HSK POINT 어휘의 의미 파악 난이도 中

划线词语"不可思议"是什么意思?	밑줄 친 '불가사의'는 무슨 의미인가?
A 没办法思考	A 생각할 수가 없다
B 让人难以理解	**B 이해하기 어렵게 만든다**
C 感觉非常矛盾	C 매우 모순된다고 느낀다
D 不要背后议论人	D 뒤에서 사람을 평가하지 마라

공략 '不可思议(불가사의하다)' 앞뒤의 '不解地(이해가 되지 않는 듯)', '为什么(왜)' 등의 어휘로 미루어 B가 정답이다.

어휘 ★难以 nányǐ 부 ~하기 어렵다 | ★矛盾 máodùn 형 모순적이다 | 背后 bèihòu 부 뒤에서 | 议论 yìlùn 동 논의하다

74. HSK POINT 주제 찾기 난이도 中

这个故事主要想告诉我们什么?	이 이야기가 우리에게 주로 알려 주는 것은?
A 不要轻易忽视别人	A 쉽게 다른 사람을 소홀히 하지 마라
B 说真话的人更可靠	B 진실을 말하는 사람은 더 믿을 수 있다
C 说话要注意表达方式	**C 말을 할 때는 표현 방식에 주의해야 한다**
D 不要太在乎别人的看法	D 다른 사람의 생각에 너무 신경 쓰지 마라

공략 글의 주제는 마지막 문단에 등장하기 쉽다. 대화문의 경우에는 질문에 대한 대답에 핵심 주제가 등장하기 때문에 대답을 주의해서 살펴보자. 말의 표현 방식이 두 현자의 운명을 결정했으므로 정답은 C이다. '表达方式(표현 방식)'이 여러 번 등장했기 때문에 어렵지 않게 정답을 고를 수 있다.

어휘 ★轻易 qīngyì 형 제멋대로이다 | ★可靠 kěkào 형 믿을 만하다 | ★在乎 zàihu 동 신경 쓰다

[75-78]

坐在你身旁的同事是否总是不停地抱怨工作环境不好或是工作压力太大？在他们抱怨时，你是否会耐心地倾听呢？如果是，那你可不只是在听别人讲而已（단지 ~일 뿐이다）。事实上，在倾听的过程中，78你也会不知不觉地被他们的压力所“传染”（A에 의해서 B되다）。

心理学家发现，78压力就像感冒一样会传染（A는 B와 같다），这种“二手”的压力和焦虑情绪可以在工作场所迅速蔓延。因为人们能够以惊人的速度模仿他人的面部表情、声音和姿势，从而对他人的情绪感同身受。75我们其实都是“海绵”，可以吸收周围人散发出的感染性的情绪。而在吸收他人压力的同时（~하는 동시에），我们自己也开始感受到压力，并会不自觉地去关注那些可能会困扰我们的问题（~문제를 주목하다）。

78为什么别人的压力会传染给我们？这是因为，一方面，76我们吸收朋友或同事的压力是为了和他们打成一片；另一方面（한편으로는 A하고, 다른 한편으로는 B하다），持续灌进我们耳中的不满的声音，也会让我们

옆에 앉은 동료가 업무 환경이 좋지 않다거나 업무 스트레스가 너무 심하다고 끊임없이 불평하지 않는가? 그들이 불평할 때 당신은 참고 경청하는가? 만약 그렇다면 당신은 단지 다른 사람이 말하는 걸 듣고 있는 것뿐만이 아니라 사실은 경청하는 과정에서 78당신은 당신도 모르는 사이에 그들의 스트레스에 전염되고 있는 것이다.

심리학자가 발견한 것에 따르면, 78스트레스는 감기처럼 전염이 된다. 이런 간접 스트레스와 근심은 업무 현장에서 빠른 속도로 만연하게 된다. 사람들은 타인의 표정, 음성, 자세를 놀라운 속도로 모방할 수 있기 때문에 다른 사람의 감정에 동질감을 느낀다. 75우리는 사실 '스펀지'처럼 주변 사람이 드러내는 전염성 감정을 흡수할 수 있다. 그러나 타인의 스트레스를 흡수하는 동시에 우리 역시 스트레스를 받기 시작하고, 우리를 괴롭힐 수 있는 문제에 알게 모르게 관심을 갖게 된다.

78왜 타인의 스트레스는 우리들에게 전염되는 것일까? 이것은 한편으로는 76우리가 친구나 동료의 스트레스를 흡수하는 것이 그들과 하나가 되기 위함 때문이고, 다른 한편으로는 귀로 불만의 소리를 계속해서 듣게 되어 우리도 부정적인 생각을 하게 되기 때문이다.

开始产生消极的想法。 ~생각이 생기다 研究者发现，我们不仅会接受他人消极 A일 뿐만 아니라 B이기도 하다 的思维模式，还会下意识地模仿他们在压力下的身体语言，这导致我们在交谈时会与他们一样弓起背、皱起眉。另外，77女性遭遇"二手压力"的风险更大，因为她们往往更容 (안좋은 결과)를 만나다 易与他人产生共鸣。 공감대가 생기다	연구자들이 발견한 것에 따르면 우리는 타인의 부정적 사고 방식을 받아들이게 될 뿐만 아니라, 스트레스 받을 때 타인의 신체 언어를 모방하게 된다. 그래서 우리는 대화를 할 때 그들처럼 등을 숙이거나 눈썹을 찌푸리기도 한다. 그 밖에도 77여성은 '간접 스트레스'를 받을 위험성이 더 크다. 왜냐하면 여성들은 더 쉽게 타인과 공감대를 만들어 내기 때문이다.

어휘 ★是否 shìfǒu 부 ~인지 아닌지 | 不停地 bùtíng de 부 줄곧 | ★抱怨 bàoyuàn 동 원망하다 | ★耐心 nàixīn 명 인내심 | ★倾听 qīngtīng 동 경청하다 | ★只是…而已 zhǐshì…éryǐ 단지 ~일 뿐이다 | 不知不觉 bù zhī bù jué 성 자신도 모르는 사이에 | 被A所B bèi A suǒ B A에 의해서 B되다 | 传染 chuánrǎn 동 전염시키다 | 心理学家 xīnlǐ xuéjiā 명 심리학자 | ★发现 fāxiàn 동 발견하다 | A像B一样 A xiàng B yíyàng A는 B와 같다 | 二手 èrshǒu 형 간접의 | 焦虑 jiāolǜ 형 초조하다 | ★情绪 qíngxù 명 기분 | 迅速 xùnsù 형 신속하다 | 蔓延 mànyán 동 만연하다 | 以惊人的速度 yǐ jīngrén de sùdù 놀라운 속도로 | ★模仿 mófǎng 동 모방하다 | 面部 miànbù 명 얼굴 | 声音 shēngyīn 명 목소리 | 姿势 zīshì 명 자세 | ★从而 cóng'ér 접 따라서 | 感同身受 gǎn tóng shēn shòu 성 직접 겪은 것처럼 느끼다 | 海绵 hǎimián 명 스펀지 | ★周围人 zhōuwéirén 명 주변 사람 | 散发 sànfā 동 발산하다 | 在…同时 zài…tóngshí ~하는 동시에 | ★关注…问题 guānzhù…wèntí ~문제를 주목하다 | 困扰 kùnrǎo 동 괴롭히다 | 一方面A，另一方面B yìfāngmiàn A, lìng yìfāngmiàn B 한편으로는 A하고, 다른 한편으로는 B하다 | 打成一片 dǎ chéng yí piàn 성 하나가 되다 | ★持续 chíxù 동 지속하다 | 灌 guàn 동 주입하다 | 产生…想法 chǎnshēng…xiǎngfǎ ~생각이 생기다 | ★消极 xiāojí 형 부정적이다 | ★研究 yánjiū 동 연구하다 | 不仅A，还B bùjǐn A, hái B A일 뿐만 아니라, B이기도 하다 | 思维模式 sīwéi móshì 명 사고 방식 | 下意识地 xiàyìshi de 잠재 의식적으로 | 身体语言 shēntǐ yǔyán 명 보디랭귀지 | ★导致 dǎozhì 동 야기하다 | 交谈 jiāotán 동 이야기를 나누다 | 弓背 gōngbèi 동 등을 구부리다 | 皱眉 zhòuméi 동 눈살을 찌푸리다 | ★遭遇…风险 zāoyù…fēngxiǎn (안좋은 결과)를 만나다 | ★产生共鸣 chǎnshēng gòngmíng 공감대가 생기다

75. HSK POINT 앞뒤 문장의 맥락 파악 난이도 中

为什么说"我们其实都是'海绵'"?	왜 '우리는 모두 스펀지이다'라고 말하는가?
A 很容易感染疾病	A 질병에 쉽게 감염되기 때문에
B 学习能力强	B 학습 능력이 강하기 때문에
C 有很强的适应性	C 강한 적응력을 가지고 있기 때문에
D 会吸收别人的情绪	**D 다른 사람의 감정을 흡수하기 때문에**

공략 어휘 '海绵(스펀지)'의 의미를 알지 못하더라도 뒤에 이어지는 문장에서 다른 사람의 감정을 흡수한다는 내용이 등장하므로 정답 D를 찾을 수 있다. 특정 어휘나 문장의 의미를 파악하는 문제는 앞뒤 문맥에 주의해야 한다.

어휘 疾病 jíbìng 명 질병 | 适应性 shìyìngxìng 명 적응력, 적응성

76. HSK POINT 어휘의 의미 파악 | 난이도 上

第3段中的“打成一片”，是什么意思?	세 번째 단락에서 '打成一片'은 어떤 의미인가?
A 争论	A 논쟁하다
B 打架	B 싸우다
C 搞好关系	**C 관계를 좋게 하다**
D 相互支持	D 서로 지지하다

공략 지문에서 정답을 찾는 것이 아니라 유추를 해야 하는 문제이므로 정확한 의미 파악이 중요하다. 친구의 스트레스를 흡수하는 것은 싸우거나 논쟁을 하기 위한 것이 아니기 때문에 A와 B는 정답이 아니다. 지문에서 동료의 스트레스를 일방적으로 흡수하는 내용만 나오고 상대가 나의 마음을 이해하거나 지지해 준다는 내용은 없으므로 D도 정답은 아니다. 상대와의 관계를 좋게 한다는 C가 정답이다.

어휘 争论 zhēnglùn 동 논쟁하다 | ★打架 dǎjià 동 싸우다 | 搞好 gǎohǎo 동 잘 해내다 | ★支持 zhīchí 동 지지하다

77. HSK POINT 보기를 통해 상세 정보 대조 | 난이도 上

根据第4段，下列哪项正确?	네 번째 단락에서 다음 중 옳은 것은?
A 人的思维方式很难改变	A 사람의 사고 방식은 바꾸기 어렵다
B 身体语言与性别有关	B 신체 언어와 성별은 관계가 있다
C “二手压力”绝不能消除	C '간접 스트레스'는 해소할 수 없다
D 女性更容易受他人影响	**D 여성은 더 쉽게 다른 사람의 영향을 받는다**

공략 보기의 주어를 중심으로 세부 내용을 대조하여 문제를 푼다. 보기를 먼저 파악하고 네 번째 단락과 대조하여 정답을 고르도록 한다. '她们往往更容易与他人产生共鸣(여성들은 더 쉽게 타인과 공감대를 만든다)'로 미루어 정답은 D이다.

어휘 ★消除 xiāochú 동 해소하다

78. HSK POINT 제목 찾기 | 난이도 中

最适合做上文标题的是：	윗글의 제목으로 가장 적합한 것은?
A 倾听的力量	A 경청의 힘
B 海绵效应	B 스펀지 효과
C 会传染的压力	**C 전염되는 스트레스**
D 你能读身体语言吗?	D 당신은 신체 언어를 읽을 수 있나?

공략 지문에서는 타인의 부정적인 감정에 전염된다는 내용이 단락마다 등장하기 때문에 전체 맥락을 파악하면 정답은 C이다. '海绵效应(스펀지 효과)'는 언급된 적이 없으므로 정답이 아니다.

어휘 ★倾听 qīngtīng 동 경청하다 | 效应 xiàoyìng 명 효과

[79-82]

一对好朋友在沙漠旅行中吵了一架，其中一人一气之下打了同伴一个耳光。被打的人愣了半天，最后却没有说话，只是在沙子上写下：今天我的好朋友打了我一个耳光。

经过长途跋涉，他们终于踏上了绿洲。看到清澈的河水，两人兴奋极了，摇摇晃晃地向河边走去。但由于天气炎热，再加上饥渴和劳累，他们的身体承受力已经到了极限，79刚到河边，被打了耳光的那个人便一头栽进了河里。另一个人赶忙上前，费了很大力气才将他救起。被打的那个人醒来后，拿着刀在石头上刻下：今天我的好朋友救了我一命。（~목숨을 구하다）朋友不明白："80为什么我打了你，你写在沙子上；我救了你，你却刻在石头上呢？"那人笑了笑，回答："把朋友的伤害写在沙子上，风会很快吹平它；把朋友的帮助刻在石头上，可以经得起时间的考验。"

生活中，人们常常会陷入一个怪圈（딜레마에 빠지다）：81因为是朋友，便将他的付出和给予视为（A를 B로 보다）理所当然，少了感激；因为是朋友，便把他的错误看成（A를 B로 보다）不可原谅，多了苛责。其实，朋友间难免会产生矛盾、误会（마찰이 / 오해가 생기다）甚至是伤害，但这种伤害往往是无心的，如果因为这种无心的伤害而失去彼此，那将不仅是遗憾，而且是悲哀（A일 뿐만 아니라, B이기도 하다）。82忘记朋友的伤害，铭记朋友的关爱，珍惜身边的朋友吧。

친한 친구 둘이 사막에서 여행을 하는 중 다퉜다. 그 중 한 친구가 홧김에 또 다른 친구의 뺨을 때렸다. 맞은 친구는 한참을 멍하게 있다 아무 말 없이 모래 위에 글을 썼다. '오늘 내 친한 친구가 내 뺨을 때렸다.'

오랜 여정을 거쳐 그들은 마침내 오아시스에 도착했다. 깨끗한 강물을 보고 두 사람은 흥분했고 비틀거리며 강가로 갔다. 그러나 무더운 날씨에 허기와 피곤이 더해져 체력이 한계에 이르렀고 79강가에 도착하자마자 뺨을 맞은 친구는 강에 곤두박질쳤다. 또 다른 친구가 재빠르게 가서 있는 힘껏 그를 끌어올려 구했다. 뺨을 맞은 친구가 깨어난 후, 칼을 들고 돌에 새겼다. '오늘 내 친한 친구가 내 목숨을 구했다.' 친구가 납득이 되지 않아 물었다. "80왜 내가 너를 때렸을 때는 모래 위에 적고, 내가 너를 구했을 때는 돌에 새긴 거야?" 그 친구는 웃으며 대답했다. "친구가 준 상처를 모래 위에 쓰면 바람이 그것을 불어 없앨 것이고, 친구의 도움을 돌 위에 새기면 시간이라는 시련을 견뎌낼 것이기 때문이야."

생활에서 사람들은 항상 다음과 같은 딜레마에 빠진다. 81친구이기 때문에 그들이 수고한 것과 준 것은 당연하게 여기며 감격하는 경우가 드물고, 친구이기 때문에 그들의 실수는 용서할 수 없는 것으로 여기며 가혹하게 질책한다. 사실, 친구 사이에는 갈등과 오해를 피하기 어렵고 심지어 상처를 주기도 하지만, 이런 상처는 종종 무심결에 발생하는 것이다. 만약 이런 별 의도 없는 상처 때문에 서로를 잃게 되면 그것은 안타까운 일일뿐 아니라 슬픈 일이다. 82친구의 상처는 잊고 친구의 관심은 기억하고, 곁에 있는 친구를 소중히 여기자.

어휘 沙漠 shāmò 명 사막 | ★吵架 chǎojià 동 말다툼하다 | 一气之下 yíqì zhī xià 홧김에 | ★同伴 tóngbàn 명 친구, 짝 | 耳光 ěrguāng 명 뺨 | 愣 lèng 동 멍해지다 | 沙子 shāzi 명 모래 | 长途 chángtú 형 장거리의 | 跋涉 báshè 동 고생스럽게 먼 길을 가다 | 踏上 tàshàng ~에 오르다 | 绿洲 lǜzhōu 명 오아시스 | 清澈 qīngchè 형 맑고 투명하다 | 河水 héshuǐ 명 강물 | ★兴奋 xīngfèn 형 흥분하다 | 摇晃 yáohuàng 동 흔들리다 | ★炎热 yánrè 명 무덥다 | ★再加上 zàijiāshàng 부 게다가 | ★饥渴 jīkě 형 배고프고 목마르다 | ★劳累 láolèi 형 기진맥진하다 | 承受力 chéngshòulì 명 부담을 이겨내는 능력 | 极限 jíxiàn 명 극한, 한계 | 栽进 zāijìn 곤두박질치다, 처박히다 | 赶忙 gǎnmáng 부 서둘러 | 费大力气 fèi dà lìqi 큰 힘을 들이다 | ★救 jiù 동 구하다 | 醒来 xǐnglái 동 깨어나다 | 刀 dāo 명 칼 | 刻 kè 동 새기다 |

救…命 jiù…mìng ~목숨을 구하다 | ★伤害 shānghài 동 상처를 주다 | 经得起 jīng de qǐ 동 이겨내다 | 考验 kǎoyàn 명 시련 | 陷入 xiànrù 동 빠지다 | 怪圈 guàiquān 명 악순환 | 陷入…怪圈 xiànrù…guàiquān 딜레마에 빠지다 | ★将 jiāng 개 ~을 | ★付出 fùchū 동 지불하다 | 给予 jǐyǔ 동 주다 | ★视为 shìwéi ~으로 보다 | 将A视为B jiāng A shìwéi B A를 B로 보다 | 理所当然 lǐ suǒ dāng rán 성 당연하다 | 感激 gǎnjī 동 감격하다 | 把A看成B bǎ A kànchéng B A를 B로 보다 | ★错误 cuòwù 명 잘못 | 原谅 yuánliàng 동 용서하다 | 苛责 kēzé 동 심하게 비난하다 | ★矛盾 máodùn 명 갈등 | ★误会 wùhuì 명 오해 | 无心 wúxīn 동 무심코 ~하다 | ★彼此 bǐcǐ 대 피차, 서로 | 不仅A，而且B bújǐn A, érqiě B A일 뿐만 아니라, B이기도 하다 | 遗憾 yíhàn 동 유감이다 | 悲哀 bēi'āi 명 슬픔, 비애 | 铭记 míngjì 동 깊이 새기다 | 关爱 guān'ài 동 관심을 갖고 돌보다 | ★珍惜 zhēnxī 동 소중히 여기다

79. HSK POINT 특정 인물의 행동 파악 난이도 中

两人到了河边后：	두 사람이 강가에 도착한 후 어떠했나?
A 看到河水干了	A 강물이 마른 것을 봤다
B 行李被偷走了	B 여행 짐을 도난 당했다
C 被打的人掉进了河里	**C 맞은 사람이 강에 곤두박질쳤다**
D 又打架了	D 또 싸웠다

공략 두 사람이 강가에 도착하는 단락에서 주어와 술어에 유의하며 문제를 풀어야 한다. '刚到河边，被打了耳光的那个人便一头栽进了河里(강가에 도착하자마자 뺨을 맞은 친구는 강에 곤두박질쳤다)'로 미루어 정답은 C이다.

어휘 ★行李 xíngli 명 여행짐

80. HSK POINT 원인을 묻는 문제 난이도 中

被打的人为什么要在石头上刻字？	맞은 사람은 왜 돌 위에 글자를 새겼나?
A 希望吸引朋友的眼光	A 친구의 눈길을 끌려고
B 附近没有沙子	B 근처에 모래가 없어서
C 要记住朋友的帮助	**C 친구의 도움을 기억하려고**
D 要记住朋友的伤害	D 친구가 준 상처를 기억하려고

공략 친구가 상처를 줄 때 모래에 새기고, 물에 빠진 자신을 구해줬을 때 돌에 새기는 것은 그것을 기억하기 위함이므로 정답은 C이다. 모래와 돌을 대조하면서 '经得起时间的考验(시간이라는 시련을 견뎌내다)'라는 말의 의미를 음미하면 정답을 찾을 수 있다.

어휘 ★吸引 xīyǐn 동 끌어당기다 | 眼光 yǎnguāng 명 눈길

81. HSK POINT 어휘의 의미 파악 | 난이도 上

第3段中的"怪圈"指的是:	세 번째 단락에서 '怪圈'은 무슨 뜻인가?
A 对朋友要求过高	**A 친구에 대한 요구가 높다**
B 对朋友关心太少	B 친구에 대한 관심이 너무 적다
C 很少和朋友沟通	C 친구와 소통을 잘 하지 않는다
D 亲情比爱情更重要	D 가족 간의 사랑이 남녀 간의 사랑보다 중요하다

공략 밑줄 친 어휘에서 이어지는 문장의 친구가 주는 것은 당연하게 여기고, 친구의 잘못은 용서하지 못한다는 내용을 보면 정답은 A이다. 보기의 내용을 그대로 대조해서 정답을 고르는 것이 아니라, 의미를 파악해야 정답을 고를 수 있다.

어휘 ★亲情 qīnqíng 명 혈육의 정 | ★爱情 àiqíng 명 남녀 간의 사랑

82. HSK POINT 주제 찾기 | 난이도 上

上文主要谈什么?	윗글에서 주로 이야기하는 것은?
A 努力付出不一定能回报	A 노력해서 대가를 치룬다고 반드시 보답을 받는 것은 아니다
B 朋友的相处之道	**B 친구 간의 도리**
C 如何表达感激之情	C 감사를 표현하는 방법
D 如何让你的旅行更安全	D 더욱 안전하게 여행하는 방법

공략 주제는 보통 마지막 단락을 읽으면 찾을 수 있다. 친구의 도움은 기억하고 친구가 준 상처는 잊는다고 했으므로 주제는 친구 간의 도리이며 정답은 B이다.

어휘 ★回报 huíbào 동 보답하다 | ★相处 xiāngchǔ 동 함께 지내다

[83-86]

85南北朝时期有位著名的画家叫张僧繇，他笔下的飞禽走兽栩栩如生，令人拍手叫绝。据说，83他曾在墙壁上画过两只鹰，(在…上: ~위에) 吓得一些小鸟从此不敢在屋檐下做窝。他画的龙更是活灵活现。86成语"画龙点睛"便出自关于他的传说。	85남북조 시기에 장승요(张僧繇)라는 유명한 화가가 있었는데, 그가 그린 동물은 살아있는 것처럼 생동감이 넘쳐서 사람들의 칭찬이 자자했다. 83한번은 그가 벽에 독수리 두 마리를 그렸는데, 작은 새들이 무서워서 그때부터 처마 밑에 둥지를 틀지 못했다. 그가 그린 용은 더 생생했는데, 86성어 '화룡점정'이 바로 그의 전설로부터 나왔다.

有一年，张僧繇在安乐寺的墙壁上画龙，人们听说了，便奔走相告，争着前去看个究竟。在安乐寺里，张僧繇不到半天功夫就画好了四条龙。可这些龙都没有眼睛，众人好奇地问他："为什么不给龙画上眼睛呢?" 张僧繇解释说："眼睛是整条龙的关键，画上眼睛，龙有了精神，就会飞走了。" 大家听了都不相信，认为这话过于荒诞，一定要他给龙画上眼睛试试。张僧繇没有办法，只好拿起笔来给其中两条龙画上了眼睛。刹那间，电光闪闪，雷声轰鸣，84画上眼睛的两条龙破壁飞去。人们都被这突如其来的情景吓呆了，等到定下神来，那两只龙早已飞得无影无踪，墙壁上只剩下两条没画上眼睛的龙。

(有了…就: ~있자마자, ~하다)

86后来人们就用"画龙点睛"这个成语比喻写作或说话时在关键地方加上精辟的语句，使内容更加生动传神。

(用…比喻: ~을 사용하여 비유하다)

어느 해에 장승요가 안위에서 사찰 벽에 용을 그렸는데, 사람들이 그 소식을 듣고 두루 다니며 소식을 전해 사람들이 앞다투어 보러 왔다. 안위에서 사찰에서 장승요는 반나절도 안 되어 용 네 마리를 그렸다. 그런데 이 용들은 모두 눈이 없었다. 사람들이 궁금해서 그에게 물었다. "왜 용의 눈을 그리지 않았나요?" 그가 설명하며 말했다. "눈은 용 전체의 핵심입니다. 눈을 그리면 용이 깨어나 날아가 버릴 겁니다." 사람들이 듣고 믿지 않으며, 이 말을 몹시 황당하다고 여겨 그에게 반드시 눈을 그려보라고 했다. 장승요가 어쩔 수 없이 붓을 들어 그 중 용 두 마리에 눈을 그렸다. 그 순간 천둥 번개가 치고 우레와 같은 소리가 나면서 84눈을 그려 넣은 용 두 마리가 날아갔다. 사람들은 갑작스러운 일에 어안이 벙벙했다. 정신을 차리고 보니 이미 용 두 마리는 자취를 감추었고, 눈이 없는 용 두 마리만 남아 있었다.

86훗날 사람들은 '화룡점정'을 글을 쓰거나 말을 할 때 핵심이 되는 부분에 날카로운 어구를 더하여 내용을 더 생동감 있게 만든다는 뜻으로 사용하게 되었다.

어휘 南北朝 nánběicháo 명 남북조 | 张僧繇 Zhāng Sēngyáo 고유 장승요(인명) | 笔下 bǐxià 붓 아래에서 | 飞禽走兽 fēiqín zǒushòu 명 날짐승과 들짐승 | 栩栩如生 xǔ xǔ rú shēng 성 마치 살아있는 듯하다 | ★令 lìng 동 ~하게 하다 | 拍手叫绝 pāishǒu jiàojué 손뼉을 치며 칭찬하다 | 据说 jùshuō 동 말하는 바에 따르면 ~라 한다 | 在…上 zài…shàng ~위에 | 墙壁 qiángbì 명 벽 | 鹰 yīng 명 독수리 | ★吓 xià 동 무서워하다 | ★不敢 bùgǎn 동 감히 ~하지 못하다 | 屋檐 wūyán 명 처마 | 窝 wō 명 둥지 | 活灵活现 huó líng huó xiàn 성 매우 생동감이 있다 | ★成语 chéngyǔ 명 성어 | 画龙点睛 huà lóng diǎn jīng 성 화룡점정(가장 중요한 부분을 완성하다) | ★出自 chūzì 동 ~로부터 나오다 | 传说 chuánshuō 명 전설 | 奔走相告 bēn zǒu xiāng gào 성 급히 알려주다 | 争着 zhēngzhe 앞다투어 ~을 하다 | 究竟 jiūjìng 명 결말, 자초지종 | ★众人 zhòngrén 명 여러 사람 | ★解释 jiěshì 동 설명하다 | ★关键 guānjiàn 명 관건, 핵심 | 有了…, 就… yǒule…, jiù… ~있자마자 ~하다 | 荒诞 huāngdàn 형 황당하다 | 刹那间 chànàjiān 순식간에 | 电光闪闪 diànguāng shǎnshǎn 번개가 번쩍거리다 | 雷声轰鸣 léishēng hōngmíng 천둥 소리가 요란스럽게 울리다 | 突如其来 tū rú qí lái 성 갑자기 발생하다 | 情景 qíngjǐng 명 광경 | 吓呆 xiàdāi 동 멍해지다 | ★早已 zǎoyǐ 부 진작에 | 无影无踪 wú yǐng wú zōng 성 자취를 감추다 | ★剩下 shèngxià 동 남다 | 用…比喻 yòng…bǐyù ~을 사용하여 비유하다 | 精辟 jīngpì 형 날카롭다 | 生动 shēngdòng 형 생동감이 있다 | 传神 chuánshén 형 생생하다

83. HSK POINT 원인을 묻는 문제 난이도 中

小鸟为什么不敢在屋檐下做窝?	작은 새는 왜 감히 처마 밑에 둥지에 틀지 못하는가?
A 害怕张僧繇	A 장승요가 두려워서
B 屋檐太狭窄	B 처마가 너무 좁아서
C 总有人打扰	C 항상 괴롭히는 사람이 있어서
D 以为见到了真的鹰	**D 진짜 독수리라고 생각해서**

공략 지문에 따르면 장승요가 벽에 독수리 두 마리를 그렸는데 새가 놀라서 감히 둥지를 틀지 못했다고 한다. 이것은 독수리가 살아있는 것 같았기 때문이다. '他画的龙更是活灵活现(그가 그린 용은 더 생생하다)'로 미루어 정답은 D이다.

어휘 ★害怕 hàipà 동 두려워하다 | 狭窄 xiázhǎi 형 좁다 | ★打扰 dǎrǎo 동 방해하다 | ★以为 yǐwéi 동 ~라고 (잘못) 생각하다

84. HSK POINT 보기를 통해 상세 정보 대조 난이도 中

根据第2段，下列哪项正确?	두 번째 단락에 근거해서 다음 중 옳은 것은?
A 张僧繇撒谎了	A 장승요는 거짓말을 했다
B 龙被张僧繇吓跑了	B 용은 장승요 때문에 놀라서 도망갔다
C 画上眼睛的龙飞走了	**C 눈을 그려 넣은 용이 날아가 버렸다**
D 墙上一条龙也没有了	D 벽에는 한 마리의 용도 남지 않았다

공략 보기의 주어와 술어를 지문과 대조하여 답을 고른다. 네 마리의 용을 그렸는데, 눈을 그린 두 마리의 용이 날아가서 벽에는 용 두 마리가 남아 있게 됐다고 했으므로 D는 답이 아니다. 정답은 C이다.

어휘 撒谎 sāhuǎng 동 거짓말하다 | 吓跑 xiàpǎo 동 놀라 도망가다

85. HSK POINT 보기를 통해 상세 정보 대조 난이도 中

关于张僧繇，可以知道什么?	장승요에 관해서 알 수 있는 것은?
A 擅长绘画	**A 그림을 그리는 데 능통하다**
B 写作技术很高	B 글 쓰는 기술이 뛰어나다
C 能与飞禽走兽交流	C 짐승과 소통할 수 있다
D 喜欢开玩笑	D 농담하는 것을 좋아한다

공략 장승요가 독수리나 용을 살아 있는 것처럼 생동감 있게 그린다는 사실로 미루어 정답은 A이다. 지문 초반에 장승요가 유명한 화가라고 언급했었다.

어휘 开玩笑 kāi wánxiào 동 농담하다

86. HSK POINT 주제 찾기 난이도 中

上文主要讲的是：	윗글에서 주로 이야기하는 것은?
A 绘画技巧	A 회화의 기술
B 关于龙的传说	B 용에 관한 전설
C 张僧繇勤学苦练的故事	C 장승요가 열심히 배우고 익힌 이야기
D 成语“画龙点睛”的由来	**D 성어 '화룡점정'의 유래**

공략 지문의 도입부와 말미를 보면 이 글의 주제는 '화룡점정'의 유래이다. 정답은 D이다.

어휘 绘画 huìhuà 명 회화 | 技巧 jìqiǎo 명 기교 | 苦练 kǔliàn 동 열심히 연습하다 | ★由来 yóulái 명 유래

[87-90]

在日常生活中，谁都有不小心打碎东西的时候，但极少有人会去研究这些碎片中的学问。有位物理学家却从花瓶的碎片中发现了这样一个规律：将打碎后的物体碎片按重量级的数量分类，不同的重量级间会表现出统一的倍数关系。例如，被打碎的花瓶，**87**最大的碎片与次大的碎片重量比是16:1，次大的与第三大的碎片间的重量比也是16:1。这就是著名的“碎花瓶理论”。

(从……中: ~에서부터)

物理学家进一步研究发现，不同形状的物体，这个重量比是不同的。对于花瓶或茶杯状的物体，这个倍数约为16，**89**棒状物体约为11，球状物体则约为40。**88**更重要的是，这个倍数与物体的材料无关，即使是一块儿冻豆腐摔碎了，也会遵循这个规律。

(与……无关: A와 B는 관계가 없다 / 即使……也……: 설령 A일지라도 B하다)

由此可知，只要有同一物体的部分碎片就能求出这个倍数，从而可以推测出物体破碎前的大概形状。目前，“**90**碎花瓶理论”在恢复文物原貌、推测陨石形状等工作中有特别的用处，它给这些原来全凭经验和想象的工作提供了理论依据。

(只要……就……: A하기만 하면 B하다 / 给……提供……: A에게 B를 제공하다)

일상생활에서 누구나 부주의해서 물건을 깨뜨릴 때가 있다. 하지만 이 파편 조각에 관한 법칙을 연구하는 사람은 거의 없다. 하지만 물리학자들은 꽃병의 파편에서 다음과 같은 규칙을 발견했다. 깨진 물체의 파편을 무게에 따라 분류하면, 다양한 중량의 파편에서 일정한 배수 관계가 나타난다. 예를 들어 깨진 꽃병은 **87**가장 큰 파편과 그 다음으로 큰 파편과의 중량 비율이 16대 1이다. 두 번째 파편과 세 번째로 큰 파편 간의 중량 비율도 16대 1이다. 이것이 유명한 '깨진 꽃병 이론'이다.

물리학에서 한층 심도 있는 연구를 통해 형태가 다른 물체는 중량비가 다르다는 사실을 발견했다. 꽃병이나 찻잔 형태의 물체는 이 비율이 16이고, **89**막대기 형태는 11, 구형은 40이다. **88**더 중요한 것은 이 배수는 물체의 재료와는 무관하다는 것이다. 냉동 두부를 깨뜨려도 이 규칙을 따른다.

이를 통해 알 수 있는 것은 동일한 물체의 파편에서 이 배수를 찾아낸다면 물체가 부서지기 전 대략적인 형태를 추측할 수 있다는 것이다. 현재, '**90**깨진 꽃병 이론'은 문물의 원형을 복구하거나, 운석의 형태를 추측하는 작업에서 사용된다. 그것은 원래 경험이나 상상에만 의존하는 작업에 이론적 근거를 마련해 줬다.

어휘 不小心 bùxiǎoxīn 부주의하다 | ★打碎 dǎsuì 동 부수다 | ★极少 jíshǎo 지극히 적다 | 碎片 suìpiàn 명 파편 | 学问 xuéwen 명 학문 | 物理学 wùlǐxué 명 물리학 | 从…中 cóng…zhōng ~에서부터 | 花瓶 huāpíng 명 꽃병 | 重量级 zhòngliàngjí 명 중량급 | 数量 shùliàng 명 수량 | ★分类 fēnlèi 동 분류하다 | 统一 tǒngyī 형 일치된 | 倍数关系 bèishù guānxi 명 배수 관계 | ★例如 lìrú 동 예를 들다 | 次大 cìdài 그 다음으로 크다 | ★著名 zhùmíng 형 유명하다 | ★理论 lǐlùn 명 이론 | ★形状 xíngzhuàng 명 외관, 모양 | 物体 wùtǐ 명 물체 | 茶杯状 chábēizhuàng 명 찻잔 형태 | 棒状 bàngzhuàng 막대기 형태 | 约为 yuēwéi 대략 ~이다 | 球状 qiúzhuàng 명 구형 | 则 zé 부 즉, 바로 | ★A与B无关 A yǔ B wúguān A와 B는 관계가 없다 | 材料 cáiliào 명 재료 | ★即使A, 也B jíshǐ A, yě B 설령 A일지라도 B하다 | 一块儿 yíkuàir 한 덩어리 | 冻豆腐 dòng dòufu 명 냉동 두부 | 摔碎 shuāisuì 동 깨뜨려 부수다 | 遵循 zūnxún 동 따르다 | 只要A就B zhǐyào A jiù B A하기만 하면 B하다 | 恢复 huīfù 동 회복하다 | 文物 wénwù 명 문물 | 原貌 yuánmào 명 원래 모양 | 推测 tuīcè 동 추측하다 | 陨石 yǔnshí 명 운석 | 用处 yòngchu 명 용도 | ★给A提供B gěi A tígòng B A에게 B를 제공하다 | 全凭 quánpíng 동 전적으로 의거하다 | ★经验 jīngyàn 명 경험 | ★想象 xiǎngxiàng 명 상상 | 依据 yījù 명 근거

87. HSK POINT 문제 속 핵심 어휘와 지문 대조 난이도 中

根据第1段，最大的花瓶碎片：	첫 번째 단락에 근거해서 가장 큰 꽃병 파편은 어떠했나?
A 太脆弱	A 너무 약하다
B 数量最少	B 수량이 가장 적다
C 形状最特别	C 모양이 가장 특이하다
D 重量是第二大的16倍	**D 중량이 두 번째로 큰 파편의 16배이다**

공략 문제에서 언급된 '最大的花瓶碎片(가장 큰 꽃병 파편)'이 나오는 단락의 문장을 찾자. '最大的碎片与次大的碎片重量比是16:1(가장 큰 파편과 그 다음으로 큰 파편과의 중량 비율은 16:1이다)'를 통해서 가장 큰 꽃병의 파편은 두 번째로 큰 파편 중량의 16배임을 알 수 있기 때문에 정답은 D이다.

어휘 脆弱 cuìruò 형 연약하다

88. HSK POINT 문제 속 핵심 어휘와 지문 대조 난이도 上

第2段中，举"冻豆腐"的例子是为了说明：	두 번째 단락에서 '冻豆腐'를 예로 들어 설명하려는 것은?
A 碎花瓶理论没有道理	A 깨진 꽃병 이론은 일리가 없다
B 重量比不受材料影响	**B 중량비는 재료의 영향을 받지 않는다**
C 碎片形状和重量比无关	C 파편의 형태와 중량비는 관계가 없다
D 重量比与温度有一定关系	D 중량비는 온도와 일정한 관계가 있다

공략 문제에서 언급된 '冻豆腐(냉동 두부)' 부분을 찾으면 쉽게 정답을 고를 수 있다. '更重要的是，这个倍数与物体的材料无关，即使是一块儿冻豆腐摔碎了，也会遵循这个规律(더 중요한 것은 이 배수는 물체의 재료와는 무관하다는 것이다. 냉동 두부를 깨뜨려도 이 규칙을 따른다)'로 미루어 정답은 B이다.

어휘 ★道理 dàolǐ 명 일리

89. HSK POINT 보기를 통해 상세 정보 대조 난이도 中

关于碎花瓶理论，下列哪项正确?	깨진 꽃병 이론에 관해 다음 중 옳은 것은?
A 缺少理论支持	A 이론적 근거가 부족하다
B 对气候条件要求高	B 기후 조건에 대한 요구가 높다
C 很多人提出反对意见	C 많은 사람이 반대의 의견을 내놓았다
D 棒状物体重量比约为11:1	D 막대기 형태 물체의 중량비는 11대 1이다

공략 세부 사항을 묻는 문제는 주어를 중심으로 지문과 대조하여 정답을 고른다. 깨진 꽃병 이론은 상상과 경험에 이론적 근거를 마련해 주었기 때문에 A는 정답이 아니다. 기후에 대한 언급도 없기 때문에 B도 정답이 아니며, 찬성과 반대에 대한 언급은 없었기 때문에 C 역시 정답이 아니다. D의 경우는 수치가 등장했기 때문에 지문과 쉽게 대조할 수 있다. 정답은 D이다.

어휘 ★缺少 quēshǎo 동 부족하다 | ★支持 zhīchí 동 지지하다 | 气候 qìhòu 명 기후 | 条件 tiáojiàn 명 조건 | ★提出 tíchū 동 꺼내다

90. HSK POINT 유사 표현으로 의미 유추 난이도 上

第3段主要介绍的是碎花瓶理论的:		세 번째 단락이 주로 소개하는 것은 깨진 꽃병 이론의 무엇인가?	
A 碎片的种类	B 实验条件	A 파편의 종류	B 실험 조건
C 应用价值	D 理论依据	C 응용 가치	D 이론 근거

공략 세 번째 단락에서 깨진 꽃병 이론이 언급된 문장의 어휘 '用处'는 꽃병 이론의 용도나 사용처라는 뜻으로 유사한 표현을 고르면 정답은 C이다.

어휘 ★应用 yìngyòng 동 응용하다

新 HSK 5급 합격모의고사 书写

第一部分

91. HSK POINT 让겸어문 난이도 中

大家　让　很佩服　乐观精神　他的

공략 **STEP 01. 품사 분석**

大家	让	很佩服	乐观精神	他的
인칭대명사	동사	정도부사+형용사	형용사+명사	인칭대명사+구조조사

STEP 02. 짝짓기

的+명사 → 他的+乐观精神

STEP 03. 술어와 목적어 결합

让	+	大家	+	很佩服
술어1		목적어		술어2

STEP 04. 문장 완성

정답 他的乐观精神让大家很佩服。
그의 낙천적인 정신은 모든 사람들을 감탄하게 만들었다.

▶ 겸어문이란 '주어+겸어 동사(让/叫/请/使)+목적어+술어' 형식의 문장으로 첫 번째 겸어 동사의 목적어가 두 번째 동사의 주어를 겸하면서 행위의 주체가 되는 문장이다. '让' 뒤에는 사람 목적어가 자주 오며, 그 뒤에는 사람 목적어의 행위, 동작이 온다.

어휘 ★佩服 pèifú 동 탄복하다 | 乐观 lèguān 형 낙천적이다

! 오답 풀이

大家让他的乐观精心很佩服。(X) ➔ 他的乐观精神让大家很佩服。(O)

让겸어문에서 让뒤에 오는 목적어는 술어의 주체가 되어야 한다. 감탄한 주체는 '大家(모두)'이지 '他的乐观精神(그의 낙천적인 정신)'이 아니므로 이 문장은 틀렸다.

92. **HSK POINT** 부사 曾经의 위치 | 난이도 中

做过　　电视台的　　曾经　　我　　主持人

공략 **STEP 01. 품사 분석**

做过	电视台的	曾经	我	主持人
동사+동태조사	명사+구조조사	부사	인칭대명사	명사

STEP 02. 짝짓기

① 的+명사 → 电视台的+主持人

② 부사+동사 술어 → 曾经+做过

STEP 03. 술어와 목적어 결합

做过 (술어) + 电视台的主持人 (목적어)

STEP 04. 문장 완성

정답 我曾经做过电视台的主持人。
나는 일찍이 방송국 진행자를 맡아 본 적이 있다.

▶ 중국어의 기본 어순은 '주어+부사어(부사/조동사/개사구)+술어'이다. 부사 '曾经(일찍이)'는 시간부사로 '동사+过'와 호응 관계를 이루는 경우가 많다.

어휘 电视台 diànshìtái 명 방송국 | ★曾经 céngjīng 부 일찍이 | ★主持人 zhǔchírén 명 진행자

93. **HSK POINT** 동사 得到와 목적어의 호응 관계 | 난이도 中

方案　　得到了　　这个　　专家的认可

공략 **STEP 01. 품사 분석**

方案	得到了	这个	专家的认可
명사	동사+동태조사	지시대명사+양사	명사+구조조사+명사

STEP 02. 짝짓기

지시대명사+양사+명사 → 这个+方案

STEP 03. 술어와 목적어 결합

得到了	+	专家的认可
술어		목적어

STEP 04. 문장 완성

정답 这个方案得到了专家的认可。
이 방안은 전문가의 인정을 받았다.

▶ 술어가 동사인 경우에는 호응하는 명사 목적어를 찾는다. '得到(얻다)'는 긍정적인 의미의 명사와 호응을 이루는 동사로 '认可(인정)'과 같은 목적어와 주로 호응을 이룬다.

어휘 ★方案 fāng'àn 명 방안 | 得到 dédào 동 얻다 | ★认可 rènkě 동 인정하다, 인가하다

94. HSK POINT 동량보어 一下 난이도 中

请您　　个人　　一下　　信息　　填写

공략

STEP 01. 품사 분석

请您	个人	一下	信息	填写
동사+명사	명사	양사	명사	동사

STEP 02. 짝짓기

① 동사 술어+보어 → 填写+一下

② 명사 호응 → 个人+信息

STEP 03. 술어와 목적어 결합

填写一下	+	个人信息
술어		목적어

STEP 04. 문장 완성

정답 请您填写一下个人信息。
개인 정보를 기입하세요.

▶ '一下(좀, 약간)'은 동작의 횟수를 나타내는 동량보어로 동사 뒤에 쓰여 '한번 ~해보다'라는 뜻을 나타낸다. 또한 동사 '填写(기입하다)'는 명사 '个人信息(개인 정보)'와 호응을 이룬다. '请'은 주어가 생략된 상태로 많이 사용되기 때문에 그 행동의 주체와 행동을 순서대로 써주면 된다.

어휘 ★信息 xìnxī 명 정보 | ★填写 tiánxiě 동 써 넣다, 기입하다

95. HSK POINT 구조조사 地 난이도 中

这张	记录了	生动地	当时的情景	照片

공략 **STEP 01. 품사 분석**

这张	记录了	生动地	当时的情景	照片
지시대명사+양사	동사+동태조사	형용사+구조조사	명사+구조조사+명사	명사

STEP 02. 짝짓기

① 지시대명사+양사+명사 → 这张照片

② 地+동사 술어 → 生动地记录了

STEP 03. 술어와 목적어 결합

记录了 (술어) + 当时的情景 (목적어)

STEP 04. 문장 완성

정답 这张照片生动地记录了当时的情景。

이 사진은 당시의 광경을 생동감 있게 기록했다.

▶ 구조조사 '地'는 형용사를 부사어로 바꿔 동사를 수식하는 역할을 한다. 그래서 일반적으로 '地'를 동반한 부사어는 동사 앞에 놓인다. 또 '지시사+양사' 뒤에는 명사를 놓는다.

어휘 ★记录 jìlù 동 기록하다 | ★情景 qíngjǐng 명 광경 | 照片 zhàopiàn 명 사진

96. HSK POINT 동사+개사구 보어 于 난이도 中

1978年	正式	历史展览馆	建成于

공략 **STEP 01. 품사 분석**

1978年	正式	历史展览馆	建成于
시간명사	부사	명사	동사+개사

STEP 02. 짝짓기

① 于+시간/장소 → 建成于+1978年

② 부사+동사 술어 → 正式+建成于

STEP 03. 술어와 목적어 결합

建成于	+ 1978年
술어	보어(목적어가 없는 문장임)

STEP 04. 문장 완성

정답 历史展览馆正式建成于1978年。
역사 전시관은 1978년에 정식으로 건립됐다.

▶ 개사 '于'는 동사 바로 뒤에 오며, '于' 뒤에는 보통 시간과 장소가 온다. 이때 '于'는 개사구 보어를 이끈다. '建于(~에 세워졌다)', '善于(~에 능통하다)', '位于(~에 위치하다)' 등의 상용어구를 익혀 두자.

어휘 正式 zhèngshì 형부 정식의, 정식적으로 | ★历史 lìshǐ 명 역사 | 展览馆 zhǎnlǎnguǎn 명 전시관 | ★建成 jiànchéng 동 건설하다 | ★于 yú 개 ~에

! 오답 풀이

1978年历史展览馆正式建成于。(X) ➔ 历史展览馆正式建成于1978年。(O)

보통 시간명사가 문장 앞에 등장하는 경우가 많아서 헷갈리기 쉽다. 그러나 '于'의 용법을 알고 있다면 '于' 뒤에 '1978年(1978년)'을 놓아야 한다.

97. HSK POINT 연동문 난이도 中

许多　　平衡　　动物　　靠尾巴　　控制

공략 **STEP 01.** 품사 분석

许多	平衡	动物	靠尾巴	控制
형용사	명사	명사	동사+명사	동사

STEP 02. 짝짓기

수량을 나타내는 형용사+명사 → 许多+动物

STEP 03. 술어와 목적어 결합

控制	+ 平衡
술어	목적어

STEP 04. 문장 완성

정답 许多动物靠尾巴控制平衡。
많은 동물이 꼬리에 의지해서 균형을 맞춘다.

▶ 연동문은 술어가 둘 이상인 문장을 말하며 크게 두 가지 종류로 나눌 수 있다. 하나는 동작의 선후 관계를 나타내는 연동문이고, 다른 하나는 '특정 수단/방법+동작'형태로 수단이나 방식을 나타내는 연동문이다. 위 문장은 '靠尾巴(꼬리에 의지하다)'가 방법이 되기 때문에 '控制平衡(균형을 맞추다)' 앞에 놓으면 된다.

어휘 许多 xǔduō 형 매우 많다 | 平衡 pínghéng 명 균형 | ★靠 kào 동 기대다 | 尾巴 wěiba 명 꼬리 | ★控制 kòngzhì 동 제어하다

98. HSK POINT 개사为 및 동사 办理와 목적어의 호응 관계 난이도 上

公司　　为员工　　伤害保险　　办理了

공략 **STEP 01. 품사 분석**

公司	为员工	伤害保险	办理了
명사	개사+명사	명사	동사+동태조사

STEP 02. 짝짓기

개사구+동사 술어 → 为员工办理了

STEP 03. 술어와 목적어 결합

办理了	+	伤害保险
술어		목적어

STEP 04. 문장 완성

정답 公司为员工办理了伤害保险。
회사는 직원을 위해 상해 보험을 처리했다.

▶ 중국어의 기본 어순인 '주어+부사어(부사/조동사/개사구)+술어'에서 개사구의 위치에 주의한다. 개사구는 술어 앞에 놓으면 된다. 또한 '办理(처리하다)'와 호응하는 명사 목적어는 '伤害保险(상해 보험)'이므로 호응 관계에 유의한다. 동사 '办理(처리하다)'는 '保险(보험)' 외에도 '业务(업무)', '手续(수속)' 등의 목적어와 호응 관계를 이룬다.

어휘 员工 yuángōng 명 직원 | 伤害保险 shānghài bǎoxiǎn 명 상해 보험 | ★办理 bànlǐ 동 처리하다

! 오답 풀이

1. 公司办理了伤害保险为员工。(X) ➜ 公司为员工办理了伤害保险。(O)

영어에서는 개사구가 술어 뒤에 놓이기 때문에 이를 중국어와 혼동하는 사람들이 많다. 중국어에서 개사구는 일반적으로 동사 앞에 온다.

2. 公司为员工伤害保险办理了。(X) ➜ 公司为员工办理了伤害保险。(O)

동사 '办理(처리하다)'와 명사 목적어 '伤害保险(상해 보험)'의 순서를 헷갈려서는 안 된다. 중국어에서는 일반적으로 동사 뒤에 목적어가 온다.

第二部分

99. HSK POINT 困难과 鼓励 등의 빈출 어휘 유의하기 난이도 上

外语　　进步　　困难　　灰心　　鼓励

공략

STEP 01. 제시어 분석하기

外语 wàiyǔ 명 외국어
进步 jìnbù 명동 진보, 진보하다
困难 kùnnan 명형 곤란, 곤란하다
灰心 huīxīn 동 낙심하다
鼓励 gǔlì 명동 격려, 격려하다

STEP 02. 활용 구문 떠올리기

外语 – 学习外语 : 외국어를 공부하다
掌握外语 : 외국어를 마스터하다
进步 – 终于进步了 : 결국 진보했다
得到进步 : 진보했다
困难 – 没有困难，就没有收获 : 어려움이 없으면 얻는 것도 없다
遇到困难 : 어려움을 만나다
灰心 – 不要灰心 : 상심하지 마
并不灰心 : 실망하지 않는다
鼓励 – 得到朋友的鼓励 : 친구의 격려를 얻었다
我鼓励他 : 내가 그를 격려했다

STEP 03. 개요 짜기

1 서론 중국에서 외국어를 공부하는 것 외에 많은 어려움에 봉착함
본론 실망하지 않았더니 친구들이 격려해 줌
결론 실력이 향상됨

2 서론 외국어 공부를 좋아해서 외국어를 잘함
본론 외국어를 못 하는 친구를 격려해 줌. 처음부터 잘하긴 어렵지만, 실망하지 않고 노력해야 함
결론 어려움이 없으면 수확도 없음

STEP 04. 개요에 살 붙이기

1 서론 유학할 때 외국어를 마스터하는 것 말고도 생활에서 이런저런 어려움에 봉착했다.

⋯→ 我去中国学习汉语的时候，除了掌握外语以外，在生活中遇到这样那样的困难。

본론 나는 결코 실망하지 않고 계속 공부했고, 중국 친구들의 격려도 받았다.

⋯→ 我并不灰心，我继续努力学习，得到中国朋友的鼓励。

결론 결국 실력이 향상됐다.

⋯→ 终于进步了。

※ 백 퍼센트 활용 표현

- ~할 때에 : (在) ⋯的时候
- ~을 제외하고 : 除了⋯以外
- ~어려움에 봉착하다 : 遇到⋯困难
- ~격려를 받아 : 得到⋯鼓励
- 결국 ~했다 : 终于⋯了

2 서론 어렸을 때부터 외국어 하는 것을 좋아했다. 예를 들어 영어, 중국어 등이다.

⋯→ 我从小就喜欢学习外语，比如英语、汉语等。

본론 외국어 공부 비결을 묻는 친구에게 격려를 해 주었다. 처음에는 향상하기 어렵지만 실망하지 않고 노력해야 한다.

⋯→ 朋友问我："怎样才能学好汉语？" 我鼓励他说。刚开始进步很慢，可不要灰心。

결론 어려움이 없으면 수확도 없다.

⋯→ 没有困难，就没有收获。

※ 백 퍼센트 활용 표현

- 어렸을 때부터 : 从小(时候)就
- 예를 들어 : 比如
- 막 ~할 때 : 刚开始⋯(时)
- ~이 없으면, 곧 ~도 없다 : 没有⋯, 就没有⋯

STEP 05. 문장 완성하기

1 모범답안

　　我在上大学的时候，有机会去中
在…的时候 ~할 때에　有机会… ~할 기회가 있다
国学习汉语。除了掌握外语以外，在
除了…以外 ~을 제외하고
生活中遇到这样那样的困难。可是我
遇到…困难 ~어려움에 봉착하다
并不灰心，我继续努力学习。当时我
得到了很多中国朋友的鼓励。后来，
得到…鼓励 ~격려를 받다
我的汉语水平终于进步了。
终于…了 결국 ~했다

해석 대학에 다닐 때 중국에서 중국어 공부를 할 기회가 있었다. 외국어를 마스터하는 것 외에도 일상생활에서 이런 저런 어려움에 봉착했다. 하지만 나는 실망하지 않고 계속 열심히 공부했다. 당시 중국 친구들이 많이 격려해 주었고, 이후에 결국 중국어 실력이 향상되었다.

어휘 ★掌握 zhǎngwò 동 정통하다 | 遇到 yùdào 동 봉착하다

2 모범답안

　　我从小就喜欢学习外语，比如英
从小就… 어렸을 때부터　比如… 예를 들어
语、汉语等。那些语言都说得很流利。
那些…都 그 ~모두
我朋友问我："怎样才能学好外语?"
我鼓励他："刚开始学习外语时进步
刚开始…时 막 ~할 때
很慢，很容易放弃。可是不要灰心！
没有困难，就没有收获。"
没有…，就没有… ~이 없으면, 곧 ~도 없다

해석 어렸을 때부터 영어, 중국어 등 외국어 공부하는 것을 좋아했다. 지금은 이 언어들을 비교적 유창하게 구사한다. 한번은 친구가 물었다. "어떻게 하면 외국어를 잘할 수 있어?" 나는 격려하며 말했다. "외국어를 시작한 지 얼마 안 되었을 때는 실력이 크게 늘지 않기 때문에 포기하기 쉬워. 하지만 실망하지 마. 어려움이 없으면 수확도 없는 법이야."

100. HSK POINT 여행과 짐 싸기에 유의 난이도 中

공략 **STEP 01. 그림을 보고 단어 연상하기**

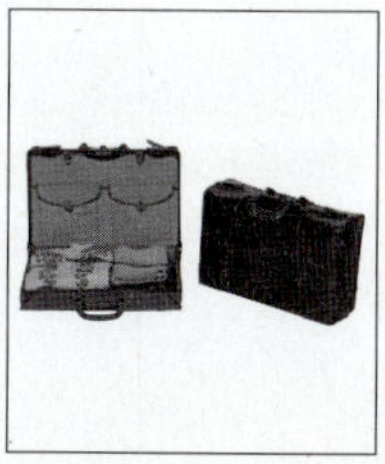

명사 行李 xínglǐ 여행짐 | 衣服 yīfu 옷 | 日用品 rìyòngpǐn 일용품 | 天气 tiānqì 날씨

동사 旅行 lǚxíng 여행하다 | 请假 qǐngjià 휴가를 신청하다 | 收拾 shōushi 정리하다 | 带 dài 가지다 | 准备 zhǔnbèi 준비하다

형용사 可惜 kěxī 아쉽다 | 开心 kāixīn 즐겁다 | 紧张 jǐnzhāng 긴장하다 | 兴奋 xìngfèn 흥분하다

STEP 02. 개요 짜기

1
- 서론 직장 생활에 쫓겨 여행갈 시간이 없었음
- 본론 여행을 가기로 결정하고 짐을 쌈
- 결론 짐이 너무 무거워서 걱정이 됨

2
- 서론 내일 베이징 여행을 가기 전에 여행 준비를 잘 해야 함
- 본론 일용품부터 중요한 신분증까지 다 챙겨가야 함
- 결론 좋은 여행이 되기를 바람

STEP 03. 개요에 살 붙이기

1

서론 나는 여행을 좋아하지만 최근 몇 년간 일이 너무 바빠서 여행을 갈 시간이 없었다.

⋯→ 我很喜欢旅行，可是这几年工作很忙，没有时间去旅行。

본론 그래서 휴가를 신청해서 이탈리아로 여행을 가기로 결정했다. 짐을 쌀 때 너무 흥분됐다.

⋯→ 我决定请假去意大利旅行，我收拾行李的时候，我很兴奋。

결론 짐이 너무 무거워서 혼자 못 들 것 같다.

⋯→ 我的行李太重了，我一个人拿不动行李。

※ 백 퍼센트 활용 표현
- ~에 여행가다 : 去…旅行
- 너무 ~하다 : 太…了
- (무거워서) 못 들다 : 拿不动

2 서론 내일 나는 베이징으로 여행간다. 여행 가기 전에 여러 가지를 준비했다.
⋯→ 明天我要去北京旅行，在去旅行的之前做好各种准备。

본론 일용품에서 중요한 신분증까지 모두 꼭 챙겨가야 할 것들이다.
⋯→ 从个人日用品到重要证件都是必不可少的。

결론 이제 베이징에서 아름다운 날들을 보냈으면 좋겠다.
⋯→ 我希望在北京度过美好的时光。

※ 백 퍼센트 활용 표현
- ~전에 : 在⋯之前
- ~부터 ~까지 : 从⋯到⋯
- ~한 시간을 보내다 : 度过⋯时光

STEP 04. 문장 완성하기

1 모범답안

		我	很	喜	欢	旅	行	，	可	是	这	几	年	工	作
很	忙	，	没	有	时	间	去	旅	行	。	所	以	我	决	定
请	假	去	意	大	利	旅	行	。	我	收	拾	行	李	的	时
候	，	我	很	兴	奋	。	可	是	旅	游	的	时	间	不	短,
我	的	行	李	太	重	了	。	我	一	个	人	拿	不	动	行
李	。														

去⋯旅行 ~에 여행가다

太⋯了 너무 ~하다

拿不动 (무거워서) 못 들다

해석 나는 여행을 좋아하지만 최근 몇 년간 일이 너무 바빠서 여행을 갈 시간이 없었다. 그래서 휴가를 신청해서 이탈리아로 여행을 가기로 결정했다. 짐을 쌀 때 너무 흥분됐다. 그러나 여행 기간이 짧지 않아서 짐이 너무 무겁다. 혼자 못 들 것 같다.

어휘 请假 qǐngjià 동 휴가를 신청하다 | ★收拾 shōushi 동 (짐 등을) 싸다, 정리하다 | ★行李 xíngli 명 짐

2 모범답안

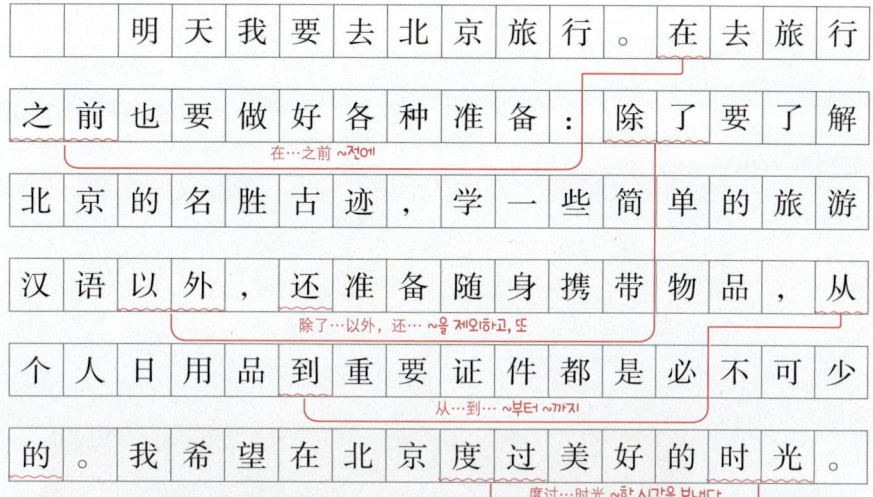

		明	天	我	要	去	北	京	旅	行	。	在	去	旅	行
之	前	也	要	做	好	各	种	准	备	：	除	了	要	了	解
北	京	的	名	胜	古	迹	，	学	一	些	简	单	的	旅	游
汉	语	以	外	，	还	准	备	随	身	携	带	物	品	，	从
个	人	日	用	品	到	重	要	证	件	都	是	必	不	可	少
的	。	我	希	望	在	北	京	度	过	美	好	的	时	光	。

在…之前 ~전에

除了…以外，还… ~을 제외하고, 또

从…到… ~부터 ~까지

度过…时光 ~한 시간을 보내다

해석 내일 나는 북경으로 여행을 간다. 여행 가기 전에 여러 가지를 준비했다. 북경의 명승지에 대한 기본 지식을 알아두고 간단한 여행 중국어를 공부하는 것 외에도 휴대용 물품을 준비했다. 일용품에서 중요한 신분증까지 모두 꼭 챙겨가야 할 것들이다. 이제 북경에서 아름다운 날들을 보냈으면 좋겠다.

어휘 ★名胜古迹 míngshèng gǔjì 명 명승지 | 随身 suíshēn 동 휴대하다 | 携带 xiédài 동 지니다 | 物品 wùpǐn 명 | 日用品 rìyòngpǐn 명 일상용품 | 证件 zhèngjiàn 명 신분증, 증명서 | ★必不可少 bì bù kě shǎo 성 꼭 필요하다 | 度过 dùguò 동 (시간 등을) 보내다 | 时光 shíguāng 명 시간

2회 해설

합격모의고사 2회 정답

一、听力

第一部分	1. B	2. C	3. A	4. A	5. C	6. B	7. C	8. D	9. A	10. A
	11. D	12. D	13. A	14. A	15. D	16. C	17. C	18. D	19. D	20. C
第二部分	21. A	22. A	23. B	24. B	25. D	26. B	27. D	28. C	29. D	30. D
	31. D	32. A	33. C	34. D	35. B	36. D	37. C	38. D	39. A	40. C
	41. D	42. B	43. A	44. B	45. D					

二、阅读

第一部分	46. B	47. C	48. A	49. A	50. C	51. B	52. A	53. B	54. D	55. C
	56. C	57. B	58. C	59. A	60. B					
第二部分	61. A	62. C	63. B	64. D	65. C	66. B	67. A	68. A	69. C	70. B
第三部分	71. C	72. D	73. A	74. C	75. A	76. C	77. A	78. B	79. A	80. A
	81. D	82. D	83. A	84. D	85. D	86. C	87. C	88. B	89. A	90. A

三、书写

第一部分

91. 这些饼干已经过期了吧?
92. 客厅墙上挂着一幅人物画。
93. 银行对贷款利率又做了调整。
94. 请勿在仓库里抽烟。
95. 垃圾桶被小猫撞倒了。
96. 他将把个人财产全部捐给慈善团体。
97. 这样才能使身体保持平衡。
98. 数码相机充电时间过长会缩短电池寿命。

第二部分

99. 140쪽 모범답안 참고
100. 142-143쪽 모범답안 참고

新 HSK 5급 합격모의고사 听力

第一部分

1. HSK POINT 유사 표현 듣기 난이도 中 track 02-1

女：小刘，这些照片真不错。都是你爸拍的？
男：是，他退休后就迷上了摄影。

问：关于小刘的爸爸，下列哪项正确？

A 是作家
B 爱好摄影
C 将要退休了
D 迷上了养花

여: 샤오류, 이 사진들 정말 괜찮아. 모두 너희 아버님께서 찍으신 거니?
남: 응, 퇴직하시고 촬영에 심취하셨어.

질문: 샤오류 아버지에 관해 다음 중 옳은 것은?

A 작가이다
B 촬영을 좋아한다
C 곧 퇴직하신다
D 꽃을 기르는 것에 심취해 있다

공략 녹음을 듣기 전에 보기의 문장 유형에 유의한다. 보기가 모두 술어이기 때문에 술어에 주의하여 듣는다. 녹음에서 '迷上(심취하다)'와 '爱好(아주 좋아하다)'가 유사한 의미이므로 정답은 B이다. '迷上了摄影(촬영에 심취하셨어)'는 쉽게 들리지 않기 때문에 집중해서 들어야 한다.

어휘 ★拍 pāi 동 (사진을) 찍다 | ★退休 tuìxiū 동 퇴직하다 | 迷上 míshang 동 ~에 심취하다 | 作家 zuòjiā 명 작가 | 爱好 àihào 동 애호하다 | ★摄影 shèyǐng 동 (사진, 영화 등을) 촬영하다 | ★养花 yǎnghuā 꽃을 기르다

2. HSK POINT 보기를 통해 상세 정보 대조 난이도 中 track 02-2

男：编辑说让我再检查一下。
女：上面还有标点错误。
男：好的，我现在就看。

问：编辑是什么意见？

A 字数少
B 完美无缺
C 再检查一下
D 有语气上的问题

남: 편집자가 다시 검토하라고 했어.
여: 문장 부호에 오류가 좀 있어.
남: 좋아. 지금 바로 볼게.

질문: 편집자의 의견은?

A 글자수가 적다
B 완벽하다
C 다시 검토하라
D 말투에 문제가 있다

공략 보기를 보면서 녹음을 듣고 정보를 대조한다. '检查(검토하다)'를 들으면 쉽게 C로 정답을 고를 수 있다.

어휘 编辑 biānjí 명 편집자 | ★检查 jiǎnchá 동 검토하다 | 标点 biāodiǎn 명 문장 부호 | ★错误 cuòwù 명 잘못 | 完美无缺 wán měi wú quē 성 완벽하다 | ★语气 yǔqì 명 말투

3. HSK POINT 장소 관련 문제 난이도 下

track 02-3

女：请问，餐车是朝这个方向走吗？
男：对，餐车在13号车厢。你再往前走四个车厢就到了。

问：女的要去哪儿？

A 餐车　B 厨房
C 洗手间　D 售票处

여: 말씀 좀 물을게요. 식당칸은 이 방향으로 가야 하나요?
남: 네, 식당칸은 13호 객실이에요. 앞쪽으로 객실 4칸을 지나면 있어요.

질문: 여자는 어디를 가나?

A 식당칸　B 주방
C 화장실　D 매표소

공략 보기가 모두 장소이기 때문에 장소를 묻는 문제임을 추측할 수 있다. '餐车(식당칸)', '车厢(객실)' 등 기차와 관련된 어휘를 익혀 두자. 정답은 들리는 그대로 A이다.

어휘 ★餐车 cānchē 명 식당칸 | ★车厢 chēxiāng 명 객실 | 厨房 chúfáng 명 주방 | 洗手间 xǐshǒujiān 명 화장실 | 售票处 shòupiàochù 명 매표소

4. HSK POINT 유사 표현 듣기 난이도 中

track 02-4

男：这个酸辣土豆丝你炒得真不错。
女：你喜欢就好。我还担心醋放多了呢。你再尝尝这个汤。

问：女的担心什么？

A 太酸了
B 太辣了
C 醋放少了
D 土豆炒太久了

남: 너 이 감자채 볶음을 참 잘 만들었다.
여: 네가 좋아하니까 좋다. 식초를 너무 많이 넣은 것 같아 걱정했거든. 이 국도 좀 맛 봐봐.

질문: 여자가 걱정하는 것은?

A 너무 시다
B 너무 맵다
C 식초를 너무 적게 넣었다
D 감자를 너무 오래 볶았다

공략 보기를 보면 음식 관련 문제임을 알 수 있다. '醋放多了(식초를 많이 넣었다)'와 보기 A의 '太酸了(너무 시다)'는 유사한 의미이기 때문에 정답은 A이다.

어휘 酸辣 suānlà 형 시고 맵다 | 土豆丝 tǔdòusī 명 감자채 볶음 | ★炒 chǎo 동 볶다 | ★担心 dānxīn 동 걱정하다 | ★醋 cù 명 식초 | 汤 tāng 명 국

관련 어휘 TIP

▶ 맛

- 酸 suān 시다
- 苦 kǔ 쓰다
- 咸 xián 짜다
- 清淡 qīngdàn 담백하다
- 甜 tián 달다
- 辣 là 맵다
- 油腻 yóunì 느끼하다

5. HSK POINT 행동 관련 문제 난이도 中 track 02-5

女：你帮我充电话费了，我刚才收到短信通知了。
男：是，现在正在搞活动，充两百送一百元话费。我就给你充了两百。

问：女的怎么知道男的帮她充电话费了？

A 询问了办公室
B 接电话了
C 收到充值短信了
D 女的发短信通知他

여: 전화비를 충전해 주세요. 방금 문자 메시지를 받았거든요.
남: 네. 지금 행사 중이거든요. 200위안을 충전하면 100위안을 무료로 드려요. 200위안 충전해 드릴게요.

질문: 여자는 남자가 전화비를 충전해 줄 거라는 걸 어떻게 알았나?

A 사무실에 문의했다
B 전화를 받았다
C 충전 문자 메시지를 받았다
D 여자가 메시지를 보내 알려줬다

공략 보기에 행동 관련 술어가 있으면 행동에 유의하여 듣는다. '收到短信通知了(충전 문자 메시지를 받았거든요)'를 듣고 보기와 대조하면 정답을 C로 고를 수 있다. 중국이 우리나라와는 다르게 전화비를 충전한다는 사전 지식을 알면 더 쉽게 정답을 찾을 수 있는 문제이다.

어휘 充 chōng 동 충전하다 | 电话费 diànhuàfèi 명 전화비 | 收到 shōudào 동 받다 | ★短信 duǎnxìn 명 문자 메시지 | ★通知 tōngzhī 동 통지하다 | 搞活动 gǎo huódòng 행사를 하다 | ★询问 xúnwèn 동 물어보다

6. HSK POINT 유의어 듣기 난이도 中 track 02-6

男：这个设计方案相当不错，是谁做的？
女：设计部的小李，他在今年这批新人里表现很突出。

问：女的认为小李怎么样？

A 头脑灵活
B 表现出色
C 经验不足
D 业绩平平

남: 이 설계 방안은 아주 훌륭하네요. 누가 작성했나요?
여: 디자인 부서의 샤오리가 작성했어요. 그는 올해 신입 사원 중에서 출중해요.

질문: 여자가 생각할 때 샤오리는 어떠한가?

A 두뇌 회전이 빠르다
B 능력이 출중해서 눈에 띈다
C 경험이 부족하다
D 실적이 그럭저럭하다

공략 보기를 보면 특정 인물에 관한 문제임을 알 수 있다. 녹음에서 '突出(눈에 띄다)'와 보기 '出色(출중하다)'는 유의어이므로 정답은 B이다.

어휘 设计 shèjì 명 설계 | 方案 fāng'àn 명 방안 | ★相当 xiāngdāng 부 상당히 | ★表现 biǎoxiàn 명 표현 | ★突出 tūchū 형 출중하다, 두드러지다 | 头脑 tóunǎo 명 두뇌 | ★灵活 línghuó 형 민첩하다 | ★经验 jīngyàn 명 경험 | 不足 bùzú 형 부족하다 | 业绩 yèjì 명 업적, 실적 | 平平 píngpíng 형 평범하다

관련 어휘 TIP

▶ 성격 및 능력

- 出色 chūsè 뛰어나다, 눈에 띄다
- 很自信 hěn zìxìn 자신감이 넘치다
- 能力强 nénglì qiáng 능력이 뛰어나다
- 可靠 kěkào 믿을 만하다
- 头脑灵活 tóunǎo línghuó 두뇌 회전이 빠르다
- 突出 tūchū 뛰어나다, 눈에 띄다
- 不够熟练 búgòu shúliàn 숙련되지 않았다
- 善于交际 shànyú jiāojì 사교적이다
- 经验丰富 jīngyàn fēngfù 경험이 풍부하다
- 有本领 yǒu běnlǐng 수완이 좋다

7. HSK POINT 주어와 술어에 유의하기 난이도 中

track 02-7

女：奇怪，怎么突然上不了网了？
男：地下室的网络信号不太稳定，你去楼上上吧。

问：根据对话，下列哪项正确？

A 男的正在打扫房间
B 女的在上网写论文
C 他们在地下室里
D 网络信号太稳定

여: 이상하네. 왜 갑자기 인터넷 접속이 안 되지?
남: 지하실에서는 인터넷 신호가 불안정해. 위층에서 접속해 봐.

질문: 대화에 근거해서 다음 중 옳은 것은?

A 남자는 방 청소를 하고 있다
B 여자는 인터넷에 접속해서 논문을 쓰고 있다
C 그들은 지하실에 있다
D 인터넷 신호가 매우 안정적이다

공략 보기가 모두 '주어+술어'로 되어 있으면 녹음과 보기의 주어 그리고 술어의 일치, 또 남자와 여자의 구분에 유의해야 한다. '上不了网(인터넷 접속이 안 된다)', '地下室的网络信号不太稳定(지하실에서는 인터넷 신호가 불안정하다)'로 미루어 남자와 여자가 모두 지하실에 있음을 알 수 있다. 정답은 C이다.

어휘 奇怪 qíguài 형 이상하다 | ★突然 tūrán 부 갑자기 | ★上网 shàngwǎng 동 인터넷을 하다 | 地下室 dìxiàshì 명 지하실 | ★网络 wǎngluò 명 인터넷 | 信号 xìnhào 명 신호 | 稳定 wěndìng 형 안정적이다 | 楼上 lóushàng 명 위층

8. HSK POINT 보기를 통해 상세 정보 대조 난이도 中

track 02-8

男：你为什么买了这么多文具和日用品？
女：我想寄到地震灾区去，给那里的孩子们用。

问：女的为什么要买那么多东西？

A 想当奖品用
B 买得多有优惠
C 夏令营要用
D 寄给灾区的孩子

남: 문구와 일용품을 왜 이렇게 많이 샀어?
여: 지진 재해 지역에 보내서 그곳의 아이들이 쓸 수 있게 하려고 해.

질문: 여자는 왜 물건들을 많이 구입했나?

A 상품으로 사용하려고
B 많이 사면 할인되기 때문에
C 여름 캠프에서 사용하려고
D 재해 지역의 아이들에게 보내려고

공략 보기와 대화 내용을 대조하면 들리는 그대로 정답을 고를 수 있으나, '地震(지진)', '灾区(재해 지역)' 등의 어휘를 미리 알고 있으면 더 쉽게 풀 수 있는 문제이다. 정답은 D이다.

어휘 文具 wénjù 명 문구 | 日用品 rìyòngpǐn 명 일용품 | ★寄 jì 동 (우편으로) 부치다 | ★地震 dìzhèn 명 지진 | 灾区 zāiqū 명 재해 지역 | 奖品 jiǎngpǐn 명 상품 | ★优惠 yōuhuì 명 혜택 | 夏令营 xiàlìngyíng 명 여름 캠프

9. HSK POINT 보기를 통해 상세 정보 대조 난이도 中

track 02-9

女：爸爸，我的玩具车为什么不动了？
男：电池没电了，我给它换节电池就好了。

问：玩具为什么不动了？

A 没电了
B 碰到水了
C 缺零件
D 被东西撞坏了

여: 아빠, 제 장난감 자동차 왜 안 움직여요?
남: 건전지가 다 닳았어. 내가 건전지를 갈아주면 될 거야.

질문: 장난감은 왜 작동하지 않는가?

A 방전됐다
B 물에 닿았다
C 부속품이 부족하다
D 물건과 부딪혀서 부서졌다

공략 보기가 모두 술어이기 때문에 술어에 집중해서 듣는다. '电池没电了(건전지가 다 닳았어)'를 듣고 들리는 그대로 정답을 고르면 A이다.

어휘 玩具 wánjù 명 장난감 | ★电池 diànchí 명 건전지 | ★碰到 pèngdào 동 만나다, 부딪히다 | ★缺 quē 동 부족하다 | 零件 língjiàn 명 부속품 | 撞坏 zhuànghuài 동 충돌하여 부서지다

10. HSK POINT 보기를 통해 상세 정보 대조 | 난이도 下

track 02-10

男：咱们车间的那几台设备太旧了。
女：是，应该跟主任申请换几台新的。

问：关于设备，下列哪项正确？

A 太旧了
B 很费电
C 操作复杂
D 从未出过毛病

남: 우리 작업장의 그 설비 몇 개가 너무 오래됐어.
여: 응. 주임한테 새 설비로 바꿔달라고 해야겠어.

질문: 설비에 관해 다음 중 옳은 것은?

A 너무 오래됐다
B 전기를 낭비한다
C 조작이 복잡하다
D 고장 난 적이 한 번도 없다

공략 보기와 대화 내용을 대조하면 정답을 쉽게 고를 수 있다. 대화 중 '太旧了(너무 오래됐어)'를 들으면 정답은 A이다.

어휘 车间 chējiān 명 작업장 | 设备 shèbèi 명 설비 | 久 jiǔ 형 오래다 | 主任 zhǔrèn 명 주임 | ★申请 shēnqǐng 동 신청하다 | 费电 fèidiàn 동 전력을 낭비하다 | 操作 cāozuò 동 조작하다 | ★复杂 fùzá 형 복잡하다 | ★从未 cóngwèi 부 여태껏 ~하지 않다 | ★毛病 máobìng 명 고장, 장애

11. HSK POINT 시제에 유의하기 | 난이도 中

track 02-11

女：听说，您的新书出版了。恭喜您。
男：谢谢，下周五我在图书大厦有个新书签售会。希望你能来。

问：根据对话，可以知道什么？

A 男的要出版新书了
B 男的在图书大厦工作
C 签售会取消了
D 男的希望女的参加签售会

여: 듣자 하니, 당신의 새 책이 출판됐다면서요? 축하해요.
남: 고마워요. 다음 주 금요일에 도서 빌딩에서 새 책 사인회가 있어요. 당신이 와 주셨으면 좋겠어요.

질문: 대화에 근거해서 알 수 있는 것은?

A 남자는 새 책을 곧 출판한다
B 남자는 도서 빌딩에서 일한다
C 사인회가 취소됐다
D 남자는 여자가 사인회에 와 주길 바란다

공략 보기에 '要…了(곧 ~하다)' 구문이 있으면 시제에 유의해야 한다. 대화를 들으면 책은 이미 출판됐기 때문에 A는 정답이 아니다. '希望你能来(당신이 와 주셨으면 좋겠어요)'로 미루어 정답은 D이다.

어휘 ★出版 chūbǎn 동 출판하다 | 恭喜 gōngxǐ 동 축하하다 | 签售会 qiānshòuhuì 명 사인회 | 大厦 dàshà 명 빌딩 | 广场 guǎngchǎng 명 광장

12. HSK POINT 보기를 통해 상세 정보 유추 난이도 上

track 02-12

男：下个月公司有乒乓球赛。你代表咱们部门参加吧。
女：我只是业余水平。小刘的球技比我强多了。还是让他去吧。

问：女的是什么意思？

A 换比赛日程
B 需要准备时间
C 她会尽全力的
D 推荐小刘参赛

남: 다음 달에 회사에서 탁구 대회가 있어요. 당신이 우리 부서를 대표해서 참가해 봐요.
여: 저는 아마추어 수준이에요. 샤오류의 실력이 저보다 뛰어나요. 그에게 가라고 하세요.

질문: 여자의 말은 무슨 뜻인가?

A 대회 일정을 바꾼다
B 준비할 시간이 필요하다
C 그녀는 최선을 다할 것이다
D 샤오류가 대회에 참가하게 추천한다

공략 녹음 중 여자의 말 '我只是业余水平(저는 아마추어 수준이에요)', '小刘的球技比我强多了(샤오류의 실력이 저보다 뛰어나요)', '还是让他去吧(그에게 가라고 하세요)'로 미루어 여자는 샤오류를 추천하고 있음을 유추할 수 있다. 정답은 D이다.

어휘 乒乓球赛 pīngpāngqiúsài 명 탁구 경기 | ★代表 dàibiǎo 동 대표하다 | ★部门 bùmén 명 부서 | ★参加 cānjiā 동 참가하다 | 业余 yèyú 형 아마추어의 | 球技 qiújì 명 공을 다루는 기술 | ★强 qiáng 형 강하다 | 日程 rìchéng 명 일정 | ★准备 zhǔnbèi 동 준비하다 | ★尽全力 jìn quánlì 전력을 다하다 | ★推荐 tuījiàn 동 추천하다 | 参赛 cānsài 동 시합에 참가하다

13. HSK POINT 장소를 묻는 문제 난이도 中

track 02-13

女：儿子呢？从幼儿园接回来了吗？
男：刚把他接回来，现在正在客厅里玩儿呢。

问：儿子现在在哪儿？

A 家里
B 超市
C 邻居家
D 餐厅

여: 아들은요? 유치원에서 데려왔어요?
남: 방금 데려왔어요. 지금 거실에서 놀고 있어요.

질문: 아들은 지금 어디에 있나?

A 집 안
B 슈퍼마켓
C 이웃집
D 음식점

공략 보기를 보면 장소를 묻는 문제임을 추측할 수 있다. '客厅(거실)'은 곧 '家里(집 안)'에 있다는 뜻이므로 정답은 A이다.

어휘 ★幼儿园 yòu'éryuán 명 유치원 | 接回来 jiē huílai 데려오다 | 客厅 kètīng 명 거실 | 超市 chāoshì 명 슈퍼마켓 | ★邻居家 línjūjiā 명 이웃집 | 餐厅 cāntīng 명 식당

14. HSK POINT 유사 표현으로 의미 유추 난이도 中

track 02-14

男：你现在想考研究生也来得及，我这里有很多书可以给你做参考。

女：那太好了，借给我吧。我要抓紧时间复习了。

问：关于女的，可以知道什么？

A 想考研
B 要参加面试
C 复习已经完
D 犹豫不决

남: 지금 대학원 시험을 준비해도 늦지 않아. 나한테 네가 참고할 만한 책이 많이 있어.

여: 잘됐다. 나한테 빌려줘. 서둘러서 복습해야겠어.

질문: 여자에 관해 알 수 있는 것은?

A 대학원 시험을 보고 싶다
B 면접에 참가할 것이다
C 이미 복습을 끝냈다
D 망설이고 있다

공략 녹음의 '想考研究生(대학원 시험을 보고 싶다)'를 통해 남자가 대학원 시험을 준비하고 있음을 알 수 있다. 정답은 A이다.

어휘 考 kǎo 동 시험하다 | ★研究生 yánjiūshēng 명 대학원생 | ★来得及 lái de jí 동 시간 안에 하다 | ★参考 cānkǎo 동 참고하다 | 借 jiè 동 빌리다 | ★抓紧时间 zhuājǐn shíjiān 서두르다 | 复习 fùxí 동 복습하다 | ★面试 miànshì 명 면접시험 | 犹豫不决 yóu yù bù jué 성 망설이다

관련 어휘 TIP

▶ 시간 및 시제

- 来不及 lái bu jí 시간에 댈 수 없다
- 来得及 lái de jí 시간에 댈 수 있다
- 抓紧时间 zhuājǐn shíjiān 시간을 내다
- 快要…了 kuàiyào…le 곧 ~하다

15. HSK POINT 보기를 통해 상세 정보 대조 난이도 中

track 02-15

女：谈判进行得顺利吗？

男：还可以，虽然以前出了点儿意外，但现在条件已经谈好了，周五就能正式签合同。

问：关于谈判，下列哪项正确？

A 意见相差太大
B 一直很顺利
C 签完合同了
D 双方已谈好条件

여: 협상은 순조롭게 진행되고 있나요?

남: 아직은 괜찮아요. 이전에 예상치 못했던 문제들이 발생하기는 했지만, 지금은 조건에 관한 부분은 얘기가 다 끝났어요. 금요일에 정식으로 계약이 체결될 거예요.

질문: 협상에 관해 다음 중 옳은 것은?

A 의견 차가 너무 크다
B 계속 순조롭다
C 계약을 체결했다
D 양측이 조건에 대해 합의했다

공략 보기를 통해 협상이나 계약에 관한 이야기임을 알 수 있다. '出了点儿意外(예상치 못했던 문제가 발생했다)'로 미루어 B는 정답이 아니고, '周五就能正式签合同(금요일에 정식으로 계약이 체결될 거예요)'로 미루어 C도 정답이 아니다. '条件已经谈好了(조건에 관한 부분은 얘기가 이미 다 끝났어요)'로 미루어 D가 정답이다.

어휘 ★谈判 tánpàn 동 협상하다 | 进行 jìnxíng 동 진행하다 | ★顺利 shùnlì 형 순조롭다 | ★意外 yìwài 명 의외의 사고 | ★条件 tiáojiàn 명 조건 | 正式 zhèngshì 형 정식의 | ★签合同 qiān hétong 계약을 체결하다 | ★意见 yìjiàn 명 의견 | 相差 xiāngchà 동 서로 차이가 나다

16. HSK POINT 보기를 통해 상세 정보 대조 난이도 下

track 02-16

男：明天烧烤用的东西都准备好了吗？
女：差不多了，一会儿再买点儿零食和饮料就可以了。

问：他们还需要买什么？

A 香肠
B 面包
C 零食
D 馒头

남: 내일 바비큐 할 때 사용할 물건들은 다 준비됐어?
여: 거의 다 됐어. 조금 있다가 간식거리와 음료수만 사면 될 것 같아.

질문: 그들은 무엇을 사야 하는가?

A 소시지
B 빵
C 간식
D 찐빵

공략 보기가 모두 음식이므로, 대화를 들을 때 이 명사들에 유의하여 듣는다. 들리는 그대로 정답을 고르면 C이다.

어휘 烧烤 shāokǎo 동 (육류, 채소 등을) 굽다, 바비큐 하다 | ★零食 língshí 명 간식 | ★饮料 yǐnliào 명 음료 | 香肠 xiāngcháng 명 소시지 | 馒头 mántou 명 찐빵, 만두

17. HSK POINT 보기를 통해 상세 정보 대조 난이도 中

track 02-17

女：你这么了解车，给我推荐一款车吧。
男：好啊，不过你现在最要紧的不是选车，而是先考驾照。

问：男的认为女的应该先做什么？

A 买辆车
B 和丈夫商量
C 取得驾驶执照
D 选好车

여: 네가 차에 대해 잘 아니까 나한테 한 대 추천해 줘.
남: 좋아, 근데 지금 가장 급한 것은 차를 고르는 것이 아니라, 먼저 면허 시험에 응시하는 거야.

질문: 남자가 생각할 때 여자는 먼저 무엇을 해야 하나?

A 차를 구매한다
B 남편과 상의한다
C 면허증을 취득한다
D 차를 고른다

공략 보기가 모두 행동에 관한 것이라 녹음을 들으면서 대조한다. '不是选车，而是先考驾照(차를 고르는 것이 아니라, 먼저 면허 시험에 응시하는 거야)'를 들으면 정답은 C이다.

어휘 了解 liǎojiě 동 이해하다 | 推荐 tuījiàn 동 추천하다 | 要紧 yàojǐn 형 중요하다 | 驾照 jiàzhào 명 운전 면허증 | 取得 qǔdé 동 취득하다 | 驾驶 jiàshǐ 동 운전하다 | 执照 zhízhào 명 면허증

18. HSK POINT 태도를 묻는 문제 난이도 上

track 02-18

男：贷款利率正在下调。现在买房无疑是最合适的。
女：不过首付还是有点高。我再和我先生商量商量。

问：女的是什么意思?

A 怀疑男的
B 不想贷款
C 想咨询专家
D 再考虑一下

남: 대출 금리가 떨어지고 있어. 지금 집을 구입하는 것이 의심할 여지 없이 가장 좋아.
여: 하지만 계약금은 여전히 높아. 남편과 다시 좀 상의해 봐야겠어.

질문: 여자의 말은 무슨 뜻인가?

A 남자를 의심한다
B 대출을 받고 싶지 않다
C 전문가에게 자문을 구하고 싶다
D 다시 고려한다

공략 보기에서 '怀疑(의심하다)', '不想(~하고 싶지 않다)', '再考虑(다시 생각해 보다)' 등의 어휘를 보면, 태도나 생각에 대한 문제임을 알 수 있다. '再和先生商量商量(남편과 다시 좀 상의해 봐야겠다)'를 들으면 화자가 다시 생각해 보려는 것임을 알 수 있다. 정답은 D이다.

어휘 ★贷款 dàikuǎn 동 대출하다 | ★利率 lìlǜ 명 금리, 이율 | ★下调 xiàtiáo 동 하향 조정하다 | 无疑 wúyí 형 의심할 것이 없다 | 合适 héshì 형 적당하다 | 首付 shǒufù 명 계약금 | 商量 shāngliang 동 상의하다 | ★怀疑 huáiyí 동 의심하다 | ★专家 zhuānjiā 명 전문가

19. HSK POINT 주어와 술어에 유의하기 난이도 上

track 02-19

女：你录视频做什么?
男：有个朋友要结婚了，我不能亲自参加他的婚礼。想录段祝福视频送给他。

问：关于男的，可以知道什么?

A 帮女的录视频
B 快要结婚了
C 承认了错误
D 不能参加朋友的婚礼

여: 동영상 촬영은 왜 하는 거야?
남: 친구 하나가 결혼을 하는데, 나는 결혼식에 참석하지 못하거든. 축하 동영상을 촬영해서 보내고 싶어.

질문: 남자에 관해 알 수 있는 것은?

A 여자를 도와 동영상을 촬영한다
B 곧 결혼한다
C 잘못을 인정했다
D 친구의 결혼식에 갈 수 없다

공략 주어가 없고 술어로 구성된 보기라면, 녹음 문장의 주어가 남자인지 여자인지, 또는 제3자인지 명확하게 구분해야 한다. 남자 혼자 동영상 촬영을 하고 있기 때문에 A는 정답이 아니다. 친구가 결혼을 하는 것이기 때문에 B도 정답이 아니다. 남자의 '我不能亲自参加他的婚礼(나는 결혼식에 참석하지 못하거든)'이란 말로 미루어 정답은 D이다.

어휘 录 lù 동 녹화하다 | 视频 shìpín 명 동영상 | ★亲自 qīnzì 부 직접, 친히 | ★婚礼 hūnlǐ 명 결혼식 | 祝福 zhùfú 동 축복하다 | ★承认 chéngrèn 동 인정하다

20. HSK POINT 부정부사에 유의하기 난이도 中 track 02-20

男：我这篇关于唐代古诗的论文恐怕是不能按时交了。我找的资料还是不够啊。

女：别着急，你再去图书馆或书店转转，说不定会有收获的。

问：男的在担心什么？

A 没时间看论文

B 找不到参考资料

C 不能按时交论文

D 买不到书

남: 당나라 고시에 관한 이 논문은 아마도 제시간에 제출하지 못할 것 같아. 찾아 놓은 자료가 충분하지 않아.

여: 서두르지 마. 다시 도서관이나 서점에 가서 찾아 봐. 얻을 수 있는 게 있을지도 몰라.

질문: 남자는 무엇을 걱정하는가?

A 논문을 볼 시간이 없다

B 참고 자료를 찾을 수 없다

C 제시간에 논문을 제출할 수 없다

D 책을 살 수 없다

공략 보기가 모두 부정문이기 때문에 대화를 들을 때 긍정문인지 부정문인지 분명하게 들어야 한다. 남자가 '恐怕是不能按时交了(아마도 제시간에 제출하지 못할 것 같아)'라고 염려했으므로 정답은 C이다.

어휘 唐代 Tángdài 당 왕조 | 古诗 gǔshī 명 고대의 시 | ★恐怕 kǒngpà 부 아마 ~일 것이다 | ★按时 ànshí 부 시간에 맞추어 | 资料 zīliào 명 자료 | 不够 búgòu 형 부족하다 | ★说不定 shuōbudìng 부 아마 ~일 것이다 | ★收获 shōuhuò 명 성과, 수확

第二部分

21. HSK POINT 주어와 술어에 유의하기 | 난이도 中

track 02-21

女：听说，你拿到驾照了。
男：是，你呢？什么时候考试？
女：下月中旬，但我一开车，心里就特别紧张。
男：没事，那是因为你还不熟练，多练练就好了。

问：根据对话，可以知道什么？

A 女的还没参加考试
B 男的想买新车
C 女的通过了考试
D 男的开车时很紧张

여: 너 운전 면허증 땄다며?
남: 응. 너는? 언제 시험이야?
여: 다음 달 중순에 봐. 근데 일단 운전을 하면 유난히 긴장이 돼.
남: 괜찮아. 그건 네가 아직 익숙하지 않아서 그래. 연습을 많이 하면 괜찮아져.

질문: 대화에 근거해서 알 수 있는 것은?

A 여자는 아직 시험을 보지 않았다
B 남자는 새 차를 사고 싶다
C 여자는 시험을 통과했다
D 남자는 운전을 할 때 긴장한다

공략 보기에서 주어가 남자 또는 여자이기 때문에 주어에 유의해야 한다. 남자에 대한 설명과 여자에 대한 설명을 혼동해서는 안 된다. 차를 몰 때 긴장하는 것은 여자이기 때문에 D는 정답이 아니다. '什么时候考试(언제 시험이야?)'에 대한 대답 '下月中旬(다음 달 중순에 봐)'로 미루어 여자는 아직 시험을 보지 않았다. 정답은 A이다.

어휘 ★驾照 jiàzhào 명 운전 면허증 | 熟练 shúliàn 형 숙련되다 | 练 liàn 동 연습하다 | 通过 tōngguò 동 통과하다

22. HSK POINT 행동 관련 문제 | 난이도 下

track 02-22

男：请问，这期的网球班还能报名吗？
女：可以，下个星期会开课。
男：那麻烦你给我张报名表。
女：好，这里有我们所有教练的资料。你先看看。

问：女的要做什么？

A 交教练的资料
B 换班
C 学网球
D 减肥

남: 말씀 좀 물을게요. 이번 시즌 테니스 반을 아직 등록할 수 있나요?
여: 네. 다음 주에 개강입니다.
남: 실례하지만 등록 신청서 좀 주세요.
여: 네. 여기 저희 코치 선생님들 자료가 있으니, 우선 한 번 보세요.

질문: 여자는 무엇을 하려고 하는가?

A 코치 자료를 주려고 한다
B 반을 바꾸려고 한다
C 테니스를 배우려고 한다
D 다이어트를 하려고 한다

공략 보기가 모두 행동 관련 동사이기 때문에 술어에 유의하여 듣는다. '这里有我们所有教练的资料。你先看看。(여기 저희 코치 선생님들 자료가 있으니, 우선 한번 보세요.)'로 미루어 정답은 A이다.

어휘 网球 wǎngqiú 명 테니스 | ★报名 bàomíng 동 등록하다, 신청하다 | 开课 kāikè 동 개강하다 | 教练 jiàoliàn 명 코치 | 资料 zīliào 명 자료 | ★减肥 jiǎnféi 동 체중을 줄이다

23. HSK POINT 행동 관련 문제 난이도 中

track 02-23

女：王经理，这是昨天的会议记录，我已经整理好了。
男：放桌上吧，我明天临时有事，要去趟北京。你帮我订张机票。
女：好的，订什么时间的？
男：上午7点左右的。

问：男的让女的做什么？

A 整理会议录
B 订机票
C 替他去北京
D 去机场接人

여: 왕 사장님, 이게 어제 회의 기록입니다. 정리 다 했습니다.
남: 책상 위에 두세요. 내일 갑자기 일이 있어서 베이징에 다녀와야 할 것 같아요. 비행기 표 좀 예약해 줘요.
여: 알겠습니다. 몇 시 비행기로 할까요?
남: 오전 7시 정도로 해 줘요.

질문: 남자는 여자에게 무엇을 하라고 하나?

A 회의록을 정리하라
B 비행기 표를 예약하라
C 자기를 대신해서 베이징에 가라
D 공항에 손님을 마중하러 가라

공략 보기가 모두 행동 관련 동사이기 때문에 술어에 유의하여 듣는다. 여자는 남자에게 이미 회의 기록을 다 정리했다고 보고하고 있기 때문에 A는 정답이 아니다. 남자의 말 '你帮我订张机票(비행기 표를 예약해 주세요)'로 미루어 정답은 B이다.

어휘 ★记录 jìlù 동 기록하다 | ★整理 zhěnglǐ 동 정리하다 | ★临时 línshí 부 일시적으로 | 趟 tàng 양 번(왕래한 횟수를 세는 단위) | 订 dìng 동 예약하다 | 机票 jīpiào 명 비행기 표 | ★替 tì 동 대신하다 | 接人 jiē rén 마중을 나가다

24. HSK POINT 보기를 통해 상세 정보 유추 난이도 中

track 02-24

男：刚才列车员说火车会晚点一小时左右。
女：怎么了？
男：现在下大雪、有大雾，火车要减速行驶。
女：这样啊，那我再睡一会儿。快到站时，你喊我。

问：火车为什么会晚点？

남: 방금 역무원이 기차가 한 시간 정도 연착될 거라고 했어.
여: 무슨 일인데?
남: 지금 폭설이 내리고 안개가 짙어서, 열차가 감속 운행을 하려고 한대.
여: 이렇게 됐으니 나는 좀 더 자야겠어. 도착할 때 되면 불러 줘.

질문: 기차는 왜 연착하나?

A 设备坏了	A 설비가 고장 나서
B 天气原因	**B 날씨 때문에**
C 前方在修路	C 전방에서 도로를 정비해서
D 停靠次数多	D 정차 횟수가 많아서

공략 '下大雪、有大雾(폭설이 내리고, 안개가 짙다)'라는 날씨 관련 어휘를 통해서 기상 때문에 기차가 연착됐음을 알 수 있다. 정답은 B이다.

어휘 列车员 lièchēyuán 명 열차 승무원 | ★晚点 wǎndiǎn 동 연착하다 | ★大雾 dàwù 명 짙은 안개 | ★减速 jiǎnsù 동 감속하다 | 行驶 xíngshǐ 동 운행하다 | ★喊 hǎn 동 외치다 | 设备 shèbèi 명 설비 | ★坏 huài 동 망가지다 | ★原因 yuányīn 명 원인 | 前方 qiánfāng 명 전방 | 修路 xiūlù 동 도로를 닦다 | 停靠 tíngkào 동 정차하다 | 次数 cìshù 명 횟수

25. HSK POINT 특정 명사 듣기 난이도 上

track 02-25

女：打扰一下，您能帮我填一份调查问卷吗?	여: 실례 좀 할게요. 이 설문지를 작성해 주실 수 있나요?
男：是关于什么的问卷?	남: 무엇에 관한 설문지인데요?
女：智能手机使用情况的，不会耽误您太长时间。	여: 스마트폰 사용 상황에 대한 거예요. 시간을 오래 뺏지 않을게요.
男：好，那我填一份吧。	남: 좋아요. 작성할게요.
问：那份问卷是关于哪方面的?	질문: 그 설문지는 무엇에 관한 것인가?
A 手机技术的发展	A 핸드폰 기술의 발전
B 网络对孩子的影响	B 인터넷이 아이에게 미치는 영향
C 居民消费的情况	C 주민의 소비 상황
D 智能手机的使用情况	**D 스마트폰의 사용 상황**

공략 보기가 모두 명사이기 때문에 명사에 유의하여 듣는다. 녹음에서 '智能手机使用情况(스마트폰 사용 상황)'을 듣고 그대로 정답을 고르면 D이다. 문제 풀이는 어렵지 않으나 대화 내용이나 사용된 어휘가 비교적 어렵기 때문에 보기를 미리 확인하고 집중해서 들어야 한다.

어휘 ★打扰 dǎrǎo 동 폐를 끼치다 | ★填 tián 동 기입하다 | 份 fèn 양 부, 통(신문, 잡지 등을 세는 단위) | 调查 diàochá 동 조사하다 | ★问卷 wènjuàn 명 설문 조사 | 智能手机 zhìnéng shǒujī 명 스마트폰 | 使用 shǐyòng 동 사용하다 | ★情况 qíngkuàng 명 상황 | ★耽误 dānwu 동 (시간 때문에) 일을 그르치다 | 技术 jìshù 명 기술 | ★网络 wǎngluò 명 인터넷 | ★影响 yǐngxiǎng 명 영향 | 居民 jūmín 명 주민 | 消费 xiāofèi 동 소비하다

26. HSK POINT 대화의 주제를 묻는 문제 난이도 中

track 02-26

男：昨天的面试怎么样？	남: 어제 면접 어땠어?
女：说是让我等通知，最终录取结果下周才能出来。	여: 나에게 최종 결과를 기다리래. 최종 합격 결과는 다음 주에야 나올 거야.
男：放心吧，你准备得那么充分，一定没问题。	남: 걱정하지 마. 충분히 준비했으니까 틀림없이 문제 없을 거야.
女：谢谢，希望如此。	여: 고마워, 그렇게 되길 바라.
问：他们在谈什么？	질문: 그들이 얘기하고 있는 것은?
A 销售方案	A 판매 방안
B 面试结果	**B 면접 결과**
C 求职条件	C 구직 조건
D 兼职要求	D 겸직 요구

공략 보기가 명사이면 대화의 주제를 묻는 문제일 가능성이 높으므로 이 점을 염두해 두고 듣는다. 남자의 질문 '昨天的面试怎么样?(어제 면접 어땠어?)'를 들으면 정답은 B이다.

어휘 ★面试 miànshì 통 면접하다 | ★通知 tōngzhī 통 통지하다 | 最终 zuìzhōng 명 최종 | ★录取 lùqǔ 통 고용하다 | 结果 jiéguǒ 명 결과 | 放心 fàngxīn 통 안심하다 | 准备 zhǔnbèi 통 준비하다 | ★充分 chōngfèn 형 충분하다 | 希望 xīwàng 통 희망하다 | ★如此 rúcǐ 대 이와 같다 | ★销售 xiāoshòu 통 판매하다 | ★求职 qiúzhí 통 구직하다 | 条件 tiáojiàn 명 조건 | ★兼职 jiānzhí 통 겸직하다 | 要求 yāoqiú 명 요구

27. HSK POINT 상태를 묻는 문제 난이도 下

track 02-27

女：大夫，我叔叔怎么样了？	여: 의사 선생님, 저희 삼촌은 어떠세요?
男：手术很成功，放心吧。	남: 수술이 성공적이에요. 안심하셔도 됩니다.
女：太感谢您了，我们能进去看他吗？	여: 정말 감사합니다. 들어가서 봐도 될까요?
男：可以，不过别呆太久。病人需要休息。	남: 들어가도 됩니다. 하지만 너무 오래 계시면 안 돼요. 환자가 안정을 취해야 해.
问：叔叔怎么了？	질문: 삼촌은 어떠한가?
A 患糖尿病	A 당뇨병에 걸렸다
B 着凉了	B 감기에 걸렸다
C 胃口不好	C 식욕이 좋지 않다
D 做手术了	**D 수술을 했다**

공략 보기의 어휘를 보면 건강 상태를 묻는 문제임을 알 수 있다. '手术很成功(수술이 성공적이다)'를 들으면 정답을 D로 쉽게 찾을 수 있다.

어휘 叔叔 shūshu 명 삼촌 | ★手术 shǒushù 명 수술 | 成功 chénggōng 동 성공하다 | ★放心 fàngxīn 동 안심하다 | 呆 dāi 동 머물다 | 病人 bìngrén 명 환자 | 需要 xūyào 동 필요하다 | 休息 xiūxi 동 휴식하다 | ★患 huàn 동 (병을) 앓다 | 糖尿病 tángniàobìng 명 당뇨병 | ★着凉 zháoliáng 동 감기에 걸리다 | ★胃口 wèikǒu 명 식욕

28. HSK POINT 유사 표현을 통해 의미 유추 난이도 上

track 02-28

男：老师刚给我推荐了一份兼职，可惜我没时间。
女：是做什么的？
男：在一家报社做编辑，具体时间是周一至周三。你有兴趣吗？
女：有是有，只是我们学院每个礼拜二上午都有研讨会。

问：女的是什么意思？

A 没有兴趣
B 编辑收入低
C 周二没空儿
D 工作环境不好

남: 교수님이 방금 나한테 겸직을 추천해 주셨는데 안타깝게도 시간이 없어.
여: 무슨 일인데?
남: 신문사에서 편집자로 일하는 건데, 구체적인 시간은 월요일에서 수요일까지야. 너 관심 있어?
여: 있기는 한데, 매주 화요일 오전에 학교에서 세미나가 있어.

질문: 여자의 말은 무슨 뜻인가?

A 흥미가 없다
B 편집자 수입이 낮다
C 화요일에 시간이 없다
D 업무 환경이 좋지 않다

공략 대화의 '每个礼拜二上午都有研讨会(매주 화요일 오전에 세미나가 있어)'에서 '礼拜二(화요일)'과 '周二(화요일)'은 동의어이고, '有研讨会(세미나가 있다)'와 '没空儿(시간이 없다)'는 서로 의미가 통하므로 정답은 C이다.

어휘 兼职 jiānzhí 명동 겸직(하다), 파트타임 | 可惜 kěxī 형 아쉽다 | 报社 bàoshè 명 신문사 | 编辑 biānjí 명 편집자 | 具体 jùtǐ 형 구체적이다 | ★兴趣 xìngqù 명 흥미 | ★只是 zhǐshì 부 단지 | 学院 xuéyuàn 명 단과 대학 | ★研讨会 yántǎohuì 명 세미나 | ★收入 shōurù 명 소득 | 空儿 kòngr 명 시간, 여유 | ★环境 huánjìng 명 환경

관련 어휘 TIP

▶ 요일 및 시기 관련 유의어

- 星期 xīngqī 주, 요일
- 礼拜 lǐbài 주, 요일
- 上个周 shàng ge zhōu 지난주
- 这个星期 zhège xīngqī 이번 주
- 这个周 zhège zhōu 이번 주
- 下个礼拜 xià ge lǐbài 다음 주
- 凌晨 língchén 새벽
- 晚上 wǎnshang 저녁
- 半夜 bànyè 한밤중
- 周 zhōu 주, 요일
- 上个星期 shàng ge xīngqī 지난주
- 上个礼拜 shàng ge lǐbài 지난주
- 这个礼拜 zhège lǐbài 이번 주
- 下个星期 xià ge xīngqī 다음 주
- 下个周 xià ge zhōu 다음 주
- 早晨 zǎochen 새벽
- 傍晚 bàngwǎn 저녁
- 夜里 yèli 한밤중

29. HSK POINT 보기를 통해 상세 정보 대조 난이도 中

track 02-29

女：主任，这是礼拜天出席会议的人员名单。
男：好，一共多少人？
女：我们邀请了10位专家，再加上公司领导和同事，一共18人。
男：晚上的宴会安排在哪儿？
女：对面的酒楼，我定了一个20人的包间。

问：根据对话，下列哪项正确？

A 会议取消了
B 周六召开会议
C 订的包间太小了
D 有18人出席会议

여: 주임님, 이게 일요일에 회의 출석하는 분들 명단입니다.
남: 좋아요. 모두 몇 명인가요?
여: 전문가 10분을 초청했고, 회사 임원들과 동료까지 모두 18명이에요.
남: 저녁 만찬은 어디에서 하나요?
여: 맞은편 술집에서 하고요, 20인 룸으로 예약했어요.

질문: 대화에 근거해서 다음 중 옳은 것은?

A 회의는 취소됐다
B 토요일에 회의가 열린다
C 예약한 룸이 너무 작다
D 18명이 회의에 출석한다

공략 보기가 모두 상세 정보를 담고 있기 때문에 세부 사항에 대해 꼼꼼히 들어야 한다. 회의는 일요일에 열리기 때문에 A와 B는 정답이 아니다. 예약한 방의 크기에 대한 언급이 없으므로 C도 정답이 아니다. 모두 18명이 출석하기 때문에 정답은 D이다.

어휘 主任 zhǔrèn 명 주임 | 出席 chūxí 동 출석하다 | 人员 rényuán 명 인원 | 名单 míngdān 명 명단 | ★邀请 yāoqǐng 동 초대하다 | ★专家 zhuānjiā 명 전문가 | ★再加上 zàijiāshàng 부 게다가 | ★领导 lǐngdǎo 명 리더, 임원 | 同事 tóngshì 명 동료 | ★宴会 yànhuì 명 연회 | ★安排 ānpái 동 안배하다 | 对面 duìmiàn 명 맞은편 | 酒楼 jiǔlóu 명 술집, 요릿집 | ★包间 bāojiān 명 (음식점 등의) 룸 | ★取消 qǔxiāo 동 취소하다 | 召开 zhàokāi 동 (행사를) 열다, 개최하다 | ★订 dìng 동 예약하다

30. HSK POINT 보기를 통해 상세 정보 대조 난이도 上

track 02-30

男：你刚吹的是什么曲子？真好听。
女：高山流水，是中国的一首传统乐曲。
男：你用的这个乐器叫什么名字？我以前从没见过。
女：这是笛子，是中国经典的民族乐器。

问：关于笛子，可以知道什么？

A 铁制的
B 还需改进
C 声音单调
D 是民族乐器

남: 네가 방금 연주한 건 무슨 곡이야? 정말 듣기 좋다.
여: '高山流水'라고, 중국 전통 노래야.
남: 네가 사용한 이 악기는 이름이 뭐야? 한 번도 본 적이 없어.
여: 이건 피리야. 중국의 전통 민족 악기야.

질문: 피리에 관해 알 수 있는 것은?

A 철로 만들었다
B 개선이 필요하다
C 소리가 단조롭다
D 민족 악기이다

공략 보기가 대체로 술어로 되어 있기 때문에 술어에 유의하여 듣는다. 전반적으로 어휘들이 듣기 어렵기 때문에 보기에 집중해서 듣는다. 들리는 그대로 정답을 고르면 D이다.

어휘 ★吹 chuī 동 불다 | 曲子 qǔzi 명 노래, 곡 | 首 shǒu 양 수(시, 노래 등을 세는 단위) | ★传统 chuántǒng 명 전통 | 乐器 yuèqì 명 악기 | 笛子 dízi 명 피리 | 经典 jīngdiǎn 형 전형적인, 권위적인 | 民族 mínzú 명 민족

2회

[31-32]

32有个富人非常吝啬，从不请客。一天，31他的邻居租用他的房子请客。有人路过这里，店里面非常热闹，就问富人家的看门人："你们家主人今天请客吗?"他说："要我家主人请客，等下辈子吧。"刚要出门的富人听到了这句话，大声喊道："谁让你答应他请客的时间了?"	32어느 부자가 매우 인색해서 이제껏 손님을 초대한 적이 없었다. 하루는 31그의 이웃이 그의 집을 빌려서 손님을 초대했다. 어떤 손님이 이곳을 지나다 가게 안이 떠들썩 한 것을 보고 문지기에게 물었다. "당신 집주인이 오늘 손님을 초대했나 봐요?" 그가 대답했다. "우리집 주인이 손님을 초대하려면 다음 생애까지 기다려야 할 걸요." 막 문을 나서는 부자가 그 말을 듣고 큰소리로 외쳤다. "누가 너한테 손님 초대 시간을 정하라고 했어?"

어휘 吝啬 lìnsè 형 인색하다 | 请客 qǐngkè 동 초대하다 | ★邻居 línjū 명 이웃 | ★路过 lùguò 동 지나다 | ★热闹 rènao 형 떠들썩하다 | 看门人 kānménrén 명 문지기 | 下辈子 xiàbèizi 명 다음 생애 | 大声 dàshēng 명 큰소리 | ★喊道 hǎndào 동 외치다

어법 TIP

▶ 从(来)不

듣기 문제에서는 부정부사를 주의해야 한다. '从不'는 상용부사로 '여태까지 ~하지 않다'라는 뜻이다.

我从不后悔当警察。나는 여태껏 경찰이 된 것을 후회하지 않았다.

我从不放弃。나는 여태껏 포기하지 않았다.

31. HSK POINT 보기를 통해 상세 정보 대조 난이도 上

track 02-31

富人家为什么很热闹?	부자의 집은 왜 떠들썩했나?
A 富人举行宴会	A 부자가 연회를 열어서
B 富人过生日	B 부자가 생일을 지내서
C 富人请邻居吃饭	C 부자가 이웃을 초대해 식사를 대접해서
D 邻居租他的房子请客	D 이웃이 그의 집을 빌려 손님을 초대해서

공략 보기가 주어와 술어로 이루어져 있으므로 주어와 술어에 유의해서 보기와 지문을 대조하며 들어야 한다. '邻居租用他的房子(이웃이 그의 집을 빌렸다)'로 미루어 정답은 D이다.

어휘 过生日 guò shēngri 동 생일을 보내다

32. HSK POINT 유의어 듣기 난이도 中

track 02-32

富人是一个什么样的人?

A 小气
B 谦虚
C 狡猾
D 骄傲

부자는 어떤 사람인가?

A 인색하다
B 겸손하다
C 교활하다
D 거만하다

공략 보기를 통해 특정 인물의 성향을 묻는 문제임을 알 수 있다. 녹음의 '吝啬(인색하다)'와 보기의 '小气(인색하다)'는 유의어이기 때문에 정답은 A이다.

어휘 ★小气 xiǎoqi 형 인색하다 | ★谦虚 qiānxū 형 겸손하다 | ★狡猾 jiǎohuá 형 교활하다 | ★骄傲 jiāo'ào 형 거만하다

[33-35]

在人际交往中，35人们留给交往对象的最后印象是非常重要的。有时，它甚至直接决定着单位或个人的整体形象是否完美以及起初完美的形象能否维持，这就是末轮效应。33末轮效应强调事情结尾的完美与完善，要求人们在塑造单位或个人的整体形象时，必须做到始终如一。拿送客礼仪来说，每次告别时，我们都要以将会再次见面的心情来送别对方。34送客工作如果处理不好，就会影响整个接待工作，使接待工作前功尽弃。

인간관계에서 35사람들이 상대에게 남기는 마지막 인상은 매우 중요하다. 어떤 때에는 심지어 회사나 개인의 전체 이미지가 완벽한지 아닌지, 처음에 좋았던 이미지를 계속 유지할 수 있는지를 결정하기도 한다. 이것이 바로 '최종 라운드 효과'이다. '33최종 라운드 효과'는 일의 마무리가 완벽해야 함을 강조하며, 회사나 개인이 전반적인 이미지를 만들 때 반드시 시종일관 한결같을 것을 요구한다. 손님을 배웅할 때 예의를 보면, 매번 헤어질 때 다시 만날 수 있다는 느낌을 상대에게 줘야 한다. 34손님 배웅을 잘하지 못하면 전체적인 대접에 영향을 미쳐 공든 탑이 무너질 수 있다.

어휘 人际交往 rénjì jiāowǎng 명 인간관계 및 교류 | 留给 liúgěi 동 ~에게 남겨 주다 | ★交往 jiāowǎng 명동 교제(하다) | ★对象 duìxiàng 명 상대 | ★印象 yìnxiàng 명 인상 | ★甚至 shènzhì 부 심지어 | ★直接 zhíjiē 부 직접적으로 | 决定 juédìng 동 결정하다 | ★单位 dānwèi 명 회사 | 整体 zhěngtǐ 명 전체 | ★是否 shìfǒu 부 ~인지 아닌지 | ★完美 wánměi 형 완벽하다 | ★以及 yǐjí 접 및 | 起初 qǐchū 명 처음 | 维持 wéichí 동 유지하다 | 末轮效应 mòlún xiàoyìng 명 최종 라운드 효과 | ★强调 qiángdiào 동 강조하다 | 结尾 jiéwěi 명 마무리 | ★完善 wánshàn 형 완벽하다 | 塑造 sùzào 동 (이미지 등을) 만들다 | ★必须 bìxū 부 반드시 | 始终如一 shǐ zhōng rú yī 성 처음부터 끝까지 한결같다 | 送客 sòngkè 동 손님을 배웅하다 | 礼仪 lǐyí 명 예의 | 告别 gàobié 동 작별 인사를 하다 | 以 yǐ 개 ~로써 | ★心情 xīnqíng 명 기분 | 处理 chǔlǐ 동 처리하다 | ★接待 jiēdài 동 접대하다 | 前功尽弃 qián gōng jìn qì 성 공든 탑이 무너진다

어법 TIP

▶ 要求 + 사람 + 그 사람이 하는 행동 술어

겸어문은 첫번째 동사의 목적어가 두 번째 동사의 주어 역할을 하는 문장을 말한다. 대표적인 동사로는 '使', '让', '令', '请' 등의 사역의 의미를 갖는 동사들이 있으며, 그 밖에 '要求(요구하다)', '鼓励(격려하다)', '建议(건의하다)' 등이 있다. 동사 뒤에 주로 사람이 목적어로 오고 그 뒤에 그 사람이 하는 행동 술어가 온다.

老师要求我做那件事。선생님은 내가 그 일을 하기를 요구했다.
公司要求职员准时上下班。회사는 직원에게 정시에 출퇴근을 하라고 요구했다.
老师鼓励我努力学习。선생님은 나에게 공부를 열심히 하라고 격려해 주신다.
妈妈鼓励我不要放弃。엄마는 나에게 포기하지 말라고 격려해 주신다.
我建议他去中国学习汉语。나는 그에게 중국에 가서 중국어 공부를 하라고 제안했다.
他建议我周末带孩子去运动。그는 나에게 주말에 아이를 데리고 운동을 가라고 제안했다.

33. HSK POINT 보기를 통해 상세 정보 대조 난이도 上

track 02-33

末轮效应要求人们在塑造形象时怎么做?

'최종 라운드 효과'는 이미지를 만들 때 어떻게 하라고 하는가?

A 不要说假话	A 거짓말 하지 마라
B 隐藏缺点	B 단점을 숨겨라
C 要始终如一	C 시종일관 한결같아야 한다
D 对人要亲切	D 사람에게 친절해야 한다

공략 녹음의 내용이 어려울 경우에는 보기가 그대로 지문에 등장하는 경우가 많으므로 보기에 주목하여 녹음을 듣는다. 녹음에서 '必须做到始终如一(시종일관 한결같아야 한다)'를 직접적으로 들려줬기 때문에 4개의 보기 중 C가 정답이다.

어휘 ★假话 jiǎhuà 명 거짓말 | 隐藏 yǐncáng 동 숨기다 | ★缺点 quēdiǎn 명 단점 | 亲切 qīnqiè 형 친절하다

34. HSK POINT 보기를 통해 상세 정보 대조 난이도 中

track 02-34

根据这段话，送客工作处理不好会怎么样?

이 글에 근거해서 손님 배웅을 잘하지 못하면 어떻게 되는가?

A 一点儿也没问题	A 문제가 전혀 없다
B 被上司批评	B 상사에게 비판을 받는다
C 留下好印象	C 좋은 인상을 남긴다
D 影响整个接待工作	D 전체의 대접에 영향을 준다

공략 손님 배웅을 잘하지 못하면, 전체적인 접대의 이미지에 영향을 준다고 했기 때문에 정답은 D이다.

어휘 上司 shàngsi 명 상사 | ★批评 pīpíng 동 비판하다

35. HSK POINT 주제를 묻는 문제 난이도 中

track 02-35

这段话主要谈的是什么?	이 글에서 주로 이야기하는 것은?
A 朋友相处的道理	A 친구 간의 도리
B 最后印象的重要性	**B 마지막 인상의 중요성**
C 不要对自己不满	C 자신에 대해 불만을 갖지 마라
D 怎样发挥自己的优势	D 어떻게 자신의 장점을 발휘하는가

공략 주제를 묻는 문제는 주제가 지문 초반이나 후반부에 등장하기 때문에 처음과 끝을 주목하여 듣는다. 초반의 '最后印象是非常重要的(마지막 인상은 매우 중요하다)'를 들으면 이것이 주제라는 것을 알 수 있다. 정답은 B이다.

어휘 ★相处 xiāngchǔ 동 함께 지내다 | 发挥 fāhuī 동 발휘하다 | ★优势 yōushì 명 장점

[36-38]

心理学家曾做过这样一个实验：36要求一些年轻人回忆一位和他们关系最密切的朋友，并列举这位朋友跟他们有哪些相同点和不同点，结果发现，大多数人列举的都是相似之处。例如"我们性格内向、诚实、都喜欢古典音乐，我们都很开朗，喜欢交际"等等。心理学家说："37这是因为人们更喜欢与自己相似的人交往。38这样在交往时，就很少会产生争辩，而且容易获得对方的肯定和支持。这会给人们带来安全感，从而彼此相处得越来越愉快。"

심리학자가 다음과 같은 실험을 했다. 36젊은이들에게 그들과 가장 친했던 친구를 떠올리고, 그들과의 공통점과 차이점을 열거하라고 했다. 그 결과 대다수의 사람이 공통점을 열거했다. 예를 들어 '우리는 성격이 내성적이고 성실하며 클래식 음악을 좋아한다', '우리는 모두 활발하고 사교적이다' 등등이다. 심리학자가 말했다. "37사람들은 자신과 비슷한 사람과 사귀는 것을 좋아하기 때문입니다. 38이런 경우에는 말다툼하는 경우가 적고 또 상대의 인정과 지지를 쉽게 얻을 수 있습니다. 이것은 사람들에게 안정감을 가져다주므로 같이 있을 때 점점 즐거워집니다."

어휘 心理学家 xīnlǐ xuéjiā 명 심리학자 | ★实验 shíyàn 명 실험 | 回忆 huíyì 동 회상하다 | ★密切 mìqiè 형 친하다 | 列举 lièjǔ 동 열거하다 | 相同点 xiāngtóngdiǎn 명 같은 점 | 发现 fāxiàn 동 발견하다 | 相似之处 xiāngsì zhī chù 명 비슷한 점 | ★例如 lìrú 동 예를 들다 | ★内向 nèixiàng 형 내성적이다 | 诚实 chéngshí 형 성실하다 | 古典音乐 gǔdiǎn yīnyuè 명 클래식 음악 | ★开朗 kāilǎng 형 명랑하다 | 交际 jiāojì 동 사귀다 | ★产生 chǎnshēng 동 생기다 | 争辩 zhēngbiàn 동 논쟁하다 | ★肯定 kěndìng 명 긍정 | ★带来 dàilái 동 가져오다 | 安全感 ānquángǎn 명 안전감 | ★从而 cóng'ér 접 따라서 | ★彼此 bǐcǐ 대 피차, 서로 | ★相处 xiāngchǔ 동 서로 지내다 | 愉快 yúkuài 형 즐겁다

어법 TIP

▶ 给 A 带来 B

개사구와 함께 쓰이는 문장 형식을 익혀 두면 문장이 통째로 들려 내용 파악에 용이하다. 이 문장 형식은 'A에게 B를 가져다주다'라는 뜻이다.

网络给我们带来了什么? 인터넷은 우리에게 무엇을 가져다주었나?

手机给我们的生活带来了很大的方便。 핸드폰은 우리 생활에 커다란 편리함을 가져다주었다.

36. HSK POINT 보기를 통해 상세 정보 대조 난이도 中

track 02-36

实验要求年轻人回忆谁?	실험에서 젊은이들은 누구를 떠올려야 했나?
A 最讨厌的同学	A 가장 싫어하는 급우
B 初恋情人	B 첫사랑
C 最尊敬的老师	C 가장 존경하는 선생님
D 最密切的朋友	**D 가장 친한 친구**

공략 보기에 제시된 단어들이 모두 사람이기 때문에 사람에 집중해서 들어야 한다. 들리는 그대로 정답을 고르면 D이다.

어휘 ★讨厌 tǎoyàn 동 싫어하다 | 初恋 chūliàn 명 첫사랑 | 情人 qíngrén 명 애인 | ★尊敬 zūnjìng 동 존경하다

37. HSK POINT 보기를 통해 상세 정보 대조 난이도 中

track 02-37

根据这段话，人们喜欢跟什么样的人交往?	이 글에 근거해서 사람들은 어떤 사람과 사귀기를 좋아하나?
A 与自己相反的	A 자신과 반대인 사람
B 活泼开朗的	B 활발하고 명랑한 사람
C 与自己相似的	**C 자신과 비슷한 사람**
D 和自己性格互补的	D 자신과 성격상 상호 보완할 수 있는 사람

공략 녹음에서 '人们更喜欢与自己相似的人交往(사람들은 자신과 비슷한 사람과 사귀는 것을 좋아한다)'라고 했기 때문에 정답은 C이다.

어휘 ★活泼 huópo 형 활발하다 | ★互补 hùbǔ 동 서로 보완하다

38. HSK POINT 보기를 통해 상세 정보 대조 난이도 中 track 02-38

根据这段话，可以知道什么？

A 友情比爱情更重要
B 爱交际的人是最好的朋友
C 年轻人记忆力更好
D 朋友的肯定能带来安全感

이 글에 근거해서 알 수 있는 것은?

A 우정이 사랑보다 더 중요하다
B 사교적인 사람이 가장 좋은 친구이다
C 젊은이의 기억력이 더 좋다
D 친구가 인정해 주면 안정감을 느낄 수 있다

공략 녹음에서 '容易获得对方的肯定和支持，这会给人们带来安全感(상대의 인정과 지지를 쉽게 얻을 수 있다. 이것은 사람들에게 안정감을 가져다 준다)'라는 부분을 들으면 정답은 D이다.

어휘 记忆力 jìyìlì 명 기억력

[39-41]

一个人路过一片工地看到三个工人正在砌墙。路人问他们："在做什么？"第一个人说："在干活儿。" 39第二个人漫不经心地说："在赚钱。"第三个人快乐地说："在建一座美丽的宫殿。"几年过去了，前两个人依旧在砌墙。40而第三个人却成了建筑工程师。这个故事告诉人们：41平凡的工作其实正是大事业的开始，能否意识到这一点，决定了你能否成就一番事业。一个人只有把自己所从事的职业，当作是一项不可多得的事业，而不仅仅是谋生的手段，才能获得成功。

한 행인이 공사장을 지나가다 세 명의 노동자가 담을 쌓고 있는 것을 보고 그들에게 물었다. "지금 무엇을 하십니까?" 첫 번째 사람이 대답했다. "노동을 하고 있습니다." 39두 번째 사람이 무심하게 얘기했다. "돈을 벌고 있습니다." 세 번째 사람이 즐겁게 대답했다. "아름다운 궁전을 짓고 있습니다." 몇 년이 흐르고 앞의 두 사람은 여전히 담을 쌓고 있었다. 그러나 40세 번째 사람은 건축 엔지니어가 되었다. 이 이야기는 우리에게 41평범한 일은 사실 큰 일의 시작이며 이 점을 아느냐가 당신이 큰 일을 이룰 수 있는지를 결정한다는 것을 알려준다. 자신이 하는 일을 단순히 생계의 수단으로만 여기지 말고, 얻기 힘든 소중한 일로 여겨야만 성공을 거둘 수 있다.

어휘 ★路过 lùguò 동 지나가다 | 工地 gōngdì 명 공사장 | ★砌 qì 동 (돌이나 벽돌로) 담을 쌓다 | ★墙 qiáng 명 벽 | 路人 lùrén 명 행인 | ★干活儿 gànhuór 동 노동하다 | 漫不经心 màn bù jīng xīn 성 전혀 아랑곳하지 않다 | ★赚 zhuàn 동 (돈을) 벌다 | 快乐 kuàilè 형 즐겁다 | 宫殿 gōngdiàn 명 궁전 | 依旧 yījiù 부 여전히 | ★建筑 jiànzhù 명 건축 | 工程师 gōngchéngshī 명 엔지니어 | 故事 gùshi 명 이야기 | 平凡 píngfán 형 평범하다 | ★其实 qíshí 부 사실 | 事业 shìyè 명 사업, 일 | ★能否 néngfǒu 동 할 수 있나 | ★意识 yìshí 명 의식 | ★成就 chéngjiù 동 이루다 | ★从事 cóngshì 동 종사하다 | ★职业 zhíyè 명 직업 | ★当作 dàngzuò 동 ~으로 여기다 | 不可多得 bù kě duō dé 성 얻기 힘들다 | 不仅仅 bùjǐnjǐn 부 ~뿐만이 아니다, ~만이 아니다 | 谋生 móushēng 동 생계를 도모하다 | ★手段 shǒuduàn 명 수단

어법 TIP

▶ 只有 A, 才 B

'只有A, 才B'는 'A를 해야만 비로소 B하다'라는 뜻으로 유일무이한 조건을 이야기할 때 사용된다. 듣기에서는 삶의 지혜나 교훈을 주는 경우가 많은데, 이때 접속사의 논리 관계를 파악해야 쉽게 주제를 찾을 수 있다.

只有有刻苦学习，才能取得好成绩。열심히 공부해야만 좋은 성적을 거둘 수 있다.
只有不断努力，才能有美好的明天。끊임없이 노력해야 아름다운 내일을 가질 수 있다.

39. HSK POINT 유사 표현 듣기 | 난이도 中

track 02-39

第二个人认为自己在做什么?	두 번째 사람은 자신이 무엇을 하고 있다고 생각하나?
Ⓐ 挣钱　B 积累经验	Ⓐ 돈을 번다　B 경험을 쌓는다
C 帮助别人　D 享受生活	C 다른 사람을 돕는다　D 생활을 누린다

공략 등장하는 세 사람이 같은 질문에 모두 다른 대답을 했기 때문에, 누가 어떤 대답을 했는지 정확하게 들어야 한다. 녹음에서 두 번째 사람이 '赚钱(돈을 벌다)'라고 대답했고 보기에는 '挣钱(돈을 벌다)'가 있는데 두 단어가 같은 의미임을 알면 A를 정답으로 고를 수 있다.

어휘 ★挣钱 zhèngqián 동 돈을 벌다 | ★积累 jīlěi 동 쌓이다 | ★享受 xiǎngshòu 동 누리다

40. HSK POINT 특정 인물에 관한 문제 | 난이도 中

track 02-40

多年后，第三个人怎么样了?	수년 후에 세 번째 사람은 어떻게 됐나?
A 还是工人　B 被淘汰了	A 아직 노동자이다　B 도태되었다
Ⓒ 成了建筑师　D 创办了企业	Ⓒ 건축가가 되었다　D 기업을 창립했다

공략 세 번째 사람에 대한 질문이므로, 그에 대한 내용을 상기해야 한다. 앞의 두 사람은 여전히 노동자이지만, 세 번째 사람만 건축가가 되었기 때문에 정답은 C이다.

어휘 淘汰 táotài 동 도태하다 | 创办 chuàngbàn 동 창립하다

41. HSK POINT 주제를 묻는 문제 | 난이도 中

track 02-41

这段话主要想告诉我们什么?	이 글이 우리에게 주로 알려 주는 것은?
A 不要害怕犯错	A 실수하는 것을 두려워하지 마라
B 不要轻易放弃	B 쉽게 포기하지 마라
C 要坚持自己的选择	C 자신의 선택을 끝까지 고수하라
Ⓓ 不要轻视平凡的工作	Ⓓ 평범한 일을 무시하지 마라

공략 녹음 중반부에서 세 사람 이야기의 핵심인 '平凡的工作其实正是大事业的开始(평범한 일은 사실 큰 일의 시작이다)'를 듣고 보기 D에서 '平凡的工作(평범한 일)'이란 단어를 보았다면 정답이 D라는 것을 쉽게 찾을 수 있다.

어휘 ★害怕 hàipà 동 무서워하다 | ★犯错 fàncuò 동 실수하다 | ★轻视 qīngshì 동 무시하다

[42-43]

有个孩子把手伸进糖果瓶里，尽其所能地抓了一大把糖果，当他想要把手收回来时，手却被瓶口卡住了。42他既不愿意放弃糖果，又不能把手拿出来。急得大哭，爸爸对他说："少拿点儿，你的拳头变小了。你的手就容易拿出来了。"生活也是如此，43有时候，我们只有放弃，才能得到。只想获得，不想放弃，往往适得其反。一个人一生中就会遇到各种各样的诱惑与选择，43我们应该学会有选择的放弃，理智的放弃是一种成熟，更是一种智慧。俗话说：舍得舍得，有舍才有得，就是这个道理。

한 아이가 사탕 병 안에 손을 넣었다. 손 안에 잡을 수 있는 최대한의 사탕을 잔뜩 쥐고 손을 빼려고 할 때 병 입구에서 손이 걸렸다. 42그는 사탕을 포기하기도 싫었고 또 손을 빼낼 수도 없었다. 급한 마음에 울음을 터뜨렸고 아버지가 그에게 말했다. "사탕을 조금만 잡으면 주먹이 작아질 것이고, 손을 쉽게 뺄 수 있을 거란다." 우리의 생활 역시 이와 같다. 43어떤 때는 포기를 해야만 얻을 수 있다. 얻기만 바라고 포기하기 않는다면, 종종 원하는 바와 정반대의 결과가 나온다. 사람은 일생에서 여러 가지 유혹과 선택의 순간에 놓인다. 43우리는 반드시 선택하는 포기를 할 줄 알아야 한다. 현명한 포기는 성숙이며, 지혜이다. 옛말에 버릴 건 버려야 하고, 버리는 게 있으면 얻는 게 있다고 했다. 바로 이것이 진리이다.

어휘 ★伸 shēn 동 내밀다 | 糖果瓶 tángguǒpíng 명 사탕 병 | 尽其所能 jìn qí suǒ néng 성 할 수 있는 것은 다하다 | ★抓 zhuā 동 꽉 쥐다 | 收回 shōuhuí 동 거두어들이다 | 卡住 qiǎzhù 동 끼다, 걸리다 | ★放弃 fàngqì 동 포기하다 | ★哭 kū 동 울다 | 拳头 quántóu 명 주먹 | 生活 shēnghuó 명 생활 | ★如此 rúcǐ 대 이와 같다 | ★获得 huòdé 동 획득하다 | 适得其反 shì dé qí fǎn 성 정반대의 결과를 얻다 | ★遇到 yùdào 동 부딪치다 | 诱惑 yòuhuò 동 유혹하다 | ★学会 xuéhuì 동 배워서 할 수 있다 | 理智 lǐzhì 형 이성적이고 지혜롭다 | ★成熟 chéngshú 형 성숙하다 | ★智慧 zhìhuì 명 지혜 | ★俗话 súhuà 명 옛말

어법 TIP

▶ 既 A, 又 B

접속사는 문장에서 고리 역할을 한다. 접속사를 통해서 글의 논리적 흐름을 파악할 수 있기 때문에 주요 접속사들을 잘 숙지해야 한다. 이 접속사는 'A이기도 하고, B이기도 하다'라는 뜻으로 병렬관계를 나타낸다.

她既看不见，又听不见。그녀는 볼 수도 들을 수도 없다.

我们在里面既避雨，又休息。우리는 안에서 비를 피하기도 하고 쉬기도 했다.

42. HSK POINT 원인을 묻는 문제 난이도 中

track 02-42

那个孩子为什么大哭?	그 아이는 왜 울었나?
A 被爸爸批评了	A 아버지에게 꾸중을 들어서
B 手拿不出来	**B 손을 빼지 못해서**
C 把糖果瓶打碎了	C 사탕 병을 깨뜨려서
D 手指受伤了	D 손가락을 다쳐서

공략 '不能把手拿出来，急得大哭(손을 뺄 수 없어서 급한 마음에 울었다)'를 듣고 들리는 그대로 정답을 고르면 B이다. '爸爸(아빠)', '手(손)', '糖果(사탕)' 등 보기에 등장하는 명사를 모두 녹음에서 들려주기 때문에 술어 부분에 주의해서 들어야 쉽게 정답을 찾을 수 있다.

어휘 打碎 dǎsuì 동 부수다

43. HSK POINT 주제를 묻는 문제 난이도 中

track 02-43

这段话主要想告诉我们什么?	이 글이 우리에게 주로 알려 주는 것은?
A 要学会放弃	**A 포기를 배워야 한다**
B 谦虚使人进步	B 겸손은 사람을 발전시킨다
C 要控制自己的情绪	C 자신의 감정을 조절할 줄 알아야 한다
D 要有怀疑的精神	D 의심하는 마음을 가져야 한다

공략 글의 주제는 후반부에 나올 가능성이 크기 때문에 끝까지 집중해서 들어야 한다. '放弃(포기하다)'가 여러 차례 등장했기 때문에 어렵지 않게 정답을 고를 수 있다. 정답은 A이다.

어휘 ★控制 kòngzhì 동 통제하다 | ★情绪 qíngxù 명 정서 | ★怀疑 huáiyí 동 의심하다 | 精神 jīngshén 명 정신

[44-45]

在家电卖场里，我们看到的冰箱都为白色或其他较浅的颜色。这是因为浅色对光的反射率比较高。44这样冰箱表面的温度就不会太高，就不必耗费更多的能源。因为冰箱表面降温，从而节省了能源。此外，浅色还给人一种清凉的感觉。所以，45不管是从物理上还是心理上来说，冰箱都适合使用浅色。

가전 제품 매장에서 우리가 보는 냉장고는 모두 흰색이거나 옅은 색이다. 이것은 옅은 색이 빛에 대한 반사율이 비교적 높기 때문이다. 44이렇게 하면 냉장고의 표면 온도가 그다지 높아지지 않고, 더 많은 에너지를 소모할 필요가 없어지는데, 냉장고의 표면 온도가 낮아지면 에너지가 절약되기 때문이다. 이 밖에도 옅은 색은 사람에게 시원한 느낌을 준다. 그래서 45물리적으로나 심리적으로나 냉장고에는 옅은 색을 사용하는 게 적합하다.

어휘 家电 jiādiàn 명 가전 제품 | 卖场 màichǎng 명 매장 | 冰箱 bīngxiāng 명 냉장고 | 浅 qiǎn 형 옅다 | ★颜色 yánsè 명 색깔 | 浅色 qiǎnsè 명 옅은 색 | 反射率 fǎnshèlǜ 명 반사율 | ★表面 biǎomiàn 명 표면 | ★温度 wēndù 명 온도 | ★不必 búbì 부 ~할 필요가 없다 | 耗费 hàofèi 동 소모하다 | ★能源 néngyuán 명 에너지 | ★降温 jiàngwēn 동 온도를 낮추다 | ★节省 jiéshěng 동 절약하다 | 此外 cǐwài 명 이 외에 | 清凉 qīngliáng 형 시원하다 | ★不管 bùguǎn 접 ~을 막론하고 | 物理 wùlǐ 명 물리 | 心理 xīnlǐ 명 심리 | ★适合 shìhé 동 적합하다

어법 TIP

▶ 不管 A 还是 B, 都

'A이든지 B이든지 모두 ~하다'라는 뜻으로 무조건의 의미를 갖는다.

不管是韩国人还是中国人，都喜欢吃辣的。한국인이든 중국인이든 모두 매운 것을 좋아한다.

不管他去还是你去，我都无所谓。그가 가든지 네가 가든지 나는 상관없다.

44. HSK POINT 보기를 통한 상세 정보 대조 난이도 上

track 02-44

冰箱表面温度不高有什么好处?	냉장고 표면 온도가 높지 않는 것은 어떤 장점이 있는가?
A 操作简单	A 조작이 간단하다
B 节约能源	B 에너지를 절약한다
C 有利于环保	C 환경 보호에 유리하다
D 改善制冷功能	D 냉동 기능을 개선한다

공략 보기는 많은 정보를 담고 있기 때문에 보기의 어휘가 녹음에 등장하는지 유의해서 들어야 한다. '冰箱表面降温，从而节省了能源(냉장고의 표면 온도가 낮아지면 에너지가 절약된다)'로 미루어 정답은 B이다.

어휘 操作 cāozuò 동 조작하다 | ★节约 jiéyuē 동 절약하다 | ★环保 huánbǎo 명 환경 보호 | ★改善 gǎishàn 동 개선하다 | 制冷 zhìlěng 동 냉동하다

45. HSK POINT 주제를 묻는 문제 난이도 中

track 02-45

这段话主要谈的是什么?	이 글이 주로 이야기하는 것은?
A 冰箱的功能	A 냉장고의 기능
B 冰箱维修常识	B 냉장고 수리 상식
C 选购什么样的冰箱	C 어떤 냉장고를 구매해야 하나
D 冰箱为何多为浅色	D 냉장고는 왜 대부분 옅은 색인가

공략 도입부부터 냉장고의 옅은 색에 대해 언급하고 있고, 마지막 부분에서는 냉장고에 옅은 색을 사용하는 것이 좋다는 내용으로 마무리되고 있다. '浅色(옅은 색)'을 알아 들어야 정답을 고를 수 있다. 정답은 D이다.

어휘 常识 chángshí 명 상식 | 选购 xuǎngòu 동 선택해서 사다

新 HSK 5급 합격모의고사 阅读

第一部分

[46-48]

冬天，许多湖泊和河流都会结冰，但海水却不易结冰，这是为什么呢？原来，一般情况下，水在零度就会结冰，但如果水里溶入了一些其他 46 物质 ，例如盐，那么它结冰的温度就会降到零度以下。由于海水里面 47 含有 不少盐分，所以海水结冰的温度要比一般的淡水低，在冬天也就不太容易结冰了。 48 另外 ，海水的流动性很强，这也使得海水很少结冰。

겨울에 많은 호수와 강물이 모두 어는데 바닷물이 쉽게 얼지 않는 이유는 무엇일까? 원래 일반적인 상황에서 물은 영도에서 얼지만, 물 안에 예를 들어 소금과 같은 기타 46 물질이 녹아 들어가면 물의 결빙 온도는 영도 이하로 내려간다. 바닷물에는 적지 않는 염분이 47 함유되어 있어 바닷물의 결빙 온도는 일반 담수보다 낮아서 겨울에도 쉽게 얼지 않는다. 48 그 밖에 바닷물의 유동성이 강한 것 또한 바닷물이 쉽게 얼지 못하게 한다.

어휘 ★许多 xǔduō 형 많다 | 湖泊 húpō 명 호수 | 河流 héliú 명 강 | 结冰 jiébīng 동 얼음이 얼다 | ★海水 hǎishuǐ 명 바닷물 | ★零度 língdù 명 영도 | 溶入 róngrù 동 녹아 들어가다 | ★例如 lìrú 동 예를 들다 | ★盐 yán 명 소금 | ★温度 wēndù 명 온도 | ★降 jiàng 동 내리다 | 盐分 yánfèn 명 염분 | 淡水 dànshuǐ 명 담수 | 流动性 liúdòngxìng 명 유동성 | ★强 qiáng 형 강하다 | 使得 shǐde 명 ~로 하여금 ~하게 하다

46. HSK POINT 의미상 호응 난이도 中

A 生物	**B 物质**	A 생물	**B 물질**
C 材料	D 原料	C 재료	D 원료

공략 밑줄 뒤에 '例如盐(예를 들어 소금과 같은)'을 보면 소금은 생물이 아니므로 A는 답이 아니다. 소금으로 만들어진 물건에 대한 지문도 아니므로 C와 D도 정답이 될 수 없다. 바닷물에 대한 내용이므로 정답은 B이다.

47. HSK POINT 술어와 목적어의 호응 난이도 中

A 包括	B 包含	A 포함하다	B 포함하다
C 含有	D 具有	**C 함유하다**	D 가지다

공략 동사 자리가 비어 있으면 목적어를 찾아 호응 관계를 따져 정답을 골라야 한다. 여기에서는 염분이 목적어이기 때문에 염분과 호응하는 동사를 찾아야 한다. C는 영양소 등의 성분을 함유한다는 뜻으로 C가 정답이다. A는 일반적으로 보이는 것을, B는 보이지 않는 것을 목적어로 취한다.

호응 관계 TIP

- 包括 ➕ 中国/手机/化妆品(구체적인 사물) : 중국/휴대폰/화장품을 포함한다
- 包含 ➕ 错误/自由(추상적인 개념) : 잘못/자유를 포함한다
- 含有 ➕ 蛋白质/维生素(영양 성분) : 단백질/비타민을 함유하다
- 具有 ➕ 教养/能力(자질이나 능력) : 교양/능력을 가지다

48. HSK POINT 의미상 호응 난이도 中

Ⓐ 另外	B 总算	Ⓐ 그 밖에	B 결국
C 甚至	D 一再	C 심지어	D 거듭

공략 48번 밑줄 앞에서 바닷물이 잘 얼지 않는 것은 염분이 함유되어 있기 때문이라고 했고, 뒤 문장에서는 바닷물의 유동성이 강한 것도 바닷물을 잘 얼지 않게 하는 또 다른 이유라고 설명하고 있기 때문에 정답은 A이다.

[49-52]

心理学上将害怕失败的人称为“失败综合症”患者。患有这种心理疾病的人，在完成任何一项工作时，一开始就会预想到失败，从而产生一种莫名的 49 恐惧 ，最后也多以失败告终。有“失败综合症”的人，只希望自己完成无挑战性的、没有失败压力的工作，他们觉得失败会“丢面子”，所以他们往往过高地估计困难， 50 而又过低地估计自己的能力 ，工作起来仅用一半儿的努力。大量的 51 事实 告诉我们：如果不冒险、不敢面对失败，想要成功是不可能的。只要勇敢地承担风险，用科学的态度去 52 对待 失败，就能消除“失败综合症”的心理状态。

심리학에서는 실패를 두려워하는 사람을 ‘실패 증후군’ 환자라고 부른다. 이러한 심리적 질병을 앓은 사람은 어떤 일을 할 때 처음부터 실패를 예상해 알 수 없는 49 공포심이 생겨 결국 실패로 일을 마친다. ‘실패 증후군’을 앓는 사람은 도전성이 없고 실패의 스트레스가 없는 일만 하고 싶어한다. 그들은 실패를 하면 체면을 잃는다고 생각하기 때문에 종종 어려움을 과대평가하고, 50 자신의 능력은 과소평가하여 일을 함에 단지 절반의 노력만 들인다. 많은 51 사실이 우리에게 알려 준다. 만약 모험을 하지 않고 실패에 맞서지 못한다면 성공하는 것은 불가능하다. 용감하게 위험을 짊어지고 과학적인 태도로 실패를 52 대하면 ‘실패 증후군’의 심리 상태를 없앨 수 있다.

어휘 心理学 xīnlǐxué 명 심리학 | 将 jiāng 개 ~을/를 | ★失败 shībài 명 실패 | ★称为 chēngwéi 동 ~라고 부르다 | 失败综合症 shībài zōnghézhèng 명 실패 증후군 | 患者 huànzhě 명 환자 | 患 huàn 동 (병을) 앓다 | 疾病 jíbìng 명 질병 | 完成 wánchéng 동 완성하다 | 任务 rènwu 명 임무 | 预想 yùxiǎng 동 예상하다 | 莫名 mòmíng 동 말로 표현할 수 없다 | 失败告终 shībài gàozhōng 실패로 끝내다 | ★挑战 tiǎozhàn 명 도전 | ★压力 yālì 명 스트레스 | 丢面子 diū miànzi 동 체면을 잃다 | 过高 guògāo 형 너무 높다 | ★估计 gūjì 동 추측하다 | ★困难 kùnnan 명 곤란 | ★仅 jǐn 부 단지, 겨우 | ★冒险 màoxiǎn 동 모험하다 | ★不敢 bùgǎn 동 감히 ~하지 못하다 | ★面对 miànduì 동 직면하다 | 成功 chénggōng 동 성공하다 | 只要 zhǐyào 접 ~하기만 하면 | ★勇敢 yǒnggǎn 형 용감하다 | ★承担 chéngdān 동 감당하다 | ★风险 fēngxiǎn 명 위험 | 科学 kēxué 명 과학 | 态度 tàidu 명 태도 | ★消除 xiāochú 동 없애다 | ★状态 zhuàngtài 명 상태

49. HSK POINT 앞뒤 문장의 의미 파악 난이도 中

A 恐惧	B 安慰	**A 공포**	B 위로
C 好奇心	D 满足感	C 호기심	D 만족감

공략 비교적 어려운 내용이지만, 주제가 실패에 관한 것임을 알고 독해하면 정답을 빨리 고를 수 있다. 보기 중에서 공포가 실패와 관련이 있는 감정이므로 정답은 A이다.

50. HSK POINT 접속사의 호응 및 대구 호응 난이도 上

A 所以往往采取最保险的做法	A 그래서 종종 가장 안정적인 방법을 택한다
B 也过于追求完美	B 지나치게 완벽을 추구하기도 한다
C 而又过低地估计自己的能力	**C 그러나 자신의 능력은 지나치게 과소평가한다**
D 为此做出不懈的努力	D 이를 위해 부단히 노력한다

공략 보기가 접속사로 시작하는 문장이면 의미 파악은 물론이고, 문장과 문장간의 연결 관계에 주목해 호응 관계를 살펴야 한다. 앞 문장의 '他们往往过高地估计困难(그들은 종종 어려움을 과대평가한다)'와 '而又过低地估计自己的能力(자신의 능력은 과소평가한다)'는 서로 의미상으로도 그리고 구조적으로도 대구를 이루기 때문에 문장이 연결된다. 정답은 C이다.

어휘 ★采取 cǎiqǔ 동 (조치 등을) 취하다 | ★保险 bǎoxiǎn 명 보험 | 过于 guòyú 부 지나치다 | ★追求 zhuīqiú 동 추구하다 | 完美 wánměi 형 완전하다 | 不懈 búxiè 형 꾸준하다

51. HSK POINT 앞뒤 문장의 의미 파악 난이도 中

A 事物	**B 事实**	A 사물	**B 사실**
C 数据	D 领域	C 데이터	D 영역

공략 앞뒤 문장간의 의미 파악을 해야 풀 수 있는 문제이다. 밑줄에서 이어지는 문장이 모험을 안 하거나 실패에 맞서지 못하면 성공할 수 없다는 내용인데, 이러한 진리는 여러 사실을 통해 알 수 있으므로 정답은 B이다. A의 '事物(사물)', C의 '数据(데이터)', D의 '领域(영역)'은 이러한 인생의 교훈을 알려 주지 못하므로 정답이 아니다.

52. HSK POINT 의미상 호응 난이도 上

Ⓐ 对待	B 采取	Ⓐ 대하다	B 취하다
C 克服	D 应付	C 극복하다	D 대응하다

공략 앞의 문장에서 '用科学的态度去(과학적인 태도를 가지고)'를 보면, '态度'와 어울리는 동사는 '对待(대하다)'이다. 밑줄 뒤의 목적어가 '失败(실패)'이기 때문에 C로 답을 고르기 쉬우나, 이 문장은 실패를 극복하는 내용이 아니라, 실패를 어떤 태도로 대해야 하는지에 대한 내용이며 또 뒤 문장에서 실패를 해결하는 내용이 나오기 때문에 정답은 C가 아니라 A이다.

호응 관계 TIP

- 用…态度 ➕ 对待 : ~태도로 대하다
- 采取 ➕ 措施 : 조치를 취하다
- 克服 ➕ 困难 : 어려움을 극복하다
- 合理 ➕ 应付 : 합리적으로 대응하라

[53-56]

在篮球比赛中，我们会发现球场上 53 根本 没有穿一、二、三号球衣的运动员。为什么会这样呢？原来这与比赛中的判罚规则有关。 54 按照 比赛规定，罚球时，裁判员伸出一根手指，表示罚一次，伸出两根手指，表示罚两次。如果有队员三秒违例，裁判员会伸出三根手指。而当队员犯规或球队换人时，裁判员也是用手势示意队员的 55 号码 。所以，如果场上设一、二、三号队员的话， 56 就很容易引起误会 。

농구 경기에서 우리는 경기장에 1, 2, 3번 유니폼을 입은 선수가 53 전혀 없는 것을 발견할 수 있다. 무엇 때문일까? 알고 보니 이것은 경기 중 경기 처벌 규정과 관련이 있다. 경기 규정에 54 따르면 자유투를 허용할 때 심판이 손가락 한 개를 내밀면 자유투 한 번, 두 개를 내밀면 자유투 두 번을 의미한다. 선수가 3초 위반을 하면 심판은 손가락 세 개를 내민다. 그런데 선수가 반칙을 하거나 선수 교체를 할 때 심판은 손가락으로 선수의 55 번호를 표시한다. 그래서 경기장에 1, 2, 3번 유니폼을 입은 선수가 있으면 56 쉽게 오해를 불러 일으킬 수 있다.

어휘 篮球比赛 lánqiú bǐsài 명 농구 경기 | 球场 qiúchǎng 명 경기장 | 球衣 qiúyī 명 운동복 | 运动员 yùndòngyuán 명 운동 선수 | 判罚 pànfá 동 처벌하다 | ★规则 guīzé 명 규칙 | 罚球 fáqiú 동 자유투를 던지다 | 裁判员 cáipànyuán 명 심판 | ★伸 shēn 동 내밀다 | 根 gēn 양 개, 가닥(가늘고 긴 것을 세는 단위) | ★手指 shǒuzhǐ 명 손가락 | ★表示 biǎoshì 동 표시하다, 나타내다 | 队员 duìyuán 명 팀원 | ★秒 miǎo 양 초(시간의 단위) | 违例 wéilì 동 규칙을 위반하다 | ★当…时 dāng…shí ~할 때 | 犯规 fànguī 동 반칙하다 | 换人 huànrén 동 교대하다 | 手势 shǒushì 명 손짓 | 示意 shìyì 동 (동작, 표정 등으로) 뜻을 표시하다 | 设 shè 동 세우다

53. HSK POINT 부사의 호응 난이도 中

A 凡是	Ⓑ 根本	A 무릇	Ⓑ 전혀, 아예
C 格外	D 居然	C 유난히	D 뜻밖에도

공략 A는 일반적인 내용에 대한 설명을 할 때 사용하고, C는 정도부사로 뒤에 형용사가 놓이는 경우가 많다. 밑줄 뒤의 부정부사 '没有(아니다)'는 부사 '根本(전혀)'와 호응을 이루는 경우가 많다. 정답은 B이다.

호응 관계 TIP

- 根本 ➕ 不/没(부정부사) : 결코 ~하지 않다
- 格外 ➕ 突出(형용사) : 유난히 두드러지다

54. HSK POINT 개사의 호응 난이도 下

A 顺便	B 通过	A ~하는 김에	B ~을 통해서
C 自从	**D 按照**	C ~에서부터	**D ~에 따라**

공략 개사 '按照(~에 따라)'는 원칙이나 기준을 나타내는 목적어와 자주 호응을 이룬다. 여기에서는 '规定(규정)'과 호응하며, 정답은 D이다.

호응 관계 TIP

- 按照 ➕ 规定 : 규정에 따라서
- 通过 ➕ 方法 : 방법을 통해서

55. HSK POINT 글 전체의 맥락 파악 난이도 中

A 技能	B 位置	A 기능	B 위치
C 号码	D 形象	**C 번호**	D 형상

공략 농구장에 1, 2, 3번 유니폼을 입은 선수가 없다는 내용이 핵심이기 때문에 그 맥락을 이해하면 어렵지 않게 C를 정답으로 고를 수 있다. 밑줄 앞뒤의 내용도 중요하지만, 전체적인 맥락을 파악해야 풀리는 문제도 자주 출제되기 때문에 맥락을 이해하는 데도 유의하자.

56. HSK POINT 접속사의 호응 및 의미 파악 난이도 下

A 会使比赛气氛很紧张	A 경기 분위기를 긴박하게 만든다
B 比赛规则不能改变	B 경기 규칙은 바꿀 수 없다
C 就很容易引起误会	**C 쉽게 오해를 불러 일으킬 수 있다**
D 就会打扰观众看比赛	D 관중이 경기 보는 것을 방해한다

공략 지문에서는 숫자상의 오해가 있을 수 있기 때문에 농구장에 1, 2, 3번 유니폼을 입은 선수가 없다고 설명하고 있다. 그러므로 '만약에 1, 2, 3번 유니폼을 입은 선수가 있으면'이라는 가정 뒤에는 부정적인 내용이 와야 한다. 정답은 C이다. 밑줄 앞 문장의 접속사 '如果(만약)'은 부사 '就(곧 ~하다)'와 호응한다는 것을 꼭 기억해 두자.

어휘 ★气氛 qìfēn 명 분위기 | ★引起 yǐnqǐ 동 불러 일으키다 | ★误会 wùhuì 명 오해 | ★打扰 dǎrǎo 동 방해하다

[57-60]

学生问老师："怎样才能过上幸福美好的生活呢？" 老师回答道："首先你要有强壮的身体，其次要辛勤劳动，最后，还要拥有聪明和智慧。" 学生问："为何要将强壮的身体 57 摆 在第一位呢？" 老师说："如果没有强壮的身体， 58 一切美好的愿望都是空想 ，所以强壮的身体是美好生活的基石。" 学生问："为何要将辛勤劳动放在聪明和智慧之前呢？" 老师说："因为只有辛勤劳动，才能创造美好的生活。" 学生问："如果只要身体强壮、辛勤劳动，就能过上美好的生活，那么聪明和智慧不就是 59 多余 的吗？" 老师回答道："强壮的身体和辛勤劳动只能创造美好的生活，而聪明和智慧才能让你懂得如何去 60 享受 美好的生活啊！"	학생이 선생님께 물었다. "어떻게 하면 행복하고 아름다운 생활을 영위할 수 있을까요?" 선생님이 대답했다. "우선은 건장한 신체가 있어야 하고, 다음으로는 부지런히 일해야 하고 마지막으로 총명과 지혜가 있어야 한단다." 학생이 물었다. "왜 건장한 신체가 제일 처음에 57 놓이나요?" 선생님이 말했다. "만약 건장한 신체가 없으면 58 모든 아름다운 꿈은 허상이 되어 버린단다. 그래서 건장한 신체는 아름다운 생활의 초석이 된다." 학생이 물었다. "왜 부지런히 일하는 것이 총명과 지혜 앞에 놓이는 거예요?" 선생님이 말했다. "왜냐하면 부지런히 일해야만 아름다운 생활을 만들어 낼 수 있기 때문이란다." 학생이 물었다. "만약 신체가 건장하고 부지런히 일해야만 아름다운 생활을 누릴 수 있다면, 총명과 지혜는 59 불필요한 거 아니에요?" 선생님이 대답했다. "건장한 신체와 부지런히 일하는 것은 아름다운 생활을 만들어 낼 뿐이고, 총명과 지혜야말로 네가 어떻게 아름다운 생활을 60 누릴 수 있는지 알게 해 준단다."

어휘 怎样 zěnyàng 대 어떻게 | ★幸福 xìngfú 형 행복하다 | 美好 měihǎo 형 아름답다 | ★首先 shǒuxiān 부 가장, 먼저 | 强壮 qiángzhuàng 형 건장하다 | ★其次 qícì 대 그 다음 | 辛勤 xīnqín 형 부지런하다 | ★劳动 láodòng 명 노동 | 最后 zuìhòu 형 맨 마지막의 | ★拥有 yōngyǒu 동 가지다 | ★聪明 cōngming 형 총명하다 | ★智慧 zhìhuì 명 지혜 | 为何 wèihé 부 왜 | ★假如 jiǎrú 접 만약에 | 基石 jīshí 명 초석 | ★放 fàng 동 놓다 | ★创造 chuàngzào 동 창조하다, 만들다

57. HSK POINT 동사의 의미 파악 난이도 下

A 捡	**B 摆**	A 줍다	**B 놓다**
C 扔	D 插	C 던지다	D 끼워 넣다

공략 밑줄 앞의 '将强壮的身体'에서 '将(~을/를)'과 '把(~을/를)'은 뜻이 같은 개사이다. '将/把+A+摆/放+在+B+上'은 대표적인 '把'자문 문형으로 'A를 B에 놓는다'라는 뜻이다. 일반적으로 순위를 말할 때 많이 사용한다. 지문에서 강건한 신체를 1순위에 놓는다고 했으므로 정답은 B이다.

58. HSK POINT 앞뒤 문장의 의미 파악 | 난이도 上

A 我们要愉快地生活	A 우리는 즐겁게 생활할 수 있다
B 每个人对幸福的理解不同	B 사람마다 행복에 대한 이해가 다르다
C 一切美好的愿望都是空想	C 모든 아름다운 꿈은 허상이 되어 버린다
D 努力付出也不一定有回报	D 열심히 노력한다고 반드시 대가가 있는 것은 아니다

공략 아름다운 삶을 살기 위해서는 건강한 신체가 최우선이라고 언급했다. 밑줄 앞의 '如果没有强壮的身体(만약 건강한 신체가 없으면)'에 이어질 내용은 그로 인한 폐해이기 때문에 정답은 C이다.

어휘 理解 lǐjiě 동 이해하다 | ★愿望 yuànwàng 명 꿈, 소망 | 空想 kōngxiǎng 명 공상, 허상 | ★付出 fùchū 동 지불하다 | ★回报 huíbào 동 보답하다

59. HSK POINT 앞뒤 문장의 의미 파악 | 난이도 中

A 多余	B 优美	A 불필요하다	B 우아하고 아름답다
C 收获	D 超级	C 수확	D 최상급의

공략 건강한 신체와 부지런한 노동만으로 아름다운 삶을 영위할 수 있다면, 총명과 지혜는 불필요한 것이 아니냐고 묻는 내용이 이어져야 한다. 정답은 A '多余(불필요하다)'이다.

60. HSK POINT 술어와 목적어의 호응 | 난이도 中

A 遭遇	B 享受	A 봉착하다	B 누리다
C 掌握	D 承担	C 정통하다	D 감당하다

공략 밑줄이 동사가 들어갈 자리임을 알고 목적어와의 호응 관계를 확인해야 한다. 목적어인 '生活(생활)'은 동사 '享受(누리다)'와 호응 관계를 이루기 때문에 정답은 B이다.

호응 관계 TIP

- 遭遇 + 灾难 : 재난을 만나다
- 掌握 + 技术 : 기술에 정통하다
- 享受 + 生活 : 생활을 누리다
- 承担 + 责任 : 책임을 지다

第二部分

61. HSK POINT 지문의 핵심 의미 파악 난이도 下

经常熬夜的人常会感到疲倦、头痛，时间久了，还会发现免疫力也在下降。许多年轻人觉得无所谓，但是他们不知，到老的时候，身体的不少毛病就会显现出来，到时候再后悔就来不及了。

A 熬夜对身体伤害大
B 老年人要多补充睡眠
C 免疫力下降会让人失眠
D 年轻人体力恢复得更快

자주 밤을 새는 사람은 항상 피로, 두통을 느끼게 되며, 시간이 길어지면 면역력도 떨어지는 것을 발견할 수 있다. 많은 젊은이들이 상관없다고 생각하지만, 그들은 나이가 들면 신체상의 많은 문제들이 나타나게 된다는 것을 모른다. 그때가 되어 후회해도 너무 늦는다.

A 밤을 새는 것이 신체에 미치는 피해는 크다
B 노인들은 충분히 수면을 보충해야 한다
C 면역력이 떨어지면 불면증에 걸릴 수 있다
D 젊은이들의 체력 회복이 훨씬 빠르다

공략 이 글은 밤을 새는 것이 신체에 미치는 부정적인 영향에 대해서 이야기를 하고 있기 때문에 정답은 A이다.

어휘 ★熬夜 áoyè 동 밤을 새다 | 疲倦 píjuàn 형 피곤하다 | 头痛 tóutòng 명 두통 | 免疫力 miǎnyìlì 명 면역력 | ★下降 xiàjiàng 동 내리다 | 年轻人 niánqīngrén 명 젊은이 | ★无所谓 wúsuǒwèi 동 개의치 않다 | ★毛病 máobìng 명 결함 | 显现 xiǎnxiàn 동 분명히 나타나다 | ★后悔 hòuhuǐ 동 후회하다 | ★来不及 lái bu jí 동 시간 안에 할 수 없다, 늦다 | ★伤害 shānghài 동 (몸을) 상하게 하다 | ★补充 bǔchōng 동 보충하다 | 睡眠 shuìmián 명 수면 | ★失眠 shīmián 동 불면증에 걸리다 | ★恢复 huīfù 동 회복하다

62. HSK POINT 유사한 표현으로 의미 유추 난이도 中

模特是一种与时尚紧密相关的职业。模特们用自己的身体语言来表现服装或者其他物品的内涵，给人带来美的享受。但并不是每个人都可以成为模特，做模特的人通常身材非常好，很苗条，而且个子也很高。

A 谁都能成为模特
B 模特不喜欢吃油炸食品
C 模特对身材的要求很高
D 高学历的人很难成为模特

모델은 유행과 밀접한 관계가 있는 직업이다. 모델은 자신의 신체 언어를 통해 의상과 기타 물품의 내재적인 의미를 표현하여 사람들에게 아름다움을 누릴 수 있게 한다. 그러나 모든 사람들이 모델이 될 수 있는 것은 아니다. 모델들은 통상적으로 몸매가 매우 좋고 날씬하며 키 역시 크다.

A 누구나 모델이 될 수 있다
B 모델은 튀긴 음식을 좋아하지 않는다
C 모델은 신체에 대한 요구가 높다
D 학력이 높은 사람은 모델이 되기 어렵다

공략 '不是每个人都可以成为模特(모든 사람들이 모델이 될 수 있는 것은 아니다)'로 미루어 A는 정답이 아니며, 기름진 음식과 학력이 높은 사람에 대한 언급은 없으므로 B와 D도 정답이 아니다. '做模特的人通常身材非常好，很苗条，而且个子也很高(모델은 통상적으로 몸매가 매우 좋고 날씬하며 키 역시 크다)'는 '对身材的要求很高(신체에 대한 요구가 높다)'와 의미가 통하기 때문에 정답은 C이다.

어휘 模特 mótè 명 모델 | 时尚 shíshàng 명 유행 | ★紧密 jǐnmì 형 긴밀하다 | ★相关 xiāngguān 동 상관이 있다 | ★职业 zhíyè 명 직업 | 身体语言 shēntǐ yǔyán 명 신체 언어, 바디랭귀지 | 表现 biǎoxiàn 동 표현하다 | 服装 fúzhuāng 명 의상 | 物品 wùpǐn 명 물품 | 内涵 nèihán 명 내재적 의미 | ★享受 xiǎngshòu 동 누리다 | ★成为 chéngwéi 동 ~이 되다 | 通常 tōngcháng 형 일반적이다 | 身材 shēncái 명 몸매 | ★苗条 miáotiao 형 날씬하다

63. HSK POINT 보기와 유사 표현 대조 난이도 下

新鲜的豆腐经过冷冻后，会产生一种酸性物质，这种物质能够分解人体内积存的脂肪，从而起到减肥的作用。而且豆腐虽然经过了冷冻，但营养成分并没有被破坏。所以，多吃冻豆腐，对于减肥的人是很有益处的。

A 冻豆腐营养价值低
B 多吃冻豆腐有益于减肥
C 女性不宜多吃冻豆腐
D 冻豆腐能长久保存

신선한 두부를 냉동시키면 산성 물질이 생성된다. 이런 물질은 인체에 축적된 지방을 분해할 수 있기 때문에 다이어트 작용을 한다. 게다가 두부는 냉동을 시켜도 영양 성분이 파괴되지 않는다. 그래서 냉동 두부를 많이 먹는 것은 다이어트를 하는 사람에게 이롭다.

A 냉동 두부의 영양 가치는 낮다
B 냉동 두부를 많이 먹는 것은 다이어트에 이롭다
C 여성이 냉동 두부를 많이 먹는 것은 적합하지 않다
D 냉동 두부는 오래 보관할 수 있다

공략 지문에서 냉동 두부에 대해 언급한 '起到减肥的作用(다이어트 작용을 한다)'와 보기 B의 '有益于减肥(다이어트에 이롭다)'는 같은 의미이므로 정답은 B이다.

어휘 ★新鲜 xīnxiān 형 신선하다 | 豆腐 dòufu 명 두부 | 经过 jīngguò 동 거치다 | 冷冻 lěngdòng 동 냉동하다 | ★产生 chǎnshēng 동 생기다 | 酸性物质 suānxìng wùzhì 명 산성 물질 | ★能够 nénggòu 조동 ~할 수 있다 | 分解 fēnjiě 동 분해하다 | 积存 jīcún 동 축적하다 | 脂肪 zhīfáng 명 지방 | ★起到…作用 qǐdao…zuòyòng ~작용을 하다 | 营养成分 yíngyǎng chéngfèn 명 영양 성분 | ★破坏 pòhuài 동 파괴하다 | ★减肥 jiǎnféi 동 다이어트하다 | ★有益 yǒuyì 동 유익하다

64. HSK POINT 지문의 핵심 의미 파악 난이도 上

"酸葡萄"心理是指把那些自己想要却得不到的东西说成是不好的一种心理状态，这种方法能起到自我安慰的作用。比如，别人有好东西，你很想要，但实际上你不可能得到，这时不妨利用"酸葡萄"心理，说那样东西的"坏话"，来压制自己不能被满足的需求。

'신포도 심리'는 자신이 가지고 싶지만 얻을 수 없는 물건을 나쁘다고 말하는 심리 상태를 말한다. 이러한 방법은 자기 위안 작용을 한다. 예를 들어 다른 사람이 좋은 물건을 가지고 있는데, 당신이 너무 가지고 싶지만 사실상 얻을 수 없다고 한다면, 이때 '신포도 심리'를 이용해 그 물건에 대한 '험담'을 하면서 충족시킬 수 없는 욕구를 억압하는 것도 좋다.

A 要积极面对失败	A 적극적으로 실패에 맞서야 한다
B 要追求自己得不到的东西	B 자신이 얻을 수 없는 물건을 추구해라
C "酸葡萄"心理是一种心理毛病	C '신포도 심리'는 심리적 결함이다
D "酸葡萄"心理能帮人获得心理平衡	**D '신포도 심리'는 마음의 평정을 갖게 해 준다**

공략 심리 상태에 관한 지문이기 때문에 중심 내용을 파악하는 것이 중요하다. '这时不妨利用"酸葡萄"心理，说那样东西的"坏话"，来压制自己不能被满足的需求(이때 '신포도 심리'를 이용해 그 물건에 대한 '험담'을 하면서 충족시킬 수 없는 욕구를 억압하는 것도 좋다)'로 미루어 정답은 D이다.

어휘 酸葡萄 suān pútao 명 신포도 | 自我安慰 zìwǒ ānwèi 동 자기를 위로하다 | ★实际上 shíjìshang 부 사실상 | ★不妨 bùfáng 부 ~하는 것도 무방하다 | 坏话 huàihuà 명 험담 | 压制 yāzhì 동 억제하다 | 满足 mǎnzú 동 만족하다 | ★需求 xūqiú 명 수요, 필요

65. HSK POINT 지문의 핵심 의미 파악 난이도 上

在正常情况下，对于不太熟悉的人，人们往往会根据对方的反应和外界条件来选择相应的言语或行为。尤其是对还不十分了解，但又希望继续交往的人，人们会尽量把自己好的一面表现出来，把缺点隐藏起来。	정상적인 상황에서, 그다지 익숙하지 않은 사람에 대해서 사람들은 종종 상대의 반응과 외부 조건에 따라 상응하는 언어나 행동을 선택한다. 특히 잘 알지 못하는데 계속 사귀고 싶은 사람에게는 최대한 자신의 장점을 나타내고, 단점은 숨긴다.
A 第一印象容易改变	A 첫인상은 쉽게 바뀐다
B 真诚是交友的基础	B 진실함은 친구 사귐의 기초이다
C 言语行为多受环境影响	**C 언어 행위는 환경의 영향을 많이 받는다**
D 人们会对熟悉的人有好感	D 사람은 익숙한 사람에게 호감을 가진다

공략 익숙치 않은 사람을 대할 때 상대의 반응과 외부 조건에 따라 언어나 행위를 선택한다고 했기 때문에 정답은 C이다. 세부사항보다는 지문의 핵심 내용을 파악하는 것이 중요하다.

어휘 正常 zhèngcháng 형 정상적이다 | 熟悉 shúxī 형 익숙하다 | ★根据 gēnjù 개 ~에 의거하여 | ★对方 duìfāng 명 상대 | ★反应 fǎnyìng 명 반응 | 外界 wàijiè 명 외부 세계 | ★相应 xiāngyìng 동 상응하다 | 言语行为 yányǔ xíngwéi 명 언어 행위 | ★尤其 yóuqí 부 특히 | ★十分 shífēn 부 매우 | ★了解 liǎojiě 동 이해하다 | ★继续 jìxù 동 계속하다 | 交往 jiāowǎng 동 교제하다 | ★尽量 jǐnliàng 동 최대 한도에 이르다 | 表现 biǎoxiàn 동 드러내 보이다 | ★缺点 quēdiǎn 명 결점 | ★隐藏 yǐncáng 동 숨기다

66. HSK POINT 보기를 통해 상세 정보 대조 난이도 中

《白鹿原》是中国著名作家陈忠实的代表作。这部近50万字的长篇小说以陕西关中平原上的白鹿村为背景，细致地讲述了白、鹿两大家族之间发生的故事。全书有着厚重的史诗风格和真实感，自出版以来，深受读者的赞赏和欢迎，还曾多次被改编成电影、话剧等。

A《白鹿原》是短篇小说
B《白鹿原》受到了广泛好评
C《白鹿原》是陈忠实的第一部作品
D《白鹿原》描写了上层人士的生活

『바이루위안』은 중국의 저명한 작가 천중스의 대표작이다. 50만 자에 달하는 이 장편 소설은 산시성 관중 평원의 바이루 마을을 배경으로 '바이'씨와 '루'씨 두 집안의 가족 간에 발생하는 이야기를 자세히 그려내고 있다. 소설 전반에 서사시적인 풍격과 사실감이 짙게 깔려 있다. 출판된 이후로 독자들의 칭찬과 환영을 받았고, 여러 차례 영화와 연극 등으로 각색되었다.

A 『바이루위안』은 단편 소설이다
B 『바이루위안』은 널리 사랑을 받았다
C 『바이루위안』은 천중스의 처녀작이다
D 『바이루위안』은 상류층의 생활을 묘사했다

공략 『바이루위안』은 장편 소설이므로 A는 정답이 아니다. C에 대한 언급은 지문에 없으며, 지문의 '深受读者的赞赏和欢迎(독자들의 칭찬과 환영을 받았다)'를 통해 이 작품이 호평을 받았음을 알 수 있으므로 정답은 B이다.

어휘 ★著名 zhùmíng 형 저명하다 | 作家 zuòjiā 명 작가 | 代表作 dàibiǎozuò 명 대표작 | 长篇小说 chángpiān xiǎoshuō 명 장편 소설 | ★以A为B yǐ A wéi B A를 B로 삼다 | 村 cūn 명 마을 | 背景 bèijǐng 명 배경 | 细致 xìzhì 형 세밀하다 | 讲述 jiǎngshù 동 서술하다 | 家族 jiāzú 명 가족 | ★故事 gùshi 명 이야기 | 厚重 hòuzhòng 형 짙고 무겁다 | 史诗 shǐshī 명 서사시 | ★风格 fēnggé 명 풍격 | 真实感 zhēnshígǎn 명 사실감 | ★自…以来 zì…yǐlái ~이래로 | ★深受 shēnshòu 동 매우 깊게 받다 | ★赞赏 zànshǎng 동 높이 평가하다, 칭찬하다 | ★改编 gǎibiān 동 각색하다 | 话剧 huàjù 명 연극 | ★好评 hǎopíng 명 호평 | ★描写 miáoxiě 동 묘사하다 | 上层人士 shàngcéng rénshì 명 상류 인사

67. HSK POINT 보기를 통해 상세 정보 대조 난이도 上

"齐鲁"一名来自于齐、鲁两国国名。战国末年，随着民族融合和文化同化的基本完成，齐、鲁两国文化逐渐融为一体，成为一个统一的文化圈，"齐鲁"的地域概念也由此形成。这一地域与后来的山东省范围大体相同，所以"齐鲁"就成了山东的代称。

A 山东的代称来自于古代国名
B 文化同化是民族融合的基础
C 民族融合始于战国初年
D 地域概念的形成促进了经济的发展

'제노'는 제나라와 노나라 두 국가의 이름에서 왔다. 전국 시대 말, 민족 융합과 문화 동화의 기초가 완성됨에 따라서 제와 노 두나라의 문화가 점점 하나로 융합되어 통일된 문화권이 되었으며, '제노'의 지역 개념도 이때부터 형성되었다. 이 지역과 훗날의 산둥성의 범위가 대체로 비슷하기 때문에 '제노'는 산둥성의 다른 이름이 되었다.

A 산둥의 다른 이름은 고대 국가 이름에서 왔다
B 문화 동화는 민족 융합의 기초이다
C 민족 융합은 전국 시대 초부터 시작되었다
D 지역 개념의 형성은 경제 발전을 촉진시켰다

공략 지문의 '战国末年(전국 시대 말)'로 미루어 C는 정답이 아니다. '民族融合和文化同化的基本完成(민족 융합과 문화 동화의 기본 완성)'에서 민족 융합과 민족 동화는 동등한 위치에서 나열이 되었기 때문에 보기 B의 문화 동화가 민족 융합보다 우선한다는 것과는 일치하지 않는다. 지문 초반에 '제노'는 국가명에서 왔으며, '제노'가 곧 산둥성의 다른 이름이라고 했기 때문에 결과적으로 정답은 A이다.

어휘 ★来自 láizì 동 ~로부터 오다 | 战国 zhànguó 명 전국 시대 | 末年 mònián 명 말기 | ★随着 suízhe 개 ~함에 따라 | ★民族 mínzú 명 민족 | 融合 rónghé 동 융합하다 | 文化同化 wénhuà tónghuà 명 문화 동화 | ★基本 jīběn 명 기본 | ★逐渐 zhújiàn 부 점점 | 融为一体 róngwéi yìtǐ 일체가 되다 | 统一 tǒngyī 동 통일되다 | 文化圈 wénhuàquān 명 문화권 | 地域概念 dìyù gàiniàn 명 지역 개념 | 由此 yóucǐ 부 이로부터 | ★形成 xíngchéng 동 형성되다 | ★范围 fànwéi 명 범위 | 大体相同 dàtǐ xiāngtóng 대체로 비슷하다 | 代称 dàichēng 명 다른 이름 | 始于 shǐyú 동 ~에서 시작하다 | ★促进 cùjìn 동 촉진하다 | 发展 fāzhǎn 동 발전하다

68. HSK POINT 지문의 핵심 의미 파악 난이도 中

失败时，身旁的人可能会告诉你：要坚强，要快乐。坚强是绝对需要的，但在这样的情况下，要快乐也许是不可能的。没有人能在跌得头破血流的时候，还高兴得起来。但是至少我们应该做到平静，平静地看待这件事，把其他该处理的事处理好，这也算是另一种意义上的成功。

Ⓐ 要平静地对待失败
B 乐观的人更容易成功
C 要倾听别人的意见
D 谦虚的人更值得尊重

실패할 때 곁에 있던 사람이 당신에게 이렇게 이야기할 수 있다. '강해져라', '즐거워하라'. 강인함은 절대적으로 필요한 것이다. 하지만 이런 상황에서 즐거워하는 것은 불가능한 것이다. 넘어져서 머리가 깨지고 피가 흐르는데도 기뻐할 수 있는 사람은 없다. 하지만, 적어도 차분하게 일을 해야 하며, 차분하게 이 일을 대하고, 처리해야 할 다른 일을 잘 처리해야 한다. 이것은 또 다른 의미의 성공일 수 있다.

Ⓐ 차분하게 실패를 대해야 한다
B 낙천적인 사람은 더 쉽게 성공한다
C 다른 사람의 의견을 경청해야 한다
D 겸손한 사람은 더 존중받을 만하다

공략 보기가 주제와 관련된 내용이므로 지문의 전반적인 핵심 내용을 파악해야 한다. 인생에 대한 교훈이나 충고를 담은 문장은 전반부 또는 후반부에 나올 가능성이 높으며, 이 지문에서는 후반부에 차분하게 실패를 대해야 한다고 말하고 있으므로 정답은 A이다. 여러 핵심 단어에 등장하는 '平静(차분하다)'를 이해하면 정답을 쉽게 고를 수 있다.

어휘 身旁 shēnpáng 명 몸 가까이 | ★坚强 jiānqiáng 형 굳고 강하다 | 快乐 kuàilè 형 즐겁다 | 绝对 juéduì 부 절대로 | ★也许 yěxǔ 부 아마도 | 跌 diē 동 쓰러지다, 떨어지다 | 头破血流 tóu pò xuè liú 성 머리가 깨지고 피가 흐르다 | ★至少 zhìshǎo 부 적어도 | ★平静 píngjìng 형 차분하다 | ★看待 kàndài 동 대하다 | ★其他 qítā 대 기타 | ★算是 suànshì 동 ~라 할 만하다 | 另 lìng 대 다른 | 意义 yìyì 명 의미 | 乐观 lèguān 형 낙천적이다 | ★倾听 qīngtīng 동 경청하다 | ★值得 zhídé 동 ~할 가치가 있다 | ★尊重 zūnzhòng 동 존중하다

69. HSK POINT 보기를 통해 상세 정보 대조 난이도 上

嫦娥奔月是中国古代的神话传说。据传嫦娥的丈夫后羿得到了不死药，为避免坏人抢走仙药，嫦娥就自己吞下了不死药，结果她飞到了月亮上，从此与后羿分离。月母见二人互相思念却不能相见，就让嫦娥每年八月十五这天与后羿相会。这就是中秋节团圆习俗的由来。

A 后羿偷吃了不死药
B 嫦娥和后羿每月见一次
C 月母帮助后羿和嫦娥见面
D 春节团圆习俗与嫦娥奔月有关

'항아가 달로 간 전설'은 중국의 고대 신화 전설이다. 전해지는 바에 따르면 항아의 남편 후예가 불사약을 얻었는데 악당들에게 이 신성한 약을 빼앗기지 않기 위해서 항아가 직접 불사약을 삼켜 버렸다. 그 결과 항아가 달로 날아가게 되어, 이때부터 후예와 이별하게 되었다. 두 사람이 서로 그리워하지만 만날 수 없는 것을 알게 된 월모가 항아와 후예가 매년 8월 15일에 만날 수 있게 해 주었다. 이것이 바로 중추절에 가족이 모이는 풍습의 유래이다.

A 후예가 몰래 불사약을 먹었다
B 항아와 후예는 매월 한 번씩 만난다
C 월모가 후예와 항아의 만남을 도와줬다
D 춘절에 가족이 모이는 풍습과 '항아가 달로 간 전설'은 관련이 있다

공략 보기의 주어가 모두 다르기 때문에 주어를 중심으로 세부 사항을 대조해야 한다. 불사약을 먹은 것은 항아이기 때문에 A는 정답이 아니고, 항아와 후예는 1년에 한 번씩 만나기 때문에 B도 정답이 아니다. 또한 항아의 전설은 중추절 풍습의 유래가 되었기 때문에 D도 정답이 아니다. 월모가 항아와 후예를 만나게 해 주었기 때문에 정답은 C이다.

어휘 古代 gǔdài 명 고대 | 神话 shénhuà 명 신화 | ★传说 chuánshuō 명 전설 | 据传 jùchuán 동 전해지는 바에 의하면 | 丈夫 zhàngfu 명 남편 | 不死药 bùsǐyào 명 불사약 | ★避免 bìmiǎn 동 피하다 | 坏人 huàirén 명 나쁜 사람 | 抢走 qiǎngzǒu 동 빼앗아가다 | 仙药 xiānyào 명 신성한 약 | 吞下 tūnxià 동 삼키다 | 月亮 yuèliang 명 달 | ★从此 cóngcǐ 부 이제부터 | ★分离 fēnlí 동 분리하다 | ★互相 hùxiāng 부 서로 | ★思念 sīniàn 동 그리워하다 | ★相见 xiāngjiàn 동 만나다 | ★相会 xiānghuì 동 서로 만나다 | 中秋节 Zhōngqiūjié 명 중추절 | 团员 tuányuán 동 함께 모이다 | ★习俗 xísú 명 풍습 | ★由来 yóulái 명 유래

70. HSK POINT 보기를 통해 상세 정보 대조 난이도 中

心理学家发现，性格热情的人的社交圈子通常是其他人的数倍，他们的生活也比其他人更丰富多彩。无论何地何时，他们总能成为交际圈中的焦点和中心。热情不但可以提升人们自身的魅力指数，就连身边的朋友也能感受到他们带来的幸福，跟着一起享受生活的乐趣。

심리학자가 발견하길, 성격이 열정적인 사람의 인맥 네트워크는 보통 다른 사람들의 수 배에 달하며 그들의 생활도 다른 사람들보다 훨씬 다채롭다. 언제 어디에서든지 그들은 사교계에서 관심의 대상이며 중심이 된다. 열정은 사람의 매력 지수를 높여줄 뿐 아니라 곁에 있는 친구 역시 그들이 가져다 주는 행복을 느낄 수 있고, 함께 생활의 즐거움을 누릴 수 있다.

A 性格热情的人更骄傲	A 성격이 열정적인 사람이 더 거만하다
B 性格热情的人交际圈广	B 성격이 열정적인 사람의 인간관계는 넓다
C 性格热情的人乐于帮助别人	C 성격이 열정적인 사람은 다른 사람을 돕길 좋아한다
D 性格热情的人会使其他人感到惭愧	D 성격이 열정적인 사람은 다른 사람을 부끄럽게 만든다

공략 보기의 주어가 모두 같기 때문에 술어를 중심으로 세부 내용을 지문과 대조하면 쉽게 답을 고를 수 있다. 열정적인 사람들이 사교계에서 인정을 받는다는 내용이므로 정답은 B이다.

어휘 心理学家 xīnlǐ xuéjiā 명 심리학자 | 社交圈子 shèjiāo quānzi 명 인맥 | ★丰富多彩 fēng fù duō cǎi 성 풍부하고 다채롭다 | 何地何时 hédì héshí 언제 어디서 | 交际圈 jiāojìquān 명 사교계 | 焦点 jiāodiǎn 명 초점 | ★提升 tíshēng 동 높이다 | 自身 zìshēn 대 본인 | 魅力指数 mèilì zhǐshù 명 매력 지수 | 连…也 lián…yě ~조차도 | ★感受 gǎnshòu 동 느끼다 | ★幸福 xìngfú 명 행복 | ★乐趣 lèqù 명 즐거움

第三部分

[71-74]

一群野雁落在公园的湖边，它们打算就在这里生活，等到秋天再回南方过冬。公园里的游客见到大雁都很惊喜，纷纷掏出饼干、鱼片等食物丢给它们。71一开始那群大雁不知道游客丢的是什么东西，“哗”地一声全吓跑了。等游客走了以后，它们才慢慢地靠近那些食物，品尝起来。

后来，大雁知道游客对它们没有威胁，每当游人丢下食物时便争先恐后地一哄而上。(每当~时: 매번 ~할 때 마다) 日子久了，大雁就以游客给的食物为生，(以A为B: A를 B로 삼다) 一个个长得圆滚滚的。秋天来了，72大雁们还是过着安逸的生活。它们不再想去南方，因为飞那么远太累。

73到了冬天，大雪下个不停，游客日渐稀少。冷风不断地从羽毛里透进去，大雁冻得直发抖，再加上食物越来越少，它们又冷又饿。(又A又B: A이기도 하고 B이기도 하다) 有几只试图往南方飞，但沉重的身

야생 기러기 떼가 공원의 호숫가에 자리를 잡고 여기에서 살다가 가을이 되면 남방으로 돌아가 겨울을 나려고 했다. 공원 안의 관광객들이 기러기를 보고 즐거워하며 계속해서 과자나 어포 등 음식물을 꺼내 던져 줬다. 71처음에 기러기들은 관광객이 주는 것이 무엇인지 몰라서 '획'하며 전부 놀라 도망갔다. 관광객이 떠나고 나서야 천천히 음식물에 다가가 맛보기 시작했다.

나중에 기러기들은 관광객이 그들에게 위협이 되지 않는다는 것을 알고 관광객이 음식물을 던져줄 때마다 앞다투어 떼로 몰려들었다. 시간이 지나고 기러기들은 관광객이 준 음식물로 살아갔으며 모두 통통하게 살이 올랐다. 가을이 오고 72기러기들은 여전히 편안한 생활을 했기 때문에 더 이상 남방으로 가고 싶지 않았다. 왜냐하면 그렇게 멀리 날아가는 것은 너무 힘들어서였다.

73겨울이 오고 폭설이 계속 내리고 관광객들도 점점 적어졌다. 차가운 바람이 끊임없이 깃털 속을 파고들었고, 기러기들은 오들오들 떨었으며 음식물은 점점 적어져, 춥고 배고팠다. 몇몇의 기러기가 남방으로 날아가려고 시도

躯和寒冷的天气让它们没飞多远就又折了回来。它们只能紧紧地依偎在一起，怀念去年的这个时候。

贪图安逸的人往往会因小失大。74幸福是通过自己不断地努力和奋斗得来的，而不是依靠别人的施舍才有的。

~을 통해서 얻다

는 했지만 육중한 몸과 매서운 날씨 때문에 멀리 가지 못하고 되돌아왔다. 그들은 어쩔 수 없이 서로 바싹 붙어 기대어서 작년 이맘때를 그리워했다.

안일함만 추구하는 사람은 종종 작은 것 때문에 큰 것을 잃는다. 74행복은 자신의 끊임없는 노력과 투쟁으로 얻어지는 것이지 다른 사람이 베풀어주는 것에 의지해서 얻어지는 것이 아니다.

어휘 ★群 qún 명 무리, 떼 | 野雁 yěyàn 명 기러기 | 湖边 húbiān 명 호숫가 | 过冬 guòdōng 동 겨울을 나다 | 惊喜 jīngxǐ 동 놀라고 기쁘다 | ★纷纷 fēnfēn 부 잇달아 | 掏出 tāochū 동 꺼내다 | ★饼干 bǐnggān 명 과자 | 鱼片 yúpiàn 명 어포 | ★食物 shíwù 명 음식물 | ★丢 diū 동 잃다, 던지다 | 哗地 huā de 부 획, 주르르 | ★吓跑 xiàpǎo 놀라 달아나다 | ★靠近 kàojìn 동 가까이 가다 | ★品尝 pǐncháng 동 맛보다 | ★威胁 wēixié 명 위협 | 每当…时 měidāng…shí 매번 ~할 때 | ★游人 yóurén 명 관광객 | ★便 biàn 부 바로 | 争先恐后 zhēng xiān kǒng hòu 성 앞다투다 | 一哄而上 yí hòng ér shàng 성 갑자기 함께 움직이다 | 以A为B yǐ A wéi B A를 B로 삼다 | 圆滚滚 yuángǔngǔn 형 포동포동 | 安逸 ānyì 형 편안하고 한가하다 | ★日渐 rìjiàn 부 나날이 | 稀少 xīshǎo 형 적다 | ★不断 búduàn 부 끊임없이 | ★羽毛 yǔmáo 명 깃털 | 透 tòu 동 스며들다 | 冻 dòng 동 얼다 | 发抖 fādǒu 동 (부들부들) 떨다 | 又A又B yòu A yòu B A이기도 하고 B이기도 하다 | 试图 shìtú 동 시도하다 | 沉重 chénzhòng 형 몹시 무겁다 | 身躯 shēnqū 명 몸 | ★寒冷 hánlěng 형 한랭하다 | 折 zhé 동 되돌아오다 | 紧紧地 jǐnjǐn de 단단히, 바싹 | 依偎 yīwēi 동 꼭 기대다 | ★怀念 huáiniàn 동 그리워하다 | ★贪图 tāntú 동 욕심부리다 | 因小失大 yīn xiǎo shī dà 성 작은 것을 탐하다 큰 것을 잃다 | 通过…得来 tōngguò…délái ~을 통해서 얻다 | ★奋斗 fèndòu 동 분투하다 | 施舍 shīshě 동 베풀다

71. HSK POINT 문제 속 핵심 어휘와 지문 대조 난이도 中

一开始面对游客给的食物，大雁：

A 觉得很可口　B 很悲哀
C 不敢吃　D 觉得难吃

처음 관광객들이 준 음식물을 대했을 때 기러기들은?

A 맛있다고 생각했다　B 매우 슬펐다
C 감히 먹지 못했다　D 맛없다고 생각했다

공략 첫 단락의 '一开始(처음에)'로 시작하는 문장에서 정답을 찾으면 된다. 기러기들은 관광객이 준 것이 무엇인지 알지 못해서 놀라 도망갔다고 했으므로 정답은 C이다.

어휘 ★可口 kěkǒu 형 맛있다 | ★悲哀 bēi'āi 형 슬프다

72. HSK POINT 원인을 묻는 문제 난이도 中

大雁为什么不想回南方了？

A 南方气候变寒冷
B 南方食物稀少
C 北方气候适宜生活
D 它们习惯了舒适的生活

기러기는 왜 남방으로 돌아가고 싶지 않았나?

A 남방의 기후가 한랭해져서
B 남방에는 먹을 것이 적어서
C 북방의 기후가 살기 적절해서
D 편한 생활에 익숙해져서

공략 두 번째 단락에서 기러기가 편한 생활에 익숙해졌고, 남방으로 가기에는 너무 멀고 힘들다는 내용이 이어지므로 정답은 D이다.

어휘 ★气候 qìhòu 명 기후 | ★寒冷 hánlěng 형 한랭하다 | 稀少 xīshǎo 형 적다 | ★舒适 shūshì 형 편안하다

73. HSK POINT 보기를 통해 상세 정보 대조 난이도 中

根据第3段，下列哪项正确?

A 大雁过得很艰苦
B 大雁的羽毛很耐寒
C 大雁终于找到了食物
D 有些大雁成功飞到了南方

세 번째 단락에 근거해서 다음 중 옳은 것은?

A 기러기들은 힘든 삶을 지냈다
B 기러기들의 깃털은 추위에 강하다
C 기러기들은 결국 먹을 것을 찾아냈다
D 몇몇의 기러기는 성공적으로 남방으로 날아갔다

공략 세 번째 단락에 겨울이 되어, 날씨는 추워지고 먹을 것은 적어져서 기러기들은 추위와 배고픔에 힘든 나날을 보내게 됐다고 했으므로 정답은 A이다. 모든 단어와 내용을 다 알지 못해도 '食物越来越少，它们又冷又饿(먹을 것이 점점 줄어들고 춥고 배고팠다)' 등의 비교적 파악하기 쉬운 문장들을 통해서도 정답을 찾을 수 있다.

어휘 ★艰苦 jiānkǔ 형 어렵고 힘들다 | 耐寒 nàihán 형 추위에 강하다

74. HSK POINT 주제 찾기 난이도 中

这个故事主要想告诉我们什么?

A 遇事不要悲观
B 要勇于承担责任
C 幸福要靠自己争取
D 适合自己的才是最好的

이 이야기가 우리에게 주로 알려 주는 것은?

A 일을 당할 때 비관적이지 마라
B 용감하게 책임을 져라
C 행복은 자신의 힘으로 쟁취하라
D 자신에게 맞는 것이 가장 좋은 것이다

공략 글의 주제는 주로 첫 단락 또는 마지막 단락에 나온다. 마지막 단락에서 행복은 자신의 노력과 힘으로 얻어야 한다고 했기 때문에 정답은 C이다.

어휘 遇事 yùshì 동 일이 생기다 | ★悲观 bēiguān 형 비관적이다 | ★勇于 yǒngyú 동 용감하게 ~하다 | ★承担 chéngdān 동 맡다 | ★责任 zérèn 명 책임 | ★靠 kào 동 기대다 | 争取 zhēngqǔ 동 쟁취하다

[75-78]

小时候，一年夏天，我家里来了一个木匠，擅长吹笛子，在我家干了半个月的活儿。一天，我到山上砍了根竹子，75请他帮我做一支笛子。他苦笑道："不是每根竹子都能做成笛子的。" 76我觉得他是在骗我，我找的那根竹子粗细适宜，厚薄均匀，质感光滑，竹节也不明显，是我千挑万选才相中的，为什么不能做成笛子呢？

他解释说："这是今年的竹子，就算做成了笛子，也经不起吹奏。" 我更加困惑了：今年的竹子怎么了？难道非要放旧了再拿来做？东西不都是越新鲜越好吗？他看出了我的困惑，接着讲道："你不知道，凡是用来做笛子的竹子都需要经历寒冬。因为竹子在春夏长得太散漫，只有到了冬天，气温骤冷，天天'风刀霜剑严相逼'，它的质地才会改变，做成笛子吹起来才不会走调。77而当年生的竹子，没有经过霜冻雪侵，尽管看起来长得不错，然而用来制作笛子的话，不但音色会差许多，而且还会出现小裂痕，虫子也很喜欢蛀这样的竹子。"

其实，78人生就好比是这根用来做笛子的竹子，只有历经了风霜雨雪、千锤百炼，才能奏出动人的曲子。

(설령 A일지라도 B하다 / A할수록 B하다 / 비록 A일지라도 B하다 / A일 뿐만 아니라 B이기까지 하다 / A해야만 B하다)

어릴 때, 어느 여름날 우리 집에 목수가 왔는데 피리를 잘 불었고, 우리 집에서 보름간 일을 했다. 하루는 내가 산에 가서 대나무를 베어 75그에게 피리를 만들어 달라고 부탁했다. 그가 쓴 웃음을 지으며 말했다. "모든 대나무로 피리를 만들 수 있는 것은 아니란다." 76나는 그가 나를 속이고 있다고 생각했다. 내가 찾아온 대나무는 굵기도 적당하고, 두께도 균일하고 질감도 매끈하며, 대나무의 마디도 잘 보이지 않는다. 까다롭게 고르는 중에 마음에 든 것인데, 왜 피리를 만들 수 없다는 것인가?

그가 설명했다. "이것은 올해의 대나무라서 피리를 만들더라도 연주를 할 수 없단다." 내가 더 난감해서 물었다. "올해의 대나무가 어때서요? 설마 묵혀 두었다가 나중에 다시 가져오라는 것은 아니죠? 물건은 신선할수록 좋은 것이 아닌가요?" 그는 내가 당황하는 것을 보고 이어서 이야기했다. "너는 모르는구나. 무릇 피리를 만들 대나무는 반드시 겨울을 지내야 한다. 대나무는 봄여름에는 제멋대로 자라난다. 겨울이 되어 기온이 급격히 떨어지고 날마다 '바람의 칼과 서리의 검에 무차별 공격을 당해야만' 비로소 그것의 재질이 변하여 피리로 만들어 불어도 음이 어긋나지 않는다. 77그 해에 자란 대나무는 서리에 얼거나 눈의 공격을 당하지 않았기 때문에 비록 보기에는 좋아도 피리를 만들면 음색이 좋지 않고 작은 균열이 생겨, 벌레도 이런 대나무를 갉아 먹기 좋아하게 된다."

사실, 78인생도 피리를 만드는 데 사용하는 대나무와 같다. 바람, 서리, 비, 눈과, 숱한 고난과 단련을 겪어야만 사람의 마음을 울리는 곡조를 연주할 수 있다.

어휘 木匠 mùjiang 명 목수 | 笛子 dízi 명 피리 | ★砍 kǎn 동 (도끼 등으로) 찍다 | 竹子 zhúzi 명 대나무 | 就算A也B jiùsuàn A yě B 설령 A일지라도 B하다 | 苦笑 kǔxiào 동 쓴웃음을 짓다 | ★骗 piàn 동 속이다 | 粗细 cūxì 명 굵기 | 厚薄 hòubó 명 두께 | 均匀 jūnyún 형 균일하다 | 质感 zhìgǎn 명 질감 | 光滑 guānghuá 형 (표면이) 매끌매끌하다 | 竹节 zhújié 명 대나무의 마디 | 千挑万选 qiāntiāo wànxuǎn 까다롭게 고르다 | 相中 xiāngzhòng 동 마음에 들다 | ★越A越B yuè A yuè B A할수록 B하다 | 经不起 jīng bu qǐ 동 감당해 낼 수 없다 | 吹奏 chuīzòu 동 악기를 불다 | ★更加 gèngjiā 부 더욱 | ★困惑 kùnhuò 형 당혹하다 | ★难道 nándào 부 설마 | 非要 fēiyào 부 기어이 | ★旧 jiù 형 오래다 | 散漫 sǎnmàn 형 산만하다, 제멋대로이다 | 骤冷 zhòulěng 급격히 추워지다 | 风刀霜剑严相逼 fēng dāo shuāng jiàn yán xiāng bī 바람의 칼과 서리의 검에 무차별 공격을 당하다, 매서운 추위를 겪다 | 质地 zhìdì 명 재질 | ★改变 gǎibiàn 동 변하다 | 走调 zǒudiào 동 음정이 빗나가다 | 霜冻雪侵 shuāng dòng xuě qīn 서리에 얼고 눈의 공격을 당하다, 매서운 추위를 겪다 | 尽管A然而B jǐnguǎn A rán'ér B 비록 A일지라도 B하다 | 不但A而且B búdàn A érqiě B A일 뿐만 아니라

B이기까지 하다 | ★音色 yīnsè 명 음색 | 裂痕 lièhén 명 균열 | ★虫子 chóngzi 명 벌레 | 蛀 zhù 동 좀이 쓸다 | 只有A，才B zhǐyǒu A, cái B A해야만 B하다 | 风霜雨雪 fēng shuāng yǔ xuě 바람, 서리, 비, 눈 | 千锤百炼 qiān chuí bǎi liàn 성 수많은 고난과 단련을 거치다 | ★动人 dòngrén 형 감동적이다

75. HSK POINT 특정 인물의 행동 파악 난이도 下

作者请木匠帮什么忙?	글쓴이는 목수에게 무엇을 도와 달라고 했나?
A 做笛子	**A 피리 만드는 것**
B 砍竹子	B 대나무 베는 것
C 帮他干活儿	C 그를 도와 일을 하는 것
D 辨别竹子的好坏	D 어떤 대나무가 좋은지 분별하는 것

공략 지문을 읽기 전에 문제를 먼저 보자. 행동에 관한 질문임을 유추할 수 있다. 글쓴이가 목수에게 피리를 만들어 달라고 부탁하는 내용으로 시작하고 있으므로 정답은 A이다.

어휘 辨别 biànbié 동 분별하다

76. HSK POINT 원인을 묻는 문제 난이도 上

作者为什么觉得木匠在骗他?	글쓴이는 왜 목수가 자신을 속이고 있다고 생각했나?
A 木匠擅长吹笛子	A 목수가 피리를 잘 불어서
B 木匠态度不好	B 목수의 태도가 좋지 않아서
C 他认为自己找的竹子很好	**C 자신이 찾은 대나무가 좋다고 생각해서**
D 他见木匠拒绝了别人的请求	D 목수가 다른 사람의 부탁을 거절하는 것을 봐서

공략 첫 번째 단락에서 글쓴이가 목수에게 질 좋은 대나무를 가지고 가서 피리를 만들어 달라고 했는데, 목수가 거절했다. 이 때문에 글쓴이는 목수가 자신을 속인다고 생각했다. 첫 단락 후반부에서 자신이 찾은 대나무의 특징을 설명한 후 '为什么不能做成笛子呢?(왜 피리를 만들 수 없다는 것인가?)'라고 반문하고 있는데, 이것은 피리를 만들 수 있다는 뜻이므로 정답은 C이다.

어휘 请求 qǐngqiú 명 부탁

77. HSK POINT 보기를 통해 상세 정보 대조 난이도 上

经历过寒冬的竹子：	겨울을 지낸 대나무는?
A 少有裂痕	**A 균열이 적다**
B 长得散漫	B 생긴 것이 제멋대로이다
C 质感更光滑	C 질감이 더 매끈하다
D 不适合做笛子	D 피리를 만드는 데 적합하지 않다

공략 지문에 의하면 대나무는 봄여름에 제멋대로 자라기 때문에 B는 정답이 아니다. 질감에 대해서는 변화가 있다고 했을 뿐 매끈하다는 언급은 없었기 때문에 C도 정답이 아니다. 이 글에서는 겨울을 지낸 대나무만이 피리를 만드는 데 적합하다고 했기 때문에 D도 정답이 아니다. 겨울을 지내지 않은 대나무는 작은 균열이 생기기 때문에 좋지 않은데, 이를 통해 겨울을 지내면 균열이 덜 생긴다는 사실을 유추할 수 있다. 정답은 A이다.

어휘 ★适合 shìhé 동 적합하다

78. HSK POINT 제목 찾기 난이도 中

上文主要想告诉我们什么?	윗글에서 주로 이야기하는 것은?
A 要善于听取别人的意见	A 다른 사람의 의견을 잘 들을 줄 알아야 한다
B 苦难会使人成长	**B 고난이 사람을 성장시킨다**
C 不要轻易否定自己	C 쉽게 자신을 부정하지 마라
D 不要敢于尝试	D 함부로 시도하지 마라

공략 대나무는 추운 겨울을 지내야만 피리로 만들 수 있다. 인생도 마찬가지라며 대나무에 비유해 이야기하고 있으므로 정답은 B이다.

어휘 ★善于 shànyú 동 ~을 잘하다 | 听取 tīngqǔ 동 듣다 | ★苦难 kǔnàn 명 고난 | 否定 fǒudìng 동 부정하다 | ★敢于 gǎnyú 동 감히 ~하다 | 尝试 chángshì 동 시험 삼아 하다

[79-82]

有一位画家，举办过十几次个人展，参加过上百次画展。79无论参加者多与否，有没有获奖，他的脸上总是挂着开心的微笑。在一次朋友聚会上，我问他："79你为什么每天都这么开心呢?"他微笑着反问我："79我为什么要不开心呢?"后来，他给我讲了他儿时经历过的一件事情：

(无论……与否: ~에 상관없이)

80小时候，他的兴趣非常广泛，也很要强。画画儿、游泳、打篮球，必须样样第一才行，但这当然是不可能的。于是，他心灰意冷，学习成绩一落千丈。父亲知道后，找来一个漏斗和一些玉米种子，让他把手放在漏斗下面接着，然后拿起一粒种子投进漏斗，种子顺着漏斗滑到了他的手里。父亲投

(把……放在: A를 B에 두다)

한 화가가 십여 차례 개인전을 열고 백여 차례 전시회에 참가했다. 79참가자가 많은지 적은지, 수상을 하든지 하지 않든지 상관없이 그의 얼굴에는 항상 환한 미소가 걸려 있었다. 한 번은 친구 모임에서 내가 물었다. "79너는 왜 매일 그렇게 즐겁니?" 그가 웃으며 되물었다. "79내가 왜 즐겁지 않아야 하는데?" 나중에 그가 나에게 자신이 어린 시절 겪었던 일을 이야기해 주었다.

80어렸을 때 그의 관심사는 매우 방대했으며 승부욕도 강했다. 그림 그리기, 수영, 농구 등 모두 일등을 해야만 했다. 그러나, 당연히 불가능했다. 그래서 그는 크게 낙심했고 성적은 급격히 떨어졌다. 아버지가 이를 알고 깔때기 하나와 약간의 옥수수 알맹이를 가지고 와서, 그의 손을 깔때기 밑에 두게 했다. 그 다음에 옥수수 한 알을 깔때기에 넣었더니, 알맹이는 깔때기를 따라 그의 손으로 미끄러졌다. 아버지가 십여 차례 반복하자 그의 손에 십여 개의 알맹이가 생겼다.

了十几次，他的手中也就有了十几粒种子。

接着，81父亲又抓起满满的一把玉米粒放到漏斗里面，玉米粒相互挤着，竟一粒也没有掉下来。父亲对他说："做事情就像往漏斗中投玉米粒一样。假如你每天都能做好一件事，那你每天都会有一粒种子的收获和快乐。可是，当你把所有的事情都挤到一块儿来做，那你连一粒种子也收获不到。"

하나도 ~하지 않다

만약에 A라면, 그러면 B

每个人都渴望成功，不过，"一口吃不成胖子"，82成功需要一步一步来。如果你想同时完成很多事情，同时实现很多愿望，事事都想做，事事都去做，那成功很可能将离你而去，成功对你而言，将可能只是美梦一场。

~에 대해 말하자면

이어서 81아버지가 한 손 가득 옥수수 알맹이를 집어 깔때기에 넣었는데, 알맹이들이 한데 모여 꽉 차서 한 알도 떨어지지 않았다. 아버지가 그에게 말했다. "일을 하는 것도 깔때기 안에 옥수수 알맹이를 넣는 것과 같다. 만약 매일 한 가지의 일을 잘 해내면 너는 매일 한 알맹이만큼의 수확과 즐거움을 얻을 수 있단다. 그러나 모든 일을 한꺼번에 하려고 하면 너는 한 알의 수확도 거둘 수 없단다."

사람은 모두 성공을 갈망한다. 하지만 '한 술에 배부를 수 없다', 82성공은 한 걸음 한 걸음 내딛어 이루어지는 것이다. 만약 동시에 많은 일을 하려고 하고, 동시에 많은 꿈을 이루려고 하고, 일마다 모두 하고 싶어, 모든 일을 한다면, 성공은 당신에게서 멀어질 것이고, 성공은 당신에게 있어서 그저 일장춘몽에 지나지 않을 것이다.

어휘 画家 huàjiā 명 화가 | ★举办 jǔbàn 동 개최하다 | 个人展 gèrénzhǎn 명 개인전 | 画展 huàzhǎn 명 그림 전시회 | 无论…与否 wúlùn…yǔfǒu ~에 상관없이 | ★获奖 huòjiǎng 동 수상하다 | 脸上 liǎnshang 얼굴에 | ★挂 guà 동 걸다 | 开心 kāixīn 형 기쁘다 | 微笑 wēixiào 명 미소 | ★聚会 jùhuì 명 모임 | 反问 fǎnwèn 동 반문하다 | ★经历 jīnglì 동 겪다 | ★兴趣 xìngqù 명 흥미 | ★广泛 guǎngfàn 형 폭 넓다 | 要强 yàoqiáng 형 승부욕이 강하다 | ★必须 bìxū 부 반드시 | 样样 yàngyàng 대 갖가지 | 心灰意冷 xīn huī yì lěng 낙담하다 | 一落千丈 yí luò qiān zhàng 성 급격히 떨어지다 | 漏斗 lòudǒu 명 깔때기 | 玉米种子 yùmǐ zhǒngzi 명 옥수수 종자 | 把A放在B bǎ A fàngzài B A를 B에 두다 | ★接着 jiēzhe 부 이어서 | 粒 lì 양 알, 톨(작은 입자를 세는 단위) | ★投进 tóujìn 동 던져 넣다 | ★顺着 shùnzhe 동 ~에 따르다 | ★滑 huá 동 미끄러지다 | ★抓起 zhuāqǐ 동 쥐다 | 满满 mǎnmǎn 형 가득하다 | ★挤 jǐ 동 빽빽이 들어차다 | 一+양사…也没有 yī…yě méiyǒu 하나도 ~하지 않다 | ★掉 diào 동 떨어뜨리다 | 假如A那B jiǎrú A nà B 만약에 A라면, 그러면 B | ★渴望 kěwàng 동 갈망하다 | 一步一步 yíbùyíbù de 한 걸음씩 | ★同时 tóngshí 부 동시에 | ★实现 shíxiàn 동 실현하다 | ★愿望 yuànwàng 명 소망 | 对…而言 duì…éryán ~에 대해 말하자면 | 美梦 měimèng 명 아름다운 꿈

79. HSK POINT 특정 인물 파악 난이도 下

关于那位画家，可以知道：

A 非常乐观
B 事业上失败了
C 学习成绩一直很优秀
D 小时候就举办过影展

그 화가에 관해 알 수 있는 것은?

A 매우 낙천적이다
B 사업에 실패했다
C 학업 성적이 항상 우수했다
D 어릴 때 사진 전람회를 열었다

공략 첫 번째 단락을 보면 이 화가는 어느 상황에서나 항상 즐거운 것을 알 수 있으므로 정답은 A이다.

어휘 ★乐观 lèguān 형 낙관적이다 | 事业 shìyè 명 사업

80. HSK POINT 어휘의 의미 파악 | 난이도 中

第2段的"心灰意冷"，最可能是什么意思？	두 번째 단락의 '心灰意冷'은 무슨 의미인가?
A 失望难过	**A 실망하여 견디기 어렵다**
B 心存疑问	B 마음에 의심을 품다
C 很委屈	C 매우 억울하다
D 极不耐烦	D 몹시 참기 힘들다

공략 '心灰意冷'의 앞 문장에서 주인공은 모든 분야에서 최고가 되어야 직성이 풀리지만 현실에서는 불가능하다고 말하고 있다. 노력을 했다는 얘기가 없기 때문에 억울하다는 것과는 거리가 있으므로 C는 정답이 아니고, 마음에 의심을 품었다는 B나 참기 힘들었다는 D는 그 대상이 불분명하기 때문에 정답이 아니다. 뜻대로 되지 않아 견디기 힘들고 실망해서 성적까지 떨어진 것으로 연결이 되기 때문에 정답은 A이다.

어휘 失望 shīwàng 통 실망하다 | ★难过 nánguò 형 견디기 힘들다 | ★疑问 yíwèn 명 의문 | ★委屈 wěiqu 형 억울하다 | ★不耐烦 búnàifán 형 견디지 못하다

81. HSK POINT 특정 인물의 행동 파악 | 난이도 中

父亲把满满一把玉米粒放到漏斗里时：	아버지가 옥수수 알맹이를 한 손 가득 집어 깔때기에 넣었을 때 어땠는가?
A 漏斗掉在了水里	A 깔때기가 물에 빠졌다
B 玉米粒被破碎了	B 옥수수 알맹이가 부서졌다
C 玉米粒排列很有规律	C 옥수수 알맹이가 규칙적으로 배열됐다
D 没有一粒玉米掉下来	**D 옥수수가 하나도 떨어지지 않았다**

공략 '父亲又抓起满满的一把玉米粒放到漏斗里(아버지가 한 손 가득 옥수수 알맹이를 집어 깔때기에 넣었는데)'라는 문장의 뒷부분을 보면 쉽게 정답을 찾을 수 있다. 알맹이가 서로 끼어 한 알도 떨어지지 못했기 때문에 정답은 D이다.

어휘 破碎 pòsuì 통 산산조각이 나다 | ★排列 páiliè 통 배열하다 | ★规律 guīlǜ 명 규율

82. HSK POINT 주제 찾기 | 난이도 中

上文主要想告诉我们什么？	윗글에서 주로 이야기하는 것은?
A 不努力就会被淘汰	A 노력하지 않으면 도태된다
B 要抓住机会	B 기회를 잡아야 한다
C 成功需要远大的目标	C 성공은 원대한 목표가 필요하다
D 应先集中精力做好一件事	**D 정신을 집중하여 한가지 일을 잘 끝내야 한다**

공략 깔대기에 넣은 옥수수 알맹이를 통해 일을 한꺼번에 처리하려고 하면 하나도 되지 않는다는 교훈을 담고 있다. 정답은 D이다.

어휘 淘汰 táotài 통 도태하다 | ★抓住 zhuāzhù 통 붙잡다 | 远大 yuǎndà 형 원대하다

[83-86]

83从前，有个叫公孙仪的人，非常善于弹琴。从他的琴声中能听出泉水涓涓，也能听出大海的怒涛；能听出秋虫的低鸣，也能听出小鸟婉转的歌唱。他弹奏欢快的曲调，会让人眉开眼笑；而悲哀的曲调，又使人心酸不已，甚至跟着琴声呜咽。凡是听过他弹琴的人，没有不被他的琴声打动的。

~하지 않는 것이 없다

一次，公孙仪在弹琴时，看见有几头牛在不远处吃草，不由得突发奇想："我的琴声，听了的人都说好，牛会不会也觉得好呢?"

于是，公孙仪就坐到牛旁边，弹了他最拿手的曲子《清角》。85他的琴声美妙极了，任何人听了都会发出"此曲只应天上有，人间能得几回闻"的感慨。85可是那些牛还是静静地低着头吃草，丝毫没有反应，就好像它们什么都没听到一样。

마치 ~인 것 같다

公孙仪想了想，又重新弹了一曲。这一次曲调变了，音不成音、调不成调，听上去实在不怎么样，像是一群蚊子扇动翅膀发出的"嗡嗡"声，中间似乎还夹杂着小牛"哞哞"的叫声。

这回牛总算有了反应，纷纷竖起耳朵、甩着尾巴听了起来。84琴声最终引起了牛的注意，是因为这个声音接近它所熟悉的东西。

~주의를 끌다

后来，86人们就用"对牛弹琴"这个成语来比喻有些人说话不看对象，对外行人说内行话，白白浪费了时间。

~을 사용해서 비유하다

83옛날에 공손의라는 사람이 있었는데, 거문고 연주를 잘했다. 그의 거문고 소리에서는 흐르는 물소리도 들리고 거대한 바다의 성난 파도 소리도 들리고, 가을 벌레의 낮은 울음 소리도 들리고, 작은 새의 부드러운 노랫소리도 들렸다. 그가 신나는 곡조를 연주하면 사람들의 얼굴에 웃음이 지어졌고, 슬픈 곡조를 연주하면 사람들은 아픈 마음을 주체할 수 없어서 심지어 거문고 소리를 따라 울음을 터뜨리기도 했다. 그의 연주를 들은 사람이라면 감동을 받지 않은 사람이 없었다.

한번은 공손의가 거문고를 연주할 때 소 몇 마리가 멀지 않은 곳에서 풀을 먹고 있는 것을 보고 문득 갑자기 기발한 생각이 들었다. '내 거문고 소리를 들은 사람마다 모두 좋다고 하는데 소도 좋다고 생각할까?'

그래서 공손의는 소 옆에 앉아서 가장 잘 연주하는 곡 「청각」을 연주했다. 85그의 연주 소리는 너무 아름다워서 듣는 사람이면 누구나 "이 곡은 천상에서나 들을 수 있는 곡이니, 인간 세상에서는 몇 번이나 들을 수 있겠는가?"라며 감탄했다. 85그러나 소들은 묵묵히 고개를 숙이고 풀을 먹으며 조금도 반응하지 않았다. 마치 아무 소리도 듣지 못한 것 같았다.

공손의는 생각을 좀 하더니 다시 다른 곡을 연주했다. 이번에는 곡조를 바꾸어서 음도 하나도 맞지 않았고, 장조도 하나도 맞지 않았으며 듣기에 정말 좋지 않았다. 마치 모기가 날개를 파닥일 때 나는 '윙윙' 소리에 소의 '음매' 울음 소리가 중간에 섞여 들어 있는 것 같았다.

이때 소가 마침내 반응을 하며 잇달아 귀를 쫑긋 세우고 꼬리를 흔들며 듣기 시작했다. 84거문고 소리가 결국 소의 관심을 끌 수 있었던 것은, 이 소리가 그들에게 익숙한 소리였기 때문이었다.

훗날 86사람들이 '소 귀에 경 읽기'라는 성어를 사용해서 어떤 사람이 상대를 보지 않고 문외한에게 전문적인 얘기를 해서 헛되이 시간을 낭비하는 것을 비유했다.

어휘 从前 cóngqián 명 옛날 | ★善于 shànyú 동 ~에 능숙하다 | 弹琴 tánqín 거문고를 연주하다 | 泉水涓涓 quánshuǐ juānjuān 샘물이 졸졸 흐르다 | 怒涛 nùtāo 명 성난 파도 | 秋虫 qiūchóng 명 가을 벌레 | 低鸣 dīmíng 낮게 울다 | 小鸟 xiǎoniǎo 명 작은 새 | 婉转 wǎnzhuǎn 형 부드럽다 | 弹奏 tánzòu 동 연주하다 | 曲调 qǔdiào 명 곡조 | 眉开眼笑 méi kāi yǎn xiào 성 싱글벙글하다 | ★悲哀 bēi'āi 형 슬프고 애통하다 | 心酸不已 xīnsuān bùyǐ 마음이 몹시 쓰리다 | 呜咽 wūyè 동 흐느끼다 | 没有不 méiyǒu bù ~하지 않는 것이 없다 | 打动 dǎdòng 동 감동하다 | 不由得 bùyóude 부 저절로 | 突发奇想 tū fā qíxiǎng 갑자기 기발한 생각이 들다 | 拿手 náshǒu 형 자신있다 | 曲子 qǔzi 명 곡 | ★美妙 měimiào 형 아름답다 | 任何人 rènhérén 누군가 | ★静静地 jìngjìng de 조용하게 | 丝毫 sīháo 부 조금도 | 好像…一样 hǎoxiàng…yíyàng 마치 ~인 것 같다 | 音不成音 yīn bù chéng yīn 음이 맞지 않다 | 调不成调 diào bù chéng diào 곡조가 맞지 않다 | ★实在 shízài 부 정말 | ★不怎么样 bù zěnmeyàng 그리 좋지 않다 | 蚊子 wénzi 명 모기 | 扇动 shāndòng 동 흔들다 | 翅膀 chìbǎng 명 날개 | 嗡嗡 wēngwēng 윙윙 | ★似乎 sìhū 부 마치 ~인 것 같다 | 夹杂 jiāzá 동 뒤섞다 | 哞哞 mōumōu 음매 | ★总算 zǒngsuàn 부 마침내 | ★反应 fǎnyìng 명 반응 | ★纷纷 fēnfēn 부 잇달아 | 竖起 shùqǐ 동 세우다 | 甩 shuǎi 동 휘두르다 | 引起…注意 yǐnqǐ…zhùyì ~주의를 끌다 | ★用…来比喻 yòng…lái bǐyù ~을 사용해서 비유하다 | 对牛弹琴 duì niú tán qín 성 소 귀에 경읽기 | 外行人 wàihángrén 명 문외한, 비전문가 | 内行话 nèihánghuà 명 전문 용어 | ★白白 báibái 부 헛되이

83. HSK POINT 특정 인물 파악 난이도 中

第1段主要谈的是公孙仪：	첫 번째 단락에서 공손의에 대해 주로 이야기하는 것은?
A 琴声动人	**A 거문고 소리가 사람을 감동시킨다**
B 喜欢养动物	B 동물을 기르는 것을 좋아한다
C 歌声极美	C 노랫소리가 아름답다
D 热爱大自然	D 대자연을 사랑한다

공략 첫 단락의 도입부 '有个叫公孙仪的人，非常善于弹琴(공손의라는 사람이 있었는데, 거문고 연주를 잘했다)'로 미루어 정답은 A이다. 첫 단락에는 비유적인 표현이 많아 해석하기 어렵지만, 도입부의 첫 문장을 통해서 정답을 쉽게 찾을 수 있다.

어휘 ★动人 dòngrén 형 감동적이다 | 歌声 gēshēng 명 노랫소리

84. HSK POINT 원인을 묻는 문제 난이도 中

为什么公孙仪弹第二支曲子时才引起了牛的注意?	왜 공손의가 두 번째 곡을 연주했을 때 비로소 소들의 주의를 끌 수 있었나?
A 牛吃光了草	A 소가 풀을 다 먹었기 때문에
B 他买了一把琴	B 그가 거문고를 샀기 때문에
C 牛听得更清楚了	C 소가 더 분명하게 들었기 때문에
D 琴声像牛熟悉的声音	**D 거문고 소리가 소한테 익숙한 소리여서**

공략 원인을 묻는 문제일 경우에는 '因为(~때문에)', '由于(~때문에)', '所以(그래서)', '为什么(왜)' 등의 어휘에 유의한다. '琴声最终引起了牛的注意，是因为这个声音接近它所熟悉的东西(거문고 소리가 결국 소의 관심을 끌 수 있었던 것은, 이 소리가 그들에게 익숙한 소리였기 때문이다)'로 미루어 정답은 D이다.

어휘 ★吃光 chīguāng 동 다 먹어치우다

85. HSK POINT 보기를 통해 상세 정보 대조 난이도 中

根据上文，下列哪项正确?

A 公孙仪太骄傲了
B 公孙仪十分谦虚
C 牛受伤了
D 牛不会欣赏优美的琴声

윗글에 근거해서 다음 중 옳은 것은?

A 공손의는 너무 거만하다
B 공손의는 매우 겸손하다
C 소가 다쳤다
D 소는 아름다운 거문고 소리를 감상할 수 없다

공략 세 번째 단락에서 공손의가 연주하는 곡이 매우 아름다웠지만 소는 아무것도 못 들은 것처럼 반응이 없었다고 했기 때문에 정답은 D이다. 보기를 중심으로 상세 정보를 대조하면 어렵지 않게 정답을 고를 수 있다.

어휘 ★欣赏 xīnshǎng 동 감상하다 | 优美 yōuměi 형 우아하고 아름답다

86. HSK POINT 주제 찾기 난이도 上

上文主要想告诉我们什么?

A 不要忽视别人的价值
B 不要不懂装懂
C 做任何事情应该看清对象
D 做事要注意细节

윗글에서 주로 이야기하는 것은?

A 다른 사람의 가치를 무시하지 마라
B 모르면서 아는 척하지 마라
C 어떤 일을 하든 상대를 분명하게 파악해야 한다
D 일을 할 때는 세부 사항에 주의해야 한다

공략 공손의는 사람이 듣기 좋은 곡을 소에게 연주했을 때 소의 반응이 없자, 소에게 친숙한 곡을 연주했다. 즉, 상대에 맞춰서 행동해야 한다는 것이 이 글의 주제이다. 사람에게는 사람에게 맞는 행동을, 소에게는 소에게 맞는 행동을 취해야 한다는 것에 유의하면, 이와 가장 가까운 보기 C를 정답으로 고를 수 있다.

어휘 ★忽视 hūshì 동 소홀히 하다 | ★价值 jiàzhí 명 가치 | ★懂 dǒng 동 알다 | 装 zhuāng 동 ~하는 체하다 | 细节 xìjié 명 세부 사항

[87-90]

战国后期，有个人叫赵括，他是赵国大将赵奢的儿子。赵括从小受到父亲的影响（~영향을 받다），熟读兵书，并且还爱跟别人谈论军事，和人争论起来无往不胜，有时甚至连他父亲都（~조차도）说不过他。赵括因此很骄傲，自以为天下无敌。但是赵奢心里明白：自己的儿子虽然对兵书倒背如流，但是没有实际作战的经验，想法很不切实际。他曾私下里对妻子说："87儿子虽然对兵书理论都很了解，但是缺乏实际锻炼，不能当大将。如果让他当了大将，只能害了赵国。"

有一年，秦国出兵攻打赵国。那时赵奢已经去世，由老将廉颇负责指挥全军。88廉颇年纪虽高，但打仗却很有经验。他根据敌强己弱的形势，采取坚守阵地的做法（~방법을 취하다），绝不主动出击，即使秦军多次挑战，也（설령 ~일지라도）不出兵迎战，因此使得秦国无法快速取胜。

秦国知道这样拖下去对自己十分不利（~에 불리하다），不仅士兵会疲惫不堪，粮食也（A일 뿐만 아니라, B이기도 하다）会耗尽，于是就施行了反间计。89他们派人到赵国散布谣言，说"秦军最害怕赵括，根本不（결코 ~이 아니다）怕廉颇"。赵王本来就对廉颇的做法不满，听到这些话后，就信以为真，派了赵括去替代廉颇。赵括完全改变了廉颇的作战方案，死搬兵书上的条文，主动攻打秦军，结果中了秦国的圈套，40多万赵军全部被歼灭，他自己也中箭身亡。

90这就是成语"纸上谈兵"的故事，现在这个词常用来比喻空谈理论不能解决问题，告诫我们做事一定要理论联系实际。

전국 시대 후기에 조괄이라는 사람이 있었는데, 조나라 대장군 조사의 아들이었다. 조괄은 어릴 때부터 아버지의 영향을 받아 병서를 많이 읽었으며 다른 사람과 군사에 관해 논하는 것을 좋아했다. 논쟁을 하면 지는 법이 없었고, 심지어는 어떤 때는 그의 부친도 그를 말로 당해낼 수가 없었다. 때문에 조괄은 아주 거만했고 자신이 천하무적이라고 생각했다. 하지만 조사는 자신의 아들이 병서를 막힘 없이 외우지만 실질적인 참전 경험이 없어서 그의 생각이 실제와는 맞지 않는다는 것을 알았다. 그는 아무도 모르게 아내에게 말했다. "87아들이 비록 병서는 꿰뚫고 있지만, 실제 훈련이 부족해서 대장군이 될 수는 없겠소. 만약 그가 대장군이 된다면 조나라에 해만 끼칠 뿐이오."

어느 해에 진나라가 출병하여 조나라를 공격했다. 당시 조사는 이미 세상을 떠났으며 노장 염파가 전군의 지휘를 맡고 있었다. 88염파는 비록 나이는 많았지만 전쟁 경험이 풍부했다. 그는 적은 강하나 아군이 약한 상황에 맞춰 진영을 꿋꿋이 지키며 절대 주동적으로 출격하지 않았다. 진나라 군사가 여러 차례 도발했으나 출병하여 상대하지 않았기 때문에 진나라는 빠른 승리를 거둘 수 없었다.

진나라는 이렇게 하다 보면 자신들에게 불리하다는 것을 알았다. 병사들이 지칠 대로 지칠 뿐만 아니라, 식량도 곧 떨어질 것이기 때문에 '이간책'을 사용했다. 89그들은 조나라에 사람을 보내 유언비어를 퍼트렸다. "진나라 군사는 조괄을 가장 두려워하고 염파는 결코 두려워하지 않는다." 조나라 왕은 원래 염파의 방법에 불만을 품고 있어서 이 말을 듣고 진짜라 여겨 조괄을 보내 염파를 대신하게 했다. 조괄은 염파의 작전을 완전히 바꿔 병서의 내용을 맹목적으로 따라 주동적으로 진나라 군대를 공격했고, 결과적으로, 진나라의 계략에 걸려들었다. 40여 만 군대가 섬멸 당했고, 조괄 자신도 활에 맞아 전사했다.

90이것이 바로 성어 '탁상공론'에 관한 이야기이다. 지금은 이 말은 헛된 이론으로는 문제를 해결할 수 없음을 비유하여 자주 사용되고 있으며, 이론과 실제는 반드시 결합해야 한다는 진리를 우리에게 가르쳐 준다.

어휘 赵国 Zhàoguó 고유 조나라 | 兵书 bīngshū 명 병서 | 谈论 tánlùn 동 논의하다 | ★争论 zhēnglùn 동 논쟁하다 | 无往不胜 wú wǎng bú shèng 성 지는 법이 없다 | 说不过 shuō bu guò 동 말로는 당해낼 수가 없다 | 自以为 zì yǐwéi 스스로 ~라 생각하다 | 天下无敌 tiān xià wú dí 성 천하무적이다 | 倒背如流 dào bèi rú liú 성 막힘 없이 외우다 | 作战 zuòzhàn 동 전투하다 | 不切实际 bú qiè shí jì 성 실제와 맞지 않다 | 私下 sīxià 부 암암리에 | ★缺乏 quēfá 동 결핍되다 | 大将 dàjiàng 명 대장군 | ★害 hài 형 해롭다 | 出兵 chūbīng 동 출병하다 | 攻打 gōngdǎ 동 공격하다 | ★去世 qùshì 동 세상을 떠나다 | ★负责 fùzé 동 책임지다 | ★指挥 zhǐhuī 동 지휘하다 | 敌强己弱 dí qiáng jǐ ruò 적은 강하고 자신은 약하다 | 坚守 jiānshǒu 동 꿋꿋이 지키다 | 阵地 zhèndì 명 진영 | ★绝不 juébù 부 결코 ~이 아니다 | ★主动 zhǔdòng 형 주동적인 | 出击 chūjī 동 출격하다 | 秦 Qín 고유 진나라 | 军 jūn 명 군사 | 迎战 yíngzhàn 동 맞이하여 겨루다 | ★使得 shǐde 동 ~로 하여금 ~하게 하다 | ★取胜 qǔshèng 동 승리하다 | 拖 tuō 동 끌다 | 士兵 shìbīng 명 병사 | 疲惫不堪 píbèi bùkān 견디지 못할 정도로 피곤하다 | 粮食 liángshi 명 식량 | 耗尽 hàojìn 동 전부 소모하다 | 施行 shīxíng 동 시행하다 | 反间计 fǎnjiànjì 명 이간책 | 散布谣言 sànbù yáoyán 헛소문을 퍼뜨리다 | ★替代 tìdài 동 대신하다 | 死 sǐ 형 극도로, 죽도록 | 搬 bān 동 억지로 적용시키다, 답습하다 | 条文 tiáowén 명 (법규, 규정 등의) 조문 | 中圈套 zhòng quāntào 속임수에 걸려들다 | 歼灭 jiānmiè 동 섬멸하다 | 中箭 zhòngjiàn 동 화살에 맞다 | 身亡 shēnwáng 동 죽다 | 纸上谈兵 zhǐ shàng tán bīng 성 탁상공론, 실현 가능성이 없는 헛된 이론 | 空谈理论 kōngtán lǐlùn 명 헛된 이론 | 告诫 gàojiè 동 훈계하다

87. HSK POINT 특정 인물 파악 난이도 中

赵奢是怎么评价儿子的?	조사는 아들을 어떻게 평가했나?
A 要学兵书理论	A 군사 이론을 배워야 한다
B 不爱争论	B 쟁론을 즐기지 않는다
C 缺乏作战经验	**C 전투 경험이 부족하다**
D 具有指挥才能	D 지휘에 재능이 있다

공략 조사와 그의 아들 조괄이 함께 언급되고 있는 부분은 첫 번째 단락 뿐이다. 첫 번째 단락을 중심으로 정답을 찾으면 어렵지 않게 정답을 고를 수 있다. 조사는 아들이 이론에는 정통하나 실질적인 전쟁 경험이 없음을 걱정하기 때문에 정답은 C이다.

어휘 ★缺乏 quēfá 동 결핍되다 | 作战 zuòzhàn 동 전투하다 | ★才能 cáinéng 명 재능

88. HSK POINT 특정 인물 파악 난이도 上

根据第2段，可以知道廉颇：	두 번째 단락에서 염파에 대해 알 수 있는 것은?
A 年龄不大	A 나이가 많지 않다
B 善于用兵	**B 용병술에 능하다**
C 得到了国王的肯定	C 국왕의 인정을 받았다
D 比较胆小	D 대범하지 못한 편이다

공략 두 번째 단락에서 염파에 대한 다양한 정보가 제시되고 있다. 지문과 보기를 대조하면 염파는 나이가 많으나 전쟁 경험이 풍부하다고 언급했기 때문에 정답은 B이다.

어휘 年龄 niánlíng 명 연령 | ★善于 shànyú 동 ~에 능하다 | 用兵 yòngbīng 동 군사를 쓰다 | ★肯定 kěndìng 명 긍정 | 胆小 dǎnxiǎo 형 겁이 많다

89. HSK POINT 보기를 통해 상세 정보 대조 난이도 中

关于上文，下列哪项正确?	윗글에서 다음 중 옳은 것은?
A 赵王上了秦国的当	A 조나라 왕은 진나라의 계략에 넘어갔다
B 赵括十分尊重廉颇	B 조괄은 염파를 존중했다
C 赵括积极配合廉颇	C 조괄은 적극적으로 염파와 협력했다
D 赵括取得了战争胜利	D 조괄은 전쟁에서 승리했다

공략 세부 사항을 묻는 문제는 주어를 중심으로 지문과 대조하며 정답을 고른다. A의 '上当(속다)'는 속임수에 넘어갔다는 뜻으로 진나라의 계략 때문에 조나라가 패배했기 때문에 정답은 A이다. 조괄은 염파의 작전을 완전히 바꾸고, 독단적으로 지휘해서 참패했기 때문에 B, C, D는 정답이 아니다.

어휘 上当 shàngdàng 동 계략에 넘어가다, 속다 | ★积极 jījí 형 적극적이다 | ★配合 pèihé 동 협력하다 | ★胜利 shènglì 명 승리

90. HSK POINT 제목 찾기 난이도 中

最适合做上文标题的是：	윗글의 제목으로 가장 적합한 것은?
A 纸上谈兵	A 탁상공론
B 不战而胜	B 싸우지 않고 승리
C 狡猾的廉颇	C 교활한 염파
D 谦虚的赵括	D 겸손한 조괄

공략 이 글은 성어 '탁상공론'의 유래에 관한 이야기이기 때문에 정답은 A이다. 일반적으로 성어의 유래는 글의 마지막 문단에서 정리해 주기 때문에 어렵지 않게 정답을 고를 수 있다.

어휘 狡猾 jiǎohuá 형 교활하다

新 HSK 5급 합격모의고사 书写

第一部分

91. HSK POINT 부사의 위치 난이도 下

饼干　　这些　　吧　　过期了　　已经

공략 **STEP 01. 품사 분석**

饼干	这些	吧	过期了	已经
명사	지시대명사+양사	어기조사	동사+동태조사	부사

STEP 02. 짝짓기

① 지시대명사+양사+명사 → 这些饼干
② 부사+동사 술어 → 已经+过期了

STEP 03. 술어와 목적어 결합

过期了
술어 (过期: 목적어를 포함한 동사)

STEP 04. 문장 완성

정답 这些饼干已经过期了吧?
이 과자는 이미 유통 기한이 지났지요?

▶ 부사는 일반적으로 술어 앞에 위치한다. 어기조사 '吧'는 문장 끝에 놓인다.

어휘 饼干 bǐnggān 명 과자 | ★过期 guòqī 동 기한이 지나다

92. HSK POINT 존현문 난이도 中

客厅　　人物画　　一幅　　墙上　　着　　挂

공략 **STEP 01. 품사 분석**

客厅	人物画	一幅	墙上	着	挂
명사	명사	수사+양사	명사+방위사	동태조사	동사

2회

STEP 02. 짝짓기

① 수사+양사+명사 → 一幅+人物画
② 동사+동태조사 → 挂+着

STEP 03. 술어와 목적어 결합

挂着 + 一幅人物画
술어 목적어

STEP 04. 문장 완성

정답 客厅墙上挂着一幅人物画。
거실 벽에는 인물화 한 폭이 걸려있다.

▶ 존현문은 '시간/장소+동사+주체' 형식의 문장으로 특정한 시간 또는 장소에 목적어가 존재, 출현, 소멸함을 나타낸다. 동사 뒤에는 지속을 나타내는 동태조사 '着'를 동반하기도 한다. 여기에서는 장소 '墙上(벽에)'와 동태조사 '着(~하고 있다)'를 통해서 존현문임을 유추할 수 있다.

어휘 人物画 rénwùhuà 명 인물화 | 幅 fú 양 폭(옷감, 그림 등을 세는 단위)

오답 풀이

一幅人物画挂着客厅墙上。(X) ➔ 客厅墙上挂着一幅人物画。(O)

존현문은 시간 또는 장소가 주어 자리에 놓이고 주체가 되는 명사가 목적어 자리 놓인다. 이 문장은 주어와 목적어의 위치가 바뀌었으므로 틀린 문장이다.

93. HSK POINT 개사구 위치 및 술어와 목적어의 호응 난이도 中

贷款利率　　又　　调整　　做了　　银行对

공략 STEP 01. 품사 분석

贷款利率	又	调整	做了	银行对
명사	부사	명사	동사+동태조사	명사+개사

STEP 02. 짝짓기

① 개사+명사 → 银行对+贷款利率
② 부사+동사 술어 → 又+做了

STEP 03. 술어와 목적어 결합

做了	+	调整
술어		목적어

STEP 04. 문장 완성

정답 银行对贷款利率又做了调整。
은행은 대출 금리를 또 조정했다.

▶ '调整(조정)'은 동사와 명사의 품사를 모두 갖는다. 이 문장에서는 '做了'가 술어이므로, '做了(했다)'에 어울리는 '调整(조정)'은 목적어로 사용된다. 결과적으로, '주어+개사구+술어+목적어' 순서로 배열하면 된다.

어휘 ★贷款利率 dàikuǎn lìlǜ 명 대출 금리 | ★调整 tiáozhěng 명동 조정(하다)

94. HSK POINT 부정부사 勿 난이도 下

请　　勿在　　抽烟　　仓库里

공략 **STEP 01.** 품사 분석

请	勿在	抽烟	仓库里
동사	부사+개사	동사	명사+방위사

STEP 02. 짝짓기

① 개사+명사 → 勿在+仓库里
② 개사구+동사 술어 → 勿在仓库里+抽烟

STEP 03. 술어와 목적어 결합

抽烟
술어(抽烟 : 목적어를 포함한 동사)

STEP 04. 문장 완성

정답 请勿在仓库里抽烟。
창고 안에서는 흡연하지 마시오.

▶ 부정부사 '勿(~하지 마라)'는 자주 권유를 나타내는 '请(~하세요)'와 결합하여 문장 맨 앞에 온다.

어휘 ★勿 wù 부 ~하지 마라 | ★抽烟 chōuyān 동 담배를 피우다 | 仓库 cāngkù 명 창고

95. HSK POINT 被자문 난이도 上

倒了　小猫　垃圾桶　被　撞

공략 STEP 01. 품사 분석

倒了	小猫	垃圾桶	被	撞
동사+동태조사	명사	명사	개사	동사

STEP 02. 짝짓기

동사+결과보어 → 撞倒了

STEP 03. 술어와 목적어 결합

撞倒了(술어) + 垃圾桶(목적어)

STEP 04. 문장 완성

정답 垃圾桶被小猫撞倒了。
쓰레기통이 새끼 고양이에 의해 부딪쳐 넘어졌다.

▶ '被'자문은 'A+被+(B)+동사+기타 성분' 형식의 문장으로 'A가 B에 의해 ~됐다'는 뜻을 갖는다. 피해의 대상이 일반적으로 주어 자리에 오고, 가해자가 '被' 뒤에 온다. 또한 동사 뒤에는 반드시 기타 성분이 따라온다. 때문에 이 문장에서는 동사 '撞(부딪치다)' 뒤에 부딪친 결과를 나타내는 보어 '倒了(넘어지다)'가 놓인다.

어휘 ★倒 dǎo 동 넘어지다 | 小猫 xiǎomāo 명 새끼 고양이 | 垃圾桶 lājītǒng 명 쓰레기통 | ★撞 zhuàng 동 부딪치다

! 오답 풀이

小猫被垃圾桶撞倒了。(X) ➔ 垃圾桶被小猫撞倒了。(O)

'被'자 뒤에는 반드시 행위의 주체가 와야 한다. 여기에서는 고양이가 쓰레기통을 넘어뜨린 것이지, 쓰레기통이 고양이를 넘어뜨린 것이 아니기 때문에 '被'자 뒤에 '垃圾桶(쓰레기통)'을 놓으면 안 된다.

96. HSK POINT 把자문 난이도 上

将　他　把　捐给慈善团体　全部　个人财产

공략 STEP 01. 품사 분석

将	他	把	捐给慈善团体	全部	个人财产
부사	인칭대명사	개사	동사+개사+명사	부사	명사

STEP 02. 짝짓기

개사+명사 → 把+个人财产

STEP 03. 술어와 목적어 결합

捐给(술어) + 慈善团体(목적어)

STEP 04. 문장 완성

정답 他将把个人财产全部捐给慈善团体。
그는 개인 재산을 전부 자선단체에 기부할 것이다.

▶ '把'자문은 '~을 어떻게 처리하다'라는 의미를 갖는다. '주어+把+목적어1+동사+기타 성분' 형식으로 일반적으로 부사는 '把'자 앞에 놓이기 때문에 부사 '将(곧)'은 '把' 앞에 놓아야 한다. 그러나 부사 '都(모두)', '全部(전부)'의 경우는 목적어를 수식해 주기 때문에 '个人财产(개인 재산)' 뒤에 놓아야 한다.

어휘 ★将 jiāng 부 장차 | ★捐 juān 동 기부하다 | 慈善团体 císhàn tuántǐ 명 자선 단체 | ★全部 quánbù 부 전부 | 个人财产 gèrén cáichǎn 명 개인 재산

97. HSK POINT 使겸어문 난이도 上

身体　才　保持平衡　能　这样　使

공략 **STEP 01. 품사 분석**

身体(명사) 才(부사) 保持平衡(동사+명사) 能(조동사) 这样(대명사) 使(동사)

STEP 02. 짝짓기

부사+조동사 → 才+能

STEP 03. 술어와 목적어 결합

① 使(술어) + 身体(목적어)

② 保持平衡(술어+목적어)

STEP 04. 문장 완성

정답 这样才能使身体保持平衡。
이렇게 해야만 몸이 균형을 유지할 수 있다.

▶ 겸어문이란 첫 번째 겸어 동사의 목적어가 두 번째 동사의 행위 주체가 되는 것을 말하며, '주어+부사+조동사+겸어 동사(让/叫/请/使)+목적어+술어' 형태로 쓰인다. '使' 뒤에는 행위의 주체가 놓이므로 균형을 유지하는 주체인 '身体(몸)'이 '使' 뒤에 놓인다. 또 겸어문에서 부사와 조동사는 겸어 동사 앞에 놓이므로, '才(~해야만)'과 '能(~할 수 있다)'는 '使' 앞에 놓인다.

어휘 保持 bǎochí 동 유지하다 | 平衡 pínghéng 명 균형

! 오답 풀이

这样使身体才能保持平衡。(X) ➔ 这样才能使身体保持平衡。(O)
겸어문에서는 부사와 조동사의 위치에 유의해야 한다. 부사와 조동사는 반드시 겸어 동사 앞에 놓아야 한다.

98. HSK POINT 술어 목적어의 호응 관계 난이도 上

数码相机　会　过长　充电时间　缩短　电池寿命

공략 **STEP 01. 품사 분석**

数码相机	会	过长	充电时间	缩短	电池寿命
명사	조동사	형용사	명사	동사	명사

STEP 02. 짝짓기

① 조동사+동사 → 会+缩短
② 의미상 호응 → 充电时间+过长

STEP 03. 술어와 목적어 결합

缩短(술어) + 电池寿命(목적어)

STEP 04. 문장 완성

정답 数码相机充电时间过长会缩短电池寿命。
디지털 카메라는 충전 시간이 너무 길면 배터리 수명이 단축될 수 있다.

▶ 제시된 어휘의 수가 많으면 동사와 목적어를 먼저 찾아 문장의 기둥을 세운다. 또한 중국어에서는 반드시 명사만 주어가 되는 것이 아니라, 동사구나 절이 주어가 될 수도 있기 때문에 이 점에 유의한다. 이 문장에서는 '缩短电池寿命(배터리 수명이 단축된다)'와 '数码相机充电时间过长(디지털 카메라의 충전 시간이 너무 길다)'의 의미 관계를 생각하며 문제를 풀어야 한다.

어휘 数码相机 shùmǎ xiàngjī 명 디지털 카메라 | 充电时间 chōngdiàn shíjiān 명 충전 시간 | ★缩短 suōduǎn 동 단축하다 | ★电池寿命 diànchí shòumìng 배터리 수명

第二部分

99. HSK POINT 특정 주제 관련(취업) 어휘에 유의 난이도 中

简历　　优点　　突出　　应聘　　面试

공략 **STEP 01. 제시어 분석하기**

简历 jiǎnlì 명 이력서
优点 yōudiǎn 명 장점
突出 tūchū 형동 두드러지다, 부각시키다
应聘 yìngpìn 동 응시하다
面试 miànshì 명동 면접(을 보다)

STEP 02. 활용 구문 떠올리기

简历 – 写简历 : 이력서를 쓰다
把其他的经验写在简历上 : 다른 경험들을 이력서에 쓰다
突出 – 表现得很突出 : 실력이나 표현이 두드러지다
突出自己的优点 : 자신의 장점을 드러내다
优点 – 自己的优点 : 자신의 장점
把自己的优点都写在简历上 : 자신의 장점을 모두 이력서에 쓰다
应聘 – 我应聘了 : 나는 응시했다
应聘一个职位 : 한 직책에 지원하다
面试 – 面试结果 : 면접 결과
参加面试 : 면접에 참가하다

STEP 03. 개요 짜기

1
서론 대학을 졸업하고 원하는 회사에 지원함
본론 이력서에 내 장점을 써내고 면접에 참가함
결론 면접 볼 때 출중하게 보여 결국 취직함

2
서론 요즘 취업 문제가 심각하고, 응시 경쟁이 치열함
본론 이력서를 잘 쓰고, 면접할 때는 장점을 잘 드러내야 함
결론 이렇게 해야 취업이 가능함

STEP 04. 개요에 살 붙이기

1
서론 한 회사에서 직원을 모집해서 지원했다.
⋯ 有家企业招聘职员，我应聘了。

본론 우선 나는 이력서를 썼는데 나의 장점을 기입하고, 그 후에 면접에 참가했다.
⋯ 首先，我写了简历，把优点都写在简历上，然后参加面试。

결론 출중하게 보여서 마침내 취직을 했다.
⋯ 表现得很突出，最终我求职了。

※ 백 퍼센트 활용 표현
- 먼저 ~하고, 그 후에 ~하다 : 首先⋯, 然后⋯
- ~을 ~에 쓰다 : 把⋯写在⋯上
- 마침내 ~하다 : 最终⋯了

2
서론 취업 경쟁이 치열해서 여러 명이 한 직책에 지원한다.
⋯ 竞争很激烈。很多人应聘一个职业。

본론 이력서를 쓸 때는 기타 경험을 모두 기입해야 하고, 면접에 참석할 때는 자신의 장점을 잘 드러내야 한다.
⋯ 写简历的时候，把其他的经验都写在简历上；参加面试的时候，要突出自己的优点。

결론 이렇게 하면, 취업을 할 수 있다.
⋯ 如果这样就能找到工作。

※ 백 퍼센트 활용 표현
- 만약 ~하면 ~하다 : 如果⋯就⋯

STEP 05. 문장 완성하기

1 모범답안

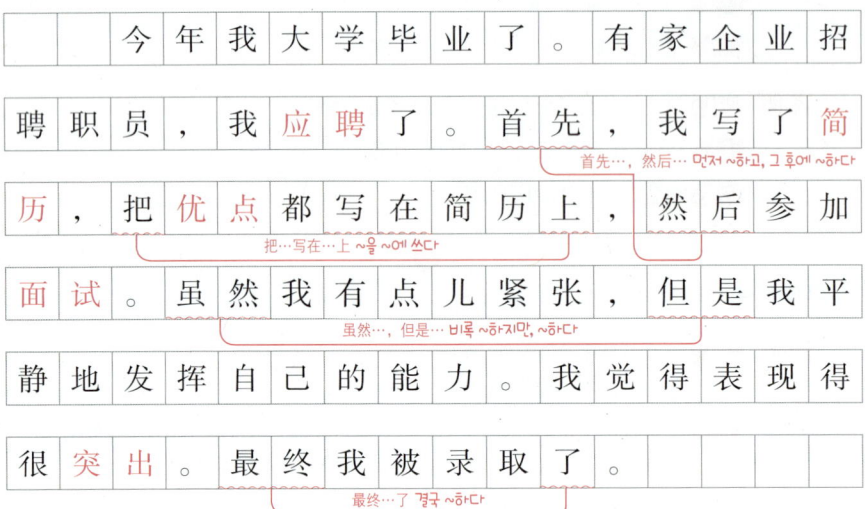

今年我大学毕业了。有家企业招
聘职员，我应聘了。首先，我写了简
历，把优点都写在简历上，然后参加
面试。虽然我有点儿紧张，但是我平
静地发挥自己的能力。我觉得表现得
很突出。最终我被录取了。

首先…，然后… 먼저 ~하고, 그 후에 ~하다
把…写在…上 ~을 ~에 쓰다
虽然…，但是… 비록 ~하지만, ~하다
最终…了 결국 ~하다

해석 나는 올해 대학을 졸업했다. 한 회사에서 직원을 모집해서 지원했다. 우선 나는 이력서를 썼는데, 나의 장점을 이력서에 모두 기입하고, 그 후에 면접에 참가했다. 비록 조금 긴장하기는 했지만, 침착하게 내 능력을 발휘했고, 내 생각에 출중하게 보여서, 결국 취직하게 되었다.

어휘 ★招聘 zhāopìn 동 모집하다 | 平静 píngjìng 형 차분하다 | 发挥 fāhuī 동 발휘하다 | ★求职 qiúzhí 동 구직하다

2 모범답안

最近，就业问题很严重。很多人
应聘一个职位，竞争很激烈。为了就
业，应该做好准备。写简历的时候，
把其他的经验都写在简历上；参加面
试的时候，要突出自己的优点。如果
这样准备的话，就能找到工作。

为了… ~하기 위해
如果…就… 만약 ~하면 ~하다

해석 최근에 취업 문제가 심각하다. 한 직책에 많은 사람들이 지원해서 경쟁이 치열하다. 취업을 위해서는 준비를 잘 해야 한다. 이력서를 쓸 때는 기타 경험을 모두 이력서에 기입해야 하고, 면접에 참석할 때는 자신의 장점을 잘 드러내야 한다. 만약 이렇게 준비한다면 취업을 할 수 있다.

어휘 就业 jiùyè 동 취업하다 | 严重 yánzhòng 형 심각하다

100. HSK POINT 특정 행동 및 감정 중심으로 이야기 전개 난이도 上

공략

STEP 01. 그림을 보고 단어 연상하기

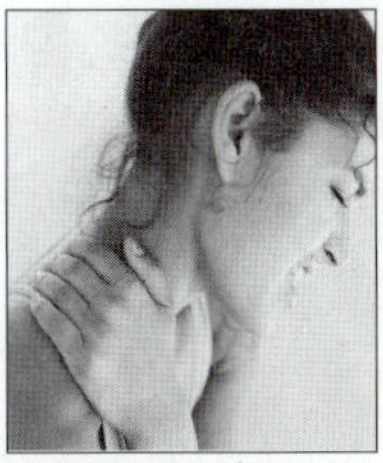

명사 腰 yāo 허리 | 脖子 bózi 목 | 健康 jiànkāng 건강 | 心情 xīnqíng 기분 | 压力 yālì 스트레스

동사 摔倒 shuāidǎo 넘어지다 | 看病 kànbìng 진찰하다 | 缓解 huǎnjiě 해소하다 | 休息 xiūxi 쉬다

형용사 疼 téng 아프다 | 厉害 lìhai 심하다

STEP 02. 개요 짜기

1
- 서론 눈이 많이 와서 차가 막힘
- 본론 넘어져 허리와 목이 아파서 병원에 감
- 결론 또 이런 일이 반복되지 않길 바람

2
- 서론 요즘 생활이 너무 바빠, 업무나 학습에서 스트레스가 큼
- 본론 스트레스를 해소하기 위해서 여러 가지 방법을 취해야 함
- 결론 여러 방법으로 스트레스를 해소할 수 있음

STEP 03. 개요에 살 붙이기

1

서론 어제 폭설이 내렸다. 그래서 길이 아주 심하게 막혔다.
··· 昨天下了很大的雪。所以路上堵车堵得太厉害。

본론 넘어졌고, 허리와 목이 아파서 어쩔 수 없이 병원에 갔다.
··· 我摔倒了。腰和脖子很疼，不得不去医院。

결론 다음에는 이런 일이 발생하지 않길 바란다.
··· 我希望下次不会发生这样的事情。

※ 백 퍼센트 활용 표현
- 심하게 ~하다 : …得厉害
- 어쩔 수 없이 : 不得不…

2 **서론** 최근 생활의 리듬이 빨라짐에 따라 스트레스가 점점 커지고 있다.
···› 最近，随着生活节奏的加快，压力也越来越大。

본론 우선 매일 운동을 해줘야 한다. 그 다음으로는 평소에 낙천적인 태도를 유지해야 한다.
···› 首先，应该锻炼身体。其次，平时保持乐观的态度。

결론 이렇게 해야 스트레스를 해소할 수 있다.
···› 只有这样才能缓解压力。

※ 백 퍼센트 활용 표현
- ~함에 따라서 : 随着…
- 점점 : 越来越…
- 우선~, 그 다음에~ : 首先…, 其次…
- ~해야만 비로소 ~하다 : 只有…才…

STEP 04. 문장 완성하기

1 모범답안

		昨	天	下	了	很	大	的	雪	。	所	以	路	上	堵
车	堵	得	太	厉	害	。	我	很	担	心	迟	到	，	所	以
下	车	跑	着	去	上	班	。	可	是	路	上	太	滑	了	，
我	摔	倒	了	。	我	的	腰	和	脖	子	很	疼	，	不	得
不	去	医	院	看	病	。	结	果	不	能	上	班	。	我	希
望	下	次	不	会	发	生	这	样	的	事	情	。			

…得厉害 심하게 ~하다

不得不 어쩔 수 없이

해석 어제 폭설이 내렸다. 그래서 길이 아주 심하게 막혔다. 지각을 할까 걱정이 돼서 버스에서 내려 뛰어서 출근했다. 하지만 길이 너무 미끄러워서 넘어졌다. 허리와 목이 아파서 어쩔 수 없이 병원에 가서 진찰을 받았고 결국 출근을 하지 못했다. 다음에는 이 같은 일이 발생하지 않기를 바란다.

어휘 ★堵车 dǔchē 동 차가 막히다 | ★迟到 chídào 동 지각하다 | 摔倒 shuāidǎo 동 넘어지다 | 腰 yāo 명 허리 | 脖子 bózi 명 목

2 모범답안

		最	近	，	随	着	生	活	节	奏	的	加	快	，	生
活	中	的	压	力	也	越	来	越	大	。	这	种	压	力	对
人	们	的	身	心	健	康	不	好	。	那	怎	样	缓	解	工
作	压	力	？	首	先	，	应	该	每	天	锻	炼	身	体	。
其	次	，	平	时	保	持	乐	观	的	态	度	。	只	有	这
样	才	能	缓	解	压	力	。								

随着… ~함에 따라서

越来越… 점점~

对…不好 ~에 좋지 않다

首先…，其次… 우선~, 그 다음에~

只有…才… ~해야만 비로소 ~하다

해석 최근 생활의 리듬이 빨라짐에 따라 생활에서의 스트레스가 점점 커지고 있다. 이런 스트레스는 신체와 정신 건강에 좋지 않다. 그럼 어떻게 업무 스트레스를 해소할 수 있을까? 우선 매일 운동을 해야 한다. 그 다음으로는 평소에 낙천적인 태도를 유지해야 한다. 이렇게 해야만 스트레스를 해소할 수 있다.

어휘 随着 suízhe 개 ~함에 따라 | 节奏 jiézòu 명 리듬 | 加快 jiākuài 동 빠르게 하다 | ★缓解 huǎnjiě 동 풀리다 | 保持 bǎochí 동 유지하다

3회 해설

합격모의고사 3회 정답

一、听力

第一部分 1. A 2. A 3. C 4. C 5. B 6. D 7. C 8. B 9. D 10. D
11. B 12. C 13. B 14. A 15. D 16. B 17. B 18. C 19. A 20. D

第二部分 21. B 22. C 23. C 24. A 25. A 26. D 27. D 28. C 29. D 30. C
31. C 32. C 33. D 34. B 35. A 36. C 37. B 38. A 39. B 40. A
41. C 42. B 43. B 44. C 45. D

二、阅读

第一部分 46. C 47. B 48. B 49. C 50. A 51. D 52. B 53. B 54. A 55. D
56. D 57. A 58. C 59. B 60. B

第二部分 61. C 62. C 63. C 64. D 65. D 66. D 67. C 68. C 69. B 70. C

第三部分 71. A 72. C 73. D 74. A 75. B 76. D 77. C 78. D 79. A 80. B
81. D 82. C 83. A 84. D 85. D 86. A 87. B 88. D 89. C 90. C

三、书写

第一部分 91. 那种治疗方法的效果更明显。
92. 当地流传着很多关于龙的传说。
93. 我目前不能给他明确的答案。
94. 这是一首赞美青春的诗。
95. 那个操场大约有8000平方米。
96. 他在为调查报告的事情发愁。
97. 这大大缩短了签证的办理时间。
98. 蝴蝶挥动着翅膀飞走了。

第二部分 99. 206-207쪽 모범답안 참고
100. 209쪽 모범답안 참고

新 HSK 5급 합격모의고사 听力

第一部分

1. HSK POINT 유사 표현으로 의미 유추 난이도 下 track 03-1

女：王总，下周贸易交流研讨会您参加吗？
男：最近，公司事情比较多，还是让赵秘书去吧。

问：男的为什么不参加交流研讨会？

A 工作太忙了
B 动手术
C 不感兴趣
D 临时有事

여: 왕 사장님, 다음 주 무역 교류 세미나에 참석하세요?
남: 최근 회사에 일이 많은 편이라, 자오 비서에게 가라고 하는 게 낫겠어요.

질문: 남자는 왜 세미나에 참석하지 못하는가?

A 일이 너무 바빠서
B 수술을 해서
C 관심이 없어서
D 갑자기 일이 생겨서

공략 보기가 모두 술어이기 때문에 술어에 유의하여 듣는다. '公司事情比较多(회사에 일이 많은 편이다)'와 '工作太忙了(일이 너무 바쁘다)'는 유사한 뜻이기 때문에 정답은 A이다.

어휘 贸易 màoyì 명 무역 | 交流 jiāoliú 동 교류하다 | ★研讨会 yántǎohuì 명 세미나 | ★秘书 mìshū 명 비서 | ★临时 línshí 형 일시적인

2. HSK POINT 행동 관련 문제 난이도 下 track 03-2

男：糟糕，我今天没带橡皮。
女：别着急，我这儿有两块儿，可以借你一块儿。

问：男的怎么了？

A 没带橡皮
B 没带身份证
C 把作业弄丢了
D 和朋友打架了

남: 큰일 났어. 오늘 지우개를 안 가져왔어.
여: 조급해하지 마. 나한테 지우개가 두 개 있으니까, 하나를 빌려줄게.

질문: 남자에게 무슨 일이 있는가?

A 지우개를 가져오지 않았다
B 신분증을 가져오지 않았다
C 숙제를 잃어버렸다
D 친구와 싸웠다

공략 보기가 모두 행동 관련 술어이기 때문에 술어에 유의하여 듣고, 들리는 그대로 답을 고르면 정답은 A이다.

어휘 ★糟糕 zāogāo 형 엉망이다 | 橡皮 xiàngpí 명 지우개 | 着急 zháojí 동 조급해하다 | ★身份证 shēnfènzhèng 명 신분증 | ★弄丢 nòngdiū 동 분실하다 | 打架 dǎjià 동 (때리며) 싸우다

3. HSK POINT 유사 표현 듣기 난이도 中

track 03-3

女：小黄，谈判进行得怎么样？
男：我也不敢保证，尽我最大努力吧，争取谈成。

问：男的是什么意思？

A 经济不景气
B 谈判进行得顺利
Ⓒ 会尽全力去谈
D 应该调整方案

여: 샤오황, 협상은 어떻게 진행되고 있나요?
남: 저도 확실히 말씀드리기는 어렵지만, 최선의 노력을 다해서 일을 성사시킬 겁니다.

질문: 남자의 말은 무슨 뜻인가?

A 경제가 불경기이다
B 협상이 순조롭게 진행된다
Ⓒ 전력을 다할 것이다
D 방안을 조정해야 한다

공략 '尽我最大努力(최선의 노력을 다하다)'와 '尽全力去(전력을 다하다)'는 유사한 표현이므로 정답은 C이다.

어휘 ★谈判 tánpàn 동 협상하다 | ★不敢 bùgǎn 동 감히 ~하지 못하다 | ★保证 bǎozhèng 동 보증하다 | 尽 jìn 동 다하다 | 争取 zhēngqǔ 동 ~하려고 힘쓰다 | 谈成 tánchéng 성사되다 | ★经济 jīngjì 명 경제 | 不景气 bùjǐngqì 형 불경기이다 | ★顺利 shùnlì 형 순조롭다 | ★全力 quánlì 명 전력 | ★调整 tiáozhěng 동 조정하다 | 方案 fāng'àn 명 방안

4. HSK POINT 보기를 통해 상세 정보 대조 난이도 下

track 03-4

男：你平常不是话挺多的吗？怎么今天一言不发？
女：他们讨论的那个话题我不是很感兴趣。

问：女的为什么不说话？

A 身体不舒服
B 有点儿紧张
Ⓒ 对话题没兴趣
D 最后一个发言

남: 너 평상시에 말이 참 많지 않았어? 왜 오늘은 한마디도 안 하는 거야?
여: 그들이 토론하는 그 화제에 난 관심이 없어.

질문: 여자는 왜 말을 하지 않나?

A 몸이 좋지 않아서
B 조금 긴장해서
Ⓒ 화제에 관심이 없어서
D 마지막에 한마디 하려고

공략 여자가 이 화제에 관심이 없다는 것을 알 수 있다. 정답은 C이다.

어휘 ★平常 píngcháng 명 평소 | 一言不发 yì yán bù fā 성 한마디도 하지 않다 | ★讨论 tǎolùn 동 토론하다 | ★发言 fāyán 동 발언하다

관련 어휘 TIP

▶ 반문

- 不是…吗？ ~아닌가요?
  这不是你的书吗？ 이것은 당신 책 아닌가요?(당신 책이다)
- 怎么…呢？ 어떻게 ~할 수 있나?
  我怎么会忘记呢？ 내가 어떻게 잊을 수 있어?(잊을 수 없다)
- 동사/형용사 + 什么 ~하긴 뭐가 ~해요?
  还有时间，急什么呢？ 아직 시간이 있는데 뭘 그렇게 서둘러?(서두르지 마라)
- 难道…吗？ 설마 ~하겠어?
  难道我会不知道吗？ 설마 내가 모르겠어?(알고 있다)

5. HSK POINT 보기를 통해 상세 정보 대조 | 난이도 中 | track 03-5

女：你以前不是很喜欢吃辣吗？怎么现在吃的这么清淡？
男：我参加了合唱团，当然要保护好嗓子了。

问：关于男的，下列哪项正确？

A 着凉了
Ⓑ 吃得很清淡
C 不爱吃点心
D 嗓子哑了

여: 너는 예전에 매운 것을 잘 먹지 않았어? 왜 지금은 이렇게 담백하게 먹는 거야?
남: 합창단에 들어갔거든. 목을 보호해야 해.

질문: 남자에 관해서 다음 중 옳은 것은?

A 감기에 걸렸다
Ⓑ 담백하게 먹는다
C 간식 먹는 것을 좋아하지 않는다
D 목이 쉬었다

공략 보기가 모두 술어이기 때문에 술어에 유의하여 들으면 쉽게 답을 고를 수 있다. '怎么现在吃的这么清淡(왜 지금은 이렇게 담백하게 먹는 거야?)'로 미루어 정답은 B이다.

어휘 ★清淡 qīngdàn 형 담백하다 | 合唱团 héchàngtuán 명 합창단 | ★保护 bǎohù 동 보호하다 | ★嗓子 sǎngzi 명 목구멍 | ★着凉 zháoliáng 동 감기에 걸리다 | 点心 diǎnxin 명 간식 | 哑 yǎ 형 목이 쉬다

6. HSK POINT 주어와 술어에 유의하기 난이도 上

track 03-6

男：您检查一下包裹，如果没有问题，请在这儿签个字。
女：好，我先打开看看。

问：根据对话，下列哪项正确？

A 东西送错了
B 收据不见了
C 男的没带名片
D 女的收到包裹了

남: 소포를 점검하고 별 문제가 없으면 여기에 사인해 주세요.
여: 좋아요. 우선 열어 볼게요.

질문: 대화에 근거해서 다음 중 옳은 것은?

A 물건을 잘못 보냈다
B 영수증이 없어졌다
C 남자가 명함을 가져오지 않았다
D 여자는 소포를 받았다

공략 보기가 모두 주어와 술어로 되어 있기 때문에 주어와 술어에 유의하고, 또 남자와 여자를 구분해서 들어야 한다. B의 '收据(영수증)'과 C의 '名片(명함)'에 대한 언급은 없다. 남자의 말 중 '检查包裹(소포를 검사하다)', '签字(사인하다)'와 여자의 말 중 '打开(열다)' 등을 통해서 여자가 소포를 받았음을 알 수 있기 때문에 정답은 D이다.

어휘 检查 jiǎnchá 동 점검하다 | ★包裹 bāoguǒ 명 소포 | ★签字 qiānzì 동 사인하다 | 收据 shōujù 명 영수증 | 名片 míngpiàn 명 명함

7. HSK POINT 특정 인물에 관한 문제 난이도 中

track 03-7

女：听说了吗？老李的企业规模正在不断扩大。他下一步准备开发南方市场呢。
男：能把公司经营得这么好。真让人佩服。

问：男的觉得老李怎么样？

A 太谦虚了
B 头脑灵活
C 令人佩服
D 不适合做生意

여: 들었어? 라오리가 회사 규모를 계속 확장하고 있대. 다음 단계로 남방 시장 개발을 준비한다고 해.
남: 회사 경영을 이렇게 잘하다니, 정말 감탄할 만하네.

질문: 남자는 라오리가 어떠하다고 생각하나?

A 너무 겸손하다
B 두뇌 회전이 빠르다
C 감탄할 만하다
D 사업에 적합하지 않다

공략 보기를 보면 특정 인물의 성향을 묻는 문제임을 알 수 있다. 남자의 말 '真让人佩服(정말 감탄할 만하다)'로 미루어 정답은 C이다.

어휘 企业规模 qǐyè guīmó 명 기업 규모 | ★不断 búduàn 부 끊임없이 | ★扩大 kuòdà 동 확대하다 | 下一步 xiàyíbù 명 다음 단계 | 开发 kāifā 동 개발하다 | ★经营 jīngyíng 동 경영하다 | ★佩服 pèifú 동 감탄하다 | ★谦虚 qiānxū 형 겸손하다 | ★灵活 línghuó 형 민첩하다 | 令 lìng 동 ~로 하여금 ~하게 하다 | 适合 shìhé 동 적합하다 | 做生意 zuò shēngyi 동 장사를 하다

8. HSK POINT 보기를 통해 상세 정보 대조 난이도 中

track 03-8

男：我也安装了这个软件，为什么没有你那个功能呢？
女：这个软件已经升级了，我这是最新的版本。

问：根据对话，可以知道什么？

A 文件被删除了
B 软件升级了
C 电脑中病毒了
D 无线网络没信号

남: 나도 이 소프트웨어를 설치했는데, 왜 너의 그 기능이 없는 거야?
여: 이 소프트웨어는 이미 업그레이드됐어. 내 것은 최신 버전이야.

질문: 대화에 근거해서 알 수 있는 것은?

A 문서가 삭제됐다
B 소프트웨어가 업그레이드됐다
C 컴퓨터가 바이러스에 감염됐다
D 무선 인터넷 신호가 없다

공략 보기를 통해 컴퓨터와 관련된 문제임을 유추할 수 있다. 들리는 그대로 답을 고를 수 있으나 평소에 '软件(소프트웨어)', '升级(업그레이드)' 등의 어휘를 익혀 뒀다면, 정답 B를 더 쉽게 찾을 수 있다.

어휘 ★安装 ānzhuāng 통 설치하다 | ★软件 ruǎnjiàn 명 소프트웨어 | ★功能 gōngnéng 명 기능 | ★升级 shēngjí 통 업그레이드하다 | 版本 bǎnběn 명 버전 | ★删除 shānchú 통 삭제하다 | ★中病毒 zhòng bìngdú 통 바이러스에 감염되다 | 无线网络 wúxiàn wǎngluò 명 무선 인터넷 | 信号 xìnhào 명 신호

9. HSK POINT 유의어 듣기 난이도 下

track 03-9

女：这桃子真甜，你在哪儿买的？
男：在郊外。上周末我们去郊区玩儿，路过一大片桃园，就在那儿买了一箱。

问：关于男的，可以知道什么？

A 喜欢吃桔子
B 不会划船
C 买了纪念品
D 上周去郊区了

여: 이 복숭아 정말 달다. 어디에서 샀어?
남: 교외에서 샀어. 지난주에 교외에 놀러 갔다가 큰 복숭아 밭을 지났거든. 그때 한 상자 샀지.

질문: 남자에 관해 알 수 있는 것은?

A 귤을 좋아한다
B 노를 저을 줄 모른다
C 기념품을 샀다
D 지난주에 교외에 갔다

공략 보기에 유의해서 녹음을 들으면 어렵지 않게 정답을 고를 수 있다. '郊外(교외)'와 '郊区(교외)'는 같은 뜻이고, 지난주에 교외에서 복숭아를 샀다고 했기 때문에 정답은 D이다.

어휘 桃子 táozi 명 복숭아 | ★甜 tián 형 달다 | ★郊外 jiāowài 명 교외 | ★路过 lùguò 통 지나다 | 桃园 táoyuán 명 복숭아 밭 | 箱 xiāng 명 상자 | 桔子 júzi 명 귤 | 划船 huáchuán 통 노를 젓다 | ★纪念品 jìniànpǐn 명 기념품

10. HSK POINT 유사 표현으로 의미 유추 난이도 上

track 03-10

男：你多穿点儿，报纸上说今天有四到五级大风。 女：你看的是什么报纸啊？外面连树叶都一动不动。	남: 옷을 좀 더 많이 입어. 신문에서 봤는데, 오늘 4에서 5급의 강풍이 분대. 여: 네가 보는 신문이 뭐니? 밖에 나뭇잎에 미동도 없어.
问：女的是什么意思？	질문: 여자의 말은 무슨 뜻인가?
A 下暴雨 B 树叶都掉了 C 想看报纸 **D 根本没刮风**	A 폭우가 내린다 B 나뭇잎이 모두 떨어졌다 C 신문을 보고 싶다 **D 바람이 전혀 불지 않는다**

공략 보기를 보면 날씨와 관련된 문제임을 알 수 있다. '连树叶都一动不动(나뭇잎에 미동도 없어)'라는 말을 통해 '根本没有刮风(바람이 전혀 불지 않는다)'는 사실을 알 수 있기 때문에 정답은 D이다. '一动不动(하나도 움직이지 않는다)'를 듣고 '根本没有(전혀 없다)'를 유추해야 한다.

어휘 ★报纸 bàozhǐ 명 신문 | ★连…都 lián…dōu 개 심지어 ~조차도 | 树叶 shùyè 명 나뭇잎 | ★暴雨 bàoyǔ 명 폭우 | 掉 diào 동 떨어지다 | ★根本 gēnběn 부 전혀 | 刮风 guāfēng 동 바람이 불다

11. HSK POINT 시제에 유의하기 난이도 上

track 03-11

女：踢得真棒！咱们肯定能赢。 男：是，只要保持这种状态，冠军肯定是我们的。	여: 정말 잘 찬다! 우리가 틀림없이 이길 거야. 남: 응, 이 상태만 유지하면 우승은 틀림없이 우리 것이야.
问：根据对话，下列哪项正确？	질문: 대화에 근거해서 다음 중 옳은 것은?
A 他们获得了冠军 **B 比赛还没结束** C 比赛时间推迟了 D 会议取消了	A 그들은 우승을 했다 **B 경기는 아직 끝나지 않았다** C 경기 시간이 늦춰졌다 D 회의가 취소됐다

공략 녹음 중 '肯定能赢(틀림없이 이길 거야)'와 '肯定是我们的(틀림없이 우리 것이야)'를 통해 아직 경기가 끝나지 않았음을 알 수 있다. 들리는 그대로 고르는 문제가 아니기 때문에 시제를 중심으로 의미를 파악하고 정답을 유추해야 한다. 정답은 B이다.

어휘 踢 tī 동 차다 | 棒 bàng 형 대단하다 | ★肯定 kěndìng 부 틀림없이 | ★赢 yíng 동 이기다 | ★保持 bǎochí 동 유지하다 | ★状态 zhuàngtài 명 상태 | ★冠军 guànjūn 명 우승 | 比赛 bǐsài 명 경기 | 结束 jiéshù 동 끝나다 | ★推迟 tuīchí 동 연기하다 | 取消 qǔxiāo 동 취소하다

관련 어휘 TIP

▶ 경기

- 比赛 bǐsài 경기
- 冠军 guànjūn 우승
- 赢 yíng 이기다
- 开幕式 kāimùshì 개막식
- 结束 jiéshù 끝나다
- 决赛 juésài 결승
- 输 shū 지다
- 闭幕式 bìmùshì 폐막식

12. HSK POINT 보기를 통해 상세 정보 대조 난이도 中

track 03-12

男：你好，我胃有点儿不舒服，应该挂哪个科室？
女：消化内科，挂号费六块。

问：男的哪儿不舒服？

A 肝
B 肾脏
C 胃
D 胳膊

남: 안녕하세요. 위가 좀 불편한데, 어느 과에 접수해야 하나요?
여: 소화기 내과에 가시면 돼요. 접수비는 6위안이에요.

질문: 남자는 어디가 불편한가?

A 간
B 신장
C 위
D 팔

공략 보기가 모두 명사이고 신체의 일부이기 때문에 이에 유의해서 듣는다. '胃有点儿不舒服(위가 좀 불편하다)'로 미루어 정답은 C이다.

어휘 胃 wèi 명 위 | ★挂号 guàhào 동 (병원 등에서) 접수하다 | ★消化 xiāohuà 동 소화하다 | 内科 nèikē 명 내과 | ★费 fèi 명 비용 | 肝 gān 명 간 | 肾脏 shènzàng 명 신장 | ★胳膊 gēbo 명 팔

관련 어휘 TIP

▶ 의문사 + 都/也

- 什么都想吃。뭐든지 다 먹고 싶다.
- 谁都认识他。누구나 다 그를 안다.
- 哪儿也不想去。그 어디라도 가고 싶지 않다.
- 怎么也不明白。도저히 모르겠어.

13. HSK POINT 행동 관련 문제 난이도 中

track 03-13

女：宝宝是饿了吧？我去给他冲点儿奶粉。
男：我也不知道，一觉醒来，他就一个劲儿地哭，怎么哄都没用。

问：女的准备做什么？

A 洗个澡
B 冲奶粉
C 去看病
D 带孩子去打针

여: 우리 아기가 배고픈가 봐. 가서 아기에게 분유를 타줘야겠어.
남: 나도 모르겠어. 깨자마자 줄곧 우는데, 아무리 달래도 소용이 없어.

질문: 여자는 무엇을 할 준비를 하는가?

A 목욕을 한다
B 분유를 탄다
C 진찰을 받는다
D 아이를 데리고 주사를 맞으러 간다

공략 보기를 보면 행동에 관한 문제임을 알 수 있다. 녹음에서 '我去给他冲点儿奶粉(가서 아기에게 분유를 타줘야겠어)'를 들으면 들리는 그대로 정답 B를 고를 수 있다. '冲奶粉(분유를 타다)'라는 어휘를 알면 좀 더 쉽게 찾을 수 있다.

어휘 宝宝 bǎobǎo 명 귀염둥이(아이에 대한 애칭) | ★冲 chōng 동 물에 풀다 | ★奶粉 nǎifěn 명 분유 | ★觉醒 jiàoxǐng 동 잠에서 깨다 | 一个劲儿 yí ge jìnr 부 줄곧 | ★哭 kū 동 울다 | 哄 hǒng 동 달래다 | 洗澡 xǐzǎo 동 목욕하다 | ★看病 kànbìng 동 진찰하다 | ★打针 dǎzhēn 동 주사를 맞다

14. HSK POINT 보기를 통해 상세 정보 유추 난이도 中

track 03-14

男：坐了一天的火车，累了吧，赶紧去洗个澡，休息一下。
女：我买的软卧票，在车上睡了好长时间，一点儿也不累。

问：关于女的，可以知道什么？

A 刚下火车
B 还没睡觉
C 太疲劳了
D 在排队买票

남: 하루 종일 기차를 타서 힘들었겠어. 어서 목욕하고 좀 쉬어.
여: 일등 침대칸 표를 사서, 차에서 많이 잤어. 전혀 피곤하지 않아.

질문: 여자에 관해 알 수 있는 것은?

A 방금 기차에서 내렸다
B 자지 못했다
C 너무 피곤하다
D 표를 사려고 줄을 서 있다

공략 '坐了一天的火车，累了吧(하루 종일 기차를 타서 힘들었겠어)'라는 남자의 말을 통해 여자가 온종일 기차를 탔다는 것을 알 수 있다. 정답은 A이다. 여자의 '在车上睡了好长时间，一点儿也不累(차에서 많이 잤어. 전혀 피곤하지 않아)'라는 말을 통해 B와 C는 정답이 아니라는 것을 알 수 있다.

어휘 ★赶紧 gǎnjǐn 부 재빨리 | 软卧 ruǎnwò 명 일등 침대칸 | ★疲劳 píláo 형 피곤하다 | 排队 páiduì 동 줄을 서다

15. HSK POINT 보기를 통해 상세 정보 대조 난이도 中

track 03-15

女：大夫，我手术的伤口有点儿痒。
男：不要紧，这说明伤口正在愈合。

问：女的怎么了？

A 要动手术
B 失眠
C 病情恶化了
D 伤口痒

여: 의사 선생님, 수술 받은 상처가 조금 간지러워요.
남: 걱정하지 마세요. 상처가 아물고 있다는 거예요.

질문: 여자는 어떠한가?

A 수술을 할 것이다
B 불면증에 걸렸다
C 병이 악화되었다
D 상처가 간지럽다

공략 '我手术的伤口有点儿痒(수술 받은 상처가 조금 간지러워요)'로 미루어 정답은 D이다. 들리는 그대로 정답을 고를 수 있지만 '伤口(상처)'와 '痒(간지럽다)'라는 어휘를 알면 더 쉽게 풀 수 있다.

어휘 ★手术 shǒushù 명 수술 | ★伤口 shāngkǒu 명 상처 | ★痒 yǎng 형 가렵다 | 说明 shuōmíng 동 설명하다 | 愈合 yùhé 동 (상처가) 아물다 | ★失眠 shīmián 동 불면증에 걸리다 | 病情 bìngqíng 명 병세 | ★恶化 èhuà 동 악화되다

16. HSK POINT 보기를 통해 상세 정보 대조 난이도 中

track 03-16

男：我们店里的商品全都是手工制作的，每一件都独一无二。
女：麻烦你帮我把这条项链拿来，我想试一试。

问：女的对哪件商品感兴趣？

A 戒指　　B 项链
C 耳环　　D 扇子

남: 우리 매장의 상품은 모두 수공업으로 만들었기 때문에 각각 모두 하나밖에 없어요.
여: 실례하지만 이 목걸이 좀 꺼내 주세요. 한번 착용해 볼게요.

질문: 여자는 어떤 상품에 관심이 있나?

A 반지　　B 목걸이
C 귀고리　　D 부채

공략 보기가 특정 명사이기 때문에 명사에 유의해서 녹음을 들으면 정답을 고를 수 있다. 정답은 B이다.

어휘 商品 shāngpǐn 명 상품 | 全 quán 부 모두 | ★手工制作 shǒugōng zhìzuò 명 수공 제작 | 独一无二 dú yī wú èr 성 하나밖에 없다 | 条 tiáo 양 개(가늘고 긴 것을 세는 단위) | ★项链 xiàngliàn 명 목걸이 | ★戒指 jièzhi 명 반지 | ★耳环 ěrhuán 명 귀고리 | 扇子 shànzi 명 부채

17. HSK POINT 보기를 통해 상세 정보 대조 난이도 中

track 03-17

女：前面胡同太窄，不好倒车，我在这儿下车就可以。
男：好吧，那我就不开进去了，你到家给我发个短信吧。

여: 앞 골목이 너무 좁아서, 후진하기 안 좋아. 난 여기에서 내리는 게 좋을 것 같아.
남: 그래. 그럼 들어가지 않을 테니까, 집에 도착하면 문자를 보내.

问：女的是什么意思？	질문: 여자의 말은 무슨 뜻인가?
A 想打车	A 택시를 타고 싶다
B 想现在下车	B 지금 차에서 내리고 싶다
C 拿到驾照了	C 운전 면허증을 땄다
D 不想再见面	D 다시 만나고 싶지 않다

공략 보기가 모두 술어이기 때문에 술어에 유의해서 듣는다. 녹음 중 '我在这儿下车就可以(난 여기에서 내리는 게 좋을 것 같아)'를 들으면 정답은 B이다.

어휘 胡同 hútòng 명 골목 | ★窄 zhǎi 형 좁다 | 倒车 dàochē 동 차를 후진시키다 | ★发短信 fā duǎnxìn 동 문자 메시지를 보내다 | ★打车 dǎchē 동 택시를 타다 | ★驾照 jiàzhào 명 운전 면허증

18. HSK POINT 행동 관련 문제 난이도 中

track 03-18

男：现在请您设置一下密码，是六位数字，输入后请按确认键。	남: 지금 비밀번호를 설정해 주세요. 여섯 자리를 입력한 후, 확인 버튼을 눌러 주세요.
女：好的，谢谢！	여: 네, 고맙습니다!
问：男的让女的做什么？	질문: 남자가 여자에게 하라고 하는 것은?
A 设置用户名　B 复制文件	A 아이디를 설정하다　B 문서를 복사하다
C 设置密码　D 修改地址	C 비밀번호를 설정하다　D 주소를 고치다

공략 '请您设置一下密码(비밀번호를 설정해 주세요)'를 들으면 정답은 C이다. 평소에 '密码(비밀번호)', '用户名(아이디)', '输入(입력하다)', '确认键(확인 버튼)' 등의 컴퓨터 및 전산 관련 어휘를 익혀 두자.

어휘 ★设置 shèzhì 동 설정하다 | ★密码 mìmǎ 명 비밀번호 | 输入 shūrù 동 입력하다 | 按 àn 동 누르다 | 确认键 quèrènjiàn 명 확인 버튼

19. HSK POINT 보기를 통해 상세 정보 대조 난이도 上

track 03-19

女：我的手有点儿滑，怎么也拧不开这个瓶盖儿。	여: 손이 좀 미끄러워서, 아무리 해도 이 병 뚜껑을 열 수가 없어.
男：你给我吧。我给你拧开。	남: 나한테 줘 봐. 내가 열어 줄게.
问：男的是什么意思？	질문: 남자의 말은 무슨 뜻인가?
A 他来打开　B 别买罐头	A 그가 열어 본다　B 통조림은 사지 마라
C 太渴了　D 瓶子打碎了	C 너무 목마르다　D 병이 부서졌다

공략 남자의 '你给我吧，我给你拧开(나한테 줘 봐, 내가 열어 줄게)'를 들으면 답은 A이다.

어휘 ★滑 huá 형 미끄럽다 | 拧 nǐng 동 비틀다 | 瓶盖儿 pínggàir 명 병마개 | ★打开 dǎkāi 동 열다 | 罐头 guàntou 명 통조림 | ★渴 kě 형 목마르다 | ★打碎 dǎsuì 동 부수다

20. HSK POINT 성어의 의미 파악 난이도 上 — track 03-20

男：你知不知道"虎头蛇尾"这个成语是什么意思？
女：知道，就是形容一个人做事情有始无终，不能坚持下去。

问："虎头蛇尾"形容人做事怎么样？

A 犹豫不决
B 细节决定成败
C 非常干脆
D 不能坚持到底

남: '용두사미(虎头蛇尾)' 이 성어가 무슨 뜻인지 알아?
여: 알아. 사람이 일을 하는데 시작만 있고 끝이 없어서 끝까지 밀고 나가지 못한다는 뜻이야.

질문: 성어 '용두사미'는 사람이 일을 할 때 어떠하다는 것인가?

A 망설인다
B 세부 사항이 성패를 결정한다
C 매우 명쾌하다
D 끝까지 고수하지 못한다

공략 성어의 의미를 묻는 문제는 성어를 비교적 쉽게 풀어서 설명해 주기 때문에 끝까지 집중해서 들으면 답을 찾을 수 있다. 녹음 후반부에 '不能坚持下去(끝까지 밀고 나가지 못하다)'를 들으면 정답은 D이다.

어휘 虎头蛇尾 hǔ tóu shé wěi 성 용두사미 | ★成语 chéngyǔ 명 성어 | ★形容 xíngróng 동 형용하다 | 有始无终 yǒu shǐ wú zhōng 성 시작은 있고 끝이 없다 | ★坚持 jiānchí 동 고수하다 | ★犹豫不决 yóu yù bù jué 성 망설이다 | ★细节 xìjié 명 세부 사항 | ★成败 chéngbài 명 성패 | ★干脆 gāncuì 형 명쾌하다 | 坚持到底 jiānchí dàodǐ 끝까지 고수하다

第二部分

21. HSK POINT 보기를 통해 상세 정보 대조 난이도 中 — track 03-21

女：你好，我想把这张票退了。
男：对不起，您这张是打折机票，不能退，只能改签。
女：那也行，麻烦您帮我改签到下周一的同一航班。
男：您稍等，我查一下，是否还有票。

问：女的最后决定怎么办？

여: 안녕하세요. 이 표를 환불하고 싶은데요.
남: 죄송하지만, 이 표는 할인 티켓이라서 환불이 안 되고 변경만 가능해요.
여: 그것도 괜찮아요. 다음 주 월요일 같은 항공편으로 바꿔 주세요.
남: 잠시만 기다리세요. 표가 있는지 없는지 찾아볼게요.

질문: 여자는 결국 어떻게 하기로 결정했나?

A 取消机票
B 改签
C 退票
D 重买一张

A 비행기 표를 취소한다
B 비행기 표를 변경한다
C 표를 환불한다
D 다시 한 장을 산다

공략 처음에 여자는 비행기 표를 환불하려고 했으나 변경만 가능해서 항공편을 변경하려고 한다. 녹음에 '退票(표를 환불하다)'와 '改签(비행기 표를 변경하다)'가 모두 등장하기 때문에 집중해서 들어야 한다. 정답은 B이다.

어휘 ★退 tuì 동 환불하다 | ★打折 dǎzhé 동 가격을 할인하다 | 改签 gǎiqiān 동 비행기 표를 변경하다 | 稍 shāo 부 잠깐 | ★查 chá 동 찾아보다 | ★是否 shìfǒu 부 ~인지 아닌지 | ★取消 qǔxiāo 동 취소하다

22. HSK POINT 보기를 통해 상세 정보 대조 난이도 中

track 03-22

男：我们换个频道吧，别看记录片了。
女：这个时间好像也没什么好看的节目。
男：体育频道在转播网球比赛，我们看那个，怎么样？
女：我对网球不感兴趣，给你遥控器，你自己换吧。

问：男的想看什么？

A 动画片 B 记录片
C 体育节目 D 访谈节目

남: 우리 채널 돌리자. 다큐멘터리는 보지 마.
여: 이 시간에는 볼 만한 게 안 하는 것 같아.
남: 스포츠 채널에서 테니스 경기를 중계방송하는데, 우리 그거 보는 게 어때?
여: 난 테니스에는 흥미가 없어. 리모컨 줄 테니까 네가 채널 돌려.

질문: 남자가 보고 싶어 하는 것은?

A 애니메이션 B 다큐멘터리
C 스포츠 프로그램 D 토크쇼

공략 '体育频道(스포츠 채널)'과 '网球(테니스)' 등 스포츠 프로그램에 관련된 어휘를 들으면 정답을 찾을 수 있다. 또한 녹음에 보기 B와 C가 모두 등장하기 때문에 질문이 무엇인지 정확하게 들어야 한다. 남자가 보고 싶은 것이 무엇인지를 묻는 문제이기 때문에 정답은 C이다.

어휘 换 huàn 동 바꾸다 | ★频道 píndào 명 채널 | ★记录片 jìlùpiàn 명 다큐멘터리 | 好像 hǎoxiàng 부 마치 ~와 같다 | ★节目 jiémù 명 프로그램 | ★体育 tǐyù 명 스포츠 | 转播 zhuǎnbō 동 중계방송하다 | 遥控器 yáokòngqì 명 리모컨 | ★动画片 dònghuàpiān 명 애니메이션 | 访谈节目 fǎngtán jiémù 명 토크쇼

관련 어휘 TIP

▶ TV 시청

- 频道 píndào 채널
- 纪录片 jìlùpiàn 다큐멘터리
- 访谈节目 fǎngtán jiémù 토크쇼
- 转播 zhuǎnbō 중계하다
- 遥控器 yáokòngqì 리모컨
- 节目 jiémù 프로그램
- 动画片 dònghuàpiān 애니메이션
- 采访 cǎifǎng 인터뷰하다
- 播放 bōfàng 방영하다

23. HSK POINT 보기를 통해 상세 정보 대조 난이도 下

track 03-23

女：你休息一会儿，我们轮流开。
男：没事，不太累。
女：不行，你都开了一上午了，疲劳驾驶很危险的。
男：好吧，到前面服务区停下来换你。

问：女的认为什么很危险？

A 天气恶劣
B 酒后驾车
C 疲劳驾驶
D 超速行驶

여: 잠시만 쉬어. 우리 교대로 운전하자.
남: 괜찮아. 별로 피곤하지 않아.
여: 안 돼. 오전 내내 운전했잖아. 피곤한 상태에서 운전하면 위험해.
남: 좋아. 앞 휴게소에서 차를 세우고 바꾸자.

질문: 여자는 무엇이 위험하다고 생각하나?

A 날씨가 안 좋은 것
B 음주 운전
C 피로 운전
D 과속 운전

공략 녹음 중 '疲劳驾驶很危险的(피곤한 상태에서 운전하면 위험해)'를 들으면 쉽게 정답 C를 찾을 수 있다.

어휘 轮流 lúnliú 동 교대로 ~하다 | ★疲劳 píláo 형 피곤하다 | ★驾驶 jiàshǐ 동 운전하다 | 服务区 fúwùqū 명 휴게소 | 恶劣 èliè 형 아주 나쁘다 | ★超速 chāosù 동 과속하다

24. HSK POINT 보기를 통해 상세 정보 대조 난이도 中

track 03-24

男：操场上怎么那么多人？
女：大学生运动会在我们学校举行，今天是开幕式。
男：怪不得，昨天就看见有人在那边布置。
女：听说今年是规模最大，参加人数最多的一届。

问：关于这届运动会，可以知道什么？

A 规模大
B 参加人数不多
C 持续10天
D 在举行开幕式

남: 운동장에 사람들이 왜 저렇게 많은 거야?
여: 대학생 운동회를 우리 학교에서 거행하거든. 오늘이 개막식이야.
남: 어쩐지. 어제 사람들이 그쪽에 시설물 배치하는 것을 봤거든.
여: 듣자 하니 금년에 규모가 가장 크고, 참가 인원수도 가장 많대.

질문: 이번 운동회에 관해 알 수 있는 것은?

A 규모가 크다
B 참가 인원수가 많지 않다
C 10일 간 지속된다
D 개막식을 거행하고 있다

공략 보기와 관련된 정확한 정보를 들어야 한다. 참가 인원수가 많기 때문에 B는 정답이 아니고, C에 대한 언급은 없었으며, 오늘이 개막식이라고 했지 정확히 언제 거행하는지 언급하지 않았기 때문에 D도 답이 아니다. '听说今年的规模最大(듣자 하니 금년에 규모가 가장 크대)'를 들으면 정답은 A이다.

어휘 操场 cāochǎng 명 운동장 | 运动会 yùndònghuì 명 운동회 | ★开幕式 kāimùshì 명 개막식 | ★怪不得 guàibude 부 어쩐지 | 布置 bùzhì 동 (시설물 등을) 진열하다, 배치하다 | 届 jiè 양 회(회의 또는 행사 등을 세는 단위)

25. HSK POINT 대화 속 질문과 대답에 유의하기 난이도 中

track 03-25

女：那个项目批下来了吗？
男：还没有，我们刚刚把计划书递上去。
女：那你多关注一下，有进展随时向我汇报。
男：你放心吧。

问：关于那个项目，可以知道什么？

A 还没批
B 危险很大
C 需要调整
D 利润很高

여: 그 프로젝트는 승인됐나요?
남: 아직 승인 받지 못했어요. 방금 제안서를 넘겼어요.
여: 그러면 조금 더 신경을 쓰고, 진전이 있으면 언제든지 나한테 보고해 줘요.
남: 안심하세요.

질문: 프로젝트에 관해 알 수 있는 것은?

A 아직 승인을 받지 못했다
B 위험이 크다
C 조정이 필요하다
D 이윤이 높다

공략 녹음에서 질문과 대답이 나오면 각 문장이 긍정인지 부정인지 주의 깊게 들어야 한다. 질문 '那个项目批下来了吗?(그 프로젝트는 승인됐나요?)'와 대답 '还没批(아직 승인 받지 못했어요)'로 미루어 정답은 A이다.

어휘 项目 xiàngmù 명 프로젝트 | ★批 pī 동 승인하다, 허가하다 | ★计划书 jìhuàshū 명 제안서 | 递 dì 동 건네다 | ★关注 guānzhù 동 관심을 갖다 | ★进展 jìnzhǎn 명 진전 | 随时 suíshí 부 수시로, 언제든지 | ★汇报 huìbào 동 보고하다 | ★利润 lìrùn 명 이윤

26. HSK POINT 보기를 통해 상세 정보 대조 난이도 中

track 03-26

男：刘秘书，这周三晚上我有没有安排？
女：你要出席市里举办的一个慈善基金会。
男：我那天有事，去不了。你联系一下高主任，让他去吧。
女：好，那我给高主任打个电话。

问：关于男的，下列哪项正确？

A 要举办慈善会
B 要做演讲
C 刚升为主任
D 不能出席慈善会

남: 류 비서, 이번 주 수요일 저녁에 내가 스케줄이 있나?
여: 시에서 개최하는 자선 행사에 참석하셔야 해요.
남: 그날 일이 있어서 갈 수 없어. 가오 주임에게 연락해서 가라고 해 줘.
여: 네. 그럼 가오 주임에게 전화해 볼게요.

질문: 남자에 관해 다음 중 옳은 것은?

A 자선 행사를 열 것이다
B 연설을 할 것이다
C 방금 주임으로 승진했다
D 자선 행사에 참석할 수 없다

공략 보기가 모두 술어이기 때문에 시제 및 술어에 유의하여 듣는다. 남자의 말 '去不了(갈 수 없다)'를 들으면 정답은 D이다.

어휘 秘书 mìshū 명 비서 | ★安排 ānpái 동 (시간 등을) 안배하다 | ★出席 chūxí 동 참석하다 | 市里 shìli 명 (도)시 | 举办 jǔbàn 동 개최하다 | 慈善基金会 císhàn jījīnhuì 명 자선 기금회 | ★联系 liánxì 동 연락하다 | ★演讲 yǎnjiǎng 명 연설 | 升 shēng 동 진급하다 | 主任 zhǔrèn 명 주임

27. HSK POINT 유사 표현 듣기 난이도 上

track 03-27

女：你这么兴奋，天上掉馅儿饼啦？	여: 이렇게 흥분하다니, 하늘에서 떡이라도 떨어진 거야?
男：差不多吧，我的那个教材项目领导已经同意了，批下来了。	남: 비슷해. 사장님이 그 교재 프로젝트에 동의해서 승인을 받았어.
女：真的？恭喜你！真是"功夫不负有心人"啊。	여: 정말? 축하해. 역시 노력은 사람을 배신하지 않는구나.
男：谢谢你！	남: 고마워!
问：男的为什么很兴奋？	질문: 남자는 왜 흥분했나?
A 升职了	A 승진했다
B 拿到签证了	B 비자를 받았다
C 教材编写完了	C 교재 편집을 완성했다
D 项目获得批准	**D 프로젝트가 승인을 받았다**

공략 녹음에서 '同意了(동의했다)', '批下来(승인 받다)'는 D의 '获得批准(승인을 받았다)'와 같은 의미이기 때문에 정답은 D이다.

어휘 兴奋 xīngfèn 형 흥분하다 | ★掉 diào 동 떨어지다 | 馅儿饼 xiànrbǐng 명 파이, 떡 | ★教材 jiàocái 명 교재 | 项目 xiàngmù 명 프로젝트 | ★领导 lǐngdǎo 명 지도자, 상사 | ★恭喜 gōngxǐ 동 축하하다 | 功夫不负有心人 gōngfu bú fù yǒuxīnrén 노력은 사람을 배신하지 않는다(노력하는 사람은 성공한다) | ★升职 shēngzhí 동 승진하다 | ★签证 qiānzhèng 명 비자 | 编写 biānxiě 동 편집하다 | ★批准 pīzhǔn 동 비준하다, 승인하다

28. HSK POINT 유사 표현 듣기 난이도 中

track 03-28

男：告诉你一个好消息，五月天要来上海开演唱会了。	남: 좋은 소식 하나 알려 줄게. '우웨톈'이 상하이에서 콘서트를 연대.
女：真的吗？什么时候？	여: 정말? 언제?
男：就这个月的最后两天，连续举办两场，现在已经开始售票了。	남: 이번 달 마지막 날에 이틀 연속으로 2회 공연을 해. 지금 이미 표를 판매하기 시작했어.
女：太好了，这次无论如何我都要去！	여: 매우 잘됐다. 이번에는 무슨 일이 있어도 갈 거야!
问：关于这场演唱会，下列哪项正确？	질문: 이번 콘서트에 관해 다음 중 옳은 것은?

A 在香港举办	A 홍콩에서 열린다
B 只举办一场	B 단지 1회만 공연한다
C 现在可以买票	**C 지금 표를 살 수 있다**
D 下个月上旬举办	D 다음 달 초에 열린다

공략 콘서트는 상하이에서 이번 달에 열리기 때문에 A와 D는 정답이 아니다. 이틀 연속으로 2회 공연을 하기 때문에 B도 정답이 아니다. '现在已经开始售票了(지금 이미 표를 판매하기 시작했어)'와 '现在可以买票(지금 표를 살 수 있다)'는 같은 뜻이므로 정답은 C이다.

어휘 ★演唱会 yǎnchànghuì 명 콘서트 | 连续 liánxù 동 연속하다 | ★举办 jǔbàn 동 거행하다 | ★售票 shòupiào 동 표를 팔다 | 无论如何 wúlùn rúhé 어쨌든

29. HSK POINT 보기를 통해 상세 정보 유추 난이도 上

track 03-29

女：新房子装修大概需要多少钱啊？	여: 새집에 인테리어를 하려면 얼마나 필요하나요?
男：我咨询了一下装修公司，如果是简单装一下的话，十万左右吧。	남: 인테리어 회사에 문의해 봤는데, 간단하게 하면 10만 위안 정도 될 거예요.
女：那加上家具呢？	여: 가구까지 포함하면요?
男：加上家具的话，估计得十五万。	남: 가구까지 포함하면 15만 위안쯤으로 예상돼요.
问：根据对话，可以知道什么？	질문: 대화에 근거해서 알 수 있는 것은?
A 租房合同延期了	A 임대 계약을 연장했다
B 家具很高档	B 가구가 고급이다
C 他们打算贷款	C 그들은 대출을 받을 것이다
D 房子还没装修	**D 집에 인테리어를 아직 안 했다**

공략 '新房子装修大概需要多少钱啊?(새집에 인테리어를 하려면 얼마나 필요하나요?)'를 통해서 인테리어를 할 계획임을 알 수 있다. 정답은 D이다. 들리는 그대로 풀 수 있는 문제가 아니라 의미를 파악해서 유추해야 하는 문제이다.

어휘 ★装修 zhuāngxiū 동 인테리어하다 | 大概 dàgài 부 대략 | ★咨询 zīxún 동 자문하다, 문의하다 | 加上 jiāshàng 동 더하다 | ★家具 jiājù 명 가구 | ★估计 gūjì 동 추측하다 | ★租房 zūfáng 동 (주택을) 임대하다 | ★合同 hétong 명 계약(서) | 延期 yánqī 동 연장하다 | 高档 gāodàng 형 고급이다 | ★贷款 dàikuǎn 동 대출하다

30. HSK POINT 유사 표현 듣기 난이도 上

track 03-30

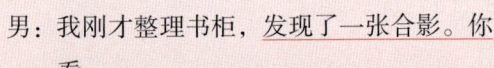

男：我刚才整理书柜，发现了一张合影。你看。
女：这不是咱们参加工作第一年拍的吗？
男：是啊，将近20年了。
女：那时候，大家都说你是咱们公司最帅的小伙子呢。

问：他们在看什么？

A 小说
B 视频
C 照片
D 日记

남: 방금 책장을 정리하면서 단체 사진 한 장을 발견했어. 봐봐.
여: 이건 우리가 근무했던 첫 해에 찍은 거잖아?
남: 맞아. 이제 20년이 다 됐네.
여: 그때 모두 당신이 우리 회사에서 가장 잘생긴 청년이라고 했었어.

질문: 그들은 무엇을 보고 있나?

A 소설
B 동영상
C 사진
D 일기

공략 남자가 여자에게 '合影(단체 사진)'을 발견했으니 보라고 했으므로 그들이 '照片(사진)'을 보고 있음을 알 수 있다. 정답은 C이다.

어휘 ★整理 zhěnglǐ 동 정리하다 | 书柜 shūguì 명 책장 | ★合影 héyǐng 명 단체 사진 | 小伙子 xiǎohuǒzi 명 청년 | ★小说 xiǎoshuō 명 소설 | 视频 shìpín 명 동영상 | 照片 zhàopiàn 명 사진 | 日记 rìjì 명 일기

[31-32]

一家公司的总经理把部门主任找来说："有人想收购我们公司，31你要想办法把我们的股票价格抬高，让他们买不起。我不管你用什么办法，只要能达到目的就行！"第二天，该公司股票的价格上涨了五个点。第三天又上涨了五个点。总经理非常满意，问部门主任："你是怎么做到的？""我放了一个假消息。32我说您快要辞职了。"

어느 회사의 사장이 부서 주임에게 말했다. "어떤 사람이 우리 회사를 매입하려고 하는데 31자네가 우리 회사 주가를 상승시킬 방법을 찾아서 그들이 매입하지 못하게 하게. 어떤 방법을 사용해도 상관없네. 목표를 달성하기만 하면 되네!" 이튿날 이 회사의 주가가 5포인트 상승했고 그 다음날에 또 5포인트 상승했다. 사장이 매우 만족하며 부서 주임에게 물었다. "자네는 어떻게 한 건가?" "헛소문을 퍼뜨렸습니다. 32사장님이 곧 그만두실 거라고 말했습니다."

어휘 总经理 zǒngjīnglǐ 명 최고 경영자, 사장 | 部门主任 bùmén zhǔrèn 명 부서 주임 | ★收购 shōugòu 동 매입하다 | ★股票 gǔpiào 명 주식 | 抬高 táigāo 동 높이다 | ★买不起 mǎi bu qǐ 동 (너무 비싸서) 살 수 없다 | ★达到 dádào 동 달성하다 | ★目的 mùdì 명 목적 | ★上涨 shàngzhǎng 동 (가격 등이) 오르다 | 假消息 jiǎ xiāoxi 명 헛소문 | ★辞职 cízhí 동 사직하다

어법 TIP

▶ 把자문

'주어+把+목적어+동사+기타 성분'형식으로 쓰이며, '把' 뒤에 목적어가 오는 것이 특징이다. 무엇을 어떻게 처치한다는 의미로, 듣기에서 자주 출제되니 반드시 듣는 훈련을 충분히 해 두자.

我把那本书放在桌子上。나는 그 책을 책상 위에 놓았다.

我把那篇文章翻译成中文。나는 그 글을 중국어로 번역했다.

31. HSK POINT 보기를 통해 상세 정보 대조 | 난이도 中

track 03-31

总经理有什么要求?	사장은 어떤 요구를 했나?
A 做不少宣传	A 홍보를 많이 해라
B 吸引更多资金	B 더 많은 자금을 유치해라
C 提高公司股价	C 회사 주가를 높여라
D 制定营销方案	D 마케팅 방안을 세워라

공략 보기가 모두 술어이기 때문에 술어에 유의하여 듣는다. 녹음의 '你要想办法把我们的股票价格抬高(자네가 우리 회사 주가를 상승시킬 방법을 찾게)'로 미루어 정답은 C이다.

어휘 ★宣传 xuānchuán 동 홍보하다 | 吸引 xīyǐn 동 흡인하다, 유치하다 | ★资金 zījīn 명 자금 | ★营销 yíngxiāo 동 마케팅하다 | 方案 fāng'àn 명 방안

32. HSK POINT 보기를 통해 상세 정보 대조 | 난이도 中

track 03-32

部门主任放了一个什么消息?	부서 주임은 어떤 소문을 퍼뜨렸나?
A 进行结构调整	A 구조 조정을 진행한다
B 解雇职员	B 직원을 해고한다
C 总经理要辞职	C 사장이 그만 둘 것이다
D 要推出新产品	D 신제품을 출시할 것이다

공략 보기에 유의하여 녹음을 듣자. '我说您快要辞职了(제가 사장님이 곧 그만두실 거라고 말했습니다)'로 미루어 정답은 C이다.

어휘 结构调整 jiégòu tiáozhěng 명 구조 조정 | ★解雇 jiěgù 동 해고하다 | ★推出 tuīchū 동 출시하다

[33-35]

电脑名人王安曾说：六岁发生的一件事影响了他的一生。一天，他走到树下。突然有个鸟巢掉到他的面前，从里面滚出来一只还不会飞的鸟，他很喜欢这只鸟，于是把它带回了家。走到门口，33他忽然想起妈妈不允许他在家里养小动物。他只好把鸟放到门后，急步走进屋内请求妈妈的允许。在他的哀求下，妈妈答应了。于是，他兴奋地跑到门后，不料却发现鸟不见了，34旁边只有一只舔着嘴唇的野猫，显然那只鸟儿已经被它吃掉了。通过这件事，王安得到了一个很大的教训。35做事切不可优柔寡断。只要认为对，就必须马上付诸行动。有时候，犹豫不决不仅不能避免犯错，反而会造成更大的损失。

컴퓨터 업계의 유명 인사 왕안(王安)은 6살 때 일어났던 사건 하나가 그의 일생에 영향을 줬다고 말한 적이 있다. 하루는 그가 나무 밑에 갔는데 갑자기 새 둥지가 그의 앞에 떨어졌고 그 안에서 아직 날지 못하는 새 한 마리가 굴러 나왔다. 그는 이 새가 마음에 들어서 집에 가져갔다. 문 앞에서 33갑자기 엄마가 집에서 동물 기르는 것을 허락하지 않을 거라는 생각이 들었다. 어쩔 수 없이 새를 문 뒤에 두고 급하게 집으로 들어가 엄마에게 허락을 구했다. 간절하게 애원해서 엄마가 허락을 했다. 그래서 그는 신나서 문 뒤로 뛰어갔는데, 뜻밖에도 새가 보이지 않았다. 34한켠에는 입술을 핥고 있는 들 고양이 한 마리만 있었는데 분명히 새는 고양이한테 잡아 먹힌 것이리라. 이 일에서 왕안은 큰 교훈을 얻었다. 35일을 할 때 절대 우유부단하면 안 된다. 옳다고 생각되면 바로 행동에 옮겨야 한다. 어떤 때는 망설이면 실수를 피할 수 없을 뿐 아니라 오히려 더 큰 피해를 입게 된다.

어휘 名人 míngrén 명 유명 인사 | 影响 yǐngxiǎng 동 영향을 주다 | 树 shù 명 나무 | ★突然 tūrán 부 갑자기 | 鸟巢 niǎocháo 명 새둥지 | 滚出来 gǔn chūlai 동 굴러나오다 | ★于是 yúshì 접 그래서 | ★忽然 hūrán 부 갑자기 | ★允许 yǔnxǔ 동 허락하다 | ★养 yǎng 동 기르다 | 急步 jíbù 부 빠른 걸음으로 | 请求 qǐngqiú 동 부탁하다 | 哀求 āiqiú 동 애원하다 | ★不料 búliào 부 뜻밖에 | 舔 tiǎn 동 핥다 | 嘴唇 zuǐchún 명 입술 | 野猫 yěmāo 명 들 고양이 | ★显然 xiǎnrán 형 분명하다 | ★教训 jiàoxùn 명 교훈 | 优柔寡断 yōu róu guǎ duàn 성 우유부단하다 | 付诸行动 fùzhū xíngdòng 행동으로 옮기다 | ★避免 bìmiǎn 동 피하다 | ★犯错 fàncuò 동 실수하다 | 反而 fǎn'ér 부 오히려 | ★损失 sǔnshī 명 손해

어법 TIP

▶ 不仅 A, 反而 B

접속사는 문장에서 고리 역할을 하며 글의 논리적 흐름을 파악할 수 있게 한다. '不仅A，反而B'는 'A했을 뿐만 아니라 오히려 B하다'라는 뜻이며, '不仅+不/没有A，反而B'는 'A하지 못했을 뿐 아니라 오히려 B하다'라는 뜻이다.

我的成绩不仅没有提高，反而下降了。내 성적은 오르지 않았을 뿐만 아니라 오히려 떨어졌다.

感冒不仅没好，反而严重了。감기가 좋아지지 않고, 오히려 심해졌다.

33. HSK POINT 유사 표현으로 의미 유추 난이도 上 track 03-33

王安为什么将鸟放在门后?	왕안은 왜 새를 문 뒤에 뒀나?
A 去做鸟窝	A 새 둥지를 만들려고
B 给鸟洗澡	B 새에게 목욕을 시켜 주려고
C 去收拾卧室	C 침실을 정리하려고
D 先去征得妈妈同意	**D 우선 엄마의 동의를 구하려고**

공략 녹음의 '请求妈妈的允许(엄마의 허락을 구하다)'와 보기 D의 '征得妈妈的同意(엄마의 동의를 얻다)'는 유사한 표현이기 때문에 정답은 D이다.

어휘 洗澡 xǐzǎo 동 목욕하다 | ★收拾 shōushi 동 정리하다 | 征得 zhēngdé 동 (의견, 동의를) 구하다

34. HSK POINT 보기를 통해 상세 정보 대조 난이도 上 track 03-34

小鸟最后怎么了?	아기 새는 결국 어떻게 됐나?
A 被狼咬伤了	A 늑대에게 물려 다쳤다
B 被猫吃了	**B 고양이에게 잡아 먹혔다**
C 被王安救了	C 왕안이 구해줬다
D 被放回大自然了	D 자연으로 돌려보내졌다

공략 보기가 모두 '被'자문이기 때문에, 보기 중 '被'자의 목적어 '狼(늑대)', '猫(고양이)', '王安(왕안)'에 유의하여 듣는다. '旁边只有一只舔着嘴唇的野猫(한켠에는 입술을 핥고 있는 들 고양이 한 마리만 보였다)'로 미루어 정답은 B이다.

어휘 狼 láng 명 늑대 | ★咬 yǎo 동 물다 | ★救 jiù 동 구하다 | 大自然 dàzìrán 명 대자연

35. HSK POINT 주제를 묻는 문제 난이도 上 track 03-35

这段话主要想告诉我们什么?	이 글이 주로 우리에게 알려 주는 것은?
A 做事不能犹豫	**A 일을 할 때 망설이지 마라**
B 善良是种美德	B 선량은 미덕이다
C 不要轻易放弃	C 쉽게 포기하지 마라
D 严格要求自己	D 자신에게 엄격하게 요구하라

공략 망설이면 일을 그르칠 수 있기 때문에 망설이면 안 된다는 것이 주제이므로 정답은 A이다. '优柔寡断(우유부단하다)', '犹豫不决(망설이다)'와 '不可(안 된다)', '不能(~할 수 없다)'의 부정부사 '不'를 듣는 것이 중요하다.

어휘 善良 shànliáng 형 선량하다 | 美德 měidé 명 미덕 | ★轻易 qīngyì 형 쉽다 | 严格 yángé 형 엄격하다

[36-38]

我曾租过一套公寓。那时，左右两家租住的也是和我一样的年轻人，可是他们都把门紧紧关上了。我一直都没有机会认识他们。一天，36我主动敲开了一扇紧闭的门。短暂的惊讶之后，是轻松而愉快的聊天儿。就这样我认识了三个和我同龄的男孩子。后来，通过敲门，我又认识了另一户，一个学画画儿的女孩子。37大家熟悉之后，交往也随意了很多。有一次闲聊中，我责备他们以前为什么总是关着门，对方大笑："你不也总是关着门吗？"原来如此，38交往中，别人的反应是一面镜子，照出了我们的行为。责备别人冷淡，其实是自己的态度吓退了别人。很多时候是你自己把门关上了，别人才同样关上了门。

내가 예전에 아파트를 임대한 적이 있는데, 그때 좌우의 이웃이 모두 나와 같은 젊은 사람이었다. 그러나 모두 문을 꽁꽁 걸어 잠그고 있어서 줄곧 그들을 알 기회가 없었다. 하루는 36내가 자발적으로 닫힌 문에 노크를 했다. 잠깐 놀라기는 했지만 편안하고 즐겁게 대화를 나눴다. 이렇게 나는 동갑내기 남자 3명을 알게 되었다. 나중에 노크를 하고 또 다른 이웃을 알게 됐는데 그림을 배우는 여자였다. 37다같이 친해진 후 왕래도 편하게 자주 했다. 한번은 이야기를 나누던 중 내가 그들에게 예전에는 왜 그렇게 문을 닫고 있었냐고 추궁했다. 상대가 크게 웃으며 "너도 항상 문을 닫고 있지 않았어?"라고 했다. 과연 그렇다. 38교제할 때 상대의 반응은 거울처럼 우리의 행동을 비춘다. 타인이 냉담하다고 탓하는데 사실 자신의 태도가 타인을 뒷걸음치게 한 것이다. 많은 경우 당신이 문을 닫았기 때문에 다른 사람도 마찬가지로 문을 닫은 것이다.

어휘 ★租 zū 동 임대하다 | ★公寓 gōngyù 명 아파트 | ★紧紧 jǐnjǐn 형 틈이 없다 | ★敲 qiāo 동 두드리다 | 扇 shàn 양 짝, 틀, 장(문 등을 세는 단위) | 紧闭 jǐnbì 동 꼭 닫다 | ★短暂 duǎnzàn 형 (시간이) 짧다 | ★惊讶 jīngyà 형 놀랍다 | ★同龄 tónglíng 형 동갑이다 | ★随意 suíyì 부 마음대로 | ★闲聊 xiánliáo 동 잡담하다 | ★责备 zébèi 동 책망하다 | ★镜子 jìngzi 명 거울 | 照 zhào 동 (거울에) 비치다 | ★冷淡 lěngdàn 형 냉담하다 | 吓退 xiàtuì 동 놀라 물러서다

어법 TIP

▶ 有/没有 연동문

연동문은 두 개 이상의 술어가 연속적으로 등장하는 문장이다. '有/没有+명사(기회, 돈, 시간 등)+술어' 형식의 연동문이 자주 쓰이는데 '~할 (기회, 돈, 시간 등)이 있다/없다'라는 의미이다.

我没有机会跟他说话。나는 그와 말할 기회가 없다.

我没有勇气辞职去旅行。나는 회사를 그만두고 여행을 갈 용기가 없다.

36. HSK POINT 유의어 듣기 난이도 中

track 03-36

说话人是怎么认识邻居的?	화자는 이웃을 어떻게 알게 됐나?
A 聚会时认识的	A 모임에서 알게 됐다
B 路上偶然碰见	B 길에서 우연히 만났다
C 自己去敲门	C 직접 노크했다
D 打篮球时认识的	D 농구를 할 때 알게 됐다

공략 녹음의 '我主动敲开了(자발적으로 노크를 했다)'와 보기 C의 '自己去敲门(직접 노크했다)'는 같은 뜻이므로 정답은 C이다.

어휘 ★聚会 jùhuì 명 모임 | ★偶然 ǒurán 부 우연히 | 碰见 pèngjiàn 동 마주치다 | 敲门 qiāomén 동 노크하다

37. HSK POINT 보기를 통해 상세 정보 난이도 上

track 03-37

几个年轻人认识后相处得怎么样?	젊은이 몇 명과 알게 된 후 어떻게 지냈나?
A 一般	A 일반적이다
B 很愉快	B 매우 즐겁게 지냈다
C 争论不休	C 논쟁이 끊이지 않았다
D 依然很陌生	D 여전히 낯설다

공략 녹음에서 '交往也随意了很多(왕래도 편하게 자주 했다)'를 들으면 사이가 좋은 것을 유추할 수 있다. 보기에서 긍정적인 의미를 가진 것은 '很愉快(매우 즐겁게 지냈다)' 하나이므로 정답은 B이다.

어휘 争论不休 zhēnglùn bùxiū 논쟁을 그치지 않다 | ★一般 yìbān 형 일반적이다 | ★依然 yīrán 부 여전히 | ★陌生 mòshēng 형 낯설다

38. HSK POINT 주제를 묻는 문제 난이도 上

track 03-38

这段话主要想告诉我们什么?	이 글이 우리에게 주로 알려 주는 것은?
A 要主动沟通	A 자발적으로 소통해야 한다
B 不能骄傲自满	B 자만하지 말아야 한다
C 要多赞美别人	C 다른 사람을 많이 칭찬해야 한다
D 避免犯同样的错误	D 같은 실수를 저지르는 것을 피하라

공략 지문의 주제가 스스로 타인과 소통해야 한다는 것이므로 정답은 A이다. 들리는 그대로 정답을 고르는 것이 아니라 전반적인 의미를 파악해야 한다.

어휘 ★沟通 gōutōng 동 소통하다 | 骄傲自满 jiāo ào zì mǎn 성 교만하다 | 赞美 zànměi 동 칭찬하다

[39-41]

朋友说他小时候很调皮，经常溜进家里的果园，吃还未成熟的瓜果，后来他爸爸加高了果园的后墙。39但依然没能阻止他。他总能想到办法溜进去。40他的秘诀就在于一旦觉得爬不过去，他就会把鞋扔进果园里，这样一来就无路可退，必须进园把鞋拿回来。结果他每次都能成功。原来一旦把鞋扔到高墙那边，人就会全力以赴地攀墙而过。所以当一项任务看上去艰巨地难以完成时，41你不妨主动把后路切断。因为绝境往往能唤起我们自身巨大的潜力。

친구가 말하길 그가 어렸을 때 장난이 심해서 항상 집 안에 있는 과수원에 몰래 들어가서 익지 않은 과일을 먹었다고 한다. 나중에 그의 아버지가 과수원의 뒷담을 높였지만 39여전히 그를 막지는 못했다. 그는 항상 방법을 찾아내 몰래 들어갔다. 40그의 비결은 일단 기어서 올라갈 수 없을 것 같으면 신발을 과수원 안으로 던지는 것이었다. 이렇게 하면 물러날 수가 없어서 반드시 과수원에 들어가서 신발을 가져와야 했다. 그 결과 그는 매번 성공했다. 원래 신발을 높은 벽쪽으로 던지면 사람들은 있는 힘을 다해 담을 타고 넘어간다. 그래서 주어진 임무가 완성되기 힘들어 보일 때 41되돌아갈 길을 자진해서 끊어 버리는 것도 괜찮다. 궁지에 몰렸을 때 자신의 잠재력을 끌어낼 수 있기 때문이다.

어휘 ★调皮 tiáopí 형 장난이 심하다 | 溜进 liūjìn 동 기어들다 | ★果园 guǒyuán 명 과수원 | ★未成熟 wèichéngshú 미성숙한, 익지 않은 | 瓜果 guāguǒ 명 과일 | ★加高 jiāgāo 동 높이다 | ★后墙 hòuqiáng 명 뒷담 | ★依然 yīrán 부 여전히 | ★阻止 zǔzhǐ 동 저지하다 | ★秘诀 mìjué 명 비결 | ★在于 zàiyú 동 ~에 있다 | ★一旦 yídàn 부 일단 ~하면 | ★爬 pá 동 기어오르다 | ★鞋 xié 명 신발 | 无路可退 wú lù kě tuì 더 이상 물러날 곳이 없다 | 全力以赴 quán lì yǐ fù 성 최선을 다하다 | ★攀 pān 동 오르다 | ★艰巨 jiānjù 형 어렵고 힘들다 | ★不妨 bùfáng 부 ~해도 무방하다 | ★切断 qiēduàn 동 자르다 | ★绝境 juéjìng 명 궁지 | ★潜力 qiánlì 명 잠재력

어법 TIP

▶ 一旦 A 就 B

두 가지 행동이 필연적으로 연결될 때 사용하며 '일단 A하면 바로 B하다'라는 뜻이다. 접속사가 사용된 문장은 통째로 듣는 연습을 한다.

一旦下雨，心理就特别低落。일단 비가 내리면 마음이 유난히 의기소침해진다.

一旦决定就不能改变。일단 결정하면 바꾸지 않는다.

39. HSK POINT 보기를 통해 상세 정보 대조 난이도 上

track 03-39

爸爸加高了墙后，发生了什么事?

A 朋友不能进去
B 没有效果
C 朋友丢了鞋子
D 朋友受伤了

아버지가 벽을 높이고 나서 무슨 일이 발생했나?

A 친구는 들어갈 수 없었다
B 효과가 없었다
C 친구는 신발을 잃어버렸다
D 친구가 다쳤다

공략 녹음에서 아버지가 벽을 높였지만 '但依然没能阻止他(그러나 여전히 그를 막지는 못했다)'라고 했으므로 정답은 '没有效果(효과가 없었다)' B이다. 부정부사에 유의하여 의미를 파악해야 한다.

어휘 ★效果 xiàoguǒ 명 효과 | ★丢 diū 동 잃다

40. HSK POINT 보기를 통해 상세 정보 대조 난이도 中

track 03-40

朋友总能溜进果园的秘诀是什么?	친구가 항상 과수원에 몰래 들어갈 수 있었던 비결은?
Ⓐ 把鞋扔进果园	Ⓐ 신발을 과수원에 던진다
B 脱了衣服爬进去	B 옷을 벗고 기어들어갔다
C 找了一个洞	C 구멍을 찾았다
D 借助旁边的大树	D 옆에 있는 나무를 탔다

공략 '他的秘诀就在于一旦觉得爬不过去，他就会把鞋扔进果园里(그의 비결은 일단 기어서 올라갈 수 없을 것 같으면 신발을 과수원 안으로 던지는 것이었다)'를 들으면 정답은 A이다. 보기에 유의하여 들리는 그대로 정답을 골라야 한다.

어휘 洞 dòng 명 구멍

41. HSK POINT 주제를 묻는 문제 난이도 上

track 03-41

这段话主要想告诉我们什么?	이 글이 주로 우리에게 알려 주는 것은?
A 不要逃避挑战	A 도전을 피해서는 안 된다
B 得不到的才是最好的	B 얻을 수 없는 것이야말로 가장 좋은 것이다
Ⓒ 切断后路才能激发潜力	Ⓒ 돌아갈 길을 끊어 버려야 잠재력을 끌어낼 수 있다
D 成长过程中免不了做错事	D 성장 과정에서는 잘못을 저지를 수밖에 없다

공략 녹음에서 '因为绝境往往能唤起我们自身巨大的潜力(궁지에 몰렸을 때 자신의 잠재력을 끌어낼 수 있기 때문이다)'를 들으면 정답은 C이다.

어휘 ★逃避 táobì 동 도피하다 | ★挑战 tiǎozhàn 명 도전 | 错事 cuòshì 명 잘못, 실수

[42-43]

没有天敌的动物往往最先消失，有天敌的动物会逐步壮大。大自然中的这一现象在人类社会也同样存在。42敌人的力量会让一个人发挥出巨大的潜能，创造出惊人的成绩。尤其是当敌人强大到足以威胁到你的生命的时候，你一刻不努力，你的生命就会万分惊险。43在你的人生中，一定会遇到各种各样的对手，不必过于担心，因为敌人是一把双刃剑，可能对你造成威胁，43但也可能成为你进取的动力。

천적이 없는 동물은 종종 가장 먼저 소멸하고 천적이 있는 동물은 점점 강대해진다. 대자연에서의 이런 현상은 인류 사회에서도 똑같이 존재한다. 42적의 힘은 사람이 최대의 잠재력을 발휘하게 하며, 놀라운 성과를 만들어 내게 한다. 특히나 적이 당신의 생명을 위협할 만큼 강대할 때 당신이 아주 잠깐이라도 노력하지 않으면 당신의 생명에 엄청난 위험이 생긴다. 43인생에서 반드시 각양각색의 적을 만나지만, 너무 걱정할 필요는 없다. 적은 양날의 검 같아서 당신에게 위협을 주지만 43당신이 앞으로 도약할 수 있는 동력이 될 수도 있다.

어휘 天敌 tiāndí 명 천적 | ★消失 xiāoshī 동 소멸하다 | ★逐步 zhúbù 부 점차 | 壮大 zhuàngdà 동 강대해지다 | 大自然 dàzìrán 명 대자연 | 人类 rénlèi 명 인류 | ★社会 shèhuì 명 사회 | ★存在 cúnzài 동 존재하다 | ★发挥 fāhuī 동 발휘하다 | 巨大 jùdà 형 아주 크다 | ★潜能 qiánnéng 명 잠재력 | ★创造 chuàngzào 동 만들다 | 惊人 jīngrén 동 사람을 놀라게 하다 | 敌人 dírén 명 적 | ★强大 qiángdà 형 강대하다 | 足以 zúyǐ 부 충분히 ~할 수 있다 | ★威胁 wēixié 명 위협 | 生命 shēngmìng 명 생명 | 一刻 yíkè 명 잠깐 | 万分 wànfēn 부 대단히 | 惊险 jīngxiǎn 형 아슬아슬하다 | ★过于 guòyú 부 지나치게 | 双刃剑 shuāngrènjiàn 명 양날의 검(양면성을 가짐) | ★进取 jìnqǔ 동 진취하다 | ★动力 dònglì 명 동력

어법 TIP

▶ 当…的时候/时

'当…的时候/时'는 '~할 때'라는 의미로 듣기 영역에서 빠지지 않고 나오는 구문이기 때문에 평소에 듣기 연습을 해야 한다.

当你过马路的时候，要注意安全。 너는 길을 건널 때 안전에 주의해야 한다.

当我回家开门时，我家的狗对我突飞猛进。 집에 돌아와 문을 열 때 우리 집 강아지가 나에게 달려들었다.

42. HSK POINT 핵심 의미 파악 난이도 上

track 03-42

对手对我们有什么意义？

적수는 우리에게 어떤 의미를 갖는가?

A 给我们好的建议
B 促使我们进步
C 让我们不要放弃
D 帮我们达到目的

A 우리에게 이로운 의견을 준다
B 우리가 앞으로 나갈 수 있게 한다
C 우리가 포기하지 않게 한다
D 우리를 도와 목적을 달성하게 한다

공략 녹음의 내용은 적수가 있어야 잠재력을 발휘해서 발전할 수 있다는 내용이기 때문에 정답은 B이다. 단순히 들리는 그대로 정답을 고르는 것이 아니라 지문의 핵심 내용을 파악해야 한다.

어휘 ★建议 jiànyì 명 건의 | 促使 cùshǐ 동 ~하도록 하다 | ★进步 jìnbù 동 진보하다

43. HSK POINT 주제를 묻는 문제 난이도 上 track 03-43

这段话主要想告诉我们什么?	이 글이 주로 우리에게 알려 주는 것은?
A 失败未必是成功之母	A 실패가 꼭 성공의 어머니는 아니다
B 人生需要敌人	**B 인생에서는 적수가 필요하다**
C 成长离不开朋友	C 성장하는 데 친구는 꼭 필요하다
D 要公平竞争	D 공평하게 경쟁해야 한다

공략 인생에서 적수를 만나면 위협이 될 수도 있으나 발전하는 동력이 될 수도 있다고 말하고 있으므로 정답은 B이다.

어휘 ★未必 wèibì 부 반드시 ~한 것은 아니다 | ★离不开 lí bu kāi 동 떠날 수 없다, 꼭 필요하다 | 公平 gōngpíng 형 공정하다 | 竞争 jìngzhēng 동 경쟁하다

[44-45]

在人际交往中，有些人总是拿着放大镜看别人，这样往往会突出别人的缺点，也使得自己无法信任别人。44相反有的人则是拿着望远镜看别人，他们始终能够欣赏到别人美好的一面，但是并不是说放大镜不好，45放大镜应该对准自己，而非别人。如果能虚心地请教他人，听取别人的严厉批评，这样放大镜和望远镜都能发挥最大的效用。	인간관계에서 어떤 사람들은 항상 확대경으로 다른 사람을 본다. 이렇게 하면 늘 다른 사람의 단점이 부각되고, 다른 사람을 믿을 수 없게 된다. 반대로 44어떤 사람은 망원경으로 다른 사람을 봐서 그들은 다른 사람의 아름다운 모습을 줄곧 감상할 수 있다. 그러나 확대경이 결코 나쁘다는 것은 아니다. 45확대경은 타인이 아니라 자신에게 조준해야 한다. 만약 겸손하게 타인에게 가르침을 청하고 타인의 신랄한 비판을 듣는다면 확대경과 망원경 모두 최상의 효과를 볼 수 있다.

어휘 放大镜 fàngdàjìng 명 확대경, 돋보기 | ★信任 xìnrèn 동 신임하다 | 望远镜 wàngyuǎnjìng 명 망원경 | ★始终 shǐzhōng 부 시종일관 | ★欣赏 xīnshǎng 동 감상하다 | 美好 měihǎo 형 좋다 | 对准 duìzhǔn 동 정확하게 맞추다 | 请教 qǐngjiào 동 가르침을 청하다 | ★听取 tīngqǔ 동 귀 기울이다 | 严厉 yánlì 형 호되다 | ★批评 pīpíng 동 비판하다 | ★发挥 fāhuī 동 발휘하다 | 效用 xiàoyòng 명 효과

어법 TIP

▶ **使得 겸어문**

겸어문이란 첫 번째 동사인 겸어 동사의 목적어가 두 번째 동사의 주어 역할을 하는 문장을 말한다. '使得'는 '~이 ~하게 하다'라는 뜻으로 일반적으로 앞에는 원인이 오고, 뒤에는 결과가 온다.

他生病**使得**我们无法按时完成工作。그가 병이 나서 우리가 제때에 일을 완성하지 못하게 됐다.
这两天多雨的天气**使得**我们都不能正常工作。요 며칠 내린 폭우 때문에 우리는 정상적으로 일을 할 수 없었다.

44. HSK POINT 유사 표현으로 의미 유추 난이도 上

track 03-44

用望远镜看别人会怎么样?	망원경으로 타인을 보면 어떠한가?
A 看的范围小	A 보는 범위가 작다
B 看得更仔细	B 더 자세히 본다
C 能看到他人优点	**C 타인의 장점을 볼 수 있다**
D 能看到他人缺点	D 타인의 단점을 볼 수 있다

공략 녹음에서 망원경으로 타인을 보면, 상대의 아름다운 면을 감상할 수 있다고 말하고 있다. '美好的一面(아름다운 면)'과 '优点(장점)'은 유사한 뜻이므로 정답은 C이다.

어휘 ★范围 fànwéi 명 범위 | 仔细 zǐxì 형 세심하다 | ★优点 yōudiǎn 명 장점

45. HSK POINT 주제를 묻는 문제 난이도 上

track 03-45

根据这段话，我们应该怎么做?	이 글에 근거해서 우리는 어떻게 해야 하나?
A 尊重别人	A 다른 사람을 존중해야 한다
B 学会满足	B 만족을 배워야 한다
C 批评别人	C 다른 사람을 비판해야 한다
D 严格要求自己	**D 자신에게 엄격해야 한다**

공략 확대경으로 단점을 볼 수 있으니 그 확대경으로 자신을 보라고 했으므로 정답은 D이다.

어휘 ★尊重 zūnzhòng 동 존중하다 | 满足 mǎnzú 동 만족하다 | 严格 yángé 형 엄격하다

第一部分

[46-48]

智慧是头脑的智能，是迅速、正确地理解事物的能力，是一种洞察力和 46 判断 力。有勇气能改变可以改变的事情，有胸怀能 47 接受 不可改变的事情，而有智慧就能知道何时能改变，何时不能改变，并且知道什么时候“为”，什么时候“不为”。知道自己喜欢做什么样的事，知道自己在做什么事，知道自己能把事情做到何种 48 程度 ，这就是智慧。

지혜는 두뇌의 지능이며, 신속하고 정확하게 사물을 이해하는 능력이고, 일종의 통찰력이자 46 판단력이다. 용기가 있으면 바꿀 수 있는 일을 바꿀 수 있고, 마음이 있으면 바꿀 수 없는 일을 47 받아들일 수 있고, 지혜가 있으면 언제 바꿀 수 있고 언제 바꿀 수 없는지를 알 수 있다. 또한 언제 '되고', 언제 '되지 않는지'를 알 수 있다. 자신이 어떤 일을 좋아하는지 알고, 자신이 무엇을 하고 있는지를 알고, 자신이 일을 어느 48 정도까지 할 수 있는지를 아는 것이 바로 지혜이다.

어휘 ★智慧 zhìhuì 명 지혜 | ★头脑 tóunǎo 명 두뇌 | 智能 zhìnéng 명 지능 | 迅速 xùnsù 형 신속하다 | 洞察力 dòngchálì 명 통찰력 | 胸怀 xiōnghuái 명 마음 | ★何时 héshí 명 언제 | ★并且 bìngqiě 접 또한 | 为 wéi 동 되다, 하다 | 何种 hézhǒng 명 어떤 종류

46. HSK POINT 앞뒤 문장의 의미 파악 및 호응 관계 난이도 中

A 感觉	B 宽容	A 감각	B 관용
C 判断	D 责任	C 판단	D 책임

공략 지혜에 대해 설명하고 있는데 밑줄 앞의 '洞察力(통찰력)'과 호응하며 빈칸 뒤의 '力(력)'과 결합할 수 있는 단어는 '判断(판단)'이다. A, B, C는 모두 '力(력)'과 결합할 수 없으므로 정답은 C이다.

47. HSK POINT 술어와 목적어의 호응 난이도 中

A 拒绝	B 接受	A 거절하다	B 받아들이다
C 担任	D 采取	C 담당하다	D (조치 등을) 취하다

공략 술어 자리가 비어 있으면 목적어를 찾아 호응 관계를 보고 정답을 골라야 한다. 여기에서 목적어는 '不可改变的事(바꿀 수 없는 일)'이며, 마음이 있으면 바꿀 수 없는 일을 받아들일 수 있다고 했으므로 정답은 B이다. A는 요구 등을 거절한다는 뜻이고, C는 직책 등이 목적어로 오며, D는 태도나 조치 등이 목적어로 온다.

호응 관계 TIP

- 拒绝 ➕ 要求 : 요구를 거절하다
- 担任 ➕ 主角 : 주연을 맡다

48. HSK POINT 결과보어 到와의 의미상 호응 | 난이도 中

A 思维	**B 程度**	A 사고	**B 정도**
C 规模	D 角度	C 규모	D 각도

공략 밑줄 앞의 '做到何种(어느 ~까지 하다)'에서 '到'는 결과 보어로 어느 정도까지 도달하다는 뜻을 가진다. 이와 호응하는 것은 B이다.

[49-52]

失败并不是固定不变的。失败只不过是差了点儿火候的成功。这就 49 好像 你把水从1℃加热到99℃，这其间看上去你都是"失败"的，因为你并没有改变水的状态，水仍然是液态的水。但只要你再加一把柴，再添一把火，让水温再升高1℃，水的状态就会 50 彻底 发生变化，从液态变成气态。人生也是如此， 51 失败并不是最终的定论 ，也不是人生的绝处，只要你再加一点点热情、一点点信心、一点点 52 勇气 ，你就有可能从失败走向成功。

실패는 결코 고정불변의 것이 아니다. 실패는 단지 세기와 시간이 약간 부족한 성공이다. 이것은 49 마치 물을 1도에서 99도까지 가열하는 것과 같다. 이 기간에 당신은 실패한 것처럼 보인다. 왜냐하면 당신은 물의 상태를 바꾸지 못해서 물은 여전히 액체 상태의 물이기 때문이다. 그러나 당신이 땔감을 더하고 화력을 좀 더해서 수온을 1도 올리면 물의 상태는 50 완전히 변하여 액체에서 기체로 바뀐다. 인생도 이와 같다. 51 실패는 최종적인 결론도 아니고, 인생의 마지막도 아니다. 단지 약간의 열정, 약간의 자신감과 약간의 52 용기만 있으면 실패에서 성공을 향해 갈 수 있다.

어휘 固定 gùdìng 형 고정되다 | ★只不过 zhǐbúguò 부 단지 ~에 불과하다 | ★差 chà 동 부족하다 | 火候 huǒhou 명 불의 세기와 시간 | ★加热 jiārè 동 가열하다 | 看上去 kàn shàngqu 동 보아하니 ~하다 | ★状态 zhuàngtài 명 상태 | ★仍然 réngrán 부 여전히 | 液态 yètài 명 액체 상태 | ★柴 chái 명 땔감 | 添 tiān 동 더하다 | 水温 shuǐwēn 명 수온 | 升高 shēnggāo 동 오르다 | 气态 qìtài 명 기체 상태 | 绝处 juéchù 명 끝, 마지막 | 热情 rèqíng 명 열정 | ★信心 xìnxīn 명 자신감 | 走向 zǒuxiàng 동 ~를 향하여 가다

49. HSK POINT 부사의 의미 파악 난이도 中

A 例如　B 原来
C 好像　D 不如

A 예를 들면　B 원래
C 마치 ~인 것 같다　D ~만 못하다

공략 지문은 실패에 관한 내용이다. 실패를 물을 끓이는 것에 비유하고 있는데, A는 사례를 들 때 사용하고, C는 비유를 들 때 사용하기 때문에 정답은 C이다.

50. HSK POINT 의미상 호응 난이도 上

A 彻底　B 陆续
C 一连　D 究竟

A 완전히, 철저하게　B 잇따라
C 연이어　D 도대체

공략 99℃ 였던 물을 1℃만 더 올려 주면 액체 상태였던 물이 기체로 확실히 바뀌기 때문에 어떤 여지가 없이 철저하다는 뜻의 A가 정답이다.

호응 관계 TIP

- 一连 ➕ 수량사 : ~연속(一连三天 3일 연속 / 一连六个人 6명이 연속으로)
- 究竟 ➕ 의문문 : 도대체 ~하나?

51. HSK POINT 앞뒤 문장의 의미 파악 난이도 上

A 明天也许会更好
B 过去的就让它过去吧
C 失败是成功之母
D 失败并不是最终的定论

A 내일은 아마 더 좋을 것이다
B 지나간 일은 그냥 지나게 해라
C 실패는 성공의 어머니이다
D 실패는 결코 최종 결론이 아니다

공략 보기가 문장으로 되어 있으면 의미는 물론이고, 문장과 문장간의 연결 관계에 주목해야 한다. 밑줄 뒤 문장인 '也不是人生的绝处(인생의 마지막도 아니다)'에서 '也不是(~도 아니다)'와 호응을 이루는 것은 '并不是(결코 ~이 아니다)'이므로 정답은 D이다.

어휘 最终 zuìzhōng 명 최종 | 定论 dìnglùn 명 정해진 결론

52. HSK POINT 의미상 호응 난이도 中

A 风格
B 勇气
C 绝望
D 步骤

A 풍격
B 용기
C 절망
D 절차

공략 앞 문장의 '一点点热情(약간의 열정)', '一点点信心(약간의 자신감)'과 호응을 이루는 어휘는 '勇气(용기)'이다. 약간의 열정과 자신감과 용기를 더하면 성공한다는 내용이기 때문에 정답은 B이다.

[53-56]

潜水是一项以水下活动为主要内容，以锻炼身体、休闲娱乐为主要目的的运动，深受广大年轻人的喜爱。53 随着 潜水运动在全球的流行，走进美妙的水中世界，尽情欣赏五颜六色、千姿百态的海底生物已经不再是一个童话般的 54 愿望 ，而是一份令人惊喜不已的浪漫。进入互联网时代后，55 "潜水"一词又有了新的意思 ，指在他人不知情的情况下，隐蔽地浏览信息或留言、而不主动表露自己身份的行为，这与潜水时在水下不露头的动作非常 56 相似 。	잠수는 물속에서의 활동을 주요 내용으로 하고 신체 단련과 여가와 오락을 주요 목적으로 하는 운동이며 젊은 이들에게 널리 사랑 받고 있다. 잠수가 전 세계에서 유행함에 53 따라 아름다운 수중 세계로 들어가서, 여러 가지 빛깔에 다양한 모양의 해저 생물을 마음껏 감상하는 것은 더 이상 동화 같은 54 희망이 아니고, 사람에게 기쁨과 놀라움을 주는 낭만이다. 인터넷 시대에 접어들고 나서 55 '잠수'라는 단어는 새로운 뜻을 갖게 되어, 타인이 모르는 상황에서 은밀하게 정보를 훑어보거나 말을 남기며, 자신의 신분을 스스로 드러내지 않는 것을 의미한다. 이것은 잠수할 때 물속에서 머리를 드러내지 않는 동작과 매우 56 유사하다.

어휘 潜水 qiánshuǐ 명 잠수 | ★以A为B yǐ A wéi B A를 B로 삼다 | ★内容 nèiróng 명 내용 | ★锻炼 duànliàn 동 단련하다 | 休闲娱乐 xiūxián yúlè 명 여가, 오락 | 广大 guǎngdà 형 (사람 수가) 많다 | ★喜爱 xǐ'ài 동 좋아하다 | ★全球 quánqiú 명 전 세계 | ★流行 liúxíng 동 유행하다 | 走进 zǒujìn 동 들어가다 | 尽情 jìnqíng 부 마음껏 | 五颜六色 wǔ yán liù sè 성 여러 가지 빛깔을 가지다 | 千姿百态 qiān zī bǎi tài 성 모양이 다양하다 | 海底生物 hǎidǐ shēngwù 명 해저 생물 | 童话 tónghuà 명 동화 | 般 bān 조 ~와 같은 | 惊喜 jīngxǐ 동 놀라고 기쁘다 | 不已 bùyǐ 동 ~해 마지않다 | ★浪漫 làngmàn 형 낭만적이다 | ★互联网 hùliánwǎng 명 인터넷 | 时代 shídài 명 시대 | 隐蔽 yǐnbì 동 은폐하다 | 浏览 liúlǎn 동 훑어보다 | 留言 liúyán 동 말을 남기다 | 表露 biǎolù 동 드러내다 | ★身份 shēnfen 명 신분 | ★动作 dòngzuò 명 동작

53. HSK POINT 개사의 호응 난이도 中

A 不论	B 随着	A ~와 상관없이	B ~함에 따라
C 按照	D 哪怕	C ~에 따라	D 설령 ~일지라도

공략 '在全球的流行(전 세계에서 유행)'에 어울리는 개사는 '随着(~함에 따라)'이다. '随着(~함에 따라)'는 변화하는 내용과 호응하기 때문에 지문의 '流行(유행)'과 호응하며 정답은 B이다. C는 규칙이나 원칙에 따른다는 뜻이므로 정답이 아니다.

호응 관계 TIP

- 不论 ➕ 都 : ~을 막론하고 ~하다
- 按照 ➕ 规定/规矩 : 규정/규칙에 따라서
- 随着 ➕ 流行/发展/变化 : ~의 유행/발전/변화에 따라서
- 哪怕 ➕ 也 : 설령 ~일지라도

54. HSK POINT 앞뒤 문장의 의미 파악 난이도 中

A 愿望	B 形象	**A 희망**	B 이미지
C 风俗	D 秘密	C 풍속	D 비밀

공략 밑줄 앞의 '童话般的(동화 같은)'과 어울리는 어휘는 A이다. 잠수가 유행하고 있다고 했으므로 잠수는 더 이상 동화 같은 희망 사항이 아니기 때문에 정답은 A이다.

55. HSK POINT 의미상 호응 난이도 上

A "潜水"理论不能得到认可	A '잠수'이론은 인정 받을 수 없다
B "潜水"的风险依然很突出	B '잠수'의 위험이 여전히 부각된다
C "潜水"不再有年龄的限制	C 잠수는 더 이상 연령의 제한을 받지 않는다
D "潜水"一词又有了新的意思	**D '잠수'라는 단어는 새로운 뜻을 갖게 됐다**

공략 지문의 전반부에서 잠수에 대해 언급하고 있고, 밑줄 바로 앞 문장에서부터 인터넷 시대 잠수의 의미를 설명하고 있으므로 의미상 정답은 D이다. '指(~을 가리키다)' 뒤 문장을 이해하면 밑줄에 들어갈 정답을 정확히 찾을 수 있다.

어휘 理论 lǐlùn 명 이론 | ★风险 fēngxiǎn 명 위험 | ★依然 yīrán 부 여전히 | 限制 xiànzhì 명 제한

56. HSK POINT 개사 与와의 호응 난이도 上

A 仿佛	B 密切	A 마치 ~인 것 같다	B 밀접하다
C 相处	**D 相似**	C 서로 지내다	**D 서로 비슷하다**

공략 '这与潜水时在水下不露头的动作非常(이것은 잠수할 때 물속에서 머리를 드러내지 않는 동작과 매우)'의 정도부사 '非常(매우)'와 어울리는 것은 형용사이면서, '与(~와)'와 호응을 이루는 단어여야 한다. 정답은 D이다.

호응 관계 TIP

- 密切 + 关系 : 밀접한 관계
- 和/与 + 相似 : ~와 비슷하다

[57-60]

熊猫的学名其实是"猫熊"，意思是"像猫一样的熊"，也就是说它 57 **本质**上类似于熊，而外貌却像猫。严格地说，"熊猫"是一种错误的称呼。那么这一错误的称呼是怎么来的呢？原来，早年间重庆市北碚博物馆 58 **曾经**展出过"猫熊"的标本，它的说明牌自左向右横写着"猫熊"两个字。可是，当时报刊的横标题都是自右向左认读的，所以记者们便在 59 **报道** 中把"猫熊"误写成了"熊猫"。"熊猫"这一称呼经媒体广泛传播后，被人们熟知。人们说惯了，也就很难再纠正过来了。于是， 60 **大家就将错就错**，称"猫熊"为"熊猫"了。	'숑마오(판다)'의 학명은 사실 '마오숑'이었다. 의미는 '고양이 같은 곰'이다. 다시 말해서 숑마오는 57 **본질**적으로 곰에 가깝지만 생김새는 고양이와 비슷하다. 엄격하게 말해서 '숑마오'는 잘못된 호칭이다. 그러면 이 잘못된 호칭은 어떻게 왔을까? 원래 오래전 충칭시의 베이베이 박물관에서 58 **일찍이** '마오숑'의 표본을 전시했었는데, 설명판에 왼쪽에서 오른쪽으로 '마오숑'이라는 두 글자가 가로로 쓰여 있었다. 그러나 당시 간행물의 가로 헤드라인은 모두 오른쪽에서 왼쪽으로 읽었기 때문에 기자들이 59 **보도** 중에 '마오숑'을 '숑마오'라고 잘못 적었다. '숑마오' 이 호칭이 매체에서 대대적으로 널리 퍼지고 나서 사람들에게 익숙해졌다. 사람들이 말하는 데 익숙해져서 다시 고치기가 어려워졌다. 그래서 60 **모두 틀린 그대로 두고**, '마오숑'을 '숑마오'라고 부르게 됐다.

어휘 熊猫 xióngmāo 명 판다, 숑마오 | 学名 xuémíng 명 학명 | ★也就是说 yě jiùshì shuō 다시 말하면 | ★类似 lèisì 형 유사하다 | 熊 xióng 명 곰 | ★外貌 wàimào 명 생김새 | ★错误 cuòwù 형 잘못되다 | ★称呼 chēnghu 명 호칭 | 早年 zǎonián 명 오래 전 | 重庆 Chóngqìng 고유 충칭(지명) | 北碚 Běibèi 고유 베이베이(지명) | ★展出 zhǎnchū 동 전시하다 | 标本 biāoběn 명 표본 | 说明牌 shuōmíngpái 명 설명판 | 自A向B zì A xiàng B A에서 B를 향하여 | 横 héng 형 가로의 | 报刊 bàokān 명 간행물 | 标题 biāotí 명 제목, 헤드라인 | 认读 rèndú 동 읽다 | 误写 wùxiě 동 잘못 쓰다 | ★经 jīng 동 거치다 | ★媒体 méitǐ 명 매체 | ★传播 chuánbō 동 널리 퍼지다 | 熟知 shúzhī 동 익히 알다 | 说惯 shuōguàn 동 말하는 게 습관이 되다 | 纠正 jiūzhèng 동 고치다

57. HSK POINT 上과의 호응 및 의미 파악 난이도 中

Ⓐ **本质**	B 规矩	Ⓐ **본질**	B 규정
C 规则	D 形势	C 규칙	D 형세

공략 밑줄 뒤에 있는 '上'과 호응하며 '类似于熊(곰과 유사하다)'와 의미상 연결이 되는 어휘를 찾아야 한다. 판다가 본질적으로는 곰과 유사하고, 외모적으로는 고양이와 유사하다는 의미이므로 정답은 A이다.

58. HSK POINT 부사의 호응 난이도 中

A 照常	B 早晚	A 평소대로 ~하다	B 조만간에
Ⓒ **曾经**	D 难怪	Ⓒ **일찍이**	D 어쩐지

공략 A를 제외하면 모든 보기가 부사이고, D를 제외하면 모두 시간 부사이기 때문에 시제에 유의한다. 밑줄 뒤에 '展出过(전시한 적이 있다)'의 '过(~한 적이 있다)'와 어울리는 부사는 '曾经(일찍이)'이다. 정답은 C이다.

호응 관계 TIP

- 曾经 ➕ 过 : 일찍이 ~한 적이 있다
- 难怪 ➕ 原来: 어쩐지 ~하더니, 알고 보니 ~하다

59. HSK POINT 주어와 술어의 호응 | 난이도 中

A 参考	**B 报道**	A 참고하다	**B 보도하다**
C 预报	D 提倡	C 예보하다	D 제창하다

공략 이 문장에서 주어는 '记者(기자)'이다. 기자와 어울리는 동사는 B이다.

60. HSK POINT 앞뒤 문장의 의미 파악 | 난이도 上

A 大家都十分慌张	A 모두 매우 당황했다
B 大家就将错就错	**B 모두 틀린 것을 틀린 대로 뒀다**
C 记者立刻改正过来	C 기자가 즉시 고쳤다
D 记者不愿承认自己错了	D 기자는 자신이 잘못했다고 인정하길 원하지 않는다

공략 밑줄의 앞 문장에서 '마오숑(猫熊)'을 '숑마오(熊猫)'라고 부르는 것이 습관이 되어서 고칠 수가 없다는 내용이 나오고, '于是(그래서)'로 이어진다. 결국 사람들이 '마오숑(猫熊)'을 '숑마오(熊猫)'로 불렀다는 것과 의미상 어울리는 것은 틀린 대로 그대로 두었다는 B이다.

어휘 慌张 huāngzhāng 형 당황하다 | ★立刻 lìkè 부 즉시 | ★改正 gǎizhèng 동 (잘못을) 고치다 | ★承认 chéngrèn 동 인정하다

第二部分

61. HSK POINT 보기를 통해 상세 정보 대조 | 난이도 中

在许多商品的外包装上，都有一组黑白相间的条形图，这就是条形码。条形码是一种特殊的图形，里面包含了一些和商品有关的信息，如生产国代码、生产厂商代码和商品名称代码等，这些图形只有计算机才能“看”得懂。

많은 상품의 겉 포장 위에 흑백이 엇갈려 있는 줄무늬가 있는데 이것이 바로 바코드이다. 바코드는 특수한 도형으로 그 안에는 생산국 코드, 제조업자 코드와 상품 명칭 코드 등의 상품과 관련 있는 여러 정보가 포함되어 있다. 이 도형은 컴퓨터로만 읽을 수 있다.

A 条形码分为两种	A 바코드는 두 종류로 나눌 수 있다
B 电脑无法识别条形码	B 컴퓨터는 바코드를 식별할 수 없다
C 条形码提供有些信息	**C 바코드는 몇 가지의 정보를 제공한다**
D 条形码多为彩色	D 바코드는 색상이 많다

공략 바코드 안에는 여러 정보가 들어 있기 때문에 정답은 C이다. 보기와 대조하면 쉽게 정답을 고를 수 있다.

어휘 外包装 wàibāozhuāng 명 겉 포장 | 组 zǔ 양 조, 벌, 세트(사물의 집단을 나타내는 단위) | 相间 xiāngjiàn 동 서로 번갈아 있다 | 条形图 tiáoxíngtú 명 줄무늬, 막대 그래프 | 条形码 tiáoxíngmǎ 명 바코드 | 特殊 tèshū 형 특수하다 | 图形 túxíng 명 도형 | ★包含 bāohán 동 포함하다 | ★有关 yǒuguān 동 관련이 있다 | 生产国 shēngchǎnguó 명 생산국 | 代码 dàimǎ 명 코드 | 厂商 chǎngshāng 명 제조업자 | ★名称 míngchēng 명 명칭 | ★计算机 jìsuànjī 명 컴퓨터 | ★分为 fēnwéi 동 나누다 | 彩色 cǎisè 명 여러 빛깔, 채색

62. HSK POINT 지문의 핵심 의미 파악 난이도 中

许多人做事常常半途而废，其实，只要再多花一点点力气，再坚持一点点时间，就会胜利。人们之所以容易放弃，主要是因为缺乏毅力。在你遇到困难想放弃时，别忘了提醒自己：人生就像四季的变迁，此刻只不过是人生的冬季而已。冬天来了，春天还会远吗？	많은 사람이 일을 할 때 항상 중도에 포기한다. 사실, 조금의 힘을 더 들이고, 조금의 시간을 더 들이기만 하면 승리할 수 있다. 사람이 쉽게 포기를 하는 것은 의지가 부족하기 때문이다. 어려움에 봉착해서 포기하고 싶을 때 자신을 일깨우는 것을 잊지 마라. 인생은 사계절이 바뀌는 것과 같고, 이 순간은 단지 인생의 겨울일 뿐이다. 겨울이 왔는데, 봄이 아직 멀리 있겠는가?
A 要乐于帮助别人	A 기꺼이 다른 사람을 도와야 한다
B 要从小事做起	B 작은 일에서부터 시작해야 한다
C 坚持就是胜利	**C 끝까지 밀고 나가는 것이 승리하는 것이다**
D 做事情不能太盲目	D 일을 할 때 너무 맹목적이어서는 안 된다

공략 사람들이 종종 중도에 포기를 하지만 어려울 때 일수록 포기하지 않고 끝까지 밀고 나가면 승리할 수 있다는 것이 이 지문의 핵심 내용이다. '再坚持一点点时间，就会胜利(조금의 시간을 더 들이기만 하면 승리할 수 있다)'로 미루어 정답은 C이다.

어휘 ★半途而废 bàn tú ér fèi 성 중도에 포기하다 | ★胜利 shènglì 명 승리 | 之所以A 是因为B zhīsuǒyǐ A shìyīnwèi B A한 이유는 B때문이다 | ★缺乏 quēfá 동 결여되다 | 毅力 yìlì 명 의지 | 四季 sìjì 명 사계절 | 变迁 biànqiān 동 변천하다 | 此刻 cǐkè 명 이때 | 而已 éryǐ 조 ~일 뿐이다 | 冬季 dōngjì 명 겨울 | ★乐于 lèyú 동 기꺼이 ~을 하다 | 盲目 mángmù 형 맹목적이다

3회

63. HSK POINT 유사한 표현으로 의미 유추 난이도 上

活字印刷术是宋朝一个叫毕昇的普通老百姓发明的。这一发明用可以移动的胶泥字块儿代替传统的手工抄写，大大地节省了人们的时间和精力，为知识和文化的传播与交流创造了条件，称得上是人类历史上最伟大的发明之一。

A 活字印刷术面临失传
B 活字印刷术成本太高了
C 活字印刷术提高了印刷效率
D 活字印刷术是唐代最伟大的发明

활자 인쇄술은 송나라 시기에 필승(毕昇)이라는 일반 백성이 발명했다. 이 발명은 이동할 수 있는 점토 글자 조각을 사용하여 손으로 필사하는 전통 방식을 대체하는 것인데, 사람의 시간과 정신과 힘을 크게 절약하게 되어 지식과 문화의 전파와 교류에 여건을 마련해 주었다. 인류 역사상 가장 위대한 발명 중 하나라고 할 수 있다.

A 활자 인쇄술은 사라질 위기에 놓였다
B 활자 인쇄술은 비용이 너무 비싸다
C 활자 인쇄술은 인쇄 효율을 높였다
D 활자 인쇄술은 당나라 시기의 가장 위대한 발명이다

공략 '大大地节省了人们的时间和精力(사람의 시간과 정신과 힘을 크게 절약하게 되었다)'는 '提高效率(효율을 높이다)'와 통하는 의미이므로 정답은 C이다. 유사한 표현의 의미를 정확히 파악해야 한다.

어휘 活字印刷术 huózì yìnshuāshù 명 활자 인쇄술 | 宋朝 sòngcháo 송나라 시기 | 普通 pǔtōng 형 평범하다 | 老百姓 lǎobǎixìng 명 백성 | ★发明 fāmíng 동 발명하다 | 移动 yídòng 동 이동하다 | 胶泥 jiāoní 명 점토 | ★代替 dàitì 동 대체하다 | ★传统 chuántǒng 명 전통 | 手工 shǒugōng 동 손으로 만들다 | 抄写 chāoxiě 동 필사하다 | ★节省 jiéshěng 동 아끼다 | ★称得上 chēng de shàng 동 ~라 할 만하다 | ★历史 lìshǐ 명 역사 | 伟大 wěidà 형 위대하다 | ★面临 miànlín 동 직면하다 | 失传 shīchuán 동 전해지지 않다 | ★成本 chéngběn 명 원가, 비용 | ★效率 xiàolǜ 명 효율

64. HSK POINT 보기와 유사 표현 대조 난이도 上

不要试着改变丈夫或妻子的生活习惯，因为他们已经这样生活二三十年了。正如中国古话所说“江山易改，本性难移”，要他们改变自己，按照你的要求来生活是非常难做到的，你要做的应该是适应对方。

A 性格决定命运
B 夫妻间要相互信任
C 要了解自己的优缺点
D 要尊重彼此的生活习惯

남편이나 아내의 생활 습관을 고치려고 시도하지 마라. 왜냐하면 그들은 이미 이렇게 이삼십 년을 살아왔기 때문이다. 중국의 옛말에 '강산은 쉽게 바뀌어도, 사람의 본성은 바꾸기 어렵다.'라는 말이 있다. 그들이 자신을 변화시켜 당신의 요구대로 생활을 하는 것은 매우 어려운 일이다. 당신이 해야 하는 일은 상대에게 적응해야 하는 일이다.

A 성격이 운명을 결정한다
B 부부간에는 서로 신뢰해야 한다
C 자신의 장단점을 이해해야 한다
D 서로의 생활 습관을 존중해야 한다

공략 '不要试着改变丈夫或妻子的生活习惯(남편이나 아내의 생활 습관을 고치려고 하지 말아라)'는 서로의 생활 습관을 존중해야 한다는 뜻이므로 정답은 D이다. 부부에 관한 내용이지만 서로 믿으라는 얘기는 없으므로 B는 정답이 아니다.

어휘 ★试 shì 동 시험 삼아 ~하다 | 改变 gǎibiàn 동 바꾸다 | 丈夫 zhàngfu 명 남편 | 妻子 qīzi 명 아내 | 正如 zhèngrú 동 ~와 같다 | 古话 gǔhuà 명 옛말, 격언 | 江山易改，本性难移 jiāngshān yì gǎi, běnxìng nán yí 강산은 쉽게 변하지만 사람의 본성은 변하기 힘들다 | ★按照 ànzhào 개 ~에 따라 | ★适应 shìyìng 동 적응하다 | 对方 duìfāng 명 상대방 | ★命运 mìngyùn 명 운명 | ★信任 xìnrèn 동 신뢰하다 | ★优缺点 yōuquēdiǎn 명 장단점

65. HSK POINT 지문의 핵심 의미 파악 난이도 中

很多人认为事先做计划会很浪费时间，事实上，提前做好计划可以减少工作所用的总时间。行动之前先进行头脑热身，构想好要做之事的每个细节，这样当我们行动时，便会得心应手。

많은 사람들이 사전에 계획을 하는 것은 시간 낭비라고 생각하지만, 사실상 미리 계획을 세워 놓으면 업무에 필요한 총 시간을 줄일 수 있다. 행동하기 전에 우선 두뇌 회전을 위한 준비 운동을 하고, 일의 세부 사항을 구상해 놓으면, 행동을 할 때 순조롭게 진행될 수 있다.

A 细节决定成败
B 考虑问题要全面
C 成功离不开行动
D 事先做好计划

A 세부 사항이 성패를 결정한다
B 문제를 전반적으로 생각해야 한다
C 성공에는 행동이 반드시 필요하다
D 사전에 계획을 잘 세워 놓는다

공략 사전에 미리 계획을 세워야 한다는 것이 핵심 내용이므로 정답은 D이다. 보기 중 지문의 내용이 언급된 것은 D밖에 없기 때문에 어렵지 않게 정답을 고를 수 있다.

어휘 ★事先 shìxiān 부 사전에 | ★浪费 làngfèi 동 낭비하다 | ★提前 tíqián 동 앞당기다 | ★减少 jiǎnshǎo 동 감소하다 | 热身 rèshēn 동 준비 운동을 하다 | 构想 gòuxiǎng 동 구상하다 | 得心应手 dé xīn yìng shǒu 성 순조롭게 진행되다 | 成败 chéngbài 명 성패 | 考虑 kǎolǜ 동 고려하다 | ★全面 quánmiàn 형 전면적이다 | ★离不开 lí bu kāi 동 떨어질 수 없다, 없어서는 안 된다

66. HSK POINT 보기를 통해 상세 정보 대조 난이도 中

《本草纲目》是明代李时珍写的一本医药学著作。书中记录了1892种药物，而且对每一种药物的产地、形态、栽培及功用等都进行了叙述。此外，书中还记载了古代医家和民间流传的药方11096个，并附有1160幅图片。该书现已被翻译成多种语言在国外流传。

『본초강목』은 명나라 때 이시진(李时珍)이 편찬한 의약 서적이다. 책에는 1,892종의 약물을 기록했고, 약물 각각의 생산지, 형태, 재배 및 효능 등을 모두 서술했다. 그 밖에도 책에서는 고대 의원과 민간에서 전해지는 11,096가지의 처방을 기록했고 1,160개의 그림이 첨부되어 있다. 이 책은 현재 많은 언어로 번역이 되어 외국에도 전해지고 있다.

A《本草纲目》由多人合作完成	A 『본초강목』은 여러 사람이 공동으로 완성했다
B《本草纲目》只有文字没图片	B 『본초강목』은 글만 있고 그림은 없다
C《本草纲目》记载了很多动物	C 『본초강목』은 많은 동물을 기록했다
D《本草纲目》记录了药物的功用	**D 『본초강목』은 약물의 효능을 기록했다**

공략 『본초강목』은 약물의 생산지, 형태, 재배 및 효능 등을 서술했기 때문에 정답은 D이다. 어휘 '功用(효능)'이 보기와 지문에 모두 언급되었기 때문에 쉽게 정답을 고를 수 있다.

어휘 医药 yīyào 명 의약 | 著作 zhùzuò 명 저서 | 药物 yàowù 명 약물 | 产地 chǎndì 명 생산지 | 形态 xíngtài 명 형태 | 栽培 zāipéi 동 재배하다 | ★及 jí 접 및, ~와 | ★功用 gōngyòng 명 기능, 효능 | 叙述 xùshù 동 서술하다 | ★记载 jìzǎi 동 기재하다 | 医家 yījiā 명 의원 | 民间 mínjiān 명 민간 | 流传 liúchuán 동 전해지다 | 药方 yàofāng 명 처방 | 附有 fùyǒu 동 첨부하다 | 图片 túpiàn 명 그림 | ★翻译 fānyì 동 번역하다 | ★合作 hézuò 동 협력하다 | 文字 wénzì 명 문자

67. HSK POINT 보기와 유사 표현 대조 난이도 上

"一方水土养一方人"是一句俗语，比喻一定的环境会造就一定的人才。每个地区的水土环境、人文环境都不相同，人们的生活方式、风俗习惯和思想观念也就随之而改变。生活在同一环境中的人，性格也会很相似，从而带有一种地域的独特性。	'한 지역의 풍토가 그 지역의 사람을 기른다.'라는 속담이 있는데, 일정한 환경이 일정한 인재를 만들어 낸다는 것을 비유한다. 지역마다 풍토 환경, 인문 환경이 모두 다르며, 사람의 생활 방식, 풍속 습관, 사고 관념도 이에 따라 변한다. 동일한 환경에서 생활하는 사람은 성격도 비슷하기 때문에 지역만의 독특함을 띠게 된다.
A 心情容易受别人的影响	A 기분은 다른 사람의 영향을 받기 쉽다
B 不同地区的饮食习惯差别很大	B 각 지역마다 식습관의 차이가 크다
C 同一环境下的人有共同点	**C 동일한 환경에서의 사람은 공통점을 갖는다**
D 要保护环境	D 환경을 보호해야 한다

공략 '生活在同一环境中的人，性格也会很相似(동일한 환경에서 생활하는 사람은 성격도 비슷하다)'라는 말은 '同一环境下的人有共同点(동일한 환경에 있는 사람은 공통점을 가진다)'와 같은 뜻이므로 정답은 C이다. '相似(서로 유사하다)'와 '共同点(공통점)'이 유사한 의미를 가지는 것에 유의한다.

어휘 一方水土养一方人 yìfāng shuǐtǔ yǎng yìfāng rén 한 지역의 풍토가 그 지역 사람을 만든다 | 俗话 súhuà 명 속담 | ★人才 réncái 명 인재 | 水土 shuǐtǔ 명 풍토 | ★环境 huánjìng 명 환경 | 人文 rénwén 명 인문 | ★相同 xiāngtóng 형 서로 같다 | 风俗习惯 fēngsú xíguàn 명 풍속 습관 | 思想 sīxiǎng 명 사상 | 观念 guānniàn 명 관념 | 随之 suí zhī 이에 따라서 | 性格 xìnggé 명 성격 | ★相似 xiāngsì 형 비슷하다 | 地域 dìyù 명 지역 | ★独特 dútè 형 독특하다 | ★心情 xīnqíng 명 심정 | 饮食习惯 yǐnshí xíguàn 명 식습관 | 差别 chābié 명 차이 | 共同点 gòngtóngdiǎn 명 공통점 | ★保护 bǎohù 동 보호하다

68. HSK POINT 보기를 통해 상세 정보 대조 난이도 中

重庆多雾天，是由其特殊的地理环境造成的。重庆地处盆地，四面都是高山，而且长江、嘉陵江两大江在此处交汇，江水形成的水汽不易扩散，潮湿的空气很容易结成雾气。重庆一年平均有104天都是雾天，雾景也是重庆的一道特色风景。

충칭에 안개 낀 날이 많은 것은 특수한 지리적 환경이 만든 것이다. 충칭은 분지에 위치하여 사면이 고산이고, 창강과 자링강이 이 지역에서 합류하여 강물이 형성하는 안개가 잘 확산되지 않아 습한 공기가 안개를 쉽게 만든다. 충칭은 1년에 안개 낀 날이 평균 104일이며, 안개가 자욱한 모습은 충칭의 특색 있는 풍경이 되었다.

A 重庆气候四季如春
B 重庆交通四通八达
C 重庆多雾与其地理环境有关
D 潮湿的空气不利于雾气形成

A 충칭의 기후는 사계절이 봄 같다
B 충칭의 교통은 사방으로 통해 있다
C 충칭에 안개가 많은 것은 지리 환경과 관련이 있다
D 습한 공기는 안개를 형성하는 데 불리하다

공략 이 지문은 '重庆多雾天(충칭에 안개 낀 날이 많다)'로 시작하기 때문에 충칭의 안개에 대한 내용임을 알 수 있다. 뒤에 이어지는 문장 '是由其特殊的地理环境造成的(특수한 지리적 환경이 만든 것이다)'를 보면 정답은 C이다. 보기의 주어와 술어에 유의하면 정답을 고를 수 있다.

어휘 雾天 wùtiān 명 안개 낀 날 | 特殊 tèshū 형 특수하다 | 地理 dìlǐ 명 지리 | 地处 dìchǔ 동 ~에 위치하다 | 盆地 péndì 명 분지 | 四面 sìmiàn 명 사면 | 交汇 jiāohuì 동 (수류·기류 등이) 합류하다 | 水汽 shuǐqì 명 수증기 | 扩散 kuòsàn 동 확산하다 | ★潮湿 cháoshī 형 습하다 | 结成 jiéchéng 동 결성하다 | ★平均 píngjūn 형 평균의 | 雾景 wùjǐng 명 안개 낀 풍경(모습) | 特色 tèsè 명 특색 | ★四季如春 sì jì rú chūn 성 일년 내내 기후가 봄날 같이 따뜻하다 | 四通八达 sì tōng bā dá 성 사방으로 통하다 | ★不利于 bú lìyú 동 ~에 불리하다

69. HSK POINT 보기와 유사 표현 대조 난이도 上

有些人总是寄希望于明天，等到明天变成昨天，却说："如果我能重来一次……"太多人被"如果"带走了理想、渴望、荣誉，最终他们一事无成。正确地估计形势，抓住现在，才能有所作为。犹豫一分钟，必将失去60秒。

어떤 사람들은 항상 내일에 희망을 걸고 내일이 어제를 변화시키기를 기다리면서, '만약에 다시 한 번 ~할 수 있다면'이라고 말한다. 너무 많은 사람들이 '만약'이란 말로 이상, 갈망, 영예를 가져가는데, 결국에 그들은 아무것도 이루지 못한다. 정확하게 상황을 추측하고, 현재를 장악해야만 성과가 있다. 1분을 망설이면 60초를 잃게 된다.

A 凡事要适度
B 要把握住现在
C 做人要言之必行
D 理论和实践必不可分

A 모든 일은 적당히 해야 한다
B 현재를 장악해야 한다
C 사람은 반드시 언행이 일치돼야 한다
D 이론과 실천는 불가분의 관계이다

공략 지문의 핵심 내용을 파악하는 것이 쉽지 않지만 보기의 내용과 대조하면 정답을 고를 수 있다. 지문의 '抓住现在(현재를 장악하다)'와 보기 B '要把握住现在(현재를 장악해야 하다)'는 서로 통하기 때문에 정답은 B이다.

어휘 寄希望于 jì xīwàngyú ~에 희망을 걸다 | 重来 chónglái 동 반복하다 | ★理想 lǐxiǎng 명 이상 | ★渴望 kěwàng 동 갈망하다 | 荣誉 róngyù 명 명예 | ★一事无成 yí shì wú chéng 성 한 가지 일도 이루지 못하다 | 正确地 zhèngquè de 부 정확하게 | ★估计 gūjì 동 추측하다 | 形势 xíngshì 명 상황 | 有所作为 yǒu suǒ zuòwéi 성과가 있다 | ★必将 bìjiāng 부 반드시 ~할 것이다 | 秒 miǎo 양 초(시간의 단위) | 凡事 fánshì 명 모든 일 | 适度 shìdù 형 적절하다 | 言之必行 yán zhī bì xíng 성 언행이 일치되다 | 必不可分 bì bùkě fēn 불가분의 관계이다

70. HSK POINT 지문의 핵심 어휘 파악 | 난이도 中

企业的发展需要团队，企业管理者必须学会如何组织、掌握及管理团队。企业管理者应以每个员工的专长为思考点，为他们安排适当的位置，并依照他们的优缺点做机动性的调整，使团队发挥最大的效能。

A 企业应加强自我保护
B 管理者应重视员工的意见
C 团队建设对企业管理很重要
D 企业发展需要增强竞争力

기업이 발전하기 위해서는 팀이 필요하다. 기업 관리자는 반드시 어떻게 팀을 조직하고, 장악하고, 관리하는지를 배워야 한다. 기업 관리자는 모든 직원의 특기를 고려하여 그들을 위해 적당한 자리를 마련하고 그들의 장단점에 따라 융통성있게 조정하여 팀이 최대의 능력을 발휘하게 해야 한다.

A 기업은 자기 보호를 잘해야 한다
B 관리자는 직원의 의견을 중시해야 한다
C 팀을 세우는 것은 기업 관리에서 아주 중요하다
D 기업이 발전하려면 경쟁력을 강화시켜야 한다

공략 '企业的发展需要团队(기업이 발전하기 위해서는 팀이 필요하다)'를 비롯해 지문에서 '团队(팀)'이 여러 차례 등장했으므로 이에 유의한다. 정답은 C이다.

어휘 ★团队 tuánduì 명 팀 | 管理者 guǎnlǐzhě 명 관리자 | ★学会 xuéhuì 동 배워서 할 수 있다 | ★如何 rúhé 대 어떻게 | 组织 zǔzhī 동 조직하다 | ★掌握 zhǎngwò 동 장악하다 | 员工 yuángōng 명 직원 | ★专长 zhuāncháng 명 특기 | 位置 wèizhi 명 위치 | 依照 yīzhào 개 ~에 따라 | ★优缺点 yōuquēdiǎn 명 장단점 | 机动性 jīdòngxìng 명 융통성, 기동성 | ★发挥 fāhuī 동 발휘하다 | 效能 xiàonéng 명 효능 | ★加强 jiāqiáng 동 강화하다 | 自我保护 zìwǒ bǎohù 자기 보호 | ★重视 zhòngshì 동 중시하다 | 建设 jiànshè 동 세우다 | 增强 zēngqiáng 동 강화하다 | ★竞争力 jìngzhēnglì 명 경쟁력

第三部分

[71-74]

每年春天，南雁北归。我们都能看到在天空中大雁或者排成“一”字，或者排成“人”字，总是结伴而行。**71,73**这是因为，它们编队飞行能够产生“空气动力学”的作用，在同样的能量下，一群大雁排队飞行，要比一只大雁单独飞行多出70%的路程。简单来说，编队飞行比单独飞行距离在相同时间、相同能量下，飞得更远。**74**这就是团队的力量。

(或者…或者: A하거나, 아니면 B하다 / 产生…作用: ~작용을 일으키다 / 在…下: ~하에서 / 比…多: A는 B보다 많이 C하다)

但是团队力量讲求的是组成团队的每一个单元都尽心尽力，而不是等团队创造出成绩后自己去捡便宜。试想如果每只大雁都消极怠工，**72**不奋力飞行，那么“一”字形，“人”字形的队形恐怕难以形成，也不会产生协同效应。只有每只大雁在自己的位置上认真飞行，尽职尽责，**74**整个团队才能飞得更高、飞得更远。

(如果…那么: 만약 ~라면 / 只有…才: 단지 ~해야만 ~하다)

매년 봄에 기러기는 남쪽에서 북쪽으로 돌아간다. 우리는 하늘에서 야생 기러기가 '一'자 또는 '人'자 대열을 이뤄 무리 지어 함께 나는 것을 볼 수 있다. **71, 73**왜냐하면, 그들이 대열을 지어 비행하면 '공기 동력학' 작용을 일으키는데, 같은 힘으로 기러기들이 대열을 지어 비행을 하면 기러기 한 마리가 단독으로 비행하는 것보다 70%의 여정을 더 갈 수 있기 때문이다. 간단히 말해서 대열로 비행하는 것이 단독으로 비행하는 것보다 같은 시간, 같은 힘의 조건에서 훨씬 멀리 날 수 있다. **74**이것이 바로 단체의 힘이다.

그러나 단체의 힘에서 중요한 것은 단체를 구성하는 각각의 개체들이 모두 최선을 다하는 것이지, 단체가 함께 성과를 거둔 후에 자신이 편의를 얻을 수 있어서가 아니다. 만약에 각각의 기러기가 소극적이고 나태하여 **72**있는 힘껏 날지 않으면, '一'자 또는 '人'자 모양의 대열은 아마 만들어지기 힘들 것이고 상승 효과도 일으키지 못할 것이다. 기러기가 모두 자신의 위치에서 열심히 비행을 해 각자의 본분을 다해야만, **74**전체가 더 높이 더 멀리 날 수 있다.

어휘 天空 tiānkōng 명 하늘 | 大雁 dàyàn 명 기러기 | ★或者…或者… huòzhě…huòzhě… 접 A하거나 아니면 B하다 | ★排成 páichéng 동 줄을 서다 | 结伴 jiébàn 동 함께 하다 | 编队 biānduì 동 대열을 만들다 | ★飞行 fēixíng 동 비행하다 | ★产生…作用 chǎnshēng…zuòyòng ~작용을 일으키다 | ★空气 kōngqì 명 공기 | 动力学 dònglìxué 명 동력학 | 在…下 zài…xià ~하에서 | ★能量 néngliàng 명 에너지 | A比B多C A bǐ B duō C A가 B보다 많이 C하다 | 路程 lùchéng 명 소요 거리 | ★单独 dāndú 부 혼자서 | 距离 jùlí 명 거리 | ★相同 xiāngtóng 형 서로 같다 | ★团队 tuánduì 명 단체 | ★力量 lìliang 명 힘 | 讲求 jiǎngqiú 동 중시하다 | 组成 zǔchéng 동 구성하다 | 单元 dānyuán 명 개체 | ★尽心尽力 jìnxīn jìnlì 동 전심전력을 다하다 | 成绩 chéngjì 명 성적 | 捡便宜 jiǎn piányi 동 힘들이지 않고 이익을 얻다 | 试想 shìxiǎng 동 생각해 보다 | 如果…那么 rúguǒ…nàme 만약 ~라면 | 消极怠工 xiāojí dàigōng 소극적이고 나태하다 | 奋力 fènlì 동 있는 힘을 다하다 | 字形 zìxíng 명 글자 형태 | 队形 duìxíng 명 대형 | 协同 xiétóng 동 협력하다 | 只有A才B zhǐyǒu A cái B 단지 A해야만 B하다 | 位置 wèizhi 명 위치 | 认真 rènzhēn 형 착실하다 | 尽职尽责 jìnzhí jìnzé 소임을 다하다 | 整个 zhěnggè 명 전체

71. HSK POINT 핵심 의미 파악 난이도 上

大雁编队飞行主要是为了什么?	기러기가 열을 지어 비행하는 것은 무엇을 위해서인가?
A 更省力	**A 힘을 더 절약하기 위해서**
B 容易躲过寒冷	B 추위를 쉽게 피하기 위해서
C 找食物和同伴	C 먹이와 짝을 찾기 위해서
D 便于警惕天敌	D 천적을 쉽게 경계하기 위해서

공략 기러기가 대열을 이뤄 비행하면 단독으로 비행하는 것보다 멀리 오래 날 수 있고 힘을 아낄 수 있다고 했으므로 정답은 A이다. 단순히 보기의 세부 내용과 지문을 비교해서 정답을 고르는 것이 아니라 핵심 내용을 파악하여 정확한 의미를 유추해야 한다.

어휘 ★省力 shěnglì 동 힘을 아끼다 | 躲过 duǒguo 동 피하다 | ★寒冷 hánlěng 형 한랭하다 | 食物 shíwù 명 먹이, 음식물 | 同伴 tóngbàn 명 짝 | ★便于 biànyú 동 ~하기가 쉽다 | 警惕 jǐngtì 동 경계하다

72. HSK POINT 어휘의 의미 파악 난이도 中

划线的"消极怠工"最可能是什么意思?	밑줄 친 '消极怠工'은 무슨 의미인가?
A 不知满足	A 만족을 모른다
B 喜欢冒险	B 모험을 좋아한다
C 不积极工作	**C 적극적으로 일하지 않는다**
D 不在乎别人的语言	D 다른 사람의 언어에 신경 쓰지 않는다

공략 밑줄 친 어휘의 앞뒤 문장의 논리 구조를 통해서 정답을 고른다. '消极怠工'하면 제대로된 대열을 만들 수 없다는 내용으로 이어지기 때문에 열심히 하지 않는다는 의미임을 유추할 수 있다. 또한 질문의 '消极(소극적이다)'는 보기 C의 '不积极(적극적이지 않다)'와 비슷한 뜻이기 때문에 정답은 C이다.

어휘 冒险 màoxiǎn 명 모험 | 不在乎 búzàihu 동 마음에 두지 않다.

73. HSK POINT 보기를 통해 상세 정보 대조 난이도 中

根据上文，下列哪项正确?	윗글에 근거해서 다음 중 옳은 것은?
A 大雁的飞行与气候有关	A 기러기의 비행은 기후와 관련이 있다
B 大雁很喜欢潮湿的环境	B 기러기는 습한 환경을 좋아한다
C 幼雁飞在最后面	C 어린 기러기는 제일 뒤에서 비행한다
D 大雁的队形很科学	**D 기러기의 대형은 과학적이다**

공략 지문에 기후에 대한 언급이 없기 때문에 A와 B는 정답이 아니고, 어린 기러기에 대한 언급도 없기 때문에 C도 정답이 아니다. 기러기가 대열을 지어 날면 같은 조건에서 더 멀리 날 수 있다고 했으므로 과학적이라고 할 수 있다. 정답은 D이다.

어휘 幼雁 yòuyàn 명 어린 기러기 | ★科学 kēxué 명형 과학(적이다) | 潮湿 cháoshī 형 습하다

74. HSK POINT 주제 찾기 난이도 中

上文主要想告诉我们什么?

A 团结力量大
B 要敢于尝试
C 要懂得满足
D 个性不能改变

윗글에서 주로 이야기하는 것은?

A 단결의 힘은 크다
B 용감하게 시도해라
C 만족할 줄 알아야 한다
D 개성은 바꿀 수 없다

공략 기러기가 함께 대열을 지어 날기 때문에 멀리 오래 날 수 있고, 개개인이 힘을 합쳐 노력하지 않으면 그 효과를 낼 수 없다는 것이 주제이므로 정답은 A이다.

어휘 ★敢于 gǎnyú 동 용감하게 ~하다 | ★懂得 dǒngde 동 ~을 알다 | 个性 gèxìng 명 개성

[75-78]

世上恐怕没有比"一见钟情"更美的词了。看一眼，就爱上了对方，简直太浪漫了。如果双方都是一见钟情的话（만약에 ~라면），75我想这绝不能用"偶然"来形容，用"神奇"才更贴切。

实际上，到目前为止，学者们还没有完全揭开"一见钟情"的秘密。有人经常一见钟情，而有人从未一见钟情过，还有人一生就只一见钟情过一次（어떤 사람은 A하고, 어떤 사람은 B하다），结果就和对方结婚厮守到老。这样的例子在现实生活中还很常见。那么，78人到底为什么会一见钟情呢？关于这个问题，在目前的心理学界还是众说纷纭。

76从认知心理学的角度来看（~의 각도에서 볼 때），如果对方的眼睛、鼻子、嘴巴等器官和自己的相似，我们就会对对方产生亲近感，这种亲近感是发展爱情的基础。还有一种说法认为，有人会对和自己免疫类型完全不同的人产生好感（~에 호감이 생기다），他们能从对方身上感受到一种

세상에 '첫눈에 반하다'라는 말보다 아름다운 말은 아마 없을 것이다. 한 번 보자마자 상대와 사랑에 빠진다는 것은 그야말로 굉장히 낭만적인 일이다. 만약 서로가 첫눈에 반한다면, 75이는 절대 '우연'이라는 말로는 형용할 수 없고, '신기하다'라는 말이 더 적합할 것이다.

사실, 현재까지 학자들은 아직도 '첫눈에 반하다'라는 현상의 비밀을 완전히 풀지 못했다. 어떤 사람은 자주 첫눈에 반하고, 또 어떤 사람은 첫눈에 반한 적이 없기도 하고, 또 어떤 사람은 일생에 단 한 번만 첫눈에 반해 그 결과 상대와 결혼하여 생을 같이 한다. 이러한 예는 현실 생활에서 자주 볼 수 있다. 그러면, 78사람은 도대체 왜 첫눈에 반하는 것일까? 이 물음에 관해 현재 심리학계에서는 의견이 분분하다.

76인지 심리학의 관점에서 보면, 만약 상대의 눈, 코, 입 등의 기관이 자신과 비슷하다면, 상대에게 친근감이 생길 수 있다. 이런 종류의 친근감은 애정으로 발전하는 기초가 된다. 또 다른 학설도 있는데, 자신과 면역 체계가 완전히 다른 사람에게 호감이 생길 수 있다는 것이다. 그들은 상대의 몸에서 일종의 '전달 물질'을 감지할 수 있고,

"传达物质"，这种物质也能促进爱情的发展。有趣的是，前一种说法认为，人会对与自己相似的异性一见钟情；而后一种说法认为，人会对与自己不同的异性一见钟情。

~발전을 촉진하다

最近又出现了一种新的说法，认为人的大脑具有一种在瞬间找到结论的"77适应性无意识"功能。它是人类所具有的一种瞬间判断能力。有些人一生只有一次一见钟情的经历，就能和一见钟情的对象厮守终生。这让我们相信，他们就是在一瞬间找到了这辈子最适合自己的人。因而，一见钟情所产生的爱情并不是暂时的感情，也许这才是爱情的本质。

이런 종류의 물질은 사랑의 발전도 촉진시킨다. 흥미로운 것은 전자의 학설의 경우 사람은 자신과 비슷한 이성에게 첫눈에 반할 수 있고, 후자의 학설의 경우는 자신과 다른 이성에게 첫눈에 반할 수 있다는 것이다.

최근에 또 다른 새로운 학설이 나왔는데, 사람의 대뇌는 순간적으로 결론을 찾아내는 '77적응성 무의식'의 기능을 갖고 있는데, 그것은 인간이 가지는 순간적 판단 능력으로 어떤 사람들은 일생에 단 한 번 첫눈에 반하는 경험을 하고 그 상대와 평생을 같이 할 수 있는 것이다. 이러한 학설을 통해 순간적으로 이 생애에서 자신에게 가장 적합한 사람을 찾을 수 있다는 믿음을 가지게 한다. 때문에 첫눈에 반하는 감정은 절대 일시적인 것이 아니며 어쩌면 애정의 본질일 수도 있다.

어휘 ★一见钟情 yí jiàn zhōng qíng 성 첫눈에 반하다 | 词 cí 명 단어 | 如果…的话 rúguǒ…de huà 만약에 ~라면 | ★简直 jiǎnzhí 부 그야말로 | 浪漫 làngmàn 형 낭만적이다 | 绝不 juébù 부 결코 ~아니다 | ★偶然 ǒurán 부 우연히 | 形容 xíngróng 동 형용하다 | 神奇 shénqí 형 신기하다 | 贴切 tiēqiè 형 적절하다 | ★实际上 shíjìshang 부 사실상 | 到目前为止 dào mùqián wéizhǐ 현재까지 | 学者 xuézhě 명 학자 | 揭开 jiēkāi 동 드러내다 | ★秘密 mìmì 명 비밀 | 有人A有人B yǒurén A yǒurén B 어떤 사람은 A하고, 어떤 사람은 B하다 | ★从未 cóngwèi 부 여태껏 ~하지 않다 | 厮守 sīshǒu 동 서로 의지하며 지내다 | 众说纷纭 zhòng shuō fēn yún 성 여러 사람들의 의론이 분분하다 | 从…角度来看 cóng…jiǎodù lái kàn ~의 각도에서 볼 때 | 眼睛 yǎnjing 명 눈 | 鼻子 bízi 명 코 | 嘴巴 zuǐba 명 입 | 器官 qìguān 명 기관 | 亲近感 qīnjìngǎn 명 친근감 | 基础 jīchǔ 명 기초 | ★对…产生好感 duì…chǎnshēng hǎogǎn ~에 호감이 생기다 | 免疫 miǎnyì 명 면역 | 类型 lèixíng 명 유형 | ★好感 hǎogǎn 명 호감 | 传达物质 chuándá wùzhì 명 전달 물질 | 促进…发展 cùjìn…fāzhǎn ~발전을 촉진하다 | 有趣 yǒuqù 형 재미있다 | 说法 shuōfa 명 견해 | 异性 yìxìng 명 이성 | 大脑 dànǎo 명 대뇌 | 瞬间 shùnjiān 명 눈 깜짝하는 사이 | 结论 jiélùn 명 결론 | 适应性 shìyìngxìng 명 적응성 | 无意识 wúyìshi 명 무의식 | ★功能 gōngnéng 명 기능 | 判断 pànduàn 명 판단 | 终生 zhōngshēng 명 평생 | 暂时 zànshí 명 잠깐 | 感情 gǎnqíng 명 감정 | ★也许 yěxǔ 부 아마도 | 本质 běnzhì 명 본질

75. HSK POINT 유사 표현으로 의미 유추 난이도 中

作者怎么评价"一见钟情"?

A 过于冲动
B 非常奇妙
C 一点儿也没有道理
D 是一种偶然现象

글쓴이는 '첫눈에 반하다'라는 것을 어떻게 평가하나?

A 지나치게 충동적이다
B 아주 기묘하다
C 전혀 일리가 없다
D 우연한 현상이다

공략 '我想这绝不能用"偶然"来形容，用"神奇"才更贴切(이는 절대 '우연'이라는 말로는 형용할 수 없고, '신기하다'라는 말이 더 적합할 것이다)'에서 '神奇(신기하다)'와 보기 B의 '奇妙(기묘하다)'는 유사한 단어이기 때문에 정답은 B이다.

어휘 ★评价 píngjià 동 평가하다 | ★过于 guòyú 부 지나치게 | 冲动 chōngdòng 형 충동적이다 | ★道理 dàolǐ 명 일리, 이치

76. HSK POINT 문제 속 핵심 어휘와 지문 대조 난이도 中

根据上文，属于认知心理学观点的是：	윗글에 근거해서 인지 심리학에 속하는 관점은?
A 更可靠	A 믿을 수 있다
B 一见钟情与相貌无关	B 첫눈에 반하는 것과 외모는 관련이 없다
C 一见钟情没有科学依据	C 첫눈에 반하는 것은 과학적 근거가 없다
D 相似的人容易产生好感	**D 비슷한 사람들은 쉽게 호감을 가진다**

공략 '认知心理学(인지 심리학)'이 등장한 단락을 찾아 읽으면 답을 고를 수 있다. 인지 심리학의 관점에서 보면 비슷한 사람에게 쉽게 친근감이 생긴다고 했으므로 정답은 D이다.

어휘 ★属于 shǔyú 동 ~에 속하다 | ★可靠 kěkào 형 믿을 만하다 | 相貌 xiàngmào 명 외모

77. HSK POINT 문제 속 핵심 어휘와 지문 대조 난이도 中

关于"适应性无意识"，可以知道：	'적응성 무의식'에 관해 알 수 있는 것은?
A 具有盲目性	A 맹목적이다
B 是女性所特有的	B 여성 특유의 것이다
C 是种瞬间判断能力	**C 일종의 순간 판단력이다**
D 无法判断事物本质	D 사물의 본질을 판단할 수 없다

공략 '适应性无意识(적응성 무의식)'이 등장하는 문장의 뒷부분에서 '它是人类所具有的一种瞬间判断能力(그것은 인간이 가지는 순간적 판단 능력이다)'라고 했으므로 정답은 C이다.

어휘 盲目性 mángmùxìng 명 맹목성 | 特有 tèyǒu 동 특색이 있다, 고유하다 | ★无法 wúfǎ 동 할 수 없다

78. HSK POINT 주제 찾기 난이도 中

上文主要谈的是：	윗글에서 주로 이야기하는 것은?
A 爱情的条件	A 남녀 간의 사랑의 조건
B 一见钟情的后果	B 첫눈에 반하는 것에 대한 부정적 결과
C 爱情比友情更重要	C 남녀 간의 사랑이 우정보다 중요하다
D 一见钟情产生的原因	**D 첫눈에 반하는 감정이 생기는 원인**

공략 이 글은 사람들이 왜 첫눈에 반하는 것인지에 대해 학설을 들어 설명하고 있기 때문에 정답은 D이다.

[79-82]

1928年，经徐志摩介绍，中国公学校长的胡适聘用了沈从文做讲师，主讲大学一年级的现代文学选修课。

当时，沈从文已经在文坛上崭露头角，在社会上也小有名气，因此还未到上课时间，79教室里就坐满了学生。上课时间到了，沈从文走进教室，看见下面黑压压一片，心里陡然一惊，脑子里变得一片空白，连准备了无数遍的第一句话都堵在嗓子里说不出来了。

심지어 ~조차도

他呆呆地站在那里，面色尴尬至极，双手拧来拧去无处可放。80上课前他自以为成竹在胸，所以就没带教案和教材。整整10分钟，教室里鸦雀无声，所有的学生都好奇地等着这位新来的老师开口。沈从文深吸了一口气，慢慢平静了下来，原先准备好的东西也重新在脑子里聚拢，然后他开始讲课了。不过由于他依然很紧张，原本预计一小时的授课内容，竟然用了不到15分钟就讲完了。

우선 A하고 그 후에 B하다

接下来怎么办？他再次陷入了窘境。无奈之下，他只好拿起粉笔在黑板上写道：我第一次上课，见你们人多，怕了。

곤경에 빠지다

81顿时，教室里爆发出了一阵善意的笑声，随即一阵鼓励的掌声响起。得知这件事之后，胡适对沈从文大加赞赏，认为他非常成功。

有了这次经历，在以后的课堂上，沈从文都会告诫自己不要紧张，渐渐地，他开始在课堂上变得从容起来。

1928년 쉬지모(徐志摩)의 소개로 중국 공학 교장 후스(胡适)는 선충원(沈从文)을 강사로 임용해서 대학교 1학년 현대 문학 선택 과목을 강의하게 했다.

당시 선충원은 이미 문단에서 두각을 나타내서 사회에서 어느 정도 인지도가 있었기 때문에 수업 시간이 되기도 전에 79교실에 학생이 꽉 찼다. 수업 시간이 되서 선충원은 강의실에 들어가서 사람들이 새까맣게 꽉 들어찬 모습을 보고, 순간 놀라서 머릿속이 하얗게 되어버렸고 수없이 준비했던 첫 마디 조차도 목 안에서 나오지 않았다.

그는 그곳에 우두커니 서 있다가 당황스러움을 얼굴에서 감추지 못하고 두 손을 이리저리 비틀며 어디에 두어야 할지도 몰랐다. 80수업 전에 그는 모든 준비가 다 됐다고 생각해서 강의 원고와 교재를 가져오지 않았다. 꼬박 10분 동안 교실 안은 쥐 죽은 듯이 고요했고, 모든 학생이 신기한 듯이 이 신임 강사가 입을 열기를 기다렸다. 천충원은 크게 숨을 들이마시고 천천히 차분함을 되찾았고 원래 준비했던 것들을 다시 머릿속에서 정리한 뒤 수업을 시작했다. 그러나 여전히 긴장되어 원래 1시간을 예정했던 수업 내용을 놀랍게도 15분도 안 되는 시간에 마쳤다.

이제는 어떻게 해야 하나? 그는 다시 곤경에 빠졌다. 어쩔 수 없이 그는 분필을 들고 '첫 수업에서 이렇게 많은 사람들을 보니 두렵습니다.'라고 칠판에 쓰기 시작했다.

81갑자기 강의실에 한바탕 선의의 웃음소리가 터졌고 바로 격려의 박수 소리가 울려 퍼졌다. 이 사건을 알고 나서 후스는 선충원을 칭찬했고 그가 성공했다고 생각했다.

이 일을 겪고 나서, 그 후의 강단에서 선충원은 스스로 긴장하지 않게 조심했고, 점점 강단에서 침착하게 되었다.

어휘 校长 xiàozhǎng 명 교장, 총장 | 公学 gōngxué 명공학(중국 공산당이 항일 전쟁 시기 창설한 간부 양성 학교) | 聘用 pìnyòng 동 임용하다 | 讲师 jiǎngshī 명 강사 | 主讲 zhǔjiǎng 동 강의를 맡다 | 文学 wénxué 명 문학 | 选修课 xuǎnxiūkè 명 선택 과목 | 文坛 wéntán 명 문단 | 崭露头角 zhǎn lù tóu jiǎo 성 두각을 나타내다 | 名气 míngqì 명 명성 | ★未 wèi 부 아직 ~하지 않다 | 黑压压 hēiyāyā 형 (사람이나 물건이 많아) 새까맣다 | 陡然 dǒurán 부 갑자기 | 惊 jīng 형 놀라다 | 脑子 nǎozi 명 머리 | 一片空白 yípiàn kòngbái 텅 비다 | ★连…都 lián…dōu ~조차도 | ★无数 wúshù 형 무수하다 | 遍 biàn 양 번, 차례(처음부터 끝까지의 전 과정을 나타내는 단위) | 堵 dǔ 동 막다 | 嗓子 sǎngzi 명 목구멍 | 呆呆地 dāidāi de 우두커니 | 尴尬 gāngà 형 입장이 곤란하다 | 至极 zhìjí 부 지극히 | 拧 nǐng 동 비틀다 | ★无处可放 wúchù kě fàng 놓을 데가 없다 | 成竹在胸 chéng zhú zài xiōng 성 일하기 전에 이미 모든 준비가 됐다 | 鸦雀无声 yā què wú shēng 성 쥐 죽은 듯 조용하다 | ★开口 kāikǒu 동 말을 하다 | 吸 xī 동 (코나 입으로) 들이마시다 | 一口气 yì kǒuqì 명 한 숨, 한 호흡 | ★平静 píngjìng 형 차분하다 | 原先A然后B yuánxiān A ránhòu B 우선 A하고 그 후에 B하다 | 聚拢 jùlǒng 동 한곳에 모이다 | ★由于 yóuyú 접 ~때문에 | ★依然 yīrán 부 여전히 | 授课 shòukè 동 수업하다 | 陷入…窘境 xiànrù…jiǒngjìng 곤경에 빠지다 | ★无奈 wúnài 동 어쩔 수 없다 | 粉笔 fěnbǐ 명 분필 | 黑板 hēibǎn 명 칠판 | 顿时 dùnshí 부 갑자기 | 爆发 bàofā 동 갑자기 터지다 | 善意 shànyì 명 선의 | 随即 suíjí 부 즉시 | 一阵 yízhèn 명 한바탕 | ★掌声 zhǎngshēng 명 박수 소리 | 响 xiǎng 동 소리가 나다 | 得知 dézhī 동 알게 되다 | ★经历 jīnglì 명 경험 | 课堂 kètáng 명 강의실 | 告诫 gàojiè 동 훈계하다 | 从容 cóngróng 형 침착하다

79. HSK POINT 어휘의 의미 파악 난이도 中

第2段中，"黑压压一片"指的是：

A 听课的人多
B 压力特别大
C 教室的墙都是黑色的
D 学生的反应很慢

두 번째 단락의 '黑压压一片'이 가리키는 것은?

A 수업을 듣는 사람이 많다
B 스트레스가 유난히 크다
C 강의실의 벽이 모두 검은색이다
D 학생들의 반응이 너무 느리다

공략 문제의 어휘가 등장하는 곳의 앞뒤 문맥을 통해 정답을 고른다. 강의실이 꽉 찰 정도로 학생들이 많이 앉아 있는데, 그것을 검은 것이 빽빽하게 차있다고 비유하고 있으므로 정답은 A이다.

80. HSK POINT 원인을 묻는 문제 난이도 上

沈从文为什么没拿教材：

A 把它忘在房间里
B 觉得自己准备得很充分
C 校长要求他这样做
D 教材会限制自己的潜力

선충원은 왜 교재를 가지고 가지 않았나?

A 방안에 두고 와서
B 충분히 준비했다고 생각해서
C 총장이 그렇게 하도록 요구해서
D 교재는 자신의 잠재력을 제한해서

공략 이유를 묻는 문제의 경우에는 '因为…, 所以…(~때문에, 그래서~)' 등 원인과 결과를 의미하는 접속사에 유의하여 정답을 고른다. 교재를 가져오지 않은 이유를 '上课前他自以为成竹在胸(수업 전에 그는 모든 준비가 다 됐다고 생각해서)'라고 했으므로 정답은 B이다.

어휘 ★限制 xiànzhì 동 제한하다

81. HSK POINT 특정 인물의 행동 파악 난이도 中

看见沈从文写的那句话，学生们：	선충원이 쓴 글을 보고 학생들은 어떻게 했나?
A 批评了他一顿	A 그를 비판했다
B 不知道怎么办才好	B 어떻게 할지 몰랐다
C 受到了极大的鼓舞	C 큰 격려를 받았다
D 表示理解并鼓励了他	**D 이해했다고 표현하며 그를 격려했다**

공략 선충원이 글을 쓰고 난 후의 부분을 찾아서 정답을 고른다. 학생들이 한바탕 웃고 격려의 박수를 보냈기 때문에 정답은 D이다. '鼓励的掌声(격려의 박수)'를 통해서 정답을 쉽게 고를 수 있다.

어휘 极大 jídà 형 지극히 크다 | 鼓舞 gǔwǔ 동 격려하다 | ★鼓励 gǔlì 동 격려하다

82. HSK POINT 주제 찾기 난이도 上

上文主要谈的是：	윗글에서 주로 이야기하는 것은?
A 要集中精力做重要的事	A 중요한 일에 정신과 힘을 집중해야 한다
B 要善于抓住机会	B 기회를 잡는 데 능통해야 한다
C 沈从文第一次讲课时的情景	**C 선충원의 첫 번째 강의 모습**
D 沈从文如何看待教育问题	D 선충원은 교육 문제를 어떻게 보는가?

공략 지문의 전반적인 내용을 파악해서 정답을 고른다. 이 글은 선충원이 첫 번째 강의를 어떻게 했는지 이야기하고 있으므로 정답은 C이다.

어휘 集中 jízhōng 동 집중하다

[83-86]

清朝时，在安徽省一户姓张的人家和一户姓吴的人家相邻。两家中间有三尺空地，83由于他们的房子都是祖上留下的产业，时间久远，这三尺空地究竟属于哪家，谁也不清楚。

后来，吴家重修房子，想要占用那三尺空地，张家不同意，说这三尺空地是他们家的，吴家则认为是自己的，两家为此争执不下。在这期间，张家人写了一封信，给在北

청나라 때 안후이성에, 장씨 집안과 오씨 집안이 이웃해 살았다. 두 집안 중간에 공터 3척이 있었는데, 83그들의 가옥은 모두 선조 때부터 내려오던 것이라 이미 너무 오래되어 이 3척의 공터가 어느 집안 것인지 불분명했다.

나중에 오씨 집안이 집을 수리하는 데 이 공터를 사용하려고 했으나, 장씨 집안이 동의하지 않고 이 3척의 공터가 자신들의 것이라고 했다. 그러나 오씨 집안은 자신들의 것이라 했고 이 때문에 두 집안에 분쟁이 일어났다. 이때 장씨 집안 사람이 편지를 써서 베이징에서 관직에 있는 장영에게 이 일에 나서달라고 부탁했다.

京当大官的张英，要求张英出面，干涉此事。

84张英收到信件后，认为应该谦让邻里，给家里回信中写了四句话："千里修书只为墙，让他三尺又何妨？万里长城今犹在，不见当年秦始皇。"张家人读了信后觉得很惭愧，明白其中意思，主动让出三尺空地。吴家见状，深受感动，也主动让出三尺房基地，这样就形成了一个6尺的巷子。85两家礼让之举传为美谈。

~에게 (편지나 글 등을) 쓰다

六尺巷只有百米长，但留给人们的思考却很多。86谦让虽然可能会使我们暂时失去面子，失去利益，但却可以让我们拥有优雅的风度和平和的心境。其实，得与失总是相对平衡的，我们失去的，往往会以另一种形式得到补偿。86谦让，是一种修养，是一种美德，也是一种人生的至高境界。

비록 A일지라도 B하다

84장영이 편지를 받고 마땅히 이웃에게 양보해야 한다고 생각하고, 집안에 답장으로 네 구절을 적어 보냈다. '천리 길 편지를 쓰는 것이 단지 담장 하나 때문인데, 그 3척을 양보한들 무슨 상관이겠는가? 만리장성은 아직 그 자리에 있는데, 진시황은 이제 더 이상 볼 수 없지 않는가?' 장씨 집안 사람이 편지를 읽고 부끄럽게 여기고 그 심중의 뜻을 이해하고는 자발적으로 공터 3척을 양보했다. 오씨 집안이 이 사실을 알고 깊이 감동을 받아 공터 3척의 땅을 따로 내놓아 이렇게 6척의 골목이 생겼다. 85두 집안의 양보의 이야기는 미담으로 전해졌다.

6척 골목은 백 미터 밖에 안 되지만 사람들에게 많은 생각을 하게 한다. 86'겸양(겸손하게 양보함)'은 그 순간에는 체면과 이익을 잃는 것 같아도, 우아한 품격과 편안한 마음가짐을 갖게 한다. 사실 득과 실은 항상 상대적으로 균형을 이룬다. 잃은 것이 있으면 종종 다른 방식으로 보상을 받게 된다. 86겸양은 일종의 자기 수양이며, 미덕이고 인생 최고의 경지이다.

어휘 安徽省 Ānhuī Shěng 고유 안후이성(지명) | 户 hù 양 호, 가구, 세대(집이나 가정을 세는 단위) | 姓 xìng 명 성씨 | 相邻 xiānglín 동 서로 이웃하다 | 尺 chǐ 양 척(길이의 단위, 약 33.3cm) | 空地 kòngdì 명 공터 | 祖上 zǔshàng 명 선조 | 产业 chǎnyè 명 (토지, 건물 등 개인 소유의) 부동산 | 久远 jiǔyuǎn 형 오래되다 | ★究竟 jiūjìng 부 도대체 | ★属于 shǔyú 동 ~에 속하다 | 重修 chóngxiū 동 고치다 | 占用 zhànyòng 동 사용하다 | ★为此 wèicí 접 이 때문에 | 争执 zhēngzhí 동 ~와 논쟁하다 | 大官 dàguān 명 대관, 관리 | 要求 yāoqiú 동 요구하다 | 出面 chūmiàn 동 나서다 | 干涉 gānshè 동 간섭하다 | ★谦让 qiānràng 명동 겸양, 겸손하게 양보하다 | 邻里 línlǐ 명 동네(사람) | 给…写 gěi…xiě ~에게 (편지나 글 등을) 쓰다 | 修书 xiūshū 동 편지를 쓰다 | 墙 qiáng 명 담장 | 何妨 héfáng 동 무슨 상관이 있나 | 今 jīn 명 지금 | 犹 yóu 부 아직 | 在 zài 동 있다 | 秦始皇 Qínshǐ Huáng 고유 진시황(인명) | ★惭愧 cánkuì 형 부끄럽다 | 让出 ràngchū 양보하여 내놓다 | 见状 jiànzhuàng 동 상황을 보다 | 房基地 fángjīdì 명 집터 | 巷子 xiàngzi 명 골목 | 礼让之举 lǐràng zhī jǔ 명 양보의 행동 | 传为美谈 chuánwéi měitán 미담으로 전해지다 | 虽然A但B suīrán A dàn B 비록 A일지라도 B하다 | ★暂时 zànshí 명 잠깐 | ★失去 shīqù 동 잃다 | 面子 miànzi 명 체면 | ★利益 lìyì 명 이익 | 拥有 yōngyǒu 동 가지다 | 优雅 yōuyǎ 형 우아하다 | 风度 fēngdù 명 품격 | 平衡 pínghéng 형 균형이 맞다 | 补偿 bǔcháng 동 보상하다 | 修养 xiūyǎng 명 수양 | 美德 měidé 명 미덕 | 至高境界 zhìgāo jìngjiè 최고의 경지

83. HSK POINT 보기를 통해 상세 정보 대조 난이도 中

为什么两家不清楚空地该归谁?	왜 두 집안은 공터가 누구에게 속하는지 알지 못하나?
Ⓐ 年代久远	Ⓐ 세월이 너무 오래 되어서
B 皇帝把这块地赏给别人	B 황제가 이 땅을 다른 사람한테 하사해서
C 张家丢了房屋合同	C 장씨 집안이 집 계약서를 잃어버려서
D 曾属于两家共有	D 일찍이 두 집안이 공유해서

공략 원인을 묻는 문제는 '因为(~때문에)', '由于(~때문에)', '所以(그래서)', '为什么(왜)' 등의 어휘에 유의해야 한다. 첫 단락 '由于(~때문에)' 뒷부분의 '时间久远，这三尺空地究竟属于哪家，谁也不清楚(이미 너무 오래되어 이 3척의 공터가 어느 집안 것인지 불분명하다)'로 미루어 정답은 A이다.

어휘 归 guī 동 ~에 속하다 | 年代 niándài 명 세월 | 久远 jiǔyuǎn 형 오래되다 | 皇帝 huángdì 명 황제 | 赏 shǎng 동 상을 주다 | ★丢 diū 동 잃다 | 合同 hétong 명 계약서 | 曾 céng 부 일찍이 | ★属于 shǔyú 동 ~에 속하다 | 共有 gòngyǒu 동 공유하다

84. HSK POINT 원인을 묻는 문제 난이도 上

张英希望张家怎么做?	장영은 장씨 집안이 어떻게 하기를 바라나?
A 夺取了该空地	A 이 공터를 빼앗는다
B 向吴家道歉	B 오씨 집안에 사과한다
C 把空地卖给吴家	C 공터를 오씨 집안에 판다
Ⓓ 让出了	Ⓓ 양보한다

공략 '张英收到信件后，认为应该谦让邻里(장영이 편지를 받고 마땅히 이웃에게 양보해야 한다고 생각했다)'로 미루어 정답은 D이다.

어휘 夺取 duóqǔ 동 빼앗다 | 该 gāi 대 이것 | ★道歉 dàoqiàn 동 사과하다 | 共同 gòngtóng 형 공동의 | 开发 kāifā 동 개발하다

85. HSK POINT 유사 표현으로 의미 유추 난이도 上

根据上文，下列哪项正确?	윗글에 근거해서 다음 중 옳은 것은?
A 吴家得到了赔偿	A 오씨 집안은 배상을 받았다
B 张英惩罚他们了	B 장영은 그들을 벌했다
C 张家获得了六尺巷	C 장씨 집안이 6척 골목을 얻었다
Ⓓ 张英的做法受到了人们赞赏	Ⓓ 장영의 방법은 사람들의 칭찬을 받았다

공략 '两家礼让之举传为美谈(두 집안의 양보의 이야기는 미담으로 전해졌다)'로 미루어 정답은 D이다. 지문의 '传为美谈(미담으로 전해진다)'와 '受到了赞赏(칭찬을 받았다)'는 의미가 서로 통한다.

어휘 赔偿 péicháng 동 배상하다 | 惩罚 chéngfá 동 징벌하다 | 赞赏 zànshǎng 명 칭찬

86. HSK POINT 주제 찾기 난이도 上

上文主要谈的是：	윗글에서 주로 이야기하는 것은?
Ⓐ 要懂得谦让	Ⓐ 겸손히 양보할 줄 알아야 한다
B 方法比努力更重要	B 방법이 노력보다 더 중요하다
C 人生难免遇到困难	C 인생에서 어려움은 피할 수 없다
D 邻里之间要互相帮助	D 이웃 간에 서로 도와야 한다

공략 오씨 집안과 장씨 집안의 예를 통해서 겸양에 대해 강조하고 있기 때문에 정답은 A이다. 이웃 간에 돕는다는 것보다는 겸손히 양보해야 한다는 것이 주제에 더 부합하므로 이에 유의한다.

[87-90]

甲、乙二人约定时间于某展览馆入口处相见，一同参观展览。87甲按时到达；乙在路上遇到一位故友，寒暄了一阵儿，赶到约定地点时，迟到了半小时。乙说："抱歉！迟到了一会儿。"甲说："我等老半天了，腿都站酸了。一会儿，一会儿有多久？"乙说："最多不到十分钟。"甲说："起码一小时。"

(~에서 우연히 만나다)

客观时间是半小时，乙估计"最多不到十分钟"，甲估计"起码一小时"，是甲有意夸大、乙有意缩小吗？不，他们说的都是自己内心体验的实话。那么为什么会有这种现象呢？90这就是时间知觉的特点：相对主观性。

在同样一段时间里，人们为什么会有长短不同的感觉呢？这首先是因为人们所参与的活动的内容影响着人们对时间的估计。在上面的事例中，88甲干等着，腿都站酸了，乙与故友久别重逢，寒暄说话。一个活动内容枯燥，一个活动热烈有趣，难免造成时间知觉上的差异。其次，89情绪和态度影响

(우선 A, 다음으로는B)

갑과 을 두 사람이 약속 시간을 정해 어느 전시관 입구에서 만나서 같이 전시회를 관람하기로 했다. 87갑은 시간에 맞춰 도착했고, 을은 길에서 옛 친구를 만나 잠시 인사를 나누고 재빠르게 약소 장소에 갔는데, 30분 늦게 도착했다. 을이 말했다. "미안해! 조금 늦었어." 갑이 말했다. "나는 한참을 기다렸어. 서 있어서 다리가 저릴 정도야. 조금, 조금이 얼마인데?" 을이 말했다. "많아 봐야 10분을 넘지 않았어." 갑이 말했다. "최소 한 시간이야."

객관적인 시간은 30분이었다. 을은 "최대 10분을 넘지 않았어."라고 추측했고, 갑은 "최소 한 시간이야."라고 추측했는데 갑이 의도적으로 과장한 것일까, 을이 고의적으로 줄인 것일까? 아니다. 그들이 말한 것은 스스로 마음속에서 직접 체험하고 느낀 솔직한 이야기이다. 그러면 왜 이런 현 상이 일어나는 것일까? 90이것은 바로 시간에 대한 인지가 가지는 특징 즉, '상대적 주관성'이다.

같은 시간 안에 왜 사람들은 시간의 길고 짧음을 다르게 느끼는 것일까? 우선 사람들이 참여하는 활동의 내용이 시간에 대한 추측에 영향을 주기 때문이다. 위의 사례를 보면 88갑은 기다리고 있어서 다리가 아픈데, 을은 옛 친구를 오랜만에 만나 인사를 나눴다. 하나의 행동은 지루했고, 또 다른 행동은 활기찼고 재미있었기 때문에 시간을 인지하는 데 차이가 있을 수 밖에 없다. 89그 다음

人对时间的估计，这正如人们常说的"欢乐恨时短"，"寂寞嫌时长"，"光阴似箭"，"度日如年"等。心理学研究发现，有许多因素影响人们对时间的知觉。实际上，客观时间并不会因为人们的主观感觉而变快或变慢。然而人们却可以运用心理学知识，掌握时间错觉，利用时间错觉，使某些活动产生特殊的心理效应。

(A때문에 B하다)
(~효과를 일으키다)

으로는, 기분과 태도가 시간에 대한 추측에 영향을 준다. 이것은 사람들이 흔히 말하는 '즐거움은 시간이 짧은 것을 탓한다', '외로움은 시간이 긴 것을 싫어한다', '시간이 쏜살같이 간다', '하루가 일 년 같다' 등을 봐도 알 수 있다. 심리학적 연구를 보면, 많은 요소들이 시간에 대한 인지에 영향을 준다. 사실상, 객관적인 시간은 사람들의 주관적인 감각으로 인해 빠르게 변하거나 느리게 변하지는 않는다. 그러나 사람들은 심리학적 지식을 이용해 시간의 착각을 파악하고 활용하여 특정한 행동에 특수한 심리적 효과를 만들어낸다.

어휘 ★约定 yuēdìng 동 약속하다 | 某 mǒu 대 어느 | 展览馆 zhǎnlǎnguǎn 명 전시관 | 入口处 rùkǒuchù 명 입구 | ★相见 xiāngjiàn 동 만나다 | 参观 cānguān 동 참관하다 | ★按时 ànshí 부 시간에 맞춰 | ★到达 dàodá 동 도착하다 | 遇到 yùdào 동 우연히 만나다 | 故友 gùyǒu 명 옛 친구 | 寒暄 hánxuān 동 인사말을 나누다 | ★抱歉 bàoqiàn 동 미안하다 | 老半天 lǎobàntiān 명 한참 동안 | 腿 tuǐ 명 다리 | 酸 suān 형 시큰하다 | ★起码 qǐmǎ 부 최소한 | ★客观 kèguān 형 객관적이다 | 有意 yǒuyì 부 고의로 | ★夸大 kuādà 동 과장하다 | ★缩小 suōxiǎo 동 줄이다 | 内心 nèixīn 명 마음 속 | 体验 tǐyàn 동 체험하다 | ★现象 xiànxiàng 명 현상 | 知觉 zhījué 명 지각, 인지 | 特点 tèdiǎn 명 특징 | 主观性 zhǔguānxìng 명 주관성 | 首先A其次B shǒuxiān A qícì B 우선 A 그 다음에 B | 参与 cānyù 동 참여하다 | 事例 shìlì 명 사례 | 重逢 chóngféng 동 다시 만나다 | 枯燥 kūzào 형 지루하다 | 热烈 rèliè 형 열렬하다 | 有趣 yǒuqù 형 재미있다 | 差异 chāyì 명 차이 | ★正如 zhèngrú 동 ~와 꼭 같다 | 欢乐 huānlè 형 즐겁다 | 恨 hèn 동 원망하다 | ★寂寞 jìmò 형 외롭다 | 嫌 xián 형 싫어하다 | 光阴似箭 guāng yīn sì jiàn 성 시간이 쏜살같이 가다 | 度日如年 dù rì rú nián 성 하루가 일년 같다 | 因素 yīnsù 명 요소 | 因为A而B yīnwèi A ér B A때문에 B하다 | ★然而 rán'ér 접 그러나 | 运用 yùnyòng 동 활용하다 | ★掌握 zhǎngwò 동 파악하다 | 产生…效应 chǎnshēng…xiàoyìng ~효과를 일으키다 | 特殊 tèshū 형 특수하다

87. HSK POINT 원인을 묻는 문제 난이도 中

根据第1段，可以知道什么?

A 他们取消了约会
B 甲准时到了
C 甲临时有事
D 乙迟到了一个小时

첫 번째 단락에 근거해서 알 수 있는 것은?

A 그들은 약속을 취소했다
B 갑은 시간에 맞춰 도착했다
C 갑은 잠시 일이 생겼다
D 을은 한 시간 늦게 왔다

공략 '甲按时到达(갑은 시간에 맞춰 도착했다)'에서 '按时(시간에 맞춰)'와 보기 A의 '准时(제때에)'는 같은 뜻이므로 정답은 B이다.

어휘 ★准时 zhǔnshí 부 제때에

88. HSK POINT 어휘의 의미 파악 난이도 上

为什么甲觉得时间特别长?	갑은 왜 시간이 유난히 길다고 생각했나?
A 他的腿扭伤了	A 그는 다리를 삐었다
B 很兴奋	B 매우 흥분했다
C 他善于说大话	C 과장해서 말하는 것을 좋아한다
D 等待让人觉得无聊	**D 기다림은 사람을 지루하게 만든다**

공략 지문에서 갑은 기다리고 있었기 때문에 오래 기다린 것처럼 느꼈다. 갑과 을에 대한 차이점을 정확하게 파악해서 정답을 고른다. 정답은 D이다.

어휘 扭伤 niǔshāng 통 삐다 | 说大话 shuō dàhuà 통 허풍을 떨다 | ★无聊 wúliáo 형 지루하다

89. HSK POINT 제목 찾기 난이도 中

"欢乐恨时短" 是什么意思?	'欢乐恨时短'은 무슨 뜻인가?
A 时间很宝贵	A 시간은 귀하다
B 要采取乐观的态度	B 낙천적인 태도를 취해야 한다
C 情绪影响人们的感受	**C 기분은 사람의 감정에 영향을 미친다**
D 应该合理安排时间	D 합리적으로 시간을 배분해야 한다

공략 '欢乐恨时短'가 언급된 단락의 앞뒤 맥락을 통해서 정답을 고른다. 앞 문장 '情绪和态度影响人对时间的估计(기분과 태도가 시간에 대한 추측에 영향을 준다)'로 미루어 정답은 C이다.

어휘 宝贵 bǎoguì 형 귀하다 | 采取 cǎiqǔ 통 (태도 등을) 취하다 | ★乐观 lèguān 형 낙관적이다 | 态度 tàidu 명 태도 | ★合理 hélǐ 형 합리적이다 | 安排 ānpái 통 안배하다 | ★情绪 qíngxù 명 기분 | 感受 gǎnshòu 명 느낌

90. HSK POINT 주제 찾기 난이도 中

上文主要想告诉我们:	윗글에서 주로 이야기하는 것은?
A 时间决定命运	A 시간이 운명을 결정한다
B 不要浪费时间	B 시간을 낭비하지 마라
C 时间具有相对主观性	**C 시간은 상대적인 주관성을 갖는다**
D 时间不会因人而异	D 시간은 사람에 따라 달라지지 않는다

공략 이 글은 사람의 기분에 따라 느끼는 시간의 길이가 다름을 얘기하고 있기 때문에 정답은 C이다.

어휘 命运 mìngyùn 명 운명 | ★浪费 làngfèi 통 낭비하다 | 因人而异 yīn rén ér yì 성 사람에 따라 다르다

新 HSK 5급 합격모의고사 书写

第一部分

91. HSK POINT 형용사 술어문 난이도 中

明显	效果	那种	治疗方法的	更

공략 **STEP 01. 품사 분석**

明显	效果	那种	治疗方法的	更
형용사	명사	지시대명사+양사	명사+구조조사	정도부사

STEP 02. 짝짓기

① 的+명사 → 治疗方法的+效果
② 지시대명사+양사+명사 → 那+种+治疗方法的效果
③ 정도부사+형용사 → 更+明显

STEP 03. 술어와 목적어 결합

明显
술어(목적어를 갖지 않는 형용사 술어문)

STEP 04. 문장 완성

정답 那种治疗方法的效果更明显。
그 종류의 치료 방법 효과가 더 분명하다.

▶ 형용사 이외에 다른 술어가 없을 경우, 이 문장은 형용사 술어문이다. 형용사 술어문은 목적어를 가질 수 없다는 점에 유의한다.

어휘 ★明显 míngxiǎn 형 분명하다 | 效果 xiàoguǒ 명 효과 | 治疗 zhìliáo 동 치료하다

92. HSK POINT 술어와 목적어의 호응 관계 난이도 上

关于龙的　　流传着　　很多　　当地　　传说

공략

STEP 01. 품사 분석

关于龙的	流传着	很多	当地	传说
개사+명사+구조조사	동사+동태조사	정도부사+형용사	명사	명사

STEP 02. 짝짓기

的+명사 → 关于龙的+传说

STEP 03. 술어와 목적어 결합

流传着	+	关于龙的传说
술어		목적어

STEP 04. 문장 완성

정답 当地流传着很多关于龙的传说。
현지에는 용에 관한 많은 전설이 전해지고 있다.

▶ 동사 '流传(전하다)'는 목적어 '传说(전설)'과 호응을 이룬다.

어휘 ★关于 guānyú 개 ~에 관하여 | 龙 lóng 명 용 | 流传 liúchuán 동 전해지다 | 当地 dāngdì 명 현지, 그곳 | ★传说 chuánshuō 명 전설

오답 풀이

当地流传着关于龙的传说很多。(X) ➔ 当地流传着很多关于龙的传说。(O)

형용사 '很多(많다)'는 술어로 쓰이거나 명사를 수식하는 관형어로 쓰이는데, 여기에서는 이미 술어 '流传着(전해지고 있다)'가 있으므로 명사를 수식하는 데 쓰여야 한다.

93. HSK POINT 쌍빈동사 给 난이도 中

给他　　我目前　　明确的答案　　不能

공략

STEP 01. 품사 분석

给他	我目前	明确的答案	不能
동사+인칭대명사	인칭대명사+시간명사	형용사+구조조사+명사	부정부사+조동사

STEP 02. 짝짓기

조동사+동사 → 不能+给他

STEP 03. 술어와 목적어 결합

给他 술어+목적어1	+	明确的答案 목적어2

STEP 04. 문장 완성

정답 我目前不能给他明确的答案。
나는 현재 그에게 명확한 답안을 줄 수 없다.

▶ '给'는 개사와 동사 두 가지 품사를 갖는데, 여기에서는 '给' 외에 다른 술어가 없으므로 동사로 사용해야 한다. 동사 '给'는 목적어 두 개를 한꺼번에 취하는 쌍빈동사로 '给+사람+사물(~에게 ~을 주다)'의 문장 형식으로 자주 쓰인다.

어휘 目前 mùqián 명 현재 | 明确 míngquè 형 명확하다 | ★答案 dá'àn 명 답안 | 不能 bùnéng 조동 ~할 수 없다

94. HSK POINT 동사 是와 수량사의 위치 난이도 中

诗　　赞美　　这是　　一首　　青春的

공략 **STEP 01.** 품사 분석

诗 명사	赞美 동사	这是 지시대명사+동사	一首 수사+양사	青春的 명사+구조조사

STEP 02. 짝짓기

① 的+명사 → 青春的+诗
② 수사+양사+명사 → 一首+青春的诗

STEP 03. 술어와 목적어 결합

① 赞美(술어) + 青春(목적어)
② 是(술어) + 一首赞美青春的诗(목적어)

STEP 04. 문장 완성

정답 这是一首赞美青春的诗。
이것은 청춘을 찬미하는 시이다.

▶ 동사 '是(~이다)'는 명사를 목적어로 가진다. 일반적으로 '주어+是+목적어'의 문장 형식에 쓰이는데, 목적어 자리에는 '수사+양사+관형어(~的)+명사' 순서로 단어가 배열된다.

어휘 诗 shī 명 시 | 青春 qīngchūn 명 청춘

95. HSK POINT 부사 大约 난이도 上

大约　　那个　　有　　操场　　8000平方米

공략

STEP 01. 품사 분석

大约(부사)　那个(지시대명사+양사)　有(동사)　操场(명사)　8000平方米(수사+양사)

STEP 02. 짝짓기

① 지시대명사+양사+명사 → 那个+操场
② 부사+동사 → 大约+有

STEP 03. 술어와 목적어 결합

有(술어) + 8000平方米(목적어)

STEP 04. 문장 완성

정답 那个操场大约有8000平方米。
그 운동장은 대략 8000제곱미터이다.

▶ '大约(대략)'은 부사로 수량사를 동반한 술어 앞에 놓인다.

어휘 ★大约 dàyuē 부 대략 | 操场 cāochǎng 명 운동장 | 平方米 píngfāngmǐ 양 제곱미터

! 오답 풀이

那个操场有 大约8000平方米。(X) ➔ 那个操场大约有8000平方米。(O)

우리말 어순 때문에 '大约(대략)'을 수량사 앞에 놓기 쉬운데, 부사이기 때문에 반드시 동사 앞에 놓아야 한다.

96. HSK POINT 개사 为의 위치 난이도 上

调查报告的　　事情　　他在　　为　　发愁

공략

STEP 01. 품사 분석

调查报告的(명사+구조조사)　事情(명사)　他在(인칭대명사+시간부사)　为(개사)　发愁(동사)

STEP 02. 짝짓기

① 的+명사 → 调查报告的+事情
② 개사+명사 → 为+调查报告的事情

STEP 03. 술어와 목적어 결합

发愁
술어(发愁:목적어를 포함한 동사)

STEP 04. 문장 완성

정답 他在为调查报告的事情发愁。
그는 조사 보고서 때문에 근심하고 있다.

▶ 중국어의 기본 어순인 '주어+부사+개사구+동사'에서 개사구의 위치에 주의한다. 개사구 '为调查报告的事情(조사 보고서 때문에)'는 동사 '发愁(근심하다)' 앞에, 부사 '在(~하고 있다)' 뒤에 놓인다. 여기에서 '在'는 개사가 아니라 시간부사이다.

어휘 报告 bàogào 명 보고(서), 리포트 | ★发愁 fāchóu 동 근심하다

97. HSK POINT 부사 大大와 술어 및 목적어의 호응 관계 난이도 中

办理时间　　大大　　缩短了　　这　　签证的

공략 **STEP 01. 품사 분석**

办理时间	大大	缩短了	这	签证的
명사	부사	동사+동태조사	지시대명사	명사+구조조사

STEP 02. 짝짓기

① 的+명사 → 签证的+办理时间
② 부사+동사 → 大大+缩短了

STEP 03. 술어와 목적어 결합

缩短了 + 签证的办理时间
술어　　목적어

STEP 04. 문장 완성

정답 这大大缩短了签证的办理时间。
이것은 비자의 처리 시간을 크게 줄였다.

▶ 부사 '大大(크게)'는 증가 또는 감소의 의미를 가지는 동사와 함께 쓰인다. 또한 동사 '缩短(줄이다)'는 명사 '时间(시간)'과 호응 관계를 이룬다.

어휘 ★办理 bànlǐ 동 처리하다 | ★大大 dàdà 부 크게 | 缩短 suōduǎn 동 줄이다 | ★签证 qiānzhèng 명 비자

! 오답 풀이

这缩短了大大签证的办理时间。(X) ➔ 这大大缩短了签证的办理时间。(O)

'大大(크게)'는 형용사가 중첩된 부사로, 증가나 감소를 나타내는 동사 앞에 놓인다.

98. HSK POINT 연동문 난이도 中

飞走了　　挥动　　翅膀　　蝴蝶　　着

공략 STEP 01. 품사 분석

飞走了	挥动	翅膀	蝴蝶	着
동사+동태조사	동사	명사	명사	동태조사

STEP 02. 짝짓기

동사+동태조사 → 挥动+着

STEP 03. 술어와 목적어 결합

挥动着 + 翅膀
술어 　 목적어

STEP 04. 문장 완성

정답 蝴蝶挥动着翅膀飞走了。
나비는 날개를 퍼덕이며 날아갔다.

▶ 연동문은 술어가 둘 이상인 문장을 말하며 크게 두 가지 종류로 나눌 수 있다. 하나는 동작의 선후 관계를 나타내는 연동문이고, 다른 하나는 '특정 수단/방법+동작' 형태로 수단이나 방식을 나타내는 연동문이다. 여기에서 '挥动着翅膀(날개를 퍼덕이다)'가 수단이며 '飞走了(날아가다)'가 동작이기 때문에 순서대로 배열하면 된다.

어휘 ★挥动 huīdòng 동 휘두르다, 흔들다 | 蝴蝶 húdié 명 나비

第二部分

99. HSK POINT 경기와 경쟁을 중심으로 이야기 풀기 난이도 上

决赛　　竞争　　激烈　　熬夜　　冠军

공략 STEP 01. 제시어 분석하기

决赛 juésài 명 결승전
竞争 jìngzhēng 명 경쟁
激烈 jīliè 형 치열하다
熬夜 áoyè 동 밤새다
冠军 guànjūn 명 우승, 1등

STEP 02. 활용 구문 떠올리기

决赛 – 足球决赛 : 축구 결승전
进入了决赛 : 결승에 진출하다
竞争 – 展开激烈的竞争 : 치열한 경쟁을 펼치다
学生之间的竞争 : 학생 간의 경쟁
激烈 – 激烈的竞争 : 치열한 경쟁
竞争很激烈 : 경쟁이 치열하다
熬夜 – 熬夜看比赛了 : 밤새서 경기를 봤다
经常熬夜 : 자주 밤을 샌다
冠军 – 在本次比赛获得冠军 : 이번 경기에서 우승했다
终于获得了冠军 : 결국 우승을 차지했다

STEP 03. 개요 짜기

1
서론 남자 친구가 축구 보는 것을 좋아함
본론 한국 축구팀의 결승전 날, 양팀이 치열하게 경쟁해서 밤새서 경기를 봄
결론 한국팀이 우승하기를 바람

2
서론 중국에서 유학할 때 연설 대회에 참가함
본론 밤 새서 준비했고, 경쟁이 치열했지만 결승에 진출함
결론 결국 우승함

STEP 04. 개요에 살 붙이기

1
서론 내 남자 친구는 축구 경기 보는 것을 좋아한다.
⋯ 我的男朋友喜欢看足球比赛。

본론 어제 저녁 한국팀과 이탈리아팀의 축구 결승전이 있었고, 두 팀이 치열한 경쟁을 펼쳤다. 그래서 내 남자 친구는 밤을 새서 경기를 봤다.
⋯ 昨天晚上有韩国队和意大利队的足球决赛，两队展开激烈的竞争。所以我的男朋友熬夜看比赛了。

결론 나는 남자 친구한테 불만이 있기는 하지만, 한국 팀이 우승을 하기 바란다.
⋯ 我对他有点儿不满，可是，我也希望韩国队获得冠军。

※ 백 퍼센트 활용 표현
- ~에 불만이 있다 : 对…不满
- ~경쟁을 펼치다 : 展开…竞争

2 서론 중국에서 유학할 때 연설 대회에 참가했다.
···› 我在中国留学的时候，参加了演讲比赛。

본론 매일 연습하고 자주 밤을 샜다. 비록 유학생들 간에 경쟁이 치열하기는 했지만, 결승에 진출했다.
···› 每天训练演讲，经常熬夜。虽然留学生之间竞争很激烈，但是，我进入了决赛。

결론 결국 우승을 했다.
···› 终于获得了冠军。

※ 백 퍼센트 활용 표현
- 결국 ~하다 : 终于…了

STEP 05. 문장 완성하기

1 모범답안

		我	的	男	朋	友	非	常	喜	欢	看	足	球	比	赛,
连	觉	都	忘	了	睡	。	昨	晚	有	韩	国	队	和	意	大
利	队	的	足	球	决	赛	，	两	队	展	开	了	激	烈	的
竞	争	。	所	以	我	的	男	朋	友	熬	夜	了	。	我	对
他	有	点	儿	不	满	，	可	是	我	也	希	望	韩	国	队
能	在	本	次	比	赛	中	获	得	冠	军	。				

连…都 심지어 ~조차도
展开…竞争 ~경쟁을 펼치다
对…不满 ~에 불만이 있다

해석 내 남자 친구는 축구 경기 보는 것을 무척 좋아해서 심지어 자는 것까지도 잊어버릴 정도이다. 어제 저녁 한국 팀과 이탈리아 팀의 축구 결승전이 있었다. 두 팀은 치열한 각축전을 펼쳤고, 그래서 남자 친구는 밤을 샜다. 나는 남자 친구한테 불만이 있기는 하지만 나도 한국 팀이 이번에 우승하길 바란다.

어휘 展开 zhǎnkāi 동 펴다, 펼치다 | 本次 běn cì 명 이번

2 모범답안

　　我在中国留学的时候，参加了演
讲比赛。当时，我的汉语水平不是那
么高的。可是报名参加比赛后，每天
训练演讲，经常熬夜。虽然留学生之
间竞争很激烈，但是我进入了决赛，
终于获得了冠军。

不是那么… 그렇게 ~하지 않다

终于…了 결국 ~하다

해석 나는 중국 유학 시절에 연설 대회에 참가했다. 당시 내 중국어 실력은 그리 높지 않았지만, 대회에 등록하고 나서 매일 연습했고 자주 밤을 샜다. 비록 유학생들 간에 경쟁이 치열하기는 했지만, 결승전에 진출했고, 결국 1등을 했다.

어휘 意大利 Yìdàlì 고유 이탈리아 | 训练 xùnliàn 동 훈련하다, 훈련시키다

100. HSK POINT 물건 구매와 배송을 중심으로 이야기 풀기 난이도 中

공략 STEP 01. 그림 보고 단어 연상하기

명사 商品 shāngpǐn 상품 | 鞋子 xiézi 신발 |
快递员 kuàidìyuán 택배기사 | 包裹 bāoguǒ 소포

동사 购买 gòumǎi 구매하다 | 收到 shōudào 받다 |
适合 shìhé 어울리다

형용사 昂贵 ángguì 비싸다 | 便宜 piányí 싸다 |
满意 mǎnyì 만족스럽다

STEP 02. 개요 짜기

1

서론 마음에 든 신발을 발견함

본론 인터넷으로 싼값에 구입함

결론 물건을 받고 나서 만족스러움

2

서론 택배가 왔다는 연락을 받음

본론 물건을 받았는데, 중국 친구가 보내 준 생일 선물이었음

결론 감동스러움

STEP 03. 개요에 살 붙이기

1

서론 예쁜 신발을 발견했는데 가격이 너무 비쌌다.

···› 发现了很漂亮的鞋，可是价格太贵了。

본론 인터넷에서 같은 신발을 발견했다. 가격이 백화점에서 사는 것보다 훨씬 싸서 구입했다.

···› 网上找到了一样的鞋子。价格比百货商店便宜得多，所以购买了。

결론 오늘 그 상품을 받았는데, 매우 만족스러웠다.

···› 今天我收到了那个商品，我很满意。

※ 백 퍼센트 활용 표현

- A가 B보다 훨씬 ~하다 : A比B···得多

2

서론 쇼핑센터에서 계산하려고 줄을 서고 있을 때, 택배 기사가 아파트에 왔다는 전화를 받았다.

···› 我在商场排队结帐的时候，接到了电话，快递员到了我们的公寓。

본론 소포를 받고 나서, 그것이 중국 친구가 보낸 생일 선물이라는 것을 알게 되었다.

···› 我收到包裹后，才知道了那个包裹是我的中国朋友送给我的生日礼物。

결론 매우 감동스럽다.

···› 我很感动。

※ 백 퍼센트 활용 표현

- ~한 후에 알게 되었다 : ···后，才知道了
- ~에게 보내다 : 送给···

STEP 04. 문장 완성하기

1 모범답안

　　周末我跟朋友去百货商店时，发
现了很漂亮的高跟鞋。我想买那双鞋
子，可是价格太贵了。我回家后，在
网上找到了一样的鞋子。价格比百货
商店的便宜得多，所以购买了。今天
我收到了那个商品，我很满意。

A比B…得多 A가 B보다 훨씬 ~하다

해석 지난주에 친구와 백화점에 갔을 때 예쁜 하이힐을 발견했다. 그 신발을 너무 사고 싶었지만 가격이 너무 비쌌다. 집에 돌아와서, 인터넷에서 같은 신발을 발견했다. 가격이 백화점에서 사는 것보다 훨씬 싸서 구입했다. 오늘 그 상품을 받았는데, 나는 매우 만족스러웠다.

2 모범답안

　　昨天我在商场排队结账的时候，
接到了妈妈的电话。她说，快递员到
了我们的公寓，但是没人接收包裹。
我先赶快结账，然后回家了。我收到
包裹后，才知道那个包裹是我的中国
朋友送给我的生日礼物。我很感动。

先…，然后… 먼저 ~하고, 그 후에 ~

…后，才知道了 ~한 후에 알게 되었다

送给… ~에게 ~을 보내다

해석 어제 쇼핑센터에서 계산하려고 줄을 서 있는데 엄마에게서 전화가 왔다. 택배 기사가 아파트에 왔는데, 소포 받을 사람이 없다는 것이었다. 우선 급하게 계산을 하고 집에 돌아갔다. 소포를 받고 나서 그것이 중국 친구가 보낸 생일 선물이라는 것을 알게 되었다. 매우 감동스러웠다.

4회 해설

합격모의고사 4회 정답

一、听力

第一部分

1. B	2. A	3. B	4. D	5. C	6. C	7. D	8. A	9. B	10. A
11. B	12. D	13. B	14. C	15. A	16. D	17. D	18. B	19. C	20. D

第二部分

21. A	22. C	23. A	24. C	25. B	26. D	27. C	28. C	29. A	30. C
31. B	32. B	33. D	34. C	35. A	36. C	37. B	38. B	39. A	40. C
41. D	42. C	43. C	44. B	45. A					

二、阅读

第一部分

46. B	47. C	48. A	49. B	50. C	51. C	52. B	53. A	54. A	55. B
56. D	57. A	58. B	59. A	60. D					

第二部分

61. C	62. B	63. B	64. C	65. D	66. A	67. C	68. A	69. D	70. B

第三部分

71. D	72. D	73. A	74. B	75. D	76. A	77. B	78. D	79. A	80. A
81. C	82. D	83. C	84. D	85. B	86. B	87. D	88. B	89. D	90. A

三、书写

第一部分

91. 树上的果实已经成熟了。
92. 杀毒软件需要升级了。
93. 养宠物能培养孩子的责任心。
94. 他们是否赞成我的观点?
95. 抱怨根本不能解决任何问题。
96. 第7届家具展览会将在上海举行。
97. 国庆节期间本店照常营业。
98. 他连续五年被评为优秀主持人。

第二部分

99. 274쪽 모범답안 참고

100. 276-277쪽 모범답안 참고

新 HSK 5급 합격모의고사 听力

第一部分

1. HSK POINT 장소를 묻는 문제 난이도 下 track 04-1

女：毕业以后，你打算去什么单位工作？	여: 졸업 후에, 너는 어느 회사에서 일할 계획이야?
男：应该是媒体类的。我最近在一家报社实习。	남: 미디어 관련 회사에서 일할 거야. 최근에 신문사에서 인턴을 하고 있거든.
问：男的在哪儿实习？	질문: 남자는 어디에서 인턴 과정을 하고 있나?
A 电视台	A 방송국
B 报社	**B 신문사**
C 贸易公司	C 무역 회사
D 学校	D 학교

공략 보기가 모두 장소이기 때문에 장소에 유의하여 듣는다. '在一家报社实习(신문사에서 인턴을 하고 있거든)'을 들으면 정답은 B이다.

어휘 ★单位 dānwèi 명 직장 | 媒体 méitǐ 명 매체, 미디어 | ★报社 bàoshè 명 신문사 | ★实习 shíxí 동 실습하다, 인턴 과정을 하다 | 电视台 diànshìtái 명 텔레비전 방송국 | 贸易 màoyì 명 무역

2. HSK POINT 유사 표현 듣기 난이도 上 track 04-2

男：你看天气预报了吗？明天天气怎么样？	남: 일기 예보 봤어? 내일 날씨가 어때?
女：明天会降温，而且有大风。这次活动还是改在室内吧。	여: 내일 기온이 떨어지고 바람도 강하대. 이번 행사는 실내에서 하는 것으로 바꾸는 것이 좋겠어.
问：女的建议怎么做？	질문: 여자는 어떻게 하기를 제안하는가?
A 改地点	**A 장소를 바꾼다**
B 多穿一点	B 더 많이 입는다
C 改时间	C 시간을 바꾼다
D 戴帽子	D 모자를 쓴다

공략 보기의 '改地点(장소를 바꾼다)'와 녹음의 '改在室内(실내로 바꾼다)'는 의미가 서로 통하므로 정답은 A이다.

어휘 天气预报 tiānqì yùbào 명 일기 예보 | ★降温 jiàngwēn 동 기온이 떨어지다 | ★活动 huódòng 명 행사 | 室内 shìnèi 명 실내 | 改 gǎi 동 바꾸다 | 地点 dìdiǎn 명 장소 | 帽子 màozi 명 모자

3. HSK POINT 보기를 통해 상세 정보 대조 난이도 下

track 04-3

女：你还有其他业务要办吗？	여: 또 다른 업무를 처리하실 건가요?
男：我想咨询一下，手机银行怎么开通？	남: 문의 좀 할게요. 폰뱅킹은 어떻게 개통하나요?
问：男的想了解什么业务？	질문: 남자는 어떤 업무를 알고 싶나?
A 网上银行	A 온라인 뱅킹
B 手机银行	**B 폰뱅킹**
C 设置密码	C 비밀번호 설정
D 开通股票账户	D 주식 계좌 개설

공략 '手机银行(폰뱅킹)'을 들으면 쉽게 정답을 고를 수 있다. 정답은 B이다.

어휘 其他 qítā 대 기타 | 业务 yèwù 명 업무 | ★咨询 zīxún 동 자문하다 | ★手机银行 shǒujī yínháng 명 폰뱅킹 | ★开通 kāitōng 동 개통하다 | ★网上银行 wǎngshàng yínháng 명 인터넷 뱅킹 | 设置 shèzhì 동 설치하다, 설정하다 | 密码 mìmǎ 명 비밀번호 | ★股票 gǔpiào 명 주식 | ★账户 zhànghù 명 계좌

4. HSK POINT 유의어 듣기 난이도 上

track 04-4

男：听说，咱们公司周末去春游。小黄能去吗？	남: 우리 회사가 주말에 봄 야유회를 간다고 하던데, 샤오황은 갈 수 있나요?
女：他最近忙着装修新房，未必有时间。	여: 최근에 신방을 인테리어 하느라 바빠서 시간이 있을지 없을지 모르겠어요.
问：女的是什么意思？	질문: 여자의 말은 무슨 뜻인가?
A 女的实力更强	A 여자의 실력이 더 강하다
B 小黄不可能来	B 샤오황은 올 수 없다
C 取消活动	C 행사를 취소한다
D 小黄不一定去	**D 샤오황이 꼭 가는 것은 아니다**

공략 녹음 중 '未必(반드시 ~한 것은 아니다)'와 보기의 '不一定(꼭 그런 것은 아니다)'는 불확실한 상황에 사용된다. 정답은 D이다.

어휘 春游 chūnyóu 명 봄 야유회 | 忙着 mángzhe 부 바쁘게 ~을 하다 | ★装修 zhuāngxiū 동 인테리어를 하다 | 新房 xīnfáng 명 새집, 신방 | ★未必 wèibì 부 반드시 ~한 것은 아니다 | 取消 qǔxiāo 동 취소하다 | ★不一定 bùyídìng 부 꼭 ~한 것은 아니다

관련 어휘 TIP

▶ 불확실

- 说不准 shuōbuzhǔn 아마 ~일 것이다
- 不见得 bújiànde 꼭 ~한 것은 아니다
- 未必 wèibì 꼭 ~한 것은 아니다
- 说不定 shuōbudìng 아마 ~일 것이다
- 不一定 bùyídìng 꼭 ~한 것은 아니다

5. HSK POINT 보기를 통해 상세 정보 대조 난이도 下

track 04-5

女：你去过南京吗？我下个月去那儿培训。
男：我本科在那里读的。那儿风景很美，还有许多名胜古迹。

问：男的觉得南京怎么样？

A 面积太大
B 交通便捷
C 风景美
D 人口密集

여: 너는 난징에 가봤니? 나는 다음 달에 거기에서 훈련을 받아.
남: 내가 거기에서 학부를 나왔거든. 그곳의 풍경은 아름답고 명승지가 많아.

질문: 남자의 생각에 난징은 어떠한가?

A 면적이 너무 넓다
B 교통이 편리하다
C 풍경이 아름답다
D 인구가 밀집되어 있다

공략 보기에 '面积(면적)', '交通(교통)', '风景(풍경)', '人口(인구)' 등의 어휘가 있으므로 어떤 지역에 관한 문제임을 알 수 있다. '风景很美(풍경이 아름답다)'로 미루어 정답은 C이다.

어휘 ★培训 péixùn 동 훈련하다, 양성하다 | 本科 běnkē 명 학부 과정 | 读 dú 동 공부하다 | ★风景 fēngjǐng 명 풍경 | 名胜古迹 míngshèng gǔjì 명 명승지 | ★面积 miànjī 명 면적 | 交通 jiāotōng 명 교통 | 便捷 biànjié 형 빠르고 편리하다 | 人口 rénkǒu 명 인구 | 密集 mìjí 동 밀집하다

6. HSK POINT 보기를 통해 상세 정보 유추 난이도 中

track 04-6

男：您好，您是王女士吧？我们是给你安装空调的。我们现在出发，半个小时后到你家。
女：什么？我约的是明天呢。

问：女的是什么意思？

A 收费太贵了
B 不想安装
C 男的弄错时间了
D 男的服务态度特别好

남: 안녕하세요, 왕 여사님인가요? 에어컨을 설치해 드릴 건데 지금 출발하면 30분 후에 댁에 도착해요.
여: 뭐라고요? 약속한 시간은 내일인데요.

질문: 여자의 말은 무슨 뜻인가?

A 요금이 너무 비싸다
B 설치하고 싶지 않다
C 남자는 시간을 잘못 알았다
D 남자의 서비스 태도는 아주 좋다

공략 남자의 말 '现在出发(지금 출발하다)'와 여자의 말 '我约的是明天(약속한 시간은 내일인데요)'를 들으면 정답은 C이다. 들리는 그대로 보기에서 정답을 찾는 것이 아니라, 정확하게 내용을 이해하고 유추해야 정답을 고를 수 있다.

어휘 ★安装 ānzhuāng 동 설치하다 | 空调 kōngtiáo 명 에어컨 | ★出发 chūfā 동 출발하다 | 约 yuē 동 약속하다 | 收费 shōufèi 명 비용 | 弄错 nòngcuò 동 잘못 알다 | ★服务 fúwù 명 서비스 | 态度 tàidu 명 태도

7. HSK POINT 보기를 통해 상세 정보 대조 난이도 中 track 04-7

女：王导演，您的下一部作品什么时候能和大家见面？
男：电影已经拍完了，目前正在进行后期制作，预计三月初上映。

问：关于男的，可以知道什么？

A 获了大奖
B 是演员
C 退休了
D 正在制作电影

여: 왕 감독님, 다음 작품은 언제 만날 수 있나요?
남: 영화는 이미 다 찍었고 지금은 후반 작업을 진행하고 있어요. 3월 초에 개봉할 예정이에요.

질문: 남자에 관해 알 수 있는 것은?

A 대상을 받았다
B 배우이다
C 은퇴했다
D 영화를 제작하고 있다

공략 보기에 모두 주어가 없기 때문에 술어에 유의하여 듣는다. '正在进行后期制作(후반 작업을 진행하고 있다)'로 미루어 정답은 D이다.

어휘 ★导演 dǎoyǎn 명 감독 | 拍 pāi 동 촬영하다 | 后期制作 hòuqī zhìzuò 명 후반 작업 | ★预计 yùjì 동 예측하다 | 上映 shàngyìng 동 상영하다 | 获 huò 동 획득하다 | ★大奖 dàjiǎng 명 대상 | ★演员 yǎnyuán 명 배우 | 退休 tuìxiū 동 은퇴하다

8. HSK POINT 보기를 통해 상세 정보 대조 난이도 下 track 04-8

男：您好，我是来应聘工程师的。这是我的简历。
女：好的，请先到这边的休息室等候。稍后，会有人领你去面试。

问：男的来做什么？

A 应聘工作
B 签合同
C 写简历
D 买新手机

남: 안녕하세요. 저는 엔지니어에 지원하러 왔습니다. 제 이력서입니다.
여: 좋아요. 우선 여기 휴게실에서 기다리세요. 잠시 후에 면접 장소로 안내해 주실 분이 오실 거예요.

질문: 남자는 무엇을 하러 왔는가?

A 일자리에 지원하러
B 계약을 체결하러
C 이력서를 쓰러
D 새 핸드폰을 사러

공략 '应聘(응시하다)', '简历(이력서)', '面试(면접)' 등의 어휘를 들으면 정답을 고를 수 있다. 정답은 A이다.

어휘 ★应聘 yìngpìn 동 지원하다 | 工程师 gōngchéngshī 명 엔지니어 | ★简历 jiǎnlì 명 이력서 | 休息室 xiūxishì 명 휴게실 | 等候 děnghòu 동 기다리다 | 稍后 shāohòu 명 잠시 후 | 领 lǐng 동 인솔하다 | ★签合同 qiān hétong 계약을 체결하다

9. HSK POINT 유사 표현으로 의미 유추 난이도 上

track 04-9

女：虽然产品质量好，但对方在价格上更有优势。

男：是，最近他们降价，抢走了不少客户。

问：对方的优势在哪儿?

A 知名度高

B 价格低

C 质量好

D 容易环保

여: 제품의 품질이 우수하기는 하지만, 상대 회사는 가격에서 더욱 우위를 점하고 있어요.

남: 맞아요. 최근에 그들이 가격을 인하해서 적지 않은 고객을 빼앗아 갔습니다.

질문: 상대 회사의 장점은?

A 지명도가 높다

B 가격이 낮다

C 품질이 좋다

D 환경 보호에 용이하다

공략 '在价格上更有优势(가격에서 더욱 우의를 점한다)'와 '降价(가격을 낮추다)'는 가격이 낮다는 뜻이므로 정답은 B이다. C는 상대 회사가 아니라 남자와 여자 회사에 대한 설명이므로 정답이 아니다.

어휘 ★产品 chǎnpǐn 명 제품 | ★质量 zhìliàng 명 품질 | 对方 duìfāng 명 상대편 | 价格 jiàgé 명 가격 | ★优势 yōushì 명 우세, 우위 | ★降价 jiàngjià 동 가격을 낮추다 | 抢走 qiǎngzǒu 동 빼앗아가다 | 客户 kèhù 명 고객 | 知名度 zhīmíngdù 명 지명도 | 环保 huánbǎo 명 환경 보호

10. HSK POINT 특정 인물에 관한 문제 난이도 下

track 04-10

男：小李虽然年纪轻，工作能力却很强，交给他的事都完成得很棒。

女：是啊，我也很欣赏他。这次分公司选拔经理，我准备推荐他。

问：他们觉得小李怎么样?

A 能力强

B 很自信

C 不够熟练

D 善于交际

남: 샤오리가 나이는 젊지만 업무 능력이 뛰어나서, 맡기는 일은 모두 아주 훌륭하게 완수해요.

여: 맞아요. 나도 그를 마음에 들어 하고 있어요. 이번에 지사에서 책임자를 뽑고 있는데 그를 추천할 생각이에요.

질문: 그들은 샤오리에 대해 어떻게 생각하는가?

A 능력이 뛰어나다

B 매우 자신감이 있다

C 숙련되지 않았다

D 사교성이 뛰어나다

공략 보기를 보면 특정 인물에 대한 문제임을 알 수 있다. 녹음에서 남자가 '工作能力很强(업무 능력이 뛰어나다)'라고 했고, 여자도 동의하며 긍정적인 평가를 하고 있으므로 정답은 A이다.

어휘 年纪轻 niánjì qīng 나이가 젊다 | 完成 wánchéng 동 완성하다 | ★欣赏 xīnshǎng 동 마음에 들다 | ★选拔 xuǎnbá 동 선발하다 | 经理 jīnglǐ 명 책임자 | ★推荐 tuījiàn 동 추천하다 | ★自信 zìxìn 형 자심감이 있다 | 熟练 shúliàn 형 숙련되다 | ★善于 shànyú 동 ~에 능숙하다 | 交际 jiāojì 동 교제하다

11. HSK POINT 유사 표현으로 의미 유추 난이도 上

track 04-11

女：有海景房吗？最好一开窗，就能看到大海和沙滩。

男：这家酒店就有，现在订房，还免费赠送两张海鲜自助餐券。

问：关于那家酒店，可以知道什么？

A 房间太大
B 离沙滩很近
C 看不见大海
D 没有空房

여: 바다 전망 객실이 있나요? 창문을 열면 바로 바다와 모래사장이 보이는 게 가장 좋겠어요.

남: 이 호텔에 있습니다. 지금 예약하시면 해산물 뷔페권 2장을 무료로 증정합니다.

질문: 호텔에 관해 알 수 있는 것은?

A 객실이 아주 크다
B 모래사장에서 가깝다
C 바다를 볼 수 없다
D 빈방이 없다

공략 보기의 '房间(객실)', '沙滩(모래사장)', '大海(바다)', '空房(빈방)' 등 특정 어휘에 주목하여 대화를 듣는다. 남자의 '最好你一开窗，就能看到大海和沙滩(창문을 열면 바로 바다와 모래사장이 보이는 게 가장 좋겠어요)'와 B의 '离沙滩很近(모래사장에서 가깝다)'는 유사한 의미이므로 정답은 B이다.

어휘 海景房 hǎijǐngfáng 명 바다 전망 방 | ★沙滩 shātān 명 모래사장 | 酒店 jiǔdiàn 명 호텔 | ★订房 dìngfáng 동 객실을 예약하다 | 免费 miǎnfèi 동 무료로 하다 | 赠送 zèngsòng 동 증정하다 | 海鲜 hǎixiān 명 해산물 | 自助餐券 zìzhù cānquàn 명 뷔페권

12. HSK POINT 보기를 통해 상세 정보 대조 난이도 中

track 04-12

男：这些床单和窗帘都是你做的？

女：对，我喜欢做手工。经常闲着就做些东西，装饰一下家里。

问：关于女的，可以知道什么？

A 擅长绘画
B 工作紧张
C 专门卖窗帘
D 爱做手工

남: 이 침대 시트와 커튼은 네가 다 만든 거야?

여: 맞아, 나는 핸드 메이드를 좋아하거든. 한가할 때마다 이런 것들을 만들어서 집안을 꾸며.

질문: 여자에 관해 알 수 있는 것은?

A 그림을 잘 그린다
B 일이 바쁘다
C 전문적으로 커튼을 판매한다
D 핸드 메이드를 좋아한다

공략 보기와 대조하며 녹음을 듣는다. '喜欢做手工(핸드 메이드를 좋아하거든)'을 들으면 정답은 D이다.

어휘 床单 chuángdān 명 침대 시트 | ★窗帘 chuānglián 명 커튼 | ★手工 shǒugōng 명 수공, 핸드 메이드 | 闲着 xiánzhe 빈둥거리다 | 装饰 zhuāngshì 동 장식하다 | ★擅长 shàncháng 동 뛰어나다 | 绘画 huìhuà 동 그림을 그리다 | 紧张 jǐnzhāng 형 긴장하다, 바쁘다 | 专门 zhuānmén 부 전문적으로

13. HSK POINT 보기를 통해 상세 정보 유추 난이도 中

track 04-13

女：真不好意思，刚刚不小心把你的电话挂断了。
男：没关系，我是想通知你。明天上午九点来参加会议。

问：男的为什么打电话给女的？

A 表示歉意
B 通知她开会
C 让她来取简历
D 告诉她考试成绩

여: 너무 미안해요. 방금 실수로 전화를 끊었어요.
남: 괜찮아요. 알려 줄게 있어요. 내일 오전 9시에 회의에 참석해 주세요.

질문: 남자는 왜 여자에게 전화를 걸었나?

A 사과의 마음를 표시하려고
B 회의가 열리는 것을 알리려고
C 이력서를 가져오게 하려고
D 시험 성적을 알려 주려고

공략 '通知你，明天上午九点来参加议会(알려 줄게 있어요. 내일 오전 9시에 회의에 참석해 주세요)'를 들으면 정답은 B이다.

어휘 ★挂断 guàduàn 동 전화를 끊다 | 通知 tōngzhī 동 알리다 | 表示 biǎoshì 동 나타내다 | ★歉意 qiànyì 명 미안한 마음 | ★开会 kāihuì 동 회의를 열다 | 取 qǔ 동 가지다 | ★简历 jiǎnlì 명 이력서 | 成绩 chéngjì 명 성적

14. HSK POINT 시제에 유의하기 난이도 上

track 04-14

男：加油，估计再爬两百多个台阶，咱们就能到山顶了。
女：好的，前面的路好像变窄了，你小心点儿。

问：根据对话，下列哪项正确？

A 男的想歇一会儿
B 台阶太滑了
C 他们还没到山顶
D 女的太渴了

남: 힘내. 계단 200여개를 더 올라가면, 산 정상에 도착할 거야.
여: 좋아. 앞에 길이 좁아지니까 조심해.

질문: 대화에 근거해서 다음 중 옳은 것은?

A 남자는 잠시 쉬고 싶다
B 계단은 너무 미끄럽다
C 그들은 아직 산 정상에 도착하지 않았다
D 여자는 너무 목마르다

공략 '估计(추측하다)'와 '就能到山顶了(산 정상에 도착할 거야)' 등을 통해 산 정상에 아직 도착하지 않았음을 알 수 있다. 시제를 통해 의미를 유추하면 정답은 C이다.

어휘 ★估计 gūjì 동 추측하다 | 爬 pá 동 오르다 | ★台阶 táijiē 명 층계 | ★山顶 shāndǐng 명 산 정상 | 变窄 biànzhǎi 동 좁아지다 | ★歇 xiē 동 쉬다 | 滑 huá 형 미끄럽다 | 渴 kě 형 목마르다

15. HSK POINT 특정 명사에 유의하기 난이도 中

track 04-15

女：听说，你们这个周末要去国家博物馆，我能一起去吗？

男：当然可以，那儿的明清家具展非常值得一看。

问：最近国家博物馆有什么展览？

A 家具展
B 货币展
C 古装展
D 摄影展

여: 너희 이번 주말에 국가 박물관에 간다고 들었는데 나도 같이 갈 수 있을까?

남: 당연히 되지. 그곳의 명청 시대 가구전이 매우 볼 만해.

질문: 최근 국가 박물관에서는 어떤 전시회를 하는가?

A 가구전
B 화폐전
C 고대 의상전
D 사진전

공략 보기가 모두 명사이기 때문에 특정 명사에 유의하여 듣는다. 보기의 모든 어휘가 다소 생소할 수 있기 때문에 녹음에서 이 어휘들이 언급되는지 집중해서 듣자. 정답은 A이다.

어휘 明清 Míng Qīng 고유 명청(명나라와 청나라) | ★家具 jiājù 명 가구 | ★值得 zhídé 동 ~할 가치가 있다 | 展览 zhǎnlǎn 명 전람회, 전시회 | 货币 huòbì 명 화폐 | 古装 gǔzhuāng 명 고대 의상 | 摄影 shèyǐng 동 사진을 찍다

16. HSK POINT 장소를 묻는 문제 난이도 下

track 04-16

男：你家附近有什么标志性建筑吗？

女：你有没有看到一个很大的广场？我家在广场南面那个楼。

问：女的住在哪儿？

A 商场对面
B 学校宿舍
C 广场北边
D 广场南边

남: 너희 집 근처에 어떤 주요 건물이 있니?

여: 큰 광장을 봤니? 우리 집은 광장 남쪽에 있는 그 건물이야.

질문: 여자는 어디에 사는가?

A 쇼핑센터 맞은편
B 학교 기숙사
C 광장 북쪽
D 광장 남쪽

공략 보기를 보면 장소를 묻는 문제이므로 녹음에서 장소에 유의하여 듣는다. '我家在广场南面那个楼(우리 집은 광장 남쪽에 있는 그 건물이야)'를 들으면 정답은 D이다.

어휘 标志性建筑 biāozhìxìng jiànzhù 명 주요 건물 | 广场 guǎngchǎng 명 광장 | ★商场 shāngchǎng 명 쇼핑센터

17. HSK POINT 대화 속 질문과 대답에 유의하기 난이도 上 track 04-17

女：医生，我姥姥说病房里炎热，想出去看看，你觉得怎么样?	여: 의사 선생님, 저희 외할머니께서 병실 안이 너무 덥다며 나가고 싶어하세요. 선생님 생각은 어떠세요?
男：现在还不行，她刚做完手术，伤口还没完全好。	남: 지금은 안 돼요. 방금 수술을 마쳤기 때문에 상처가 완전히 아물지 않았어요.
问：男的是什么意思?	질문: 남자의 말은 무슨 뜻인가?
A 锻炼身体	A 신체를 단련해라
B 按时服药	B 시간에 맞춰 약을 먹어라
C 不能碰到水	C 물에 닿지 마라
D 不能到室外活动	**D 야외 활동을 하지 마라**

공략 보기가 긍정문과 부정문으로 이루어져 있고, 녹음에 질문과 대답이 나오기 때문에 질문에 대한 대답이 긍정인지 부정인지 유의해야 한다. 할머니는 밖에 나가고 싶어하는데, 의사는 '现在还不行(지금은 안 돼요)'라고 대답했기 때문에 정답은 D이다.

어휘 姥姥 lǎolao 명 외할머니 | ★病房 bìngfáng 명 병실 | 炎热 yánrè 형 무덥다 | ★手术shǒushù 명 수술 | ★伤口 shāngkǒu 명 상처 | 锻炼 duànliàn 동 단련하다 | 按时 ànshí 부 시간에 맞춰 | 服药 fúyào 동 약을 먹다 | 碰到 pèngdào 동 만나다 | 室外 shìwài 명 실외

18. HSK POINT 유사 표현 듣기 난이도 中 track 04-18

男：毕业论文写得怎么样了? 听说，今年答辩时间提前了。	남: 졸업 논문은 어떻게 되고 있어요? 올해 구술 심사가 앞당겨졌다고 들었어요.
女：我正为这事发愁呢，老师说，我们论文理论深度不够，叫我抓紧修改。	여: 그것 때문에 걱정이에요. 선생님께서 저희 논문의 이론적 깊이가 부족하다고 서둘러서 수정하라고 하셨어요.
问：老师为什么让女的修改论文?	질문: 선생님은 왜 여자에게 논문을 수정하라고 했나?
A 研究范围太大	A 연구 범위가 너무 넓어서
B 缺乏理论深度	**B 이론적 깊이가 부족해서**
C 缺乏逻辑	C 논리가 부족해서
D 格式不正确	D 서식이 바르지 않아서

공략 보기에 유의해서 녹음을 들으면 들리는 그대로 정답을 고를 수 있지만, '理论深度(이론적 깊이)' 등의 어휘가 다소 어렵기 때문에 보기의 내용이 녹음에 등장하는지 주의하며 듣도록 한다. 녹음의 '不够(부족하다)'와 보기의 '缺乏(결핍되다)'는 같은 의미이므로 정답은 B이다.

어휘 答辩 dábiàn 명 (논문 등의) 구술 심사 | ★提前 tíqián 동 앞당기다 | ★为…发愁 wèi…fāchóu ~때문에 걱정하다 | 理论 lǐlùn 명 이론 | 深度 shēndù 명 깊이 | ★抓紧 zhuājǐn 동 서둘러 ~하다 | ★修改 xiūgǎi 동 수정하다 | 研究 yánjiū 동 연구하다 | 范围 fànwéi 명 범위 | ★缺乏 quēfá 동 결핍되다 | 逻辑 luójí 명 논리 | 格式 géshi 명 서식

19. HSK POINT 보기를 통해 상세 정보 대조 난이도 中 track 04-19

女：爸爸，我能看动画片吗？	여: 아빠, 만화 봐도 돼요?
男：可以，不过你把声音调小一点儿。	남: 그래. 근데 소리를 좀 줄여라.
问：男的要求女的怎么做？	질문: 남자가 여자에게 요구하는 것은?
A 别看电视	A 텔레비전을 보지 마라
B 离电视远一点儿	B 텔레비전에서 조금 더 떨어져라
C 把声音调低	**C 소리를 줄여라**
D 早点儿睡觉	D 일찍 자라

공략 보기의 행동들에 유의해서 듣는다. '你把声音调小一点儿(소리를 좀 줄여라)'를 들으면 정답은 C이다.

어휘 ★动画片 dònghuàpiān 명 만화 | 声音 shēngyīn 명 소리 | 调 tiáo 동 조정하다 | 要求 yāoqiú 동 요구하다

20. HSK POINT 보기를 통해 상세 정보 대조 난이도 中 track 04-20

男：怎么才能加入你们的志愿者团队呢？	남: 어떻게 해야 자원 봉사 단체에 가입할 수 있나요?
女：你可以在这里登记，也可以登入志愿培训网站注册。	여: 여기에서 등록하셔도 되고, 자원 봉사 양성 홈페이지에 들어가서 가입하셔도 돼요.
问：男的在咨询什么？	질문: 남자는 무엇을 문의하고 있나?
A 如何登入网站	A 어떻게 홈페이지에 가입하나
B 如何在网上订机票	B 어떻게 인터넷에서 비행기 표를 예매하나
C 如何注册公司	C 어떻게 회사를 등록하나
D 如何成为志愿者	**D 어떻게 자원 봉사자가 될 수 있나**

공략 보기가 모두 '如何(어떻게)'로 시작하는 방법을 묻는 문장이기 때문에 행동과 방법에 유의한다. '志愿者(자원 봉사자)'라는 특정 어휘를 알고 있으면 어렵지 않게 정답을 고를 수 있다. 정답은 D이다.

어휘 ★加入 jiārù 동 가입하다 | ★志愿者 zhìyuànzhě 명 자원 봉사자 | 团队 tuánduì 명 단체 | ★登记 dēngjì 동 등록하다 | 登入 dēngrù 동 가입하다 | ★培训 péixùn 동 양성하다 | 网站 wǎngzhàn 명 웹사이트, 홈페이지 | ★注册 zhùcè 동 등록하다 | ★咨询 zīxún 동 자문하다, 문의하다 | 如何 rúhé 대 어떻게

第二部分

21. HSK POINT 보기를 통해 상세 정보 대조 난이도 下 track 04-21

女：小高，下半年的员工体检安排好了吗？
男：我已经联系过体检中心了，时间定在国庆节后的第一天。
女：行，那你记得通知大家。
男：好的，下午把具体安排发给大家。

问：体检在什么时候？

A 国庆节后　B 下个月中旬
C 上半年　D 明年

여: 샤오가오, 하반기 직원 신체검사는 다 준비됐나요?
남: 이미 신체검사 센터에 연락했어요. 시간은 국경절 바로 다음 날로 정했어요.
여: 좋아요. 그럼 모두에게 알려 주세요.
남: 네. 오후에 구체적인 일정을 발송할 거예요.

질문: 신체 검사는 언제 하나?

A 국경절 이후　B 다음 달 중순
C 상반기　D 내년

공략 보기가 모두 시간이기 때문에 시간에 유의하여 듣는다. 녹음에서 '国庆节后的第一天(국경절 바로 다음 날)'을 들으면 정답은 A이다.

어휘 下半年 xiàbànnián 명 하반기 | ★员工 yuángōng 명 직원 | ★体检 tǐjiǎn 명 신체검사 | 联系 liánxì 동 연락하다 | 国庆节 Guóqìngjié 명 국경절 | 具体 jùtǐ 형 구체적이다 | ★安排 ānpái 동 안배하다, 준비하다

22. HSK POINT 보기를 통해 상세 정보 대조 난이도 中 track 04-22

男：请问，有没有人捡到了灰色的钱包？
女：有客人捡到一个，你钱包里都有什么？
男：学生证、几张发票，还有500元的现金。
女：没错，是你的，我马上拿给您。

问：关于男的，下列哪项正确？

A 丢了笔记本
B 钱包被偷了
C 找回了钱包
D 迷路了

남: 말씀 좀 묻겠는데요, 회색 지갑을 주운 사람이 있나요?
여: 손님 한 분이 주웠어요. 지갑 안에는 무엇이 있나요?
남: 학생증, 영수증 몇 장, 그리고 현금 500위안이 들어 있어요.
여: 맞아요. 당신 것이군요. 바로 가져와서 드릴게요.

질문: 남자에 관해 다음 중 옳은 것은?

A 노트북을 잃어버렸다
B 지갑을 도난 당했다
C 지갑을 되찾았다
D 길을 잃었다

공략 '有没有人捡到钱包?(지갑을 주운 사람이 있나요?)'라는 질문을 통해 남자가 지갑을 잃어버린 것을 알 수 있고, 대화 후반부에 '是你的，我马上拿给您(당신 것이군요. 바로 가져와서 드릴게요)'를 통해 지갑을 되찾게 된다는 것을 알 수 있다. 정답은 C이다.

어휘 ★捡 jiǎn 동 줍다 | 灰色 huīsè 명 회색 | 钱包 qiánbāo 명 지갑 | 学生证 xuéshēngzhèng 명 학생증 | ★发票 fāpiào 명 영수증 | 现金 xiànjīn 명 현금 | ★丢 diū 동 잃어버리다 | 笔记本 bǐjìběn 명 노트북 | 偷 tōu 동 훔치다 | 迷路 mílù 동 길을 잃다

23. HSK POINT 보기를 통해 상세 정보 대조 난이도 中

track 04-23

女：这次主持人大赛对选手有什么要求？	여: 이번 진행자 경연 대회에서 참가자에게 어떤 자격을 요구하나요?
男：有两年以上广播电台或电视台的工作经验。	남: 2년 이상 라디오 방송국이나 텔레비전 방송국에서 근무한 경력이 있어야 돼요.
女：那我也能参加，报名截止到什么时候？	여: 그럼 저도 참가할 수 있네요. 신청 기간이 언제까지인가요?
男：这个月月底。没剩几天了。	남: 이번 달 말까지요. 며칠 안 남았어요.
问：下面哪项是对参赛者的要求？	질문: 다음 중 참가자에게 요구하는 자격은?
A 有工作经验	**A 근무 경력이 있어야 한다**
B 年龄21到27岁	B 나이가 21세에서 27세까지
C 专科以上的学历	C 전문학교 이상의 학력
D 语言表达准确	D 언어 전달이 정확해야 한다

공략 '工作经验(근무 경력)'을 들으면 바로 정답을 고를 수 있다. '主持人大赛(진행자 경연 대회)', '广播台(라디오 방송국)', '电视台(텔레비전 방송국)' 등의 어휘를 안다면 더 쉽게 정답 A를 찾을 수 있다.

어휘 ★主持人 zhǔchírén 명 진행자 | ★大赛 dàsài 명 경연 대회 | 选手 xuǎnshǒu 명 선수 | 广播电台 guǎngbō diàntái 명 라디오 방송국 | 电视台 diànshìtái 명 텔레비전 방송국 | ★经验 jīngyàn 명 경험, 경력 | ★报名 bàomíng 동 등록하다 | 截止 jiézhǐ 동 마감하다 | 剩 shèng 동 남다 | ★参赛者 cānsàizhě 명 참가자 | 专科 zhuānkē 명 전문학교 | 学历 xuélì 명 학력 | 语言 yǔyán 명 언어 | 表达 biǎodá 동 표현하다 | 准确 zhǔnquè 형 정확하다

24. HSK POINT 보기를 통해 상세 정보 대조 난이도 中

track 04-24

男：女士，你看一下，这是我们新推出的护肤品。	남: 여사님, 한번 보세요. 이것이 우리가 새로 출시한 피부 보호 화장품이에요.
女：我皮肤有点儿敏感。哪种比较好？	여: 제 피부가 조금 민감해서요. 어떤 것이 좋을까요?
男：这套可以，它不含化学成分，不刺激。	남: 이것이 괜찮아요. 화학 성분이 들어 있지 않아, 자극이 없어요.
女：是吗？我看看。	여: 그래요? 한번 볼게요.
问：女的想要什么样的护肤品？	질문: 여자는 어떤 피부 보호 화장품을 원하나?

A 廉价商品	A 가격이 저렴한 것
B 适合干性皮肤的	B 건성 피부에 적합한 것
C 适合敏感皮肤的	**C 민감한 피부에 적합한 것**
D 高档的商品	D 고급스러운 것

공략 보기를 보면 피부 관련 상품에 대한 문제임을 추측할 수 있다. 보기의 어휘에 집중해서 '皮肤有点儿敏感(피부가 조금 민감해요)'를 들으면 정답 C를 고를 수 있다.

어휘 ★推出 tuīchū 동 출시하다 | 护肤品 hùfūpǐn 명 피부 보호 화장품 | ★敏感 mǐngǎn 형 민감하다 | 含 hán 동 함유하다 | 化学成分 huàxué chéngfèn 명 화학 성분 | ★刺激 cìjī 동 자극하다 | 廉价 liánjià 명 싼 값 | 干性皮肤 gānxìng pífū 명 건성 피부 | 高档 gāodàng 형 고급의

25. HSK POINT 보기를 통해 상세 정보 대조 난이도 中

track 04-25

女：你在网上订过机票吗？	여: 인터넷에서 비행기 표를 예매한 적 있어?
男：订过，得先注册一个账户。	남: 해 봤어. 우선 계좌를 등록해야 돼.
女：注册麻烦吗？	여: 등록하는 게 복잡하니?
男：不麻烦，填一下基本信息，设置好密码就行了。	남: 아니, 기본 정보를 기입하고 비밀번호만 설정하면 돼.
问：在网上订机票得先做什么？	질문: 인터넷에서 비행기 표를 예매하려면 우선 무엇을 해야 하나?
A 付钱	A 돈을 지불한다
B 注册账户	**B 계좌를 등록한다**
C 给航空公司打电话	C 항공사에 전화한다
D 拿护照去机场	D 여권을 가지고 공항에 간다

공략 대화에서 '注册一个账户(계좌를 등록하다)'를 들으면 정답을 어렵지 않게 고를 수 있다. 정답은 B이다.

어휘 ★订 dìng 동 예약하다 | ★注册 zhùcè 동 등록하다 | 账户 zhànghù 명 계좌 | ★填 tián 동 기입하다 | 基本信息 jīběn xìnxī 명 기본 정보 | 设置 shèzhì 동 설정하다 | 密码 mìmǎ 명 비밀번호 | 付钱 fùqián 동 돈을 지불하다 | 航空公司 hángkōng gōngsī 명 항공사 | ★护照 hùzhào 명 여권

26. HSK POINT 특정 명사에 유의하기 난이도 中

track 04-26

男：你想给你女儿报什么培训班？	남: 당신은 딸을 어느 양성반에 등록시킬 건가요?
女：她对音乐很感兴趣，我在考虑让她学乐器。	여: 딸아이가 음악에 관심이 많아서 악기를 가르쳐 볼까 생각 중이에요.
男：正好我有朋友，在少儿培训机构教音乐。我可以介绍给你。	남: 마침 내 친구가 아동 양성 기관에서 음악을 가르치고 있어요. 소개해 줄게요.
女：好啊，那太谢谢你了。	여: 좋아요. 굉장히 고마워요.
问：女的想让女儿学什么？	질문: 여자는 딸에게 무엇을 가르치고 싶어하나?
A 瑜伽　B 象棋	A 요가　B 장기
C 唱歌　**D 乐器**	C 노래　**D 악기**

공략 보기가 모두 특정 명사이기 때문에 명사에 주의하여 녹음을 듣는다. 녹음 중 '乐器(악기)'를 들으면 정답은 D이다.

어휘 培训班 péixùnbān 명 양성반 | 考虑 kǎolǜ 동 고려하다 | ★乐器 yuèqì 명 악기 | 少儿 shào'ér 명 어린이, 아동 | 机构 jīgòu 명 기관 | ★瑜伽 yújiā 명 요가 | ★象棋 xiàngqí 명 장기

27. HSK POINT 보기를 통해 상세 정보 대조 난이도 上

track 04-27

女：第一次拍纪录片，感觉怎么样？	여: 처음으로 다큐멘터리를 찍으셨는데, 느낌이 어떠신가요?
男：以前从来没尝试过，所以能否成功，我的把握不大。	남: 이전에 단 한번도 시도해 본 적이 없어서 성공 여부에 대해서는 자신이 별로 없네요.
女：你怎么想到要拍《汉字五千年》？	여: 어떻게 「한자 오천 년」을 찍을 생각을 하셨나요?
男：汉字历史悠久，我想通过这种形式，让大家了解并发现汉字的魅力。	남: 한자의 역사가 오래됐잖아요. 이런 형식을 통해 사람들에게 한자의 매력을 이해시키고 발견하게 하고 싶었어요.
问：男的拍纪录片的感觉怎么样？	질문: 남자가 다큐멘터리를 찍은 소감은 어떠한가?
A 充满信心	A 자신감이 넘친다
B 有点儿紧张	B 조금 긴장된다
C 把握不大	**C 자신감이 크지 않다**
D 什么也不想	D 아무 생각이 없다

공략 녹음에서 '我的把握不大(자신감이 별로 없네요)'를 들으면 정답은 C이다. 들리는 그대로 정답을 고르면 되지만, 녹음에 나오는 어휘가 쉽지 않으므로 보기에 집중하여 문제를 풀자.

어휘 拍 pāi 동 찍다 | ★纪录片 jìlùpiàn 명 다큐멘터리 | ★尝试 chángshì 동 시도해보다 | 能否 néngfǒu 동 ~할 수 있나? | ★把握 bǎwò 명동 (성공에 대한) 자신, 믿음, 장악하다 | 通过 tōngguò 개 ~을 통해 | 形式 xíngshì 명 형식 | 发现 fāxiàn 동 발견하다 | 魅力 mèilì 명 매력 | ★充满 chōngmǎn 동 충만하다 | ★信心 xìnxīn 명 자신감

28. HSK POINT 유의어 듣기 | 난이도 上 　　track 04-28

男：什么事让你这么兴奋？	남: 무슨 일 때문에 이렇게 흥분했어?
女：我最喜欢的明星要来上海开演唱会了。	여: 내가 가장 좋아하는 스타가 상하이에 와서 콘서트를 연대.
男：那你买到票了吗？	남: 그럼 표는 샀어?
女：当然，我已经在网上订好了。	여: 당연하지. 이미 인터넷에서 예매했지.
问：女的现在心情怎么样？	질문: 여자는 지금 기분이 어떠한가?
A 很郁闷	A 매우 우울하다
B 格外紧张	B 유난히 긴장된다
C 十分激动	**C 매우 흥분된다**
D 非常尴尬	D 매우 난감하다

공략 보기를 보면 감정과 관련된 문제임을 알 수 있다. 녹음 중 언급된 '这么兴奋(이렇게 흥분하다)'와 가장 유사한 의미는 보기 C의 '激动(흥분하다, 감동하다)'이다. A, B, D는 모두 '兴奋(흥분하다)'와 거리가 멀기 때문에 정답이 아니다.

어휘 ★兴奋 xīngfèn 형 흥분하다 | 明星 míngxīng 명 스타 | ★演唱会 yǎnchànghuì 명 콘서트 | ★心情 xīnqíng 명 기분 | 郁闷 yùmèn 형 우울하다 | 格外 géwài 부 유난히 | ★激动 jīdòng 동 감격하다, 흥분하다, 감동하다 | 尴尬 gāngà 형 난감하다

관련 어휘 TIP

▶ 감정 관련 유의어

- 把握 bǎwò 자신감
- 兴奋 xīngfèn 흥분하다
- 郁闷 yùmèn 우울하다
- 苦闷 kǔmèn 의기소침하다, 낙심하다
- 尴尬 gāngà 난처하다, 곤란하다
- 难堪 nánkān 난감하다, 참기 어렵다
- 信心 xìnxīn 자신감
- 感激 gǎnjī 감격하다
- 忧郁 yōuyù 우울하다
- 沉闷 chénmèn 답답하다
- 为难 wéinán 난처하다, 곤란하다

▶ 정도부사 유의어

- 格外 géwài 유난히
- 非常 fēicháng 매우
- 相当 xiāngdāng 상당히, 무척
- 实在 shízai 매우, 정말로
- 逐渐 zhújiàn 점점
- 特别 tèbié 특별히, 유난히
- 十分 shífēn 매우
- 极其 jíqí 아주, 몹시
- 越来越 yuèláiyuè 점점
- 渐渐 jiànjiàn 점점

29. HSK POINT 유사 표현으로 의미 유추 | 난이도 中

track 04-29

女：真巧，你也来办签证？	여: 정말 우연의 일치네. 너도 비자 수속하러 왔어?
男：对，我要去一趟欧洲。	남: 맞아. 유럽에 갈 계획이거든.
女：去旅游？	여: 여행 가는 거야?
男：不是。去参加一个技术交流会。	남: 아니, 기술 교류회에 참석하러 가는 거야.
问：男的为什么要去欧洲？	질문: 남자는 왜 유럽에 가나?
A 参加会议	**A 회의에 참석하러**
B 旅游	B 여행하러
C 访问亲戚	C 친척을 방문하러
D 参观博览会	D 박람회를 참관하러

공략 녹음에서 언급한 '参加一个技术交流会(기술 교류회에 참석하다)'와 가장 가까운 의미는 '参加会议(회의에 참석하다)'이기 때문에 정답은 A이다.

어휘 ★巧 qiǎo 형 공교롭다 | ★签证 qiānzhèng 명 비자 | 趟 tàng 양 차례, 번(왕래한 횟수를 세는 데 쓰이는 단위) | 欧洲 Ōuzhōu 고유 유럽 | 技术 jìshù 명 기술 | 交流会 jiāoliúhuì 명 교류회 | 访问 fǎngwèn 동 방문하다 | 亲戚 qīnqi 명 친척 | 参观 cānguān 동 참관하다 | 博览会 bólǎnhuì 명 박람회

30. HSK POINT 장소를 묻는 문제 | 난이도 中

track 04-30

男：您好，现在还有房间吗？	남: 안녕하세요. 지금 룸이 있나요?
女：先生，真不好意思，普通房间没有了，还有一个商务间。	여: 선생님, 정말 죄송합니다. 일반 룸은 없고, 비즈니스 룸이 하나 있어요.
男：那就这间吧，你们这儿生意怎么这么好？	남: 그럼 그 룸으로 할게요. 여기는 왜 이렇게 영업이 잘 되는 건가요?
女：现在是旅游旺季，所以客人这么多。	여: 지금이 여행 성수기이기 때문에 손님이 이렇게 많은 거예요.
问：他们最可能在哪儿？	질문: 그들은 어디에 있나?
A 大使馆　B 旅行社	A 대사관　B 여행사
C 酒店　D 商场	**C 호텔**　D 쇼핑센터

공략 보기가 모두 장소이기 때문에 장소를 묻는 문제이다. 녹음 중 언급된 '普通房间(일반 룸)', '商务间(비즈니스 룸)' 등을 통해서 그들이 호텔에 있음을 알 수 있다. 정답은 C이다.

어휘 普通 pǔtōng 형 일반적이다 | ★商务间 shāngwùjiān 명 비즈니스 룸 | ★生意 shēngyi 명 장사, 영업 | ★旺季 wàngjì 명 성수기 | 大使馆 dàshǐguǎn 명 대사관 | 旅行社 lǚxíngshè 명 여행사

[31-32]

31小男孩儿想把一盆花搬到院子里，可是那盆花太重，他怎么也搬不起来。父亲见了，在旁边鼓励他："只要你全力以赴，就一定能搬起来。"但是小男孩儿使了很大劲儿，也没把花盆搬起来。他对父亲说："我已经用尽全力了。"父亲摇摇头，说："你没有，32因为我就站在你旁边，你却没有向我求助。全力以赴是想尽所有办法，用尽所有可用资源。"

31남자아이가 화분 하나를 정원으로 옮기려고 했지만 너무 무거워서 아무리 해도 옮길 수가 없었다. 아버지가 보고 옆에서 격려했다. "최선을 다하기만 하면 반드시 옮길 수 있을 거야." 그러나 남자아이가 힘을 다해도 화분을 옮길 수 없었다. 그가 아버지에게 말했다. "저는 이미 온 힘을 다 썼어요." 아버지는 고개를 저으며 얘기했다. "너는 최선을 다하지 않았어. 32내가 네 옆에 있는데도 나한테 도움을 청하지 않았잖아. 최선을 다한다는 것은 모든 방법을 동원하고, 사용 가능한 모든 자원을 다 이용하는 거란다."

어휘 盆 pén 양 대야(대야, 화분 등을 세는 단위) | ★搬 bān 동 옮기다 | 院子 yuànzi 명 정원 | ★鼓励 gǔlì 동 격려하다 | ★全力以赴 quán lì yǐ fù 성 최선을 다하다 | 使劲儿 shǐjìnr 동 힘을 쓰다 | 用尽全力 yòngjìn quánlì 온 힘을 다 쓰다 | 摇 yáo 동 흔들다 | ★求助 qiúzhù 동 도움을 청하다 | 用尽 yòngjìn 동 다 쓰다 | 资源 zīyuán 명 자원

어법 TIP

▶ 只要 A, 就 B

접속사는 문장에서 고리 역할을 한다. 접속사를 통해서 글의 논리적 흐름을 파악할 수 있기 때문에 주요 접속사들을 숙지해 두면 문장을 분석하는 데 도움이 된다. '只要A, 就B'는 'A하기만 하면 B하다'라는 뜻으로 어떤 조건에서 어떤 결과를 가져오는지 나타낼 때 쓰인다.

只要明天不下雨，我们就去春游。
내일 비가 오지 않기만 한다면 우리는 봄소풍을 갈 것이다.

只要勇敢面对，就会战胜一切困难。
용감하게 맞서기만 한다면 모든 고단을 이겨낼 수 있을 것이다.

31. HSK POINT 행동 관련 문제 난이도 中

track 04-31

小男孩儿在做什么？

A 种花
B 搬花盆 (정답)
C 做作业
D 吃花生

남자아이는 무엇을 하고 있나?

A 꽃을 심는다
B 화분을 옮긴다 (정답)
C 숙제를 한다
D 땅콩을 먹는다

공략 보기가 모두 행동 관련 술어이기 때문에 술어에 유의하여 듣는다. '小男孩儿想把一盆花搬到院子里(남자아이가 화분 하나를 정원으로 옮기려고 했다)'로 미루어 정답은 B이다.

어휘 ★种花 zhònghuā 동 꽃을 심다 | 花生 huāshēng 명 땅콩

32. HSK POINT 보기를 통해 상세 정보 대조 | 난이도 中

track 04-32

父亲认为小男孩儿应该怎么做?	아버지는 남자아이가 어떻게 해야 한다고 생각하나?
A 参考资料	A 자료를 참고한다
B 向他求助	**B 아버지에게 도움을 청한다**
C 动脑筋	C 머리를 쓴다
D 集中精力	D 정신과 힘을 집중한다

공략 아버지는 아이에게 '你却没有向我求助(나한테 도움을 청하지 않았잖아)'라고 하면서, 최선을 다하지 않았다고 했기 때문에 정답은 B이다. 보기에 집중해서 녹음을 들으면 들리는 그대로 정답을 고를 수 있다.

어휘 ★参考 cānkǎo 동 참고하다 | 资料 zīliào 명 자료 | 动脑筋 dòng nǎojīn 동 머리를 쓰다 | ★集中 jízhōng 동 집중하다 | 精力 jīnglì 명 정신과 체력

[33-35]

楚国有一个专门卖珠宝的商人，33为了使自己的珠宝更畅销，他特地用名贵的木料做了许多小盒子，把珠宝装在里面卖。34这种装珠宝的盒子制作得非常漂亮，而且还散发出一种香味儿。有一个人看见装珠宝的盒子既精致又美观，问价钱后，就买了一个。那个人打开盒子，把里面的珠宝拿出来退还给珠宝商，拿着空盒子走了。这就是成语"买椟还珠"的由来，35这个成语比喻有些人没有眼光，看东西的外面，却忽视了东西的价值，取舍不当。

초나라에 보석을 전문적으로 파는 상인이 있었는데, 33자신의 보석을 더 잘 팔리게 하기 위해 특별히 귀한 목재를 사용해서 많은 작은 상자를 만들었고 보석을 그 안에 담아 팔았다. 34보석을 담은 이 상자는 매우 예쁠 뿐 아니라 향기도 났다. 어떤 사람이 보석을 담은 이 상자가 정교하고 예뻐서 가격을 묻고 하나 샀다. 그 사람이 상자를 열어 안에 있는 보석은 꺼내 보석상에게 되돌려 주고 빈 상자만 가져갔다. 이것이 바로 성어 '买椟环珠'의 유래이다. 35이 성어는 안목이 없어 물건의 겉모습만 보고, 물건의 가치를 무시하여 선택을 적절하게 하지 못함을 비유한다.

어휘 楚国 Chǔguó 고유 초나라 | 专门 zhuānmén 부 전문적으로 | 珠宝 zhūbǎo 명 보석 | ★畅销 chàngxiāo 형 잘 팔리다 | 特地 tèdì 부 특히 | 名贵 míngguì 형 유명하고 진귀하다 | 木料 mùliào 명 목재 | 盒子 hézi 명 상자 | ★制作 zhìzuò 동 제작하다 | 散发 sànfā 동 퍼지다 | 香味儿 xiāngwèir 명 향기 | ★精致 jīngzhì 형 정교하다 | 美观 měiguān 형 아름답다 | 退还 tuìhuán 동 반환하다 | 由来 yóulái 명 유래 | ★比喻 bǐyù 동 비유하다 | 眼光 yǎnguāng 명 안목 | ★取舍 qǔshě 동 취사선택하다 | 不当 búdàng 형 적당하지 않다

어법 TIP

▶ 为了

특정 행동의 목표나 목적을 나타낼 때 쓰이는 접속사로 '~을 위해'라는 뜻이다. 뒤에 핵심 내용이 나오기 때문에 집중해서 들어야 한다.

为了在比赛中获得好成绩，他每天进行刻苦训练。
경기에서 좋은 성적을 거두기 위해, 그는 매일 열심히 훈련을 했다.

为了实现全家人的梦想，我要努力奋斗。
전 가족의 꿈을 실현하기 위해서, 나는 노력할 것이다.

33. HSK POINT 유사 표현으로 의미 유추 난이도 上

track 04-33

商人为什么要做那些盒子?	상인은 왜 상자를 만들었나?
A 将它作为奖品	A 상품으로 사용하려고
B 要卖那些盒子	B 그 상자를 팔려고
C 喜欢木盒的气味	C 목재 상자의 냄새를 좋아해서
D 为了卖出更多珠宝	**D 더 많은 보석을 팔려고**

공략 녹음의 '为了使自己的珠宝更畅销(자신의 보석을 더 잘 팔리게 하기 위해)'와 보기 D의 '为了卖出更多珠宝(더 많은 보석을 팔려고)'는 의미가 통하기 때문에 정답은 D이다.

어휘 ★作为 zuòwéi 동 ~로 삼다 | 奖品 jiǎngpǐn 명 상품 | 气味 qìwèi 명 냄새

34. HSK POINT 보기를 통해 상세 정보 대조 난이도 上

track 04-34

关于那些盒子，可以知道什么?	그 상자에 관해 알 수 있는 것은?
A 很朴素	A 매우 소박하다
B 相当结实	B 상당히 견고하다
C 十分精美	**C 매우 정교하다**
D 没有价值	D 가치가 없다

공략 보기가 술어이고, 상태를 묘사하고 있기 때문에 술어에 유의하여 녹음을 듣는다. 상자를 묘사하는 단어들 중에서 '精致(정교하다)'를 들으면 정답은 C이다.

어휘 朴素 pǔsù 형 소박하다 | ★结实 jiēshi 형 견고하다 | 精美 jīngměi 형 정교하다 | ★价值 jiàzhí 명 가치

35. HSK POINT 주제를 묻는 문제 난이도 上

track 04-35

这段话主要想告诉我们什么?

A 不能只看表面
B 不能只顾眼前
C 要顺其自然
D 不要以貌取人

이 글이 주로 우리에게 알려 주는 것은?

A 겉모습만 보지 마라
B 눈앞의 이익만 보지 마라
C 순리에 따르라
D 외모만 보고 사람을 고르지 마라

공략 상자의 화려함만 보고 정작 그 안에 들어 있는 보석의 가치는 무시한다는 것이 이 녹음의 핵심이기 때문에 정답은 A이다. 보통 주제는 후반부에 나오므로 끝까지 집중해서 듣자.

어휘 ★表面 biǎomiàn 명 겉모습 | 顾 gù 동 바라보다 | 眼前 yǎnqián 명 눈앞 | 顺其自然 shùn qí zì rán 성 순리에 따르다 | ★以貌取人 yǐ mào qǔ rén 성 외모로 사람을 고르다

[36-38]

人生的道路有千百条，但每一条路都只通向一个目标。一个人，不可能同时向南又向北。36路只能一步一步地走，目标只能一个一个地实现。你如果什么都想要，最终可能什么也得不到。37太多的幻想，往往使人不知道如何选择。当你还在举棋不定时，别人或许已经到达目的地了。

目标是指路明灯。38人生没有目标，就没有坚定的方向。在人生的竞赛场上，一个人无论多么优秀，38如果没有一个明确的人生目标，也很难取得事业上的成功。许多人并不缺少信心、能力、智力，之所以没有成功，只是因为没有确立目标或没有选准目标。

인생의 길은 수많은 갈래로 되어 있지만 모든 길은 하나의 목표로 통한다. 한 사람이 동시에 남쪽과 북쪽을 갈 수가 없다. 36길은 단지 한걸음씩 갈 수밖에 없고, 목표는 단지 하나씩 하나씩 실현할 수밖에 없다. 만약에 무엇이든 다 하고 싶다면 결국 아무것도 얻을 수 없다. 37환상이 너무 많으면 종종 어떻게 선택해야 할지 모르게 된다. 당신이 우물쭈물하고 있을 때 다른 사람들은 어쩌면 이미 목적지에 도달했는지도 모른다.

목표는 등댓불이다. 38인생에 목표가 없다면, 확실한 방향도 없다. 인생의 경기장에서 아무리 우수한 사람이라도 38분명한 인생의 목표가 없다면 일에서 성공을 거두기는 어렵다. 많은 사람들이 자신감, 능력, 지능이 부족하지 않은데 성공을 못 하는 것은 목표를 확립하지 못했거나 목표를 확실히 정하지 못했기 때문이다.

어휘 道路 dàolù 명 도로 | 通向 tōngxiàng 동 ~로 통하다 | ★目标 mùbiāo 명 목표 | 一步一步 yíbù yíbù 한걸음씩 | ★实现 shíxiàn 동 실현하다 | 最终 zuìzhōng 명 최후 | 幻想 huànxiǎng 명 환상 | 如何 rúhé 대 어떻게 | 举棋不定 jǔ qí bú dìng 성 우물쭈물하다 | ★或许 huòxǔ 부 아마, 어쩌면 | ★到达 dàodá 동 도달하다 | 指路明灯 zhǐlù míngdēng 명 길을 밝히는 등, 등댓불 | 坚定 jiāndìng 형 확고부동하다 | 竞赛 jìngsài 동 시합하다 | ★无论 wúlùn 접 ~을 막론하고 | 优秀 yōuxiù 형 우수하다 | ★明确 míngquè 형 명확하다 | 取得 qǔdé 동 얻다 | 事业 shìyè 명 사업 | ★缺少 quēshǎo 동 부족하다 | 信心 xìnxīn 명 자신감 | 智力 zhìlì 명 지능 | 确立 quèlì 동 확립하다 | 选准 xuǎnzhǔn 동 정확하게 고르다

어법 TIP

▶ A 之所以 B, 是因为 C

'A之所以B, 是因为C'는 'A가 B한 것은 C 때문이다'라는 뜻으로 인과관계를 나타내는 접속사 중 하나이며, 원인과 결과를 도치시켜 의미를 강조할 때 사용된다.

人之所以失败，是因为不相信自己。
사람이 실패하는 것은 자신을 믿지 않기 때문이다.

他们之所以成功，是因为心中都有不屈的奋斗精神。
그들이 성공한 것은 마음속에 굴복하지 않고 분투하는 정신을 가지고 있기 때문이다.

36. HSK POINT 보기를 통해 상세 정보 대조 난이도 中

track 04-36

关于人生的道路，可以知道什么？	인생의 길에 관해 알 수 있는 것은?
A 只有一条	A 단 한 가지 길만 있다
B 很曲折	B 구불구불하다
C 要一步一步走	C 한걸음 한걸음씩 가야 한다
D 容易到达目的地	D 목적지에 도달하기 쉽다

공략 녹음 전반부에서 인생의 길은 여러 갈래이지만 동시에 여러 방향을 모두 갈 수 없고, 또 한걸음씩 가야 한다고 말하고 있으므로 정답은 C이다. '路只能一步一步走(길은 단지 한걸음씩 갈 수밖에 없다)'를 들으면 들리는 그대로 정답을 고를 수 있다.

어휘 曲折 qūzhé 형 구불구불하다

37. HSK POINT 특정 어휘의 의미 유추 난이도 上

track 04-37

这段话中的"举棋不定"是什么意思？	이 글의 '举棋不定'은 무슨 뜻인가?
A 不耐烦	A 견디기 힘들다
B 犹豫不决	B 망설이다
C 充满希望	C 희망이 가득차다
D 特别后悔	D 특히 후회하다

공략 듣기 영역에서 특정 어휘의 의미를 묻는 문제는 전반적인 맥락을 파악해서 정답을 찾아야 한다. 뒤에 이어지는 '别人或许已经到达目的地了(다른 사람은 어쩌면 이미 목적지에 도착했을지도 모른다)'로 미루어 '举棋不定'은 목적지에 도착하지 못한 경우를 언급함을 알 수 있다. 정답은 망설이다는 뜻의 B이다.

어휘 ★耐烦 nàifán 형 인내하다 | ★犹豫不决 yóu yù bù jué 성 망설이다 | 充满 chōngmǎn 동 가득차다 | 后悔 hòuhuǐ 동 후회하다

38. HSK POINT 주제를 묻는 문제 | 난이도 中

track 04-38

这段话主要想告诉我们什么?	이 글이 주로 우리에게 알려 주는 것은?
A 要言行一致	A 말과 행동이 일치해야 한다
B 人生要有目标	**B 인생은 목표가 있어야 한다**
C 凡事要适度	C 모든 일은 적당히 해야 한다
D 不怕慢，就怕站	D 느린 것을 두려워하지 말고, 멈춰 있는 것을 두려워하라

공략 인생에서 분명한 목표가 있어야 목적을 이룰 수 있다는 것이 이 글의 주제이기 때문에 정답은 B이다.

어휘 ★言行一致 yánxíng yízhì 말과 행동이 일치하다 | ★凡事 fánshì 명 모든 일 | 适度 shìdù 형 적당하다

[39-41]

40有个教授做过这样一个调查：他曾仔细观察过学生上课时选座位的情况，他发现有的学生总爱坐前排，有的则盲目随意，哪儿都坐，还有一些人似乎特别喜欢后面的座位。教授分别记下了他们的名字。十年后，40教授发现：39爱坐前排的学生中，事业成功的比例比其他两类学生高很多。

其实，很多时候，并不是一定要站在最前面，或永远保持第一的状态，但是我们一定要有这种积极向上的心态。41只有怀着一颗积极向上的心，才能以最佳的状态投入到学习和工作当中，才能取得理想的成绩。

40어느 교수가 다음과 같은 조사를 한 적이 있다. 그는 수업을 할 때 학생들이 자리를 선택하는 상황을 자세히 관찰했는데, 어떤 학생은 항상 앞에 앉고, 어떤 학생은 무작정 마음대로 아무 자리에나 앉고, 또 어떤 학생들은 유난히도 뒷자리에 앉기 좋아하는 것을 발견했다. 교수는 각각의 학생들의 이름을 적었다. 10년 후, 39앞에 앉기를 좋아하는 학생 중 성공한 사람의 비율이 다른 두 부류의 학생들보다 훨씬 많다는 것을 40교수는 알게 됐다.

사실, 많은 경우 반드시 제일 앞에 서거나 영원히 1등의 상태에 있어야 한다는 것은 아니지만, 반드시 적극적으로 진보하고자 하는 마음을 가져야 한다. 41적극적으로 진보하고자 하는 마음을 가져야만 가장 좋은 상태로 학습이나 업무에 뛰어들 수 있고, 좋은 성적을 거둘 수 있다.

어휘 ★调查 diàochá 동 조사하다 | 仔细 zǐxì 형 세심하다 | 观察 guānchá 동 관찰하다 | ★座位 zuòwèi 명 좌석 | 前排 qiánpái 명 앞줄 | 盲目 mángmù 형 맹목적인, 무작정 | 随意 suíyì 부 마음대로 | ★似乎 sìhū 부 마치 ~인 것 같다 | ★分别 fēnbié 부 각각 | 比例 bǐlì 명 비율 | 保持 bǎochí 동 유지하다 | ★状态 zhuàngtài 명 상태 | ★积极 jījí 형 적극적이다 | 向上 xiàngshàng 동 위로 향하다, 진보하다 | ★心态 xīntài 명 심리 상태 | 怀着 huáizhe 동 품고 있다 | 颗 kē 양 알(둥글고 작은 알갱이 모양을 세는 단위) | ★佳 jiā 형 좋다 | 投入 tóurù 동 뛰어들다 | 取得 qǔdé 동 얻다 | ★理想 lǐxiǎng 형 이상적이다

어법 TIP

▶ 不是 A 而是/但是 B

'不是 A 而是/但是 B'는 'A가 아니라, B이다'라는 뜻이며, 부정하고 싶은 내용을 A에 놓고, 강조하고 싶은 내용을 B에 놓는다. 부정부사를 정확하게 듣는 것에 유의하자.

努力学习不是为了考高分，而是为了求知。
열심히 공부하는 것은 높은 성적을 거두기 위해서가 아니라, 지식을 탐구하기 위해서이다.

挫折不是高不可攀的高山，而是我们前进的动力。
좌절은 오를 수 없는 높은 산이 아니라, 우리가 앞으로 나갈 수 있는 동력이다.

39. HSK POINT 보기를 통해 상세 정보 대조 | 난이도 中 | track 04-39

根据调查，哪类学生的成功比例最高？
조사에 근거하면, 어떤 학생의 성공 비율이 가장 높았나?

A 爱坐前排的 — 앞에 앉기 좋아하는 학생
B 爱坐后排的 — 뒤에 앉기 좋아하는 학생
C 喜欢提问的 — 질문하기 좋아하는 학생
D 随便坐的 — 마음대로 앉는 학생

공략 보기에 집중해서 녹음을 들어야 한다. 앞에 앉는 학생들이 성공한 경우가 가장 많았기 때문에 정답은 A이다.

어휘 ★提问 tíwèn 동 질문하다 | 随便 suíbiàn 부 마음대로

40. HSK POINT 보기를 통해 상세 정보 대조 | 난이도 中 | track 04-40

关于那个调查，可以知道什么？
조사에 관해 무엇을 알 수 있나?

A 针对教授进行的 — 교수를 대상으로 진행했다
B 不少人不喜欢坐前排 — 많은 사람들이 앞에 앉기를 싫어한다
C 是教授完成的 — 교수가 완성했다
D 分三个阶段 — 3단계로 분류된다

공략 보기가 세부 사항이기 때문에 옳지 않은 것을 제외하면서 문제를 푸는 것이 좋다. 학생들을 대상으로 조사한 것이라 A는 정답이 아니며, 어느 자리에 앉은 사람이 많은지 적은지에 대한 내용도 없기 때문에 B 역시 정답이 아니고, 세 종류의 학생에 관한 조사이지 3단계로 진행된 것은 아니므로 D도 정답이 아니다. 어느 교수가 조사하여 결론을 내렸기 때문에 정답은 C이다.

어휘 针对 zhēnduì 동 겨냥하다 | 分 fēn 동 나누다 | 阶段 jiēduàn 명 단계

41. HSK POINT 주제를 묻는 문제 난이도 上

track 04-41

这段话主要想告诉我们什么?

A 不要不懂装懂
B 不要逃避责任
C 快乐其实很简单
D 要保持向上的心态

이 글이 주로 우리에게 알려 주는 것은?

A 모르는데 아는 척하지 마라
B 책임을 회피하지 마라
C 즐거움은 사실 아주 간단하다
D 진보하고자 하는 마음을 유지해야 한다

공략 앞으로 나아가고자 하는 마음을 갖는 것이 중요하다는 것이 이 글의 주제이기 때문에 정답은 D이다. 보기를 보면서 '积极向上的心(적극적으로 진보하고자 하는 마음)'을 들어야 정답을 고를 수 있다.

어휘 ★不懂装懂 bù dǒng zhuāng dǒng 모르면서 아는 척하다 | ★逃避 táobì 동 도피하다 | ★责任 zérèn 명 책임 | 快乐 kuàilè 형 즐겁다 | 简单 jiǎndān 형 간단하다

[42-43]

在武汉进行的男篮亚锦赛上，43人们很关注担任解说嘉宾的姚明。"很专业，挺幽默，42如果声调再高一点点就好了。"这是人们对他的评价。姚明的思维颇为敏捷，口才也相当优秀，虽然没有接受过正规的主持训练，但是解说比赛有自己独特的风格。虽然已经不再打篮球了，但篮球水平高超的姚明，对球场上的现象，点评及时而准确，很有预见性。

우한에서 진행된 남자 농구 아시아 선수권 대회에서 43사람들은 해설 위원인 야오밍에 주목했다. "매우 전문적이고 굉장히 유머러스합니다. 42목소리 톤을 조금 더 높이면 좋았을 거예요." 이것이 그에 대한 사람들의 평가이다. 야오밍은 순발력이 매우 좋았고, 말주변 또한 아주 뛰어났다. 정식으로 진행 훈련을 받지 않았지만 경기를 해설할 때 본인 특유의 스타일이 있었다. 이제 더 이상 농구를 하지 않지만, 농구 실력이 뛰어난 야오밍은 경기장에서의 상황에 대해 제때에 정확하게 평론했고 선견지명이 있었다.

어휘 武汉 Wǔhàn 고유 우한(지명) | ★进行 jìnxíng 동 진행하다 | 男篮 nánlán 명 남자 농구 | 亚锦赛 yàjǐnsài 명 아시아 선수권 대회 | ★关注 guānzhù 동 주목하다 | ★担任 dānrèn 동 담당하다 | 解说 jiěshuō 동 해설하다 | ★嘉宾 jiābīn 명 손님 | 姚明 Yáo Míng 고유 야오밍(인명) | 专业 zhuānyè 형 전문적이다 | 幽默 yōumò 형 유머러스하다 | ★声调 shēngdiào 명 목소리 톤 | ★评价 píngjià 동 평가하다 | 思维 sīwéi 명 사고 | 颇为 pōwéi 부 매우 | 敏捷 mǐnjié 형 민첩하다 | 正规 zhèngguī 형 정규의, 정식의 | ★主持 zhǔchí 동 사회를 보다 | 训练 xùnliàn 동 훈련하다 | 解说 jiěshuō 동 해설하다 | 比赛 bǐsài 명 경기 | ★独特 dútè 형 독특하다 | 风格 fēnggé 명 기질, 스타일 | 现象 xiànxiàng 명 현상 | 点评 diǎnpíng 동 평론하다 | ★及时 jíshí 형 시기가 적절하다 | 准确 zhǔnquè 형 정확하다 | 预见性 yùjiànxìng 선견지명

어법 TIP

▶ A 而 B

접속사 '而'은 역접과 순접의 의미를 모두 가지고 있기 때문에 맥락을 보고 정확한 의미를 파악해야 한다. 여기에서는 '及时(제때에)'와 '准确(정확하게)'가 병렬되고 있기 때문에 순접으로 사용되었으며 'A 그리고 B'라는 뜻이다. 하지만 한 문장이 끝나고 새로운 문장이 시작되는 'A而, B' 일반적으로 역접의 의미를 가지며 이때에는 'A이지만, 그러나 B이다'라는 뜻으로 쓰인다.

对于您及时而热情的服务，我十分满意。당신의 빠르고 친절한 서비스에 나는 매우 만족한다.

男人需要空间，而女性需要时间。남자는 공간이 필요하고 여자는 시간이 필요하다.(역접)

42. HSK POINT 유사 표현으로 의미 유추 난이도 上

track 04-42

人们怎么评价姚明?

A 语速太慢
B 不够幽默
C 声音有些低
D 解说经验丰富

사람들은 야오밍을 어떻게 평가했나?

A 말의 속도가 너무 느리다
B 별로 유머러스하지 않다
C 목소리가 조금 낮다
D 해설 경험이 풍부하다

공략 보기에 집중하여 녹음의 전체 맥락을 이해해야 한다. '如果声调再高一点一点就好了(목소리 톤을 조금 더 높이면 좋았을 거예요)'로 미루어 야오밍의 목소리가 조금 낮았음을 알 수 있기 때문에 정답은 C이다.

어휘 评价 píngjià 동 평가하다 | 语速 yǔsù 명 말의 속도 | ★经验 jīngyàn 명 경험 | ★丰富 fēngfù 형 풍부하다

43. HSK POINT 보기를 통해 상세 정보 대조 난이도 中

track 04-43

关于姚明，下列哪项正确?

A 腿受伤了
B 接受过主持训练
C 担任解说嘉宾
D 获奖了

야오밍에 관해 다음 중 옳은 것은?

A 다리 부상을 당했다
B 해설 훈련을 받은 적이 있다
C 해설 위원을 맡았다
D 수상을 했다

공략 보기가 모두 술어인데, 특정 인물의 행동에 대한 문제임을 알 수 있다. 녹음은 야오밍이 해설 위원을 맡은 내용이므로 정답은 C이다.

어휘 腿 tuǐ 명 다리 | ★受伤 shòushāng 동 부상당하다

[44-45]

师傅向他的三个徒弟提了这样一个问题："如果有人当面指出你的新衣服上破了一个洞，你会怎么办？" 第一个徒弟回答："不去管它。" 第二个徒弟回答："找东西盖上。" 而第三个徒弟回答道："44将它补好。" 听了第三个徒弟的回答，师傅微微点点头。

45这个衣服上的洞就像是我们犯过的错误，对待错误的最佳方法，不是回避，也不是掩饰，而是改正。

스승이 그의 제자 3명에게 다음과 같은 질문을 했다. "만약에 어떤 사람이 면전에서 자네들의 새 옷에 구멍이 났다고 지적하면 어떻게 하겠나?" 첫 번째 제자가 대답했다. "신경 쓰지 않아요." 두 번째 제자가 대답했다. "가려야지요." 44세 번째 제자가 대답했다. "구멍을 메워야지요." 세 번째 제자의 대답을 듣고 스승이 살짝 고개를 끄덕였다.

45이 옷의 구멍은 우리가 저지르는 잘못과도 같다. 잘못을 대하는 가장 좋은 방법은 회피도 아니고 감추는 것도 아니며, 바로 잡는 것이다.

어휘 师傅 shīfu 명 스승 | 徒弟 túdì 명 제자 | 提 tí 동 내다, 꺼내다 | 指出 zhǐchū 동 지적하다 | 破洞 pòdòng 명 구멍 | 管 guǎn 동 상관하다 | ★盖 gài 동 덮다 | ★补 bǔ 동 메우다 | 微微 wēiwēi 부 살짝 | ★点头 diǎntóu 동 고개를 끄덕이다 | ★犯 fàn 동 저지르다 | ★错误 cuòwù 명 잘못 | 对待 duìdài 동 대하다 | ★佳 jiā 형 좋다 | 回避 huíbì 동 회피하다 | 掩饰 yǎnshì 동 감추다 | ★改正 gǎizhèng 동 (잘못을) 바로 잡다

어법 TIP

▶ 개사 将

중국어는 구어체와 문어체의 구분이 명확한 편인데, HSK 5급 문장에서 문어체 표현들이 종종 등장하기 때문에 상용되는 문어체 어휘들은 기억해 둬야 한다. 그 중 가장 대표적인 것이 개사 '将'으로 '把(~을/를)'과 같은 용도로 쓰인다.

怎样将网上的视频下载到电脑上。 인터넷의 영상을 어떻게 컴퓨터에 다운받을 수 있나요?

我将知识视为财富。 나는 지식을 재산으로 여긴다.

44. HSK POINT 보기를 통해 상세 정보 대조 난이도 上

track 04-44

师傅最满意的回答是哪个？

A 置之不理
B 把洞补好
C 找东西盖上
D 把衣服扔掉

스승이 가장 만족한 대답은?

A 상관하지 않는다
B 구멍을 메운다
C 물건을 찾아 덮는다
D 옷을 버린다

공략 '将它补好(구멍을 메워야지요)'를 들으면 들리는 그대로 정답을 고를 수 있다. 이 대답을 듣고 스승이 고개를 끄덕였기 때문에 정답은 B이다.

어휘 置之不理 zhì zhī bù lǐ 성 상관하지 않는다 | ★扔掉 rēngdiào 동 버리다

45. HSK POINT 주제에 관한 문제 난이도 上 track 04-45

这段话主要想告诉我们什么?	이 글이 주로 우리에게 알려 주는 것은?
A 知错要改	A 잘못을 알면 고쳐야 한다
B 谦虚使人进步	B 겸손은 사람을 진보하게 한다
C 要满足现状	C 현재 상황에 만족해야 한다
D 眼见不一定为实	D 눈에 보인다고 다 사실은 아니다

공략 이 글은 구멍이 난 옷은 바로 메워야 하는 것처럼 잘못을 저지르면 고쳐야 한다는 것이 주제이기 때문에 정답은 A이다.

어휘 ★谦虚 qiānxū 형 겸손하다 | ★进步 jìnbù 동 진보하다 | 现状 xiànzhuàng 명 현재 상황 | 眼见为实 yǎn jiàn wéi shí 눈으로 보는 것이 진짜이다

第一部分

[46-48]

纸币是由国家发行并强制使用的货币，它的发行量以流通中所需要的货币量为限度。纸币的 46 制作 成本低，流通损耗小，易于保管、携带和运输，因此成为当今世界各国 47 普遍 使用的货币形式。世界上最早的纸币， 48 出现 于中国北宋时期的成都，名为“交子”。“交子”的产生，弥补了现钱的不足，便利了商业往来，是中国货币史上的一个里程碑。	지폐는 국가가 발행하고 강제 사용하는 화폐이며, 그 발행량은 유통 중 필요한 화폐량을 한도로 한다. 지폐의 46 제작 비용은 낮고, 유통에서 발생하는 소모가 적으며, 보관과 휴대, 운송이 쉽기 때문에 현재 세계 각국이 47 보편적으로 사용하는 화폐의 형식이 되었다. 세계 최초의 지폐는 중국 북송 시기 청두(成都)에서 48 출현했고 그 이름을 '자오쯔'라고 했다. '자오쯔'의 생산으로 현금 부족이 채워졌고 상업적 왕래가 편리해져서 중국 화폐사의 이정표가 되었다.

어휘 ★纸币 zhǐbì 명 지폐 | 发行 fāxíng 동 발행하다 | 强制 qiángzhì 동 강제하다 | ★货币 huòbì 명 화폐 | 流通 liútōng 동 유통하다 | ★需要 xūyào 동 필요하다 | 限度 xiàndù 명 한도 | 成本 chéngběn 명 원가 | 损耗 sǔnhào 동 소모되다 | ★易于 yìyú 동 ~하기 쉽다 | 保管 bǎoguǎn 동 보관하다 | 携带 xiédài 동 휴대하다 | 运输 yùnshū 동 운송하다 | ★因此 yīncǐ 접 때문에 | 成都 Chéngdū 고유 청두(지명) | 交子 jiāozi 명 자오쯔 | 弥补 míbǔ 동 메우다, 채우다 | 现钱 xiànqián 명 현금 | ★不足 bùzú 명 부족 | ★便利 biànlì 형 편리하다 | ★商业 shāngyè 명 상업 | 往来 wǎnglái 명 왕래 | ★里程碑 lǐchéngbēi 명 이정표

46. HSK POINT 관형어와 명사의 호응 난이도 中

A 形成　　B 制作
C 制定　　D 建成

A 형성하다　　B 제작하다
C 제정하다　　D 건설하다

공략 구조조사 '的' 앞의 관형어, '的' 뒤의 명사 사이의 호응 관계를 묻는 문제이다. 지폐와 어울리는 동사는 제작한다는 뜻의 B이다.

호응 관계 TIP

- 形成 ⊕ 习惯 : 습관을 형성하다
- 制定 ⊕ 计划 : 계획을 세우다
- 制作 ⊕ 电影 : 영화를 제작하다
- 建成 ⊕ 酒店 : 호텔을 세우다

47. HSK POINT 부사의 의미 파악 난이도 中

A 广大	B 任意	A 광대하다	B 제멋대로
Ⓒ 普遍	D 经典	Ⓒ 보편적이다	D 전형적이다

공략 주어인 '世界各国(세계 각국)'과 '使用(사용하다)'라는 동사와 모두 의미상 호응하는 부사로 '普遍(보편적이다)'가 가장 적절하다. A는 면적이 넓다는 뜻이고 B와 D는 의미상 어울리지 않는다. 정답은 C이다.

48. HSK POINT 보어 于와의 호응 및 의미 파악 난이도 中

Ⓐ 出现	B 构成	Ⓐ 출현하다	B 구성하다
C 承认	D 对待	C 인정하다	D 대하다

공략 밑줄 뒤의 '于(~에)'는 '建于(~에 세워지다)', '位于(~에 위치하다)'처럼 출현이나 존재 관련 동사와 호응 관계를 이루는 경우가 많다. 이어지는 문장의 '북송 시기 청두에서'와 의미상 호응을 이루는 것은 '出现(출현하다)'이므로 정답은 A이다.

[49-52]

历史博物馆和科技馆、美术馆不同，它的灯光一般都是冷色调，并且偏暗，而展品会特别打光。这样既能保护文物，又可以 49 突出 展品，营造气氛，而且这种灯光不容易使参观博物馆的观众感到眼部疲劳，50 可以延长参观时间 。当然，观众也不用担心偏暗的灯光会让人看不清楚，以至于 51 妨碍 参观。因为博物馆的灯光都是经过 52 专门 设计的，能最大限度地满足观众的参观需求，实现博物馆和观众的沟通和价值。

역사 박물관은 과학 기술관, 미술관과 다르게 조명이 차가운 색조이며, 어둡지만 전시품에는 조명을 특별하게 비춘다. 이렇게 하면 문물을 보호하면서 전시품을 49 부각시킬 수 있고 분위기를 만들어 준다. 게다가 이런 종류의 빛은 박물관의 관람객들이 눈의 피로를 쉽게 느끼지 않게 하여 50 관람 시간을 연장시킬 수 있다. 당연히, 관람객도 어두운 빛 때문에 분명하게 보지 못해서 관람에 51 방해될까 걱정할 필요가 없다. 박물관의 조명은 52 특별한 설계를 거친 것이어서, 관람객의 필요를 최대한도로 충족시키고, 박물관과 관람객의 소통과 가치를 실현할 수 있다.

어휘 ★历史 lìshǐ 명 역사 | 博物馆 bówùguǎn 명 박물관 | 科技馆 kējìguǎn 명 과학 기술관 | 美术馆 měishùguǎn 명 미술관 | ★灯光 dēngguāng 명 조명 | 冷色调 lěngsèdiào 명 차가운 색조 | 偏暗 piān'àn 형 어둡다 | 展品 zhǎnpǐn 명 전시품 | 打光 dǎguāng 동 빛을 내다 | ★既…又… jì···yòu··· ~하고 또 ~하다 | ★保护 bǎohù 동 보호하다 | 文物 wénwù 명 문물 | 营造 yíngzào 동 조성하다 | ★气氛 qìfēn 명 분위기 | 参观 cānguān 동 참관하다 | 观众 guānzhòng 명 관중, 관람객 | 眼部 yǎnbù 명 눈부위 | ★疲劳 píláo 형 피곤하다 | 清楚 qīngchu 형 뚜렷하다 | ★以至于 yǐzhìyú ~에까지 이르다 | 经过 jīngguò 동 거치다 | ★设计 shèjì 명 설계 | 最大限度 zuìdà xiàndù 최대한도 | ★满足 mǎnzú 동 만족시키다 | ★需求 xūqiú 명 필요 | ★实现 shíxiàn 동 실현하다 | ★沟通 gōutōng 동 소통하다 | ★价值 jiàzhí 명 가치

49. HSK POINT 목적어와의 호응 및 의미 파악 난이도 中

A 实现	**B 突出**	A 실현하다	**B 부각시키다**
C 企图	D 适应	C 도모하다	D 적응하다

공략 박물관의 조명은 어둡지만 전시품에 조명을 강하게 비추는 이유와 의미상 연결되는 동사를 찾아야 한다. 이 문장에서 목적어인 '展品(전시품)'과 어울리는 동사는 '突出(두드러지다, 부각시키다)'이므로 정답은 B이다.

호응 관계 TIP

- 实现 ➕ 理想 : 이상을 실현하다
- 突出 ➕ 长处 : 장점을 부각시키다
- 企图 ➕ 自杀 : 자살을 기도하다
- 适应 ➕ 生活 : 생활에 적응하다

50. HSK POINT 앞뒤 문장의 의미 파악 난이도 上

A 从而大大降低门票的成本	A 그래서 입장권의 비용을 크게 낮췄다
B 征求了观众的意见	B 관람객의 의견을 구했다
C 可以延长参观时间	**C 관람 시간을 연장시킬 수 있다**
D 具有纪念意义	D 기념의 의미를 갖는다

공략 앞 문장과 맥락상 연결이 되는 문장을 선택해야 한다. 앞 문장의 관람객 눈을 피로하지 않게 한다는 내용과 호응을 이루는 것은 C이다. 눈이 피로하지 않으면 관람을 더 오래 할 수 있기 때문에 인과관계에 유의하여 문제를 풀면 정답을 정확히 찾을 수 있다.

어휘 ★从而 cóng'ér 접 따라서 | 大大 dàdà 부 크게 | ★降低 jiàngdī 동 낮추다 | 门票 ménpiào 명 입장권 | ★成本 chéngběn 명 원가 | ★征求 zhēngqiú 동 (의견 등을) 구하다 | ★延长 yáncháng 동 연장하다 | 具有 jùyǒu 동 가지다 | 纪念 jìniàn 동 기념하다 | 意义 yìyì 명 의의

51. HSK POINT 앞뒤 문장의 의미 파악 난이도 上

A 吃亏	B 缩小	A 손해를 보다	B 축소하다
C 妨碍	D 阻止	**C 방해하다**	D 저지하다

공략 밑줄 뒤에 이어지는 어휘 '以至于(~정도에 이르다)'는 일반적으로 부정적인 결과가 초래될 때 사용한다. 앞 문장의 '让人看不清楚(분명하게 보지 못하게 하다)'의 결과로, 관람을 '妨碍(방해하다)'라는 의미의 C가 가장 적절하다. D는 인력이나 무력으로 행동을 막는 것을 의미하기 때문에 정답이 아니다.

호응 관계 TIP

- 吃了 ➕ 的亏 : ~ 손해를 입다
- 缩小 ➕ 差距 : 격차를 줄이다
- 妨碍 ➕ 业务 : 업무를 방해하다
- 阻止 ➕ 他(사람) : 그를(사람을) 저지하다

52. HSK POINT 부사의 의미 파악 난이도 中

A 均匀	A 균일하다
B 专门	**B 특별히, 일부러**
C 深刻	C 깊다
D 合法	D 합법적이다

공략 '经过(~을 거치다)', '设计(설계하다)'와 모두 호응을 이루는 부사를 찾는다. 전시품을 부각시키고 관람객들의 관람을 편하게 하기 위해서 특별히 조명을 만든 것이므로 보기 중 가장 적절한 것은 B이다.

[53-56]

有一位农夫，日出而作，日落而息，辛勤耕作于田间，日子过得虽说不上富裕，53 倒 也和美快乐。一天晚上，农夫做了个梦，梦见自己得到了18块儿金子。54 说来也巧，第二天，农夫在自己的田野里竟然真的挖到了一块儿金子，他的家人和亲友都为此感到高兴不已，可农夫却闷闷不乐，整天心事重重。别人问他："你已经成为了富翁，还有什么不满意的呢？"农夫回答，"我在想，55 另外 17块儿金子到哪儿去了？"得到了一块儿金子，却 56 失去 了生活的快乐。看来，有时真正的快乐和金钱无关。贪婪是幸福最大的敌人。

어느 농부가 해가 뜰 때 시작해서 해가 질 때까지 일을 하며 부지런하게 논밭을 경작했다. 부유한 날들을 보냈다고 말할 수는 없 53 지만 화목하고 즐거웠다. 어느 저녁 농부가 꿈을 꿨는데, 꿈에서 18개의 금덩이를 얻었다. 54 공교롭게도 이튿날 농부는 논밭에서 뜻밖에도 금 한 덩이를 캐냈다. 가족과 친척, 친구들이 모두 아주 기뻐했지만, 농부는 오히려 답답해하며 하루 종일 근심이 가득했다. 다른 사람이 그에게 물었다. "당신은 이미 부자가 됐는데 왜 만족하지 않는 건가요?" 농부가 대답했다. "55 나머지 17개의 금덩이가 어디로 갔는지 생각하고 있어요." 금덩이 하나를 얻고 삶의 기쁨을 56 잃은 것이다. 보아하니 진정한 즐거움은 금전과 무관할 때도 있다. 탐욕은 행복의 가장 큰 적이다.

어휘 ★农夫 nóngfū 명 농부 | 日出而作，日落而息 rì chū ér zuò, rì luò ér xī 해가 뜨면 일하고 해가 지면 휴식한다 | ★辛勤 xīnqín 형 부지런하다 | 耕作 gēngzuò 동 경작하다 | 田间 tiánjiān 명 논밭 | ★富裕 fùyù 형 부유하다 | 和美 héměi 형 화목하다 | 快乐 kuàilè 형 즐겁다 | 块儿 kuàir 양 덩이(덩이로 된 물건을 세는 단위) | 金子 jīnzi 명 금 | 田野 tiányě 명 논밭과 들판 | ★竟然 jìngrán 부 뜻밖에도 | 挖 wā 동 발굴하다 | 亲友 qīnyǒu 명 친척과 친구 | ★为此 wèicǐ 접 이 때문에 | 不已 bùyǐ 동 ~해 마지않다 | ★闷闷不乐 mèn mèn bú lè 성 마음이 답답하고 우울하다 | ★整天 zhěngtiān 명 종일 | ★心事 xīnshì 명 고민거리 | 重重 chóngchóng 형 겹겹의, 매우 많다 | ★无关 wúguān 동 무관하다 | 贪婪 tānlán 형 탐욕스럽다 | ★敌人 dírén 명 적

53. HSK POINT 접속사와 부사의 호응 관계 난이도 上

A 倒	B 将	**A 오히려**	B 장차
C 便	D 趁	C 곧	D ~을 틈타

공략 앞의 문장 '虽说不上富裕(부유하다고 말할 수 없다)'에서 '虽'는 '虽然'과 같은 의미로 역접 관계를 나타내는 접속사이다. 일반적으로 '虽'는 '但是(그러나)'나 '不过(그러나)' 등의 접속사 또는 '却(오히려)'와 '倒(오히려)' 등의 부사와 호응을 이루기 때문에 정답은 A이다.

4회

54. HSK POINT 의미상 호응 난이도 上

A 说来也巧	A 공교롭게도
B 讽刺的是	B 풍자적인 것은
C 让人遗憾的是	C 유감스러운 것은
D 简直是开玩笑	D 그야말로 농담이다

공략 농부가 꿈에서 18개의 금덩이를 얻었는데 현실에서도 금덩이를 찾았다는 내용은 우연히 맞아 떨어진 기이한 일이므로 공교롭다는 말로 이 두 상황을 연결할 수 있다. 정답은 A이다. 또한 금을 찾은 것은 좋은 의미이기 때문에 유감스럽다는 C는 정답이 아니다.

어휘 说来也巧 shuōlái yě qiǎo 공교롭게도 | ★讽刺 fěngcì 동 풍자하다 | ★遗憾 yíhàn 동 유감이다 | 简直 jiǎnzhí 부 그야말로 | 开玩笑 kāi wánxiào 동 농담하다

55. HSK POINT 부사의 의미 파악 난이도 中

A 怪不得	B 另外	A 어쩐지	B 그 밖에도
C 格外	D 居然	C 유난히	D 뜻밖에

공략 꿈에서 18개의 금덩이를 얻었지만, 현실에서는 17개를 제외한 단 한 개의 금덩이를 얻었다. 나머지 17개는 어디에 갔는지 묻고 있기 때문에 정답은 B이다.

56. HSK POINT 술어와 목적어의 호응 난이도 中

A 引起	B 享受	A 일으키다	B 누리다
C 抓紧	D 失去	C 꽉 잡다	D 잃다

공략 밑줄이 동사 자리이기 때문에 목적어와의 호응 관계에 유의해야 한다. 여기에서 목적어는 '快乐(즐거움)'이고, 의미상 금을 얻고 즐거움을 잃어버렸다는 뜻이므로 정답은 D이다.

호응 관계 TIP

- 引起 + 疾病/关注 : 질병을 일으키다, 관심을 불러일으키다
- 享受 + 生活 : 생활을 누리다
- 抓紧 + 时间 : 시간을 재촉하다, 서두르다
- 失去 + 机会 : 기회를 잃다

[57-60]

过程是一根线，结果是一个点。就拿登山来说，在登山的过程中，你可以走走停停，欣赏鲜花，57 游览 美景，享受清风的抚摸，静听小鸟的鸣唱。这一路上的胜景，就好像用一根线串在一起，串成一连串的幸福，系在心间。而登山的结果，就是登上山顶。也许在山顶你能享受到一种征服山峰的幸福，但这种幸福 58 毕竟 是暂时、瞬间的，因为山顶只是一个点，你终究要从这个点走下来，随着你走下山顶，那种在山顶上的幸福感也就 59 消失 了。 过程是绵长的，结果是短暂的。一根线的幸福，是拥有无数点的幸福，而一个点的幸福，60 在漫长的人生旅途中，瞬间就会过去，就会无影无踪。	과정은 선이고 결과는 점이다. 등산을 예로 들어 얘기하면, 등산 과정에서 당신은 걸었다 멈추었다를 반복하면서 꽃도 감상하고 아름다운 풍경도 57 둘러보면서 시원한 바람의 감촉도 느끼고 작은 새의 지저귀는 소리도 가만히 들을 수 있다. 길에서의 이러한 아름다운 풍경은 마치 한 가닥의 선으로 연결되어 한 줄기의 행복을 엮어서 마음에 묶어 놓는 것 같다. 그런데 등산의 결과는 산 정상에 오르는 것이다. 아마도 산 정상에서 당신은 산봉우리를 정복했다는 행복을 느낄 수 있을 것이다. 그러나 이러한 행복은 58 어쨌든 잠시 뿐이며 순간적인 것이다. 산 정상은 단지 점 하나에 불과해서 당신은 결국 이 점에서 내려와야 하고, 당신이 산 정상을 내려옴에 따라 산 정상에서의 그러한 행복감도 59 사라질 것이다. 과정은 끊임없이 이어지지만 결과는 순간적인 것이다. 한 가닥 선인 행복은 무수한 점들의 행복을 가지고 있지만, 점 하나의 행복은 60 긴 인생의 여정에서 순식간에 지나가 버리고 흔적 없이 사라질 것이다.

어휘 ★过程 guòchéng 명 과정 | 根 gēn 양 가닥 | ★线 xiàn 명 선 | ★点 diǎn 명 점 | 拿…来说 ná…láishuō ~에 대해 얘기하자면 | 登山 dēngshān 명 등산 | 停 tíng 동 멈추다 | ★欣赏 xīnshǎng 동 감상하다 | 鲜花 xiānhuā 명 꽃 | 美景 měijǐng 명 아름다운 경치 | ★享受 xiǎngshòu 동 누리다 | 清风 qīngfēng 명 시원한 바람 | 抚摸 fǔmō 동 어루만지다 | 静听 jìngtīng 동 조용히 듣다 | 小鸟 xiǎoniǎo 명 작은 새 | 鸣唱 míngchàng 동 지저귀다 | 胜景 shèngjǐng 명 아름다운 풍경 | 串 chuàn 동 엮다 | 一连串 yìliánchuàn 형 이어지는 | 系 jì 동 묶다 | 心间 xīnjiān 명 마음속 | 山顶 shāndǐng 명 산 정상 | ★也许 yěxǔ 부 아마도 | ★征服 zhēngfú 동 정복하다 | 山峰 shānfēng 명 산 정상 | ★暂时 zànshí 명 잠깐 | ★瞬间 shùnjiān 명부 순간, 순간적으로 | 终究 zhōngjiū 부 결국 | ★随着 suízhe 개 ~에 따라 | 绵长 miáncháng 형 끊임없다 | ★短暂 duǎnzàn 형 (시간이) 짧다 | ★拥有 yōngyǒu 동 가지다 | ★无影无踪 wú yǐng wú zōng 성 종적이 없다

57. HSK POINT 술어와 목적어의 호응 난이도 中

Ⓐ 游览	Ⓐ 유람하다
B 强调	B 강조하다
C 提倡	C 제창하다
D 想象	D 상상하다

공략 밑줄은 동사 자리이기 때문에 목적어와의 호응 관계에 유의해야 한다. 목적어인 '美景(아름다운 풍경)'과 호응을 이루는 동사는 돌아보다 또는 유람하다는 뜻을 가진 A이다.

58. HSK POINT 부사의 의미 파악 난이도 上

A 如何	A 어떻게
B 毕竟	**B 어쨌든, 필경**
C 未必	C 꼭 그런 것은 아니다
D 随时	D 수시로

공략 부사 '毕竟(어쨌든, 필경)'은 결론을 지을 때 사용한다. '这种幸福是暂时、瞬间的(이러한 행복은 잠시 뿐이며 순간적인 것이다)' 이 문장은 행복에 대해 결론을 내리고 있기 때문에 정답은 B이다. A는 의문사로 사용되는 경우가 많고 C, D는 의미상 어울리지 않는다.

59. HSK POINT 의미상 호응 난이도 中

A 消失	**A 사라지다**
B 灭绝	B 멸종하다
C 衰退	C 쇠퇴하다
D 省略	D 생략하다

공략 산 정상에서 느끼는 행복은 산을 내려와서는 사라지기 때문에, '幸福感(행복감)'이라는 주어에 어울리는 동사는 보기 A의 '消失(사라지다)'이다.

호응 관계 TIP

- 笑容 ⊕ 消失 : 웃음기가 사라지다
- 恐龙 ⊕ 灭绝 : 공룡이 멸종하다
- 王朝 ⊕ 衰退 : 왕조가 쇠락하다
- 省略 ⊕ 工序 : 제조 공정을 생략하다

60. HSK POINT 앞뒤 문장의 의미 파악 난이도 上

A 是长久的	A 아주 오래 지속된다
B 在征服大自然中	B 대자연을 정복하는 중에
C 引起了人们的注意	C 사람들의 주의를 이끌어 냈다
D 在漫长的人生旅途中	**D 긴 인생의 여정 중에**

공략 이 문장의 주어는 '一个点的幸福(점 하나의 행복)'이고 술어는 '瞬间就会过去，就会无影无踪(순식간에 지나가 버리고 흔적 없이 사라질 것이다)'이다. 그 사이에는 부사어가 들어갈 수 있으며, 점 하나의 행복은 인생의 긴 여정에서 순식간에 사라질 것이라는 내용이 글 전체의 맥락과 어울리기 때문에 정답은 D이다. A, B, C는 의미상 적합하지 않다.

어휘 征服 zhēngfú 동 정복하다 | 大自然 dàzìrán 명 대자연 | ★引起 yǐnqǐ 동 불러일으키다 | ★注意 zhùyì 동 주의하다 | 漫长 màncháng 형 길다 | 旅途 lǚtú 명 여정

第二部分

61. HSK POINT 보기와 유사 표현 대조 난이도 下

许多人都喜欢喝下午茶，下午茶对补充人体能量大有好处。现代社会生活节奏快，上班族的午餐经常吃得太少或者过于仓促，而一份营养均衡的下午茶，不仅能赶走瞌睡，还有助于恢复体力。

많은 사람들이 오후 차를 마시기 좋아한다. 오후 차는 인체 에너지를 보충하는 데 아주 좋다. 현대 사회의 생활 리듬이 빠르기 때문에 직장인들은 점심을 먹을 때 너무 적게 먹거나 급하게 먹는다. 그런데 영양이 균형을 이루는 오후 차는 졸음을 쫓을 뿐 아니라, 체력을 회복하는 데 도움이 된다.

A 下午茶不宜每天饮用
B 午餐要注意营养均衡
C 喝下午茶有助于补充能量
D 喝下午茶不失眠

A 오후 차를 매일 마시는 것은 적절하지 못하다
B 점심 식사는 영양 균형에 신경 써야 한다
C 오후 차는 에너지를 보충하는 데 도움이 된다
D 오후 차를 마시면 불면증에 걸리지 않는다

공략 지문의 '对…有好处(~에 좋다)'와 보기 C의 '有助于(~에 도움이 된다)'가 유사한 의미임에 유의한다. 정답은 C이다.

어휘 下午茶 xiàwǔchá 명 오후 차(오후 3, 4시경에 시장함을 달래기 위해 마시는 차) | ★补充 bǔchōng 동 보충하다 | 人体 réntǐ 명 인체 | ★能量 néngliàng 명 에너지 | 现代社会 xiàndài shèhuì 명 현대 사회 | ★节奏 jiézòu 명 리듬 | ★上班族 shàngbānzú 명 직장인 | 午餐 wǔcān 명 점심 식사 | ★过于 guòyú 부 지나치게 | 仓促 cāngcù 형 촉박하다 | ★营养 yíngyǎng 명 영양 | ★均衡 jūnhéng 형 균형이 잡히다 | ★不仅 bùjǐn 접 ~뿐 아니라 | 赶走 gǎnzǒu 동 쫓아내다 | 瞌睡 kēshuì 동 졸음이 오다 | ★有助于 yǒuzhùyú 동 ~에 도움이 되다 | ★恢复 huīfù 동 회복하다 | 体力 tǐlì 명 체력 | ★饮用 yǐnyòng 동 마시다 | 注意 zhùyì 동 주의하다 | ★失眠 shīmián 동 불면증에 걸리다

62. HSK POINT 유사한 표현으로 의미 유추 난이도 中

武术是中国的一项传统体育项目，因为训练的过程很艰苦，所以练武不仅可以提高人的身体素质，还能够磨练人的意志和品格，这也是练武者往往都具有勤奋刻苦、坚强勇敢的品质的原因。

우슈는 중국의 전통 스포츠 종목이다. 훈련 과정이 고되기 때문에 우슈를 하면 신체적 자질을 높일 수 있을 뿐 아니라 사람의 의지와 품성을 단련시킬 수 있다. 이것은 우슈를 연마하는 사람들이 흔히 고생을 잘 견디고, 강인하면서 용감한 품성을 갖게 되는 요인이기도 하다.

A 练武者以青少年居多
B 练武有益于身心健康
C 武术是现代流行运动
D 练武对强身健体作用不大

A 우슈 연마를 하는 사람은 청소년이 많다
B 우슈 연마는 심신 건강에 도움이 된다
C 우슈는 현대 사회에서 유행하는 운동이다
D 우슈 연마는 신체를 단련하는 데 큰 작용을 하지 않는다

공략 '可以提高人的身体素质(신체적 자질을 높일 수 있다)'와 '磨练人的意志和品格(의지와 품성을 단련시킬 수 있다)'는 심신 건강에 도움이 된다는 의미이므로 정답은 B이다.

어휘 武术 wǔshù 명 무술, 우슈 | ★传统 chuántǒng 명 전통 | ★体育 tǐyù 명 스포츠 | 项目 xiàngmù 명 종목 | ★训练 xùnliàn 동 훈련하다 | ★艰苦 jiānkǔ 형 고생스럽다 | 练武 liànwǔ 동 무예를 연마하다 | 提高 tígāo 동 높이다 | 素质 sùzhì 명 소양, 자질 | ★能够 nénggòu 조동 ~할 수 있다 | ★磨练 móliàn 동 갈고 닦다 | 意志 yìzhì 명 의지 | 品格 pǐngé 명 성품 | ★勤奋 qínfèn 형 열심히 하다 | 刻苦 kèkǔ 형 애쓰다 | 坚强 jiānqiáng 형 강하다 | ★勇敢 yǒnggǎn 형 용감하다 | ★品质 pǐnzhì 명 품성 | 青少年 qīngshàonián 명 청소년 | 居多 jūduō 동 (대)다수를 차지하다 | 强身健体 qiángshēn jiàntǐ 신체를 건강하게 하다 | 作用 zuòyòng 명 작용

63. HSK POINT 보기를 통해 상세 정보 대조 난이도 上

研究表明，用牛奶服药不科学。牛奶会影响人体对药物的吸收速度，还容易在药物表面形成覆盖膜，使牛奶中的矿物质与药物发生化学反应，生成非水溶性物质，这样会降低药效。所以，在服药前后的一到两小时内不宜饮用牛奶。

A 饭前一小时不应服药
B 用牛奶服药会降低药效
C 牛奶会破坏药物表面的覆盖膜
D 牛奶可促进人体对药物的吸收

연구 결과를 보면, 우유를 마시면서 약을 복용하는 것은 과학적이지 않다. 우유는 인체의 약물 흡수 속도에 영향을 미친다. 또 쉽게 약물 표면에 막을 형성하여 우유 속 광물질과 약물이 화학 반응을 일으켜, 비수용성 물질을 만들어 낸다. 이렇게 되면 약효를 떨어뜨리게 된다. 그래서 약을 복용하기 전후 한두 시간 안에는 우유를 먹지 말아야 한다.

A 식사 전 1시간 동안은 약을 먹으면 안 된다
B 우유와 같이 약을 복용하면 약효를 떨어뜨린다
C 우유는 약물 표면의 막을 파괴한다
D 우유는 인체의 약물 흡수를 촉진시킨다

공략 보기를 보면 '牛奶(우유)'와 '服药(약을 복용하는 것)'이 핵심 키워드임을 알 수 있다. 보기의 내용을 바탕으로 지문의 내용과 대조하면, 우유를 먹는 것이 약효를 떨어뜨린다는 것을 알 수 있기 때문에 정답은 B이다.

어휘 研究 yánjiū 동 연구하다 | 表明 biǎomíng 동 분명하게 밝히다 | 服药 fúyào 동 약을 먹다 | 科学 kēxué 형 과학적이다 | ★影响 yǐngxiǎng 동 영향을 끼치다 | 药物 yàowù 명 약물 | ★吸收 xīshōu 동 흡수하다 | ★速度 sùdù 명 속도 | ★表面 biǎomiàn 명 표면 | ★形成 xíngchéng 동 형성하다 | 覆盖 fùgài 동 덮다 | 膜 mó 명 막 | 矿物质 kuàngwùzhì 명 광물질 | ★发生 fāshēng 동 발생하다 | 化学反应 huàxué fǎnyìng 명 화학 반응 | 生成 shēngchéng 동 생성되다 | 非水溶性 fēishuǐróngxìng 명 비수용성 | 物质 wùzhì 명 물질 | ★降低 jiàngdī 동 낮추다 | ★不宜 bùyí 동 적당하지 않다 | ★破坏 pòhuài 동 파괴하다 | ★促进 cùjìn 동 촉진시키다

64. HSK POINT 보기와 유사 표현 대조 난이도 下

被誉为"中华第一街"的王府井大街南起东长安街，北至中国美术馆，全长约1.6公里，是北京一条著名的商业街。从前这条街的北段有很多王府，南段有一口水井，所以人们就称这条街为"王府井大街"。

A 那口井现在还保留着
B 王府井大街在长安街的南侧
C 王府井大街在中国很有名
D 王府井大街距离中国美术馆较近

'중화 제1의 거리'로 불리는 왕푸징 거리는 남쪽 동장안 거리부터 북쪽 중국 미술관까지 전체 길이가 약 1.6킬로미터에 달하는 베이징의 유명한 시가지이다. 예전에 이 거리 북단에는 왕부(봉건 시대 왕족의 저택)이 많았고, 남단에는 우물이 하나 있었기 때문에 사람들이 이 거리를 왕푸징 거리라고 불렀다.

A 그 우물은 현재까지 남아있다
B 왕푸징 거리는 장안 거리 남측에 있다
C 왕푸징 거리는 중국에서 유명하다
D 왕푸징 거리는 중국 미술관에서 가까운 편이다

공략 지문은 왕푸징 거리에 관한 내용이며, 지문 중 '著名(저명하다)'와 보기 C의 '有名(유명하다)'는 같은 의미이기 때문에 정답은 C이다.

어휘 ★誉为 yùwéi 동 ~라 칭송되다, 불리다 | 王府井 Wángfǔjǐng 고유 왕푸징(지명) | 起 qǐ 개 ~부터 | 长安 Cháng'ān 고유 장안(지명) | 至 zhì 동 ~까지 이르다 | 美术馆 měishùguǎn 명 미술관 | 全长 quáncháng 명 전체 길이 | 约 yuē 부 대략 | 公里 gōnglǐ 양 킬로미터 | ★著名 zhùmíng 형 저명하다 | 商业街 shāngyèjiē 명 시가지 | ★从前 cóngqián 명 예전 | 北段 běiduàn 명 북단 | 南段 nánduàn 명 남단 | 口 kǒu 양 개(입구가 있는 물건을 세는 단위) | 水井 shuǐjǐng 명 우물 | ★称…为… chēng…wéi… ~을 ~라고 부르다 | 保留 bǎoliú 동 남겨두다 | 距离 jùlí 동 ~로부터 떨어지다

65. HSK POINT 문장의 핵심 의미 파악 난이도 中

冬季气候很干燥，人们的活动也少，出汗不多，保护皮肤的皮脂膜相对比较薄，因此不应常用沐浴皂来洗澡，水温也不能过烫，每周洗两到三次为好，清洁过度反而容易引起皮肤发痒或者敏感等问题。

A 冬季不适合户外活动
B 用较烫的水洗澡舒服
C 不清洁会使皮肤敏感
D 冬季洗澡不要太频繁

겨울철 기후는 매우 건조하고, 사람들의 활동도 적으며, 땀을 많이 흘리지 않아, 피부를 보호하는 피지막이 상대적으로 얇은 편이다. 이 때문에 목욕 비누를 사용해 자주 목욕하지 말아야 하며, 수온 역시 너무 뜨거워서는 안 되고, 일주일에 두세 번 목욕하는 것이 좋다. 지나치게 청결하면 오히려 피부 가려움과 알레르기를 유발하기 쉽다.

A 겨울철에는 야외 활동을 하는 것이 적합하지 않다
B 뜨거운 물로 목욕하는 것이 편안하다
C 청결하지 않으면 피부에 알레르기가 발생할 수 있다
D 겨울철에는 너무 자주 목욕하지 말아야 한다

공략 지문의 목욕은 일주일에 두세 번이 적합하고, 지나치게 청결하면 좋지 않다는 내용은 목욕을 자주 하지 말아야 한다는 의미와 통하기 때문에 정답은 D이다.

어휘 ★冬季 dōngjì 명 겨울 | ★气候 qìhòu 명 기후 | ★干燥 gānzào 형 건조하다 | ★出汗 chūhàn 동 땀이 나다 | ★保护 bǎohù 동 보호하다 | ★皮肤 pífū 명 피부 | 皮脂膜 pízhīmó 명 피지막 | 相对 xiāngduì 부 상대적으로 | ★薄 báo 형 얇다 | 因此 yīncǐ 접 이 때문에 | 常用 chángyòng 동 늘 사용하다 | 沐浴皂 mùyùzào 명 목욕 비누 | 洗澡 xǐzǎo 동 목욕하다 | 水温 shuǐwēn 명 수온 | ★过烫 guòtàng 형 지나치게 뜨겁다 | 清洁 qīngjié 형 청결하다 | 过度 guòdù 형 과도하다 | ★反而 fǎn'ér 부 오히려 | ★引起 yǐnqǐ 동 야기하다 | 发痒 fāyǎng 동 가렵다 | 敏感 mǐngǎn 형 민감하다 | 户外活动 hùwài huódòng 명 야외 활동 | 舒服 shūfu 형 편안하다 | 频繁 pínfán 형 빈번하다

66. HSK POINT 핵심 어휘 파악 및 상세 정보 대조 난이도 上

关于"吹牛"这个词的来历，有一种有趣的说法，认为它与牧民的生活有关。牧民们最看重的财产就是牲畜，因此人们聚在一起时总喜欢谈论自己的牛啊、马啊，有时难免说大话。"吹牛"这个词渐渐就有了这个意思。

A "吹牛"就是指说大话
B 牛是牧民唯一的财产
C 人们难免会说一些假话
D 不要信任爱吹牛的人

'吹牛' 이 단어의 유래에 관해서 흥미로운 견해가 있는데, 유목민의 생활과 관련이 있다는 것이다. 유목민이 가장 중요하게 생각하는 재산은 바로 가축이다. 때문에 사람들이 모이면 자신들의 소나 말에 관해서 이야기하는 것을 좋아하며, 때로는 과장을 할 수밖에 없다. '吹牛' 이 단어는 점차적으로 이러한 의미를 가지게 되었다.

A '吹牛'는 과장하다는 뜻이다
B 소는 유목민의 유일한 재산이다
C 사람들은 거짓말하는 것을 피할 수 없다
D 과장하기 좋아하는 사람을 믿지 말아야 한다

공략 이 글의 핵심 어휘는 '吹牛(허풍을 떨다, 과장하다)'로 이 단어의 유래를 설명하고 있으므로 보기의 세부 사항과 대조하며 문제를 풀어야 한다. 유목민이 소나 말에 대해 이야기하면서 '说大话(허풍 떨다, 과장하다)'를 할 수밖에 없었고 점차 이 의미를 가지게 됐다고 했으므로 A가 정답이다.

어휘 关于 guānyú 개 ~관해서 | 吹牛 chuīniú 동 허풍을 떨다, 과장하다 | 词 cí 명 단어 | 来历 láilì 명 유래 | ★有趣 yǒuqù 형 흥미있다 | 说法 shuōfa 명 견해 | 认为 rènwéi 동 생각하다 | 它 tā 명 그것 | 与 yǔ 개 ~와 | 牧民 mùmín 명 유목민 | ★看重 kànzhòng 동 중시하다 | 财产 cáichǎn 명 재산 | 牲畜 shēngchù 명 가축 | ★聚 jù 동 모이다 | 谈论 tánlùn 동 이야기하다 | ★难免 nánmiǎn 형 피하기 어렵다 | ★说大话 shuō dàhuà 허풍을 떨다, 과장하다 | ★渐渐 jiànjiàn 부 점점 | 唯一 wéiyī 형 유일한 | ★假话 jiǎhuà 명 거짓말 | ★信任 xìnrèn 동 믿다

67. HSK POINT 보기와 유사한 표현 대조 난이도 中

幽默能拉近人与人之间的距离，也能缓和矛盾。在交谈中，一个懂得幽默的人知道如何调节气氛，他会让紧张严肃的谈话变得轻松愉快。而不懂得幽默的人很可能一不小心就让自己变成了无趣、破坏气氛的人。

A 开玩笑要看对象
B 幽默感是天生的
C 幽默的人懂得活跃气氛
D 不要随便评价别人

유머는 사람과 사람 사이의 거리를 가깝게 만들 수 있고 갈등도 완화시킬 수 있다. 대화 중에서 유머러스한 사람은 분위기를 어떻게 조절하는지 알며, 긴장되고 엄숙한 대화를 가볍고 유쾌하게 만들어 준다. 그러나 유머를 모르는 사람은 순간의 실수로 자신을 재미없고 분위기를 망치는 사람으로 만들어 버린다.

A 농담을 할 때는 상대를 봐야 한다
B 유머 감각은 타고난 것이다
C 유머러스한 사람은 분위기를 활기차게 만들 줄 안다
D 함부로 다른 사람을 평가하지 마라

공략 유머러스한 사람은 분위기를 조절하고 유쾌하게 만들 수 있다는 내용이므로 보기 C의 '活跃气氛(분위기를 활기차게 만든다)'와 의미가 통한다. 정답은 C이다.

어휘 拉近 lājìn 동 가까이 끌다 | ★缓和 huǎnhé 동 완화시키다 | ★矛盾 máodùn 명 갈등 | 交谈 jiāotán 동 이야기를 나누다 | ★懂得 dǒngde 동 알다 | ★如何 rúhé 대 어떻게 | ★调节 tiáojié 동 조절하다 | ★气氛 qìfēn 명 분위기 | 严肃 yánsù 형 엄숙하다 | 轻松 qīngsōng 형 가볍다 | 愉快 yúkuài 형 유쾌하다 | 不小心 bùxiǎoxīn 실수로 ~하다 | 变成 biànchéng 동 ~로 변하다 | 无趣 wúqù 형 재미없다 | ★破坏 pòhuài 동 파괴하다 | ★天生 tiānshēng 형 타고난 | ★活跃 huóyuè 동 활기를 띠게 하다 | 评价 píngjià 동 평가하다

68. HSK POINT 보기와 유사 표현 대조 난이도 中

海南岛风光美丽，历史悠久。它像一只雪梨，横卧在中国南海上，因此叫海南岛。这里气候条件很好，年平均气温在24度左右，没有冬天，一年四季到处鲜花盛开。夏天平均温度只有28.4度，比很多温带地区的夏天还凉快。

A 海南岛上鲜花很多
B 海南岛上梨子很多
C 海南岛气候多变
D 海南岛是温带地区

하이난 섬은 경치가 아름답고 역사가 깊다. 하이난은 과일 배처럼 생겼고, 중국 남해에 가로로 누워 있어 하이난 섬이라고도 불린다. 이곳의 기후 조건은 좋다. 연평균 기온은 24도 정도이고 겨울이 없으며 사계절 내내 꽃이 만발한다. 여름철 평균 기온은 불과 28.4도로 여러 온대 지방의 여름보다 시원하다.

A 하이난 섬은 꽃이 많다
B 하이난 섬에는 과일 배가 많다
C 하이난 섬은 기후 변화가 심하다
D 하이난 섬은 온대 지방이다

공략 지문의 '鲜花盛开(꽃이 만발하다)'와 보기 A의 '鲜花很多(꽃이 많다)'는 같은 뜻이기 때문에 정답은 A이다.

어휘 ★风光 fēngguāng 명 풍경 | ★悠久 yōujiǔ 형 유구하다 | 雪梨 xuělí 명 배(과일) | 横卧 héngwò 동 가로로 눕다 | ★气候 qìhòu 명 기후 | ★条件 tiáojiàn 명 조건 | 年平均气温 niánpíngjūn qìwēn 명 연평균 기온 | 四季 sìjì 명 사계절 | 鲜花 xiānhuā 명 꽃 | ★盛开 shèngkāi 동 만발하다 | 温带地区 wēndài dìqū 명 온대 지방 | 凉快 liángkuai 형 시원하다 | 梨子 lízi 명 배(과일) | 多变 duōbiàn 동 변화가 많다

69. HSK POINT 보기와 유사 표현 대조 난이도 上

结婚后随着生活的深入，夫妻双方各自的弱点会逐渐暴露出来，这时很容易出现感情的摩擦。几乎所有的夫妻都要经过这样一个磨合期，这段时期，夫妻双方要互相谅解，不要只看对方的缺点，伤了彼此的和气。

A 恋爱时摩擦会很大
B 婚姻让人变得脆弱
C 婚前不能看到缺点
D 夫妻间要互相体谅

결혼 후에 함께 생활하는 것이 깊어지면서 부부 각자의 단점이 점점 드러나게 되고, 이 시기에는 감정적인 마찰이 발생하기 쉽다. 거의 모든 부부가 이러한 적응기를 거치는데 이때 부부는 서로 양해해야 하며, 상대의 단점만 보고 서로 간의 좋은 감정을 상하게 하면 안 된다.

A 연애할 때 불화가 아주 심하다
B 결혼은 사람을 약하게 만든다
C 결혼 전에는 단점을 볼 수 없다
D 부부간에는 서로 이해해야 한다

공략 지문의 '夫妻双方要互相谅解(부부는 서로 양해해야 한다)'와 보기 D의 '夫妻间要互相体谅(부부간에는 서로 이해해야 한다)'는 같은 뜻이다. 만약 '谅解(양해하다)'와 '体谅(이해하다)'가 유사한 의미를 가진 것을 모르더라도 보기 A, B, C는 지문 내용과 일치하지 않기 때문에 정답을 D로 골라야 한다.

어휘 深入 shēnrù 동 깊다 | 夫妻 fūqī 명 부부 | 双方 shuāngfāng 명 양쪽 | 各自 gèzì 대 각자 | ★弱点 ruòdiǎn 명 단점 | ★逐渐 zhújiàn 부 점점 | ★暴露 bàolù 동 드러내다 | 感情 gǎnqíng 명 감정 | 摩擦 mócā 명 마찰, 불화 | 几乎 jīhū 부 거의 | 经过 jīngguò 동 거치다 | 磨合期 móhéqī 명 적응기 | 互相 hùxiāng 부 서로 | ★谅解 liàngjiě 동 양해하다 | ★缺点 quēdiǎn 명 단점 | 伤 shāng 동 상하다 | ★彼此 bǐcǐ 명 피차, 서로 | 和气 héqi 명 화목한 감정 | 恋爱 liàn'ài 동 연애하다 | ★脆弱 cuìruò 형 약하다 | 体谅 tǐliàng 동 이해해 주다

70. HSK POINT 유사한 표현으로 의미 유추 난이도 中

家长都希望孩子用功学习，但孩子一般天性好动，有时家长就会采取强制措施，然而效果并不理想。其实强迫不如引导，家长不妨与孩子定个计划，把娱乐和学习的时间分别固定下来，逐渐培养孩子自觉学习的习惯。

학부모는 아이가 열심히 공부하기를 바라지만, 보통 아이들은 천성적으로 움직이는 것을 좋아한다. 때때로 학부모는 강압적인 방법을 취하지만 효과는 좋지 않다. 사실 강제로 시키는 것보다는 지도해 주는 것이 좋다. 학부모는 아이와 함께 계획을 세워 노는 시간과 공부하는 시간을 분명하게 정해야 하며 점차적으로 아이가 자발적인 학습 습관을 갖도록 하는 것이 좋다.

A 孩子应该加强锻炼	A 아이는 신체 단련을 강화해야 한다
B 不要强迫孩子学习	**B** 아이에게 공부를 강요해서는 안 된다
C 让孩子自己定计划	C 아이 스스로가 계획을 세우게 해야 한다
D 学习比娱乐更重要	D 공부는 노는 것보다 더 중요하다

공략 지문 중 '采取强制措施…效果不理想(강압적인 방법을 취하지만 ~효과는 좋지 않다)'와 보기 B의 '不要强迫孩子(아이에게 강요하지 마라)'는 같은 의미이므로 정답은 B이다.

어휘 ★家长 jiāzhǎng 명 학부모 | 希望 xīwàng 동 희망하다 | ★用功 yònggōng 형 열심이다 | 一般 yìbān 형 일반적이다 | 天性 tiānxìng 명 천성 | 好动 hàodòng 움직이기 좋아하다 | ★有时 yǒushí 부 때로는 | ★采取 cǎiqǔ 동 (조치 등을) 취하다 | 强制 qiángzhì 동 강제하다 | ★措施 cuòshī 명 조치 | ★然而 rán'ér 접 그러나 | ★效果 xiàoguǒ 명 효과 | 理想 lǐxiǎng 형 이상적이다, 좋다 | ★强迫 qiǎngpò 동 강제로 시키다 | 引导 yǐndǎo 동 지도하다 | ★不妨 bùfáng 부 ~하는 것도 무방하다, ~하는 것도 괜찮다 | 计划 jìhuà 명 계획 | 娱乐 yúlè 동 오락하다, 즐겁게 놀다 | 分别 fēnbié 동 구분하다 | 固定 gùdìng 동 고정하다 | ★逐渐 zhújiàn 부 점점 | ★培养 péiyǎng 동 기르다 | 自觉 zìjué 형 자발적이다 | ★加强 jiāqiáng 동 강화하다 | 锻炼 duànliàn 동 단련하다

第三部分

[71-74]

一个富翁丢了钱包，十分着急，他广贴告示说，如果有人能替他把钱包找回来，他就把钱包里的金币分一半儿给那个人。

만약 ~라면

几天后，有位农民捡到钱包，立即将钱包交给了富翁。吝啬的富翁见到找回的钱包非常高兴，71却又舍不得拿出一半儿金币。72他故作惊慌地说："钱包里少了一枚钻石戒指。"那个农夫坚称自己从未见过钻石戒指。两人争吵起来，决定让法官来裁决。

~에게 ~을 주다

73法官早就听闻富翁为人吝啬，便问富翁："你敢肯定钱包里除了100枚金币，还有一枚钻石戒指吗？""是的，我可以发誓！我的戒指就在钱包里！"富翁说。

"那好！"法官接着说，"这个钱包里只有100枚金币，没什么钻石戒指。74由此可以断

어느 부자가 지갑을 잃어버렸는데 너무 초조해서, 만약에 지갑을 찾아주면 지갑 안에 들어 있는 금화 반을 그 사람에게 주겠다고 공고문을 붙였다.

며칠 후에 어떤 농부가 지갑을 주워 즉시 부자에게 지갑을 가져다 주었다. 인색한 부자는 되돌아온 지갑을 보고 매우 기뻤지만 71금화 절반을 주기가 너무 아까웠다. 그래서 72고의적으로 놀라 허둥대는 척하며 말했다. "지갑 안에 다이아몬드 반지가 하나가 없어졌네요." 그 농부는 다이아몬드 반지를 절대 본 적이 없다고 완강하게 주장했다. 두 사람은 언쟁 끝에 법관에게 가서 판결을 내려달라고 하기로 했다.

73법관은 일찍이 부자가 인색하다는 말을 들은 적이 있어, 바로 부자에게 물었다. "당신은 지갑 안에 금화 100개 이외의 다이아몬드 반지가 있었다고 확신할 수 있소?" "네, 맹세할 수 있습니다! 내 반지는 지갑 안에 들어 있었어요." 부자가 말했다.

"좋소!" 법관이 말을 이었다. "이 지갑에는 금화 100개만 있고 그 어떤 다이아몬드 반지도 없소. 74이에 따라 결

定，这个钱包并不是你丢的那个。你还是去找里边有钻石戒指的钱包吧。” (~하는 게 낫다)	론을 내리겠소. 이 지갑은 당신이 잃어버린 것이 아니오. 당신은 안에 다이아몬드 반지가 들어 있는 지갑을 찾아보는 것이 좋을 것 같소.”

어휘 富翁 fùwēng 명 부자 | 着急 zháojí 동 초조하다 | 广贴告示 guǎngtiē gàoshi 공고문을 붙이다 | 如果…，就… rúguǒ…, jiù… 만약 ~하면, ~하다 | ★替 tì 동 대신하다 | 金币 jīnbì 명 금화 | 分 fēn 동 나누다 | 一半儿 yíbànr 수 절반 | 农民 nóngmín 명 농민 | ★捡 jiǎn 동 줍다 | ★立即 lìjí 부 즉시 | 将…交给… jiāng…jiāogěi… ~에게 ~을 주다 | 吝啬 lìnsè 형 인색하다 | ★舍不得 shěbude 동 아까워하다 | 拿出 náchū 동 꺼내다 | 故作 gùzuò 동 고의로 하다 | 惊慌 jīnghuāng 형 놀라 허둥대다 | 枚 méi 양 개(작은 조각으로 된 물건을 세는 단위) | 钻石 zuànshí 명 다이아몬드 | 戒指 jièzhi 명 반지 | 坚称 jiānchēng 동 완강히 주장하다 | ★从未 cóngwèi 부 지금껏 ~한 적이 없다 | ★争吵 zhēngchǎo 동 언쟁하다 | 法官 fǎguān 명 법관 | 裁决 cáijué 동 판결하다 | ★早就 zǎojiù 부 일찌감치 | 听闻 tīngwén 동 듣다 | 为人 wéirén 명 사람 됨됨이 | 便 biàn 부 즉, 바로 | 敢 gǎn 동 감히 ~하다 | 肯定 kěndìng 동 단정하다 | 发誓 fāshì 동 맹세하다 | 接着 jiēzhe 부 이어서 | 由此 yóucǐ 부 이에 따라 | 断定 duàndìng 동 결론을 내리다 | 还是…吧 háishi…ba ~하는 게 낫다

71. HSK POINT 어휘의 의미 파악 난이도 中

第2段中，划线词语“吝啬”最可能是什么意思?	두 번째 단락에서 밑줄 친 ‘吝啬’는 무슨 의미인가?
A 谨慎　B 性急	A 신중하다　B 성격이 급하다
C 傲慢　**D 小气**	C 거만하다　**D 인색하다**

공략 ‘吝啬(인색하다)’ 뒤에 이어지는 문장 ‘却又舍不得拿出一半儿金币(금화 절반을 주기가 너무 아까웠다)’로 미루어 정답은 D이다. ‘舍不得(아깝다)’의 의미에 유의한다.

어휘 ★谨慎 jǐnshèn 형 신중하다 | 性急 xìngjí 형 성급하다 | 傲慢 àomàn 형 거만하다 | ★小气 xiǎoqi 형 인색하다

72. HSK POINT 특정 인물의 행동 파악 난이도 中

富翁看见找回的钱包后：	부자는 되돌아온 지갑을 본 후 어땠는가?
A 把它送给了法官	A 지갑을 법관에게 선물로 줬다
B 发现自己被骗了	B 자신이 속았다는 사실을 알았다
C 给了那位农民金币	C 그 농민에게 금화를 줬다
D 谎称里面原来有枚戒指	**D 원래 지갑 안에 반지가 있었다고 거짓말했다**

공략 71번 문제에서 봤듯이 부자는 금화를 나눠 주기가 아까워서 지갑 안에 반지가 있었다고 말했으므로 정답은 D이다. ‘故作惊慌地说(고의적으로 놀라 허둥대는 척하며 말하다)’에서 ‘故作(고의로 ~하다)’는 보기 D의 ‘谎称(거짓말하다)’와 유사한 뜻이다.

어휘 ★骗 piàn 동 속이다 | 谎称 huǎngchēng 동 거짓말하다

73. HSK POINT 특정 행동의 원인 파악 난이도 上

法官：	법관은 어떘는가?
A 认为富翁说假话	A 부자가 거짓말을 한다고 생각했다
B 把钱包还给了富翁	B 지갑을 부자에게 돌려줬다
C 认为那个农民是小偷	C 그 농민이 좀도둑이라고 생각했다
D 要求那个农民赔偿戒指	D 그 농민에게 반지 배상을 요구했다

공략 법관은 부자가 인색하다는 사실을 이미 들어 알고 있었으며, 지갑에 반지가 없으므로 최종 판결에서 지갑은 부자의 것이 아니라고 판결을 내렸다. 이를 통해 법관이 부자를 믿지 않는다는 것을 알 수 있다. 정답은 A이다.

어휘 ★假话 jiǎhuà 명 거짓말 | 还给 huángěi 동 ~에게 돌려주다 | ★认为 rènwéi 동 생각하다 | 小偷 xiǎotōu 명 좀도둑 | 赔偿 péicháng 동 배상하다

74. HSK POINT 제목 찾기 난이도 中

最适合做上文标题的是：	윗글의 제목으로 가장 적합한 것은?
A 法官的烦恼　B 钱包里的戒指	A 법관의 번뇌　B 지갑 속의 반지
C 金币去哪儿了　D 不公正的判决	C 금화는 어디에 갔을까?　D 불공정한 판결

공략 글의 제목은 핵심 어휘와 맥락을 통해 찾아야 한다. 이 글은 지갑, 반지, 금화 등이 핵심 어휘이며, 주요 사건인 부자와 농민 간의 분쟁은 지갑 안에 반지가 있는지 없는지에서 비롯됐기 때문에 정답은 B이다.

어휘 ★烦恼 fánnǎo 명 번뇌 | 公正 gōngzhèng 형 공정하다 | 判决 pànjué 명 판결

[75-78]

有一位成功的女教师讲了这样一个故事：10多年以前，她的女儿正在上幼儿园。有一天，她看到了女儿的一幅绘画作品。当时，她一下子就愣住了。孩子总是充满了想象，孩子的世界也应该是一个充满了想象的世界。75可是，在她女儿的一幅名为《陪妈妈逛街》的画中，既没有高楼大厦，也没有马路上的车辆，更没有各种各样的商品，有的只是数不清的大人们的腿。奇怪！她拿着女儿的画沉思了很久，终于解开了疑惑。

(既……也…… ~이기도 하고 ~이기도 하다)

어느 성공한 여교사가 다음과 같은 이야기를 했다. 10여년 전에 그녀의 딸이 유치원을 다니고 있었다. 하루는 딸이 그린 그림을 봤는데 순간 어리둥절해졌다. 아이들은 항상 상상력이 넘쳤는데, 아이들의 세계는 반드시 상상력이 풍부한 세계여야 한다. 75그런데 딸의 「엄마와 쇼핑하기」라는 이름의 그림은 고층 빌딩도 없고, 도로 위에 차도 없고, 각양각색의 상품들도 없었으며, 단지 헤아릴 수 없이 많은 어른들의 다리만 있었다. 참 이상했다! 그녀는 딸의 그림을 들고 한참 동안 깊은 생각에 빠졌고, 결국 의문을 풀었다.

原来，孩子只有几岁，身高只能达到大人的腰部，走在大街上，川流不息的人群将孩子遮掩着，孩子除了能看到大人们的腿，还能看到什么呢？女教师如梦初醒。76是啊！孩子们上街看到的不是高楼大厦和来往的车辆，而是大人们的腿，这是由他们的身高决定的；学生对很多问题疑惑不解，这是由他们的年龄、智力和见识决定的；77企业的员工看到的只是自己的工资待遇和发展前途，而不是公司的整体运行和未来发展，这是由他们所处的位置决定的……并不是每个孩子都能用和大人一样的视角来看待社会；并不是每个学生都能有和老师一样的接受能力和认知能力；并不是每个员工都能和总裁一样站在公司的全局看待问题、分析问题和处理问题。

~을 제외하고, 또 ~하다 / ~가 아니라 ~이다 / ~가 결정하다 / ~에 대해 의아해하다 / ~한 시각으로 ~을 대하다

女教师说，78要正确看待别人的“高度”，不要指望别人和你的见识一样。教子、教学、管理一方、为人处世，其实就是这么简单。

알고 보니, 아이는 불과 몇 살밖에 되지 않아서 키가 어른의 허리 부분에 닿을 뿐이었다. 길을 걸으면 끊임없이 지나가는 인파들이 아이를 가리니, 어른들의 다리 말고는 무엇을 볼 수 있겠는가? 여교사는 순간 깨달았다. 76맞다! 아이들이 거리에서 보는 것은 높은 빌딩이나 오고 가는 차가 아니라 바로 어른들의 다리였고, 이것은 아이들의 키 때문이었다. 학생들이 많은 문제들을 이해하지 못하는 것은 그들의 나이, 지능, 지식 때문이었다. 77기업의 직원들이 보는 것은 단지 자신들의 월급, 대우 그리고 발전 전망이지, 회사 전체의 운영이나 미래 발전은 아니다. 이것들은 모두 그들이 놓인 위치에서 정해지는 것이지, 모든 아이들이 어른과 같은 시각에서 사회를 대할 수 있는 것은 아니며, 모든 학생들이 선생님과 같은 수용 능력이나 인지 능력을 가지는 것도 아니다. 모든 직원이 회사 대표와 같이 회사 전체 상황에 따라 문제를 보고, 분석하고 처리하는 것도 아니다.

여교사는 78다른 사람의 '높이'를 정확하게 봐야 하고, 타인과 당신의 지식이 서로 같기를 바래서도 안 된다고 말한다. 아이를 가르치는 것, 학생들을 가르치는 것, 상대를 관리하는 것, 처세하는 것은 사실 이토록 간단한 것이다.

어휘

教师 jiàoshī 명 교사 | ★讲 jiǎng 동 말하다 | 故事 gùshi 명 이야기 | 幼儿园 yòu'éryuán 명 유치원 | 绘画 huìhuà 명 그림 | 作品 zuòpǐn 명 작품 | 愣 lèng 동 어리둥절하다 | ★总是 zǒngshì 부 늘 | ★充满 chōngmǎn 동 가득차다 | ★想象 xiǎngxiàng 명 상상(력) | 世界 shìjiè 명 세계 | ★陪 péi 동 동행하다 | ★逛街 guàngjiē 동 쇼핑하다 | 既…也… jì…yě… ~이기도 하고 ~이기도 하다 | 高楼 gāolóu 명 고층 건물 | 大厦 dàshà 명 빌딩 | 马路 mǎlù 명 도로 | 车辆 chēliàng 명 차량 | 数不清 shǔ bu qīng 동 헤아릴 수 없다 | 大人 dàren 명 어른 | ★腿 tuǐ 명 다리 | ★奇怪 qíguài 형 이상하다 | 沉思 chénsī 동 깊이 생각하다 | 解开 jiěkāi 동 (의문 등을) 풀다 | 疑惑 yíhuò 명 의심 | ★身高 shēngāo 명 키 | 达到 dádào 동 도달하다 | 大街 dàjiē 명 큰 길 | 川流不息 chuān liú bù xī 성 (행인, 차량 등이) 끊임없이 오가다 | 人群 rénqún 명 무리 | 遮掩 zhēyǎn 동 가리다 | 除了…(以外)，还… chúle…(yǐwài), hái… ~을 제외하고, 또 ~하다 | 不是…，而是… búshì…, érshì… ~가 아니라 ~이다 | 由…决定 yóu…juédìng ~가 결정하다 | 如梦初醒 rú mèng chū xǐng 성 갑자기 깨닫다 | ★疑惑不解 yí huò bù jiě 성 의혹이 풀리지 않는다 | 年龄 niánlíng 명 연령 | 智力 zhìlì 명 지능 | 见识 jiànshi 명 지식 | 企业 qǐyè 명 기업 | ★员工 yuángōng 명 직원 | 工资 gōngzī 명 월급 | ★待遇 dàiyù 명 대우 | 发展前途 fāzhǎn qiántú 명 발전 전망 | 整体 zhěngtǐ 명 전체 | 运行 yùnxíng 동 운행하다, 운영하다 | 位置 wèizhi 명 위치 | 用…的视角看待… yòng…de shìjiǎo kàndài… ~한 시각으로 ~을 대하다 | 社会 shèhuì 명 사회 | 认知 rènzhī 동 인지하다 | 总裁 zǒngcái 명 (기업의) 총수, 대표 | 全局 quánjú 명 전체 국면 | 分析 fēnxī 동 분석하다 | 高度 gāodù 명 높이 | ★指望 zhǐwàng 동 바라다 | 教子 jiàozǐ 동 아이를 가르치다 | 教学 jiāoxué 동 학생을 가르치다 | 管理 guǎnlǐ 동 관리하다 | 为人处世 wéirén chǔshì 남과 어울리며 처세하다

75. HSK POINT 인물의 감정 파악 난이도 上

刚看到女儿的画时，女教师：	딸의 그림을 막 봤을 때, 여교사는 어땠는가?
A 感慨不已	A 감개무량했다
B 感到悲痛	B 비통함을 느꼈다
C 不太满意	C 별로 만족하지 못했다
D 难以理解	**D 이해하기 힘들었다**

공략 여교사가 딸의 그림에 어른들의 다리밖에 없는 것을 보고 이상하다고 생각했기 때문에 정답은 D이다. 첫 문제와 관련된 내용은 글의 초반에 등장한다. 질문이 여교사의 감정을 묻는 문제이기 때문에, 이에 맞춰 정답을 찾자.

어휘 感慨不已 gǎnkǎi bùyǐ 감개무량하다 | 悲痛 bēitòng 형 비통하다 | 满意 mǎnyì 형 만족하다 | ★难以 nányǐ 부 ~하기 어렵다

76. HSK POINT 어휘의 의미 파악 난이도 中

第2段中"如梦初醒"的意思是：	두 번째 단락에서 '如梦初醒'의 의미는?
A 忽然明白了	**A 갑자기 알게 됐다**
B 产生了更多的疑惑	B 더 많은 의혹이 생겼다
C 想到了一个好主意	C 좋은 생각을 해냈다
D 发现了自己的错误	D 자신의 잘못을 발견했다

공략 '如梦初醒'의 앞뒤 문장의 의미를 파악해야 한다. '是啊!(그래!)'는 여교사가 아이가 그린 그림의 의미를 알게 됐음을 나타낸다. 아이의 키가 작아 다리밖에 볼 수 없었다는 내용이 이어지기 때문에 정답은 A이다.

어휘 ★忽然 hūrán 부 갑자기 | ★明白 míngbai 동 알다 | 产生 chǎnshēng 동 생기다 | ★疑惑 yíhuò 명 의혹 | 好主意 hǎozhǔyi 명 좋은 생각 | 错误 cuòwù 명 잘못

77. HSK POINT 보기를 통해 상세 정보 대조 난이도 上

根据上文，女教师认为：	윗글에 근거해서 여교사가 생각하는 것은?
A 女儿缺乏想象力	A 딸은 상상력이 부족하다
B 员工一般只关心工资待遇	**B 직원은 일반적으로 월급과 대우에만 관심이 있다**
C 社会没有关心孩子的成长	C 사회는 아이의 성장에 관심이 없다
D 总裁应该多考虑员工的利益	D 회사 대표는 직원의 이익을 많이 생각해야 한다

공략 보기의 주어가 모두 다르기 때문에 주어에 따라 상세 정보를 대조해야 한다. 딸의 상상력이 부족한 게 아니라 아이가 볼 수 있는 시야가 좁았던 것이기 때문에 A는 정답이 아니다. 직원이 주어인 '企业的员工看到的只是自己的工资待遇和发展前途(기업의 직원들이 보는 것은 단지 자신들의 월급, 대우 그리고 발전 전망이다)'라는 문장으로 미루어 정답은 B이다. C와 D는 지문과 일치하지 않기 때문에 정답이 아니다.

어휘 ★缺乏 quēfá 동 결핍되다 | 成长 chéngzhǎng 동 성장하다

78. HSK POINT 주제 찾기 난이도 上

上文主要谈的是：	윗글에서 주로 이야기하는 것은?
A 如何培养孩子	A 어떻게 아이를 길러야 하나
B 女教师的成功之路	B 여교사의 성공의 길
C 每个人都有自己的特长	C 모든 사람들은 자신만의 특기가 있다
D 每个人的"高度"是不一样的	**D 모든 사람들의 '높이'는 다르다**

공략 주제는 첫 단락 또는 마지막 단락에 나올 가능성이 크다. 마지막 단락에서 다른 사람의 '높이'를 정확하게 인지해야 하며, 다른 사람이 나와 같기를 바라면 안 된다고 했으므로 정답은 D이다.

어휘 ★如何 rúhé 대 어떻게 | 培养 péiyǎng 동 기르다 | 成功之路 chénggōng zhī lù 명 성공의 길 | 特长 tècháng 명 특기, 장점

[79-82]

有一批老鼠被分成两组，第一组被放入一个盛满不透明液体的池子里，里面有一座小岛，但淹没在液体下面，老鼠看不见它。79老鼠们拼命地游，直到发现自己已经游到了一个小岛上、感觉没有了性命之忧才停下来休息。

80第二组也被放在装满不透明液体的池子里，但没有小岛。老鼠们也拼命地游，直到筋疲力尽才停下来。然后，这两组老鼠被放入同一个池子里，里面没有小岛。81结果第一组老鼠因为满怀着找到小岛的希望（~희망을 품다），坚持游泳的时间是第二组的两倍。而从来没有见过小岛的老鼠们只游了一会儿就放弃了，它们知道再坚持游下去也没有用（아무리 ~해도 ~하다），于是选择

한 무리의 쥐를 두 조로 나누어, 첫 번째 조는 불투명한 액체가 가득 찬 수조에 넣었다. 그 안에는 작은 섬이 있는데 액체에 잠겨 쥐들은 그것을 볼 수가 없었다. 79쥐들은 사력을 다해 헤엄을 쳤고, 작은 섬까지 헤엄을 쳐서 생명의 위협이 없다는 것을 느끼고서야 멈춰서 쉬었다.

80두 번째 조도 불투명한 액체가 가득 한 수조에 넣었는데, 거기에는 섬이 없었다. 쥐들은 또 죽기 살기로 헤엄을 쳤고, 온 힘이 다 빠지고 나서야 멈췄다. 그 후에 이 두 조의 쥐를 같은 수조 안에 넣었는데 그 안에는 섬이 없었다. 81그 결과, 첫 번째 조의 쥐는 작은 섬을 찾을 수 있다는 희망에 차있었기 때문에 헤엄을 친 시간이 두 번째 조의 두 배에 달했다. 그런데 한번도 작은 섬을 본 적이 없는 쥐들은 잠깐 동안만 헤엄을 치고 포기했다. 그들은 더 헤엄을 쳐봤자 소용이 없다는 것을 알았기 때문에 절망

了在绝望中让自己沉没。换言之，它们学会了某种悲观的思维方式，这导致了其行动上的“无能”。

这个实验说明，82如果你曾有通过努力得到成功的经验，就能比较容易地树立起乐观精神。

성공을 거두다

속에서 스스로가 그냥 물에 가라앉기로 한 것이다. 바꿔 말해서 그들은 비관적인 사고 방식을 배웠고 이로 인해 행동상에서 '무능력'이라는 결과를 낳은 것이다.

이 실험은 82만약 노력을 통해 성공을 거둔 경험이 있다면 비교적 쉽게 낙천적인 사고를 수립할 수 있다는 것을 말해준다.

어휘 ★老鼠 lǎoshǔ 명 쥐 | 分 fēn 동 나누다 | 组 zǔ 명 조, 그룹 | 放入 fàngrù 동 집어넣다 | 盛满 chéngmǎn 가득 채워지다 | 透明 tòumíng 형 투명하다 | 液体 yètǐ 명 액체 | 池子 chízi 명 수조 | 小岛 xiǎodǎo 명 작은 섬 | 淹没 yānmò 동 (물에) 잠기다 | ★拼命 pīnmìng 동 필사적으로 하다 | ★游 yóu 동 헤엄치다 | 性命之忧 xìngmìng zhī yōu 생명의 위협 | 停 tíng 동 멈추다 | 装满 zhuāngmǎn 동 가득 채우다 | 筋疲力尽 jīn pí lì jìn 성 기진맥진하다 | 怀着…希望 huáizhe…xīwàng ~희망을 품다 | 满怀 mǎnhuái 동 마음에 가득 품다 | ★坚持 jiānchí 동 견지하다 | ★放弃 fàngqì 동 포기하다 | 再…也… zài…yě… 아무리 ~해도 ~하다 | 选择 xuǎnzé 동 선택하다 | ★绝望 juéwàng 명 절망 | 沉没 chénmò 동 가라앉다 | 换言之 huànyánzhī 바꾸어 말하면 | 某种 mǒuzhǒng 대 어떤 종류 | ★悲观 bēiguān 형 비관적이다 | 思维方式 sīwéi fāngshì 명 사고 방식 | ★导致 dǎozhì 동 야기하다 | 其 qí 대 그 | 行动 xíngdòng 명 행동 | 无能 wúnéng 형 무능하다 | 实验 shíyàn 명 실험 | 说明 shuōmíng 동 설명하다 | ★通过 tōngguò 개 ~을 통해서 | 得到…成功 dédào…chénggōng ~성공을 거두다 | 经验 jīngyàn 명 경험 | 树立 shùlì 동 수립하다 | ★乐观 lèguān 형 낙관적이다 | 精神 jīngshén 명 정신

79. HSK POINT 어휘의 의미 파악 난이도 中

第1段中，划线句子“没有了性命之忧”是什么意思?

A 无生命危险
B 努力向前进
C 一点儿都不可惜
D 没有了竞争对手

첫 번째 단락의 밑줄 친 '没有了性命之忧'는 무슨 뜻인가?

A 생명의 위험이 없다
B 열심히 앞으로 전진한다
C 조금도 아쉽지 않다
D 경쟁 상대가 없어졌다

공략 앞뒤 문장을 보고 정답을 찾는다. 쥐는 필사적으로 헤엄을 쳐서 섬에 도착했다. 헤엄을 멈췄다는 내용과 맥락상 연결되는 것은 생명의 위험이 없다는 의미의 보기 A이다. 질문의 '没有(없다)'는 보기 A의 '无(없다)'와, '忧(근심)'은 '危险(위험)'과 의미가 통한다는 것에 유의하자.

어휘 ★危险 wēixiǎn 형 위험하다 | 可惜 kěxī 형 아쉽다 | 竞争对手 jìngzhēng duìshǒu 명 경쟁 상대

80. HSK POINT 보기를 통해 상세 정보 대조 난이도 中

第一次实验时，第二组老鼠：	첫 번째 실험에서 두 번째 조의 쥐는?
A 尽力游泳	**A 힘껏 헤엄을 쳤다**
B 最后到达了小岛	B 결국 작은 섬에 도착했다
C 懒洋洋地闲着	C 나른하게 쉬고 있다
D 比第一组本领大	D 첫 번째 조보다 기량이 크다

공략 문제에서 언급한 첫 번째 실험의 두 번째 조에 관한 내용을 지문에서 찾아 보기와 대조하면 정답을 고를 수 있다. 열심히 헤엄을 쳤지만, 그 수조 안에는 섬이 없어 도착하지 못했다. 때문에 A가 정답이며, B는 정답이 아니다. C와 D에 관한 언급은 지문에 없다.

어휘 ★尽力 jìnlì 동 온 힘을 다하다 | 懒洋洋 lǎnyángyáng 형 나른하다, 게으름을 부리다 | 闲着 xiánzhe 빈둥거리다, 한가로이 보내다 | 本领 běnlǐng 명 기량

81. HSK POINT 보기를 통해 상세 정보 대조 난이도 中

第二次实验时，第一组老鼠表现怎么样？	두 번째 실험에서 첫 번째 쥐는 어떤 모습을 보였나?
A 发现了小岛	A 섬을 발견했다
B 没有发挥能力	B 능력을 발휘하지 못했다
C 坚持时间更长	**C 지속 시간이 더 길었다**
D 最终达到了预期的目的	D 결국 예정대로 목적을 달성했다

공략 문제에서 언급한 두 번째 실험의 첫 번째 조에 관한 내용을 보면 정답을 고를 수 있다. '第一组老鼠因为满怀着找到小岛的希望，坚持游泳的时间是第二组的两倍(첫 번째 조의 쥐는 작은 섬을 찾을 수 있다는 희망에 차있었기 때문에 헤엄을 친 시간이 두 번째 조의 두 배에 달했다)'로 미루어 정답은 C이다. 두 번째 실험에서는 섬이 없었기 때문에 목적을 달성했다고 말할 수 없다. D는 오답이다.

어휘 发挥 fāhuī 동 발휘하다 | 预期 yùqī 동 미리 기대하다

82. HSK POINT 주제 찾기 난이도 中

这个实验说明了什么？	이 실험이 주로 이야기하는 것은?
A 人生处处有选择	A 인생은 어디에서든 선택해야 한다
B 团队精神决定成败	B 단체 정신이 성패를 결정한다
C 如何克服自己的弱点	C 자신의 약점은 어떻게 극복하나?
D 成功经历益于建立乐观心态	**D 성공의 경험은 낙천적인 심리 상태를 갖는 데 도움이 된다**

공략 주제는 첫 단락 또는 마지막 단락에 나올 가능성이 크다. 마지막 단락에서 노력을 통해 성공을 거둔 경험이 있으면, 쉽게 낙천적인 정신을 가질 수 있다고 했기 때문에 지문 그대로 정답을 찾으면 D이다.

어휘 ★人生 rénshēng 명 인생 | 处处 chùchù 명 곳곳에 | 选择 xuǎnzé 동 선택하다 | 团队精神 tuánduì jīngshén 명 단체 정신 | 成败 chéngbài 명 성패 | 弱点 ruòdiǎn 명 약점 | ★经历 jīnglì 명 경험 | ★益于 yìyú 형 유익하다 | ★乐观 lèguān 형 낙관적이다 | 心态 xīntài 명 심리 상태

[83-86]

人类习惯躺着睡觉，即使(설령 ~일지라도)在某些特殊情况下能坐着入睡，但也总会睡得东倒西歪的。83与人类不同(~와 다르다)，鸟类大都是以(~방식으로)双足紧扣树枝的方式"坐"在数米高的树上睡觉的，而且从不会跌落下来。84这是为什么呢？

84一位鸟类学家解释说，人类和鸟类的肌肉作用方式有很大的区别(A와 B는 ~한 차이가 있다)，尤其是在进行"抓"这一动作时，更是完全相反。两者相比较，人类是主动地去抓，鸟类则是被动地去抓。当人类想要抓住东西的时候，需要用力使肌肉紧张起来。而鸟类只有在要松开所抓的物体时，肌肉才(~해야만 ~하다)会紧张起来。也就是说，当鸟类飞离树枝时，其爪子的肌肉呈紧张状态，而当它"坐"稳之后，肌肉便松弛下来，爪子就自然地抓住树枝了。

这位鸟类学家还介绍说，不同的鸟睡眠时间也不大相同。鸫属的鸟基本上一天只睡一到三个小时；85啄木鸟等穴洞孵卵鸟类睡眠时间最长，大约要睡6个小时。另外，他还指出，同人类相比，鸟类没有"深度睡眠"这一阶段，它们所谓的睡眠只是进入了一种"安静的状态"而已(단지 ~일 뿐이다)，86因为它们必须警惕随时可能出现的天敌，以便及时地飞走逃生。

사람들은 누워서 자는 것이 습관이 되었다. 특수한 상황에서 앉아서 잠들 수도 있지만 이리저리 비틀거리게 된다. 83사람과 다르게 조류는 대다수가 양발로 나뭇가지를 꽉 쥐는 방식으로 '앉아서' 몇 미터 높이의 나무 위에서 잠을 자며 절대 떨어지지 않는다. 84이것은 무엇 때문일까?

84어느 조류학자가 말하길, 사람과 조류의 근육 작용 방식은 큰 차이를 갖는데, 특히 '쥐다'라는 이 행동을 할 때는 완전 상반된다고 한다. 이 두 가지를 서로 비교해 보면, 사람은 주동적으로 쥐는데, 조류는 피동적으로 쥔다. 사람은 어떤 물건을 잡을 때 힘을 써서 근육을 긴장시킨다. 그러나 조류는 잡은 물체를 놓을 때만 비로소 근육이 긴장하게 된다. 다시 말해 조류가 나뭇가지에서 날아갈 때는 발의 근육이 긴장 상태를 보이지만, 자리 잡고 '앉으면' 근육이 이완되고 발이 자연스럽게 나뭇가지를 잡게 된다.

이 조류 학자는 또 새마다 수면 시간이 다르다고 설명한다. 지빠귀 류의 새는 기본적으로 하루에 한 시간에서 세 시간 정도 자며, 85딱따구리 등 동굴에서 알을 부화하는 조류의 수면 시간이 가장 긴데, 약 6시간을 잔다. 그 밖에도 그는, 사람과 비교할 때 조류는 '깊은 수면' 단계의 수면을 취하지 않음을 밝혔다. 조류에게 소위 말하는 수면이란 단지 '안정된 상태'일 뿐이다. 86왜냐하면 수시로 출현하는 천적을 경계하여 제때에 날아가 목숨을 지켜야 하기 때문이다.

어휘 ★躺 tǎng 동 눕다 | ★即使…也… jíshǐ…yě… 접 설령 ~일지라도 | 特殊 tèshū 형 특수하다 | 入睡 rùshuì 동 잠들다 | 东倒西歪 dōng dǎo xī wāi 성 이리저리 비틀거리다 | 与…不同 yǔ…bùtóng ~와 다르다 | 以…方式 yǐ…fāngshì ~방식으로 | 紧扣 jǐnkòu 동 꽉 채우다, 꽉 잡다 | 树枝 shùzhī 명 나뭇가지 | ★从不 cóngbù 부 지금까지 ~한 적이 없다 | 跌落 diēluò 동 떨어지다 | 解释 jiěshì 동 설명하다 | 人类 rénlèi 명 인류 | A和B有…区别 A hé B yǒu…qūbié A와 B는 ~차이가 있다 | 鸟类 niǎolèi 명 조류 | ★肌肉 jīròu 명 근육 | 作用 zuòyòng 명 작용 | ★区别 qūbié 명 구별, 차이 | 尤其 yóuqí 부 특히 | 抓 zhuā 동 꽉 쥐다 | 动作 dòngzuò 명 동작 | ★相反 xiāngfǎn 동 상반되다 | 则 zé 부 즉, 곧 | 被动 bèidòng 형 피동적이다 | ★需要 xūyào 동 필요하다 | ★用力 yònglì 동 힘을 쓰다 | 只有…才… zhǐyǒu…cái… ~해야만 ~하다 | 松开 sōngkāi 동 풀어지다, 놓다 | 爪子 zhuǎzi 명 짐승의 발, 발톱 | 呈 chéng 동 나타내다 | ★状态 zhuàngtài 명 상태 | 稳 wěn 형 안정되다 | 便 biàn 부 곧, 바로 | 松弛 sōngchí 동 이완하다 | 不大相同 bú dà xiāngtóng 같지 않다 | 鸫 dōng 명 지빠귀 | 属shǔ 명 종류 | 基本上 jīběnshang 부 기본적으로 | 啄木鸟 zhuómùniǎo 명 딱따구리 | 穴洞 xuédòng 명 동굴 | 孵卵 fūluǎn 동 알을 부화하다 | 大约 dàyuē 부 대략 | 指出 zhǐchū 동 가리키다 | 同…相比 tóng…xiāngbǐ ~와 비교하다 | 深度睡眠 shēndù shuìmián 명 숙면, 깊은 잠 | 阶段 jiēduàn 명 단계 | 所谓 suǒwèi 형 ~라는 | 睡眠 shuìmián 명 수면 | 只是…而已 zhǐshì…éryǐ 단지 ~일 뿐이다 | 安静 ānjìng 형 고요하다, 안정되다 | 而已 éryǐ 조 ~일 뿐이다 | ★必须 bìxū 부 반드시 | 警惕 jǐngtì 동 경계하다 | ★随时 suíshí 부 수시로 | 天敌 tiāndí 명 천적 | 以便 yǐbiàn 접 ~하기 위하여 | 及时 jíshí 형 때가 맞다 | 逃生 táoshēng 동 목숨을 건지다

83. HSK POINT 보기를 통해 상세 정보 대조 난이도 下

鸟类大多是怎样睡觉的?	대다수 조류는 어떻게 자는가?
A 躲在洞里	A 동굴에 숨어서
B 倒挂在树枝上	B 나뭇가지에 거꾸로 매달려서
C "坐"在树枝上	**C 나뭇가지 위에 앉아서**
D 东倒西歪地躺着	D 이리저리 비틀거리며 누워서

공략 첫 단락에서 사람은 누워서 자지만 조류는 앉아서 잔다고 했기 때문에 정답은 C이다.

어휘 躲 duǒ 동 숨다 | 洞 dòng 명 동굴 | 倒挂 dàoguà 동 거꾸로 매달리다

84. HSK POINT 원인을 묻는 문제 난이도 中

人类和鸟类的睡眠方式不同，是因为：	인간과 조류의 수면 방식이 다른 것은 무엇 때문인가?
A 栖息地不同	A 서식지가 다르기 때문에
B 肌肉的形态结构不同	B 근육 형태의 구조가 다르기 때문에
C 大脑发育程度不同	C 대뇌 발육 정도가 다르기 때문에
D 肌肉作用方式不同	**D 근육 작용 방식이 다르기 때문에**

공략 원인을 묻는 문제의 경우에는 원인과 결과를 의미하는 어휘에 유의하여 정답을 고른다. 두 번째 단락 도입부 '这是为什么呢?(이것은 무엇 때문인가?)'에 이어지는 내용에서 정답을 찾는다. '人类和鸟类的肌肉作用方式有很大的区别(사람과 조류의 근육 작용 방식은 큰 차이를 갖는다)'로 미루어 정답은 D이다.

어휘 栖息地 qīxīdì 명 서식지 | 形态 xíngtài 명 형태 | 结构 jiégòu 명 구조 | 大脑 dànǎo 명 대뇌 | 发育 fāyù 동 발육하다 | 程度 chéngdù 명 정도

85. HSK POINT 보기를 통해 상세 정보 대조 난이도 中

根据第3段，下列哪项正确?	세 번째 단락에 근거해서 다음 중 옳은 것은?
A 很多鸟只在凌晨睡觉	A 많은 새들은 새벽에만 잠을 잔다
B 啄木鸟的睡眠时间很长	**B 딱따구리의 수면 시간은 매우 길다**
C 鸫属的鸟每天要睡6小时	C 지빠귀 류의 새는 매일 6시간 자야 한다
D 居住环境决定鸟类的睡眠时间	D 거주 환경이 조류의 수면 시간을 결정한다

공략 옳은 것을 고르는 문제는 보기의 주어를 중심으로 지문과 빠르게 대조하여 정답을 고른다. 세 번째 단락에서 딱따구리 등 동굴에서 알을 부화하는 조류의 수면 시간이 가장 길다고 했기 때문에 정답은 B이다.

어휘 凌晨 língchén 명 새벽 | 居住环境 jūzhù huánjìng 명 주거 환경

86. HSK POINT 질문의 핵심 어휘의 지문 대조 난이도 中

鸟类为什么没有"深度睡眠"?	조류는 왜 '깊은 수면'을 취하지 못하나?
A 为了保持身心健康	A 심신의 건강을 유지하기 위해서
B 为了保持警觉	**B 경각심을 유지하기 위해**
C 肌肉常处于紧张状态	C 근육이 항상 긴장 상태에 있기 때문에
D 怕错过睡醒时间	D 잠에서 깨는 시간을 놓칠까 두려워서

공략 원인을 묻는 문제이기 때문에 원인과 결과를 의미하는 어휘와, 질문에서 언급한 '深度睡眠(깊은 수면)'이란 단어에 유의하여 정답을 고른다. '因为它们必须警惕随时可能出现的天敌(왜냐하면 수시로 출현하는 천적을 경계해야 하기 때문에)'로 미루어 정답은 B이다. 이 문장에서의 '警惕(경계하다)'는 보기 B의 '警觉(경각심을 가지다)'와 뜻이 통한다.

[87-90]

有研究人员曾对毕业照进行了专门的研究，他们收集了5000张初中和高中全班同学的毕业合影，从中确定了50000人。经过长达41年的跟踪调查，研究人员发现：从总体上看，87那些面带善意微笑的学生，到中年后他们的事业成功率和生活幸福程度，都远远高于那些面部表情不好、郁郁寡欢的人。

~에 대해 ~연구를 진행하다

没错，微笑能预知你的成功。看看我们的周围，88那些愈是愁眉苦脸、牢骚满腹的人，愈是生活得不尽如人意，与成功无缘。相反，那些总是面带微笑的人，似乎好运特别喜欢跟着他们，不管他们的事业还是生活，都比旁人要成功。

~할수록 ~하다

~을 막론하고 ~하다

为什么？原因很简单，89脸上的表情往往反映了一个人的心态。有什么样的心态，往往就有什么样的现在和未来。当一个人以微笑的姿态面对生活，他便拥有了积极的心态，这不仅能让自身的知识能力得到最优化的发挥，充满自信地面对各种挫折，还能让他的人际关系变得越来越融洽，从而在人生道路上形成良性循环，走出一片广阔的天地。

A일 뿐 아니라 B하다

자신이 가득하다

微笑的人并非没有失败、没有痛苦，只是他们勇于面对生命中的起起伏伏，将目光更多地停留在生活美好的一面上。如果一味苛求，怨天尤人，愁苦只会越来越多。给生活一个真诚的微笑，才能拥抱整个世界。这正如一位科学家说的：“微笑对于一切痛苦都有超然的力量，甚至能改变人的一生。”

어느 연구원이 졸업 사진을 전문적으로 연구했는데, 5천 장의 중고등학교 반 전체 학생들의 단체 졸업 사진을 수집하여 그 중에서 5만 명을 선정했다. 41년 동안 추적 조사한 끝에 연구원이 다음과 같은 사실을 발견했다. 전반적으로 볼 때, 87미소 짓고 있는 학생들은 중년 이후의 사업 성공률과 생활 행복도가 표정이 좋지 않거나 울적한 표정의 학생보다 훨씬 높았다.

맞다. 미소는 당신의 성공을 예견할 수 있다. 88우리의 주위를 보면 우거지상을 하고 불만이 가득한 사람일수록 생활이 뜻하는 대로 되지 않으며 성공을 할 수가 없다. 이와 반대로 항상 미소를 띠고 있는 사람은 마치 행운이 그 사람만 따라다니기 좋아하는 것 같아서 사업이든 생활에서든 다른 사람보다 성공할 수 있다.

왜 그럴까? 원인은 간단하다. 89얼굴 표정은 종종 사람의 심리 상태를 반영한다. 마음먹기에 따라서 현재와 미래가 달라진다. 사람이 미소로 삶을 대하면, 적극적인 심리 상태를 가지고 자신의 지식 능력을 최대한 능률적으로 발휘할 수 있고, 자신감이 넘치는 상태에서 좌절에 맞설 수 있을 뿐만 아니라 인간 관계도 점점 조화롭게 만들어준다. 그래서 인생의 길에서 '선순환'이 생기게 되어 넓은 세상으로 나갈 수 있게 된다.

미소 짓는 사람은 결코 실패하지도 않고 고통을 겪지도 않는 것이 아니다. 단지 용감하게 삶의 기복에 맞서고, 시선을 생활의 아름다운 면에 더 많이 머물게 한다. 만약 무턱대고 가혹하게 요구하고, 남을 탓하기만 하면 근심 걱정이 점점 많아지게 될 것이다. 생활에서 진정한 웃음을 지어야만 온 세상을 포용할 수 있다. 어느 과학자가 말한 것처럼 미소는 모든 고통을 초연할 능력을 주며, 심지어 인생까지 변화시킨다.

어휘 研究人员 yánjiū rényuán 명 연구원 | 对…进行…研究 duì…jìnxíng…yánjiū ~에 대해 ~연구를 진행하다 | 毕业照 bìyèzhào 명 졸업 사진 | A远远高于B A yuǎnyuǎn gāoyú B A는 B보다 훨씬 높다 | 专门 zhuānmén 형 전문적이다 | 收集 shōují 동 수집하다 | 初中 chūzhōng 명 중학교 | 高中 gāozhōng 명 고등학교 | ★合影 héyǐng 명 단체 사진 | 从中 cóngzhōng 부 그 가운데서 | 确定 quèdìng 동 확정하다 | 经过 jīngguò 동 경과하다 | 长达 chángdá (시간 등의 길이가) ~에 달하다 | 跟踪调查 gēnzōng diàochá 명 추적 조사 | 总体上 zǒngtǐshàng 전반적으로 | 面带 miàndài 얼굴에 ~기색을 띠다 | 善意 shànyì 명 호의, 선의 | ★微笑 wēixiào 명동 미소(짓다) | 中年 zhōngnián 명 중년 | 事业 shìyè 명 사업 | 成功率 chénggōnglǜ 명 성공률 | 幸福 xìngfú 명 행복 | ★程度 chéngdù 명 정도 | 远远 yuǎnyuǎn 부 상당히 | ★高于 gāoyú 형 ~보다 높다 | 面部 miànbù 명 얼굴 | ★表情 biǎoqíng 명 표정 | 郁郁寡欢 yù yù guǎ huān 성 울적하다 | 预知 yùzhī 동 예견하다 | 愈…愈… yù…yù… ~할수록 ~하다 | 愁眉苦脸 chóu méi kǔ liǎn 성 우거지상 | 牢骚满腹 láo sāo mǎn fù 성 불평불만이 가득하다 | 尽如人意 jìn rú rén yì 성 모든 것이 뜻대로 되다 | 无缘 wúyuán 동 인연이 없다, ~할 길이 없다 | ★相反 xiāngfǎn 접 반대로 | ★似乎 sìhū 부 마치 ~인 것 같다 | ★好运 hǎoyùn 명 행운 | 跟着 gēnzhe 동 따라가다 | ★不管…都… bùguǎn…dōu… ~을 막론하고 ~하다 | 旁人 pángrén 명 다른 사람 | ★反映 fǎnyìng 동 반영하다 | ★心态 xīntài 명 심리 상태 | 姿态 zītài 명 모습, 자세 | 拥有 yōngyǒu 동 가지다 | 积极 jījí 형 적극적이다, 긍정적이다 | 不仅A还B bùjǐn A hái B A일 뿐 아니라 B하다 | ★不仅 bùjǐn 접 ~뿐만 아니라 | 自身 zìshēn 명 자신 | ★知识 zhīshi 명 지식 | 优化 yōuhuà 동 능률적으로 조절하다 | 发挥 fāhuī 동 발휘하다 | ★充满…自信 chōngmǎn…zìxìn ~자신이 가득하다 | 面对 miànduì 동 직면하다 | ★挫折 cuòzhé 명 좌절 | 融洽 róngqià 형 융화하다, 조화를 이루다 | 从而 cóng'ér 접 따라서 | 良性循环 liángxìng xúnhuán 명 선순환 | 广阔 guǎngkuò 형 넓다 | 天地 tiāndì 명 천지, 세상 | ★并非 bìngfēi 부 결코 ~하지 않다 | 痛苦 tòngkǔ 명 고통 | 起起伏伏 qǐqifúfú 오르막과 내리막을 오가다 | 目光 mùguāng 명 눈길 | 停留 tíngliú 동 머물다 | 美好 měihǎo 형 좋다, 아름답다 | 一面 yímiàn 명 한 방면, 한 부분 | 一味 yíwèi 부 무턱대고 | 苛求 kēqiú 동 가혹하게 요구하다 | 怨天尤人 yuàn tiān yóu rén 성 남을 탓하다 | 愁苦 chóukǔ 형 근심하다 | 拥抱 yōngbào 동 포옹하다 | 正如 zhèngrú 동 ~와 꼭 같다 | ★一切 yíqiè 대 모든 | 超然 chāorán 형 초연하다 | 力量 lìliang 명 힘 | 甚至 shènzhì 부 심지어

87. HSK POINT 보기를 통해 상세 정보 대조 난이도 中

根据第一段，下列哪项正确?

A 研究只针对大学生
B 研究持续了好几年
C 表情与成功率无关
D 喜欢微笑的人幸福感更强

첫 번째 단락에 근거해서 다음 중 옳은 것은?

A 연구는 오직 대학생을 겨냥했다
B 연구는 수년간 지속됐다
C 표정과 성공률은 무관하다
D 웃는 것을 좋아하는 사람은 행복감도 강하다

공략 첫 단락에서, 이 연구는 중고생을 대상으로 한다고 했기 때문에 A는 정답이 아니고, 연구는 41년간 즉, 수십 년간 지속됐기 때문에 수년간 진행됐다는 B도 정답이 아니다. 웃기 좋아하는 사람은 성공률과 행복감이 높았다는 내용으로 미루어 정답은 D이다.

어휘 针对 zhēnduì 동 겨냥하다 | ★无关 wúguān 동 무관하다

88. HSK POINT 어휘의 의미 파악 난이도 上

第2段中的"不尽如人意"是什么意思?	두 번째 단락 중 '不尽如人意'는 무슨 의미인가?
A 有点儿后悔	A 조금 후회한다
B 不能使人满意	**B 사람을 만족스럽게 할 수 없다**
C 不能理解	C 이해할 수 없다
D 不能理解别人的意思	D 다른 사람의 뜻을 이해할 수 없다

공략 앞뒤 문장의 맥락을 통해 정답을 고른다. 이 말은 우거지상을 하거나 불만을 품고 있는 사람의 생활을 묘사하는데, '不尽如人意(뜻하는 대로 되지 않다)'에서 '不(아니다)', '人意(사람이 뜻한 바)'를 통해 뜻대로 되지 않고 만족스럽지 않다는 의미임을 유추할 수 있다. 정답은 B이다.

어휘 ★后悔 hòuhuǐ 동 후회하다 | ★满意 mǎnyì 형 만족하다 | ★理解 lǐjiě 동 이해하다

89. HSK POINT 질문의 핵심 어휘와 지문 대조 난이도 中

根据上文，面部表情：	윗글에서 얼굴 표정은 어떤가?
A 不易控制	A 통제하기 쉽지 않다
B 总是被忽视	B 항상 등한시된다
C 不一定真实	C 꼭 진실한 것은 아니다
D 能反映人的心态	**D 사람의 심리 상태를 반영한다.**

공략 문제의 '面部表情(얼굴 표정)'을 중심으로 지문에서 정답을 찾는다. 지문의 '脸上的表情往往反映了一个人的心态(얼굴 표정은 종종 사람의 심리 상태를 반영한다)'로 미루어 정답은 D이다.

어휘 ★不易 búyì 형 쉽지 않다 | 控制 kòngzhì 동 통제하다, 조절하다 | ★总是 zǒngshì 부 늘 | ★忽视 hūshì 동 소홀히 하다 | 真实 zhēnshí 형 진실하다 | ★反映 fǎnyìng 동 반영하다

90. HSK POINT 주제 찾기 난이도 中

上文主要讲的是：	윗글이 주로 이야기하는 것은?
A 微笑的积极作用	**A 미소의 긍정적 작용**
B 表情在交流中的作用	B 인간 관계 중 표정의 작용
C 怎样与人相处	C 어떻게 사람과 함께 지내나
D 如何控制感情	D 어떻게 감정을 조절하나

공략 이 글은 웃는 얼굴의 긍정적인 작용에 대해 이야기를 하고 있으므로 정답은 A이다. A의 '积极(적극적이다)'는 긍정적이라는 의미도 갖는다는 점에 유의하자.

어휘 ★积极 jījí 형 긍정적이다 | ★作用 zuòyòng 명 작용 | 相处 xiāngchǔ 동 함께 지내다 | 控制 kòngzhì 동 통제하다, 조절하다 | 感情 gǎnqíng 명 감정

新 HSK 5급 합격모의고사 书写

第一部分

91. HSK POINT 형용사 술어문 | 난이도 中

果实　已经　树上　成熟了　的

공략

STEP 01. 품사 분석

果实	已经	树上	成熟了	的
명사	부사	명사+방위사	동사+동태조사	구조조사

STEP 02. 짝짓기

① 的+명사 → 的+果实

② 부사+동사 술어 → 已经+成熟了

STEP 03. 술어와 목적어 결합

成熟了
술어(목적어를 갖지 않는 형용사 술어문)

STEP 04. 문장 완성

정답 树上的果实已经成熟了。
나무 위의 열매는 이미 익었다.

▶ 형용사 이외에 다른 술어 성분이 없을 경우에 형용사 술어문을 만든다. 일반적으로 형용사 술어문은 목적어를 가질 수 없다.

어휘 果实 guǒshí 명 과실, 열매 | ★成熟 chéngshú 형 익다, 성숙하다

92. HSK POINT 동사를 목적어로 가지는 동사 난이도 中

需要　　杀毒　　软件　　升级了

공략 **STEP 01. 품사 분석**

需要	杀毒	软件	升级了
동사	동사	명사	동사+동태조사

STEP 02. 짝짓기

의미상 호응 → 杀毒+软件

STEP 03. 술어와 목적어 결합

需要 + 升级了
술어　　목적어

STEP 04. 문장 완성

정답 杀毒软件需要升级了。
백신 프로그램은 업그레이드가 필요하다.

▶ 일부 특정한 동사는 동사를 목적어로 가진다. '需要'는 '~할 필요가 있다'라는 뜻으로 동사를 목적어로 가지는 대표적인 동사이다.

어휘 ★需要 xūyào 동 필요하다 | ★杀毒软件 shādú ruǎnjiàn 명 백신 프로그램 | 升级 shēngjí 동 업그레이드하다

93. HSK POINT 술어와 목적어의 호응 난이도 上

孩子的　　养　　培养　　责任心　　宠物　　能

공략 **STEP 01. 품사 분석**

孩子的	养	培养	责任心	宠物	能
명사+구조조사	동사	동사	명사	명사	조동사

STEP 02. 짝짓기

的+명사 → 孩子的+责任心

STEP 03. 술어와 목적어 결합

① 养 (술어) + 宠物 (목적어)

② 培养 (술어) + 孩子的责任心 (목적어)

STEP 04. 문장 완성

정답 养宠物能培养孩子的责任心。
애완동물을 기르면 아이들의 책임감을 기를 수 있다.

▶ '养(기르다)'는 동식물을 기를 때 사용하는 동사이기 때문에 '宠物(애완동물)'과 호응을 이루며, '培养(기르다, 배양하다)'는 어떤 능력이나 성향을 기른다는 의미로 사용될 수 있기 때문에 '责任心(책임감)'과 호응을 이룬다. 조동사 '能(~할 수 있다)' 뒤에 올 수 있는 동사가 2개 있을 경우에는 의미를 따져 선택하면 된다.

어휘 ★养 yǎng 동 기르다 | ★培养 péiyǎng 동 배양하다, 기르다 | ★责任心 zérènxīn 명 책임감 | ★宠物 chǒngwù 명 애완동물

94. HSK POINT 부사 是否 난이도 中

我的　是否　观点　他们　赞成

공략 STEP 01. 품사 분석

我的 (인칭대명사+구조조사) 是否 (부사) 观点 (명사) 他们 (인칭대명사) 赞成 (동사)

STEP 02. 짝짓기

① 的+명사 → 我的+观点

② 부사+동사 → 是否+赞成

STEP 03. 술어와 목적어 결합

赞成 (술어) + 我的观点 (목적어)

STEP 04. 문장 완성

정답 他们是否赞成我的观点?
그들이 내 관점을 찬성하는가?

▶ 부사 '是否(~인지 아닌지)'는 '是不是(~인지 아닌지)'와 같은 뜻으로 의문문에 사용된다. 술어나 개사구 앞에 놓으면 된다.

어휘 ★是否 shìfǒu 부 ~인지 아닌지 | 观点 guāndiǎn 명 관점 | 赞成 zànchéng 동 찬성하다

95. HSK POINT 부사 根本과 호응하는 술어와 목적어 난이도 中

根本　　任何问题　　抱怨　　解决　　不能

공략 **STEP 01. 품사 분석**

根本	任何问题	抱怨	解决	不能
부사	의문대명사+명사	동사	동사	부정부사+조동사

STEP 02. 짝짓기

① 根本+부정부사 → 根本+不能

② 조동사+동사 → 不能+解决

STEP 03. 술어와 목적어 결합

解决(술어) + 任何问题(목적어)

STEP 04. 문장 완성

정답 抱怨根本不能解决任何问题。
원망하는 것으로 결코 어떤 문제도 해결할 수 없다.

▶ 부사 '根本(결코)'는 일반적으로 부정부사 앞에 놓이며, 부정부사와 함께 '결코 ~이 아니다'라는 의미를 나타낸다.

어휘 ★根本 gēnběn 부 전혀, 결코 | 任何 rènhé 대 어떤 | ★抱怨 bàoyuàn 동 원망하다 | 解决 jiějué 동 해결하다

! 오답 풀이

任何问题根本不能解决抱怨。(X) ➔ 抱怨根本不能解决任何问题。(O)

일반적으로 명사만 주어 자리에 놓인다고 생각하기 쉬운데 '抱怨(원망하다)' 같은 동사나, 동사구도 주어 자리에 놓일 수 있다. 또한 동사 '解决(해결하다)'와 호응하는 목적어는 '问题(문제)'이다.

96. HSK POINT 중국어의 기본어순 및 부사 将 난이도 上

将　　家具展览会　　在　　举行　　第7届　　上海

공략 **STEP 01. 품사 분석**

将	家具展览会	在	举行	第7届	上海
부사	명사	개사	동사	접두사+수사+양사	명사

STEP 02. 짝짓기

① 개사+명사 → 在+上海
② 수사+양사+명사 → 第七届家具展览会

STEP 03. 술어와 목적어 결합

举行
술어(어울리는 목적어 없음)

STEP 04. 문장 완성

정답 第7届家具展览会将在上海举行。
제7회 가구 전시회는 상하이에서 열릴 것이다.

▶ 중국어의 기본 어순인 '주어+부사+개사구+술어'에서 개사구와 부사의 위치에 주의한다. 부사 '将(장차)'는 개사구 '在上海(상하이에서)' 앞에 위치한다.

어휘 ★将 jiāng 부 장차 | 家具 jiājù 명 가구 | 展览会 zhǎnlǎnhuì 명 전시회 | ★举行 jǔxíng 동 거행하다 | 届 jiè 양 회

오답 풀이

1. 将在上海举行第7届家具展览会。(X) ➔ 第7届家具展览会将在上海举行。(O)
'举行(거행하다)'는 기본적으로 '주체+举行+행사' 순서로 쓰이지만, 주체가 없는 문장일 경우에는 '행사+举行' 순서로 쓰인다.

2. 第7届家具展览会在上海 将举行。(X) ➔ 第7届家具展览会将在上海举行。(O)
일반적으로 부사는 동사 앞에 놓이지만 개사구가 있을 경우에는 개사구 앞에 놓아야 한다.

97. HSK POINT 어휘의 의미 파악 난이도 中

国庆节　　本店照常　　营业　　期间

공략 **STEP 01. 품사 분석**

国庆节	本店照常	营业	期间
명사	명사+동사	동사	명사

STEP 02. 짝짓기

의미상 호응 → 国庆节+期间

STEP 03. 술어와 목적어 결합

本店照常 술어	+ 营业 목적어

STEP 04. 문장 완성

정답 国庆节期间本店照常营业。
국경절 기간에 본 상점은 평소대로 영업한다.

▶ 동사 '照常(평소대로 ~하다)'는 동사를 목적어로 취하는 동사이다. 동사 '营业(영업하다)'와 자주 함께 쓰인다.

어휘 国庆节 Guóqìngjié 명 국경절 | ★照常 zhàocháng 동 평소대로 하다 | 营业 yíngyè 동 영업하다 | 期间 qījiān 명 기간

98. HSK POINT 被자문 난이도 上

评为　主持人　他连续五年　优秀　被

공략 STEP 01. 품사 분석

评为	主持人	他连续五年	优秀	被
동사	명사	인칭대명사+동사+수사+양사	형용사	개사

STEP 02. 짝짓기

의미상 호응 → 优秀+主持人

STEP 03. 술어와 목적어 결합

评为 술어	+ 优秀主持人 목적어

STEP 04. 문장 완성

정답 他连续五年被评为优秀主持人。
그는 5년 연속 우수 진행자로 선정됐다.

▶ '被'자문은 'A+被+(B)+동사+기타 성분' 형식의 문장으로 쓰이며 목적어 B는 생략이 가능하다. 일반적으로 '称为(~로 부르다)', '评为(~로 선정하다)', '选为(~로 뽑다)' 등의 동사가 '被'자문의 동사로 자주 쓰인다.

어휘 ★评为 píngwéi 동 ~로 선정하다 | ★主持人 zhǔchírén 명 진행자 | 连续 liánxù 동 연속하다 | 优秀 yōuxiù 형 우수하다

! 오답 풀이

他连续五年被主持人评为优秀。(X) ➔ 他连续五年被评为优秀主持人。(O)

'评为(~로 선정하다)'는 동사로 그 뒤에 명사가 목적어로 오기 때문에 형용사인 '优秀(우수하다)'는 올 수 없으며, 위에서 언급한 대로 '被(~에 의해)' 뒤에는 목적어가 생략된 채로 '评为(~로 선정하다)'가 놓일 수 있다.

第二部分

99. HSK POINT 实习와 适应을 중심으로 이야기 전개, 虚心과 骄傲의 반의어 관계 유의 난이도 上

实习　虚心　适应　骄傲　能力

공략

STEP 01. 제시어 분석하기

实习 shíxí 동 실습하다, 인턴을 하다
虚心 xūxīn 형 겸손하다
适应 shìyìng 동 적응하다
骄傲 jiāo'ào 형 교만하다
能力 nénglì 명 능력

STEP 02. 활용 구문 떠올리기

实习 – 在一家公司实习的时候：어느 회사에서 인턴을 할 때
在一家企业实习：어느 기업에서 인턴 생활을 했다
虚心 – 虚心向别人学习：겸손하게 다른 사람에게 배운다
虚心听取别人的意见：겸손하게 다른 사람의 의견을 귀담아 듣는다
适应 – 适应公司生活：회사 생활에 적응하다
不容易适应新环境：새로운 환경에 쉽게 적응하지 못한다
骄傲 – 很骄傲：매우 교만하다
骄傲使人落后：교만함은 사람을 뒤처지게 한다
能力 – 我的工作能力很强：나의 업무 능력은 뛰어나다
能力不够：능력이 부족하다

STEP 03. 개요 짜기

1 서론 대학 졸업 후 인턴 일을 시작함
본론 내 능력이 뛰어나다고 생각해서 거만했음
결론 겸손히 일하며, 회사에 적응함

2 서론 인턴 생활을 할 때 적응을 잘 못함
본론 거만하다가, 내 능력의 부족을 알고 겸손히 지냄
결론 업무도 적응함

STEP 04. 개요에 살 붙이기

1

서론 대학 졸업 후 어느 회사에서 인턴 일을 했다.

⋯ 大学毕业以后，我在一家企业实习。

본론 내 능력이 뛰어나다고 생각해서 교만했고 동료와의 관계는 좋지 않았다.

⋯ 我觉得我的能力很强，很骄傲，和同事们的关系也不太好。

결론 실수를 저지르고 나서, 겸손히 다른 사람한테 배우기 시작해 회사 생활에 적응하게 됐다.

⋯ 犯了错误后，虚心向别人学习，适应公司生活。

※ 백 퍼센트 활용 표현

- ~와 관계가 그다지 좋지 않다 : 和…关系…不太好
- ~에게 배우다 : 向…学习

2

서론 회사에서 인턴 생활을 할 때 새로운 환경에 적응하기 어려웠다.

⋯ 我在公司实习时，很难适应新环境。

본론 겸손함은 사람을 진보하게 만들고 교만은 사람을 뒤처지게 한다. 나는 능력의 부족을 알고 겸손히 다른 사람의 말에 귀 기울였다.

⋯ "谦虚使人进步，骄傲使人落后"。我觉得自己的能力不够，所以虚心听取别人的意见。

결론 많은 지식과 기술을 배웠을 뿐만 아니라 업무도 점점 익숙해졌다.

⋯ 我不仅学到了很多知识和技能，而且业务也越来越熟练了。

※ 백 퍼센트 활용 표현

- ~하기 어렵다 : 很难…
- A할 뿐만 아니라 B하기도 하다 : 不仅A，而且B
- 점점~ : 越来越…

STEP 05. 문장 완성하기

1 모범답안

大学毕业以后，我在一家企业实
习。我觉得我的工作能力很强，所以
总是很骄傲，和同事们的关系也不太
和…关系…不太好 ~와 관계가 그다지 좋지 않다
好。但是我犯了不少错误后，才明白
我应该虚心向别人学习，才能适应公
向…学习 ~에게 배우다
司生活。

해석 대학을 졸업하고 나서 나는 한 회사에서 인턴 생활을 했다. 나는 내 업무 능력이 뛰어나다고 생각해서 늘 거만했고, 동료와의 관계도 그다지 좋지 않았다. 그러나 적지 않은 실수를 범하고 나서야 마땅히 겸손한 마음으로 다른 사람에게 배워야 한다는 것을 깨달았고, 회사 생활에 적응할 수 있었다.

어휘 犯 fàn 동 저지르다 | ★错误 cuòwù 명 잘못

2 모범답안

我在公司实习时，很难适应新环
很难… ~하기 어렵다
境。我妈妈跟我说：“谦虚使人进步，
骄傲使人落后。”我的能力不够，所以
要虚心听取别人的意见。我不仅学到
了很多知识和技能，而且业务也越来
不仅A，而且B A할 뿐만 아니라 B하기도 하다
越熟练了。

해석 내가 회사에서 인턴을 할 때 새 환경에 적응하기가 너무 어려웠다. 엄마는 나에게 “겸손함은 사람을 진보시키며 거만함은 사람을 뒤처지게 한다.”라고 말씀하셨다. 내 능력이 부족했기 때문에 겸손하게 다른 사람의 의견에 귀 기울여서 많은 지식과 기술을 배웠을 뿐 아니라 업무도 점점 숙련되었다.

어휘 ★谦虚 qiānxū 형 겸손하다 | ★进步 jìnbù 동 진보하다 | 落后 luòhòu 형 뒤처지다 | 听取 tīngqǔ 동 귀를 기울이다 | 技能 jìnéng 명 기술, 기능 | 熟练 shúliàn 형 숙련되다

4회

100. HSK POINT 행동을 중심으로 이야기 전개 난이도 中

공략 STEP 01. 그림 보고 단어 연상하기

명사 男朋友 nánpéngyou 남자 친구 | 女朋友 nǚpéngyou 여자 친구 | 纪念日 jìniànrì 기념일 | 生日 shēngrì 생일 | 花 huā 꽃 | 礼物 lǐwù 선물

동사 答应 dāying 응하다 | 带 dài 데리고 가다 | 感动 gǎndòng 감동하다 | 难忘 nánwàng 잊기 어렵다 | 爱 ài 사랑하다

형용사 开心 kāixīn 기쁘다 | 浪漫 làngmàn 낭만적이다

STEP 02. 개요 짜기

1
서론 오늘로 내가 남자 친구와 만난 지 3년이 됨
본론 남자 친구가 꽃과 선물을 줌
결론 낭만적이었음

2
서론 내 생일에 남자 친구와 음식점에 감
본론 갑자기 꽃다발과 반지를 주면서 청혼을 함
결론 잊을 수 없음

STEP 03. 개요에 살 붙이기

1
서론 오늘은 나와 남자 친구가 만난 지 3년이 되는 기념일이다.
→ 今天是我和男朋友认识三周年的纪念日。

본론 남자 친구가 나에게 전화해서, 저녁 식사를 같이 하기로 약속했다. 남자 친구 손에 꽃과 선물이 들려져 있었다.
→ 我男朋友给我打电话约我一起吃晚饭。他手里拿着一大束花和礼物。

결론 매우 낭만적이라고 생각했다.
→ 我觉得好浪漫啊。

※ 백 퍼센트 활용 표현
- ~에게 전화하다 : 给…打电话
- 손에 ~을 들고 있다 : 手里拿着…
- 매우 ~하다 : 好+형용사+啊

2 **서론** 오늘은 내 생일이라, 남자 친구가 나를 데리고 이탈리아 음식점에 갔다.
…→ 今天是我的生日，我男朋友带我去一家意大利餐厅。

본론 저녁을 반쯤 먹었을 때 그가 갑자기 꽃다발과 반지를 주며 청혼했다.
…→ 当我们晚饭吃到一半的时候，他突然拿出了一大束花和一枚戒指向我求婚。

결론 잊을 수 없는 날이었다.
…→ 今天是一个让我终生难忘的日子。

※ 백 퍼센트 활용 표현
- ~을 데리고 가다 : 带…去…
- ~에게 청혼하다 : 向…求婚

STEP 04. 문장 완성하기

1 모범답안

　　今天是我和男朋友认识三周年的
纪念日。我男朋友给我打电话约我一
起吃晚饭，我当然很开心地答应了，
可是没想到他来到我家接我的时候，
手里拿着一大束花和礼物。我觉得好
浪漫啊！

给…打电话 ~에게 전화하다
手里拿着… 손에 ~을 들고 있다
好+형용사+啊 매우 ~하다

해석 오늘은 나와 내 남자 친구가 만난 지 3주년이 되는 기념일이다. 남자 친구가 나에게 전화해서, 저녁 식사를 같이 하자고 했고 나는 당연히 기쁘게 응했다. 근데 생각지도 못하게 그가 나를 데리러 우리 집에 왔을 때 손에 꽃다발과 선물이 들려져 있었다. 매우 낭만적이라고 생각했다.

어휘 ★认识 rènshi 동 알다 | 周年 zhōunián 명 주년 | 纪念日 jìniànrì 명 기념일 | 约 yuē 동 약속하다 | ★答应 dāying 동 승낙하다 | ★没想到 méixiǎngdào 동 생각지 못하다 | 接 jiē 동 맞이하다 | 束 shù 양 묶음, 다발 | 浪漫 làngmàn 형 낭만적이다

2 모범답안

		今	天	是	我	的	生	日	，	我	男	朋	友	带	我
去	一	家	装	修	很	豪	华	的	意	大	利	餐	厅	。	当
我	们	晚	饭	吃	到	一	半	的	时	候	，	突	然	拿	出
了	一	大	束	花	和	一	枚	戒	指	向	我	求	婚	，	我
感	动	得	说	不	出	话	来	。	今	天	真	是	一	个	让
我	终	生	难	忘	的	日	子	。							

带…去… ~을 데리고 ~가다

向…求婚 ~에게 청혼하다

해석 오늘은 내 생일이라 남자 친구가 나를 데리고 화려한 이탈리아 음식점에 갔다. 저녁을 반쯤 먹었을 때, 그가 갑자기 꽃다발과 반지를 주며 청혼했다. 나는 말도 못할 정도로 감동했다. 오늘은 정말 평생 잊을 수 없는 날이다.

어휘 ★带 dài 동 데리고 가다 | ★装修 zhuāngxiū 명 인테리어 | 豪华 háohuá 형 화려하다 | 意大利 Yìdàlì 고유 이탈리아 | 餐厅 cāntīng 명 음식점, 식당 | ★突然 tūrán 부 갑자기 | 戒指 jièzhi 명 반지 | ★求婚 qiúhūn 동 청혼하다 | 终生 zhōngshēng 명 평생 | ★难忘 nánwàng 동 잊을 수 없다 | 日子 rìzi 명 날

5회 해설

합격모의고사 5회 정답

一、听力

第一部分	1. A	2. B	3. B	4. B	5. D	6. A	7. C	8. A	9. C	10. B
	11. C	12. C	13. C	14. D	15. B	16. C	17. A	18. B	19. D	20. D
第二部分	21. A	22. C	23. D	24. A	25. A	26. D	27. B	28. D	29. A	30. D
	31. C	32. A	33. C	34. D	35. B	36. D	37. D	38. D	39. C	40. B
	41. B	42. C	43. A	44. C	45. B					

二、阅读

第一部分	46. D	47. B	48. D	49. A	50. B	51. C	52. B	53. A	54. C	55. B
	56. D	57. A	58. B	59. D	60. C					
第二部分	61. D	62. B	63. D	64. A	65. C	66. D	67. A	68. C	69. A	70. A
第三部分	71. D	72. B	73. C	74. D	75. D	76. A	77. A	78. C	79. C	80. C
	81. D	82. B	83. C	84. D	85. C	86. C	87. A	88. D	89. A	90. D

三、书写

第一部分

91. 喝茶有助于缓解疲劳。
92. 她的演讲使我深受启发。
93. 他的一举一动给我留下了深刻的印象。
94. 这是亚洲面积最大的岛屿。
95. 他退休前在海关部门工作。
96. 她的表现获得了大家的好评。
97. 你把数据再重新计算一遍。
98. 长时间使用手机容易导致眼睛疲劳。

第二部分

99. 341쪽 모범답안 참고
100. 343-344쪽 모범답안 참고

新 HSK 5급 합격모의고사 听力

第一部分

1. HSK POINT 장소를 묻는 문제 | 난이도 中   track 05-1

女：附近新开了一家射击场，射击场里面设施很完善。
男：是吗？改天我们体验一下吧。

问：他们想去哪儿？

A 射击场
B 操场
C 商场
D 体育馆

여: 근처에 사격장이 새로 생겼는데, 사격장 내부의 시설이 잘 갖춰져 있어.
남: 그래? 나중에 우리 한번 가 보자.

질문: 그들은 어디에 가고 싶은가?

A 사격장
B 운동장
C 쇼핑센터
D 체육관

공략 보기가 모두 장소이기 때문에 장소에 유의하여 듣는다. '射击场(사격장)'은 다소 생소하기 때문에 보기를 계속 보면서 집중하여 녹음을 들어야 한다. 정답은 A이다.

어휘 射击场 shèjīchǎng 명 사격장 | ★设施 shèshī 명 시설 | ★完善 wánshàn 형 완전히 갖추어져 있다 | ★改天 gǎitiān 명 다른 날, 나중 | ★体验 tǐyàn 동 체험하다 | 操场 cāochǎng 명 운동장 | 体育馆 tǐyùguǎn 명 체육관

2. HSK POINT 행동에 유의하기 | 난이도 中   track 05-2

男：包裹里面是什么？
女：窗帘，你帮我拿把剪刀过来，拆开看看怎么样？

问：他们接下来最可能做什么？

A 买窗帘
B 拆包裹
C 去商场
D 买剪刀

남: 소포 안에는 무엇이 있어?
여: 커튼이 들어 있어. 가위 좀 가져다 줘. 뜯어서 보는 게 어때?

질문: 그들은 이어서 무엇을 할 것인가?

A 커튼을 산다
B 소포를 뜯는다
C 쇼핑센터에 간다
D 가위를 산다

공략 보기가 모두 행동이기 때문에 술어에 유의하여 듣는다. 들리는 그대로 정답을 고를 수 있지만, '剪刀(가위)'와 '拆开(뜯어내다)' 등의 어휘를 알면 조금 더 쉽게 정답 B를 찾을 수 있다.

어휘 ★包裹 bāoguǒ 명 소포 | ★窗帘 chuānglián 명 커튼 | 剪刀 jiǎndāo 명 가위 | ★拆开 chāikāi 동 뜯다 | 接下来 jiē xiàlai 이어서

5회

3. HSK POINT 보기를 통해 상세 정보 대조 | 난이도 中 — track 05-3

女：你怎么一直打喷嚏？是不是着凉了？
男：有点儿，我早上起的时候，发现被子没盖好。

问：男的怎么了？

A 受伤了
B 着凉了
C 流鼻涕
D 对花过敏

여: 왜 계속 재채기를 하는 거야? 감기에 걸린 거 아니야?
남: 조금. 아침에 일어나 보니, 이불이 잘 덮어져 있지 않았어.

질문: 남자는 어떤가?

A 부상당했다
B 감기에 걸렸다
C 콧물이 흐른다
D 꽃에 알레르기가 있다

공략 '着凉(감기에 걸리다)', '打喷嚏(재채기를 하다)' 등의 건강 관련 어휘에 유의한다. 보기에 집중해서 정보를 대조하면 정답은 B이다.

어휘 ★打喷嚏 dǎ pēntì 동 재채기를 하다 | ★着凉 zháoliáng 동 감기 걸리다 | 发现 fāxiàn 동 발견하다 | 被子 bèizi 명 이불 | 盖 gài 동 덮다 | 鼻涕 bítì 명 콧물 | ★过敏 guòmǐn 동 알레르기가 나타나다

4. HSK POINT 대화 속 질문과 대답에 유의하기 | 난이도 中 — track 05-4

男：怎么这么没精神？昨晚熬夜了？
女：没有，我失眠了，凌晨3点才入睡。

问：女的为什么没精神？

A 晕车了
B 失眠了
C 喝酒了
D 开夜车了

남: 왜 이렇게 정신이 없어? 어제 밤샌 거야?
여: 아니, 불면증에 시달렸어. 새벽 3시가 돼서야 잠이 들었어.

질문: 여자는 왜 정신이 없나?

A 차멀미를 했다
B 불면증에 걸렸다
C 술을 마셨다
D 밤을 샜다

공략 '昨晚熬夜了?(어제 밤샌 거야?)'라는 질문에 '没有(아니요)'라고 대답했기 때문에 D는 정답이 아니다. '失眠(잠을 못 자다)'로 미루어 정답은 B이다.

어휘 ★精神 jīngshen 기운, 정신 | ★熬夜 áoyè 동 밤새다 | ★失眠 shīmián 동 잠을 못 자다, 불면증에 걸리다 | 入睡 rùshuì 동 잠들다 | 晕车 yùnchē 동 차멀미하다 | ★开夜车 kāi yèchē 동 밤새다

5. HSK POINT 유의어 듣기 난이도 中

track 05-5

女：外公呢？又去找隔壁王叔叔下象棋了。 男：对，他昨天输了两盘。很不服气呢。	여: 외할아버지는? 또 이웃집 왕 씨 아저씨와 장기를 두러 가셨나 보네. 남: 맞아. 어제 두 판을 졌는데, 승복하지 않으시네.
问：外公去找谁下象棋呢？	질문: 외할아버지는 누구를 찾아가 장기를 두나?
A 同事 B 上司 C 老朋友 **D 邻居王叔叔**	A 동료 B 상사 C 옛 친구 **D 이웃집 왕 씨 아저씨**

공략 보기가 모두 사람이기 때문에 인물에 주의하여 듣는다. 녹음 중 '隔壁(이웃)'은 보기 D의 '邻居(이웃)'과 유의어이다. 정답은 D이다.

어휘 外公 wàigōng 명 외조부 | ★隔壁 gébì 명 이웃 | 叔叔 shūshu 명 아저씨, 숙부 | ★下象棋 xià xiàngqí 동 장기를 두다 | 不服气 bùfúqì 동 승복하지 않는다 | 上司 shàngsi 명 상사 | 老朋友 lǎopéngyǒu 명 오랜 친구 | ★邻居 línjū 명 이웃

6. HSK POINT 특정 명사에 유의하기 난이도 中

track 05-6

男：这条项链真不错，挺适合你的。 女：这是今年结婚纪念日我丈夫送给我的礼物。	남: 이 목걸이 참 좋다. 너한테 잘 어울려. 여: 올해 결혼 기념일에 남편이 준 선물이야.
问：结婚纪念日女的收到了什么礼物？	질문: 결혼 기념일에 여자는 어떤 선물을 받았나?
A 项链 B 围巾 C 戒指 D 衣服	**A 목걸이** B 스카프 C 반지 D 옷

공략 보기가 모두 물건을 나타내는 특정 명사이기 때문에 물건에 집중하여 대화를 듣는다. 대화 초반에 '项链(목걸이)'를 들었다면 정답 A를 바로 찾을 수 있다.

어휘 ★项链 xiàngliàn 명 목걸이 | ★适合 shìhé 동 적합하다 | 结婚 jiéhūn 동 결혼하다 | 纪念日 jìniànrì 명 기념일 | ★围巾 wéijīn 명 스카프 | ★戒指 jièzhi 명 반지

7. HSK POINT 유사 표현으로 의미 유추 난이도 中 · track 05-7

女：这张照片拍得很不错。	여: 이 사진 참 잘 찍었다.
男：我用软件调了一下色彩，看起来更鲜艳。	남: 소프트웨어로 색을 조정했더니, 더 선명해 보여.
问：根据对话，下列哪项正确?	질문: 대화에 근거해서 다음 중 옳은 것은?
A 他们正在拍照片	A 그들은 사진을 찍고 있다
B 女的想买照相机	B 여자는 카메라를 사고 싶다
C 男的摄影技术好	**C 남자의 촬영 기술은 좋다**
D 那张照片是黑白的	D 그 사진은 흑백이다

공략 녹음 중 여자의 말 '这张照片拍得很不错(이 사진 참 잘 찍었다)'를 통해 남자의 사진 찍는 기술이 좋음을 알 수 있다. '看起来更鲜艳(더 선명해 보여)'로 미루어 D는 정답이 아니고, A와 B도 대화와 상관없기 때문에 정답은 C이다.

어휘 照片 zhàopiàn 명 사진 | 拍 pāi 동 (사진을) 찍다 | ★软件 ruǎnjiàn 명 소프트웨어 | 调 tiáo 동 조정하다 | 色彩 sècǎi 명 색깔 | ★鲜艳 xiānyàn 형 산뜻하고 아름답다, 선명하다

8. HSK POINT 유의어 듣기 난이도 下 · track 05-8

男：这儿的风景实在太美了。我都舍不得走了。	남: 이곳의 풍경은 정말 몹시 아름답네. 떠나기가 아쉬워.
女：这里环境确实很棒。以后我们可以常来玩儿。	여: 여기 환경이 확실히 좋지. 나중에 자주 놀러 오자.
问：男的为什么舍不得离开那里?	질문: 남자는 왜 그곳을 떠나기 아쉬워하나?
A 那儿景色很美	**A 그곳의 풍경이 매우 아름다워서**
B 那儿有很多朋友	B 그곳에 친구가 많아서
C 那儿气候适宜居住	C 그곳의 기후가 살기 적합해서
D 那儿有很多名胜古迹	D 그곳에 명승지가 많아서

공략 보기를 보면 특정 장소가 어떠한지 묻는 문제임을 알 수 있다. '风景(풍경)'과 '景色(풍경)'이 같은 뜻임에 유의하자. 정답은 A이다.

어휘 ★风景 fēngjǐng 명 풍경 | 实在 shízai 부 실제로, 정말 | ★舍不得 shěbude 동 아쉬워하다 | 环境 huánjìng 명 환경 | ★确实 quèshí 부 확실히 | 棒 bàng 형 좋다 | ★离开 líkāi 동 떠나다 | ★气候 qìhòu 명 기후 | ★适宜 shìyí 동 적합하다 | 居住 jūzhù 동 거주하다 | 名胜古迹 míngshèng gǔjì 명 명승지

9. HSK POINT 대화 속 질문과 대답에 유의하기 | 난이도 中 | track 05-9

女：我电脑最近总是自动关机，是不是中病毒了？	여: 내 컴퓨터가 요즘 늘 저절로 꺼지는데, 바이러스에 걸린 걸까?
男：说不准，也可能是硬盘坏了。	남: 아마도 그런 것 같아. 하드 디스크가 고장 난 것 같아.
问：女的电脑怎么了？	질문: 여자의 컴퓨터는 어떻게 됐나?
A 升级了	A 업그레이드됐다
B 没有声音	B 소리가 나지 않는다
C 中病毒了	**C 바이러스에 감염됐다**
D 上不了网	D 인터넷에 접속할 수 없다

공략 보기를 통해 컴퓨터 관련 문제임을 알 수 있다. 바이러스에 걸린 것인지 묻는 질문에 '说不准(아마도 그런 것 같아)'라고 대답했기 때문에 정답은 C이다.

어휘 自动 zìdòng 형 자동이다 | ★关机 guānjī 동 전원을 끄다 | ★中病毒 zhòng bìngdú 바이러스에 걸리다 | ★说不准 shuōbuzhǔn 동 아마 ~일 것이다 | 硬盘 yìngpán 명 하드 디스크 | ★升级 shēngjí 동 업그레이드하다

10. HSK POINT 유의어 듣기 | 난이도 上 | track 05-10

男：我想问一下。会员卡的积分有什么用？	남: 말씀 좀 물을게요. 멤버십 카드의 적립 포인트는 어떻게 사용하나요?
女：积了一定分后，你可以登入我们的网站，更换礼品。	여: 일정 포인트가 쌓이면 홈페이지에 가입하셔서 사은품으로 교환할 수 있어요.
问：用积分可以做什么？	질문: 포인트로 무엇을 할 수 있나?
A 购买商品	A 상품을 구매한다
B 兑换礼品	**B 사은품으로 교환한다**
C 在网上购买	C 인터넷에서 물건을 구매한다
D 兑换优惠券	D 쿠폰으로 교환한다

공략 보기를 통해 쇼핑 관련 대화임을 알 수 있다. 녹음 중 '更换礼品(사은품으로 교환하다)'와 보기 D의 '兑换礼品(사은품으로 교환하다)'는 같은 의미이므로 정답은 B이다. '积分(포인트 적립)' 등의 어휘가 익숙치 않으면 대화의 내용을 파악하기 어려울 수 있다.

어휘 会员卡 huìyuánkǎ 명 멤버십 카드 | ★积分 jīfēn 명 적립금, 포인트 | 登入 dēngrù 동 가입하다 | ★网站 wǎngzhàn 명 웹사이트, 홈페이지 | 更换 gēnghuàn 동 바꾸다 | 礼品 lǐpǐn 명 선물, 사은품 | ★购买 gòumǎi 동 구입하다 | ★兑换 duìhuàn 동 바꾸다 | 优惠券 yōuhuìquàn 명 할인권, 쿠폰

11. HSK POINT 보기를 통해 상세 정보 대조 난이도 中

track 05-11

女：要收拾的东西太多了，你看，这个箱子根本装不下。
男：的确是，我记得地下室有个大箱子，我去拿上来。

问：男的为什么要换大箱子？

A 大箱子更结实
B 原来的箱子破了
C 东西太多装不下
D 地下室没有大箱子

여: 정리해야 할 물건이 너무 많아. 봐봐, 이 상자에는 절대 담을 수가 없어.
남: 확실히 그래. 지하실에 큰 상자가 있는 걸로 기억하는데, 가서 가지고 올라올게.

질문: 남자는 왜 큰 상자로 바꾸려고 하는가?

A 큰 상자가 더 견고해서
B 원래의 상자가 파손되어서
C 물건이 너무 많아 담을 수가 없어서
D 지하실에는 큰 상자가 없어서

공략 보기를 통해 '箱子(상자)'에 관한 대화임을 알 수 있다. 보기에 집중에서 대화를 들으면 들리는 그대로 정답을 고를 수 있다. 동사 '装(채우다, 담다)'의 의미를 알아 두자. 정답은 C이다.

어휘 ★收拾 shōushi 동 정리하다 | ★箱子 xiāngzi 명 상자 | 根本 gēnběn 부 전혀 | ★装不下 zhuāng bu xià 넣을 수 없다 | ★的确 díquè 부 확실히 | 记得 jìde 동 기억하고 있다 | 地下室 dìxiàshì 명 지하실 | 结实 jiēshi 형 견고하다 | 破 pò 동 파손되다

관련 어휘 TIP

▶ 装의 활용

- 装修 zhuāngxiū 인테리어하다
- 童装 tóngzhuāng 아동복
- 不懂装懂 bùdǒng zhuāngdǒng 모르면서 아는 체하다
- 组装 zǔzhuāng 조립하다
- 装满 zhuāngmǎn 가득 차다

12. HSK POINT 유사 표현으로 의미 유추 난이도 上

track 05-12

男：这个电脑程序，我学了这么久，还没完成，真想放弃。
女：不要轻易说放弃两个字，如果继续努力的话，说不定就能成功。

问：女的是什么意思？

A 要改正错误
B 要等待时机
C 要坚持下去
D 该放弃的就放弃

남: 이 컴퓨터 프로그램을 이렇게 오래 배웠는데도, 다 끝내지 못했어. 정말 포기하고 싶어.
여: 포기라는 두 글자를 쉽게 말하지 마. 계속 노력한다면 성공할지도 모르잖아.

질문: 여자의 말은 무슨 뜻인가?

A 잘못을 바로 잡아야 한다
B 좋은 기회가 오기를 기다려야 한다
C 끝까지 계속해야 한다
D 포기할 것은 포기해야 한다

공략 '不要轻易说放弃两个字(포기라는 두 글자를 쉽게 말하지 마)'는 포기하지 말라는 뜻이므로, 보기 C의 '坚持下去(끝까지 계속하다)'와 의미가 통한다. 정답은 C이다. 들리는 그대로 고르는 것이 아니라 의미를 파악해야 하는 문제이다.

어휘 ★程序 chéngxù 명 프로그램 | ★放弃 fàngqì 동 포기하다 | ★轻易 qīngyì 형 쉽다 | ★说不定 shuōbudìng 부 아마 | 改正 gǎizhèng 동 (잘못을) 바로잡다 | 错误 cuòwù 명 잘못 | 等待 děngdài 동 기다리다 | 时机 shíjī 명 (유리한) 기회, 시기

관련 어휘 TIP

▶ 소극적 감정 관련 유의어

- 失望 shīwàng 실망하다
- 寂寞 jìmò 외롭다
- 放弃 fàngqì 포기하다
- 灰心 huīxīn 실망하다
- 孤独 gūdú 외롭다
- 没坚持下来 méi jiānchí xiàlai 지속하지 못하다

13. HSK POINT 유사 표현 듣기 난이도 上

track 05-13

女：还有三分钟比赛就结束了，我看这次德国队一定能拿冠军。

男：那可不见得，赛场上随时都可能发生奇迹。

问：男的是什么意思?

A 要注意细节

B 输赢不重要

C 结果还不能确定

D 德国队一定不会输

여: 이제 3분이면 경기가 곧 끝나. 내가 보기에 이번에는 독일 팀이 분명 우승할 거야.

남: 그게 꼭 그렇다고 할 수는 없어. 경기장에서는 수시로 기적이 일어나거든.

질문: 남자의 말은 무슨 뜻인가?

A 세세한 것에 주의해야 한다

B 승패는 중요한 것이 아니다

C 결과는 아직 확정된 것이 아니다

D 독일 팀은 틀림없이 지지 않을 것이다

공략 독일 팀이 우승할 거라는 여자의 말에 남자는 '不见得(꼭 그렇다고 할 수는 없어)'라고 대답했다. 이는 보기 C와 같은 뜻이므로 정답은 C이다.

어휘 比赛 bǐsài 명 경기 | ★结束 jiéshù 동 끝나다 | 德国 Déguó 고유 독일 | 队 duì 명 팀 | ★拿冠军 ná guànjūn 우승하다 | ★不见得 bújiànde 반드시 ~한 것은 아니다 | 赛场 sàichǎng 명 경기장 | 随时 suíshí 부 언제든지 | 发生 fāshēng 동 발생하다 | ★奇迹 qíjì 명 기적 | 注意 zhùyì 동 주의하다 | 细节 xìjié 명 세부 사항, 세세한 것 | 输赢 shūyíng 명 승패 | ★确定 quèdìng 동 확정하다

14. HSK POINT 긍정과 부정에 유의하기 난이도 中

track 05-14

男：你好，我刚才在网上订了一款相机，我可以取消这个订单吗？ 女：我们一般是下午五点发货，在这之前你可以随时取消订单。 问：女的是什么意思？ A 不能退货 B 可以换车 C 不能取消订单 **D 可以取消订单**	남: 안녕하세요. 제가 방금 인터넷에서 카메라 하나를 구입했는데, 주문을 취소할 수 있을까요? 여: 우리는 보통 오후 5시에 물건을 발송하는데, 그 전에는 아무 때나 주문을 취소할 수 있어요. 질문: 여자의 말은 무슨 뜻인가? A 환불을 할 수 없다 B 차를 갈아탈 수 있다 C 주문을 취소할 수 없다 **D 주문을 취소할 수 있다**

공략 보기가 모두 가능과 불가능에 관한 내용이기 때문에 녹음을 들을 때 긍정과 부정표현에 유의한다. '你可以随时取消订单(주문을 취소할 수 있어요)'로 미루어 정답은 D이다.

어휘 ★订 dìng 동 주문하다 | 款 kuǎn 양 모델, 종류, 타입(물건의 형태나 유형을 나타내는 단위) | 相机 xiàngjī 명 카메라 | ★取消 qǔxiāo 동 취소하다 | ★订单 dìngdān 명 주문서 | 发货 fāhuò 동 발송하다 | 随时 suíshí 부 언제든지 | ★退货 tuìhuò 동 반품하다 | 换车 huànchē 동 차를 갈아타다

15. HSK POINT 보기를 통해 상세 정보 유추 난이도 中

track 05-15

女：喂？哥，嫂子生了吗？男孩儿还是女孩儿？ 男：男孩儿，母子平安。 问：关于男的，可以知道什么？ A 看病了 **B 当爸爸了** C 嗓子疼 D 刚做完手术	여: 여보세요! 오빠, 새언니가 아기를 낳았어? 아들이야, 딸이야? 남: 사내아이야. 산모와 아이 모두 괜찮아. 질문: 남자에 관해 무엇을 알 수 있나? A 진찰을 했다 **B 아버지가 됐다** C 목이 아프다 D 방금 수술을 마쳤다

공략 녹음 중 '生了(낳다)', '男孩儿(사내아이)' 등의 어휘를 통해서 아기가 태어났음을 유추할 수 있다. B의 '当爸爸了(아버지가 됐다)'는 녹음 내용과 일치하므로 정답은 B이다.

어휘 喂 wéi 감 여보세요 | 嫂子 sǎozi 명 시누이, 새언니 | ★生 shēng 명 낳다 | 母子 mǔzǐ 명 어머니와 아들 | 平安 píng'ān 형 평안하다 | ★当 dāng 동 ~이 되다 | ★嗓子 sǎngzi 명 목구멍 | 疼 téng 형 아프다 | ★手术 shǒushù 명 수술

16. HSK POINT 보기를 통해 상세 정보 대조 난이도 中

track 05-16

男：这袋零食都过期了，扔了吧。	남: 이 간식은 모두 유통 기한이 지났어. 버리자.
女：你看的是生产日期吧，那是我昨天刚买的。	여: 네가 본 건 제조 일자야. 그건 내가 어제 막 사왔거든.
问：男的为什么想扔掉那袋零食?	질문: 남자는 왜 그 간식을 버리려고 했나?
A 太甜了	A 너무 달아서
B 被摔碎了	B 떨어뜨려 부서져서
C 怀疑过期了	C 유통 기한이 지났다고 생각해서
D 已经腐烂变质	D 이미 부패되어 변질됐기 때문에

공략 보기가 모두 술어이기 때문에 술어에 집중하여 보기와 대조한다. 녹음 중 '过期了(유통 기한이 지났어)'를 들으면 정답은 C이다.

어휘 袋 dài 양 봉지, 자루(주머니 등에 넣은 물건을 세는 단위) | ★零食 língshí 명 간식 | ★过期 guòqī 동 기한을 넘기다 | ★扔 rēng 동 던지다, 버리다 | 生产日期 shēngchǎn rìqī 명 제조 일자 | 掉 diào 동 떨어뜨리다 | 甜 tián 형 달다 | 摔 shuāi 동 떨어뜨려 부수다 | 碎 suì 동 부서지다, 깨지다 | ★怀疑 huáiyí 동 의심하다 | 腐烂 fǔlàn 동 부패하다 | 变质 biànzhì 동 변질되다

관련 어휘 TIP

▶ 부정적 심리

- 怀疑 huáiyí 의심하다
- 伤心 shāngxīn 상심하다
- 担心 dānxīn 걱정하다
- 伤脑筋 shāng nǎojīn 골머리를 썩다
- 后悔 hòuhuǐ 후회하다
- 可惜 kěxī 안타깝다
- 埋怨 mányuàn 원망하다
- 犹豫 yóuyù 망설이다
- 难过 nánguò 견디기 힘들다
- 悲哀 bēi'āi 슬프다
- 烦恼 fánnǎo 근심하다
- 发愁 fāchóu 근심하다
- 遗憾 yíhàn 유감이다
- 抱怨 bàoyuàn 원망하다
- 责备 zébèi 책망하다

17. HSK POINT 유사 표현 듣기 난이도 上

track 05-17

女：我今天运气真好，刚到车站，公交车就来了。	여: 난 오늘 운이 정말 좋아. 정류장에 도착하자마자 버스가 왔거든.
男：的确很幸运，那路车比较少，平均20多分钟才一趟。	남: 정말 운이 좋았네. 그 노선 차량은 적은 편이어서 평균 20여분에 한 번씩 오거든.
问：关于那路公交车，下列哪项正确?	질문: 그 버스에 관해 다음 중 옳은 것은?

Ⓐ 车次少	Ⓐ 운행 횟수가 적다
B 人太多了	B 사람이 너무 많다
C 遭遇车祸了	C 교통사고가 나다
D 每次准时到站	D 매번 제시간에 정류장에 도착한다

공략 '那路车比较少(그 노선 차량은 적은 편이다)'는 차 운행 횟수가 적다는 의미와 같으므로 정답은 A이다. 보기에 집중해서 의미를 파악해야 정답을 고를 수 있다.

어휘 ★运气 yùnqi 명 운(수) | 车站 chēzhàn 명 정류장 | 公交车 gōngjiāochē 명 버스 | 的确 díquè 부 확실히 | ★幸运 xìngyùn 명 행운 | 平均 píngjūn 명 평균 | 趟 tàng 양 번(왕래한 횟수를 세는 단위) | 车次 chēcì 명 운행 횟수 | 遭遇 zāoyù 동 당하다 | 车祸 chēhuò 명 교통사고 | ★准时 zhǔnshí 부 제때에

18. HSK POINT 특정 명사에 유의하기 난이도 下

track 05-18

男：你平时喜欢读哪种类型的书？	남: 너는 평소에 어떤 종류의 책을 읽는 것을 좋아해?
女：古典小说，我觉得看这类书能了解很多历史故事。	여: 고전 소설. 이런 책을 보면 역사 이야기를 많이 알 수 있다고 생각해.
问：女的爱看哪种书？	질문: 여자는 어떤 종류의 책을 보길 좋아하나?
A 杂志　　Ⓑ 古典小说	A 잡지　　Ⓑ 고전 소설
C 心理书籍　　D 计算机书籍	C 심리 서적　　D 컴퓨터 서적

공략 보기가 모두 명사이기 때문에 명사에 유의하여 들으면 정답을 쉽게 고를 수 있다. 정답은 B이다.

어휘 平时 píngshí 명 평소 | 古典小说 gǔdiǎn xiǎoshuō 명 고전 소설 | ★了解 liǎojiě 동 이해하다 | 历史故事 lìshǐ gùshi 명 역사 이야기 | 心理 xīnlǐ 명 심리 | 书籍 shūjí 명 서적 | 计算机 jìsuànjī 명 컴퓨터

19. HSK POINT 보기를 통해 상세 정보 대조 난이도 上

track 05-19

女：怎么办？我的戒指太紧了。摘不下来了。	여: 어떻게 하지? 반지가 너무 꽉 끼어서 빠지지 않아.
男：你涂点儿肥皂水试试。	남: 비눗물을 발라 봐.
问：男的建议女的怎么做？	질문: 남자는 여자에게 어떻게 하기를 제안하는가?
A 用清水洗	A 깨끗한 물로 씻는다
B 再使点儿劲儿	B 더 힘을 준다
C 搽点儿护肤品	C 피부 보호품을 바른다
Ⓓ 在手上涂肥皂水	Ⓓ 손에 비눗물을 칠한다

공략 녹음 중 '你涂点儿肥皂水试试(비눗물을 발라 봐)'를 들은 즉시 정답 D를 찾을 수 있다. '涂(바르다)', '肥皂(비누)' 등의 어휘를 알아 두자.

어휘 ★戒指 jièzhi 명 반지 | 紧 jǐn 형 (바짝) 죄다 | 摘 zhāi 동 뽑다 | 涂 tú 동 바르다 | 肥皂 féizào 명 비누 | 清水 qīngshuǐ 명 깨끗한 물 | 使劲儿 shǐjìnr 동 힘쓰다 | 搽 chá 동 바르다, 칠하다 | 护肤品 hùfūpǐn 명 피부 보호품

20. HSK POINT 보기를 통해 상세 정보 대조 | 난이도 中 | track 05-20

男：雾好像更大了。现在的能见度也就几米。	남: 안개가 더 심해진 것 같아. 가시거리도 몇 미터밖에 안 돼.
女：是啊，根本看不清前面的物体。	여: 맞아. 정면의 물체가 제대로 보이지 않네.
问：根据对话，下列哪项正确?	질문: 대화에 근거해서 다음 중 옳은 것은?
A 天晴了	A 날씨가 갰다
B 下暴雨了	B 폭우가 내렸다
C 气温下降了	C 기온이 떨어졌다
D 现在雾很大	**D 지금 안개가 짙다**

공략 보기를 보면 날씨 관련 문제임을 알 수 있다. '雾好像更大了(안개가 더 심해진 것 같아요)'로 미루어 정답은 D이다.

어휘 ★雾 wù 명 안개 | 能见度 néngjiàndù 명 가시거리 | 根本 gēnběn 부 전혀 | ★看不清 kàn bu qīng 동 잘 보이지 않다 | 天晴 tiān qíng 날씨가 개다 | ★暴雨 bàoyǔ 명 폭우 | 气温 qìwēn 명 기온 | ★下降 xiàjiàng 동 떨어지다

第二部分

21. HSK POINT 유사 표현 듣기 | 난이도 中 | track 05-21

女：出席研讨会的老师名单确定了吗?	여: 세미나에 참석할 선생님 명단은 확정됐나요?
男：确定了。除了高教授，戏剧研究所的老师都来。	남: 확정됐어요. 가오 교수님을 제외하고 희극 연구소 선생님들은 모두 오십니다.
女：高教授不来了。我还想请他发言呢。	여: 가오 교수님은 안 오시는군요. 발표를 부탁 드리려고 했는데요.
男：他那天要去外地参加会议。	남: 그날 외부에 가서 회의에 참석하신답니다.
问：高教授为什么不能来?	질문: 가오 교수님은 왜 올 수 없나?
A 有其他会议	**A 다른 회의가 있어서**
B 遭遇车祸	B 교통사고를 당해서
C 不想发言	C 발표를 하고 싶지 않아서
D 身体不舒服	D 몸이 불편해서

공략 보기를 보고 술어에 유의하여 듣는다. 녹음 중 '去外地参加会议(외부에 가서 회의에 참석하다)'는 보기 A의 '有其他会议(다른 회의가 있다)'와 의미가 통하므로 정답은 A이다.

어휘 出席 chūxí 동 출석하다 | 研讨会 yántǎohuì 명 세미나 | 名单 míngdān 명 명단 | ★确定 quèdìng 동 확정하다 | ★除了 chúle 개 ~을 제외하고 | 戏剧 xìjù 명 희극 | 研究所 yánjiūsuǒ 명 연구소 | 发言 fāyán 동 발표하다 | 外地 wàidì 명 외지 | 其他 qítā 대 다른 | 遭遇 zāoyù 동 당하다 | 车祸 chēhuò 명 교통사고

22. HSK POINT 장소를 묻는 문제 난이도 中

track 05-22

男：下学期，你有什么打算？	남: 다음 학기에는 무슨 계획이 있어?
女：我六月中旬去广州一家电视台实习。	여: 6월 중순에 광저우 방송국에 가서 인턴을 할 거야.
男：这么远，那儿提供住宿还是需要自己解决？	남: 너무 멀다. 거기에서 숙박을 제공하는 거야, 아니면 스스로 해결해야 하는 거야?
女：那儿提供，听说宿舍条件还不错。	여: 거기에서 제공해 줘. 듣자 하니 기숙사 환경이 좋다고 해.
问：女的要去哪儿实习？	질문: 여자는 어디에 가서 인턴을 하나?
A 医院　B 报社	A 병원　B 신문사
C 电视台　D 广告公司	**C 방송국**　D 광고 회사

공략 보기가 모두 장소이기 때문에 장소에 유의하여 듣는다. 녹음 중 '电视台(방송국)'이 언급됐기 때문에 정답은 C이다.

어휘 下学期 xiàxuéqī 명 다음 학기 | 打算 dǎsuan 명 계획 | ★电视台 diànshìtái 명 텔레비전 방송국 | ★实习 shíxí 동 실습하다, 인턴을 하다 | ★提供 tígōng 동 제공하다 | 住宿 zhùsù 동 숙박하다 | ★条件 tiáojiàn 명 조건 | 报社 bàoshè 명 신문사 | 广告公司 guǎnggào gōngsī 명 광고 회사

23. HSK POINT 보기를 통해 상세 정보 대조 난이도 上

track 05-23

女：你现在看东西，还模糊吗？	여: 현재 사물을 보면 흐릿한가요?
男：还有点儿，但比之前好多了。	남: 조금 흐릿하지만 이전보다는 훨씬 좋아졌어요.
女：那你要坚持滴眼药水。另外尽量让眼睛多休息。	여: 그럼 안약을 꾸준히 넣어 주세요. 그리고 최대한 눈을 많이 쉬게 해 주세요.
男：好的，谢谢大夫。	남: 네. 고맙습니다, 의사 선생님.
问：医生建议男的怎么做？	질문: 의사는 남자에게 어떻게 하라고 제안하나?
A 戴眼镜	A 안경을 써라
B 在家休息	B 집에서 쉬어라
C 每天服用药水	C 매일 물약을 복용해라
D 坚持滴眼药水	**D 계속 안약을 넣어라**

공략 대화 중 '要坚持滴眼药水(안약을 꾸준히 넣어 주세요)'로 미루어 정답은 D이다. 어휘가 생소하여 듣기 어렵기 때문에 보기에 집중하며 대화를 듣도록 하자.

어휘 ★模糊 móhu 형 모호하다, 흐릿하다 | ★坚持 jiānchí 동 견지하다 | ★滴 dī 동 (액체를) 떨어뜨리다 | 眼药水 yǎnyàoshuǐ 명 안약 | 另外 lìngwài 접 ~이외의 | 尽量 jǐnliàng 부 가능한 한 | 戴 dài 동 착용하다 | 眼镜 yǎnjìng 명 안경 | 服用 fúyòng 동 복용하다 | 药水 yàoshuǐ 명 물약

24. HSK POINT 보기를 통해 상세 정보 대조 난이도 中

track 05-24

男：谁负责发布会的场地布置？
女：小陈，怎么了？
男：嘉宾台上的桌牌没放整齐，麦克风也没声音。
女：我这就让他去处理。

问：根据对话，可以知道什么？

A 桌牌没放好
B 小陈临时有事
C 麦克风声音太大
D 嘉宾已经都来了

남: 누가 발표회 장소 배치를 맡았나요?
여: 샤오천이요. 무슨 일이에요?
남: 귀빈 단상의 테이블 팻말도 가지런하게 놓여 있지 않고, 마이크도 소리가 나지 않아요.
여: 그에게 처리하라고 할게요.

질문: 대화에 근거해서 알 수 있는 것은?

A 테이블 팻말이 잘 놓여 있지 않다
B 샤오천에게 갑자기 일이 생겼다
C 마이크 소리가 너무 크다
D 손님들이 이미 모두 왔다

공략 보기가 모두 주어와 술어로 되어 있기 때문에 이를 중심으로 상세 정보를 녹음과 대조한다. '桌牌没放整齐(테이블 팻말이 가지런하게 놓여 있지 않다)'와 '卓牌没放好(테이블 팻말이 잘 놓여 있지 않다)'는 같은 뜻이므로 정답은 A이다.

어휘 ★负责 fùzé 동 책임을 지다 | ★发布会 fābùhuì 명 발표회 | 场地 chǎngdì 명 장소 | 布置 bùzhì 동 배치하다 | ★嘉宾 jiābīn 명 귀빈 | 台 tái 명 무대, 받침대 | 桌牌 zhuōpái 명 테이블 팻말 | 整齐 zhěngqí 형 가지런하다 | 麦克风 màikèfēng 명 마이크 | 声音 shēngyīn 명 소리 | 临时 línshí 형 일시적인

25. HSK POINT 유사 표현으로 의미 유추 난이도 上

track 05-25

女：这款床垫软硬适中。顾客反应都很好。
男：那多少钱？
女：这款现在有优惠，打完折是一千五。
男：那我就买这个吧，能刷卡吗？

问：关于那款床垫，下列哪项正确？

여: 이 침대 매트리스는 너무 폭신하지도 너무 딱딱하지도 않아서 고객 반응이 좋아요.
남: 얼마예요?
여: 이 모델은 지금 할인 중이어서 할인을 다 하면 1500위안이에요.
남: 그럼 이걸로 살게요. 카드로 결제가 되나요?

질문: 침대 매트리스에 관해 다음 중 옳은 것은?

Ⓐ 广受顾客好评	Ⓐ 고객에게 호평을 받는다
B 厚薄不均匀	B 두께가 균일하지 않다
C 价格太贵了	C 가격이 너무 비싸다
D 表面平整	D 표면이 평평하다

공략 보기가 모두 주어와 술어로 되어 있기 때문에 이에 유의하여 듣는다. 대화에서 '顾客反应很好(고객 반응이 좋아요)'는 '广受顾客好评(고객에게 호평을 받는다)'와 유사한 의미이므로 정답은 A이다.

어휘 床垫 chuángdiàn 명 침대 매트리스 | 软硬 ruǎnyìng 부드럽고 딱딱함 | 适中 shìzhōng 형 적당하다 | ★顾客 gùkè 명 고객 | ★反应 fǎnyìng 명 반응 | ★优惠 yōuhuì 명 우대 혜택 | ★打折 dǎzhé 동 할인하다 | ★刷卡 shuākǎ 동 카드로 결제하다 | 厚薄 hòubó 명 두께 | 均匀 jūnyún 형 균일하다 | 表面 biǎomiàn 명 표면 | 平整 píngzhěng 형 고르다 | 物美价廉 wù měi jià lián 성 품질도 좋고 저렴하다

26. HSK POINT 특정 명사에 유의하기 난이도 中

track 05-26

男：你帮我把这篇论文整理成一篇发言稿吧。	남: 이 논문을 발표 원고로 정리 좀 해 주게.
女：教授，我记得您在学校做报告时，已经整理过了呀。	여: 교수님, 제 기억에는 학교에서 보고하실 때 이미 정리했었는데요.
男：这次的听众主要是企业领导。重点不太一样。	남: 이번에는 청중이 주로 기업 지도자들이라서 핵심이 다르다네.
女：好，我再修改一下。	여: 네, 다시 수정할게요.
问：这次的听众主要是什么人？	질문: 이번에 청중은 주로 어떤 사람들인가?
A 教授	A 교수
B 员工	B 직원
C 研究生	C 대학원생
Ⓓ 企业领导	Ⓓ 기업 지도자

공략 보기가 모두 특정 명사이기 때문에 명사에 주의하여 대화를 듣는다. 대화 중 '企业领导(기업 지도자)'를 들으면 정답은 D이다.

어휘 篇 piān 양 편(문장, 종이 등을 세는 단위) | ★论文 lùnwén 명 논문 | ★整理 zhěnglǐ 동 정리하다 | 发言 fāyán 명 발표, 발언 | 稿 gǎo 명 원고 | 教授 jiàoshòu 명 교수 | 记得 jìde 동 기억하고 있다 | ★报告 bàogào 명 보고 | ★听众 tīngzhòng 명 청중 | 主要 zhǔyào 부 주로 | ★企业 qǐyè 명 기업 | ★领导 lǐngdǎo 명 지도자 | ★重点 zhòngdiǎn 명 중점, 포인트 | ★修改 xiūgǎi 동 수정하다 | 员工 yuángōng 명 직원 | 研究生 yánjiūshēng 명 대학원생

27. HSK POINT 유사 표현으로 의미 유추 난이도 上

track 05-27

女：这竹子养得很不错，有什么秘诀吗？
男：没什么秘诀，记得按时浇水就行。
女：我每天都浇水，可不知怎么，叶子都变黄了。
男：什么都要适量。水不能浇太多太浅。

问：男的是什么意思？

A 不用天天浇水
B 浇水要适度
C 早晚浇水
D 放在室外

여: 이 대나무 참 잘 길렀다. 무슨 비결이라도 있어?
남: 특별한 비결은 없고 제때에 물 주는 것만 신경 쓰면 돼.
여: 나는 매일 물을 주는데도 왜 그런지 모르겠어. 잎이 모두 노랗게 변해 버렸어.
남: 무엇이든 적당해야 하잖아. 물은 너무 많이 줘도 너무 조금 줘도 안 돼.

질문: 남자의 말은 무슨 뜻인가?

A 매일 물을 주면 안 된다
B 물을 적당히 줘야 한다
C 아침 저녁으로 물을 준다
D 실외에 놓아야 한다

공략 보기에 '浇水(물을 주다)'가 여러 번 나오기 때문에 식물을 기르는 내용임을 알 수 있다. 녹음 중 '什么都要适量(무엇이든 적당해야 하잖아)'는 보기 B의 '浇水要适度(물을 적당히 줘야 한다)'와 같은 뜻이므로 정답은 B이다.

어휘 竹子 zhúzi 명 대나무 | ★养 yǎng 동 기르다 | ★秘诀 mìjué 명 비결 | ★按时 ànshí 부 제때에 | ★浇水 jiāoshuǐ 동 물을 뿌리다 | 叶子 yèzi 명 잎 | ★适量 shìliàng 형 적당량이다 | 浅 qiǎn 형 얕다 | ★适度 shìdù 형 적당하다 | 室外 shìwài 명 실외

28. HSK POINT 보기를 통해 상세 정보 대조 난이도 上

track 05-28

男：这款理财产品的利息比银行高得多。
女：会不会有风险？对资金数额有要求吗？
男：挺安全的。不过最低得存10万，而且至少存半年。
女：听着不错。你给我详细介绍一下吧。

问：关于那款理财产品，下列哪项正确？

A 最少存5万
B 收益率较低
C 风险有点大
D 至少存半年

남: 이 재테크 상품의 이자는 은행보다 훨씬 높아요.
여: 위험성은 없나요? 금액에 대한 제한이 있나요?
남: 매우 안전해요. 그런데 최소 10만 위안 이상, 최소 반 년 동안 예치해야 돼요.
여: 괜찮은 것 같네요. 자세하게 소개 좀 해 주세요.

질문: 재테크 상품에 관해 다음 중 옳은 것은?

A 최소 5만원은 예치한다
B 수익률이 낮은 편이다
C 위험성이 크다
D 최소 반 년은 예치해야 한다

공략 보기의 어휘가 비교적 어렵고, 숫자까지 언급되어 있기 때문에 집중해서 들어야 한다. '至少存半年(최소 반 년 동안 예치해야 해요)'를 들으면 정답은 D이다.

어휘 ★理财 lǐcái 명 재테크 | 产品 chǎnpǐn 명 제품, 상품 | ★利息 lìxī 명 이자 | ★风险 fēngxiǎn 명 위험(성) | ★资金 zījīn 명 자금 | 数额 shù'é 명 액수 | 要求 yāoqiú 명 요구 | 挺 tǐng 형 매우 | ★安全 ānquán 형 안전하다 | 存 cún 동 보존하다, 예치하다 | ★至少 zhìshǎo 부 적어도 | 详细 xiángxì 형 자세하다 | 收益率 shōuyìlǜ 명 수익률

5회

29. HSK POINT 보기를 통해 상세 정보 대조 난이도 中

track 05-29

女：这部动画片怎么不显示字幕呢？
男：应该是你没有下载字幕软件。
女：怎么弄，你能教我吗？
男：很简单，你先下载好字幕软件，等候直接播放就可以。

问：女的让男的教什么？

A 下载字幕
B 下载电影
C 升级软件
D 删除文件

여: 이 애니메이션은 어째서 자막이 보이지 않는 거지?
남: 자막 프로그램을 다운받지 않아서 그런가 봐.
여: 어떻게 하는 거야? 나한테 가르쳐 줄 수 있어?
남: 아주 간단해. 우선 자막 프로그램을 다운받고 영화가 나올 때까지 기다리면 돼.

질문: 여자는 남자에게 무엇을 가르쳐 달라고 하나?

A 자막을 다운받는 것
B 영화를 다운받는 것
C 소프트웨어를 업그레이드하는 것
D 문서를 삭제하는 것

공략 보기가 모두 컴퓨터 관련된 어휘이며 술어이기 때문에 이에 유의하여 듣는다. '下载字幕(자막을 다운로드하다)'를 들으면 정답은 A이다.

어휘 ★动画片 dònghuàpiān 명 애니메이션 | 显示 xiǎnshì 동 나타내다 | ★字幕 zìmù 명 자막 | ★下载 xiàzài 동 다운로드하다 | ★软件 ruǎnjiàn 명 소프트웨어 | ★弄 nòng 동 ~하다 | 教 jiāo 동 가르치다 | 等候 děnghòu 동 기다리다 | 直接 zhíjiē 형 직접적인 | 播放 bōfàng 동 방영하다 | ★升级 shēngjí 동 업그레이드하다 | ★删除 shānchú 동 삭제하다 | ★文件 wénjiàn 명 문서, 파일

30. HSK POINT 보기를 통해 상세 정보 대조 난이도 上

track 05-30

男：美术学院的毕业生作品展上有个以牛仔裤为主题的作品。
女：有点儿酷，旧物再利用吗？
男：是在牛仔裤的设计中融入了京剧元素。
女：传统和流行的结合，很独特。

问：女的认为作品的独特之处在哪儿？

A 很朴实
B 很华丽
C 带有西方色彩
D 传统与流行相结合

남: 미술 대학의 졸업생 작품전에 청바지를 주제로 한 작품이 있더라.
여: 좀 멋진걸, 구제품을 재활용한 거야?
남: 청바지 디자인에 경극의 요소를 융합시켰어.
여: 전통과 유행의 결합이구나. 정말 독특하네.

질문: 여자가 생각하기에 작품의 독특함은 어디에 있나?

A 소박하다
B 화려하다
C 서양적인 느낌이 있다
D 전통과 유행이 결합되어 있다

공략 보기를 보면 무엇의 특징을 묻는 문제임을 유추할 수 있다. 녹음에서 '传统和流行的结合(전통과 유행의 결합이구나)'를 들었다면 정답으로 D를 고를 수 있다.

어휘 美术学院 měishù xuéyuàn 명 미술 대학 | ★毕业生 bìyèshēng 명 졸업생 | 作品展 zuòpǐnzhǎn 명 작품전 | ★以…为… yǐ…wéi… ~을 ~으로 삼다 | 牛仔裤 niúzǎikù 명 청바지 | 主题 zhǔtí 명 주제 | 作品 zuòpǐn 명 작품 | 酷 kù 형 강렬하다 | 旧物 jiùwù 명 오래된 물건 | 再利用 zàilìyòng 동 재활용하다 | ★设计 shèjì 명 디자인 | 融入 róngrù 동 융화되어 들어가다 | 京剧 jīngjù 명 경극 | 元素 yuánsù 명 요소 | ★传统 chuántǒng 명 전통 | ★流行 liúxíng 동 유행하다 | ★结合 jiéhé 동 결합하다 | ★独特 dútè 형 독특하다 | 朴实 pǔshí 형 소박하다 | 华丽 huálì 형 화려하다

[31-32]

大草原上，狮子正紧紧地追赶一只羊。在追赶中，狮子超过了一只又一只站在旁边观望的羊，对那些靠得很近的羊，狮子却像没看见一样，一次次地放过。终于，那只被追赶的羊因跑不动而被狮子扑倒了。31为什么狮子不放弃原来那只，改去追赶离它更近的羊呢？原来狮子已经跑累了，而其他的羊并没有奔跑。32如果在追赶的过程中改变目标，那么那些没有跑累的羊，会很快把狮子甩在后面。

대초원에서 사자가 양 한 마리를 바싹 뒤쫓고 있었다. 쫓아가는 중에 사자는 옆에 서서 바라보던 양을 한 마리씩 추월했고, 가까이에 있던 양들은 오히려 못 본 것처럼 계속 놓아줬다. 결국 쫓기던 그 양은 뛰지 못해서 사자에게 잡혔다. 31왜 사자는 원래의 그 양을 포기하지 않고, 더 가까이에 있던 양으로 바꿔 쫓아가지 않았을까? 알고 보니 사자는 이미 뛰다 지쳤고, 다른 양은 전력 질주를 하지 않은 상태였다. 32만약 쫓아가던 과정에서 목표를 바꿨다면, 지치지 않은 양은 빠르게 사자를 뿌리치고 도망갔을 것이다.

어휘 大草原 dàcǎoyuán 명 대초원 | 狮子 shīzi 명 사자 | 紧紧 jǐnjǐn 형 바싹 다가가 있다 | ★追赶 zhuīgǎn 동 쫓아가다 | 观望 guānwàng 동 바라보다 | 羊 yáng 명 양 | ★靠 kào 동 접근하다 | 跑不动 pǎo bu dòng 달릴 수 없다 | 扑 pū 동 달려들다 | 奔跑 bēnpǎo 동 질주하다 | ★改变 gǎibiàn 동 바꾸다 | ★目标 mùbiāo 명 목표 | 甩 shuǎi 동 뿌리치다

어법 TIP

▶ 如果 A, 那么 B

'如果A, 那么B'는 'A하면 B하다'라는 뜻으로, 가정을 나타낸다.

如果一个人没有目标，那么他的人生就是一个没有方向的旅途。
사람이 목표가 없으면 그의 인생은 방향이 없는 여정이다.

如果我放弃这次机会，那么后悔一辈子。
만약에 이번 기회를 놓치면 평생 후회할 것이다.

31. HSK POINT 원인을 묻는 문제 난이도 中

track 05-31

狮子为什么不去追赶离它更近的羊?	사자는 왜 더 가까이에 있는 양을 쫓아가지 않았나?
A 它受伤了	A 부상을 당해서
B 一点儿都不饿	B 조금도 배고프지 않아서
C 它已经跑累了	**C 이미 뛰다가 지쳐서**
D 那些羊太狡猾	D 그 양들이 너무 교활해서

공략 부사 '原来(알고 보니)'는 원래의 상황과 의도를 의미하기 때문에 원인을 묻는 문제에서 주의 깊게 들어야 한다. 질문의 '为什么(왜)'를 보고, '原来狮子已经跑累了(알고 보니 사자는 이미 뛰다 지쳤다)'를 들으면 정답 C를 쉽게 찾을 수 있다.

어휘 ★离 lí 개 ~로부터 | 狡猾 jiǎohuá 형 교활하다

32. HSK POINT 유사 표현으로 의미 유추 난이도 上

track 05-32

这段话主要想告诉我们什么?	이 글이 주로 우리에게 알려 주는 것은?
A 目标要专一	**A 목표는 한결같아야 한다**
B 要公平竞争	B 공평하게 경쟁해야 한다
C 明天会更好	C 내일은 더 좋을 것이다
D 考虑问题要全面	D 문제를 생각할 때는 전면적으로 고려해야 한다

공략 주제를 묻는 문제는 녹음의 후반부를 집중해서 풀어야 한다. 후반부 '如果…改变目标(만약 목표를 바꿨다면)'에서 핵심 어휘 '目标(목표)'가 언급됐으며, 사자가 목표를 바꾸지 않아서 양을 잡을 수 있었다고 했기 때문에 정답은 보기 A의 '目标要专一(목표는 한결같아야 한다)'이다.

어휘 ★专一 zhuānyī 형 한결같다 | ★公平 gōngpíng 형 공평하다 | ★竞争 jìngzhēng 동 경쟁하다 | 考虑 kǎolǜ 동 고려하다 | ★全面 quánmiàn 형 전면적이다

[33-35]

一位母亲给她三岁的孩子买了一个漂亮的气球。孩子开心地抓着系在气球上的那根细线，在路上跑着跳着。不知怎的，一不小心，手一松，33气球往天空飞去了。孩子伤心地哭了起来。这时，母亲蹲下身子，以一种愉快的声调对他说："34, 35瞧，宝贝，气球的妈妈喊它回家吃饭了，你还不赶快和它说再见!" 听了妈妈的话，孩子觉得很新奇，立即不哭了，举起胖胖的小手，向着升上天的

어느 어머니가 세 살짜리 아이에게 예쁜 풍선 하나를 사줬다. 아이는 기쁘게 풍선에 매여 있는 가는 실을 잡고, 길에서 뛰어다녔다. 어찌된 일인지, 부주의로 손을 놓쳐서 33풍선은 하늘로 날아갔고, 아이는 속상해서 울기 시작했다. 이때 어머니가 쪼그리고 앉아, 기쁜 말투로 아이에게 말했다 "34,35봐봐, 아가야, 엄마 풍선이 아기 풍선한테 집에 와서 밥을 먹으라고 했잖아. 빨리 '잘 가!'라고 말 안 할 거야?" 엄마의 말을 듣고, 아이는 신기하게 여기며, 바로 울음을 그쳤고 오동통한 작은 손을 들어 하늘로 날아가는 풍선을 향해 큰 소리로 외쳤다. "잘 가, 잘 가!"

气球，大声喊道："再见，再见。" 可爱的脸上，充满了天真的笑容。	귀여운 얼굴에 천진한 웃음이 가득 찼다.

어휘 气球 qìqiú 명 풍선 | ★开心 kāixīn 형 기쁘다 | ★抓 zhuā 동 잡다 | ★系 jì 동 매다, 묶다 | 细线 xìxiàn 명 가는 실 | 跳 tiào 동 뛰다 | 不知怎 bùzhī zěn 어찌된 일인지 | 松 sōng 동 느슨하다 | ★伤心 shāngxīn 동 상심하다 | ★哭 kū 동 울다 | 蹲 dūn 동 쪼그리고 앉다 | ★愉快 yúkuài 형 기쁘다 | 声调 shēngdiào 명 말투 | ★瞧 qiáo 동 보다 | 宝贝 bǎobèi 명 귀염둥이, 우리 아기 | ★喊 hǎn 동 외치다 | 新奇 xīnqí 형 신기하다 | ★立即 lìjí 부 즉시 | 举起 jǔqǐ 동 들어 올리다 | 胖胖 pàngpàng 형 포동포동하다 | 升上 shēngshàng 동 떠오르다 | ★喊道 hǎndào 동 외치다 | ★脸 liǎn 명 얼굴 | ★充满 chōngmǎn 동 가득 차다 | ★天真 tiānzhēn 형 천진하다 | 笑容 xiàoróng 명 웃는 얼굴

어법 TIP

▶ 방향보어 起来

방향보어는 동사 뒤에 방향을 나타내는 보어가 놓여 동사를 보충 설명해주는 성분이다. '동사+起来'는 시작을 나타낸다.

日子总会慢慢好起来。 날들이 천천히 좋아지기 시작했다.

我们刚一到家就下起雨来。 우리가 집에 도착하자마자 비가 내리기 시작했다.

33. HSK POINT 보기를 통해 상세 정보 대조 난이도 中

track 05-33

孩子为什么哭?	아이는 왜 울었나?
A 迷路了	A 길을 잃어서
B 摔倒了	B 넘어져서
C 气球飞走了	**C 풍선이 날아가서**
D 买不起气球	D 풍선을 살 수 없어서

공략 보기에 집중해서 녹음을 듣자. '气球往天空飞去了(풍선이 하늘로 날아갔다)'로 미루어 정답은 C이다.

어휘 迷路 mílù 동 길을 잃다 | ★摔倒 shuāidǎo 동 넘어지다 | 买不起 mǎibuqǐ 동 (비싸서) 살 수 없다

34. HSK POINT 지문 속에 대화에 유의하기 난이도 上

track 05-34

母亲是怎么安慰孩子的?	어머니는 어떻게 아이를 위로했나?
A 买个零食	A 간식을 사줬다
B 带孩子去餐厅	B 아이를 데리고 음식점에 갔다
C 重新买一个	C 다시 한 개를 더 사줬다
D 气球回家了	**D 풍선이 집에 돌아갔다**

공략 녹음을 들을 때 인물 간의 대화에 유의하여 의미를 파악하자. 엄마가 아이에게 '气球的妈妈喊它回家吃饭了(엄마 풍선이 아기 풍선한테 집에 와서 밥을 먹으라고 했잖아)'라고 말했으므로 정답은 D이다.

어휘 ★安慰 ānwèi 동 위로하다 | 零食 língshí 명 간식 | ★重新 chóngxīn 부 새로

5회

35. HSK POINT 인물에 관한 정보 유추 난이도 上

track 05-35

关于那位母亲，可以知道什么？	어머니에 관해 무엇을 알 수 있나?
A 太小气了	A 너무 인색하다
B 善于安慰孩子	**B 아이를 위로하는 데 능숙하다**
C 是著名的演员	C 유명한 배우이다
D 不理解孩子	D 아이를 이해하지 못한다

공략 보기로 보아 특정 인물에 대한 문제임을 알 수 있다. 이 문제는 전반적인 내용을 파악해야 정답을 고를 수 있다. 어머니가 우는 아이를 재치 있게 달랬기 때문에 정답은 B이다.

어휘 ★小气 xiǎoqi 형 인색하다 | ★善于 shànyú 동 ~에 능숙하다 | ★安慰 ānwèi 동 위로하다 | 演员 yǎnyuán 명 배우 | 理解 lǐjiě 동 이해하다

[36-38]

某电视台邀请一位成功的商人做嘉宾，36到场的观众纷纷向他求教成功之道。但商人只是淡淡一笑说："还是出个题考考大家吧。某个地方发现了金矿，很多人闻讯赶去，然而一条大河挡住了他们的去路。换做是你，你会怎么做？"有人说绕道走，也有人说游过去。商人含笑不语，最后说："37为什么非得去淘金？为什么不买一条船开展营运呢？"商人继续说："在那种情况下，你就是把船票价格要得再高，淘金的人也会心甘情愿购买，因为前面有金矿啊！"

38想他人不曾想的，做他人不曾做的，这就是成功之道。困境在智者眼中，往往意味着一个潜在的机遇。

어느 방송국에서 성공한 사업가를 초대 손님으로 초대했고 36현장에 있던 방청객들은 잇달아 그에게 성공의 비결을 가르쳐 달라고 청했다. 그러나 사업가는 담담하게 웃으며 말했다. "모두에게 질문 하나를 하겠습니다. 어느 지역에서 금광이 발견됐는데, 많은 사람들이 듣고 재빨리 갔지만 큰 강이 그들의 가는 길을 가로막고 있었습니다. 여러분이라면 어떻게 하시겠습니까?" 어떤 사람은 길을 돌아서 가겠다고 말했고, 또 어떤 사람은 헤엄쳐서 건너가겠다고 말했다. 사업가는 옅은 미소를 띠며 말이 없다가 마지막에 이야기했다. "37왜 꼭 금을 캐러 가야 하나요? 왜 배를 사서 운행하려고 하지 않나요?" 사업가가 말을 이어갔다. "그런 상황에서는 당신이 전표의 가격을 아무리 높이더라도 금을 캐러 가는 사람들은 흔쾌히 샀을 겁니다. 눈앞에 금광이 있으니까요."

38다른 사람이 생각한 적이 없는 것을 생각하고, 다른 사람이 한 적이 없는 것을 하는 것이 성공의 길이다. 지혜로운 자의 눈에 어려움은 잠재적 기회를 의미한다.

어휘 某 mǒu 대 어느 | ★电视台 diànshìtái 명 방송국 | 邀请 yāoqǐng 동 초청하다 | ★商人 shāngrén 명 사업가, 장사꾼 | 到场 dàochǎng 동 현장에 가다 | ★观众 guānzhòng 명 관중, 방청객 | 纷纷 fēnfēn 부 잇달아 | 求教 qiújiào 동 가르침을 청하다 | 淡淡 dàndàn 형 희미하다, 옅다 | 题 tí 명 문제 | 考 kǎo 동 시험 보다 | 金矿 jīnkuàng 명 금광 | 闻讯 wénxùn 동 소식을 듣다 | ★然而 rán'ér 접 그러나 | 大河 dàhé 명 큰 강 | 挡住 dǎngzhù 동 막다 | 换 huàn 동 바꾸다 | 绕道走 ràodào zǒu 길을 돌아가다 | 游 yóu 동 헤엄치다 | 含笑不语 hánxiào bù yǔ 웃음을 띠고 말하지 않다 | ★非得

fēiděi 부 반드시 ~해야 한다 | 淘金 táojīn 동 금을 캐다 | 船 chuán 명 배 | 开展 kāizhǎn 동 펼치다 | ★营运 yíngyùn 동 경영하다 | ★继续 jìxù 동 계속하다 | 传票 chuánpiào 명 전표 | 心甘情愿 xīn gān qíng yuàn 성 기꺼이 원하다 | ★困境 kùnjìng 명 곤경 | 智者 zhìzhě 명 현자, 지혜로운 사람 | ★意味着 yìwèizhe 동 의미하다 | 潜在 qiánzài 동 잠재하다 | ★机遇 jīyù 명 기회

어법 TIP

▶ 向 + 심리 동사

개사구를 동반한 문장은 문장 전체를 듣고 의미를 한번에 파악하는 연습을 해야 한다. 특히 '对(~에 대해서)', '向(~에게)', '给(~에게)' 등 자주 출제되는 개사구는 반드시 익혀 둔다. '向(~에게)'는 '道歉(사과하다)', '求教(가르침을 구하다)', '表示(표현하다)'와 같은 심리 동사들과 자주 함께 쓰인다.

我要向他道歉。 나는 그에게 사과할 것이다.

他向他的妻子和孩子表示感谢。 그는 그의 아내와 아이에게 감사를 표시했다.

36. HSK POINT 보기를 통해 상세 정보 대조 난이도 中

track 05-36

观众向商人求教什么?	방청객은 사업가에게 무엇을 가르쳐 달라고 청했나?
A 如何帮助别人	A 어떻게 다른 사람을 돕나
B 如何教育孩子	B 어떻게 아이를 교육하나
C 淘金方法	C 금을 캐는 방법
D 成功之道	**D 성공의 길**

공략 보기의 '如何(어떻게)', '方法(방법)', '道(길, 방법)' 등의 어휘를 통해 방법에 관한 문제임을 유추할 수 있다. 녹음 중 '向他求教成功之道(그에게 성공의 비결을 가르쳐 달라고 청했다)'로 미루어 정답은 D이다.

어휘 如何 rúhé 대 어떻게 | ★教育 jiàoyù 동 교육하다

37. HSK POINT 보기를 통해 상세 정보 대조 난이도 中

track 05-37

商人给出的答案是什么?	사업가가 내놓은 대안은?
A 游过去	A 헤엄을 쳐서 건너다
B 绕道过河	B 길을 돌아서 강을 건너다
C 放弃淘金	C 금 캐는 것을 포기한다
D 买船搞营运	**D 배를 사서 운행을 한다**

공략 보기들 간의 공통점과 차이점에 유의하여 듣는다. 녹음 중 '有人说绕道走，也有人说游过去(어떤 사람은 길을 돌아서 가겠다고 말했고, 또 어떤 사람은 헤엄쳐서 건너가겠다고 말했다)'를 통해 보기 A와 B는 일반 사람들의 의견임을 알 수 있다. 이 문제는 사업가의 대안을 묻는 문제이기 때문에 정답은 D이다.

어휘 ★放弃 fàngqì 동 포기하다 | 营运 yíngyùn 동 (열차, 배 등을) 영업 운행하다

38. HSK POINT 주제를 묻는 문제 난이도 上

track 05-38

这段话主要告诉我们什么?

A 失败是成功之母
B 要积极改正错误
C 不要害怕冒险
D 学会换角度考虑问题

이 글이 주로 우리에게 알려 주는 것은?

A 실패는 성공의 어머니이다
B 적극적으로 잘못을 바로잡아야 한다
C 모험을 두려워하지 말아야 한다
D 각도를 바꿔 문제를 생각할 줄 알아야 한다

공략 다른 사람이 생각한 적이 없는 것을 생각하고, 다른 사람이 한 적이 없는 것을 하는 것이 성공이 길이라고 하면서 지혜로운 자의 눈에 어려움은 기회일 수 있다고 했다. 이 글의 주제는 관점을 바꾸어 생각하라는 보기 D와 통한다.

어휘 ★失败 shībài 통 실패하다 | 改正 gǎizhèng 통 개정하다, 시정하다 | 错误 cuòwù 명 잘못 | ★害怕 hàipà 통 두려워하다 | 冒险 màoxiǎn 통 모험하다 | ★角度 jiǎodù 명 각도 | ★考虑 kǎolǜ 통 고려하다

[39-41]

有个人开了一家旅店，为了吸引顾客，他把旅店布置得很温馨，并竭尽全力为客人提供优质的服务，收费也很公道。但不知为何，39前来住店的人还是很少，他非常苦恼，于是向一位朋友求助。朋友说："我有个主意，你把旅店的名字改成'五个铃铛'，然后在门口挂上六个铃铛。""40这样做太奇怪了，能有用吗?""你试试就知道了。"朋友微笑着说。

无奈之下，他只好照办。41结果，很多路过旅店的人都会走进店里，给他指出这个错误。而当人们走进旅店时，便会被里面的设施和服务吸引，就会留下来歇息，这样就给店主带来了不少生意。

한 사람이 여관을 개업했는데, 손님을 끌기 위해 여관을 아늑하게 꾸몄고, 최선을 다해 손님에게 좋은 서비스를 제공했으며, 요금도 합리적이었다. 그러나 왠지 모르게 39들어와서 묵는 손님이 적었고 그는 굉장히 고심하며, 친구에게 도움을 청했다. 친구가 말했다. "나한테 방법이 하나 있어. 여관 이름을 '방울 다섯 개'로 바꾼 뒤, 문 앞에는 '방울 여섯 개'라고 간판을 걸어." "40그렇게 하면 너무 이상한데, 그게 통할까?" "한 번 해 보면 알게 될 거야." 친구가 웃으며 말했다.

방법이 없어서 어쩔 수 없이 그 방법대로 했다. 41그 결과, 여관을 지나던 많은 사람들이 여관에 들어와서 그에게 잘못된 것을 지적했다. 그런데, 사람들이 여관에 들어와서 내부의 시설과 서비스에 매료돼 머물며 숙박했다. 이렇게 여관은 장사가 잘되게 됐다.

어휘 旅店 lǚdiàn 명 여관 | ★吸引 xīyǐn 통 끌어당기다 | ★顾客 gùkè 명 손님 | 布置 bùzhì 통 배치하다 | 温馨 wēnxīn 형 아늑하다 | 竭尽全力 jié jìn quán lì 성 전력을 다하다 | ★为 wèi 개 ~을 위해 | ★提供 tígōng 통 제공하다 | 优质 yōuzhì 형 양질의 | ★服务 fúwù 명 서비스 | 收费 shōufèi 명 요금 | 公道 gōngdao 형 합리적이다 | 为何 wèihé 부 왜 | ★苦恼 kǔnǎo 통 고민하다 | ★于是 yúshì 접 그래서 | 求助 qiúzhù 통 도움을 청하다 | ★改成 gǎichéng 통 ~로 고치다 | 铃铛 língdang 명 방울 | 挂上 guàshàng 통 내걸다 | ★奇怪 qíguài 형 이상하다 | 有用 yǒuyòng 통 유용하다 | 微笑 wēixiào 통 미소 짓다 | 无奈 wúnài 통 어찌 해 볼 도리가 없다 | ★只好 zhǐhǎo 부 어쩔 수 없이 | 照办 zhàobàn 통 그대로 처리하다 | ★指出 zhǐchū 통 지적하다 | ★错误 cuòwù 명 잘못 | 便 biàn 부 바로 | 设施 shèshī 명 시설 | 歇息 xiēxi 통 숙박하다 | ★带来 dàilái 통 가져오다 | ★生意 shēngyi 명 장사

어법 TIP

▶ 被 + (목적어) + 동사 + 기타 성분

'被'자문은 피동문으로 '~에게 ~을 당하다'라는 뜻이다. 녹음을 들을 때 '被'자와 술어를 같이 들어, 어떤 결과에 이르렀는지까지 정확히 파악하자.

他被公司赶出来了。그는 회사에서 쫓겨났다.
他被同学们选为班长。그는 급우들에게 반장으로 선출됐다.

39. HSK POINT 유사 표현으로 의미 유추 난이도 中

track 05-39

店主为什么很苦恼?		여관 주인은 왜 고민했나?	
A 竞争激烈	B 人手不够	A 경쟁이 치열해서	B 일손이 부족해서
C 生意不好	D 装修费用高	**C 장사가 잘되지 않아서**	D 인테리어 비용이 높아서

공략 보기에 집중해서 녹음을 듣자. '前来住店的人还是很少(들어와서 묵는 손님이 적었다)'는 보기 C의 '生意不好(장사가 잘되지 않는다)'와 같은 의미이므로 정답은 C이다.

어휘 ★竞争 jìngzhēng 명 경쟁 | ★激烈 jīliè 형 치열하다 | 装修 zhuāngxiū 동 인테리어 하다 | 费用 fèiyòng 명 비용

40. HSK POINT 보기를 통해 상세 정보 대조 난이도 中

track 05-40

店主觉得朋友的建议怎么样?		여관 주인은 친구의 제안이 어떻다고 생각했나?	
A 很合理	**B 很奇怪**	A 합리적이다	**B 이상하다**
C 没有道理	D 值得一试	C 일리가 없다	D 해 볼 만하다

공략 보기가 모두 술어로 된 상태 및 평가를 나타내는 단어이므로 이에 유의하여 듣는다. 녹음 중 '这样做太奇怪了(그렇게 하면 너무 이상한데)'를 들었다면 정답 B를 찾을 수 있다.

어휘 ★合理 hélǐ 형 합리적이다 | ★奇怪 qíguài 형 이상하다 | 道理 dàolǐ 명 일리, 이치 | ★值得 zhídé 동 ~할 가치가 있다 | 试 shì 동 시험 삼아 해보다

41. HSK POINT 행동에 관한 문제 난이도 中

track 05-41

后来很多人走进店里是要做什么?	나중에 많은 사람들이 여관에 들어가서 하려고 한 것은?
A 买铃铛	A 방울을 산다
B 指出错误	**B 잘못을 지적한다**
C 询问价格	C 가격을 묻는다
D 批评服务态度	D 서비스 태도를 비판한다

공략 보기가 모두 행동과 관련되어 있으므로 이에 유의하여 듣는다. 사람들이 여관의 이름이 잘못된 것을 지적했다고 언급했기 때문에 정답은 B이다. 녹음을 들을 때 '结果(그 결과)'가 나오면 글의 결론이 그 뒤에 오기 때문에 이 부분을 집중해서 들어야 한다.

어휘 询问 xúnwèn 동 물어보다 | ★价格 jiàgé 명 가격 | ★批评 pīpíng 동 비판하다 | ★服务 fúwù 명 서비스

[42-43]

有个小男孩儿在一家面包店买了一个两块钱的面包。42他觉得这个面包比平时买的小一点儿，就跟老板说："你不觉得这个面包比平时的小一些吗?""哦，没关系。小一些你拿起来比较轻便。""我懂了。"小男孩儿说着，就把一块钱放在柜台上，然后转身出去。老板叫住他："喂，你付的面包钱不够!"小男孩儿说："43哦，没关系。少一些你数起来就会更容易!"

남자아이 하나가 빵집에서 2위안짜리 빵을 샀다. 42그는 이 빵이 평소에 사는 것보다 좀 작다고 생각해서 사장에게 말했다. "이 빵이 평소보다 작은 것 같지 않나요?" "음, 괜찮아. 작으면 네가 들고 가기에 가볍고 편하잖아." "알았어요." 남자아이가 말하며 1위안을 계산대에 두고 뒤돌아 나갔다. 사장이 아이를 불렀다. "얘야, 돈이 부족하단다!" 아이가 말했다. "43음, 괜찮아요. 조금 적으면 아저씨가 돈을 세기 쉽잖아요!"

어휘 面包店 miànbāodiàn 명 빵집 | ★平时 píngshí 명 평소 | 哦 ó 감 어!, 어머! | 轻便 qīngbiàn 형 수월하다 | ★懂 dǒng 동 알다 | ★柜台 guìtái 명 계산대 | 转身 zhuǎnshēn 동 몸을 돌리다 | 喂 wèi 감 어이, 이봐 | ★付 fù 동 돈을 지불하다 | ★数 shǔ 동 (숫자를) 세다

어법 TIP

▶ A 比 B＋술어＋一点儿/多了

'A가 B보다 (조금/훨씬) ~하다'라는 뜻의 비교문이다. 이와 같은 비교문은 비교 주체와 비교 대상의 관계를 정확하게 파악할 수 있어야 한다.

这件衣服的颜色比图片稍微深一点儿。이 옷의 색깔이 그림보다 조금 진하다.
屏幕尺寸比本来想的小一点儿。화면의 크기가 원래 생각했던 것보다 조금 작다.

42. HSK POINT 상태를 묻는 문제 난이도 中

track 05-42

小男孩儿觉得那个面包怎么样?

A 便宜多了
B 味道变了
C 比以前的小了
D 种类太少了

남자아이는 그 빵이 어떻다고 생각하나?

A 훨씬 싸졌다
B 맛이 변했다
C 이전보다 작다
D 종류가 너무 적다

공략 보기를 보면 상태를 묻는 문제임을 알 수 있다. '你不觉得这个面包比平时的小一些吗?(이 빵이 평소보다 작은 것 같지 않나요?)'를 들으면 정답은 C이다.

어휘 ★味道 wèidao 명 맛 | ★变 biàn 동 변하다 | 种类 zhǒnglèi 명 종류

43. HSK POINT 핵심 내용 파악 난이도 上

track 05-43

关于小男孩儿，可以知道什么?	남자아이에 관해 알 수 있는 것은?
A 很聪明	A 매우 총명하다
B 没有礼貌	B 예의가 없다
C 只有一块钱	C 1위안만 가지고 있다
D 不想买面包了	D 빵을 사고 싶지 않아졌다

공략 빵의 크기가 작아진 것에, 빵집 사장은 들기 가볍다고 말했고, 아이는 돈을 적게 내놓으며 세기 편하다고 말했기 때문에, 아이의 총명함과 재치를 알 수 있다. 정답은 A이다. 내용의 핵심을 파악해야 정답을 쉽게 고를 수 있다.

어휘 ★没有礼貌 méiyǒu lǐmào 예의가 없다

[44-45]

44散文家林清玄的书法很好。有一次，朋友请他写一幅字，他考虑再三，写下了"常想一二"四个字。朋友看了便问他是什么意思。林清玄说："人生不如意的事十之八九，但扣除八九成的不如意，45至少还有一二成是如意、快乐、欣慰的事情。要想拥有快乐的人生，就要常想那一二成的好事，这样才会感到庆幸、懂得珍惜，不至于被那八九成的不如意所打倒。"

44수필가 린칭쉬안(林清玄)은 서예 실력이 뛰어났다. 한 번은 친구가 그에게 서예 작품 하나를 써달라고 부탁했다. 그는 심사숙고한 끝에 '常想一二' 네 글자를 썼다. 친구가 보고 무슨 뜻이냐고 물었다. 린칭쉬안은 말했다. "인생에서 뜻대로 되지 않은 일은 10개 중 8, 9개이지만, 8, 9할의 뜻대로 되지 않는 일을 제외하면, 45적어도 1, 2할은 뜻대로 되고 즐겁고 기쁘고 안심이 되는 일이잖아. 즐거운 인생을 갖고 싶다면 그 1, 2할의 좋은 일을 항상 생각해야 해. 그러면 기쁨을 느끼고, 소중함을 알게 되며, 뜻대로 되지 않는 그 8, 9할의 일에 의해서 쓰러지지는 않게 될 거야."

어휘 散文家 sǎnwénjiā 명 수필가 | ★书法 shūfǎ 명 서예 | 幅 fú 양 폭(옷감, 종이, 그림을 세는 단위) | 考虑再三 kǎolǜ zàisān 심사숙고하다 | 便 biàn 부 바로 | ★如意 rúyì 동 뜻대로 되다 | 扣除 kòuchú 동 제외하다, 빼다 | 成 chéng 양 10분의 1, 할 | 欣慰 xīnwèi 형 기쁘고 안심이 되다 | 庆幸 qìngxìng 동 기뻐할 만하다 | ★懂得 dǒngde 동 알다 | 珍惜 zhēnxī 동 소중히 여기다 | 不至于 búzhìyú ~에 까지는 이르지 않다 | 打倒 dǎdǎo 동 타도하다, 때려눕히다

어법 TIP

▶ 被 A 所 B

'被'자문 중에서 동사 앞에 '所'가 쓰여 동사를 강조하는 표현을 익혀 두자. 이 구문은 'A에 의해서 B 되다'라는 뜻이다.

有时一个人会被一时的困难所击倒。사람이 한 순간의 어려움에 의해 쓰러질 때도 있다.

那些方案被大家所接受。그 방안들은 모두에게 받아들여졌다.

44. HSK POINT 인물에 관한 문제 및 유사 표현 듣기 난이도 上 track 05-44

关于林清玄，可以知道什么?	린칭쉬안에 관해 알 수 있는 것은?
A 喜欢数学	A 수학을 좋아한다
B 善于交际	B 사교성이 좋다
C 字写得漂亮	**C 글씨를 잘 쓴다**
D 喜欢赞美别人	D 다른 사람을 칭찬하기 좋아한다

공략 보기를 통해 인물에 관한 문제임을 알 수 있다. 녹음 초반에 인물에 대한 설명이 나오기 때문에 처음부터 집중해야 한다. '林清玄的书法很好(린칭쉬안은 서예 실력이 뛰어났다)'는 글씨를 잘 쓴다는 내용이기 때문에 정답은 C이다. A, B, D에 대한 언급은 없다.

어휘 ★善于 shànyú 동 ~을 잘하다, ~에 능숙하다 | ★交际 jiāojì 동 교제하다 | 赞美 zànměi 동 칭찬하다

45. HSK POINT 보기를 통해 상세 정보 대조 난이도 上 track 05-45

"常想一二"中的"一二"指的是什么?	'常想一二'에서 '一二'은 무슨 뜻인가?
A 重要的事	A 중요한 일
B 快乐的事	**B 즐거운 일**
C 数学问题	C 수학 문제
D 不如意的事	D 뜻대로 되지 않는 일

공략 인생에서 뜻대로 되지 않는 일이 열의 여덟아홉이고, 나머지 한두 가지는 뜻대로 되고 즐겁고 기쁘고 안심되는 일이라고 했으므로 정답은 B이다.

어휘 数学 shùxué 명 수학

新 HSK 5급 합격모의고사 阅读

第一部分

[46-48]

经常对别人说"谢谢"，不仅会使人 46 显得 有礼貌、有教养，还能促进人们的身心健康发展。科学研究表明，常常心怀感激的人，除了拥有更高的幸福感 47 以及 更加健康的身体外，与人相处得也更为融洽与和谐。同时，拥有一 48 颗 感恩的心，还会使人们保持积极乐观的生活态度，让他们在面对压力与困难时也能做到从容不迫，对未来充满信心。

다른 사람에게 항상 '고마워요'라고 말하는 것은 사람을 예의 바르고 교양 있는 46 것처럼 보이게 만들 뿐 아니라, 사람들의 심신 건강을 촉진시켜 줄 수 있다. 과학적 연구가 보여주길, 항상 감격하는 마음을 품은 사람은 더 높은 행복감47 과 더 건강한 몸을 가질 뿐 아니라 다른 사람과 지내는 데에도 융화와 화합이 잘 된다. 동시에 은혜에 고마워하는 48 마음을 가지면 긍정적이고 낙천적인 생활 태도를 유지할 수 있고, 스트레스를 받거나 어려움에 직면했을 때 침착할 수 있고, 미래에 대한 자신감이 넘치게 된다.

어휘 ★不仅 bùjǐn 접 ~뿐만 아니라 | ★礼貌 lǐmào 명 예의 | 教养 jiàoyǎng 명 교양 | ★促进 cùjìn 동 촉진시키다 | ★发展 fāzhǎn 동 발전하다 | 心怀 xīnhuái 동 마음에 품다 | ★感激 gǎnjī 동 감격하다 | ★拥有 yōngyǒu 동 가지다 | 幸福感 xìngfúgǎn 명 행복감 | ★相处 xiāngchǔ 동 함께 지내다 | 融洽 róngqià 형 융화하다 | 和谐 héxié 형 화합하다 | ★同时 tóngshí 부 동시에 | 感恩 gǎn'ēn 동 고맙게 여기다 | ★保持 bǎochí 동 유지하다 | ★积极 jījí 형 긍정적이다, 적극적이다 | ★乐观 lèguān 형 낙관적이다 | ★面对 miànduì 동 직면하다 | ★压力 yālì 명 스트레스 | ★困难 kùnnan 명 어려움 | 从容不迫 cóng róng bú pò 성 침착하다 | ★充满 chōngmǎn 동 가득 차다 | ★信心 xìnxīn 명 자신감

46. HSK POINT 술어와 목적어의 호응 난이도 中

A 等于	B 值得	A ~와 같다	B ~할 가치가 있다
C 属于	**D 显得**	C ~에 속하다	**D ~인 것처럼 보인다**

공략 밑줄 뒤의 '有礼貌(예의가 있다)', '有教养(교양이 있다)'와 호응하는 동사를 고른다. '显得+술어'는 '~인 것처럼 보인다'라는 뜻으로, 예의 바르고 교양 있는 것처럼 보인다는 문장을 만드는 데 적합한 구조이다. A의 '等于(~와 같다)'는 주어와 목적어가 동등해야 하며, C의 '属于(~에 속하다)'는 목적어가 주어의 상위 개념이어야 하기 때문에 정답이 아니다. B는 의미상 어울리지 않는다. 정답은 D이다.

호응 관계 TIP

- 一加一 + 等于 + 二 : 1 더하기 1은 2이다(대등 관계)
- 人类 + 属于 + 大自然 : 인류는 대자연에 속한다(종족 관계)
- 值得 + 关注 : 주목할 가치가 있다
- 显得 + 成熟 : 성숙해 보인다

47. HSK POINT 접속사의 호응 난이도 中

A 然而	B 以及	A 그러나	B ~와
C 不然	D 从此	C 그렇지 않으면	D 이로부터

공략 '更高的幸福感(더 높은 행복감)'과 '更加健康的身体(더 건강한 몸)'을 연결해 주는 어휘를 고른다. 보기 중 유일하게 B의 '以及(~와)'가 명사와 명사를 연결해 주는 접속사이기 때문에 정답은 B이다. A와 C는 절과 절을 연결해 주는 접속사이고, D는 부사이기 때문에 단독으로 명사를 수식할 수 없다.

호응 관계 TIP

- 尽管 ⊕ 然而 : 비록 ~이지만, 그러나 ~
- 主要问题 ⊕ 以及 ⊕ 解决方案 : 주요 문제 및 해결 방안

48. HSK POINT 양사와 명사의 호응 난이도 中

A 批	B 克	A 무리	B 그램
C 副	D 颗	C 벌, 세트	D 알

공략 양사를 묻는 문제는 호응하는 명사에 유의해야 한다. '心(마음)'은 양사 '颗(알)'과 호응한다. A의 '批(무리)'는 무리의 양사이며, B의 '副(벌, 세트)'는 쌍으로 세는 물건의 양사 또는 얼굴 표정의 양사이다. 정답은 D이다.

[49-52]

宠物是孩子的好伙伴。它们可以与孩子一起玩耍，同时也能与孩子交流情感。孩子可以对它们说自己的心事，它们虽不会说话，49 却是最好的听众，这能给孩子带来安慰。孩子生病时，宠物会陪伴他们，鼓励他们，帮助他们勇敢地 50 面对 困难。此外，宠物也需要孩子的照顾。照顾宠物的过程可以锻炼孩子实际生活的能力，还能培养孩子的 51 爱心 。送只宠物给孩子吧！只要教会他们互相尊重，他们就会 52 相处 得很好，成为亲密的伙伴。

애완동물은 아이의 좋은 친구이다. 그들은 아이와 함께 놀고 동시에 아이와 감정을 교류한다. 아이는 애완동물에게 자신의 고민을 이야기할 수 있다. 애완동물은 비록 말은 못 하지만 49 가장 좋은 청중이 되어 주며, 이것은 아이들에게 위로가 된다. 아이가 아플 때 애완동물은 그들과 함께 하며 그들을 격려하고, 그들이 용감하게 어려움에 50 맞설 수 있도록 도와준다. 그 밖에도 애완동물은 아이들의 돌봄을 필요로 한다. 애완동물을 돌보는 과정에서 아이들은 실질적인 생활 능력을 키울 수 있으며 51 사랑하는 마음을 기를 수 있다. 애완동물을 아이에게 선물하자! 그들에게 서로 존중하는 것을 가르쳐 주기만 한다면 그들은 서로 아주 잘 52 지낼 것이며 친밀한 동반자가 될 것이다.

어휘 ★宠物 chǒngwù 명 애완동물 | ★伙伴 huǒbàn 명 친구, 동반자 | 玩耍 wánshuǎ 동 놀다 | ★同时 tóngshí 부 동시에 | ★交流 jiāoliú 동 교류하다 | 情感 qínggǎn 명 감정 | 心事 xīnshì 명 고민 | 带来 dàilái 동 가져오다 | ★安慰 ānwèi 동 위로하다 | 陪伴 péibàn 동 함께하다 | ★鼓励 gǔlì 동 격려하다 | ★勇敢 yǒnggǎn 형 용감하다 | 此外 cǐwài 명 ~이 외에 | ★照顾 zhàogù 동 돌보다 | 锻炼 duànliàn 동 단련하다 | 实际 shíjì 형 실제적이다 | ★培养 péiyǎng 동 기르다 | 教 jiāo 동 가르치다, 지도하다 | 亲密 qīnmì 형 친밀하다

49. HSK POINT 접속사의 호응 및 의미 파악 난이도 中

Ⓐ 却是最好的听众	Ⓐ 오히려 가장 좋은 청중이다
B 不在乎人的反应	B 사람들의 반응을 신경 쓰지 않는다
C 而且能模仿人的动作	C 또 사람의 동작을 모방할 수 있다
D 享受独自玩儿的快乐	D 혼자 노는 즐거움을 누린다

공략 밑줄 앞 절의 '虽不会说话(비록 말은 못 하지만)'에서 '虽(비록)'은 '虽然(비록)'과 같은 뜻으로, 접속사 '但是(그러나)', '可是(그러나)' 또는 부사 '却(오히려)'와 호응한다. 또한 의미상 말은 못 하지만 잘 들어준다는 뜻이기 때문에 정답은 A이다.

어휘 ★却 què 부 오히려 | 听众 tīngzhòng 명 청중 | ★不在乎 búzàihu 동 마음에 두지 않다 | ★反应 fǎnyìng 명 반응 | ★模仿 mófǎng 동 모방하다 | 动作 dòngzuò 명 동작 | ★享受 xiǎngshòu 동 누리다 | 独自 dúzì 부 혼자서 | 玩儿 wánr 동 놀다

50. HSK POINT 술어와 목적어의 호응 난이도 上

A 抓紧	Ⓑ 面对	A 단단히 잡다	Ⓑ 직면하다
C 促进	D 面临	C 촉진하다	D 직면하다

공략 이 문장의 목적어 '困难(어려움)'과 어울리는 동사는 '面对(직면하다)'와 '面临(직면하다)'이며, 둘 중에 '勇敢地(용감하게)'의 수식을 받을 수 있는 것을 골라야 한다. '面对(직면하다)'는 '面临(직면하다)'와 다르게 적극적으로 맞선다는 의미가 있으므로 정답은 B이다.

호응 관계 TIP

- 抓紧 ⊕ 时间 : 시간을 내다
- 促进 ⊕ 发展 : 발전을 촉진시키다
- 面对 ⊕ 困难 : 어려움에 직면하다
- 面临 ⊕ 危机 : 위기에 직면하다

51. HSK POINT 술어와 목적어의 호응 난이도 中

A 功能	B 状态	A 기능	B 상태
Ⓒ 爱心	D 程度	Ⓒ 사랑하는 마음	D 정도

공략 동사 '培养(기르다)'와 호응을 이루며, '孩子的(아이들의)'의 수식을 받는 명사를 고른다. '培养(기르다)'는 인재나 특정 성향, 능력을 목적어로 가지며, 여기에서는 아이의 사랑하는 마음을 기른다는 의미이기 때문에 정답은 C이다.

호응 관계 TIP

- 处于 ⊕ 状态 : 상태에 처하다
- 达到 ⊕ 程度 : ~정도에 다다르다

52. HSK POINT 동사의 의미 파악 | 난이도 中

A 称赞	A 칭찬하다
B 相处	**B 서로 지내다**
C 发挥	C 발휘하다
D 忽视	D 무시하다

공략 밑줄 앞 절의 '只要教会他们互相尊重(그들에게 서로 존중하는 것을 가르쳐 주기만 한다면)'의 결과를 고르면 된다. 지문에서 애완동물과 아이가 좋은 친구가 될 수 있다고 언급하고 있으므로 정답은 B이다.

[53-56]

写小说的人总是害怕重复，为了不重复自己的作品，创作的时间一次比一次长。但是生活不同于写小说，有时候，53 重复也是种幸福。每天跟自己喜欢的人在一起，常常跟他一起去旅行，重复同一个承诺和梦想，听他 54 无数 次提起童年往事，每年的同一天和他 55 庆祝 生日，每年的情人节、除夕也和他共享。我们所谓的幸福不正是重复地做同一件事情吗？甚至连吵架也会是重复的，为了一些琐事吵架，冷战，然后疯狂思念 56 对方，最后和好。我们不是一直在重复做着这些相似的事情，然后相信这就是幸福吗？

소설을 쓰는 사람은 항상 중복되는 것을 두려워한다. 자신의 작품에서 중복되는 것을 피하기 위해 창작 시간이 매번 더 길어진다. 그러나 삶은 소설을 쓰는 것과는 다르다. 어떤 순간에는 53 중복하는 것도 일종의 행복이다. 매일 자신이 좋아하는 사람과 함께 하고, 그 사람과 자주 여행을 가며, 동일한 약속과 꿈을 되풀이하는가 하면, 그가 어린 시절 일들을 54 수없이 말하는 것을 듣고, 매년 같은 날 그와 함께 55 생일을 축하하고, 매년 발렌타인데이와 제야도 그와 함께 한다. 우리가 소위 말하는 행복이라는 것이 바로 같은 일을 되풀이하는 것은 아닐까? 심지어 말 다툼도 되풀이하고, 사소한 일들 때문에 냉전을 하다가 나중에는 미친 듯이 56 상대를 그리워하고 결국 화해한다. 우리는 이런 비슷한 일들을 계속 반복하고 나서 이것이 바로 행복이라는 것을 믿게 되는 것은 아닐까?

어휘 小说 xiǎoshuō 명 소설 | ★总是 zǒngshì 부 늘 | ★害怕 hàipà 동 두려워하다 | ★重复 chóngfù 동 (같은 일을) 중복하다, 되풀이하다 | ★为了 wèile 개 ~을 하기 위해 | 作品 zuòpǐn 명 작품 | 创作 chuàngzuò 동 (문예 작품을) 창작하다 | 一次比一次 yí cì bǐ yí cì 매번 조금씩 더 | 不同于 bùtóngyú ~와 다르다 | 承诺 chéngnuò 명 약속 | ★梦想 mèngxiǎng 명 꿈 | 提起 tíqǐ 동 언급하다 | ★童年 tóngnián 명 어린 시절 | ★往事 wǎngshì 명 지난 일 | 同一 tóngyī 형 동일하다 | 情人节 Qíngrénjié 명 발렌타인데이 | 除夕 Chúxī 명 제야 | 甚至 shènzhì 부 심지어 | ★连…也 lián…yě 심지어 ~조차도 | ★吵架 chǎojià 동 말다툼하다 | 琐事 suǒshì 명 사소한 일 | 冷战 lěngzhàn 명 냉전 | 疯狂 fēngkuáng 형 미치다 | 思念 sīniàn 동 그리워하다 | 和好 héhǎo 동 화해하다 | ★相似 xiāngsì 형 비슷하다 | ★相信 xiāngxìn 동 믿다

53. HSK POINT 맥락상 의미 파악 | 난이도 上

Ⓐ 重复也是种幸福	Ⓐ 중복하는 것도 일종의 행복이다
B 生活不能总是冒险	B 삶이 항상 모험일 수는 없다
C 要坚持自己的理想	C 자신의 꿈을 끝까지 고수해야 한다
D 写小说需要的是想象力	D 소설을 쓸 때 필요한 것은 상상력이다

공략 지문의 전반부에 소설을 쓰는 사람은 중복을 싫어한다고 언급했지만, 그 뒤에 '但是生活不同于写小说(그러나 삶은 소설을 쓰는 것과 다르다)'라고 했기 때문에 생활에서는 중복도 긍정적인 의미를 가진다는 맥락으로 연결되어야 한다. 정답은 A이다.

어휘 ★总是 zǒngshì 부 늘 | ★冒险 màoxiǎn 동 모험하다 | ★坚持 jiānchí 동 고수하다 | 理想 lǐxiǎng 명 이상 | 想象力 xiǎngxiànglì 명 상상력

54. HSK POINT 수사와 양사의 호응 | 난이도 上

A 一律	B 反复	A 일률적으로	B 반복하다
Ⓒ 无数	D 其余	Ⓒ 무수하다	D 나머지

공략 밑줄 뒤의 양사 '次(번, 차례)'와 호응하는 어휘를 고른다. 양사 앞에는 수사가 놓이며, 정답은 C이다.

55. HSK POINT 술어와 목적어의 호응 | 난이도 中

A 参考	A 참고하다
Ⓑ 庆祝	Ⓑ 축하하다
C 强调	C 강조하다
D 假装	D 가장하다

공략 목적어 '生日(생일)'과 호응하는 동사를 고른다. 생일을 축하한다는 뜻이 되도록 고르면 정답은 B이다.

56. HSK POINT 술어와 목적어의 호응 및 의미 파악 | 난이도 中

A 个人	A 개인
B 各自	B 각자
C 对手	C 적수
Ⓓ 对方	Ⓓ 상대방

공략 밑줄 앞부분에서 두 사람이 싸우는 상황에 대한 이야기를 시작하고 있다. 동사 '思念(그리워한다)'에 어울리는 목적어는 D이다.

[57-60]

植物学家在考察了某山脉的植被后，发现了一个奇怪的现象：最近100年来，许多应在山底牧场开放的花已经开到了海拔2000米的高山雪带上，而原先雪带上的植物则越过雪带向更高处攀登。植物学家在研究了相关资料后认为，造成这种情况的主要原因是这个 57 **地区** 的气温在逐渐升高，那些适宜在低温环境下生长的植物为了 58 **寻找** 适宜的温度，不得不向更高处攀登。这一现象说明许多植物都对自然界有灵敏的反应，59 **并且可以根据环境的变化**，不断调整自身的生存 60 **状态**。

식물 학자들이 어느 산맥의 식생을 관찰한 후, 이상한 현상을 발견했다. 최근 100년간 산 아래 목장에서 피는 꽃들이 해발 2000미터 고산 대설 지대에서 이미 꽃을 피웠고, 원래 대설 지대의 식물은 대설 지대를 넘어 더 높은 곳으로 올라간다. 식물학자들이 관련 자료를 연구하고 나서, 이러한 상황을 초래하는 주요한 원인이 이 57 **지역**의 기온이 점점 높아지는 것이라는 걸 알게 됐다. 저온의 환경에서 생장하는 것이 적합한 식물은 알맞은 온도를 58 **찾기** 위해 어쩔 수 없이 더 높은 곳으로 올라갔다. 이런 현상은 많은 식물이 자연계에 민감하게 반응하고, 59 **또 환경 변화에 따라** 끊임없이 자신의 생존 60 **상태**를 조절한다는 것을 설명한다.

어휘 植物学家 zhíwù xuéjiā 명 식물 학자 | 考察 kǎochá 동 고찰하다, 관찰하다 | 某 mǒu 대 어느 | 山脉 shānmài 명 산맥 | 植被 zhíbèi 명 식생(일정한 장소에 모여 사는 특정 식물 집단) | ★发现 fāxiàn 동 발견하다 | ★奇怪 qíguài 형 이상하다 | ★现象 xiànxiàng 명 현상 | 牧场 mùchǎng 명 목장 | 开放 kāifàng 동 열다, 개방하다 | 海拔 hǎibá 명 해발 | 米 mǐ 명 미터 | 高山 gāoshān 명 고산, 높은 산 | 雪带 xuědài 명 스노우 벨트, 대설 지대 | 原先 yuánxiān 명 본래 | 则 zé 부 바로, 즉 | 越过 yuèguò 동 넘다 | ★攀登 pāndēng 동 오르다 | ★研究 yánjiū 동 연구하다 | ★相关 xiāngguān 동 상관되다 | ★资料 zīliào 명 자료 | ★造成 zàochéng 동 초래하다 | ★原因 yuányīn 명 원인 | 气温 qìwēn 명 기온 | ★逐渐 zhújiàn 부 점점 | 升高 shēnggāo 동 오르다 | ★适宜 shìyí 동형 적합하다, 알맞다 | 低温 dīwēn 명 저온 | 生长 shēngzhǎng 동 생장하다 | 说明 shuōmíng 동 설명하다 | 自然界 zìránjiè 명 자연계 | 灵敏 língmǐn 형 예민하다, 민감하다 | ★反应 fǎnyìng 명 반응 | ★不断 búduàn 부 끊임없이 | ★调整 tiáozhěng 동 조절하다 | 自身 zìshēn 대 자신 | ★生存 shēngcún 명 생존

57. HSK POINT 대명사에 유의하기 난이도 中

Ⓐ 地区	B 形势	Ⓐ 지역	B 형세
C 郊区	D 规模	C 교외	D 규모

공략 밑줄 앞의 '这个(이것)'의 수식을 받으며 동시에 밑줄 뒤의 '的气温(~의 기온)'을 수식하는 명사를 고른다. 지문의 전반부에서 고산 대설 지대에 대한 언급이 몇 차례 있었고, 기온이 오르고 있다고 언급했기 때문에 정답은 A이다.

58. HSK POINT 의미상 호응 난이도 中

A 流传	Ⓑ 寻找	A 전해 내려오다	Ⓑ 찾다
C 符合	D 满足	C 부합하다	D 만족하다

공략 '为了(~하기 위해서)'와, '适宜的温度(적절한 온도)'와 호응을 이루는 동사를 고른다. 정답은 B이다.

호응 관계 TIP

- 符合 ⊕ 要求 : 요구에 부합하다
- 满足 ⊕ 需求 : 수요를 만족시키다

59. HSK POINT 앞뒤 문장의 의미 파악 난이도 上

A 植物越来越多	A 식물이 점점 많아진다
B 它们分布广泛	B 그것들은 널리 분포되어 있다
C 由此带来许多环境问题	C 여기에서 많은 환경 문제가 발생한다
D 并且可以根据环境的变化	**D 또 환경 변화에 따라**

공략 밑줄의 앞 문장 '植物都对自然界有灵敏的反应(식물이 자연계에 민감하게 반응하고)'와 맥락상 연결되고, 밑줄 뒤 문장 '不断调整(끊임없이 조절하다)'와 호응하는 것을 고른다. 식물이 환경 변화에 따라 자신을 조절한다는 의미이므로 정답은 D이다.

어휘 ★分布 fēnbù 동 분포하다 | ★广泛 guǎngfàn 형 광범위하다 | 由此 yóucǐ 부 이로부터 | 环境问题 huánjìng wèntí 명 환경 문제 | ★根据 gēnjù 개 ~에 근거하여

60. HSK POINT 의미상 호응 난이도 上

A 性质	B 后果	A 성질	B 결과
C 状态	D 利益	**C 상태**	D 이익

공략 이 문장에서 '调整(조절하다)', '自身的生存(자신의 생존)'과 호응을 이루는 명사를 고른다. 식물이 스스로 조절할 수 있는 것은 자신의 상태이기 때문에 정답은 C이다.

第二部分

61. HSK POINT 보기와 유사 표현 대조 난이도 中

围棋起源于公元前6世纪的中国。它是一种策略性二人棋类游戏，属于中国古代琴棋书画"四艺"之一，是当时上层人士修身养性的一项必修课。如今，围棋在亚太地区广泛流行，并逐渐受到世界各地人们的欢迎。

바둑은 기원전 6세기 중국에서 기원했다. 이것은 2인 전술 게임이며, 중국 고대의 4대 예술인 거문고, 바둑(장기), 서예, 회화 중 하나이고, 당시 상류 계층이 심신을 닦고 교양을 쌓는 필수 과목이었다. 오늘날 바둑은 아시아 태평양 지역에서 널리 유행하며 점차 세계 각지의 사람들에게 사랑을 받고 있다.

A 围棋规则复杂
B 围棋适合一个人玩儿
C 围棋有600多年的历史
D 围棋的影响范围正逐步扩大

A 바둑의 규칙은 복잡하다
B 바둑은 혼자하기에 적합하다
C 바둑은 600여 년의 역사를 가진다
D 바둑의 영향 범위는 점차 확대되고 있다

공략 지문에서 '逐渐受到世界各地人们的欢迎(점차 세계 각지의 사람들에게 사랑을 받고 있다)'에서 '逐渐(점차)'는 보기 D의 '逐步(점차)'와 같은 표현이다. 세계 각지 사람들의 환영을 받는다는 것은 영향 범위가 확대되고 있다는 의미이므로 정답은 D이다.

어휘 ★围棋 wéiqí 명 바둑 | ★起源于 qǐyuányú ~에서 기원하다 | 公元前 gōngyuánqián 명 기원전 | 策略 cèlüè 명 전술 | 棋类 qílèi 명 바둑, 장기의 총칭 | ★游戏 yóuxì 명 게임 | ★属于 shǔyú 동 ~에 속하다 | 古代 gǔdài 명 고대 | 琴棋书画 qín qí shū huà 명 각종 문예 특기(거문고, 바둑 및 장기, 서예, 회화) | 四艺 sìyì 명 4대 예술 | 上层人士 shàngcéng rénshì 명 상류층 인사 | 修身养性 xiū shēn yǎng xìng 성 심신을 닦고 교양을 쌓다 | 项 xiàng 양 항목 | 必修课 bìxiūkè 명 필수 과목 | 如今 rújīn 명 지금, 오늘날 | 亚太 Yà Tài 고유 아시아 태평양 | 地区 dìqū 명 지역 | ★广泛 guǎngfàn 형 광범위하다 | ★流行 liúxíng 동 유행하다 | 并 bìng 부 또, 동시에 | ★逐渐 zhújiàn 부 점점 | 世界各地 shìjiè gèdì 명 세계 각지 | 规则 guīzé 명 규칙 | ★复杂 fùzá 형 복잡하다 | ★适合 shìhé 동 적합하다 | ★范围 fànwéi 명 범위 | ★逐步 zhúbù 부 점차 | ★扩大 kuòdà 동 확대하다

62. HSK POINT 보기를 통해 상세 정보 대조 난이도 中

"压岁钱"是指春节时长辈送给小辈的红包。清朝时，长辈把铜钱串起来，放在孩子的卧室里，表示新年祝贺。到民国时期，有流行用红纸包一百铜元给孩子，意思是希望孩子"长命百岁"。

세뱃돈은 설날에 손윗사람이 손아랫사람에게 주는 붉은 봉투를 가리킨다. 청나라 때 손윗사람이 엽전을 꿰어서 아이의 침실에 뒀는데, 새해를 축하한다는 뜻이다. 민국 시기에 이르러서는 붉은 종이 봉투에 100개의 당시 화폐를 넣어 아이에게 주는 것이 유행이었는데, 아이의 장수를 바란다는 의미이다.

A 春节时要给长辈压岁钱
B 压岁钱表示了一种祝福
C 压岁钱至少要给一百块
D 压岁钱必须放在卧室里

A 설날에 손윗사람에게 세뱃돈을 줘야 한다
B 세뱃돈은 축복의 의미를 나타낸다
C 세뱃돈은 적어도 100위안은 줘야 한다
D 세뱃돈은 침실에 놓아야 한다

공략 세뱃돈은 손윗사람이 손아랫사람에게 주는 것이므로 A는 정답이 아니고, 민국 시기에 아이들에게 세뱃돈으로 주는 돈은 당시의 화폐이지 현재 사용하는 위안화가 아니기 때문에 C도 정답이 아니며, 청나라 때 새뱃돈을 침실에 둔다고 했기 때문에 D도 정답이 아니다. 세뱃돈은 새해를 축하하고 장수를 바라는 마음을 담은 것이므로 정답은 B이다.

어휘 压岁钱 yāsuìqián 명 세뱃돈 | ★指 zhǐ 동 가리킨다 | ★长辈 zhǎngbèi 명 손윗사람 | ★小辈 xiǎobèi 명 손아랫사람 | 红包 hóngbāo 명 (축의금, 세뱃돈을 넣은) 붉은 봉투 | 清 Qīng 고유 청나라 | 铜钱 tóngqián 명 엽전, 동전 | 串 chuàn 동 꿰다 | 表示 biǎoshì 동 나타내다 | ★祝贺 zhùhè 동 축하하다 | 民国时期 mínguó shíqī 명 민국 시기(중국사의 시대 구분 중 1912년-1949년을 말함) | 红纸包 hóngzhǐbāo 명 붉은 종이 봉투 | 铜元 tóngyuán 명 동전(중국 옛 화폐) | 长命百岁 cháng mìng bǎi suì 성 100세까지 장수하다 | ★祝福 zhùfú 명 축복

63. HSK POINT 지문의 핵심의미 파악 난이도 上

科学家们发现不同的植物喜欢不同颜色的光。这一发现可应用于农业生产上：在红光照射下，小麦发育快，成熟早，辣椒生长快，结果多；在紫光照射下，西红柿能多产40%以上。随着科学技术的进步，颜色在农业上的应用也将越来越广泛。

A 辣椒喜欢紫色光
B 光照可延长食物生长期
C 阳光越充足农作物产量越高
D 合理利用光照可促进农作物增产

과학자들은 식물마다 좋아하는 색깔의 빛이 다르다는 것을 발견했다. 이 발견은 농업 생산에 응용될 수 있다. 붉은 색 빛을 쪼이면 밀은 발육이 빠르고 성숙이 빠르며, 고추는 생장이 빠르고 열매를 많이 맺는다. 자주색 빛을 쪼이면 토마토는 생산량이 40% 이상 증가한다. 과학 기술의 발전에 따라 색깔은 농업에서 응용되는 것이 점차 광범위해질 것이다.

A 고추는 자주색 빛을 좋아한다
B 빛은 식물의 생장 기간을 연장시킬 수 있다
C 태양 빛이 충분할수록 농작물의 생산량이 높아진다
D 빛을 합리적으로 이용하면 농작물의 생산 증가를 촉진시킨다

공략 고추는 붉은 빛에서 잘 자라기 때문에 A는 정답이 아니다. 식물은 빛에 따라 더 잘 자랄 수 있다는 것이 핵심 내용이므로 빛을 이용해 농작물 생산을 증가시킬 수 있다는 D가 정답이다. 보기와 지문을 직접적으로 대조하는 것보다는 핵심 내용을 파악하여 의미를 유추해야 한다.

어휘 科学家 kēxuéjiā 명 과학자 | ★植物 zhíwù 명 식물 | ★发现 fāxiàn 명동 발견(하다) | ★颜色 yánsè 명 색깔 | 光 guāng 명 빛 | ★应用于 yìngyòngyú 동 ~에 응용하다 | 农业生产 nóngyè shēngchǎn 명 농업 생산 | 照射 zhàoshè 동 비치다 | 小麦 xiǎomài 명 밀 | 发育 fāyù 동 발육하다 | 成熟 chéngshú 형 성숙하다, 익다 | 辣椒 làjiāo 명 고추 | 生长 shēngzhǎng 동 생장하다 | 紫色 zǐsè 명 자주색 | 西红柿 xīhóngshì 명 토마토 | 多产 duōchǎn 동 생산이 많다 | ★相信 xiāngxìn 동 믿다 | ★随着 suízhe 개 ~에 따라 | ★技术 jìshù 명 기술 | ★进步 jìnbù 명 진보 | ★将 jiāng 부 장차 | ★广泛 guǎngfàn 형 광범위하다 | 光照 guāngzhào 동 빛을 비추다 | 延长 yáncháng 동 연장하다 | 生长期 shēngzhǎngqī 명 생장 기간 | 阳光 yángguāng 명 햇빛 | ★充足 chōngzú 형 충분하다 | 农作物 nóngzuòwù 명 농작물 | 产量 chǎnliàng 명 생산량 | ★合理 hélǐ 형 합리적이다 | ★促进 cùjìn 동 촉진하다 | 增产 zēngchǎn 동 생산을 늘리다, 증산하다

64. HSK POINT 보기와 유사 표현 대조 난이도 下

葡萄不仅味美可口，而且营养价值很高。身体虚弱的人，多吃些葡萄或葡萄干，有助于增强体质，这是因为葡萄含有蛋白质、维生素及矿物质等多种营养成分，尤其是葡萄糖含量较高，而且可被人体直接吸收。

포도는 맛이 좋을 뿐 아니라 영양가도 매우 높다. 신체가 허약한 사람은 포도와 건포도를 많이 먹으면 체질을 강화하는 데 도움이 된다. 왜냐하면 포도는 단백질, 비타민과 광물질 등의 많은 종류의 영양 성분을 함유하고 있으며, 특히 포도당의 함량이 비교적 높을 뿐 아니라 인체가 직접 흡수하기 때문이다.

Ⓐ 葡萄营养丰富
B 葡萄不易运输
C 葡萄糖不好吸收
D 身体健康的人不用吃葡萄

Ⓐ 포도는 영양이 풍부하다
B 포도는 운송하기 쉽지 않다
C 포도당은 흡수가 잘 되지 않는다
D 건강한 사람은 포도를 많이 먹을 필요가 없다

공략 영양 가치가 높다는 것은 영양이 풍부하다는 뜻이므로 정답은 A이다.

어휘 葡萄 pútáo 명 포도 | ★不仅…而且… bùjǐn…érqiě… 접 ~뿐만 아니라 또한~ | 味美可口 wèiměi kěkǒu 맛이 좋다 | 营养价值 yíngyǎng jiàzhí 명 영양가 | 虚弱 xūruò 형 허약하다 | 葡萄干 pútáogān 명 건포도 | ★有助于 yǒuzhùyú 동 ~에 도움이 되다 | ★增强 zēngqiáng 동 강화하다 | 体质 tǐzhì 명 체질 | ★含有 hányǒu 동 함유하다 | 蛋白质 dànbáizhì 명 단백질 | 维生素 wéishēngsù 명 비타민 | ★及 jí 접 ~및, ~와 | 矿物质 kuàngwùzhì 명 광물질 | 成分 chéngfèn 명 성분 | ★尤其 yóuqí 부 특히 | 葡萄糖 pútáotáng 명 포도당 | 含量 hánliàng 명 함량 | 人体 réntǐ 명 인체 | 直接 zhíjiē 형 직접적이다 | ★吸收 xīshōu 동 흡수하다 | ★运输 yùnshū 동 운송하다

65. HSK POINT 보기를 통해 상세 정보 유추 난이도 上

为减轻经济压力，不少白领加入了兼职者的队伍，虽然很辛苦，但他们都认为自己会把兼职当做生活的固定组成部分。不过，如何保持与工作的平衡，如何在巨大的精神压力下保持良好心态，都是这群人应该解决的重要问题。

경제적 부담을 줄이기 위해서 많은 직장인들이 겸직의 대열에 합류했다. 비록 고생스럽기는 하지만 그들은 겸직을 생활의 고정된 일부분이라고 생각한다. 하지만 본업과 어떻게 균형을 이룰지, 엄청난 정신적 스트레스에서 어떻게 좋은 심리 상태를 유지할지는 이들이 해결해야 할 중요한 문제이다.

A 兼职的收入都非常高
B 兼职非常不容易找到
Ⓒ 兼职可能会影响工作
D 兼职肯定会有好心态

A 겸직의 수입은 아주 높다
B 겸직은 찾기가 아주 어렵다
Ⓒ 겸직은 업무에 영향을 줄 수 있다
D 겸직을 하면 분명히 좋은 심리 상태를 가질 수 있다

공략 지문에 보기 A와 B에 대한 언급은 없다. 정신적 스트레스를 줄이고 좋은 심리 상태를 유지하는 것은 해결해야 할 문제라고 했지, 겸직을 하면 좋은 심리 상태를 가질 수 있다고 한 것은 아니므로 D도 정답이 아니다. 지문 중 '如何保持与工作的平衡(본업과 어떻게 균형을 이룰지)'가 중요한 문제라고 했기 때문에, 겸직이 업무에 영향을 끼칠 수 있다는 C가 정답이다.

어휘 ★减轻 jiǎnqīng 동 줄다, 경감하다 | ★经济 jīngjì 명 경제 | ★压力 yālì 명 압력, 부담, 스트레스 | ★白领 báilǐng 명 화이트 칼라, 직장인 | 加入 jiārù 동 참여하다, 가입하다 | ★兼职 jiānzhí 명 겸직, 투잡 | 队伍 duìwu 명 대열 | ★辛苦 xīnkǔ 형 고생스럽다 | 固定 gùdìng 형 고정되다 | 组成部分 zǔchéng bùfen 명 구성 부분 | ★如何 rúhé 대 어떻게 | ★保持 bǎochí 동 유지하다 | ★与 yǔ 개 ~와 | ★平衡 pínghéng 명 균형 | 巨大 jùdà 형 아주 크다 | 精神 jīngshén 명 정신 | ★良好 liánghǎo 형 좋다, 양호하다 | ★心态 xīntài 명 심리 상태 | 群 qún 양 무리(떼를 지어 있는 것을 세는 단위) | 解决 jiějué 동 해결하다 | ★收入 shōurù 명 수입

66. HSK POINT 보기를 통해 핵심 의미 대조 난이도 上

生命是一段旅程，而不是一场竞赛。走得一帆风顺固然值得庆幸，但多走几段弯路也未必不是一种收获。多欣赏几段风景，就会多一些生活体验。人生之旅是否有意义、有价值，不在于起点或终点的输赢，也不在于途中的你追我赶，而在于沿途所见的风景，以及内心的那份感受与领悟。

A 不要走弯路
B 旅行有助于开阔视野
C 只赢不输的人生才精彩
D 人生的意义在于经历与感悟

생명은 여정이지 경기가 아니다. 순조롭게 가는 것도 물론 기뻐할 만한 일이지만 여러 번 길을 돌아가는 것도 꼭 얻는 것이 없다고는 할 수 없다. 조금 더 많은 풍경을 감상하면 생활에서 체험하는 것이 많아질 수 있다. 인생의 여정이 의미가 있고 가치가 있는지 없는지는 출발점과 결승점에서의 승부에 있는 것도 아니고, 길을 가는 중에 서로 쫓고 쫓기는 것에 있는 것도 아니며, 가는 길에 보는 풍경과 내면의 느낌과 깨달음에 있는 것이다.

A 길을 돌아가지 마라
B 여행은 시야를 넓히는 데 도움이 된다
C 이기기만 하고 지지 않는 인생만이 멋지다
D 인생의 의미는 경험과 깨달음에 있다

공략 인생 여정의 가치가 어디에 있는지 '不在于…, 也不在于…, 而在于…(~에 있지 않고, ~에도 있지 않으며, ~에 있다)'라는 문장 형식을 통해 알려주고 있다. '途所见的风景，以及内心的那份感受与领悟(가는 길에 보는 풍경과 내면의 느낌과 깨달음에 있다)'고 했으므로 정답은 D이다.

어휘 ★生命 shēngmìng 명 생명 | 段 duàn 양 기간, 단락(사물이나 시공간의 한 부분을 나타내는 단위) | 旅程 lǚchéng 명 여정 | 场 chǎng 양 번, 차례(문예, 오락, 체육 활동을 세는 단위) | 竞赛 jìngsài 명 경기 | 一帆风顺 yì fān fēng shùn 성 일이 순조롭다 | 固然 gùrán 접 물론 ~이기는 하지만 | ★值得 zhídé 동 ~할 가치가 있다 | 庆幸 qìngxìng 동 기뻐할 만하다 | ★走弯路 zǒu wānlù 동 길을 돌아가다, 시행착오를 하다 | ★未必 wèibì 부 반드시 ~한 것은 아니다 | ★收获 shōuhuò 명 수확 | ★欣赏 xīnshǎng 동 감상하다 | ★风景 fēngjǐng 명 풍경 | ★体验 tǐyàn 명 체험 | 人生之旅 rénshēng zhī lǚ 인생의 여정 | ★是否 shìfǒu 부 ~인지 아닌지 | 意义 yìyì 명 의의, 의미 | ★价值 jiàzhí 명 가치 | ★在于 zàiyú 동 ~에 있다 | 起点 qǐdiǎn 명 출발점 | 终点 zhōngdiǎn 명 결승점, 종착점 | 输赢 shūyíng 명 승패 | 途中 túzhōng 명 (길을 가는) 도중 | 你追我赶 nǐ zhuī wǒ gǎn 성 앞서거니 뒤서거니 하다 | 沿途 yántú 명 길가 | ★以及 yǐjí 접 및 | 内心 nèixīn 명 마음속 | 份 fèn 양 부분(모양, 상태를 나타내는 단위) | ★感受 gǎnshòu 명 느낌 | ★领悟 lǐngwù 명 깨달음 | 开阔 kāikuò 동 넓히다 | 视野 shìyě 명 시야(생각이나 식견) | 只赢不输 zhǐ yíng bù shū 이기기만 하고 지지 않다 | ★精彩 jīngcǎi 형 훌륭하다 | ★经历 jīnglì 명 경험 | 感悟 gǎnwù 명 깨달음

67. HSK POINT 유사한 표현으로 의미 유추 난이도 上

"滔滔不绝"是形容人的口头表达能力非常好，说话像长流的江水一样，不会停顿。但如果一个人只顾自己"滔滔不绝"地讲话，不听别人的看法，也不给别人说话的机会，那只会让人讨厌。

'滔滔不绝(말을 청산유수처럼 하다)'라는 말은 말로 표현하는 능력이 아주 뛰어나고, 끊임없이 흐르는 강물처럼 멈추지 않고 말한다는 것을 의미한다. 그러나, 만약 사람이 자기만 생각해 '청산유수'처럼 말하고, 다른 사람의 생각을 듣지 않으며, 다른 사람에게 말할 기회도 주지 않으면 사람들에게 미움을 산다.

Ⓐ 善于倾听也非常重要
B 讲话不停顿让人佩服
C 口头表达能力难培养
D "滔滔不绝"是贬义

Ⓐ 경청을 잘하는 것도 아주 중요하다
B 말을 끊임없이 하는 것은 감탄할 만한 일이다
C 말로 표현하는 능력을 기르는 것은 어렵다
D '滔滔不绝'는 부정적인 의미이다

공략 지문에서 '不听别人的看法，也不给别人说话的机会，那只会让人讨厌(다른 사람의 생각을 듣지 않으며, 다른 사람에게 말할 기회도 주지 않으면 사람들에게 미움을 산다)'는 '善于倾听也非常重要(경청을 잘하는 것도 아주 중요하다)'와 같은 의미이므로 정답은 A이다.

어휘 滔滔不绝 tāo tāo bù jué 성 말을 청산유수처럼 하다 | ★形容 xíngróng 동 형용하다 | 口头 kǒutóu 명 구두 | 表达能力 biǎodá nénglì 명 표현 능력 | ★像…一样 xiàng…yíyàng 마치 ~와 같다 | 长流 chángliú 끊임없이 흐르다 | 江水 jiāngshuǐ 명 강물 | 停顿 tíngdùn 동 멈추다 | 只顾自己 zhǐ gù zìjǐ 자기 생각만 하다 | ★不停 bùtíng 부 끊임없이 | ★看法 kànfǎ 명 견해 | ★机会 jīhuì 명 기회 | ★讨厌 tǎoyàn 동 싫어하다 | ★善于 shànyú 동 ~에 능숙하다 | ★倾听 qīngtīng 동 경청하다 | 贬义 biǎnyì 명 부정적 의미

68. HSK POINT 보기와 유사 표현 대조 난이도 中

商场和化妆品店都会准备一些试用装供顾客试用，以便顾客挑选适合自己的产品。但试用装由于被频繁使用，存在着极大的卫生隐患，一不留神就会造成试用者之间的交叉感染。

쇼핑센터와 화장품 매장은 테스트용 화장품을 고객에게 제공하여 사용해 보도록 하고, 고객이 자신에게 맞는 제품을 선택하도록 한다. 하지만 테스트용 화장품은 빈번하게 사용되기 때문에 위생상 보이지 않는 크나큰 위험을 갖고 있어서 조심하지 않으면 사용자들 간에 교차 감염이 발생할 수 있다.

A 感染时别用试用装
B 用试用装不太环保
Ⓒ 试用装可能不卫生
D 化妆品最好先试用

A 감염되었을 때는 테스트용 화장품을 사용하지 마라
B 테스트용 화장품을 사용하면 환경 보호를 하기 힘들다
Ⓒ 테스트용 화장품은 위생적이지 않을 수 있다
D 화장품은 먼저 시험 삼아 사용해 보는 것이 가장 좋다

공략 테스트용 화장품을 사용하면 위생상 보이지 않는 위험에 노출되고, 사용자들 간에 교차 감염이 발생할 수 있다고 했다. 이것은 즉, '不卫生(비위생적이다)'라는 뜻이므로 정답은 C이다.

어휘 ★商场 shāngchǎng 명 쇼핑센터 | 化妆品店 huàzhuāngpǐndiàn 명 화장품 매장 | 试用装 shìyòngzhuāng 명 샘플 화장품, 테스트용 화장품 | 供 gōng 동 제공하다 | ★顾客 gùkè 명 고객 | ★试用 shìyòng 동 시험 삼아 사용하다 | 以便 yǐbiàn 접 ~하기 위하여 | ★挑选 tiāoxuǎn 동 고르다 | ★产品 chǎnpǐn 명 제품 | ★由于 yóuyú 접 ~때문에 | 频繁 pínfán 형 빈번하다 | 极大 jídà 형 아주 크다 | 卫生 wèishēng 형 위생적이다 | 隐患 yǐnhuàn 명 숨어 있는 병, 드러나지 않는 문제 | 一不留神 yí bù liúshén 조심하지 않는다 | ★造成 zàochéng 동 야기하다 | 交叉感染 jiāochā gǎnrǎn 명 교차 감염 | ★环保 huánbǎo 명 환경 보호

69. HSK POINT 보기를 통해 상세 정보 대조 난이도 上

洞庭湖位于湖南、湖北省交界处，是中国第二大淡水湖，号称“八百里洞庭”。洞庭湖风光迷人，它最大的特点是湖中有山，湖外有湖，水天一色。湖南省和湖北省中的“湖”字，指的就是洞庭湖。

동정호는 후난과 후베이성의 경계 지역에 위치하며, 중국 제2의 담수호로 '八百里洞庭(팔백리동정)'이라고도 불린다. 동정호의 풍경은 사람을 매혹시키며, 가장 큰 특징은 호수 가운데에 산이 있고, 호수 밖에 호수가 있어 물빛과 하늘빛이 같은 색이다. 후난성과 후베이성의 '후(湖)'가 의미하는 것이 바로 동정호이다.

Ⓐ 洞庭湖景色优美
B 洞庭湖的水是咸的
C 洞庭湖动植物种类繁多
D 洞庭湖面积在不断扩大

Ⓐ 동정호의 풍경은 우아하고 아름답다
B 동정호의 물은 짜다
C 동정호의 동식물은 종류가 많다
D 동정호의 면적은 끊임없이 넓어지고 있다

공략 보기를 보면 A는 동정호의 풍경, B는 동정호의 물, C는 동정호의 동식물 종류, D는 동정호의 면적이 주어이기 때문에 주어를 중심으로 세부 사항을 대조해야 한다. 지문에는 동정호의 물, 동식물, 면적에 대한 언급은 없다. 또한 '风光迷人(풍경은 사람을 매혹시킨다)'라는 말은 풍경이 아름답다는 말이므로 정답은 A이다.

어휘 洞庭湖 Dòngtíng Hú 고유 동정호(호수 이름) | 湖南 Húnán 고유 후난(지명) | 湖北省 Húběi Shěng 고유 후베이성(지명) | 交界处 jiāojièchù 명 경계 지역 | 淡水湖 dànshuǐhú 명 담수호 | 号称 hàochēng 동 ~로 불리다 | ★风光 fēngguāng 명 풍경 | ★迷人 mírén 동 사람을 매혹시키다 | 水天一色 shuǐ tiān yī sè 성 물과 하늘이 같은 빛깔이다, 망망대해 | ★景色 jǐngsè 명 풍경 | 优美 yōuměi 형 우아하고 아름답다 | ★咸 xián 형 짜다 | ★动植物 dòngzhíwù 명 동식물 | 种类 zhǒnglèi 명 종류 | 繁多 fánduō 형 많다 | ★面积 miànjī 명 면적 | ★不断 búduàn 부 끊임없이 | ★扩大 kuòdà 동 확대하다

70. HSK POINT 보기의 유사 표현 대조 난이도 上

著名书画家郑板桥有句名言叫“难得糊涂”，这句话的内涵其实就是“贵在理解”。人与人相处时，因为年龄、文化水平、个人修养、家庭与生活环境等不同，对一些事物的认识肯定会存在差异，这些都是正常现象，无需过分计较，应给予彼此更多的理解和包容。

유명한 서화가 정판교가 '难得糊涂(지식을 숨기고 어수룩한 척하기 어렵다)'라는 명언을 했다. 이 말의 의미는 사실 '이해하는 것이 중요하다'이다. 사람과 사람이 같이 지낼 때 연령, 문화 수준, 개인의 소양, 가정 및 생활 환경이 다르기 때문에 사물에 대한 인식도 분명히 차이가 있다. 이것은 정상적인 현상이며 지나치게 따질 필요가 없다. 서로 더 많이 이해하고 포용해야 한다.

Ⓐ 相处之道重在理解
B 做事情不能太固执
C 要认识到自己的不足
D 文化水平高的人善于理解别人

Ⓐ 함께 지내는 것에는 이해가 중요하다
B 일을 할 때에는 너무 고집스러우면 안 된다
C 자신의 부족함을 알아야 한다
D 문화 수준이 높은 사람은 다른 사람을 이해하는 데 능숙하다

공략 지문 중 '应给予彼此更多的理解和包容(서로 더 많이 이해하고 포용해야 한다)'에서 '彼此(피차)'는 보기 A의 '相处(함께 지내다)'와 유사한 표현이다. 또 지문의 '贵在理解(이해하는 것이 중요하다)'와 '理解和包容(이해와 포용)'이란 단어로 미루어 정답은 A이다.

어휘 ★著名 zhùmíng 형 저명하다 | 书画家 shūhuàjiā 명 서화가(서예가 및 화가) | 郑板桥 Zhèng Bǎnqiáo 고유 정판교(인명) | 名言 míngyán 명 명언 | 难得糊涂 nán dé hú tú 성 자신의 실력을 감추고 어수룩하게 행동하기 어렵다 | ★内涵 nèihán 명 내재적 의미 | 贵在理解 guì zài lǐjiě 이해하는 것이 중요하다 | ★相处 xiāngchǔ 동 함께 지내다 | ★年龄 niánlíng 명 연령 | ★文化 wénhuà 명 문화 | 修养 xiūyǎng 명 수양 | 事务 shìwù 명 일, 업무 | ★认识 rènshi 명 인식 | ★肯定 kěndìng 부 틀림없이 | ★差异 chāyì 명 차이 | ★正常 zhèngcháng 형 정상적이다 | ★现象 xiànxiàng 명 현상 | ★无需 wúxū 동 ~할 필요가 없다 | 过分 guòfèn 동 지나치다 | 计较 jìjiào 동 따지다 | 给予 jǐyǔ 동 주다 | ★彼此 bǐcǐ 대 피차, 상호 | ★理解 lǐjiě 동 이해하다 | 包容 bāoróng 동 포용하다 | 固执 gùzhí 형 고집스럽다 | ★善于 shànyú 동 ~에 능숙하다

第三部分

[71-74]

一辆货车在通过一个天桥时，由于司机没有看清楚天桥的高度标记，71结果车被卡住了天桥下面。当时货车上装的货物很重，所以很难一下子把车开出来或者退回去。为了使货车移动，司机想了很多办法，但都无济于事。在等待救援的过程中（~하는 과정 중에），一个站在旁边围观的小伙子走了过来，对司机说道："72你把车胎的气放出来点儿不就可以过去了吗（~아니겠는가?）？"

73司机觉得他说的有道理，便将车胎的气放了一些出来，只见车的高度马上降了下来，73最后，货车顺利地通过了天桥。

许多时候，我们无法从眼前的事物和固定的思维模式中（~에서부터）脱离出来，所以始终被问题所困扰（A에 의해서 B되다）。74而如果换一种思维方式，也许恰好就能发现问题的本质，从而找到解决问题的答案。

화물차 한 대가 육교를 통과할 때 기사가 육교의 높이 표시를 정확하게 보지 못해서 71그 결과 차가 육교 아래에 걸렸다. 당시 화물차에 실린 화물이 무거워서 한 번에 차를 빼져 나오게 하거나 돌려 나오기가 어려웠다. 화물차를 옮기기 위해서, 기사는 많은 방법을 생각했지만 아무 소용이 없었다. 구조를 기다리는 중에 옆에서 구경하던 청년이 와서 기사에게 말했다. "72타이어의 공기를 조금 빼면 지나갈 수 있지 않나요?"

73기사는 청년의 말이 일리가 있다고 생각했다. 타이어의 공기를 조금 빼자 차의 높이가 낮아지는 것을 확인했고, 73결국 화물차는 육교를 순조롭게 통과했다.

많은 경우에 우리는 눈앞의 사물과 고정된 사고 패턴에서 빠져 나오지 못하고, 계속 문제에 얽매여 있는다. 74그러나 사고방식을 바꾼다면, 아마도 바로 문제의 본질을 발견하고 문제의 해결 방법을 찾을 수 있을 것이다.

어휘 辆 liàng 양 대(차량을 세는 단위) | 货车 huòchē 명 화물차 | ★通过 tōngguò 동 통과하다 | 天桥 tiānqiáo 명 육교 | ★由于 yóuyú 접 ~때문에 | 司机 sījī 명 기사 | 高度 gāodù 명 고도 | 标记 biāojì 명 표기, 표지 | 卡住 qiǎzhù 동 걸리다, 막히다 | ★装 zhuāng 동 싣다 | 货物 huòwù 명 화물 | 一下子 yíxiàzi 한꺼번에 | ★退 tuì 동 물러나다 | ★移动 yídòng 동 이동하다 | 无济于事 wú jì yú shì 성 아무 쓸모 없다 | ★等待 děngdài 동 기다리다 | ★救援 jiùyuán 동 구원하다, 구조하다 | 在…过程中 zài…guòchéng zhōng ~하는 과정 중에 | 围观 wéiguān 동 둘러싸고 구경하다 | 小伙子 xiǎohuǒzi 명 젊은이 | 车胎 chētāi 명 타이어 | 气 qì 명 공기 | 不是…吗 bú shì…ma ~아니겠는가? | ★道理 dàolǐ 명 일리, 이치 | 便 biàn 부 바로 | 将 jiāng 개 ~을 | ★顺利 shùnlì 형 순조롭다 | 从…中 cóng…zhōng ~에서부터 | ★无法 wúfǎ 동 ~할 수 없다 | 眼前 yǎnqián 명 눈앞 | 事务 shìwù 명 일 | 固定 gùdìng 동 고정하다 | 思维 sīwéi 명 사고 | 模式 móshì 명 방식 | ★脱离 tuōlí 동 벗어나다 | ★始终 shǐzhōng 부 시종일관 | 被A所B bèi A suǒ B A에 의해서 B되다 | 困扰 kùnrǎo 동 괴롭히다, 얽매이다 | ★也许 yěxǔ 부 어쩌면 | 恰好 qiàhǎo 부 마침, 딱 | 本质 běnzhì 명 본질 | ★从而 cóng'ér 접 따라서 | 答案 dá'àn 명 답안

71. HSK POINT 유사 표현 대조 난이도 中

那辆货车怎么了?	그 화물차는 어떻게 됐나?
A 被人偷走了	A 도난 당했다
B 被撞了	B 부딪혔다
C 被警察拦住了	C 경찰에 의해 차단 당했다
D 被困在天桥下了	**D 육교 아래에 갇혔다**

공략 지문에서 '车被卡住了天桥下面(차가 육교 아래에 걸렸다)'의 '被卡住了(걸렸다)'는 보기 D의 '被困(갇혔다)'와 유사한 표현이기 때문에 정답은 D이다.

어휘 ★偷 tōu 동 훔치다 | ★警察 jǐngchá 명 경찰 | 拦住 lánzhù 동 막다, 차단하다 | ★困 kùn 동 가두다

72. HSK POINT 특정 인물의 행동 파악 난이도 中

小伙子有什么建议?	청년은 어떤 의견을 내놓았나?
A 叫人来推车	A 사람을 시켜 차를 밀다
B 给车胎放气	**B 차의 타이어에 공기를 뺀다**
C 打电话报警	C 전화를 걸어 경찰에 신고한다
D 把货物搬下来	D 화물을 옮긴다

공략 질문의 주어가 청년이기 때문에 청년이 등장하는 부분에서 정답을 고른다. 청년은 타이어의 공기를 빼는 것이 좋겠다고 말했기 때문에 정답은 B이다.

어휘 ★推 tuī 동 밀다 | 报警 bàojǐng 동 경찰에 신고하다 | ★搬 bān 동 옮기다

73. HSK POINT 보기를 통해 상세 정보 대조 난이도 上

根据上文，下列哪项正确?

A 小伙子吹牛了
B 司机超速了
C 小伙子的办法很有效
D 司机的驾驶技术很差

윗글에 근거해서 다음 중 옳은 것은?

A 젊은이가 허풍을 떨었다
B 기사는 과속을 했다
C 젊은이의 방법은 효과가 있었다
D 기사의 운전 실력은 좋지 않다

공략 젊은이가 제안한 대로 타이어의 공기를 뺐더니, 차가 순조롭게 빠져 나왔다. 정답은 C이다.

어휘 吹牛 chuīniú 동 허풍 떨다 | ★超速 chāosù 동 과속하다 | ★有效 yǒuxiào 형 효과가 있다 | ★驾驶 jiàshǐ 동 운전하다 | 技术 jìshù 명 기술

74. HSK POINT 주제 찾기 난이도 上

上文主要想告诉我们：

A 做事要分轻重缓急
B 避免犯同样的错误
C 要多听别人的意见
D 要学会换角度思考问题

윗글이 주로 우리에게 알려 주는 것은?

A 일을 할 때 경중과 완급을 나눠야 한다
B 같은 잘못을 저지르지 말아야 한다
C 다른 사람의 의견을 많이 들어야 한다
D 각도를 바꾸어 문제를 생각해야 한다

공략 주제는 마지막 단락에서 나올 가능성이 높다. 지문 중 '换一种思维方式(사고방식을 바꾸다)'와 보기 D의 '换角度思考问题(각도를 바꾸어 문제를 생각하다)'는 유사한 뜻이므로 정답은 D이다.

어휘 分 fēn 동 나누다 | 轻重缓急 qīng zhòng huǎn jí 성 일의 중요한 것과 그렇지 않은 것, 일의 경중과 완급 | ★避免 bìmiǎn 동 피하다 | ★犯 fàn 동 저지르다 | ★错误 cuòwù 명 잘못 | 换 huàn 동 바꾸다 | ★角度 jiǎodù 명 각도 | 思考 sīkǎo 동 사고하다

[75-78]

一只老鼠向狮子挑战，想要同它一决高低，被狮子拒绝了。老鼠问："你害怕吗?" "非常害怕。" 狮子说，"75如果我答应(만약 ~라면)你，你就能得到曾与狮子比武的殊荣；而我呢，则会被所有动物嘲笑，说我竟然和老鼠打架。"

毫无疑问，这只狮子是非常明智的(~이다(강조))。因为它清楚与老鼠比赛的麻烦在于：即使赢

쥐 한 마리가 사자에게 도전을 해서 싸워 실력을 겨루고 싶었지만 사자에게 거절 당했다. 쥐가 물었다. "겁나냐?" "굉장히 겁나는구나." 사자가 말했다. "75만약 내가 도전에 응하면 너는 사자와 겨룬 적이 있다는 영예를 얻게 되지만, 나는 모든 동물들에게 비웃음을 사겠지. 놀랍게도 쥐와 싸웠다고 할 거야."

의심의 여지없이 이 사자는 아주 현명하다. 사자는 쥐와 싸웠을 때 어떤 문제가 생길지 정확하게 알았다. 설

了，对手也只是一只老鼠而已。一般情况下，大人物是不屑与低层次的人竞争的，他们更乐于与旗鼓相当甚至远高于自己的对手较量。

(只是……而已: 단지 ~일 뿐이다)

76与不是同一重量级的人争执不休，不仅会浪费时间，降低别人对自己的期望，还会在无意中提升对方的层次。其实，77生活中最聪明的人往往是那些对无足轻重的事情无动于衷的人，他们清楚该做什么，不该做什么；知道什么事情可以改变命运，什么事情只会浪费青春。这样的人78善于把精力花在重要的事情上，而将无关紧要的事情放在一边。

(不仅……还: ~일 뿐 아니라 또 ~하다 / 将……放在: ~을 ~에 놓다)

78许多时候，做一件正确的事情，要比正确地做10件事情重要得多。在短暂的人生面前，做正确的事情是"延长"生命的最好办法。不要任意挥霍你的精力，把它用在正确的地方吧。

(比……重要得多: A가 B보다 훨씬 중요하다)

령 이기더라도 상대는 고작 쥐 한 마리일 뿐이다. 일반적인 상황에서 큰 인물은 자신보다 낮은 인물과 경쟁할 가치를 느끼지 못한다. 그들은 비슷한 상대 또는 심지어 자신보다 월등히 높은 상대와 실력을 겨루고 싶어한다.

76동급이 아닌 사람과 끊임없이 논쟁하는 것은 시간 낭비일 뿐 아니라, 자신에 대한 타인들의 기대도 떨어뜨리며, 또 무의식 중 상대의 급을 높이게 된다. 사실 생활에서 77가장 총명한 사람은 종종 대수롭지 않은 일에 요동하지 않는 사람이다. 그들은 무엇을 해야 하고 무엇을 하지 말아야 하는지를 정확하게 알며, 어떤 일이 운명을 바꿀 수 있는지, 어떤 일이 청춘을 낭비하는 것인지를 안다. 이런 사람은 78힘과 정신을 중요한 일에 쓸 줄 알고, 중요하지 않은 일은 옆에 치워 둔다.

78많은 경우, 올바른 일 하나를 하는 것이 열 개의 일을 정확하게 하는 것보다 훨씬 더 중요하다. 짧은 인생에서 올바른 일을 하는 것은 '생명'을 연장시키는 가장 좋은 방법이다. 함부로 자신의 정신과 힘을 헛되이 쓰지 말고 정확한 곳에 사용해야 한다.

어휘 只 zhī 양 마리(짐승을 세는 단위) | 老鼠 lǎoshǔ 명 쥐 | 狮子 shīzi 명 사자 | ★挑战 tiǎozhàn 동 싸움을 걸다, 도전하다 | 同 tóng 개 ~와 | 一决高低 yì jué gāodī 싸워서 승패를 가리다 | ★拒绝 jùjué 동 거절하다 | ★害怕 hàipà 동 겁내다 | 如果…就… rúguǒ…jiù… 만약 ~라면 ~하다 | ★答应 dāying 동 승낙하다 | ★得到 dédào 동 얻다 | ★曾 céng 부 일찍이 | ★与 yǔ 개 ~와 | 比武 bǐwǔ 동 무예를 겨루다 | 殊荣 shūróng 명 특별한 영예 | 则 zé 부 바로 | 动物 dòngwù 명 동물 | ★嘲笑 cháoxiào 동 비웃다, 조롱하다 | ★竟然 jìngrán 부 뜻밖에도 | ★打架 dǎjià 동 (때리며) 싸우다 | 毫无疑问 háo wú yí wèn 조금도 의문이 없다 | 是…的 shì…de ~이다(강조) | 明智 míngzhì 형 현명하다 | 比赛 bǐsài 명 시합 | 麻烦 máfan 형 귀찮다 | ★在于 zàiyú 동 ~에 있다 | 赢 yíng 동 이기다 | 对手 duìshǒu 명 상대, 적수 | ★只是…而已 zhǐshì…éryǐ 단지 ~일 뿐이다 | 一般 yìbān 형 일반적이다 | 大人物 dàrénwù 명 거물, 큰 인물 | 不屑 búxiè 동 ~할 가치가 없다 | 层次 céngcì 명 단계, 급 | 竞争 jìngzhēng 동 경쟁하다 | ★乐于 lèyú 동 기꺼이 ~하다 | 旗鼓相当 qí gǔ xiāng dāng 성 막상막하이다 | ★远高于 yuǎngāoyú 동 ~보다 월등히 높다 | 较量 jiàoliàng 동 겨루다 | 同一 tóngyī 형 동일하다 | 重量级 zhòngliàngjí 명 중량급 | 争执不休 zhēngzhí bùxiū 끊임없이 논쟁하다 | 不仅…还 bùjǐn…hái ~일 뿐만 아니라, 또 ~하다 | ★浪费 làngfèi 동 낭비하다 | ★降低 jiàngdī 동 낮추다 | ★期望 qīwàng 동 기대하다 | 无意中 wúyìzhōng 부 무의식 중에 | ★提升 tíshēng 동 높이다 | 对方 duìfāng 명 상대 | 无足轻重 wú zú qīng zhòng 성 대수롭지 않다 | 无动于衷 wú dòng yú zhōng 성 아무런 느낌이 없다 | ★该 gāi 동 마땅히 ~해야 한다 | 改变 gǎibiàn 동 바꾸다 | 命运 mìngyùn 명 운명 | 青春 qīngchūn 명 청춘 | ★善于 shànyú 동 ~에 능숙하다 | 把…花在…上 bǎ…huāzài…shàng ~을 ~에 쓰다 | ★精力 jīnglì 명 정신과 체력 | 花 huā 동 쓰다, 소모하다 | 将 jiāng 개 ~을 | 无关 wúguān 동 무관하다 | 紧要 jǐnyào 형 요긴하다, 중요하다 | 正确 zhèngquè 형 정확하다, 올바르다 | 每个…都… měi ge…dōu… 모두 | 短暂 duǎnzàn 형 (시간이) 짧다 | ★延长 yáncháng 동 연장하다 | 生命 shēngmìng 명 생명 | 任意 rènyì 부 마음대로 | 挥霍 huīhuò 동 무절제하게 쓰다

5회

75. HSK POINT 원인을 묻는 문제 난이도 上

狮子为什么拒绝了老鼠的挑战?

A 没有奖品
B 讨厌打架
C 担心被老鼠打败
D 不屑与老鼠比武

사자는 왜 쥐의 도전을 거절했나?

A 상품이 없어서
B 싸우기 싫어서
C 쥐한테 패할까 걱정되어서
D 쥐와 대결할 가치가 없어서

공략 사자와 쥐가 대결하면, 쥐는 얻는 것이 있지만 사자 자신은 조롱을 당할 것이라고 생각해 대결하지 않았기 때문에 정답은 D이다. 보기 D의 '不屑(~할 가치가 없다)'의 의미 파악이 어렵다면, A, B, C가 정답이 아니기 때문에 D를 정답으로 고를 수 있어야 한다.

어휘 奖品 jiǎngpǐn 명 상품 | ★讨厌 tǎoyàn 동 싫어하다 | ★打架 dǎjià 동 (때리며) 싸우다 | 打败 dǎbài 동 누르다, 싸워 이기다 | ★不屑 búxiè 동 ~할 가치가 없다

76. HSK POINT 유사 표현 대조 난이도 中

与层次低的人争执，会：

A 浪费时间
B 丢掉权力
C 使自己变笨
D 提高自己的能力

급이 낮은 사람과 논쟁을 하면 어떤가?

A 시간을 낭비한다
B 권력을 잃는다
C 자신을 바보로 만든다
D 자신의 능력을 높인다

공략 질문의 '与层次低的人争执(급이 낮은 사람과 논쟁을 하면)'과 지문의 '与不是同一重量级的人争执不休(동급이 아닌 사람과 끊임없이 논쟁하는 것)'이 유사한 의미임을 알고 이어지는 문장에 유의하며 정답을 찾자. 정답은 A이다.

어휘 ★丢掉 diūdiào 동 잃어버리다 | 权利 quánlì 명 권리 | 笨 bèn 형 멍청하다 | ★提高 tígāo 동 높이다

77. HSK POINT 질문의 핵심 어휘와 지문 대조 난이도 上

第3段中，"这样的人"指的是哪类人?

A 最聪明的人
B 遇事冷静的人
C 勇于挑战强者的人
D 善于抓住机会的人

세 번째 단락에서 '이런 사람'은 어떤 종류의 사람인가?

A 가장 총명한 사람
B 일에 봉착했을 때 냉정한 사람
C 강자에게 용감하게 도전하는 사람
D 기회를 잡을 줄 아는 사람

공략 대명사가 지칭하는 것을 찾아 정답을 고른다. 세 번째 단락의 '这样的人(이런 사람)'의 앞 문장 주어는 '最聪明的人(총명한 사람)'이기 때문에 정답은 A이다.

어휘 遇事 yùshì 동 일이 생기다 | ★冷静 lěngjìng 형 냉정하다 | ★勇于 yǒngyú 동 용감하게 ~하다 | ★挑战 tiǎozhàn 동 도전하다 | 强者 qiángzhě 명 강자 | ★善于 shànyú 동 ~에 능숙하다 | ★抓住机会 zhuāzhù jīhuì 기회를 잡다

78. HSK POINT 주제 찾기 난이도 中

根据上文，下列哪项正确?

A 老鼠很狡猾
B 狮子怕挑战
C 要集中精力做重要的事
D 同一层次的人交流更顺畅

윗글에 근거해서 다음 중 옳은 것은?

A 쥐는 아주 교활하다
B 사자는 도전을 두려워한다
C 중요한 일에 정신과 힘을 집중해야 한다
D 동급의 사람과 교류하는 것이 훨씬 순조롭다

공략 지문의 후반부에서 중요한 일에 집중하고 옳은 일 하나를 하는 것이 중요하다고 했기 때문에 정답은 C이다.

어휘 ★狡猾 jiǎohuá 형 교활하다 | ★挑战 tiǎozhàn 동 도전하다 | 集中 jízhōng 동 집중하다 | 顺畅 shùnchàng 형 순조롭다

[79-82]

年幼的儿子说："冬天的感觉真好！"我问："为什么？" 79儿子高兴地回答："因为冬天有大片大片的雪花，可以堆雪人、打雪仗、在雪地里赛跑。"未及我答话，儿子又问："明年的夏天，要什么时候才到啊？"我说："春天过后，就是夏天。""夏天也真好，能游泳，每天都能吃到雪糕……"儿子喃喃自语，满脸幸福的表情。那一刻，我被儿子的快乐情绪打动了。

我和孩子眼中的世界，差别该有多大啊！冬天，我看到的是北风肆虐、寒气袭人，常常抱怨；80夏天，我看到的是骄阳似火、酷暑难耐。同样的世界，孩子看到的，却是一个个鲜活的季节，81他们尽情享受生活(생활을 누리다)中的每一个细节，生活中处处写着两个字快乐。

生活也是这样，成人更注重功利和结果，忽视过程和细节。成人的感受，更多的

어린 아들이 말했다. "겨울은 느낌이 아주 좋아요!" 내가 물었다. "왜?" 79아들이 신나서 대답했다. "겨울에는 눈이 많이 내려서 눈사람도 만들고, 눈싸움도 하고 눈밭에서 달리기 시합도 할 수 있잖아요." 내가 미처 대답하기도 전에, 아들은 또 물었다. "내년 여름은 언제 와요?" 내가 말했다. "봄이 지나면 여름이지." "여름도 정말 좋아요. 수영할 수 있잖아요. 매일 아이스크림도 먹을 수 있고……" 아들은 혼자서 중얼거리면서 행복이 가득한 표정을 지었다. 그 순간 나는 아들의 즐거움 때문에 감동을 받았다.

나와 아이의 눈 속 세계는 차이가 크구나! 겨울에, 나는 차가운 바람이 불고 한기가 엄습하는 것을 보면서 항상 불평한다. 80여름에는 작열하는 뜨거운 태양 빛과 견디기 힘든 무더위만 본다. 같은 세상에서 아이가 보는 것은 생기 넘치는 계절이며, 81아이들은 마음껏 생활 속의 작은 것들을 누리고, 생활 속에서 곳곳마다 즐거움이라는 글자를 적어 넣는다.

삶 역시 이런 것이다. 어른은 실리와 결과만 중시하고 과정과 소소한 것은 등한시한다. 어른들은 한계를 더 많

是无奈、愁苦。而孩子眼中更多的是阳光、美好、幸福和快乐。82快乐看上去与我们相距甚远(~와 멀리 떨어져 있다)，但其实它包含在生活的每一个细节中，触手可及。	이 느끼고, 근심 걱정을 더 많이 한다. 그러나 아이들의 눈에는 더 많은 햇빛, 아름다움, 행복, 즐거움이 있다. 82즐거움은 우리와 거리가 멀리 떨어져 있는 것처럼 보이지만, 사실 생활의 소소한 것에서 찾을 수 있고, 뻗으면 바로 닿을 수 있다.

어휘 年幼 niányòu 형 어리다 | 大片 dàpiàn 명 큰 조각 | 雪花 xuěhuā 명 눈송이 | 堆雪人 duī xuěrén 눈사람을 만들다 | 打雪仗 dǎ xuězhàng 동 눈싸움하다 | 赛跑 sàipǎo 동 달리기 경주를 하다 | ★未及 wèijí 동 미처 ~하지 못하다 | 答话 dáhuà 동 대답하다 | 雪糕 xuěgāo 명 아이스크림 | 喃喃自语 nán nán zì yǔ 성 중얼중얼 혼잣말을 하다 | 满脸幸福 mǎnliǎn xìngfú 온 얼굴에 행복이 가득하다 | ★表情 biǎoqíng 명 표정 | 一刻 yíkè 명 순간 | ★情绪 qíngxù 명 기분 | 打动 dǎdòng 동 마음을 움직이다 | ★差别 chābié 명 차이 | ★该 gāi 동 ~해야 한다 | 北风肆虐 běifēng sìnüè 북풍이 기승을 부리다 | 寒气袭人 hánqì xí rén 한기가 엄습하다 | ★抱怨 bàoyuàn 동 원망하다 | 骄阳似火 jiāoyáng sì huǒ 태양이 불처럼 작열하다 | 酷暑 kùshǔ 명 혹서, 무더위 | 难耐 nánnài 형 참을 수 없다 | 世界 shìjiè 명 세계 | 鲜活 xiānhuó 형 신선하고 생동적이다 | ★季节 jìjié 명 계절 | 尽情 jìnqíng 부 마음껏 | ★享受 xiǎngshòu 동 누리다 | ★细节 xìjié 명 세부 사항 | 处处 chùchù 명 도처, 곳곳 | 成人 chéngrén 명 성인 | ★注重 zhùzhòng 동 중시하다 | 功利 gōnglì 명 실리, 공리 | ★忽视 hūshì 동 소홀히 하다 | 过程 guòchéng 명 과정 | 感受 gǎnshòu 명 느낌 | ★无奈 wúnài 동 방법이 없다 | ★愁苦 chóukǔ 형 근심하다 | 阳光 yángguāng 명 햇빛 | ★美好 měihǎo 형 아름답다, 좋다 | 幸福 xìngfú 명 행복 | 看上去 kàn shàngqu 동 보아하니 ~하다 | 相距甚远 xiāngjù shèn yuǎn 서로 거리가 멀다 | 包含 bāohán 동 포함하다 | 触手可及 chù shǒu kě jí 성 거리가 매우 가깝다, 손을 뻗으면 닿는다

79. HSK POINT 특정 인물 파악 난이도 下

儿子觉得冬天怎么样?	아들이 생각하기에 겨울은 어떠한가?
A 路面很滑	A 길이 미끄럽다
B 刮北风	B 북풍이 분다
C 让人开心	**C 사람을 기쁘게 만든다**
D 没有夏天那么好	D 여름보다 좋지 않다

공략 아들에 관한 질문이기 때문에 이에 유의하여 정답을 고른다. 아들은 겨울을 좋아하고 어른은 그렇지 않다고 했기 때문에 정답은 C이다.

어휘 ★滑 huá 형 미끄럽다 | ★开心 kāixīn 형 기쁘다

80. HSK POINT 어휘의 의미 파악 난이도 中

第2段中"酷暑难耐"的意思最可能是：	두 번째 단락에서 '酷暑难耐'의 의미는?
A 攻击性特别强	A 공격성이 매우 강하다
B 日照时间很长	B 일조 시간이 길다
C 天热得受不了	**C 참을 수 없을 정도로 덥다**
D 热一点儿不要紧	D 좀 더워도 괜찮다

공략 어른이 겨울은 춥다고, 여름은 덥다고 불평한다는 내용을 담고 있으므로 정답은 C이다. '酷暑(덥다)'와 '难耐(견디기 어렵다)'라는 단어의 뜻을 알면 바로 정답을 고를 수 있다.

어휘 攻击性 gōngjīxìng 명 공격성 | ★强 qiáng 형 강하다 | 日照时间 rìzhào shíjiān 명 일조 시간 | ★受不了 shòubuliǎo 동 견딜 수 없다 | ★不要紧 bùyàojǐn 형 괜찮다, 문제 될 것 없다

81. HSK POINT 보기를 통해 상세 정보 대조 난이도 中

根据上文，下列哪项正确?	윗글에 근거해서 다음 중 옳은 것은?
A 孩子讨厌夏天	A 아이는 여름을 싫어한다
B 孩子容易忽视细节	B 아이는 사소한 것을 소홀히 하기 쉽다
C 作者不赞同儿子的观点	C 글쓴이는 아들의 생각에 동의하지 않는다
D 孩子善于发现生活的美好	**D 아이는 생활의 아름다움을 잘 발견한다**

공략 아이는 여름을 좋아하기 때문에 A는 정답이 아니고, 지문 중 '生活中处处写着两个字快乐(생활 속에서 곳곳마다 즐거움이라는 글자를 적어 넣는다)'로 미루어 아이 눈의 세상은 즐겁기 때문에 정답은 D이다.

어휘 ★忽视 hūshì 동 소홀히 하다 | 细节 xìjié 명 사소한 것 | ★赞同 zàntóng 동 찬성하다 | 观点 guāndiǎn 명 관점 | ★善于 shànyú 동 ~에 능숙하다

82. HSK POINT 주제 찾기 난이도 中

上文主要想告诉我们：	윗글이 주로 우리에게 알려 주는 것은?
A 生活充满挑战	A 삶에는 도전이 가득하다
B 快乐无处不在	**B 즐거움은 어디에나 있다**
C 要多和孩子沟通	C 아이와 많이 소통해야 한다
D 看事情不能只看表面	D 일을 볼 때 표면적인 것만 보지 마라

공략 주제는 마지막 단락에 나올 가능성이 크다. 마지막 단락에서 즐거움은 우리와 멀리 떨어져 있는 것 같지만 사실 손을 뻗으면 닿을 수 있는 곳에 있다고 말하고 있기 때문에 정답은 B이다. B의 '无处不在(어디에나 있다)'라는 의미를 알아 두자.

어휘 ★充满 chōngmǎn 동 충만하다 | ★挑战 tiǎozhàn 명 도전 | ★无处不在 wú chù bú zài 어디에나 있다 | 沟通 gōutōng 동 소통하다 | 表面 biǎomiàn 명 표면

[83-86]

有个女孩儿用一个月的薪水，买了一件心仪已久的衣服。穿上新衣服的她，看着别人惊艳的眼神，83心中充满了自信，工作也有了很大的进步。

자신감이 넘치다

可是有一天，84她发现衣服上的一枚纽扣儿不见了。那是一种形状很奇特的纽扣儿，她翻遍衣柜，也没有找到，于是就穿了另一件衣服去上班。到了公司，她觉得每个人看她的眼神都怪怪的，似乎没有了那件衣服，自己仍然是个极平凡的女孩儿。84她心里一直想着那件衣服，一整天都打不起精神，也没有了平日的自信。

모두

下班后，她在家里又找了一遍，依然没有找到。随后她又跑遍了商店，也没有买到同样的纽扣儿，她的心情暗淡到了极点。从此，那件衣服便被束之高阁，女孩儿初穿它时的自信与热情消失得无影无踪，工作也慢慢消极起来。

一天，一个朋友来访，偶然看到了那件衣服，吃惊地问："这么漂亮的衣服你怎么不穿呢？"她说："丢了一枚扣子，又买不到同样的。"朋友微笑着说："85那你可以把其他的扣子都换了啊，那不就一样了吗？"女孩儿听了非常高兴，于是选了她最喜欢的扣子，把原来的都换掉了。衣服美丽如初，她重拾了灿烂的心情。

~한 거 아니야?

86我们常常因为小小的缺憾而放弃一整件事，也常常因为放弃了一件事而使生活变得暗淡。如果我们能用一种全新的心情去替换失望，用笑容填满缺失，那么生命一样是完美无憾的。

~때문에 ~하다

만약 ~하면 ~하다

어느 젊은 여자가 한 달치 월급으로 오랫동안 가지고 싶었던 옷을 샀다. 새 옷을 입은 그녀는 다른 사람의 놀라는 눈빛을 보면서 83마음속에 자신감이 넘쳤고, 일에 있어서도 큰 향상을 보였다.

그러나 어느 날, 84그녀는 옷에 단추 하나가 사라진 것을 발견했다. 그것은 모양이 아주 특이한 단추였는데, 옷장을 샅샅이 뒤져도 찾지 못했다. 그래서 다른 옷을 입고 출근했다. 회사에 도착했는데, 그녀는 모든 사람들이 자신을 쳐다보는 눈빛이 다 이상하게 느껴졌고, 그 옷이 없어지면서 자신은 지극히 평범한 여자가 된 것 같았다. 84계속 그 옷만 생각했고, 하루 종일 기운이 없었으며 평소의 자신감도 사라졌다.

퇴근 후에 그녀는 집에서 한번 더 찾아봤지만 여전히 찾지 못했다. 나중에 상점을 돌아다녔지만 같은 단추를 사지 못했고, 그녀의 마음속의 절망감이 극에 달했다. 이때부터 그 옷은 방치되었고, 그 옷을 처음 입었을 때의 자신감과 열정도 흔적도 없이 사라졌고, 일에서도 점점 소극적으로 변했다.

하루는 친구가 놀러 와서 우연히 그 옷을 보고 깜짝 놀라서 물었다. "이렇게 예쁜 옷을 왜 입지 않는 거야?" 그녀가 말했다. "단추 하나를 잃어버렸는데, 똑같은 걸 찾지 못했어." 친구가 웃으며 말했다. "85그럼 다른 단추도 다 바꾸면 똑같아지는 거 아니야?" 여자가 듣고 매우 기뻐서 마음에 드는 단추를 사고 원래의 것을 모두 바꿨다. 옷은 처음처럼 예뻐졌고, 그녀는 다시 찬란하게 빛나는 기분을 되찾았다.

86우리는 항상 작은 결점 때문에 일 전체를 포기하고, 일 하나를 포기하면서 생활을 암담하게 만든다. 만약 새로운 기분으로 실망감을 바꾸고 웃는 얼굴로 결점을 채우면 생명은 완전무결해질 것이다.

어휘 薪水 xīnshui 명 임금 | 心仪已久 xīn yí yǐ jiǔ 마음속으로 흠모한 지 오래다 | 惊艳 jīngyàn 형 놀라다 | ★眼神 yǎnshén 명 눈빛 | ★充满 chōngmǎn 동 충만하다 | ★自信 zìxìn 명 자신감 | ★进步 jìnbù 동 진보하다 | ★发现 fāxiàn 동 발견하다 | 枚 méi 양 개(작은 조각을 세는 단위) | 纽扣 niǔkòu 명 단추 | ★形状 xíngzhuàng 명 외관, 겉모습 | 奇特 qítè 형 이상하고 독특하다 | 翻遍 fānbiàn 샅샅이 뒤지다 | 衣柜 yīguì 명 옷장 | ★于是 yúshì 접 그래서 | 每个…都… měi ge…dōu… 모두 | 怪怪 guàiguài 형 이상하다 | ★似乎 sìhū 부 마치 ~인 것 같다 | ★仍然 réngrán 부 여전히 | 极 jí 부 지극히 | 平凡 píngfán 형 평범하다 | 一整天 yìzhěngtiān 하루 종일 | 打不起精神 dǎ bu qǐ jīngshen 기운이 빠지다 | 平日 píngrì 명 평일, 평소 | 遍 biàn 양 번(동작의 전 과정을 세는 단위) | 随后 suíhòu 부 그 다음에 | 跑遍 pǎobiàn 동 돌아다니다 | ★心情 xīnqíng 명 기분 | 暗淡 àndàn 형 암담하다 | 极点 jídiǎn 명 최고조, 절정 | 从此 cóngcǐ 부 여기부터 | 便 biàn 부 바로 | 束之高阁 shù zhī gāo gé 성 방치하고 사용하지 않는다 | ★热情 rèqíng 명 열정 | ★消失 xiāoshī 동 사라지다 | ★无影无踪 wú yǐng wú zōng 성 자취를 감추다 | ★消极 xiāojí 형 소극적이다 | ★偶然 ǒurán 부 우연히 | ★吃惊 chījīng 동 놀라다 | ★丢 diū 동 잃어버리다 | 扣子 kòuzi 명 단추 | ★选 xuǎn 동 고르다 | 不就…吗? bú jiù…ma? ~한 거 아니야? | ★微笑 wēixiào 동 미소 짓다 | 美丽如初 měi lì rú chū 처음처럼 예쁘다 | 拾 shí 동 줍다 | 灿烂 cànlàn 형 찬란하다 | 因为…而… yīnwèi…ér… ~때문에 ~하다 | 缺憾 quēhàn 명 유감스러운 점 | ★放弃 fàngqì 동 포기하다 | 如果…那么… rúguǒ…nàme… 만약 ~하면 ~하다 | 用…去… yòng…qù ~을 사용해서 ~하다 | 全新 quánxīn 형 참신하다 | 替换 tìhuàn 동 교체하다, 바꾸다 | ★失望 shīwàng 동 실망하다 | 笑容 xiàoróng 명 웃는 얼굴 | 填满 tiánmǎn 동 가득 채우다 | ★缺失 quēshī 명 결함, 결점 | 完美无憾 wán měi wú hàn 완전무결하다

83. HSK POINT 보기를 통해 상세 정보 대조 난이도 中

那件衣服：	그 옷은 어떤가?
A 颜色鲜艳	A 색이 화려하다
B 感觉不舒服	B 느낌이 불편하다
C 给了女孩儿自信	**C 여자에게 자신감을 줬다**
D 使女孩儿显得很苗条	D 여자를 날씬해 보이게 한다

공략 첫 단락에서 여자는 그 옷을 입고 '心中充满了自信(마음속에 자신감이 넘쳤다)'라는 상태가 됐으므로 정답은 C이다.

어휘 ★鲜艳 xiānyàn 형 (색 등이) 화려하다 | ★自信 zìxìn 명 자신감 | ★显得 xiǎnde 동 ~인 것처럼 보인다 | 苗条 miáotiao 형 날씬하다

84. HSK POINT 원인을 묻는 문제 난이도 中

女孩儿为什么打不起精神?	여자는 왜 기운이 없었나?
A 衣服弄脏了	A 옷이 더러워져서
B 晚上熬夜了	B 저녁에 밤을 새서
C 工作不顺心	C 업무가 뜻대로 되지 않아서
D 找不到配套的纽扣	**D 맞는 단추를 찾지 못해서**

공략 여자가 기운이 없는 이유는 단추가 없어져서 그 옷을 입지 못했기 때문이다. 단락 전체의 맥락을 통해 원인을 파악해야 하는 문제이다. 정답은 D이다.

어휘 ★弄脏 nòngzāng 동 더럽히다 | ★熬夜 áoyè 동 밤새다 | 顺心 shùnxīn 형 뜻대로 되다 | 配套 pèitào 동 결합하다

85. HSK POINT 특정 인물의 행동에 관한 문제 난이도 中

朋友给了女孩儿什么建议?	친구는 여자에게 어떤 제안을 했나?
A 关爱自己	A 스스로를 돌봐라
B 把衣服送穷人	B 옷을 가난한 사람에게 줘라
C 换掉所有纽扣儿	**C 모든 단추를 바꿔라**
D 找定做纽扣的人	D 단추를 달아 줄 사람을 찾아라

공략 질문의 주어가 친구이기 때문에 친구가 등장하는 단락에서 친구의 말에 유의하여 정답을 고른다. 친구가 모든 단추를 바꾸면 되는 것 아니냐고 하고 있기 때문에 정답은 C이다.

어휘 关爱 guān'ài 동 관심을 갖고 돌보다 | 穷人 qióngrén 명 가난한 사람

86. HSK POINT 주제 찾기 난이도 上

上文主要想告诉我们:	윗글이 주로 우리에게 알려 주는 것은?
A 要学会放弃	A 포기하는 것을 배워야 한다
B 不要过于追求完美	B 지나치게 완벽함을 추구해서는 안 된다
C 不要因小失大	**C 작은 것 때문에 큰 것을 잃으면 안 된다**
D 要保持乐观的态度	D 낙관적인 태도를 유지해야 한다

공략 주제는 마지막 단락에서 언급될 가능성이 크다. 마지막 단락의 '因为小小的缺憾而放弃一整件事(작은 결점 때문에 일 전체를 포기하다)'와 C의 '因小失大(작은 것 때문에 큰 것을 잃다)'는 같은 뜻이다. 이 글 전체에서 단추 하나 때문에 옷을 포기하는 것은 어리석다고 말하고 있기 때문에 정답은 C이다.

어휘 过于 guòyú 부 지나치게 | ★追求 zhuīqiú 동 추구하다 | ★完美 wánměi 형 완벽하다 | 因小失大 yīn xiǎo shī dà 성 작은 일 때문에 큰 일을 망치다 | ★保持 bǎochí 동 유지하다 | ★乐观 lèguān 형 낙관적이다 | ★态度 tàidu 명 태도

[87-90]

常坐飞机的人会发现，飞机上并没有配备降落伞，这是为什么呢？

首先，87飞机的险情或者故障多出现在起飞和降落的时候，通常都是瞬间发生的，所以，即使每位乘客都有降落伞，也来不及完成跳伞的准备工作。

其次，一般商用客机的飞行高度为10000米左右，而适合跳伞的高度是800米到1000米左右。88在飞机飞行的高度，空气十分稀薄，温度极低，人在机舱外根本无法生存。再加上客机的飞行速度很快，即使飞机可以降低至跳伞的高度，但由于空气阻力，乘客跳出机舱后，也会感觉像是重重地撞在了一堵墙上，根本无法承受这种程度的撞击。并且，由于空气阻力，人所有的衣物会被剥离身体。88因此，带着降落伞包安全下降9000米，基本上是不可能的。

第三，就算在降落伞没有被剥离身体、并且能够正常打开的情况下，跳伞生还的几率也几乎为零，因为地面条件往往不适合降落。另外，89跳伞需要非常专业的技术，并不是未经过特殊训练的一般乘客所能瞬间掌握的。未经训练的人由于不会操纵降落伞，很容易把自己裹到伞包中，然后像一块儿石头一样砸向地面。

最后，如果每个乘客都配备一个降落伞，将会占去很多空间，增加飞机的重量，这将会影响到飞机的营运能力。

(결코 ~않다 / 충격을 감당하다 / 설령 ~일지라도 ~하다 / 공간을 차지하다)

자주 비행기를 타는 사람은 비행기에 낙하산이 배치되어 있지 않은 것을 발견할 수 있다. 이것은 왜일까?

우선, 87비행기에서 위급 상황이나 고장은 이륙과 착륙 시에 많이 발생하며 일반적으로 순식간에 발생하기 때문에 설령 모든 승객이 낙하산을 가지고 있더라도 시간 안에 낙하산으로 뛰어내릴 준비를 마칠 수 없다.

그 다음으로는, 88일반적인 상업용 여객기의 비행 고도는 10000미터 정도이지만, 낙하산으로 뛰어내리기에 적합한 높이는 800미터에서 1000미터 정도이다. 비행기가 비행하는 높이에서는 공기가 아주 희박하고 온도가 매우 낮기 때문에 기내 밖에서 사람은 결코 생존할 수 없다. 게다가 여객기의 비행 속도가 아주 빠르기 때문에, 비행기가 낙하산으로 뛰어내릴 수 있는 높이까지 하강하더라도 공기의 저항 때문에 승객이 기체 밖으로 뛰어내리면 수많은 벽에 계속적으로 부딪치는 느낌이 들기 때문에 이런 충격을 전혀 감당할 수가 없다. 또한 공기의 저항으로 인해 입고 있는 모든 옷이 몸에서 벗겨질 것이다. 88때문에 낙하산을 가지고 안전하게 9000미터를 낙하하는 것은 기본적으로 불가능하다.

세 번째로, 낙하산이 몸에서 분리되지도 않고, 정상적으로 펴지는 상황에서라도 낙하산으로 뛰어내리고 나서 살아 돌아올 가능성은 거의 없다. 지면의 조건이 종종 착륙하기에 적합하지 않기 때문이다. 그 밖에도 89낙하산으로 뛰어내리기 위해서는 아주 전문적인 기술이 필요하기 때문에 특수 훈련을 받지 않은 일반 승객은 순식간에 익히기 어렵다. 훈련을 받지 않은 사람은 낙하산을 조작할 수 없어서 쉽게 낙하산에 휘감겨 돌맹이처럼 지면으로 처박힐 수 있다.

마지막으로, 모든 승객이 낙하산을 가지려면 많은 공간이 필요하며, 비행기의 무게는 증가하게 되어, 비행기의 비행 능력에 영향을 줄 수 있다.

어휘 并…没有 bìng···méiyǒu 결코 ~않다 | 配备 pèibèi 동 갖추다, 배치하다 | 降落伞 jiàngluòsǎn 명 낙하산 | ★首先 shǒuxiān 부 우선 | 险情 xiǎnqíng 명 위험한 상황 | 故障 gùzhàng 명 고장 | ★出现 chūxiàn 동 출현하다 | ★起飞 qǐfēi 동 이륙하다 | ★降落 jiàngluò 동 착륙하다 | 通常 tōngcháng 명 보통 | ★瞬间 shùnjiān 명 순식간 | ★即使 jíshǐ 접 설령 ~하더라도 | 乘客 chéngkè 명 승객 | ★来不及 láibují 동 시간에 댈 수 없다 | 完成 wánchéng 동 완성하다 | 跳伞 tiàosǎn 동 낙하산으로 뛰어내리다 | ★其次 qícì 대 그 다음 | 一般 yìbān 형 일반적이다 | 商用 shāngyòng

형 상업용의 | 客机 kèjī 명 여객기 | 飞行 fēixíng 동 비행하다 | 高度 gāodù 명 고도 | 为 wéi 동 ~이다 | 米 mǐ 양 미터 | 左右 zuǒyòu 명 가량, 쯤 | ★适合 shìhé 동 적합하다 | ★空气 kōngqì 명 공기 | ★十分 shífēn 부 매우 | 稀薄 xībó 형 희박하다 | 温度 wēndù 명 온도 | 极 jí 부 지극히 | 机舱 jīcāng 명 객실 | ★根本 gēnběn 부 전혀 | ★无法 wúfǎ 동 ~할 수 없다 | 生存 shēngcún 동 생존하다 | 再加上 zàijiāshàng 게다가 | ★速度 sùdù 명 속도 | ★至 zhì 동 ~까지 이르다 | ★由于 yóuyú 접 ~때문에 | 阻力 zǔlì 명 저항 | 重重 chóngchóng 형 겹겹의 | ★撞 zhuàng 동 부딪치다 | 一堵墙 yì dǔ qiáng 하나의 울타리 | ★承受 chéngshòu 동 감당하다 | 程度 chéngdù 명 정도 | 撞击 zhuàngjī 동 충돌하다 | 并且 bìngqiě 접 게다가 | 衣物 yīwù 명 의복과 일용품 | 剥离 bōlí 동 떨어져 나가다 | ★因此 yīncǐ 접 이 때문에 | 降落伞包 jiàngluòsǎnbāo 명 낙하산 가방 | 安全 ānquán 형 안전하다 | ★下降 xiàjiàng 동 하강하다, 낮아지다 | 基本 jīběn 부 기본적으로 | ★就算…也… jiùsuàn…yě… 설령 ~일지라도 | 生还 shēnghuán 동 살아서 돌아오다 | 几率 jīlǜ 명 확률 | 几乎为零 jīhū wéi líng 거의 없다 | 地面 dìmiàn 명 지면 | ★条件 tiáojiàn 명 조건 | ★往往 wǎngwǎng 부 종종 | ★另外 lìngwài 접 이 외에 | ★专业 zhuānyè 형 전문적인 | ★技术 jìshù 명 기술 | ★并不 bìngbù 부 결코 ~아니다 | ★未 wèi 부 아직 ~하지 않다 | ★经过 jīngguò 동 경과하다 | 特殊 tèshū 형 특수하다 | 训练 xùnliàn 동 훈련하다 | ★掌握 zhǎngwò 동 정통하다 | 操纵 cāozòng 동 조종하다, 조작하다 | 裹 guǒ 동 휘감다 | 一块 yí kuài 한 덩어리 | 石头 shítou 명 돌 | 砸 zá 동 박다, 찧다 | ★占 zhàn 동 차지하다 | ★空间 kōngjiān 명 공간 | 增加 zēngjiā 동 증가하다 | 重量 zhòngliàng 명 중량 | 将 jiāng 부 장차 | 影响 yǐngxiǎng 동 영향을 끼치다 | 营运 yíngyùn 동 (비행기, 배 등을) 운행하다 | 能力 nénglì 명 능력

87. HSK POINT 질문의 핵심 어휘와 지문 대조 난이도 中

飞机险情多出现在：	비행기의 위기 상황은 주로 언제 출현하나?
A 起降时	**A 이륙과 착륙 시**
B 半夜时分	B 한밤중
C 受到撞击时	C 충돌했을 때
D 遇到恶劣天气时	D 악천우를 만났을 때

공략 질문의 핵심 어휘인 '险情(위기 상황)'을 찾아 정답을 고른다. 비행기는 이륙과 착륙 시 위기 상황이 발생하기 때문에 정답은 A이다.

어휘 起降 qǐjiàng 동 이착륙하다 | ★半夜 bànyè 명 한밤중 | 时分 shífèn 명 무렵 | ★遇到 yùdào 동 마주치다 | ★恶劣 èliè 형 열악하다

88. HSK POINT 보기를 통해 상세 정보 대조 난이도 中

根据第3段，可以知道：	세 번째 단락에서 알 수 있는 것은?
A 机舱外温度较高	A 기내 밖의 온도는 높은 편이다
B 机舱门不容易打开	B 기내 문은 열기 쉽지 않다
C 飞机无法在低空飞行	C 비행기는 저공 비행을 할 수 없다
D 客机的飞行高度不适合跳伞	**D 여객기의 비행 고도는 낙하산으로 뛰어내리기에 적합하지 않다**

공략 세 번째 단락은 높은 고도에서 낙하산을 사용할 수 없는 이유에 대해 설명하고 있다. 일반적으로 비행기의 비행 고도는 10000미터이고, 낙하산 사용 가능 높이는 800~1000미터이기 때문에 정답은 D이다.

어휘 低空 dīkōng 명 저공, 낮은 하늘

89. HSK POINT 질문의 핵심 어휘와 지문 대조 난이도 中

关于跳伞，下列哪项正确?

A 专业性特别强
B 谁都能掌握
C 跳伞高度越低越危险
D 对跳伞者年龄有特殊要求

낙하산으로 뛰어내리는 것에 관해 다음 중 옳은 것은?

A 전문성이 강하다
B 누구나 정통할 수 있다
C 낙하산 사용은 고도가 낮을수록 위험하다
D 낙하산 사용자의 연령은 특별한 제한이 있다

공략 지문 중 '需要非常专业的技术(아주 전문적인 기술이 필요하다)'로 미루어 정답은 A이다.

어휘 ★掌握 zhǎngwò 동 정통하다 | ★危险 wēixiǎn 형 위험하다 | ★年龄 niánlíng 명 연령 | 特殊 tèshū 형 특수하다 | 要求 yāoqiú 명 요구

90. HSK POINT 주제 찾기 난이도 中

上文主要谈什么?

A 跳伞运动的坏处
B 飞机如何应对险情
C 降落伞的使用方法
D 飞机上为什么没有降落伞

윗글에서 주로 이야기하는 것은?

A 낙하산 운동의 나쁜 점
B 비행기는 어떻게 위기 상황에 대응하는가
C 낙하산의 사용 방법
D 비행기에는 왜 낙하산이 없는가

공략 서론에서 이유를 묻는 의문문이 등장하면 주제와 관련이 깊다. 이 글은 비행기에 왜 낙하산이 없는지에 대한 물음으로 시작하고 그 이유가 글의 전반부에 나오기 때문에 정답은 D이다.

어휘 ★坏处 huàichu 명 나쁜 점 | 应对 yìngduì 동 대응하다

新 HSK 5급 합격모의고사 书写

第一部分

91. HSK POINT 동사 有助于 난이도 上

有助于　疲劳　喝茶　缓解

공략 **STEP 01. 품사 분석**

有助于 (동사)　疲劳 (형용사)　喝茶 (동사+명사)　缓解 (동사)

STEP 02. 짝짓기

의미상 호응 → 缓解+疲劳

STEP 03. 술어와 목적어 결합

有助于 (술어) + 缓解疲劳 (목적어)

STEP 04. 문장 완성

정답 喝茶有助于缓解疲劳。
차를 마시는 것은 피로를 완화시키는 데 도움이 된다.

▶ 'A有助于B'는 'A는 B에 도움이 된다'라는 뜻으로 동사 '有助于'는 동사구를 목적어로 갖는다.

어휘 ★有助于 yǒuzhùyú 동 ~에 도움이 되다 | ★疲劳 píláo 형 피곤하다 | 缓解 huǎnjiě 동 완화시키다

92. HSK POINT 使겸어문 난이도 上

演讲　深受　她的　使我　启发

공략 **STEP 01. 품사 분석**

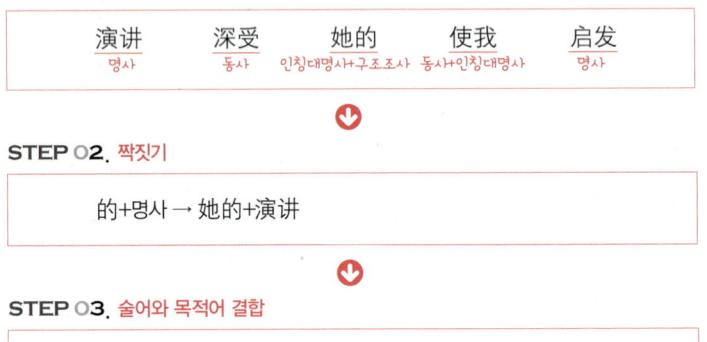

演讲	深受	她的	使我	启发
명사	동사	인칭대명사+구조조사	동사+인칭대명사	명사

STEP 02. 짝짓기

的+명사 → 她的+演讲

STEP 03. 술어와 목적어 결합

深受(술어) + 启发(목적어)

STEP 04. 문장 완성

정답 她的演讲使我深受启发。
그녀의 연설은 나로 하여금 깊은 깨달음을 얻게 했다.

▶ 겸어문이란 '주어+부사어+겸어 동사1(让/叫/请/使)+목적어+술어'의 형식으로 이루어진 문장을 말하며, 겸어 동사의 목적어가 두 번째 동사의 행위 주체가 된다. 이 문장은 겸어문의 하나인 使겸어문인데, '使(~로 하여금)' 뒤에 '深受启发(깊은 깨달음을 얻다)'의 행위 주체인 '我(나)'가 온다.

어휘 演讲 yǎnjiǎng 명 연설 | ★深受 shēnshòu 동 깊이 받다 | 启发 qǐfā 명 깨우침, 영감

! 오답 풀이

我使她的演讲深受启发。(X) ➔ 她的演讲使我深受启发。(O)

'深受启发(깨달음을 얻다)'의 주체는 '我(나)'이지 '她的演讲(그녀의 연설)'이 아니다. '使' 뒤에는 주체인 '我(나)'가 와야 한다.

93. HSK POINT 기본 문장 어순+술어와 목적어의 호응 난이도 中

深刻的　留下了　一举一动　印象　他的　给我

공략 **STEP 01. 품사 분석**

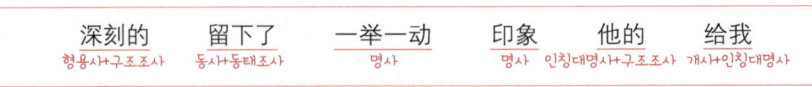

深刻的	留下了	一举一动	印象	他的	给我
형용사+구조조사	동사+동태조사	명사	명사	인칭대명사+구조조사	개사+인칭대명사

STEP 02. 짝짓기

① 的+명사 → 深刻的+印象
② 的+명사 → 他的+一举一动

STEP 03. 술어와 목적어 결합

留下了 + 深刻的印象
술어 목적어

STEP 04. 문장 완성

정답 他的一举一动给我留下了深刻的印象。
그의 모든 행동은 나에게 깊은 인상을 남겼다.

▶ 중국어에서 개사구는 일반적으로 주어와 술어 사이에 오며, 기본 문장 형식은 '주어+개사구+술어+목적어'이다. 또한 동사 '留下(남기다)'와 명사 '深刻的印象(깊은 인상)'은 호응 관계를 이룬다.

어휘 ★深刻 shēnkè 형 깊다 | ★留下 liúxià 동 남기다 | 一举一动 yì jǔ yí dòng 성 모든 행동 | ★印象 yìnxiàng 명 인상

94. HSK POINT 동사 是 난이도 中

是亚洲　最大的　面积　岛屿　这

공략 STEP 01. 품사 분석

是亚洲 最大的 面积 岛屿 这
동사+명사 형용사+구조조사 명사 명사 지시대명사

STEP 02. 짝짓기

① 의미상 호응 → 面积+最大的
② 的+명사 → 面积最大的+岛屿

STEP 03. 술어와 목적어 결합

是 + 面积最大的岛屿
술어 목적어

STEP 04. 문장 완성

정답 这是亚洲面积最大的岛屿。
이것은 아시아에서 면적이 제일 큰 섬이다.

▶ 동사 '是(~이다)'는 일반적으로 명사를 목적어로 갖으며, 'A是B(A와 B는 같다)'는 주어와 목적어가 동등함을 나타낸다. 여기에서는 '这(이것)'이 주어로, '是(~이다)'는 목적어를 하나만 취하기 때문에 여기에서 목적어는 '岛屿(섬)'이며, '亚洲面积最大的(아시아에서 면적이 가장 큰)'은 '岛屿(섬)'을 꾸며주는 관형어이다.

어휘 亚洲 Yàzhōu 고유 아시아(지명) | ★面积 miànjī 명 면적 | 岛屿 dǎoyǔ 명 섬

95. HSK POINT 개사 在와 동사 工作 난이도 中

在　他　海关部门　退休前　工作

공략 **STEP 01. 품사 분석**

在	他	海关部门	退休前	工作
개사	인칭대명사	명사	동사+방위사	동사

STEP 02. 짝짓기

① 在+장소 → 在+海关部门
② 시간사+장소사 → 退休前+在海关部门

STEP 03. 술어와 목적어 결합

工作
술어(동사 '工作'는 일반적으로 목적어를 갖지 않음)

STEP 04. 문장 완성

정답 他退休前在海关部门工作。
그는 퇴직하기 전에 세관 부서에서 일했다.

▶ 중국어 문장은 일반적으로 시간사가 장소사보다 먼저 오기 때문에 '退休前(퇴직하기 전)'이 '在海关部门(세관 부서)' 앞에 온다.

어휘 海关 hǎiguān 명 세관 | ★部门 bùmén 명 부서 | ★退休 tuìxiū 동 퇴직하다

! 오답 풀이

他在退休前工作海关部门。(X) ➔ 他退休前在海关部门工作。(O)

'在(~에)' 뒤에 시간이 오기도 하는데, 시간의 전후 관계를 나타내는 '前(전)'과 '后(후)'를 동반한 경우에는 '在(~에)'를 생략할 수 있다. 또 '工作(일하다)'는 일반적으로 목적어를 갖지 않는다. 중국어로 '어디에서 일하다'는 '在…工作'라고 한다.

96. HSK POINT 술어와 목적어의 호응 난이도 中

好评	表现	大家的	获得了	她的

공략

STEP 01. 품사 분석

好评	表现	大家的	获得了	她的
명사	명사	인칭대명사+구조조사	동사+동태조사	인칭대명사+구조조사

STEP 02. 짝짓기

① 的+명사 → 大家的+好评
② 的+명사 → 她的+表现

STEP 03. 술어와 목적어 결합

获得了 (술어+동태조사) + 大家的好评 (목적어)

STEP 04. 문장 완성

정답 她的表现获得了大家的好评。
그녀의 태도는 모든 사람들의 호평을 받았다.

▶ 동사 '获得(얻다)'는 긍정적인 의미의 목적어를 가진다. 대표적인 예가 '获得了冠军(우승을 하다)'이다. 여기에서는 '好评(호평)'과 호응한다.

어휘 好评 hǎopíng 명 호평 | ★表现 biǎoxiàn 명 태도, 표현 | ★获得 huòdé 동 얻다

97. HSK POINT 수량 보어의 위치와 把자문 난이도 上

计算	再重新	你把	数据	一遍

공략

STEP 01. 품사 분석

计算	再重新	你把	数据	一遍
동사	부사+부사	인칭대명사+개사	명사	수사+양사

STEP 02. 짝짓기

① 把+명사 → 你把+数据
② 부사+동사 → 再重新+计算
③ 동사+보어 → 计算+一遍

STEP 03. 술어와 목적어 결합

计算	+	数据
술어		목적어

STEP 04. 문장 완성

정답 你把数据再重新计算一遍。
데이터를 다시 한번 계산하세요.

▶ 여기에서 '把'자는 목적어를 강조하는 용법으로 뒤에 '목적어+술어' 순서로 배열해야 한다. 또, '一遍(한번)'은 수량보어로 동사 뒤에 위치한다. '把'자의 기본 어순은 '주어+把+목적어+동사+보어'이다.

어휘 ★计算 jìsuàn 동 계산하다 | ★再重新 zài chóngxīn 또 다시 | 数据 shùjù 명 데이터 | ★遍 biàn 양 번

오답 풀이

1. 你把数据再重新一遍计算。(X) ➔ 你把数据再重新计算一遍。(O)
수량보어 '一遍(한번)'을 한국어 어순대로 술어 앞에 놓아서는 안 된다. 수량 보어는 동사 뒤에 놓아야 한다.

2. 你把一遍数据再重新计算。(X) ➔ 你把数据再重新计算一遍。(O)
동량사인 '一遍(한번)'을 수량사인 '一篇(한 편)'으로 오해해서 명사 앞에 놓으면 안 된다.

98. HSK POINT 동사 导致의 용법 난이도 上

疲劳　　导致　　眼睛　　长时间使用手机　　容易

공략 **STEP 01.** 품사 분석

疲劳	导致	眼睛	长时间使用手机	容易
형용사	동사	명사	명사+동사+명사	부사

STEP 02. 짝짓기

부사+동사 → 容易+导致

STEP 03. 술어와 목적어 결합

导致	+	眼睛疲劳
술어		목적어

STEP 04. 문장 완성

정답 长时间使用手机容易导致眼睛疲劳。
장시간 핸드폰을 사용하면 눈이 피로하게 된다.

▶ 동사 '导致(초래하다)'는 부정적 결과가 발생할 때 사용한다. 문제를 풀 때, 사건의 원인은 주어의 자리에 두고, 결과는 목적어 자리에 두면 된다. 또한 '容易(쉽다, 쉽게)'는 형용사이기도 하고 부사이기도 한다. '很容易(매우 쉽다)'에서는 형용사로 쓰인 것이고, 뒤에 동사가 오면 부사로 쓰인다.

어휘 ★疲劳 píláo 형 피곤하다 | ★导致 dǎozhì 동 초래하다, 야기하다 | 眼睛 yǎnjing 명 눈 | 使用 shǐyòng 동 사용하다 | 手机 shǒujī 명 핸드폰 | ★容易 róngyì 형부 쉽다, 쉽게

第二部分

99. HSK POINT 退休를 중심으로 이야기 전개, 부사 日益에 유의하기 난이도 上

退休　　日益　　寂寞　　陪伴　　公寓

공략 **STEP 01. 제시어 분석하기**

退休 tuìxiū 동 퇴직하다
日益 rìyì 부 날이 갈수록
寂寞 jìmò 형 외롭다
陪伴 péibàn 동 모시다, 동반하다
公寓 gōngyù 명 아파트

STEP 02. 활용 구문 떠올리기

退休 – 去年退休了 : 작년에 퇴직했다
退休后做什么 : 퇴직 후에 무엇을 하나
日益 – 日益寂寞 : 날이 갈수록 외롭다
日益无聊 : 날이 갈수록 무료하다
寂寞 – 日益寂寞 : 날이 갈수록 외롭다
特别寂寞 : 유난히도 외롭다
陪伴 – 因为没有子女陪伴，特别无聊 : 함께 살 자녀가 없어 유난히 무료하다
有人没有子女陪伴 : 함께 살 자녀가 없다
公寓 – 在公寓里生活 : 아파트에서 생활하다
在公寓里没有事情做 : 아파트에서 할 일이 없다

STEP 03. 개요 짜기

1

서론 친구가 작년에 퇴직함

본론 같이 사는 자녀도 없이 아파트에서의 생활이 점점 외로워서 여행을 떠남

결론 그가 참 행복해 보임

2

서론 퇴직 후 무엇을 할지 모르겠음

본론 같이 살 자녀가 없는 사람도 있고, 아파트에서 혼자 살며 점점 외로워 하는 사람도 있음

결론 취미 활동도 하고 운동도 하며 노년을 보내야 함

STEP 04. 개요에 살 붙이기

1

서론 친구가 작년에 퇴직했다. 이미 구체적인 계획을 세웠다.

···› 我朋友去年退休了。已经制定好具体的计划。

본론 같이 살 자녀가 없기 때문에 아파트에서 생활하는게 점점 외로워서, 여행을 가기로 결정했다.

···› 因为没有子女陪伴，在公寓里生活，日益寂寞，所以他决定去旅行。

결론 그가 참 행복해 보인다.

···› 他看起来很幸福啊！

※ 백 퍼센트 활용 표현

- ~때문에 ~하다 : 因为…所以…
- ~해 보인다 : 看起来…

2

서론 퇴직 후 무엇을 할지는 사람들이 관심을 갖는 문제이다.

···› 退休后做什么，这是很多人非常关注的问题。

본론 어떤 사람은 같이 살 자녀가 없기도 하고, 어떤 사람은 아파트에서 어떤 사람은 할 일이 없어 점점 외로움을 느끼게 된다.

···› 有人没有子女陪伴，有人在公寓里没有事情可做，觉得日益寂寞。

결론 취미를 가지고 여러 활동에 참가해야 하며, 동시에 야외 운동도 많이 해서 건강을 유지해야 한다.

···› 应该培养兴趣，参加一些活动，应该多做户外运动，要保持身体健康。

※ 백 퍼센트 활용 표현

- ~이 관심을 갖는 문제이다 : 是…关注的问题
- 어떤 사람은~ 어떤 사람은~ : 有人…有人…
- ~할 만한 ~가 없다 : 没有…可…
- 운동을 하다 : 做…运动

STEP 05. 문장 완성하기

1 모범답안

我朋友去年退休了。他已经制定
好具体的计划：和妻子一起去环游世
界。因为没有子女陪伴，在公寓里生
因为…所以… ~때문에 ~하다
活，每天都一样，没有新鲜事儿，日
益寂寞，所以他决定去旅行。他看起
看起来 보기에 ~하다
来很幸福啊！

해석 내 친구가 작년에 **퇴직을 했다**. 그는 이미 구체적인 계획을 세웠다. 아내와 세계 여행을 가기로 한 것이다. **같이 사는** 자녀도 없고, **아파트**에서 생활하는데 하루하루가 똑같고 새로울 게 없어서 **날이 갈수록 외롭기** 때문에 여행을 가기로 결정한 것이다. 그가 참 행복해 보인다.

어휘 ★制定 zhìdìng 동 (계획 등을) 세우다 | 具体 jùtǐ 형 구체적이다 | ★计划 jìhuà 명 계획 | 环游世界 huányóu shìjiè 세계 일주를 하다 | 子女 zǐnǚ 명 자녀 | 新鲜 xīnxiān 형 신선하다, 생소하다 | ★看起来 kàn qǐlái 동 보기에 ~하다

2 모범답안

退休后做什么，这是很多人非常
关注的问题。有人没有子女陪伴，有
有人…有人… 어떤 사람은~ 어떤 사람은~
人在公寓里没有事情可做，觉得日益
没有…可… ~할 만한 ~가 없다
寂寞。所以，老人应该培养兴趣，参
加一些活动，同时，应该多做户外运
做…运动 운동을 하다
动，要保持身体健康。

해석 **퇴직** 후에 무엇을 하는가는 사람들이 매우 관심을 갖는 문제이다. 어떤 사람은 **같이 살** 자녀가 없고, 어떤 사람은 **아파트**에서 하는 일 없이 지내기 때문에 **점점 외로움**을 느낀다. 그렇기 때문에 노인들은 취미를 가지고 여러 활동에 참가해야 하며, 동시에 야외 운동도 많이 해서 건강을 유지해야 한다.

어휘 ★关注 guānzhù 동 관심을 갖다 | 培养兴趣 péiyǎng xìngqù 동 흥미를 붙이다 | 户外 hùwài 명 야외 | ★保持 bǎochí 동 유지하다

100. HSK POINT 행동을 중심으로 이야기 전개 난이도 上

공략 **STEP 01. 보고 단어 연상하기**

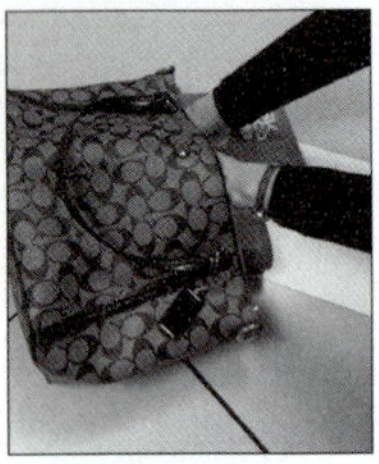

명사 作业 zuòyè 숙제 | 房卡 fángkǎ 호텔 객실 카드 키 | 心情 xīnqíng 기분

동사 忘 wàng 잊어버리다 | 丢 diū 잃어버리다 | 找 zhǎo 찾다 | 迟到 chídào 지각하다

형용사 开心 kāixīn 기쁘다 | 不好 bù hǎo 좋지 않다

STEP 02. 개요 짜기

1 서론 아침에 숙제를 집에 두고 나옴
본론 집에 돌아갔다가 오는 바람에 버스를 놓쳤고 결국 늦음
결론 그러나 숙제를 잘했다고 칭찬을 받아 기분이 좋음

2 서론 출장을 갔을 때 호텔 객실 카드 키를 잃어버림
본론 친절한 호텔 직원이 도와줘서 키를 찾음
결론 깊은 인상을 남음

STEP 03. 개요에 살 붙이기

1 서론 아침에 집을 나오고 나서, 숙제를 잊어버리고 집에 두고 온 것을 알았다.
··· 今天早上我离开家不久，发现自己把作业忘在家里了。

본론 집에 돌아가서 가지고 등교를 하는데, 정류장에 도착했을 때 버스를 놓쳤고, 결국 늦었다.
··· 回家找到了作业上学。到车站的时候，公交车已经出发了，所以我迟到了。

결론 그러나 선생님이 숙제를 아주 잘했다고 말씀하셔서 기분이 좋았다.
··· 可是，老师说我的作业非常精彩，感觉很开心。

※ 백 퍼센트 활용 표현
- ~한 지 오래지 않아 : …不久
- ~을 ~에 둔 것을 잊다 : 把…忘在…里
- ~에 이르렀을 때 : 到…的时候
- 이미 ~하다 : 已经…了

2 서론 지난주에 청도로 출장을 갔을 때 호텔 객실 키를 잃어버렸다.

→ 上周我去青岛出差的时候，我丢了房卡。

본론 호텔 직원이 도와줘서 키를 찾았다. 그 직원은 아주 서비스 태도도 좋고 아주 친절했다.

→ 那个饭店的服务员帮我找到了。她的服务态度非常好，而且很热情。

결론 나에게 깊은 인상을 남겨줬다.

→ 她给我留下了深刻的印象。

※ 백 퍼센트 활용 표현

• 깊은 인상을 남기다 : 留下…深刻的印象

STEP 04. 문장 완성하기

1 모범답안

		今	天	早	上	我	离	开	家	不	久	，	发	现	自
己	把	作	业	忘	在	家	里	了	。	于	是	回	家	找	到
了	作	业	上	学	。	到	车	站	的	时	候	，	真	不	巧
公	交	车	已	经	出	发	了	，	所	以	我	迟	到	了	。
我	心	情	真	不	好	。	可	是	老	师	说	我	的	作	业
非	常	精	彩	感	觉	很	开	心	。						

…不久 ~한 지 오래지 않아

把…忘在…里 ~을 ~에 둔 것을 잊다

到…的时候 ~에 이르렀을 때

已经…了 이미 ~하다

해석 오늘 아침에 집에서 나온 지 얼마 안 돼서 숙제를 집에 두고 온 것을 발견했다. 그래서 집에 가서 숙제를 찾아서 등교를 했다. 정류장에 도착했을 때 공교롭게도 버스가 이미 출발해 버려서 지각을 했다. 기분이 너무 좋지 않았지만, 선생님이 내 숙제가 훌륭하다고 해 주셔서 기분이 좋았다.

어휘 ★离开 líkāi 동 떠나다 | 发现 fāxiàn 동 발견하다 | ★于是 yúshì 접 그래서 | 车站 chēzhàn 명 정류장 | 不巧 bùqiǎo 부 공교롭게도, 운이 없게도 | 公交车 gōngjiāochē 명 버스 | ★迟到 chídào 동 지각하다 | ★心情 xīnqíng 명 기분 | ★精彩 jīngcǎi 형 훌륭하다

2 모범답안

		上	周	我	去	青	岛	出	差	的	时	候	，	我	丢
了	房	卡	，	找	了	半	天	也	没	找	到	，	我	不	知
如	何	才	好	。	那	时	，	那	个	饭	店	的	服	务	员
帮	我	找	了	很	长	时	间	后	，	终	于	找	到	了	。
她	的	服	务	态	度	非	常	好	，	而	且	很	热	情	。
她	给	我	留	下	了	深	刻	的	印	象	。				

了…也… ~해도 ~하다

终于…了 결국 ~하다

留下…深刻的印象 깊은 인상을 남기다

해석 지난주에 청도에 출장을 갔을 때 호텔 객실 카드 키를 잃어버렸는데 아무리 찾아도 찾지 못했고, 어떻게 해야 할지 몰랐다. 그때 그 호텔 직원이 한참을 찾아 줘서 결국 찾았다. 그녀의 서비스 태도는 훌륭했고 아주 친절했다. 그 직원은 나에게 깊은 인상을 남겼다.

어휘 出差 chūchāi 동 출장 가다 | ★丢 diū 동 잃어버리다 | 房卡 fángkǎ 호텔 객실 카드 키 | ★不知 bùzhī 동 모르다 | ★服务员 fúwùyuán 명 종업원 | 半天 bàntiān 명 한참 | 服务态度 fúwù tàidu 명 서비스 태도 | ★热情 rèqíng 형 친절하다 | ★留下 liúxià 동 남기다 | ★深刻 shēnkè 형 깊다 | ★印象 yìnxiàng 명 인상

전공략 新HSK
합격 전략
5급

新HSK 강사의 명쾌한 무료 동영상 강의
영역별 핵심 공략법 D-5
막판 뒤집기 핵심 포인트 수록

JRC중국어연구소 기획 • 김은정 저

JRC 북스

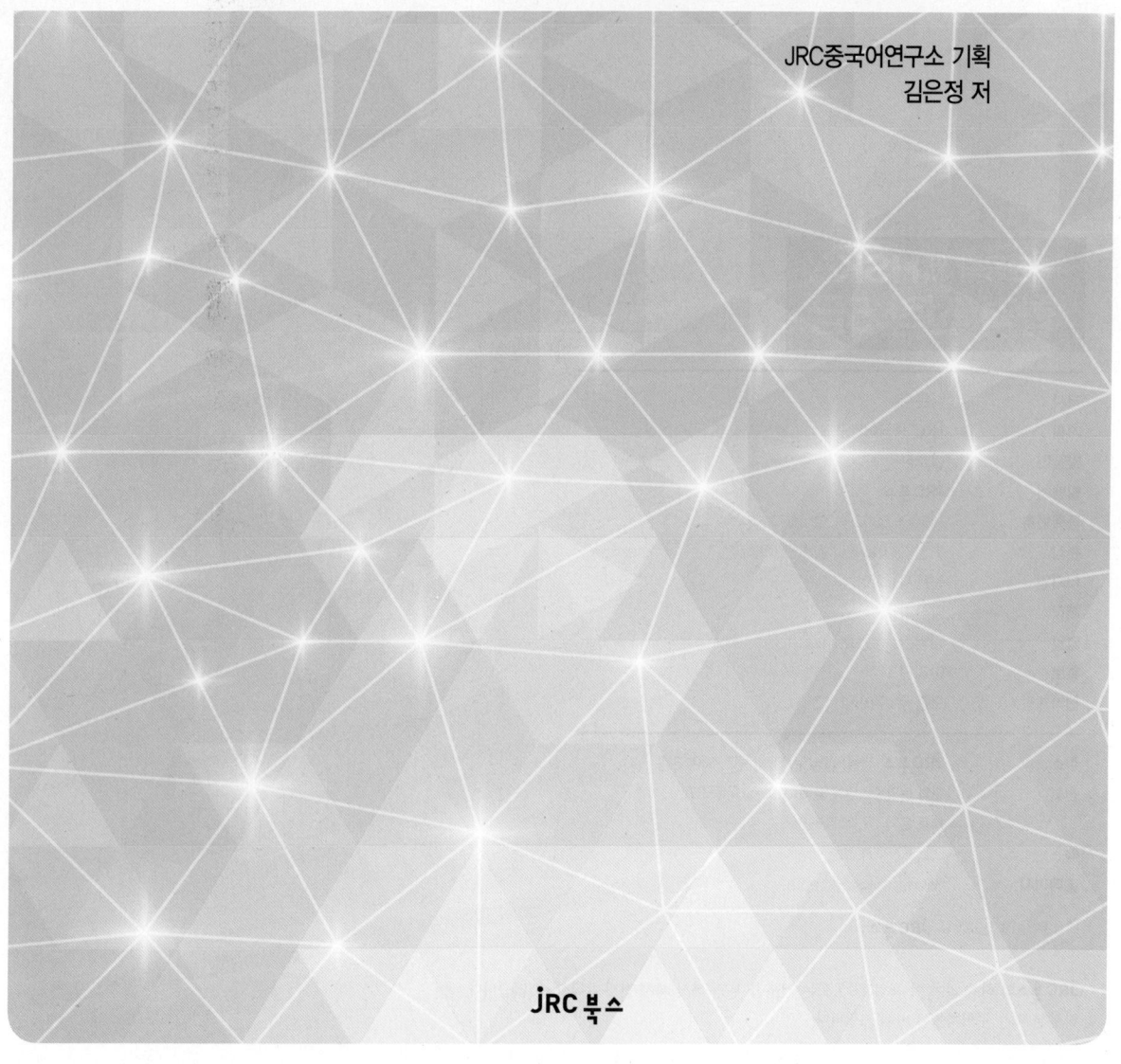

전공략 新HSK
합격 전략 5급

JRC중국어연구소 기획
김은정 저

JRC 북스

전공략 新HSK
합격 전략 5급

저자	김은정
기획	JRC 중국어연구소
발행인	김효정
발행처	JRC 북스
등록번호	제300-2002-42호
편집	최정임 I 이소연 I 김소연 I 조해천
디자인	신은지 I 최여랑
제작	박선희
영업	김영한 I 강민호
홍보	이지연
웹마케팅	오준석 I 김희영

주소	JRC 북스 서울 강남구 테헤란로 109, 3층
전화	구입 문의 02.567.3861 I 02.567.3837
	내용 문의 02.567.3860
팩스	02.567.2471
홈페이지	www.booksJRC.com

차례

D-5 듣기 p.5

전략 1 보기를 보면 질문을 예측할 수 있다
전략 2 함정에 빠지지 않는 법 3가지 마스터하기
전략 3 단문 듣기는 전·후반부를 나눠 들어라

D-4 독해 제1,2부분 p.13

전략 1 품사별 호응 관계를 마스터해 독해 제1부분을 장악하라
전략 2 보기와 지문을 빠르게 대조해 독해 제2부분을 장악하라

D-3 독해 제3부분 p.19

전략 1 질문의 유형을 파악하면 어떤 지문도 두렵지 않다
전략 2 지문 유형에 따라 다른 전략을 써라

D-2 쓰기 제1부분 p.25

전략 1 기본 어순 배열 규칙을 알고 제시어 작문을 마스터하라
전략 2 어법의 예외를 간파하여 함정을 피하라

D-1 쓰기 제2부분 p.29

전략 1 감점 없는 품사 활용법으로 제시어 작문을 마스터하라
전략 2 활용도 100%의 개요틀을 사용하라
전략 3 접속사 및 관용어구를 사용하여 문장에 논리를 입혀라
전략 4 한국인이 자주 틀리는 작문 오류를 범하지 마라

D-0 막판 뒤집기, 합격이 보이는 핵심 포인트 p.37

- 고득점을 위한 기출 성어 BEST50
- 교훈 관련 문장 BEST100
- 반드시 알아야 할 특수 동사 BEST40
- 쓰기 제2부분 최신 기출 제시어 BEST50

전공략 新HSK 합격 전략 5급 활용법

新HSK 최신 출제 경향을 명확하게 파악한 영역별 핵심 공략서로, 총 D-5로 구성되어 있습니다. 또한 시험 직전에 보는 핵심 포인트도 수록되어 있습니다.

新HSK 강사의 명쾌한 무료 동영상 강의

新HSK 시험을 준비하는 학습자들이 꼭 알아야 하는 핵심 공략을 명쾌하게 설명해 드립니다. 실전에서 비법을 어떻게 활용하는지 新HSK 전문가의 강의를 들어보며 확인해 보세요.

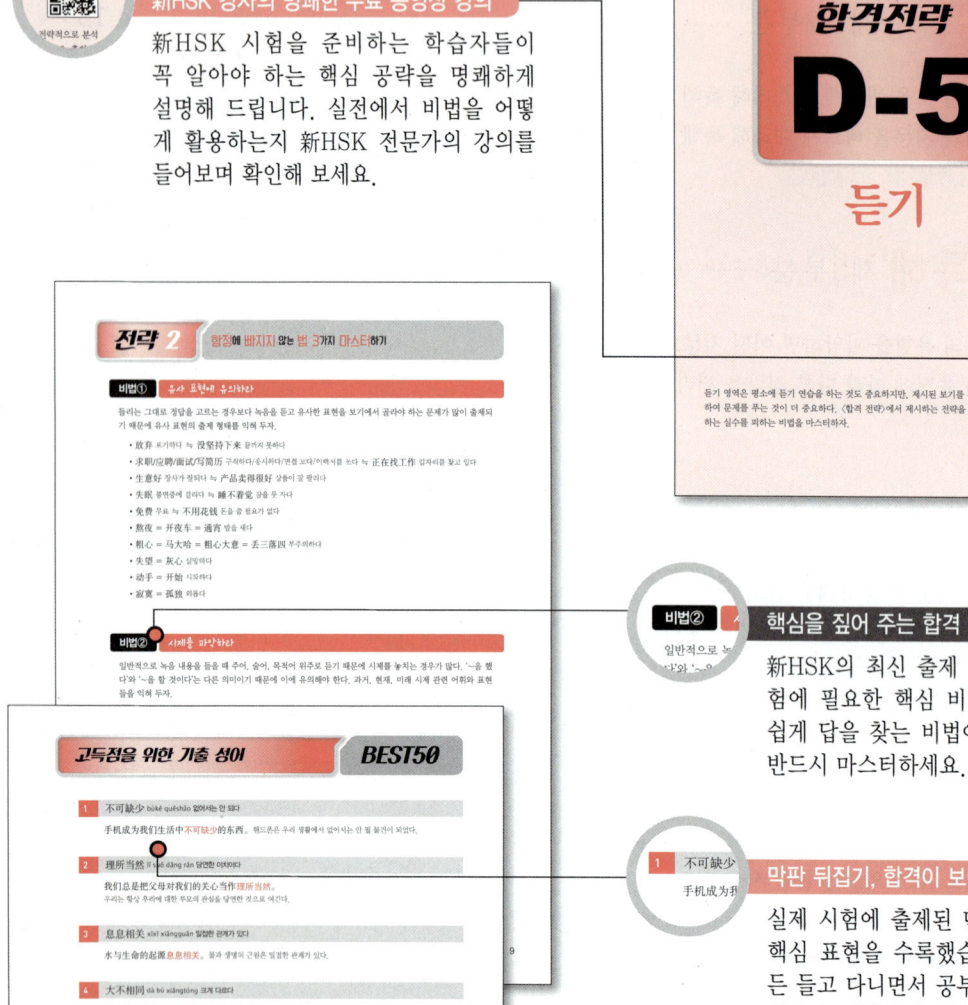

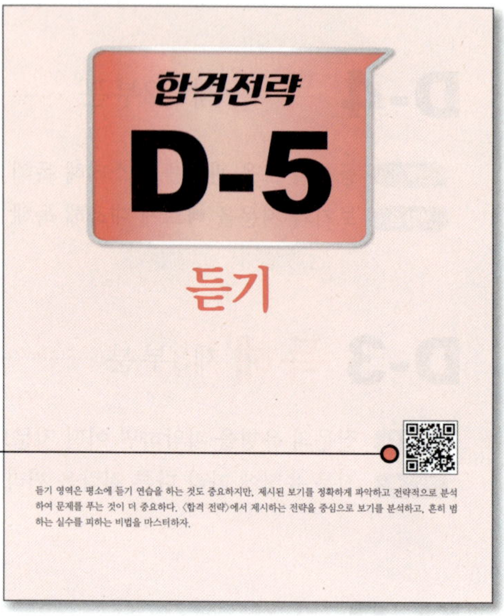

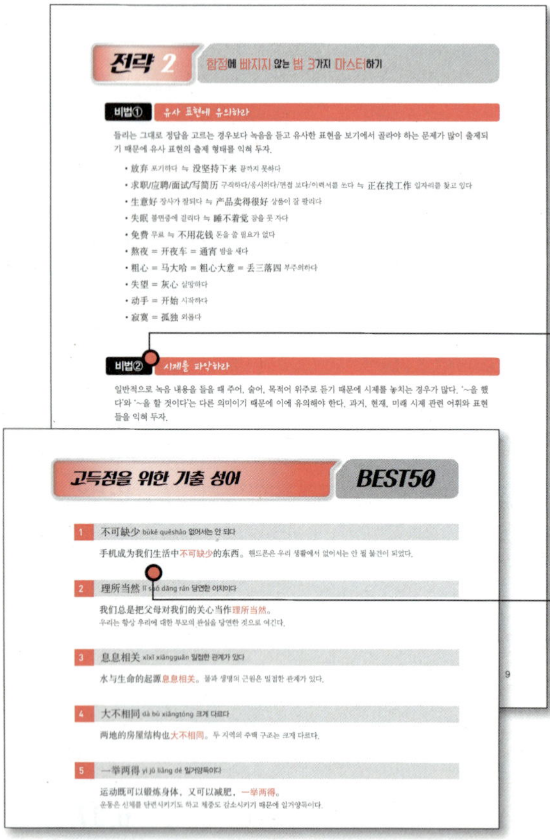

핵심을 짚어 주는 합격 전략 D-5

新HSK의 최신 출제 경향을 분석하여 시험에 필요한 핵심 비법을 정리했습니다. 쉽게 답을 찾는 비법이 제시되어 있으니, 반드시 마스터하세요.

막판 뒤집기, 합격이 보이는 핵심 포인트

실제 시험에 출제된 단어, 문장, 어법 등 핵심 표현을 수록했습니다. 언제 어디서든 들고 다니면서 공부해 보세요. 핵심 포인트만 정확하게 익혀도 시험 점수가 달라집니다.

무료 동영상 강의 보는 방법

1. 교재에서 각 D-day 시작 페이지에 있는 QR 코드를 스캔하면 강의를 바로 볼 수 있습니다.
2. JRC북스 홈페이지(www.booksJRC.com)에서도 강의를 볼 수 있습니다.

합격전략

D-5

듣기

듣기 영역은 평소에 듣기 연습을 하는 것도 중요하지만, 제시된 보기를 정확하게 파악하고 전략적으로 분석하여 문제를 푸는 것이 더 중요하다. 〈합격 전략〉에서 제시하는 전략을 중심으로 보기를 분석하고, 흔히 범하는 실수를 피하는 비법을 마스터하자.

전략 1 보기를 보면 질문을 예측할 수 있다

비법① 명사형 보기는 '장소 또는 대화의 주제'를 묻는다

명사형 보기는 장소를 묻거나 대화상의 핵심 주제를 묻는 문제가 대부분이다. 자주 출제되는 장소 관련 어휘 및 대화의 주제 관련 어휘를 숙지해 두면, 어휘 몇 개만 듣고도 정답을 고를 수 있다.

1. 은행

存钱 cúnqián 통 저금하다 | 取钱 qǔqián 통 돈을 찾다 | 汇款 huìkuǎn 통 돈을 송금하다 | 贷款 dàikuǎn 통 대출하다 | 办理业务 bànlǐ yèwù 업무를 처리하다 | 网上银行 wǎngshàng yínháng 인터넷 뱅킹

2. 호텔

登记 dēngjì 통 체크인하다 | 办理入住手续 bànlǐ rùzhù shǒuxù 체크인하다 | 退房 tuìfáng 통 체크아웃하다 | 旺季 wàngjì 명 (여행 등의) 성수기 | 商务间 shāngwùjiān 명 비즈니스 룸 | 房卡 fángkǎ 명 방 열쇠, 룸키 | 空房 kòngfáng 명 빈방

3. 병원

病人 bìngrén 명 환자 | 患者 huànzhě 명 환자 | 大夫 dàifu 명 의사 | 医生 yīshēng 명 의사 | 看病 kànbìng 통 진찰하다 | 病房 bìngfáng 명 병실 | 动手术 dòng shǒushù 수술하다 | 打针 dǎzhēn 통 주사를 맞다 | 吃药 chīyào 통 약을 먹다 | 住院 zhùyuàn 통 입원하다 | 出院 chūyuàn 통 퇴원하다

4. 상점

发票 fāpiào 명 영수증 | 打折 dǎzhé 통 할인하다 | 付钱 fùqián 통 돈을 지불하다 | 优惠活动 yōuhuì huódòng 명 할인 행사 | 买一送一 mǎi yī sòng yī 1+1 행사

5. 식당

结账 jiézhàng 통 계산하다 | 买单 mǎidān 통 계산하다 | 菜单 càidān 명 메뉴 | 点菜 diǎncài 통 주문하다 | 打包 dǎbāo 통 포장하다 | 带走 dàizǒu 통 테이크 아웃 하다 | 包间 bāojiān 명 (음식점의) 룸 | 味道 wèidao 명 맛

6. 공항

登机 dēngjī 통 탑승하다 | 登机口 dēngjīkǒu 명 탑승구 | 登机牌 dēngjīpái 명 탑승권 | 护照 hùzhào 명 여권 | 签证 qiānzhèng 명 비자 | 航班 hángbān 명 항공편 | 起飞 qǐfēi 통 이륙하다 | 降落 jiàngluò 통 착륙하다 | 飞机晚点 fēijī wǎndiǎn 비행기가 연착하다

7. 기차

车厢 chēxiāng 명 (열차 등의) 객실 | 硬座 yìngzuò 명 일반석 | 硬卧 yìngwò 명 일반 침대석 | 软座 ruǎnzuò 명 상등석 | 软卧 ruǎnwò 명 일등 침대석 | 餐车 cānchē 명 식당칸 | 乘务员 chéngwùyuán 명 승무원

8. 주제 관련 어휘

股票 gǔpiào 명 주식 | 投资 tóuzī 명 투자 | 公司注册 gōngsī zhùcè 사업자 등록 | 志愿活动 zhìyuàn huódòng 명 자원 봉사 활동 | 减肥 jiǎnféi 명 다이어트 | 传统乐器 chuántǒng yuèqì 명 전통 악기

비법② 술어형 보기는 '행동과 상태'를 묻는다

주어 없이 술어로만 이루어진 술어형 보기는 보기 중에서 차지하는 비중이 가장 높다. 일반적으로 행동이나 상태를 묻는 문제가 출제된다. 시험에 자주 출제되는 상황별로 행동과 상태 관련 어휘를 익혀 두어야 어떤 상황의 지문이 출제되어도 당황하지 않고 정답을 고를 수 있다.

1. 업무

上下班 shàngxiàbān 동 출퇴근하다 | 加班 jiābān 동 초과 근무하다 | 开会 kāihuì 동 회의를 열다 | 出差 chūchāi 동 출장 가다 | 合作 hézuò 동 협력하다 | 谈判 tánpàn 동 협상하다 | 待遇 dàiyù 명 대우 | 应聘 yìngpìn 동 응시하다, 지원하다 | 招聘 zhāopìn 동 모집하다 | 求职 qiúzhí 동 구직하다 | 跳槽 tiàocáo 동 이직하다 | 面试 miànshì 명 면접 | 实习 shíxí 동 실습하다, 인턴 생활을 하다 | 写报告 xiě bàogào 보고서를 쓰다 | 签合同 qiān hétong 계약을 체결하다 | 调整 tiáozhěng 동 조정하다 | 安排 ānpái 동 안배하다 | 投资 tóuzī 동 투자하다 | 咨询 zīxún 동 자문하다 | 研讨会 yántǎohuì 명 세미나

2. 학업

写论文 xiě lùnwén 논문을 쓰다 | 考试 kǎoshì 명 시험 | 上课 shàngkè 동 수업하다 | 网络课程 wǎngluò kèchéng 인터넷 강좌 | 报名 bàomíng 동 등록하다

3. 가정 생활

打扫 dǎsǎo 동 청소하다 | 收拾 shōushi 동 정리하다 | 洗碗 xǐwǎn 동 설거지하다 | 洗衣服 xǐ yīfu 빨래하다 | 晒衣服 shài yīfu 빨래를 말리다 | 剪 jiǎn 동 (가위로 머리카락 또는 물건 등을) 자르다 | 搬家 bānjiā 동 이사하다 | 浇水 jiāoshuǐ 동 물을 뿌리다

4. 쇼핑

开发票 kāi fāpiào 영수증을 발급하다 | 退还 tuìhuán 동 환불하다 | 刷卡 shuākǎ 동 카드로 결제하다 | 付钱 fùqián 동 돈을 지불하다 | 换零钱 huàn língqián 잔돈을 바꾸다

5. 취미

下象棋 xià xiàngqí 장기를 두다 | 钓鱼 diàoyú 동 낚시하다 | 养花 yǎng huā 꽃을 기르다 | 养宠物 yǎng chǒngwù 애완동물을 기르다 | 打篮球 dǎ lánqiú 농구하다 | 打乒乓球 dǎ pīngpāngqiú 탁구를 치다 | 练瑜伽 liàn yújiā 요가를 하다

6. 인성

小气 xiǎoqi 형 인색하다 | 大方 dàfang 형 대범하다 | 骄傲 jiāo'ào 형 교만하다 | 谦虚 qiānxū 형 겸손하다 | 善于交际 shànyú jiāojì 사교적이다 | 热情 rèqíng 형 열정적이다, 친절하다 | 头脑灵活 tóunǎo línghuó 두뇌 회전이 빠르다 | 细心 xìxīn 형 세심하다 | 粗心大意 cūxīn dàyì 성 부주의하다

7. 음식

> 酸 suān 형 시다 | 甜 tián 형 달다 | 苦 kǔ 형 쓰다 | 辣 là 형 맵다 | 咸 xián 형 짜다 | 糖 táng 명 설탕 | 醋 cù 명 식초 | 盐 yán 명 소금

8. 의상 및 스타일

> 颜色鲜艳 yánsè xiānyàn 색상이 화려하다 | 老土 lǎotǔ 형 촌스럽다 | 穿得正式 chuān de zhèngshì 정장으로 차려 입다 | 感觉舒服 gǎnjué shūfu 편안하다

비법③ 문장형 보기는 '옳은 것'을 묻는다

보기가 문장으로 이루어져 있으면, '根据对话，可以知道什么?(대화에서 알 수 있는 것은?), '根据对话，下列哪项正确?(다음 중 옳은 것은?)' 등의 질문이 출제된다. 이 경우에는 보기를 전략적으로 분석하고 녹음을 들어야 한다. 듣기 영역 대부분의 문제가 남녀 간의 대화로 이루어져 있기 때문에, 보기에서 남자와 여자를 명확하게 구분하는 것이 중요하다.

1. 보기의 주어와 술어를 분리하여 분석하기

男的 / 很吃惊。 → 남자의 심리 상태
남자는 / 매우 놀랐다.

男的 / 得了冠军。 → 남자의 행동 결과
남자는 / 우승을 했다.

男的 / 在付款。 → 남자의 현재 행동
남자는 / 돈을 지불하고 있다.

女的 / 最近很忙。 → 여자의 상태
여자는 / 요즘 바쁘다.

女的 / 不够用工。 → 여자의 태도
여자는 / 충분히 노력하지 않는다.

小李 / 爱拍风景照。 → 제3의 인물
샤오리는 / 풍경 사진을 찍는 것을 좋아한다.

2. 인물 간의 연관성 찾기

女的 / 赢不了男的。 → 남녀의 상황에 주목
여자는 / 남자를 이길 수 없다.

男的 / 可以教女的。 → 남녀의 관계에 주목
남자는 / 여자를 가르쳐 줄 수 있다.

男的 / 同意女的意见。 → 남녀의 의견에 주목
남자는 / 여자의 의견에 동의한다.

女的 / 正在鼓励男的。 → 남녀의 태도에 주목
여자는 / 남자를 격려하고 있다.

전략 2 함정에 빠지지 않는 법 3가지 마스터하기

비법① 유사 표현에 유의하라

들리는 그대로 정답을 고르는 경우보다 녹음을 듣고 유사한 표현을 보기에서 골라야 하는 문제가 많이 출제되기 때문에 유사 표현의 출제 형태를 익혀 두자.

- 放弃 포기하다 ≒ 没坚持下来 끝까지 못하다
- 求职/应聘/面试/写简历 구직하다/응시하다/면접 보다/이력서를 쓰다 ≒ 正在找工作 일자리를 찾고 있다
- 生意好 장사가 잘되다 ≒ 产品卖得很好 상품이 잘 팔리다
- 失眠 불면증에 걸리다 ≒ 睡不着觉 잠을 못 자다
- 免费 무료 ≒ 不用花钱 돈을 쓸 필요가 없다
- 熬夜 = 开夜车 = 通宵 밤을 새다
- 粗心 = 马大哈 = 粗心大意 = 丢三落四 부주의하다
- 失望 = 灰心 실망하다
- 动手 = 开始 시작하다
- 寂寞 = 孤独 외롭다

비법② 시제를 파악하라

일반적으로 녹음 내용을 들을 때 주어, 술어, 목적어 위주로 듣기 때문에 시제를 놓치는 경우가 많다. '~을 했다'와 '~을 할 것이다'는 다른 의미이기 때문에 이에 유의해야 한다. 과거, 현재, 미래 시제 관련 어휘와 표현들을 익혀 두자.

1. 과거 시제

- 已经…了 이미 ~했다
  那场比赛已经结束了。그 경기는 이미 끝났다.
- 曾经…过 일찍이 ~한 적이 있다
  我曾经去过那儿。나는 일찍이 그곳에 가본 적이 있다.

2. 현재 시제

- 现在 현재, 지금
  现在还堵车吗? 지금 아직도 차가 막히니?
- 正在 ~하는 중이다
  他正在倒茶呢。그는 차를 따르고 있다.

3. 미래 시제

- 要…了 곧 ~할 것이다
  火车要出发了。기차가 곧 출발할 것이다.

• 快…了 곧 ~할 것이다
快结束了。곧 끝난다.

• 打算 ~할 계획이다
我打算去报名学车。나는 운전을 배우러 등록하러 갈 계획이다.

• 希望 ~할 것이다
我希望加强合作。나는 협력을 강화하길 바란다.

비법③ 부정 및 불확실한 대답을 정확하게 들어라

술어를 들을 때 긍정과 부정의 표현을 정확하게 들어야 하며, 또한 긍정과 부정의 대답 외에도 불확실함을 나타내는 표현이 등장하는 경우의 문제는 오답일 확률이 높기 때문에 미리 숙지해 두자.

1. 부정의 표현

• 没(有) ~하지 않았다
我还没适应大学生活。나는 대학 생활에 아직 적응하지 못했다.

• 并不 결코 ~하지 않다
做这件事并不容易。이 일을 하는 것은 결코 쉽지 않다.

• 从不 여태까지 ~하지 않다
我从不吃狗肉。나는 여태까지 개고기를 먹지 않았다.

• 从来没有 여태까지 ~한 적이 없다
我从来没有忘记那件事。나는 여태까지 그 일을 잊은 적이 없다.

2. 불확실성을 나타내는 표현

• 未必 꼭 그런 것은 아니다
这未必是最适合的选择。이것이 가장 적합한 선택인 것은 아니다.

• 不一定 꼭 그런 것은 아니다
失败不一定是成功之母。실패가 꼭 성공의 어머니인 것은 아니다.

• 不见得 꼭 그런 것은 아니다
不见得越早越好。이를수록 좋은 것은 아니다.

• 说不定/说不准 어쩌면 ~이다
今天说不定他不来上学了。오늘 어쩌면 그가 학교에 오지 않을 수도 있다.

전략 3 단문 듣기는 전·후반부를 나눠 들어라

듣기 영역은 대화 형태의 문제와 단문 형태의 문제가 출제되는데, 단문 듣기는 지문 자체가 듣기 어렵다. 때문에 전략적으로 문장을 들어야 한다. 일반적으로 단문 듣기의 지문은 크게 전반부와 후반부로 나누어진다. 전반부는 일반적인 상황 설명이나 서술로 이루어져 있고, 후반부는 주제나 교훈으로 이루어져 있다. 전반부는 보기와 세부 내용을 대조하여 듣고, 후반부는 핵심 주제를 위주로 듣는다.

지문의 전반부에서 구체적인 세부 사항을 묻는 문제가 출제되기 때문에 앞서 〈전략1〉에서 언급했던 방법으로 보기를 분석하여 문제를 푼다. 보기를 보고 지문에서 들리는 그대로 정답을 고를 가능성이 크기 때문에 보기에 집중하여 문제를 푼다.

비법① 전반부를 들을 때는 보기에 집중하라

들리는 그대로 정답을 고르는 경우보다 녹음을 듣고 유사한 표현을 보기에서 골라야 하는 문제가 많이 출제되기 때문에 유사 표현의 출제 형태를 익혀 두자.

A 立即逃跑
B 躲在石头后
C 攻击对象
D 把头埋进沙子里

A 즉시 도망간다
B 바위 뒤에 숨는다
C 상대를 공격한다
D 머리를 모래 속에 묻는다

→ 보기가 모두 구체적인 행동임에 유의하고 모르는 어휘가 있더라도 보기에 집중해서 듣는다.

当鸵鸟遇到危险时，**就会把头埋入沙子里**，以为自己看不见就安全了，心理学家将这种逃避现实的行为称为鸵鸟心理。研究发现，很多人面对压力时都会产生这种心理。

타조는 위험에 봉착했을 때, 머리를 모래 속에 묻고는 자신이 위험을 볼 수 없으면 안전하다고 생각한다. 심리학자는 이런 종류의 현실 도피 행위를 타조 심리라고 부른다. 연구에 따르면, 많은 사람들이 스트레스에 대해 이런 심리를 가진다고 한다.

→ 보기에 집중해서 지문을 들을 때 보기와 유사하거나 거의 일치하는 문장을 정답으로 고른다.

비법② 후반부를 들을 때는 주제 및 교훈에 집중하라

지문의 후반부는 주제와 교훈으로 마무리되는 경우가 많으며, 이를 묻는 문제는 반드시 출제된다. 때문에 평소에 주제와 교훈 관련 문장들을 익혀 두면 어려운 지문이 출제되어도 들리는 그대로 정답을 고를 수 있다.

■ 듣기에 자주 출제되는 교훈 관련 문장

1. 不要害怕失败。 실패를 두려워하지 마라.
2. 尊重别人。 다른 사람을 존중해라.
3. 把握机会更重要。 기회를 잡는 것이 더 중요하다.
4. 要勇敢面对困难。 어려움에 용감하게 맞서라.
5. 要懂得谦虚。 겸손할 줄 알아야 한다.
6. 不要忽视别人。 다른 사람을 무시하지 마라.
7. 错误是可以避免的。 잘못은 피할 수 있다.
8. 考虑问题要全面。 문제를 생각할 때는 전면적이어야 한다.
9. 遇事不要慌张。 일을 당했을 때는 당황하지 말아야 한다.
10. 苦难会使人成长。 고난은 사람을 성장시킨다.

합격전략

D-4

독해 제1, 2부분

독해 제1부분은 동사, 명사, 부사, 접속사 등 다양한 품사의 어휘가 문장에서 어떤 역할을 하고, 어떻게 호응하는지를 파악하는 것이 중요하다. 독해 제2부분은 짧은 시간 안에 빠른 속도로 문제를 푸는 것이 중요하기 때문에 보기의 내용과 지문을 빠르게 대조하는 연습이 필요하다.

전략 1 품사별 호응 관계를 마스터해 독해 제1부분을 장악하라

비법① 술어와 목적어의 빈출 호응 관계에 주목하라

'并不知道利用音乐来__________压力也是一门学问。' 문장에서 빈칸 뒤에 있는 목적어 压力(스트레스)와 호응하는 동사를 찾으면 缓解(완화시키다)가 된다. 자주 출제되는 호응 관계를 기억하면 지문을 꼼꼼하게 읽지 않아도 쉽게 정답을 고를 수 있다.

■ 빈출 호응 관계

克服 + 困难 어려움을 극복하다	缓解 + 压力 스트레스를 완화하다
达到 + 目的 목적을 달성하다	满足 + 要求 요구를 만족하다
办理 + 业务 업무를 처리하다	享受 + 生活 생활을 누리다
积累 + 经验 경험을 쌓다	征求 + 意见 의견을 구하다
承担 + 责任 책임을 지다	掌握 + 技术 기술을 장악하다
把握 + 机会 기회를 잡다	充满 + 活力 활력이 넘치다
欣赏 + 风景 풍경을 감상하다	实现 + 梦想 꿈을 실현하다
保持 + 身材 몸매를 유지하다	形成 + 习惯 습관을 기르다
处于 + 状态 상태에 처하다	得到 + 肯定 인정을 받다
制定 + 计划 계획을 세우다	导致 + 后果 나쁜 결과를 초래하다

비법② 접속사의 호응 관계에 주목하라

보기가 문장인 경우에는 앞뒤 문장 간의 맥락을 파악해야 하는데, 이때 접속사의 호응 관계로 문제를 풀 수 있다. 접속사와 접속사 또는 부사와의 호응 관계를 익혀 두자.

■ 빈출 접속사

❶ 因为 = 由于 + 所以 = 于是 = 因此 ~때문에 ~하다

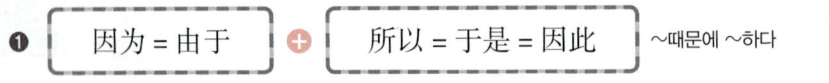

因为我感到头晕，所以今天不能上课了。 나는 머리가 어지러워서, 오늘 수업에 갈 수 없게 되었다.

❷ 既 + 也 ~이기도 하고 ~이기도 하다

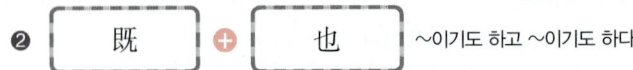

这里的饭菜既经济，也实惠。 이곳의 음식은 경제적이기도 하고 실속도 있다.

❸ 不但 = 不仅 ⊕ 而且/也/还 ~일 뿐만 아니라 ~이기까지 하다

这个公司的职员不但会说汉语，而且会说英语。
이 회사의 직원은 중국어를 할 수 있을 뿐만 아니라 영어도 할 수 있다.

❹ 虽然 = 尽管 ⊕ 但是 = 然而/却 비록 ~일지라도 ~하다

尽管他家离公司很远，然而他每天都早来十分钟。
그의 집은 회사에서 멀지만, 그는 매일 10분 일찍 온다.

❺ 即使 = 哪怕 = 就算 ⊕ 也 설령 ~일지라도 ~하다

即使你没有能力买到豪华的住宅，我也要和你结婚。
네가 설령 호화로운 집을 살 능력이 없더라도, 나는 너와 결혼할 것이다.

❻ 要是 = 如果 = 假如 ⊕ 那么/就 만약에 ~라면

要是你有什么事儿，就来找我。만약 너한테 무슨 일이 생기면 나를 찾아와.

❼ 只要 ⊕ 就 단지 ~하기만 하면 ~하다

只要相信自己，就一定能做得到。스스로를 믿기만 하면 분명히 해낼 수 있다.

❽ 只有 ⊕ 才 ~해야만 ~하다

只有付出努力，才能学好汉语。노력을 해야만 중국어를 마스터할 수 있다.

❾ 无论/不论/不管 ⊕ 都 ~을 막론하고, ~에 관계 없이

不管春夏秋冬，昆明的天气都很好。봄, 여름, 가을, 겨울에 상관없이 쿤밍의 날씨는 참 좋다.

❿ 除非 ⊕ 否则 ~해야지, 그렇지 않으면 ~하다

除非你按时来，否则他会生气。너는 반드시 제시간에 와야지, 그렇지 않으면 그가 화를 낼 것이다.

비법③ 부사의 호응 관계에 주목하라

부사를 묻는 문제는 출제 빈도가 높기 때문에 출제되는 유형을 파악하여 유형별로 전략을 익혀 둔다. 기본적으로 의미를 파악해야 하는 부사는 반드시 암기해야 한다. 또한 호응 관계가 성립되는 부사는 평소에 익혀 두고, 보기에 관련 부사가 등장하면 빈칸 뒤를 확인하여 문제를 푼다.

1. 의미를 파악해야 하는 부사

未必 wèibì 꼭 그런 것은 아니다	其实 qíshí 사실은
究竟 jiūjìng 도대체	的确 díquè 확실히
怪不得 guàibude 어쩐지	居然 jūrán 뜻밖에도
幸亏 xìngkuī 운 좋게도	干脆 gāncuì 아예
彻底 chèdǐ 철저하게	果然 guǒrán 과연
紧急 jǐnjí 재빠르게	简直 jiǎnzhí 그야말로
明显 míngxiǎn 분명하게	纷纷 fēnfēn 잇달아
忽然 hūrán 갑자기	陆续 lùxù 연이어
好像 hǎoxiàng 마치 ~인 것 같다	尽量 jǐnliàng 가능한 한
似乎 sìhū 마치 ~인 것 같다	依然 yīrán 여전히
仿佛 fǎngfú 마치 ~인 것 같다	逐步 zhúbù 점점
竟然 jìngrán 뜻밖에도	仍然 réngrán 여전히

2. 부정부사와 호응하는 부사

根本 근본적으로 | 从来 여태까지 | 并 결코 | 一点儿也/都 조금도 + 不/没有

我根本不喜欢学文学。 나는 문학 공부하는 것을 전혀 좋아하지 않는다.

我对政治一点儿都没有兴趣。 나는 정치에 조금도 관심이 없다.

3. 시제 관련 동태조사와 호응하는 부사

曾经 일찍이 + 过 ~한 적이 있다(경험)

我曾经去过很多国家。 나는 예전에 많은 나라에 가본 적이 있다.

已经 일찍이 + 了 ~했다(완료)

那个公司已经倒闭了。 그 회사는 이미 도산했다.

眼看 곧 + 了(변화)

我眼看就30岁了。 나는 곧 30살이 된다.

전략 2 보기와 지문을 빠르게 대조해 독해 제2부분을 장악하라

비법① 유사한 표현을 알면 빠르게 대조할 수 있다

1. ~에 도움이 되다 ▸ 对…有好处，有益于，有利于，有助于
2. A와 B는 다르다 ▸ A和B不一样，A不同于B
3. A와B는 비슷하다 ▸ A与B相似，A与B有共同点
4. 좋다 ▸ 好，理想，不错，佳
5. 적합하다 ▸ 适合，宜
6. 밀접한 관계가 있다 ▸ A与B息息相关，A离不开B
7. 유명하다 ▸ 很有名，很著名
8. ~에서 유래하다 ▸ 起源于，来自于
9. ~에 위치하다 ▸ 位于，坐落于
10. 널리 퍼져 있다 ▸ 遍布世界的每个角落，分布很广

비법② 지문의 성격을 파악하고 풀이 방법을 선택하라

1. 설명문 → 상세 정보 대조

■ 중국 관련 설명문 빈출 어휘

起源于 qǐyuányú ~에서 기원하다 | 位于 wèiyú ~에 위치하다 | 坐落在 zuòluòzài ~에 자리잡고 있다 | 被称为 bèi chēngwéi ~라고 불리다 | 被誉为 bèi yùwéi ~라고 칭송되다 | (素)有…之称… (sù)yǒu…zhī chēng… ~라는 명칭을 가지다 | 历史悠久 lìshǐ yōujiǔ 역사가 유구하다 | 据史书记载 jù shǐshū jìzǎi 역사서에서 기재한 것에 따르면 | 景色 jǐngsè 풍경

■ 건강 관련 설명문 빈출 어휘

蛋白质 dànbáizhì 단백질 | 维生素 wéishēngsù 비타민 | 脂肪 zhīfáng 지방 | 肝 gān 간 | 心脏 xīnzàng 심장 | 胃 wèi 위 | 肾脏 shènzàng 신장 | 含有 hányǒu 함유하다 | 营养 yíngyǎng 영양 | 减肥 jiǎnféi 다이어트 | 有助于=有利于=有益于… yǒuzhùyú=yǒulìyú=yǒuyìyú… ~에 도움이 되다

■ 동식물 관련 설명문 빈출 어휘

动植物 dòngzhíwù 동식물 | 繁殖 fánzhí 번식하다 | 生长 shēngzhǎng 생장하다 | 分布 fēnbù 분포하다 | 广泛 guǎngfàn 광범위하다 | 遍布世界的每个角落 biànbù shìjiè de měi ge jiǎoluò 세계 곳곳에 분포되다 | 热带地区 rèdài dìqū 열대 지역 | 寒冷地区 hánlěng dìqū 한랭 지역 | 适应 shìyìng 적응하다 | 寿命 shòumìng 수명

■ 경제 및 사회 생활

企业 qǐyè 기업 | 管理 guǎnlǐ 관리하다 | 员工 yuángōng 직원, 종업원 | 面试 miànshì 면접 | 消费 xiāofèi 소비하다 | 节约 jiéyuē 절약하다 | 投资 tóuzī 투자 | 职业 zhíyè 직업 | 顾客 gùkè 고객 | 理财 lǐcái 재산을 관리하다 | 适应 shìyìng 적응하다 | 发挥 fāhuī 발휘하다 | 素质 sùzhì 소양, 자질

■ 개인의 일반 생활

幽默 yōumò 유머 감각이 있다 | 矛盾 máodùn 모순, 갈등 | 愤怒 fènnù 분노하다 | 智商 zhìshāng 지능지수 | 失恋 shīliàn 실연하다 | 痛苦 tòngkǔ 고통 | 心里 xīnlǐ 심리 | 压力 yālì 압력, 스트레스 | 婚姻 hūnyīn 혼인, 결혼 | 性格 xìnggé 성격

2. 삶의 지혜 및 인생 교훈 관련 지문 → 핵심 내용 파악

■ 삶의 지혜 및 인생 교훈 관련 빈출 어휘

心理 xīnlǐ 심리 | 性格 xìnggé 성격 | 态度 tàidu 태도 | 善于 shànyú ~에 능통하다 | 懂得 dǒngde ~을 이해하다 | 学会 xuéhuì 배워서 할 수 있다 | 成功 chénggōng 성공 | 失败 shībài 실패 | 目标 mùbiāo 목표

합격전략

D-3

독해 제3부분

독해 제3부분은 독해 제1부분과 제2부분에 비해 문제 수가 많기 때문에 그만큼 중요한 영역이지만, 긴 지문을 읽고 독해하는 것을 부담스러워하는 학습자가 많다. 하지만 문제의 유형이 이미 정해져 있기 때문에 지문을 꼼꼼하게 읽기보다는 문제 유형을 미리 파악하고 문제를 중심으로 지문을 읽으면 어렵지 않게 정답을 찾을 수 있다.

전략 1 질문의 유형을 파악하면 어떤 지문도 두렵지 않다

비법① 세부 사항을 묻는 질문은 핵심어에 주목한다

질문의 핵심 어휘를 파악하여 그 어휘가 사용된 부분을 지문에서 바로 찾아 보기와 대조하여 문제를 풀면 시간을 절약할 수 있다. 에피소드 지문일 경우에는 특정 인물의 이름이 문제에 등장하면, 지문에서 그 인물을 찾아 문제를 풀면 된다.

沈括一行人上山是为了什么?

심괄 일행이 산에 간 것은 무엇을 위해서인가?

→ 이 질문의 핵심어는 '심괄 일행'이며, 이것을 지문에서 그대로 찾으면 된다.

……第二天，沈括一行人就前往山里寻找答案。4月的山上，乍暖还寒，凉风袭来，冻得人瑟瑟发抖，沈括茅塞顿开，原来山上的温度要比山下低很多，花季也比山下来得晚……

……다음날, 심괄 일행은 답을 찾으러 산으로 향했다. 4월에 산 위는 아직은 차가운 기운이 남아 있고, 매서운 바람이 불어 몸이 떨릴 정도로 추웠다. 심괄은 답답했던 것이 한꺼번에 풀렸다. 원래 산 위의 온도는 산 아래보다 훨씬 낮고, 개화 시기도 산 아래보다 늦은 것이다……

→ 핵심어 **沈括一行人**의 뒷부분 **寻找答案**(답을 찾다)을 보면, 심괄 일행이 산에 간 이유가 '**找出山上开花晚的原因**(산 위에 꽃이 늦게 피는 원인을 찾는다)'임을 알 수 있다.

비법② 어휘의 의미를 파악하는 문제는 앞뒤 문장에 주목한다

어휘의 의미를 파악하는 문제는 그 어휘 자체를 보고 문제를 풀기보다는 해당 어휘의 앞뒤 맥락을 통해 정답을 골라야 한다.

第一段中"垂头丧气"是什么意思?

첫 단락에서 '垂头丧气'는 무슨 뜻인가?

→ 해당 어휘를 지문에서 빠르게 찾는다.

……他出海一整天也没有捕到一条鱼。晚上他垂头丧气地回到家，邻居见状，对他说: "你织的网太小了，哪能捕到鱼? 你得把网织得大一点儿……

……그는 바다에 나가서 하루 종일 물고기 한 마리도 잡지 못했다. 저녁에 풀이 죽어서 집에 돌아오는데, 이웃이 이 모습을 보고 그에게 말했다. "당신이 만든 그물은 너무 작아요. 어떻게 물고기를 잡을 수 있겠어요. 그물을 더 크게 만들어야 해요." ……

➜ **垂头丧气**의 앞뒤 문장을 찾는다. 바로 앞 문장에서 바다에 나갔는데, 물고기를 한 마리도 잡지 못한 내용에서 해당 어휘의 문장이 이어지기 때문에, **垂头丧气**는 '기분이 좋지 않고 의기소침하다'는 의미임을 유추할 수 있다.

비법③ 원인을 묻는 문제는 인과관계 관련 어휘에 주목한다

원인을 묻는 문제의 경우에는 因为, 由于, 所以, 因此, 于是, 为什么 등 인과관계를 나타내는 어휘에 유의하여 문제를 푼다.

为什么有些人没有得到"第6瓶汽水"?

왜 어떤 사람들은 여섯 번째 사이다를 마실 수 없나?

➜ 이 질문에서 **为什么**를 보면 이유를 묻는 문제임을 알 수 있고, 핵심어는 **第6瓶汽水**임을 알 수 있다.

……那些没有得到"第6瓶汽水"的人，不是因为没有能力，而是因为他们没有转换思路，没有最大限度地利用已有的资源。

……여섯 번째 사이다를 얻지 못하는 사람들은 능력이 없어서가 아니라, 사고를 전환하지 못하고, 자신이 가지고 있는 자원을 최대한 사용하지 못했기 때문이다.

➜ 핵심어 **第6瓶汽水**와 접속사 **因为**가 등장하는 부분에서 제대로 자원을 이용하지 못해서 여섯 번째 사이다를 마실 수 없음을 알 수 있다.

비법④ 옳은 것을 고르는 문제는 보기를 먼저 본다

옳은 것을 고르는 문제는 단락이나 문장 전체의 구체적인 내용을 파악해야 하기 때문에 상대적으로 많은 시간이 필요하다. 때문에 보기를 먼저 파악하고, 지문과 대조하여 문제를 푸는 것이 좋다.

根据第2段，可以知道什么?

A 渔夫换条船
B 渔夫织一张大网
C 邻居帮他出海捕鱼
D 渔夫又没有收获

두 번째 단락을 통해서 무엇을 알 수 있나?

A 어부는 배를 바꿨다
B 어부는 큰 그물을 만들었다
C 이웃이 그가 바다에 나가 물고기를 잡는 것을 도와줬다
D 어부는 또 수확이 없었다

➜ 보기를 주어와 술어로 나누면, 주어는 **渔夫**(어부)와 **邻居**(이웃)이다. 해당 단락에서 어부와 이웃 중심으로 술어를 대조하여 정답을 고른다.

……渔夫听从了邻居的建议，把网织得和邻居的网一样大。他带着大网出海捕鱼，一天下来捕到了很多鱼。渔夫心想：原来捕鱼多少的关键是看网的大小，如果我把网织得再大点儿，那捕到的鱼一定还会更多。于是，渔夫几天没有出海，在家织网。5天后，他把原来的网又扩大了好几倍……

……어부는 이웃의 제안에 따라 그물을 이웃집 그물 크기만큼 크게 만들었다. 큰 그물을 가지고 바다에 나가 하루 동안 아주 많은 물고기를 잡았다. 어부는 알고 보니 얼마나 많은 물고기를 잡을 수 있는지는 그물의 크기에 달린 것이고, 만약 그물을 더 크게 만들면 더 많은 물고기를 잡을 수 있다고 생각했다. 그래서 어부는 며칠 동안 바다에 나가지 않고 집에서 그물만 만들었다. 5일 후에 그는 원래 그물보다 몇 배나 더 큰 그물을 만들었다. ……

➜ 지문에서 **渔夫**와 **邻居**를 중심으로 살펴보면, 어부가 그물을 크게 만든 것을 알 수 있다.

비법⑤ 주제나 제목을 묻는 문제는 첫 번째 단락과 마지막 단락에 유의한다

주제나 제목을 묻는 문제는 첫 번째 단락과 마지막 단락을 읽으면 쉽게 풀 수 있다. 주제는 대체로 마지막 단락에 나올 가능성이 높지만, 실용문의 경우에는 첫 번째 단락에서 글의 핵심 키워드가 등장하는 경우가 많기 때문에 첫 번째 단락도 반드시 파악해야 한다.

上文主要想告诉我们：

A 不怕慢，就怕站
B 要严格要求自己
C 要满足于现状
D 不要在乎别人的看法

윗글이 주로 우리에게 알려주는 것은?

A 속도가 느린 것을 두려워하지 말고, 멈추는 것을 두려워하라
B 자신에게 엄격하게 요구해라
C 현재 상황에 만족해야 한다
D 다른 사람의 생각에 신경 쓰지 말아야 한다

→ 마지막 단락을 빠르게 살펴보면서 보기와 대조한다.

不沉醉于过往的成就，不放松对自己的要求，这正是齐白石这位书画大师令人佩服的地方。

이전의 성과에 연연하지 말고, 자신에 대한 요구를 낮추지 마라. 이것이 바로 제백석이라는 이 서화 대가가 사람을 탄복시키는 부분이다.

→ 보기와 마지막 단락을 재빠르게 대조하면, 굳이 꼼꼼하게 해석하지 않아도 정답을 고를 수 있다.

전략 2 지문 유형에 따라 다른 전략을 써라

비법① 에피소드형 지문일 경우에는 인물과 사건에 주목하라

에피소드는 특정 인물과 그 인물을 중심으로 서술되는 사건과 그에 대한 주제로 이루어져 있다. 이야기 형식의 글은 등장 인물과 핵심 사건을 파악하는 데 유의해야 한다. 일반적으로 질문에 이미 등장인물이 언급되어 있는 경우가 많기 때문에 이에 유의하여 지문을 읽는다.

■ 지문 독해 시 주목할 점

등장 인물 파악 → 특정 인물의 이름, 동물 이름 파악
핵심 사건 파악 → 중심 사건 및 원인
주제 및 교훈 파악 → 마지막 단락에 유의하기

■ 자주 출제되는 지문 유형

옛날 이야기, 우화, 성어 유래, 일상생활 속 이야기

비법② 실용문 지문은 문제를 중심으로 정보를 대조한다

실용문은 단순한 정보를 전달하기 때문에 문제를 중심으로 세부 사항을 대조하는 것에 유의하여 문제를 푼다. 지문의 핵심 내용을 파악하는 것보다는 질문을 중심으로 정보를 대조하면(전략1 참고) 에피소드 지문에 비해 빠른 시간 안에 문제를 풀 수 있다.

■ 최근 출제된 실용문 예시

- 새가 앉아서 자는 이유
- 첫눈에 반하는 것의 과학적 근거
- 철새가 무리 지어 나는 이유
- 중국 역사 관련
- 비행기에 낙하산이 없는 이유
- 문서 복구 프로그램
- 심리 상태가 행동에 미치는 영향

합격전략

D-2

쓰기 제1부분

쓰기 제1부분은 기본 문장 구조와 주요 어법을 활용하여 문제를 푸는 것이지만, 무턱대고 어법만 마스터한다고 다 풀 수 있는 것이 아니라, 전략적으로 어순을 배열하고 또 어법적으로 예외인 함정에 빠지지 않아야 고득점을 받을 수 있다.

전략 1 기본 어순 배열 규칙을 알고 제시어 작문을 마스터하라

비법① 제시어의 품사와 의미를 파악하라

1. 동사와 형용사는 술어 자리에 온다.

志愿者们受到了热烈的欢迎。 지원자들은 열렬한 환영을 받았다.
(受到: 동사 술어)

这个小姑娘非常孝顺。 이 어린 아가씨는 아주 효심이 깊다.
(孝顺: 형용사 술어)

2. 명사는 주어나 목적어 자리에 온다.

油价不断上涨。 유가가 끊임없이 오른다.
(油价: 주어)

那所学校培养了一大批优秀人才。 그 학교는 우수한 인재들을 양성했다.
(人才: 목적어)

3. 부사와 개사구는 술어 앞에 온다.

부사 + 술어

那树上的果实已经成熟了。 그 나무 위의 열매는 이미 익었다.
我妹妹曾经做过电视台的主持人。 내 여동생은 예전에 방송국에서 진행자로 일했던 적이 있다.

개사구 + 술어

我在一家报社做实习编辑。 나는 신문사에서 편집 인턴을 하고 있다.
你的发言给我留下了深刻的印象。 당신의 발언은 나에게 깊은 인상을 남겼다.

4. 부사와 개사구가 함께 있을 때는 부사 뒤에 개사구가 온다.

부사 + 개사구 + 술어

我已经从那家出版社辞职了。 나는 이미 그 출판사를 그만뒀다.
闭幕式将于本月上旬举行。 폐막식은 이번 달 초에 거행될 것이다.

비법② 구조조사 的 뒤에는 명사를 놓는다

구조조사 的 + 명사

当时的 + 情景 당시의 장면
明确的 + 答案 명확한 답안
签证的 + 办理时间 비자 처리 시간
合同里的 + 错误 계약서상의 실수

〈예외〉

姥姥是去年退休的。 외할머니는 작년에 퇴직하셨다.(是…的 강조)

비법③ 정도부사 뒤에는 형용사나 심리 상태 동사를 놓는다

정도부사 + 형용사/심리 상태 동사

这枚戒指的设计非常巧妙。 이 반지의 디자인은 아주 정교하다.

当地的特色小吃很出名。 현지에서 특색 있는 먹거리가 아주 유명하다.

岛上的矿物资源十分丰富。 섬의 광물자원은 아주 풍부하다.

비법④ 수사+양사+명사 순서를 기억한다

一(수사) + 道(양사) + 彩虹(명사) 무지개 하나

两(수사) + 个(양사) + 小(형용사) + 池塘(명사) 작은 연못 둘

几(수사) + 本(양사) + 关于中国历史的(수식어구) + 书(명사) 중국 역사에 관한 책 몇 권

비법⑤ 술어→목적어→주어 순서로 문장을 구성하라

〈제시어〉 培养青少年　要　正确的　消费观念

1단계 술어 찾기 → 培养

2단계 어울리는 목적어 찾기 → 培养 + 消费观念

3단계 주어 및 기타 성분 배열하기 → 要 + 培养青少年 + 正确的 + 消费观念

이 문장은 주어가 없기 때문에, 먼저 동사 培养을 찾고 어울리는 목적어 消费观念을 뒤에 놓은 후에, 나머지 수식 성분을 배열해야 한다.

전략 2 어법의 예외를 간파하여 함정을 피하라

비법① 부사의 예외적 위치를 파악하라

부사어의 기본 어순은 '부사+조동사'이지만, 일부 부사는 동사를 직접 수식하여 조동사 뒤, 동사 앞에 놓인다.

1. 随便 마음대로
   随便不要打断别人的话。(×) → 不要随便打断别人的话。(◯) 함부로 남의 말을 끊지 마라.

2. 立即=立刻 즉시
   立即要动手术。(×) → 要立即动手术。(◯) 즉시 수술을 해야 한다.

3. 及时 즉시
   我们及时得解决问题。(×) → 我们得及时解决问题。(◯) 우리는 즉시 문제를 해결해야 한다.

4. 轻易 쉽게
   轻易不要忽视别人。(×) → 不要轻易忽视别人。(◯) 쉽게 다른 사람을 무시하지 마라.

5. 互相 서로
   我们互相可以帮助。(×) → 我们可以互相帮助。(◯) 우리는 서로 도울 수 있다.

6. 重新 새롭게
   我们重新要排列一下顺序。(×) → 我们要重新排列一下顺序。(◯)
   우리는 다시 순서를 배열해야 한다.

7. 尽量 최대한
   我们尽量要多吃蔬菜。(×) → 我们要尽量多吃蔬菜。(◯) 우리는 최대한 채소를 많이 먹어야 한다.

비법② 행위 주체의 예외적 위치를 파악하라

기본적으로 행위의 주체는 동사 앞에 주어로 놓인다. 하지만 존재, 출현, 소실의 의미를 나타내는 경우에는 주어 자리에 시간이나 장소가 놓이고, 행위의 주체는 동사 뒤에 놓인다.

시간/장소 ＋ 술어(존재/출현/소실) ＋ 행위의 주체

沙发上两位老人坐着。(×) → 沙发上坐着两位老人。(◯) 소파에 노인 두 분이 앉아 있다.

我们公司几个专家来了。(×) → 我们公司来了几个专家。(◯) 우리 회사에 전문가 몇 명이 왔다.

昨天一家人搬走了。(×) → 昨天搬走了一家人。(◯) 어제 한 가족이 이사 갔다.

합격전략

D-1

쓰기 제2부분

쓰기 제2부분은 제시어를 정확하게 파악하고 활용하는 것과 그림을 보고 연상되는 내용을 짜임새 있게 전개하는 것이 중요하다. 新HSK 5급에서는 화려한 수식어구나 고급스러운 표현을 사용하는 것보다는 기본적이면서도 비문 없는 매끄러운 문장을 쓰는 것이 중요하다.

전략 1 감점 없는 품사 활용법으로 제시어 작문을 마스터하라

비법① 명사 제시어는 주어 또는 목적어로 사용하라

제시어 중 명사는 주어로 사용하거나 목적어로 사용해야 한다. 주어로 사용할 경우에는 지시사 또는 관형어로 수식하는 것이 좋고, 목적어로 사용할 경우에는 호응하는 동사를 사용해야 한다.

■ 机会

那个**机会**很难得。 그 기회는 얻기 힘들다. (*일반적으로 명사를 주어로 사용할 경우는 관형어로 수식하는 것이 좋다.)
(机会: 주어)

我得到了**机会**。 나는 기회를 얻었다.
(机会: 목적어)

■ 困难

那些**困难**使我成长。 그 어려움들은 나를 성장시켰다.
(困难: 주어)

我们要克服**困难**。 우리는 어려움을 극복해야 한다.
(困难: 목적어)

비법② 동사 제시어는 어울리는 목적어를 찾아라

동사 제시어는 호응하는 목적어를 사용해야 한다. 新HSK 5급 전 영역에 100% 활용할 수 있는 '술어+목적어' 호응 관계를 익혀 두자.

❶ 把握 bǎwò 붙들다, 잡다 + 机会 기회 | 机遇 기회 | 时机 좋은 시기

要善于**把握**好**机会**。 좋은 기회를 잡는 데 능통해야 한다.

❷ 掌握 zhǎngwò 장악하다, 숙달하다 + 外语 외국어 | 技术 기술 | 知识 지식

掌握一门**外语**并不容易。 외국어 하나를 마스터하는 것은 쉽지 않다.

❸ 具备 jùbèi 구비하다, 갖추다 + 条件 조건 | 能力 능력 | 资格 자격

如果你要找到工作，首先要**具备**一些基本**条件**。 네가 일자리를 찾고 싶다면, 우선 기본 조건을 갖춰야 한다.

❹ 促进 cùjìn 촉진하다 + 发展 발전 | 关系 관계 | 交流 교류

年轻人可以**促进**国家**发展**。 젊은이는 국가의 발전을 촉진시킬 수 있다.

❺ | 出席 chūxí 출석하다 | ⊕ | 会议 회의 | 开幕式 개막식 | 研讨会 세미나 |

请你出席明天的会议。내일 회의에 출석해 주세요.

❻ | 面临 miànlín 직면하다 | ⊕ | 危机 위기 | 危险 위험 | 挑战 도전 |

公司正面临倒闭的危机。 회사는 도산 위기에 직면해 있다.

❼ | 受到 shòudào 받다 | ⊕ | 欢迎 환영 | 影响 영향 | 关注 주목 |

韩国电影受到了很大的欢迎。한국 영화는 큰 환영을 받았다.

❽ | 延长 yáncháng 연장하다 | ⊕ | 时间 시간 | 寿命 수명 |

我们要延长训练时间。우리는 훈련 시간을 연장해야 한다.

❾ | 征求 zhēngqiú (의견 등을) 구하다 | ⊕ | 意见 의견 |

我征求了很多专家的意见。나는 많은 전문가들의 의견을 구했다.

❿ | 获得 huòdé 획득하다 | ⊕ | 奖学金 장학금 | 冠军 우승 | 批准 비준 |

韩国队获得了冠军。한국 팀이 우승했다.

⓫ | 吸引 xīyǐn 끌어당기다 | ⊕ | 사람 |

那些玩具吸引小孩子。 장난감들은 어린아이를 끌어당겼다.

⓬ | 劝 quàn 권하다 | ⊕ | 사람 |

我劝你也试试。너도 한번 해보라고 권하겠어.

⓭ | 告诉 gàosu 알리다 | ⊕ | 사람 |

我告诉你一个秘密。너한테 비밀 하나를 알려줄게.

⓮ | 问 wèn 묻다 | ⊕ | 사람 |

他问我银行几点开门。그는 나한테 은행이 몇 시에 문을 여냐고 물었다.

⑮ 支持 zhīchí 지지하다 ⊕ 사람

我父母支持我弹钢琴。부모님은 내가 피아노 치는 것을 지지하신다.

⑯ 鼓励 gǔlì 격려하다 ⊕ 사람

我妈妈鼓励我学音乐。엄마는 내가 음악 공부하는 것을 격려했다.

⑰ 建议 jiànyì 제안하다 ⊕ 사람

医生建议我多喝点儿水。의사 선생님이 나에게 물을 많이 마시라고 제안했다.

⑱ 要求 yāoqiú 요구하다 ⊕ 사람

老师要求我们参加那场比赛。선생님은 우리에게 그 경기에 참가하라고 요구했다.

⑲ 批评 pīpíng 비판하다 ⊕ 사람

老师批评他懒。선생님은 그가 게으르다고 혼내신다.

⑳ 表扬 biǎoyáng 칭찬하다 ⊕ 사람

老师表扬我努力学习。선생님은 내가 공부를 열심히 한다고 칭찬하셨다.

비법③ 형용사는 정도부사로 수식하라

형용사 제시어는 정도부사로 수식하는 것이 좋다.

很 hěn 매우	我一直都觉得自己很委屈。나는 계속 매우 억울하다고 느꼈다.
非常 fēicháng 매우	这件事让我非常惭愧。이 일은 나를 대단히 부끄럽게 만들었다.
真 zhēn 정말	那儿的风景真美丽。그곳의 풍경은 진짜 아름답다.
相当 xiāngdāng 상당히	冬天皮肤相当干燥。겨울에는 피부가 상당히 건조하다.
十分 shífēn 매우	现场气氛十分活跃。현장의 분위기가 매우 활기차다.
越来越 yuèláiyuè 점점	环境污染问题越来越突出。환경오염 문제가 점점 두드러지고 있다.
比较 bǐjiào 비교적	他做的菜比较清淡。그가 만든 요리는 비교적 담백하다.
不太 bú tài 그다지 ~하지 않다	她的成绩不太优秀。그녀의 성적은 그다지 우수하지 않다.
格外 géwài 유난히	那儿的空气格外新鲜。그곳의 공기는 유난히 신선하다.
特别 tèbié 특히	我的房间里特别潮湿。내 방 안은 특히 습하다.

전략 2 활용도 100%의 개요틀을 사용하라

비법① 서론에서 인물, 시간, 장소를 써라

인물과 시간과 장소를 중심으로 문장을 풀어 나가면, 어떤 제시어나 그림에 상관없이 빠른 시간 안에 문장을 전개할 수 있다. 일반적으로 '나'를 중심으로 특정 시간, 특정 장소를 설정하여 개요를 짜는 것을 익혀 두면, 시험에서도 당황하지 않고 한 편의 글을 쓸 수 있다.

예시

인물 ▸ 나
시간 ▸ 어제
장소 ▸ 백화점

昨天 我跟妈妈一起去商场买东西了。 어제 나는 엄마와 백화점에 가서 물건을 샀다.
(昨天: 시간, 我: 인물, 商场: 장소)

비법② 본론에서 병렬, 인과, 역접 등의 논리 관계를 설정하라

글을 쓸 때는 논리성이 있어야 한다. 단순히 단어와 문장들을 배열하는 것으로는 좋은 점수를 받을 수 없다. 짧은 시간 안에 논리성 있는 문장을 쓰기 위해서는 인과, 역접, 병렬의 논리 전개 방식을 이용하는 것이 효과적이다.

1. 인과 관계
   因为她很漂亮，**所以**不少男人喜欢她。 그녀는 예뻐서 많은 남자들이 좋아한다.
2. 역접 관계
   虽然天气不好，**但是**我参加足球训练了。 날씨가 안 좋지만, 나는 축구 훈련에 참가했다.
3. 병렬 관계
   有人喜欢吃中国菜，**有人**喜欢吃韩国菜。
   어떤 사람은 중국 음식을 좋아하고, 어떤 사람은 한국 음식을 좋아한다.

비법③ 결론은 감정으로 마무리하라

결론은 일의 결과나 교훈 또는 개인의 감정으로 마무리하는 것이 좋다. 서둘러 문장을 마무리할 때 '좋았다(高兴, 开心…)', '아쉬웠다(可惜, 遗憾…)' 등의 문장으로 빠르게 마무리하는 것도 하나의 방법이다.

1. 일의 결과
   我终于成功了。 나는 마침내 성공했다.
2. 교훈
   只有这样才能获得成功。 이렇게 해야만 성공할 수 있다.
3. 개인의 감정
   我非常感动。 나는 아주 감동했다.

전략 3 접속사 및 관용어구를 사용하여 문장에 논리를 입혀라

80자 한 편의 글을 쓰는 것이기 때문에 단순한 문장의 나열이 아니라, 논리성을 가져야 한다. 짧은 시간 안에 짜임새 있는 문장을 쓰기 위해서 활용도 높은 접속사와 관용어구를 활용하자.

一…就… ~하자마자 ~하다	我一有什么事儿，就来找他。 나는 무슨 일이 생기기만 하면, 그를 찾는다.
因为…所以… ~때문에 ~하다	因为天气不好，所以飞机晚点了。 날씨가 좋지 않아, 비행기가 연착됐다.
虽然…但是… 비록 ~일지라도	虽然我没有钱，但是很幸福。 나는 돈은 없지만 행복하다.
为了… ~을 위해서	为了学习汉语，我去中国了。 중국어를 공부하기 위해서, 나는 중국에 갔다.
给…带来… ~에게 ~을 가져오다	许多人认为金钱能给我们带来幸福。 많은 사람들이 돈이 우리에게 행복을 가져온다고 생각한다.
在…的时候 ~할 때	在我吃饭的时候，他正在看电视。 내가 밥 먹을 때, 그는 텔레비전을 보고 있었다.
有的…有的… 어떤 것은 ~하고, 어떤 것은 ~하다	有的人认为外貌最重要，有的人认为性格最重要。 어떤 사람은 외모가 가장 중요하다고 생각하고, 어떤 사람은 성격이 가장 중요하다고 생각한다.
是…的 강조 구문	今天的晚餐是我丈夫准备的。 오늘 저녁 식사는 내 남편이 준비한 것이다.
随着… ~함에 따라	随着科学技术的发展，人们的环保意识日益增强。 과학 기술이 발전함에 따라, 사람들의 환경보호 의식이 점점 높아지고 있다.
对…有(没有)好处 ~에 좋다(나쁘다)	运动对身体健康很有好处。 운동은 신체 건강에 좋다.
对…来说 ~에게는, ~입장에서는	对我来说，这是难得的好机会。 나한테 이것은 얻기 힘든 좋은 기회이다.

전략 4 한국인이 자주 틀리는 작문 오류를 범하지 마라

비법① 개사구의 위치에 주의하라

영어에서는 개사구를 술어 뒤에 놓기 때문에, 개사구를 술어 뒤에 놓는 오류를 자주 범한다. 중국어에서는 일반적으로 개사구를 동사 앞에 둔다.

개사구 ⊕ 동사

我吃晚饭在家。(×) → 我在家吃晚饭。(○) 나는 집에서 저녁밥을 먹는다.

비법② 형용사 술어문에 동사 是를 사용하지 마라

영어에서 형용사가 술어로 쓰이는 경우에는 be동사를 사용하기 때문에, 많은 학습자들이 형용사가 술어로 사용될 때 是를 사용하는 경우가 있다. 중국어는 형용사가 단독으로 술어가 될 수 있다.

주어 ⊕ 형용사 술어

她是很漂亮。(×) → 她很漂亮。(○) 그녀는 예쁘다.

비법③ 형용사와 동사의 쓰임을 혼동하지 마라

1. 满意 VS 满足

- 满意 형 만족하다 ▶ 형용사이기 때문에 목적어를 가질 수 없다.

  我满意他的意见。(×) → 我对他的意见很满意。(○) 나는 그의 의견에 만족한다.

- 满足 동 만족시키다 ▶ 동사이며, 주어가 목적어를 만족시킨다는 의미이므로 주어와 목적어를 분명히 해야 한다.

  我满足这个东西。(×) → 这个东西满足我的要求。(○) 이 물건은 내 요구를 만족시킨다.

2. 适合 VS 合适

- 合适 형 알맞다 ▶ 형용사이기 때문에 목적어를 가질 수 없다.

  大小很适合。(×) → 大小很合适。(○) 사이즈가 알맞다.

- 适合 동 적합하다 ▶ 동사이기 때문에 목적어를 가진다.

  那条牛仔裤合适你。(×) → 那条牛仔裤适合你。(○) 그 청바지는 너한테 잘 어울린다.

비법④ 명사와 동사 품사에 맞게 써라

■ 变化 VS 改变

- 变化 명 변화 ➡ 명사이기 때문에 동사의 자리에 올 수 없다.

他变化了周边环境。(×) → 他改变了周边环境。(◯) 그는 주변 환경을 변화시켰다.

- 改变 동 변화시키다 ➡ 동사이기 때문에 명사의 자리에 올 수 없다.

我有很大的改变。(×) → 我有很大的变化。(◯) 나는 큰 변화가 있다.

비법⑤ 정도부사의 위치에 주의하라

越来越 뒤에는 명사가 올 수 없다. 단순히 '점점'으로만 해석하여, 명사나 기타 품사를 놓는 경우가 많기 때문에 주의해야 한다.

越来越 + 형용사/변화하는 동사(增加/减少/提高/降低)

越来越人们喜欢看韩国电影。(×) → 越来越多的人喜欢看韩国电影。(◯)
점점 더 많은 사람들이 한국 영화 보는 것을 좋아한다.

TIP

■ 원고지 사용 시 주의사항

1. 문단이 시작할 때 처음 두 칸은 띄운다.
2. 문장부호는 한 칸에 한 개씩 넣는다.
3. 마지막 칸에서 끝나는 문장부호는 마지막 칸에 함께 쓴다.

■ 문장부호 사용법

。	문장이 끝났음을 나타낸다.
?	의문문을 만들 때 사용한다.
,	문장이 아직 끝나지 않고, 절과 절이 연결되고 있음을 의미한다.
、	단어와 단어, 구와 구를 나열할 때 사용하며 병렬의 의미를 가진다.
:	직접 인용하거나 부연 설명을 할 때 사용한다.
" "	사람의 말을 직접 인용하거나 신조어 등을 강조할 때 사용한다.

합격전략
D-0

막판 뒤집기,
합격이 보이는
핵심 포인트

고득점을 위한 기출 성어 BEST50

1 不可缺少 bùkě quēshǎo 없어서는 안 되다

手机成为我们生活中**不可缺少**的东西。 핸드폰은 우리 생활에서 없어서는 안 될 물건이 되었다.

2 理所当然 lǐ suǒ dāng rán 당연한 이치이다

我们总是把父母对我们的关心当作**理所当然**。
우리는 항상 우리에 대한 부모의 관심을 당연한 것으로 여긴다.

3 息息相关 xīxī xiāngguān 밀접한 관계가 있다

水与生命的起源**息息相关**。 물과 생명의 근원은 밀접한 관계가 있다.

4 大不相同 dà bù xiāngtóng 크게 다르다

两地的房屋结构也**大不相同**。 두 지역의 주택 구조는 크게 다르다.

5 一举两得 yì jǔ liǎng dé 일거양득이다

运动既可以锻炼身体，又可以减肥，**一举两得**。
운동은 신체를 단련시키기도 하고 체중도 감소시키기 때문에 일거양득이다.

6 取之不尽、用之不竭 qǔ zhī bú jìn, yòng zhī bù jié 아무리 사용해도 없어지지 않는다

可再生能源具有**取之不尽、用之不竭**的特点。
재생 에너지는 무한하게 사용할 수 있는 특징을 가지고 있다.

7 刮目相看 guā mù xiāng kàn 괄목상대하다

那个公司在中国市场上取得了令人**刮目相看**的成就。
그 회사는 중국 시장에서 괄목상대할 성과를 거뒀다.

8 愁眉苦脸 chóu méi kǔ liǎn 우거지상을 하다

你不要**愁眉苦脸**，这件事一定还有可以解决的办法。
울상 짓지 마라. 이 일은 분명히 해결 방안이 있을 것이다.

9 无穷无尽 wú qióng wú jìn 무궁무진하다

知识是无穷无尽的。지식은 무궁무진하다.

10 一知半解 yì zhī bàn jiě 수박 겉핥기 식으로 안다

不要满足于一知半解。수박 겉핥기 식으로 아는 것에 만족하지 마라.

11 心灰意冷 xīn huī yì lěng 의기소침하다

虽然这次考试成绩不佳，但我不会因此而心灰意冷。
이번 시험 성적이 좋지 않지만, 나는 이 때문에 의기소침하지 않을 것이다.

12 栩栩如生 xǔxǔ rú shēng 살아 있는 것처럼 생동감이 넘치다

他笔下的飞禽走兽栩栩如生。그의 붓에서 그려진 동물들은 마치 살아 있는 것처럼 생동감이 넘친다.

13 拍手叫绝 pāi shǒu jiào jué 박수 갈채가 끊이지 않는다

华丽的杂技动作令人拍手叫绝。화려한 서커스 동작은 끊임없는 박수 갈채를 이끌어냈다.

14 突如其来 tū rú qí lái 갑자기 발생하다

这场突如其来的台风把人们的命夺走了。갑자기 발생한 이번 태풍은 사람들의 목숨을 앗아갔다.

15 失败告终 shībài gàozhōng 실패로 끝이 나다

在那些经历过网恋的人中81%都以失败告终。인터넷으로 연애를 했던 사람의 81%가 실패로 끝이 났다.

16 眉开眼笑 méi kāi yǎn xiào 싱글벙글하다

他弹奏欢快的曲调，会让人眉开眼笑。그가 즐거운 곡을 연주하면, 사람들이 웃음을 짓는다.

17 沉默不语 chénmò bù yǔ 말이 없다

大家听了都沉默不语。모두들 듣고 말이 없다.

18 独一无二 dú yī wú èr 유일무이하다

我们制造的商品都是独一无二的。우리가 제작한 상품은 하나밖에 없다.

19 筋疲力尽 jīn pí lì jìn 기진맥진하다

他拼命地跑步，直到**筋疲力尽**才停下来。그는 죽기살기로 달려가다가 기진맥진해서야 멈췄다.

20 不可思议 bùkě sīyì 불가사의하다

他居然得了第一名，真是**不可思议**！ 그가 뜻밖에도 1등을 했다. 정말 불가사의하다.

21 恍然大悟 huǎngrán dàwù 갑자기 큰 깨달음을 얻다

听了老师的讲解，我**恍然大悟**明白了这道题其实很简单。
선생님의 설명을 듣고, 나는 갑자기 이 문제가 사실은 아주 간단한 것임을 깨달았다.

22 争先恐后 zhēng xiān kǒng hòu 앞을 다투다

一下课，各位同学**争先恐后**冲出教室。
수업이 끝나자마자, 모든 학생들이 앞을 다투어 교실을 빠져나갔다.

23 举手之劳 jǔ shǒu zhī láo 식은 죽 먹기

他们都反复说："这没做什么大事，只是**举手之劳**而已。"
그들은 반복해서 말했다. "이것은 그렇게 큰일이 아니에요. 식은 죽 먹기에 불과해요."

24 患得患失 huàn dé huàn shī 얻지 못할까 걱정하고 또 잃을까 걱정하다

任何**患得患失**的行为，都只会加重心理负担，成为我们前进的绊脚石。
얻지 못할까 걱정하고 또 잃을까 걱정하는 것은 심리적 부담을 가중시키며 앞으로 전진하는 데 걸림돌이 된다.

25 丰富多彩 fēngfù duōcǎi 풍부하고 다채롭다

他们的生活也比其他人更**丰富多彩**。그들의 생활은 다른 사람들보다 풍부하고 다채롭다.

26 意味深长 yìwèi shēncháng 의미심장하다

他**意味深长**地笑了笑。그는 의미심장하게 웃었다.

27 大惑不解 dà huò bù jiě 의혹이 풀리지 않다

你本来是个很冷静的人，今天却如此冲动，令人**大惑不解**。
당신은 원래 아주 냉정한 사람인데, 오늘 이렇게 충동적인 걸 보니, 도무지 이해가 되지 않는다.

28 因小失大 yīn xiǎo shī dà 작은 것으로 인해 큰 것을 잃다

不要因小失大。작은 것 때문에 큰 것을 잃지 마라.

29 崭露头角 zhǎn lù tóujiǎo 두각을 나타내다

他已经在文坛上崭露头角。그는 이미 문학계에서 두각을 나타냈다.

30 鸦雀无声 yāquè wú shēng 쥐 죽은 듯이 조용하다

教室里鸦雀无声。교실 안은 쥐 죽은 듯이 조용하다.

31 天下无敌 tiānxià wú dí 천하무적이다

他很骄傲，自以为天下无敌。그는 아주 교만해서, 자신이 천하무적이라고 생각한다.

32 不切实际 búqiè shíjì 실제에 맞지 않다

他没有实际作战的经验，想法很不切实际。
그는 실제 전쟁 경험이 없어서, 생각하는 것이 실제에 맞지 않는다.

33 垂头丧气 chuí tóu sàng qì 풀이 죽고 기가 꺾이다

他们输掉了一场比赛，垂头丧气地离开了赛场。그들은 경기에서 져서, 풀이 죽어 경기장을 떠났다.

34 信以为真 xìn yǐ wéi zhēn 진실이라고 믿다

听到这些话后，就信以为真。이 말을 듣자마자 진실이라고 믿었다.

35 素不相识 sù bù xiāngshí 전혀 모르는 사이다

我们要对一个素不相识的人伸出援手。우리는 전혀 모르는 사람에게 도움의 손길을 내밀어야 한다.

36 千挑万选 qiān tiāo wàn xuǎn 수많은 가운데 선택하다, 까다롭게 고르다

这是我千挑万选才相中的。이것은 수많은 가운데 까다롭게 골라 겨우 마음에 든 것이다.

37 争执不休 zhēngzhí bùxiū 논쟁이 그치지 않다

他们两个人为此争执不休。그들 두 사람은 이 때문에 논쟁이 그치지 않는다.

38 大吃一惊 dà chī yì jīng 크게 놀라다

昨天发生的事情让我**大吃一惊**了。어제 발생한 일은 나를 크게 놀라게 했다.

39 轻而易举 qīng ér yì jǔ 식은 죽 먹기, 아주 쉽다

虽然你可能会**轻而易举**地战胜对手，但并不能使你的技术得到提高。
당신이 아주 손쉽게 상대를 이기더라도, 당신의 기술을 향상시키지는 못할 것이다.

40 前功尽弃 qián gōng jìn qì 공든 탑이 무너지다

他怕**前功尽弃**，一点儿不敢松懈。그는 공든 탑이 무너지는 것이 두려워 조금도 해이해질 수가 없다.

41 半途而废 bàn tú ér fèi 중도에 포기하다

不管做什么事，都不要**半途而废**，坚持就是胜利。
무슨 일을 하든지 중도에 포기하면 안 된다. 끝까지 고수하는 것이 이기는 것이다.

42 不可多得 bùkě duō dé 흔히 얻기 어렵다

他真是一个**不可多得**的人才。그는 쉽게 얻기 힘든 인재이다.

43 适得其反 shì dé qí fǎn 정반대의 결과를 얻다

只想获得，不想放弃，往往**适得其反**。
얻기만을 바라고 포기하길 원하지 않는다면 종종 반대의 결과를 얻는다.

44 优柔寡断 yōuróu guǎduàn 우유부단하다

做事切不可**优柔寡断**。일을 할 때 절대 우유부단하면 안 된다.

45 付诸行动 fùzhū xíngdòng 행동에 옮기다

只要认为对，就必须马上**付诸行动**。옳다고 생각되면 바로 행동에 옮겨야 한다.

46 犹豫不决 yóuyù bù jué 망설이다

有时候，**犹豫不决**不仅不能避免犯错，反而会造成更大的损失。
어떤 경우에는 망설이면 실수를 피할 수 없을 뿐 아니라 오히려 더 큰 피해를 입게 된다.

47 骄傲自满 jiāo'ào zìmǎn 자만하다

不能**骄傲自满**。자만하지 말아야 한다.

48 举棋不定 jǔ qí búdìng 어찌할 바를 모르고 주저하다

当你还在**举棋不定**时，别人或许已经到达目的地了。
당신이 우물쭈물하고 있을 때, 다른 사람들은 어쩌면 이미 목적지에 도달했는지도 모른다.

49 竭尽全力 jiéjìn quánlì 전력을 다하다

他**竭尽全力**为客人们提供优质的服务。그는 최선을 다해 손님에게 좋은 서비스를 제공했다.

50 适可而止 shì kě ér zhǐ 적당한 정도에서 멈추다

凡事要**适可而止**。모든 일은 적당한 때에 멈춰야 한다.

교훈 관련 문장 BEST100

■ 要로 시작하는 문장 → '~해야 한다'는 의미

1 要独立 독립적이어야 한다.

2 要乐观 낙관적이어야 한다.

3 要谦虚 겸손해야 한다.

4 要把握机会 기회를 잡아야 한다.

5 要学会放弃 포기하는 것을 배워야 한다.

6 要尊敬老人 노인을 공경해야 한다.

7 要相信别人 다른 사람을 믿어야 한다.

8 要敢于尝试 용감하게 시도해봐야 한다.

9 要懂得满足 만족할 줄 알아야 한다.

10 要勤学苦练 부지런히 공부하고 연마해야 한다.

11 要学会取舍 선택하고 버릴 줄 알아야 한다.

12 要主动沟通 능동적으로 소통해야 한다.

13 要公平竞争 공평하게 경쟁해야 한다.

14 要珍惜时间 시간을 소중히 해야 한다.

15 要多与人合作 사람과 많이 협력해야 한다.

16 要多赞美别人 다른 사람을 많이 칭찬해야 한다.

17 要客观评价自己 객관적으로 자신을 평가해야 한다.

18 要勇敢面对困难 용감하게 어려움에 맞서야 한다.

19 要善于总结经验 경험을 총결하는 데 능통해야 한다.

20 要有团队精神 협력 정신(단체 정신)을 가져야 한다.

21 要把握住现在 지금 순간을 장악해야 한다.

22 要勇于承担责任 용감하게 책임을 져야 한다.

23 要懂得享受人生 인생을 누릴 줄 알아야 한다.

24 要乐观面对生活 낙천적으로 생활을 마주해야 한다.

25 要积极改正错误 적극적으로 잘못을 바로잡아야 한다.

26 要多向别人学习 다른 사람한테 배워야 한다.

27 要勇于接受挑战 용감하게 도전을 받아드려야 한다.

28 要严格要求自己 자신에게 엄격하게 요구해야 한다.

29 要经常夸奖别人 자주 다른 사람을 칭찬해야 한다.

30 要多听取别人意见 다른 사람의 의견을 많이 들어야 한다.

31 要平静地对待失败 실패를 침착하게 대해야 한다.

32 要懂得吸取经验教训 경험적 교훈을 받아들일 줄 알아야 한다.

33 要学会换角度思考问题 각도를 바꿔 문제를 생각할 줄 알아야 한다.

34 要善于从错误中寻找契机 실수 중에 기회를 찾는 데 능숙해야 한다.

■ 不要로 시작하는 문장 → '~하지 말아야 한다'는 의미

35 不要轻言放弃 포기를 쉽게 하지 말아야 한다.

36 不要害怕犯错 실수를 저지르는 것을 두려워하지 말아야 한다.

37 不要因小失大 작은 것으로 인해 큰 것을 잃지 말아야 한다.

38 不要浪费时间 시간을 낭비하지 말아야 한다.

39 不要不懂装懂 모르면서 아는 척하지 말아야 한다.

40 不要忘掉过去 과거를 잊어서는 안 된다.

41 不要随便笑话别人 다른 사람을 함부로 비웃지 말아야 한다.

42 不要随便责备别人 함부로 다른 사람을 탓하지 말아야 한다.

43 不要轻易否定他人 다른 사람을 쉽게 부정해서는 안 된다.

44 不要过于追求完美 지나치게 완벽을 추구하지 말아야 한다.

45 不要轻视平凡的工作 평범한 일을 무시해서는 안 된다.

46 不要太在乎别人的看法 지나치게 다른 사람의 의견을 신경 쓰지 말아야 한다.

■ 做事/做人으로 시작하는 교훈 관련 문장 → 일을 처리할 때의 태도

47 做事要灵活 일을 할 때는 융통성이 있어야 한다.

48 做人要谦虚 사람은 겸손해야 한다.

49 做事要专心 일을 할 때는 전심전력으로 해야 한다.

50 做事要细心 일을 할 때는 세심해야 한다.

51 做人要有礼貌 사람은 예의가 있어야 한다.

52 做事不能犹豫 일을 할 때는 머뭇거리지 말아야 한다.

53 做事要有主见 일을 할 때는 주관적인 생각이 있어야 한다.

54 做事要讲究方法 일을 할 때는 방법에 신경 써야 한다.

55 做事要注意细节 일을 할 때는 세세한 것에 주의해야 한다.

■ 성공과 실패, 고난과 극복 관련 문장

56 困境是暂时的 어려움은 순간이다.

57 遇事不要悲观 일을 당했을 때는 비관적이어서는 안 된다.

58 面对问题要冷静 문제에 봉착했을 때는 냉정해야 한다.

59 苦难会使人成长 고난은 사람을 성장시킨다.

60 失败是成功之母 실패는 성공의 어머니다.

61 努力比抱怨更重要 노력은 원망보다 더 중요하다.

62 坚持不懈才能成功 끊임없이 노력해야만 성공할 수 있다.

63 面对危险要保持冷静 위험에 봉착했을 때는 냉정을 유지해야 한다.

64 成功需要远大的目标 성공에는 원대한 목표가 필요하다.

65 成功离不开错误的经验 성공과 실수의 경험은 뗄 수 없다.

66 成功经历益于建立乐观心态 성공의 경험은 낙천적인 마음 상태를 가지는 데 도움이 된다.

■ 기타 인생의 태도 관련 문장

67 乐于助人 기꺼이 다른 사람을 돕는다.

68 眼见为实 눈으로 봐야 믿을 수 있다.

69 尊重别人 다른 사람을 존중한다.

70 学会满足 만족을 배워야 한다.

71 对人要坦率 사람에게 솔직해야 한다.

72 懂得照顾人 사람을 보살필 줄 안다.

73 明天会更好 내일이 더 좋을 것이다.

74 目标要明确 목표는 명확해야 한다.

75 遇事不要慌张 일을 당했을 때는 당황하지 말아야 한다.

76 别急于下结论 성급하게 결론을 내리지 말아야 한다.

77 快乐无处不在 즐거움은 어디에나 있다.

78 人生需要敌人 인생에는 적이 필요하다.

79 细节决定成败 세세한 것들이 성패를 결정한다.

80 学会适应环境 환경에 적응하는 것을 배워야 한다.

81 坚持自己的选择 자신의 선택을 끝까지 고수한다.

82 成长离不开朋友 성장에는 친구가 필요하다.

83 考虑问题要全面 문제를 생각할 때는 전면적이어야 한다.

84 表扬比批评更有效 칭찬은 비난보다 더 효과적이다.

85 绝不能只顾眼前 눈앞에 것에만 연연하면 절대 안 된다.

86 错误是可以避免的 잘못은 피할 수 있다.

87 乐观的人更易成功 낙천적인 사람이 더 쉽게 성공한다.

88 避免犯同样的错误 같은 잘못을 저지르는 것은 피해라.

89 有压力未必是坏事 부담이 있다고 꼭 나쁜 것은 아니다.

90 幸福要靠自己争取 행복은 스스로 쟁취해야 한다.

91 发现问题要及时解决 문제를 발견했으면 즉시 해결해야 한다.

92 理想不能脱离实际 이상은 실제적인 것에서 벗어나면 안 된다.

93 制定目标要符合实际 목표를 정할 때는 실제에 부합해야 한다.

94 看事情不能只看表面 일을 대할 때는 표면적인 것만 봐서는 안 된다.

95 坚强的人更值得尊重 강인한 사람이 더 존중 받을 만하다.

96 付出不见得一定有收获 대가를 치렀다고 반드시 얻는 것은 아니다.

97 适合自己的才是最好的 자신에게 맞는 것이 가장 좋은 것이다.

98 成长过程中免不了做错事 성장의 과정에서는 실수를 피할 수가 없다.

99 做好小事是成就大事业的基础 작은 일을 잘 해내는 것은 큰일을 이루는 기초가 된다.

100 命运掌握在自己的手里 운명은 자신의 손안에 달려 있다.

반드시 알아야 할 특수 동사 BEST40

■ 동사 + 于

1 善于 shànyú ~에 능통하다

要善于把握机会。기회를 잡을 줄 알아야 한다.

2 属于 shǔyú ~에 속하다

最后的胜利一定属于我们。최후의 승리는 반드시 우리에게 속한다.

3 急于 jíyú ~에 급급하다

不要急于成功，慢慢来。성공에 급급해하지 말고 천천히 해라.

4 乐于 lèyú 기꺼이 ~하다

他总是乐于帮助别人。그는 늘 기꺼이 다른 사람을 돕는다.

5 敢于/勇于 gǎnyú/yǒngyú 용감하게 ~하다

年轻人要敢于冒险。젊은이는 용감하게 모험을 해야 한다.

6 有助于/有益于/有利于 yǒuzhùyú/yǒuyìyú/yǒulìyú ~에 도움이 되다

喝绿茶有利于减肥。녹차를 마시는 것은 다이어트에 도움이 된다.

7 便于 biànyú ~에 편리하다

为了便于携带，我们把所有的东西都放在一个书包里。
휴대하기 편하기 위해서, 우리는 모든 물건을 하나의 가방 안에 넣는다.

8 等于 děngyú ~와 같다

帮助别人就等于帮助自己。다른 사람을 돕는 것은 바로 자신을 돕는 것이다.

9 高于/低于 gāoyú/dīyú ~보다 높다/낮다

生命的价值高于金钱的价值。생명의 가치는 돈의 가치보다 높다.

10 不同于 bùtóngyú ~와 다르다

韩国的情况**不同于**中国。한국의 상황은 중국과 다르다.

11 相当于 xiāngdāngyú ~와 비슷하다

人民币10元**相当于**两千韩币。인민폐 10위안은 한국돈 2000원과 같다.

12 毕业于 bìyèyú ~를 졸업하다

他**毕业于**北大。그는 베이징대학을 졸업했다.

13 出生于 chūshēngyú ~에서 출생하다

这位作家**出生于**上海。이 작가는 상하이에서 태어났다.

14 位于 wèiyú ~에 위치하다

天安门**位于**北京市。천안문(톈안먼)은 베이징 시에 위치한다.

15 建于 jiànyú ~에 세워지다

国立博物馆**建于**1798年。국립박물관은 1798년에 세워졌다.

16 来自于 láizìyú ~에서 나오다

快乐**来自于**坚持。즐거움은 지속하는 데서 나온다.

17 起源于 qǐyuányú ~에서 기원하다

馒头**起源于**中国南方。찐빵은 중국 남방에서 기원했다.

18 成立于 chénglìyú ~에서 성립하다

那家公司**成立于**1990年。그 회사는 1990년에 성립했다.

19 出于 chūyú ~에서 나오다

对你微笑只是**出于**礼貌。당신에게 웃은 것은 단지 예의에서 나온 것이다.

20 处于 chǔyú ~에 처하다

他**处于**危险状态。그는 위험한 상태에 처했다.

■ 동사와 문장을 목적어로 가지는 동사

21 值得 zhídé ~할 가치가 있다 → 동사 목적어

那款手机**值得**购买。그 핸드폰은 구입할 만하다.

22 懂得 dǒngde ~할 줄 안다 → 동사 목적어

我们要**懂得**享受生活。우리는 생활을 누릴 줄 알아야 한다.

23 开始 kāishǐ ~하기 시작하다 → 동사 목적어

我从今天**开始**学习汉语。나는 오늘부터 중국어 공부를 시작했다.

24 进行 jìnxíng ~를 진행하다 → 동사 목적어

我们对这些问题**进行**讨论。우리는 이 문제에 대해 토론을 진행했다.

25 难以 nányǐ ~하기 어렵다 → 동사 목적어

这样**难以**取得好成绩。이렇게 하면 좋은 성적을 얻기 힘들다.

26 知道 zhīdào ~를 알다 → 문장 목적어

我**知道**你很难过。나는 네가 견디기 힘든 것을 안다.

27 认为/觉得 rènwéi/juéde ~라고 생각하다 → 문장 목적어

我**认为**成功离不开努力。나는 성공과 노력은 밀접한 관계가 있다고 생각한다.

28 承认 chéngrèn 인정하다 → 문장 목적어

我**承认**这都是我的错。나는 이것이 모두 내 잘못임을 인정한다.

29 希望 xīwàng ~를 바라다 → 문장 목적어

我**希望**以后我们成为好朋友。나는 앞으로 우리가 좋은 친구가 되기를 바란다.

30 发现 fāxiàn ~를 발견하다 → 문장 목적어

我**发现**她最近有点儿胖了。나는 그녀가 요즘 살이 좀 찐 것을 발견했다.

■ 이합동사

31 说话 shuōhuà 말을 하다 → 개사구+이합동사

我不想跟他说话。나는 그와 말하기 싫다.

32 道歉 dàoqiàn 사과하다 → 개사구+이합동사

我要向她道歉。나는 그녀에게 사과할 것이다.

33 见面 jiànmiàn 만나다 → 개사구+이합동사

昨天我跟朋友见面。어제 나는 친구를 만났다.

34 结婚 jiéhūn 결혼하다 → 개사구+이합동사

我想跟她结婚。나는 그녀와 결혼하고 싶다.

35 握手 wòshǒu 악수하다 → 개사구+이합동사

许多人走过去和他握手。많은 사람들이 가서 그와 악수했다.

36 分手 fēnshǒu 헤어지다 → 개사구+이합동사

我不想和男朋友分手。나는 남자친구와 헤어지고 싶지 않다.

37 问好 wènhǎo 안부를 묻다 → 개사구+이합동사

请代我向她问好。나를 대신해서 그녀에게 안부를 전해 주세요.

38 帮忙 bāngmáng 돕다 → 이합동사의 술어와 목적어 분리

我想办法帮她的忙。나는 그녀를 도울 방법을 생각했다.

39 吃苦 chīkǔ 고생하다 → 이합동사의 술어와 목적어 분리

他吃了不少苦。그는 고생을 많이 했다.

40 散步 sànbù 산책하다 → 이합동사의 술어와 목적어 분리

我每天散一个小时的步。나는 매일 한 시간씩 산책한다.

쓰기 제2부분 최신 기출 제시어 BEST50

■ 명사

명사 제시어는 목적어로 사용하거나 주어로 사용할 수 있으며, '술어+목적어' 형식, '주어+술어' 형식으로 작문하면 된다.

1 困难 kùnnan 명 어려움, 곤란 활용법 술어 + 목적어 → 克服 + 困难

只有克服困难，才能取得成功。어려움을 극복해야만 성공을 거둘 수 있다.

2 能力 nénglì 명 능력 활용법 술어 + 목적어 → 发挥 + 能力

我们都要发挥自己的能力。우리는 자신의 능력을 발휘해야 한다.

3 目标 mùbiāo 명 목표 활용법 술어 + 목적어 → 实现 + 目标

只有坚定的信念，我们才能实现目标。강한 신념이 있어야만 목표를 실현할 수 있다.

4 收获 shōuhuò 명동 수확(하다) 활용법 술어 + 목적어 → 没有 + 收获

没有痛苦，就没有收获。고통이 없으면 얻는 것도 없다.

5 简历 jiǎnlì 명 이력서 활용법 술어 + 목적어 → 写 + 简历

写简历时要注意什么? 이력서를 쓸 때 주의해야 할 것은 무엇인가?

6 信息 xìnxī 명 정보 활용법 술어 + 목적어 → 提供 + 信息

他为我们提供了很多信息。그는 우리에게 많은 정보를 제공했다.

7 聚会 jùhuì 명 모임 활용법 술어 + 목적어 → 参加 + 聚会

昨天晚上我参加同事聚会。어제 저녁에 나는 직장 동료 모임에 참석했다.

8 活动 huódòng 명 행사, 활동 활용법 술어 + 목적어 → 参加 + 活动

我要参加志愿活动。나는 자원봉사 활동에 참가할 것이다.

9 资料 zīliào 명 자료 활용법 술어 + 목적어 → 有 + 资料

网上有很多参考资料。인터넷에는 참고자료가 많이 있다.

10 计划 jìhuà 명동 계획(하다) 활용법 술어 + 목적어 → 制定 + 计划

我要制定一个减肥计划。나는 다이어트 계획을 세울 것이다.

11 距离 jùlí 명 거리 활용법 술어 + 목적어 → 拉近 + 距离

我们要拉近与别人的距离。우리는 다른 사람과의 거리를 좁혀야 한다.

12 经验 jīngyàn 명 경험 활용법 술어 + 목적어 → 拥有 + 经验

他拥有丰富的经验。그는 풍부한 경험을 가지고 있다.

13 冠军 guànjūn 명 우승 활용법 술어 + 목적어 → 获得 + 冠军

韩国队获得了冠军。한국 팀이 우승을 차지했다.

14 矛盾 máodùn 명 갈등 활용법 술어 + 목적어 → 发生 + 矛盾

人与人相处，总会发生矛盾。사람과 사람이 같이 지낼 때는 항상 갈등이 일어난다.

15 竞争 jìngzhēng 명 경쟁 활용법 술어 + 목적어 → 展开 + 竞争 / 관형어 + 명사 → 激烈的竞争

他们两个人展开激烈的竞争。그들 둘은 치열한 경쟁을 펼쳤다.

16 失败 shībài 명 실패 활용법 주어 + 술어 → 失败 + 是

失败是成功之母。실패는 성공의 어머니다.

17 心情 xīnqíng 명 기분 활용법 주어 + 술어 → 心情 + 不好

那件事让我心情不好。그 일은 내 기분을 좋지 않게 만들었다.

18 效果 xiàoguǒ 명 효과 활용법 주어 + 술어 → 效果 + 比较好

这种减肥方法效果比较好。이 종류의 다이어트 방법은 효과가 비교적 좋다.

19 差距 chājù 명 차이 활용법 주어 + 술어 → 差距 + 特别大

两家公司的待遇差距特别大。두 회사의 대우는 격차가 아주 크다.

20 勇气 yǒngqì 명 용기 활용법 주어 + 개사구 + 술어 → 勇气 + 为… + 提供

勇气为我们提供成功的机会。용기는 우리에게 성공의 기회를 제공한다.

21 兼职 jiānzhí 명동 겸직(하다) | **활용법** 주어 + 개사구 + 술어 → 兼职 + 给… + 带来

兼职可以给你带来更多的收入和更多的工作经验。
겸직은 당신에게 더 많은 수입과 더 많은 업무 경험을 가져다준다.

■ 동사

동사 제시어는 술어로 사용하여 호응하는 목적어와 결합시키거나, 개사구나 부사와 같은 부사어와 결합시켜 작문한다. 또한 목적어를 가질 수 없는 동사는 주어로 사용되기도 한다.

22 值得 zhídé 동 ~할 가치가 있다 | **활용법** 술어 + 목적어 → 值得 + 考虑

他的方案值得考虑。그의 방안은 고려해 볼 만하다.

23 鼓励 gǔlì 동 격려하다 | **활용법** 술어 + 목적어 → 鼓励 + 孩子

我们要鼓励孩子认真学习。우리는 아이가 열심히 공부할 수 있게 격려해야 한다.

24 积累 jīlěi 동 축적되다 | **활용법** 술어 + 목적어 → 积累 + 经验

即使不挣钱也要先积累经验。돈을 벌지 못해도 우선 경험을 쌓아야 한다.

25 改变 gǎibiàn 동 바꾸다, 고치다 | **활용법** 술어 + 목적어 → 改变 + 环境/心态

我们不能改变周围的环境，但可以改变自己的心态。
우리는 주변 환경을 바꾸지 못하지만, 자신의 마음 상태는 바꿀 수 있다.

26 面对 miànduì 동 직면하다 | **활용법** 술어 + 목적어 → 面对 + 失败

面对失败，不同的人会有不同的态度。실패에 부딪힐 때, 사람마다 태도가 다르다.

27 建议 jiànyì 동 건의하다 | **활용법** 술어 + 목적어→ 建议 + 사람

医生建议他多吃蔬菜。의사는 그에게 야채를 많이 먹으라고 건의했다.

28 实现 shíxiàn 동 실현하다 | **활용법** 술어 + 목적어 → 实现 + 愿望

他终于实现了自己的愿望。그는 마침내 자신의 꿈을 이뤘다.

29 促进 cùjìn 동 촉진하다 | **활용법** 술어 + 목적어 → 促进 + 发展

那个方案能促进国家经济发展。그 방안은 국가 경제 발전을 촉진시킬 수 있다.

30 坚持 jiānchí 동 고수하다, 지속하다 — 활용법 술어 + 목적어 → 坚持 + 意见

他坚持自己的意见。그는 자신의 의견을 고수한다.

31 避免 bìmiǎn 동 피하다 — 활용법 부사어 + 술어 → 不可 + 避免(고정형식)

那件事是不可避免的。그 일은 피할 수 없다.

32 灰心 huīxīn 동 낙심하다 — 활용법 부사어 + 술어 → 不要 + 灰心

不要灰心，我们还有夺取胜利的机会。낙심하지 마라, 우리는 승리를 쟁취할 기회를 아직 가지고 있다.

33 吵架 chǎojià 동 말싸움을 하다 — 활용법 개사구 + 술어 → 和 + 사람 + 吵架

我经常和男朋友吵架。나는 남자친구와 자주 말다툼을 한다.

34 沟通 gōutōng 동 소통하다 — 활용법 개사구 + 술어 → 和 + 사람 + 沟通

他善于和别人沟通。그는 다른 사람과 소통하는 데 능숙하다.

35 交流 jiāoliú 동 교류하다 — 활용법 개사구 + 술어 → 和 + 사람 + 交流

如何和外国人交流? 어떻게 외국인과 교류할 수 있을까?

36 实习 shíxí 동 실습하다, 인턴을 하다 — 활용법 개사구 + 술어 → 在 + 장소 + 实习

他现在在一家贸易公司实习。그는 지금 무역회사에서 인턴 생활을 하고 있다.

37 推荐 tuījiàn 동 추천하다 — 활용법 개사구 + 술어 → 向 + 사람 + 推荐

昨天，老师向我们推荐了几本好书。어제 선생님이 우리에게 좋은 책 몇 권을 추천해 주셨다.

38 适应 shìyìng 동 적응하다 — 활용법 개사구 + 술어 → 对 + 대상 + 不太适应

我对这里的环境不太适应。나는 여기 환경에 그다지 적응하지 못했다.

39 熬夜 áoyè 동 밤새다 — 활용법 주어 + 술어 → 熬夜 + 술어

经常熬夜对身体产生不好的影响。자주 밤을 새는 것은 몸에 좋지 않은 영향을 끼친다.

40 报名 bàomíng 동 등록하다 — 활용법 주어 + 술어 → 我 + 报名

我要报名参加那场比赛。나는 그 경기에 참가 신청을 했다.

■ 형용사

형용사 제시어는 정도부사와 결합시켜 술어로 사용하거나, 구조조사 的, 得, 地와 결합하여 명사 또는 동사를 수식하는 방법으로 작문한다. 일반적으로는 '주어+술어' 형태나, 구조조사 的를 사용하여 명사를 수식하는 방법으로 작문하는 것이 좋다.

41 能干 nénggàn 형 유능하다 활용법 주어 + 술어 → 他 + 很能干

他很能干，生意做得很好。그는 매우 능력이 있고, 사업도 아주 잘한다.

42 突出 tūchū 형 두드러지다 활용법 주어 + 술어 → 表现 + 很突出

他在工作中表现很突出。그는 업무에서 두드러진다.

43 烦恼 fánnǎo 형 걱정하다 활용법 주어 + 술어 → 很多大学生 + 烦恼

很多大学生因就业问题而烦恼。많은 대학생들이 취업 문제 때문에 걱정한다.

44 丰富 fēngfù 형 풍부하다 활용법 형용사 + 的 + 명사 → 丰富 + 的 + 经验

他有很丰富的比赛经验。그는 풍부한 시합 경험을 가지고 있다.

45 谦虚 qiānxū 형 겸손하다 활용법 형용사 + 的 + 명사 → 谦虚 + 的 + 孩子

他是一个谦虚的孩子，考得再好也从不骄傲。
그는 겸손한 아이다. 시험을 아무리 잘 봐도 자만하지 않는다.

46 陌生 mòshēng 형 생소하다 활용법 형용사 + 的 + 명사 → 陌生 + 的 + 城市

我刚刚来到了这个陌生的城市。나는 이 낯선 도시에 막 왔다.

47 开心 kāixīn 형 기쁘다 활용법 형용사 + 地 + 동사 → 开心 + 地 + 笑

我让妈妈开心地笑了。나는 엄마를 기쁘게 미소 짓게 만들었다.

48 精彩 jīngcǎi 형 뛰어나다 활용법 동사 + 得 + 형용사 → 表演 + 得 + 非常精彩

他表演得非常精彩。그는 아주 뛰어나게 공연했다.

■ 부사

일반 부사는 술어 앞에 놓고, 幸亏와 같은 어기 부사는 문장 앞에 놓고 작문한다.

49 突然 tūrán 부 갑자기 　　활용법 일반 부사 + 술어 → 突然 + 想出了

我突然想出了一个好主意。갑자기 좋은 아이디어가 생각났다.

50 幸亏 xìngkuī 부 다행히 　　활용법 어기 부사 + 문장 → 幸亏 + 주어 + 술어

幸亏没有人受伤。다행히 아무도 다치지 않았다.

전공략 新HSK
합격 전략
5급

www.booksJRC.com

HSK의 권위자 북경어언대 倪明亮 교수 감수

전공략 新HSK

5급

김은정 저

원패스

합격모의고사

문제집

JRC 북스

5급
전공략 新HSK
원패스 합격모의고사 문제집

초 판 1쇄 발행 2015년 1월 10일
초 판 3쇄 발행 2017년 8월 25일

저자 김은정
감수 倪明亮(北京语言大学 교수)
기획 JRC 중국어연구소
발행인 김효정
발행처 JRC 북스
등록번호 제300-2002-42호
편집 최정임 | 이소연 | 김소연 | 조해천
디자인 신은지 | 최여랑
제작 박선희
영업 김영한 | 강민호
홍보 이지연
웹마케팅 오준석 | 김희영

주소 JRC 북스 서울 강남구 테헤란로 109, 3층
전화 구입문의 02·567·3861 | 02·567·3837
내용문의 02·567·3860
팩스 02·567·2471
홈페이지 www.booksJRC.com

ISBN 978-89-98444-50-1 14720
978-89-98444-48-8 (세트)
가격 19,500원

이 도서의 국립중앙도서관 출판시도서목록(CIP)은 서지정보유통지원시스템 홈페이지(http://seoji.nl.go.kr)와 국가자료공동목록시스템(http://www.nl.go.kr/kolisnet)에서 이용하실 수 있습니다.(CIP제어번호: CIP2014033638)

5급

전공략 新HSK

원패스

합격모의고사

문제집

JRC 북스

차례

- 합격모의고사 1회 7
- 합격모의고사 2회 31
- 합격모의고사 3회 55
- 합격모의고사 4회 79
- 합격모의고사 5회 103
- 정답 126
- 답안지 137

합격 모의고사

1회

国家汉办/孔子学院总部
Hanban/Confucius Institute Headquarters

新汉语水平考试

HSK(五级)

注　意

一、HSK（五级）分三部分：

1. 听力（45题，约30分钟）
2. 阅读（45题，45分钟）
3. 书写（10题，40分钟）

二、**听力结束后，有5分钟填写答题卡。**

三、全部考试约125分钟(含考生填写个人信息时间5分钟)。

一、听 力

第一部分

第 1-20 题：请选出正确答案。

1. A 规模不太大
   B 海鲜优惠
   C 服务周到
   D 价格昂贵

2. A 取消同学聚会
   B 做通讯录
   C 换手机号
   D 改聚会时间

3. A 不懂使用筷子
   B 菜不合胃口
   C 牙疼不方便吃
   D 太饱了吃不下

4. A 男的很失望
   B 上班时间推后了
   C 下班时间提前了
   D 女的反对调整时间

5. A 价廉
   B 面积大
   C 有点儿暗
   D 缺少装饰

6. A 角度偏
   B 缺乏新意
   C 研究范围大
   D 没有研究意义

7. A 很结实
   B 很高档
   C 很实用
   D 很时尚

8. A 提前挂号
   B 带毕业证
   C 查考试成绩
   D 抓紧时间报名

9. A 厨房
   B 客厅
   C 阳台
   D 卧室

10. A 很骄傲
    B 为人热情
    C 工作勤奋
    D 比较大方

11. **A** 电脑坏了
B 办公室停电了
C 鼠标没电了
D 新买的电池丢了

12. **A** 汽车坏了
B 试验报告还没写完
C 电脑中病毒了
D 和男的吵架了

13. **A** 公司经营情况
B 经济不景气
C 投资股市
D 注册公司所需资金

14. **A** 行业竞争
B 公司待遇
C 公司规模
D 行业发展

15. **A** 他最近不太忙
B 女的实力很强
C 女的赢不了他
D 他不想教女的

16. **A** 很粗心
B 不耐烦
C 很时髦
D 没精神

17. **A** 路上
B 机场
C 火车上
D 车库

18. **A** 不接受预订
B 销量不错
C 下个月出版
D 获奖了

19. **A** 找不到眼镜
B 新配了眼镜
C 视力不太好
D 不想去医院

20. **A** 被淋湿了
B 被撕碎了
C 被油弄脏了
D 掉色很严重

第二部分

第 21–45 题：请选出正确答案。

21. **A** 后天
B 13号上午
C 12号下午
D 下个月下旬

22. **A** 图画歪了
B 椅子太矮了
C 椅子脏了
D 柜子坏了

23. **A** 想跳槽
B 工作没定
C 是报社记者
D 面试表现很好

24. **A** 对工作不满意
B 偶尔要加班
C 对业务不太熟
D 每天都很轻松

25. **A** 和男朋友分手了
B 工作特别紧张
C 家务活儿太多
D 担心论文写不完

26. **A** 心情很低落
B 染头发了
C 剪短发了
D 烫头发了

27. **A** 数据分析
B 资料收集
C 刚获得批准
D 实验报告完成了

28. **A** 少买些零食
B 尽快回家
C 去排队买衣服
D 先别结账

29. **A** 交学费
B 填登记表
C 安装软件
D 修改照片大小

30. **A** 火车站
B 机场
C 饭店
D 旅行社

31. **A** 有大雾
B 天气恶劣
C 前方堵车
D 车厢临时维修

32. **A** 在餐车提供晚餐
B 休息一个小时
C 发放免费食品
D 检车票

33. **A** 画儿不见了
B 画家要价高
C 画家说谎了
D 画家画得很快

34. **A** 很多动物
B 一只孔雀
C 别人订的画儿
D 一堆画着孔雀的废纸

35. **A** 把画儿撕了
B 准备了一年
C 没卖那幅画儿
D 不想跟富翁做生意

36. **A** 下了暴雨
B 鸟窝破了
C 猎人掉进了河里
D 鸟带着网飞走了

37. **A** 别追了
B 把网织得大一点
C 一会儿再捕鸟
D 和他一起抓鸟

38. **A** 猎人打枪了
B 翅膀受伤了
C 目标不统一
D 没劲儿

39. **A** 想法独特的人
B 手很快
C 棋艺高的人
D 头脑灵活

40. **A** 不能赢
B 互相帮助
C 可以吸取教训
D 水平得不到提高

41. **A** 性急
B 傲慢
C 著名人士
D 比自己优秀

42. **A** 不爱吃鱼
B 送给别人鱼
C 不想做官
D 不收别人送的鱼

43. **A** 不要忽视别人
B 做人要谦虚
C 要相信别人
D 不要占小便宜

44. **A** 没效果
B 使羊受伤了
C 在逃避现实
D 有助于羊的成长

45. **A** 视而不见
B 躲了起来
C 抢着去吃
D 得病了

二、阅 读

第一部分

第46–60题：请选出正确答案。

46–48.

鼓励是一种重要的教育方法，每个人都能在不断地鼓励下__46__自信、勇气和上进心。实践证明，鼓励可以使人心情愉快，而当一个人在愉快的心境下学习时，无论是感觉、知觉，还是思维和记忆力，都会处于最佳__47__。所以，在教育孩子时，可以适当地鼓励孩子，这样做不仅可以增强他们的自信心，使孩子意识到自己的能力，还能提高他们对学习的兴趣，使他们__48__去求知。

46. **A** 把握　　**B** 鼓励
    C 缓解　　**D** 获得

47. **A** 形态　　**B** 状态
    C 形状　　**D** 形式

48. **A** 合理　　**B** 互补
    C 主动　　**D** 干脆

49–52.

一位知名人士曾说："我把钱借给朋友，从来不指望他们还。因为我想，如果他没钱还不了，一定不好意思来；如果他有钱而不想还，也一定不会再来。那么我__49__也就这一次，就当花点儿钱认清了一个坏朋友。朋友借钱，只要数目不大，我都会__50__，因为朋友间应该有通财之谊。至于借出去之后，我从不催讨，是怕伤了__51__的和气。因此，每当我把钱借出去时，总有一种既借出去钱，又借出去朋友的感觉。__52__，我便有一种金钱与朋友一起失而复得的感觉。"

49. **A** 吃亏　　**B** 减缩
    C 导致　　**D** 倒闭

50. **A** 拒绝 **B** 答应
C 转告 **D** 提醒

51. **A** 如何 **B** 彼此
C 各自 **D** 多余

52. **A** 不管他们还钱还是借钱 **B** 而他们又找我借钱时
C 而每当他们把钱还回来时 **D** 尽管我还是会借钱给他们

53–56.

人类的进食方式大致可分为三种。其一是用手。这是一种最自然的进食方式，例如，婴儿不需母亲教导，__53__。其二是用刀叉。刀叉当然是在人类发明火和冶铁之后才会有的__54__。人们获得猎物之后，在火上烤熟，然后用叉子叉着，用刀割来吃，这比用手抓进食已经有了很大进步。其三是用筷子。在当今世界，用筷子进食的国家__55__上集中在亚洲，包括中国以及受汉文化影响较__56__的韩国、日本、越南和新加坡等。

53. **A** 就会用手抓东西吃 **B** 都会用假装哭泣达到目的
C 很容易学会用筷子 **D** 很容易适应周围环境

54. **A** 硬件 **B** 软件
C 财物 **D** 工具

55. **A** 根本 **B** 总算
C 一律 **D** 基本

56. **A** 浓 **B** 浅
C 深 **D** 嫩

57-60.

清朝有个著名画家，名叫李方膺。有一次，他到朋友家做客。大家天南海北，无所不谈，谈着谈着，__57__转到了绘画上。其中一个人说："我看世界上什么都能入画，就一种东西画不出来。"有人问它是什么东西，他轻轻地说了一个字："风。"大家听了都沉默不语，__58__，只有李方膺不以为然地说："风，能画，完全能画。"在场的人听了很好奇，都催促李方膺，让他当场给大家画一张"风"看看。

李方膺没有__59__，他沉思片刻，便俯身画起来。不到一顿饭的功夫，就把"风"画出来了。众人忙上前观看，只见画面上有片茂密的竹林，正用力地向一边倾斜着，使人一看就能__60__地感到一股狂风正在吹过，似乎还能听到竹叶互相摩擦的"沙沙"声。在场的人无不连声称赞。

57. **A** 观点　　**B** 话题
    C 视觉　　**D** 道理

58. **A** 觉得的确如此　　**B** 每个人都很得意
    C 认为他说的没有道理　　**D** 突然说出来自己的意见

59. **A** 告辞　　**B** 推辞
    C 躲藏　　**D** 诽谤

60. **A** 强烈　　**B** 究竟
    C 陆续　　**D** 照常

第二部分

第 61–70 题：请选出与试题内容一致的一项。

61. 有氧运动是指以增强人体吸入、输送与使用氧气为目的的耐久性运动。它的特点是强度低、有节奏、不中断，而且持续时间较长。有氧运动如步行、骑自行车等，能有效地改善心、肺功能，调节心理和精神状态。

A 有氧运动强度大　　**B** 有氧运动效果不佳
C 有氧运动有利于身心健康　　**D** 有氧运动宜在早晨进行

62. 人在愤怒时智商是最低的。在愤怒时，人们会做出非常愚蠢的决定而自以为是，也会做出相当危险的举动而浑然不知。通常这个时候所做的决定，90%以上都是错误的。

A 智商高的人不容易发脾气　　**B** 愤怒时不要轻易做决定
C 人在不生气时都很理智　　**D** 做决定前应多和别人商量

63. 昆虫是地球上数量最多的动物群体，它们的踪迹几乎遍布世界的每个角落。大多数昆虫都具有高超的飞行技术，能借助飞行来选择适宜的生存环境，寻找食物和同伴。

A 昆虫的数量非常有限　　**B** 昆虫的寿命没有人类那么长
C 昆虫的分布很广　　**D** 昆虫的飞行技术不佳

64. 可再生能源是指在自然界中可以不断再生、永续利用的能源，具有取之不尽、用之不竭的特点，主要包括太阳能、风能、水能、地热能和海洋能等。可再生能源对环境无害或危害极小，而且分布广泛，有很大的发展潜力。

A 可再生能源分布不均　　**B** 可再生能源开发难度大
C 可再生能源利用率不高　　**D** 可再生能源不易污染环境

65. 婚姻是一双鞋。无论什么鞋，最重要的是合脚；无论什么样的婚姻，最美妙的是和谐。切莫只贪图鞋的华贵，而委屈了自己的脚。别人看到的是鞋，自己感受到的是脚。脚比鞋重要，这是一条真理，却常常被人们忘记。

A 鞋子的款式最重要　　**B** 夫妻双方要互相尊重
C 要重视人的内心　　**D** 要选择适合自己的对象

66. 什么东西都想得到的人，到最后往往什么都得不到。人的生命有限，精力有限，我们应当有所取舍。该取时，要毫不犹豫，勇往直前；该舍时，也要做到干脆果断，绝不可惜。任何患得患失的行为，都只会加重心理负担，无形之中成为我们前进的绊脚石。

A 勇敢面对困难　　**B** 要学会取舍
C 不要轻易放弃　　**D** 选择多不见得好

67. 中国有句话叫“没有规矩，不成方圆”，这里的“规”指的是圆规，“矩”指的是尺子，意思是说如果没有规和矩这两样工具就画不出方形和圆形。同样，做事也需要遵守一定的规则和制度，否则便很难成功。

A 规矩和制度不可缺少　　**B** 采取谨慎的态度
C 不要忽视工具的作用　　**D** 成功源于打破常规

68. 票号是清代出现的一种金融机构。中国最早的票号是山西省的日升昌票号，它坐落于平遥古城西大街的繁华地段，是中国现代银行的开山鼻祖。日升昌票号经历百年，分号遍布全国35个大中城市，业务远及欧美、东南亚等。

A 票号创办于明朝　　**B** 票号是现代金融机构
C 日升昌的业务远及海外　　**D** 中国最早的票号位于北京市

69. 一个人如果长期生活在一个相对不变的环境中，没有新信息激发他去思考、去比较，他就很难“预测”未来。相反，一个人若处于不断变化的环境中，时常接触一些新的信息，他就可以打开思路，把自己在不同环境中观察到的东西加以比较，找出规律，预测出未来的发展趋势。

A 不变的环境能促人思考　　**B** 要学会适应环境
C 人的性格与环境息息相关　　**D** 变化的环境有利于人的成长

70. 铁树开花具有很强的地域性。在热带，铁树生长10年后就能开花结果。但当它被移植到中国寒冷干燥的地方时，就很少开花了。即使是室内盆栽的铁树，有的往往也要几十年甚至上百年才能开花，所以人们就用“铁树开花”来比喻极难实现或非常罕见的事情。

A 在热带地区铁树不能生存　　**B** 盆栽铁树年年开花
C 铁树开花需一定的气候条件　　**D** 铁树开花在寒冷地区很常见

第三部分

第 71–90 题：请选出正确答案。

71–74.

国王梦见自己的牙齿都掉了。醒来后，他请一位智者为他解梦。智者说："陛下，很不幸，每掉一颗牙齿，就意味着您会失去一个亲人。"国王大怒："你竟敢胡说八道，给我滚出去!"国王气愤之余，还命人重打了这位智者100棍。国王又找来另一位智者为他解梦。这位智者对国王说："陛下，您真幸福！这是个吉祥的梦，意味着您会比您的亲人长寿。"国王听后大喜，赏给这位智者100个金币。

当这位智者拿着赏金走出宫殿时，一位大臣不解地问他："真是不可思议！您对梦的解释其实同第一位智者是一样的，为什么他被惩罚了，而您却得到了金币呢?"智者语重心长地说："很简单，不同的表达方式所产生的效果往往有很大的差异，真理亦须巧言。任何时候都要讲真话，但说出真相也要选择适当的方式。真理就像一块儿宝石，如果拿起来扔到别人的脸上，就可能造成伤害。但是，如果加上精美的包装，诚心诚意地奉上，对方必定会欣然接受。"

71. 关于第一位智者，可以知道：

A 很明智
B 运气好
C 指责国王
D 被国王下令重打

72. 第二位智者是怎么解梦的?

A 国王的牙不会掉光
B 国王要精心照顾亲人
C 国王比亲人的寿命长
D 国王身边的人会遭遇不幸

73. 划线词语“不可思议”是什么意思?

A 没办法思考
B 让人难以理解
C 感觉非常矛盾
D 不要背后议论人

74. 这个故事主要想告诉我们什么?

A 不要轻易忽视别人
B 说真话的人更可靠
C 说话要注意表达方式
D 不要太在乎别人的看法

75–78.

坐在你身旁的同事是否总是不停地抱怨工作环境不好或是工作压力太大？在他们抱怨时，你是否会耐心地倾听呢？如果是，那你可不只是在听别人讲而已。事实上，在倾听的过程中，你也会不知不觉地被他们的压力所“传染”。

心理学家发现，压力就像感冒一样会传染，这种“二手”的压力和焦虑情绪可以在工作场所迅速蔓延。因为人们能够以惊人的速度模仿他人的面部表情、声音和姿势，从而对他人的情绪感同身受。我们其实都是“海绵”，可以吸收周围人散发出的感染性的情绪。而在吸收他人压力的同时，我们自己也开始感受到压力，并会不自觉地去关注那些可能会困扰我们的问题。

为什么别人的压力会传染给我们？这是因为，一方面，我们吸收朋友或同事的压力是为了和他们打成一片；另一方面，持续灌进我们耳中的不满的声音，也会让我们开始产生消极的想法。

研究者发现，我们不仅会接受他人消极的思维模式，还会下意识地模仿他们在压力下的身体语言，这导致我们在交谈时会与他们一样弓起背、皱起眉。另外，女性遭遇“二手压力”的风险更大，因为她们往往更容易与他人产生共鸣。

75. 为什么说“我们其实都是‘海绵’”？

A 很容易感染疾病
B 学习能力强
C 有很强的适应性
D 会吸收别人的情绪

76. 第3段中的“打成一片”，是什么意思？

A 争论
B 打架
C 搞好关系
D 相互支持

77. 根据第4段，下列哪项正确?

A 人的思维方式很难改变
B 身体语言与性别有关
C “二手压力”绝不能消除
D 女性更容易受他人影响

78. 最适合做上文标题的是：

A 倾听的力量
B 海绵效应
C 会传染的压力
D 你能读身体语言吗?

79–82.

一对好朋友在沙漠旅行中吵了一架，其中一人一气之下打了同伴一个耳光。被打的人愣了半天，最后却没有说话，只是在沙子上写下：今天我的好朋友打了我一个耳光。

经过长途跋涉，他们终于踏上了绿洲。看到清澈的河水，两人兴奋极了，摇摇晃晃地向河边走去。但由于天气炎热，再加上饥渴和劳累，他们的身体承受力已经到了极限，刚到河边，被打了耳光的那个人便一头栽进了河里。另一个人赶忙上前，费了很大力气才将他救起。被打的那个人醒来后，拿着刀在石头上刻下：今天我的好朋友救了我一命。朋友不明白："为什么我打了你，你写在沙子上；我救了你，你却刻在石头上呢?"那人笑了笑，回答："把朋友的伤害写在沙子上，风会很快吹平它；把朋友的帮助刻在石头上，可以经得起时间的考验。"

生活中，人们常常会陷入一个怪圈：因为是朋友，便将他的付出和给予视为理所当然，少了感激；因为是朋友，便把他的错误看成不可原谅，多了苛责。其实，朋友间难免会产生矛盾、误会甚至是伤害，但这种伤害往往是无心的，如果因为这种无心的伤害而失去彼此，那将不仅是遗憾，而且是悲哀。忘记朋友的伤害，铭记朋友的关爱，珍惜身边的朋友吧。

79. 两人到了河边后：

A 看到河水干了
B 行李被偷走了
C 被打的人掉进了河里
D 又打架了

80. 被打的人为什么要在石头上刻字?

A 希望吸引朋友的眼光
B 附近没有沙子
C 要记住朋友的帮助
D 要记住朋友的伤害

81. 第3段中的“怪圈”指的是：

A 对朋友要求过高
B 对朋友关心太少
C 很少和朋友沟通
D 亲情比爱情更重要

82. 上文主要谈什么？

A 努力付出不一定能回报
B 朋友的相处之道
C 如何表达感激之情
D 如何让你的旅行更安全

83-86.

南北朝时期有位著名的画家叫张僧繇，他笔下的飞禽走兽栩栩如生，令人拍手叫绝。据说，他曾在墙壁上画过两只鹰，吓得一些小鸟从此不敢在屋檐下做窝。他画的龙更是活灵活现。成语“画龙点睛”便出自关于他的传说。

有一年，张僧繇在安乐寺的墙壁上画龙，人们听说了，便奔走相告，争着前去看个究竟。在安乐寺里，张僧繇不到半天功夫就画好了四条龙。可这些龙都没有眼睛，众人好奇地问他：“为什么不给龙画上眼睛呢?”张僧繇解释说：“眼睛是整条龙的关键，画上眼睛，龙有了精神，就会飞走了。”大家听了都不相信，认为这话过于荒诞，一定要他给龙画上眼睛试试。张僧繇没有办法，只好拿起笔来给其中两条龙画上了眼睛。刹那间，电光闪闪，雷声轰鸣，画上眼睛的两条龙破壁飞去。人们都被这突如其来的情景吓呆了，等到定下神来，那两只龙早已飞得无影无踪，墙壁上只剩下两条没画上眼睛的龙。

后来人们就用“画龙点睛”这个成语比喻写作或说话时在关键地方加上精辟的语句，使内容更加生动传神。

83. 小鸟为什么不敢在屋檐下做窝?

A 害怕张僧繇
B 屋檐太狭窄
C 总有人打扰
D 以为见到了真的鹰

84. 根据第2段，下列哪项正确?

A 张僧繇撒谎了
B 龙被张僧繇吓跑了
C 画上眼睛的龙飞走了
D 墙上一条龙也没有了

85. 关于张僧繇，可以知道什么？

A 擅长绘画
B 写作技术很高
C 能与飞禽走兽交流
D 喜欢开玩笑

86. 上文主要讲的是：

A 绘画技巧
B 关于龙的传说
C 张僧繇勤学苦练的故事
D 成语“画龙点睛”的由来

87–90.

在日常生活中，谁都有不小心打碎东西的时候，但极少有人会去研究这些碎片中的学问。有位物理学家却从花瓶的碎片中发现了这样一个规律：将打碎后的物体碎片按重量级的数量分类，不同的重量级间会表现出统一的倍数关系。例如，被打碎的花瓶，最大的碎片与次大的碎片重量比是16：1，次大的与第三大的碎片间的重量比也是16：1。这就是著名的"碎花瓶理论"。

物理学家进一步研究发现，不同形状的物体，这个重量比是不同的。对于花瓶或茶杯状的物体，这个倍数约为16，棒状物体约为11，球状物体则约为40。更重要的是，这个倍数与物体的材料无关，即使是一块儿冻豆腐摔碎了，也会遵循这个规律。

由此可知，只要有同一物体的部分碎片就能求出这个倍数，从而可以推测出物体破碎前的大概形状。目前，"碎花瓶理论"在恢复文物原貌、推测陨石形状等工作中有特别的用处，它给这些原来全凭经验和想象的工作提供了理论依据。

87. 根据第1段，最大的花瓶碎片：

A 太脆弱
B 数量最少
C 形状最特别
D 重量是第二大的16倍

88. 第2段中，举"冻豆腐"的例子是为了说明：

A 碎花瓶理论没有道理
B 重量比不受材料影响
C 碎片形状和重量比无关
D 重量比与温度有一定关系

89. 关于碎花瓶理论，下列哪项正确？

A 缺少理论支持

B 对气候条件要求高

C 很多人提出反对意见

D 棒状物体重量比约为11：1

90. 第3段主要介绍的是碎花瓶理论的：

A 碎片的种类

B 实验条件

C 应用价值

D 理论依据

三、书 写

第一部分

第 91–98 题：完成句子。

例如：发表　　这篇论文　　什么时候　　是　　的

　　这篇论文是什么时候发表的？

91. 大家　　让　　很佩服　　乐观精神　　他的

92. 做过　　电视台的　　曾经　　我　　主持人

93. 方案　　得到了　　这个　　专家的认可

94. 请您　　个人　　一下　　信息　　填写

95. 这张　　记录了　　生动地　　当时的情景　　照片

96. 1978年　　正式　　历史展览馆　　建成于

97. 许多　　平衡　　动物　　靠尾巴　　控制

98. 公司　　为员工　　伤害保险　　办理了

第二部分

第 99–100 题：写短文。

99. 请结合下列词语(**要全部使用**)，写一篇80字左右的短文。

外语、进步、困难、灰心、鼓励

100. 请结合这张图片写一篇80字左右的短文。

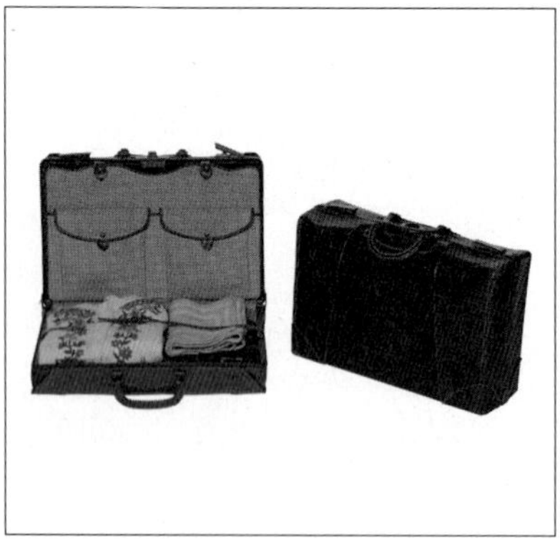

합격 모의고사

2회

国家汉办/孔子学院总部
Hanban/Confucius Institute Headquarters

新汉语水平考试

HSK(五级)

注　意

一、HSK (五级) 分三部分：

1. 听力 (45题，约30分钟)
2. 阅读 (45题，45分钟)
3. 书写 (10题，40分钟)

二、**听力结束后，有5分钟填写答题卡。**

三、全部考试约125分钟(含考生填写个人信息时间5分钟)。

一、听 力

第一部分

第 1–20 题：请选出正确答案。

1. **A** 是作家
   B 爱好摄影
   C 将要退休了
   D 迷上了养花

2. **A** 字数少
   B 完美无缺
   C 再检查一下
   D 有语气上的问题

3. **A** 餐车
   B 厨房
   C 洗手间
   D 售票处

4. **A** 太酸了
   B 太辣了
   C 醋放少了
   D 土豆炒太久了

5. **A** 询问了办公室
   B 接电话了
   C 收到充值短信了
   D 女的发短信通知他

6. **A** 头脑灵活
   B 表现出色
   C 经验不足
   D 业绩平平

7. **A** 男的正在打扫房间
   B 女的在上网写论文
   C 他们在地下室里
   D 网络信号太稳定

8. **A** 想当奖品用
   B 买得多有优惠
   C 夏令营要用
   D 寄给灾区的孩子

9. **A** 没电了
   B 碰到水了
   C 缺零件
   D 被东西撞坏了

10. **A** 太旧了
    B 很费电
    C 操作复杂
    D 从未出过毛病

11. **A** 男的要出版新书了
B 男的在图书大厦工作
C 签售会取消了
D 男的希望女的参加签售会

12. **A** 换比赛日程
B 需要准备时间
C 她会尽全力的
D 推荐小刘参赛

13. **A** 家里
B 超市
C 邻居家
D 餐厅

14. **A** 想考研
B 要参加面试
C 复习已经完
D 犹豫不决

15. **A** 意见相差太大
B 一直很顺利
C 签完合同了
D 双方已谈好条件

16. **A** 香肠
B 面包
C 零食
D 馒头

17. **A** 买辆车
B 和丈夫商量
C 取得驾驶执照
D 选好车

18. **A** 怀疑男的
B 不想贷款
C 想咨询专家
D 再考虑一下

19. **A** 帮女的录视频
B 快要结婚了
C 承认了错误
D 不能参加朋友的婚礼

20. **A** 没时间看论文
B 找不到参考资料
C 不能按时交论文
D 买不到书

第二部分

第 21–45 题：请选出正确答案。

21. **A** 女的还没参加考试
 B 男的想买新车
 C 女的通过了考试
 D 男的开车时很紧张

22. **A** 交教练的资料
 B 换班
 C 学网球
 D 减肥

23. **A** 整理会议录
 B 订机票
 C 替他去北京
 D 去机场接人

24. **A** 设备坏了
 B 天气原因
 C 前方在修路
 D 停靠次数多

25. **A** 手机技术的发展
 B 网络对孩子的影响
 C 居民消费的情况
 D 智能手机的使用情况

26. **A** 销售方案
 B 面试结果
 C 求职条件
 D 兼职要求

27. **A** 患糖尿病
 B 着凉了
 C 胃口不好
 D 做手术了

28. **A** 没有兴趣
 B 编辑收入低
 C 周二没空儿
 D 工作环境不好

29. **A** 会议取消了
 B 周六召开会议
 C 订的包间太小了
 D 有18人出席会议

30. **A** 铁制的
 B 还需改进
 C 声音单调
 D 是民族乐器

31. **A** 富人举行宴会
 B 富人过生日
 C 富人请邻居吃饭
 D 邻居租他的房子请客

32. **A** 小气
 B 谦虚
 C 狡猾
 D 骄傲

33. **A** 不要说假话
B 隐藏缺点
C 要始终如一
D 对人要亲切

34. **A** 一点儿也没问题
B 被上司批评
C 留下好印象
D 影响整个接待工作

35. **A** 朋友相处的道理
B 最后印象的重要性
C 不要对自己不满
D 怎样发挥自己的优势

36. **A** 最讨厌的同学
B 初恋情人
C 最尊敬的老师
D 最密切的朋友

37. **A** 与自己相反的
B 活泼开朗的
C 与自己相似的
D 和自己性格互补的

38. **A** 友情比爱情更重要
B 爱交际的人是最好的朋友
C 年轻人记忆力更好
D 朋友的肯定能带来安全感

39. **A** 挣钱
B 积累经验
C 帮助别人
D 享受生活

40. **A** 还是工人
B 被淘汰了
C 成了建筑师
D 创办了企业

41. **A** 不要害怕犯错
B 不要轻易放弃
C 要坚持自己的选择
D 不要轻视平凡的工作

42. **A** 被爸爸批评了
B 手拿不出来
C 把糖果瓶打碎了
D 手指受伤了

43. **A** 要学会放弃
B 谦虚使人进步
C 要控制自己的情绪
D 要有怀疑的精神

44. **A** 操作简单
B 节约能源
C 有利于环保
D 改善制冷功能

45. **A** 冰箱的功能
B 冰箱维修常识
C 选购什么样的冰箱
D 冰箱为何多为浅色

二、阅 读

第一部分

第46–60题：请选出正确答案。

46–48.

冬天，许多湖泊和河流都会结冰，但海水却不易结冰，这是为什么呢？原来，一般情况下，水在零度就会结冰，但如果水里溶入了一些其他__46__例如盐，那么它结冰的温度就会降到零度以下。由于海水里面__47__不少盐分，所以海水结冰的温度要比一般的淡水低，在冬天也就不太容易结冰了。__48__，海水的流动性很强，这也使得海水很少结冰。

46. **A** 生物　　**B** 物质
　　C 材料　　**D** 原料

47. **A** 包括　　**B** 包含
　　C 含有　　**D** 具有

48. **A** 另外　　**B** 总算
　　C 甚至　　**D** 一再

49–52.

心理学上将害怕失败的人称为"失败综合症"患者。患有这种心理疾病的人，在完成任何一项工作时，一开始就会预想到失败，从而产生一种莫名的__49__，最后也多以失败告终。有"失败综合症"的人，只希望自己完成无挑战性的、没有失败压力的工作，他们觉得失败会"丢面子"，所以他们往往过高地估计困难，__50__，工作起来仅用一半儿的努力。大量的__51__告诉我们：如果不冒险、不敢面对失败，想要成功是不可能的。只要勇敢地承担风险，用科学的态度去__52__失败，就能消除"失败综合症"的心理状态。

49. **A** 恐惧　　**B** 安慰
　　C 好奇心　　**D** 满足感

50. **A** 所以往往采取最保险的做法　　**B** 也过于追求完美
C 而又过低地估计自己的能力　　**D** 为此做出不懈的努力

51. **A** 事物　　**B** 事实
C 数据　　**D** 领域

52. **A** 对待　　**B** 采取
C 克服　　**D** 应付

53-56.

在篮球比赛中，我们会发现球场上＿53＿没有穿一、二、三号球衣的运动员。为什么会这样呢？原来这与比赛中的判罚规则有关。＿54＿比赛规定，罚球时，裁判员伸出一根手指，表示罚一次，伸出两根手指，表示罚两次。如果有队员三秒违例，裁判员会伸出三根手指。而当队员犯规或球队换人时，裁判员也是用手势示意队员的＿55＿。所以，如果场上设一、二、三号队员的话，＿56＿。

53. **A** 凡是　　**B** 根本
C 格外　　**D** 居然

54. **A** 顺便　　**B** 通过
C 自从　　**D** 按照

55. **A** 技能　　**B** 位置
C 号码　　**D** 形象

56. **A** 会使比赛气氛很紧张　　**B** 比赛规则不能改变
C 就很容易引起误会　　**D** 就会打扰观众看比赛

57–60.

学生问老师："怎样才能过上幸福美好的生活呢?"

老师回答道："首先你要有强壮的身体，其次要辛勤劳动，最后，还要拥有聪明和智慧。"

学生问："为何要将强壮的身体__57__在第一位呢?"

老师说："如果没有强壮的身体，__58__，所以强壮的身体是美好生活的基石。"

学生问："为何要将辛勤劳动放在聪明和智慧之前呢?"

老师说："因为只有辛勤劳动，才能创造美好的生活。"

学生问："如果只要身体强壮、辛勤劳动，就能过上美好的生活，那么聪明和智慧不就是__59__的吗?"

老师回答道："强壮的身体和辛勤劳动只能创造美好的生活，而聪明和智慧才能让你懂得如何去__60__美好的生活啊!"

57. A 捡　　B 摆
    C 扔　　D 插

58. A 我们要愉快地生活　　B 每个人对幸福的理解不同
    C 一切美好的愿望都是空想　　D 努力付出也不一定有回报

59. A 多余　　B 优美
    C 收获　　D 超级

60. A 遭遇　　B 享受
    C 掌握　　D 承担

第二部分

第 61–70 题：请选出与试题内容一致的一项。

61. 经常熬夜的人常会感到疲倦、头痛，时间久了，还会发现免疫力也在下降。许多年轻人觉得无所谓，但是他们不知，到老的时候，身体的不少毛病就会显现出来，到时候再后悔就来不及了。

A 熬夜对身体伤害大
B 老年人要多补充睡眠
C 免疫力下降会让人失眠
D 年轻人体力恢复得更快

62. 模特是一种与时尚紧密相关的职业。模特们用自己的身体语言来表现服装或者其他物品的内涵，给人带来美的享受。但并不是每个人都可以成为模特，做模特的人通常身材非常好，很苗条，而且个子也很高。

A 谁都能成为模特
B 模特不喜欢吃油炸食品
C 模特对身材的要求很高
D 高学历的人很难成为模特

63. 新鲜的豆腐经过冷冻后，会产生一种酸性物质，这种物质能够分解人体内积存的脂肪，从而起到减肥的作用。而且豆腐虽然经过了冷冻，但营养成分并没有被破坏。所以，多吃冻豆腐，对于减肥的人是很有益处的。

A 冻豆腐营养价值低
B 多吃冻豆腐有益于减肥
C 女性不宜多吃冻豆腐
D 冻豆腐能长久保存

64. “酸葡萄”心理是指把那些自己想要却得不到的东西说成是不好的一种心理状态，这种方法能起到自我安慰的作用。比如，别人有好东西，你很想要，但实际上你不可能得到，这时不妨利用“酸葡萄”心理，说那样东西的“坏话”，来压制自己不能被满足的需求。

A 要积极面对失败
B 要追求自己得不到的东西
C “酸葡萄”心理是一种心理毛病
D “酸葡萄”心理能帮人获得心理平衡

65. 在正常情况下，对于不太熟悉的人，人们往往会根据对方的反应和外界条件来选择相应的言语或行为。尤其是对还不十分了解，但又希望继续交往的人，人们会尽量把自己好的一面表现出来，把缺点隐藏起来。

A 第一印象容易改变　　B 真诚是交友的基础
C 言语行为多受环境影响　　D 人们会对熟悉的人有好感

66. 《白鹿原》是中国著名作家陈忠实的代表作。这部近50万字的长篇小说以陕西关中平原上的白鹿村为背景，细致地讲述了白、鹿两大家族之间发生的故事。全书有着厚重的史诗风格和真实感，自出版以来，深受读者的赞赏和欢迎，还曾多次被改编成电影、话剧等。

A 《白鹿原》是短篇小说
B 《白鹿原》受到了广泛好评
C 《白鹿原》是陈忠实的第一部作品
D 《白鹿原》描写了上层人士的生活

67. "齐鲁"一名来自于齐、鲁两国国名。战国末年，随着民族融合和文化同化的基本完成，齐、鲁两国文化逐渐融为一体，成为一个统一的文化圈，"齐鲁"的地域概念也由此形成。这一地域与后来的山东省范围大体相同，所以"齐鲁"就成了山东的代称。

A 山东的代称来自于古代国名
B 文化同化是民族融合的基础
C 民族融合始于战国初年
D 地域概念的形成促进了经济的发展

68. 失败时，身旁的人可能会告诉你：要坚强，要快乐。坚强是绝对需要的，但在这样的情况下，要快乐也许是不可能的。没有人能在跌得头破血流的时候，还高兴得起来。但是至少我们应该做到平静，平静地看待这件事，把其他该处理的事处理好，这也算是另一种意义上的成功。

A 要平静地对待失败　　B 乐观的人更容易成功
C 要倾听别人的意见　　D 谦虚的人更值得尊重

69. 嫦娥奔月是中国古代的神话传说。据传嫦娥的丈夫后羿得到了不死药，为避免坏人抢走仙药，嫦娥就自己吞下了不死药，结果她飞到了月亮上，从此与后羿分离。月母见二人互相思念却不能相见，就让嫦娥每年八月十五这天与后羿相会。这就是中秋节团圆习俗的由来。

A 后羿偷吃了不死药　　**B** 嫦娥和后羿每月见一次

C 月母帮助后羿和嫦娥见面　　**D** 春节团圆习俗与嫦娥奔月有关

70. 心理学家发现，性格热情的人的社交圈子通常是其他人的数倍，他们的生活也比其他人更丰富多彩。无论何地何时，他们总能成为交际圈中的焦点和中心。热情不但可以提升人们自身的魅力指数，就连身边的朋友也能感受到他们带来的幸福，跟着一起享受生活的乐趣。

A 性格热情的人更骄傲　　**B** 性格热情的人交际圈广

C 性格热情的人乐于帮助别人　　**D** 性格热情的人会使其他人感到惭愧

第三部分

第 71–90 题：请选出正确答案。

71–74.

一群野雁落在公园的湖边，它们打算就在这里生活，等到秋天再回南方过冬。公园里的游客见到大雁都很惊喜，纷纷掏出饼干、鱼片等食物丢给它们。一开始那群大雁不知道游客丢的是什么东西，“哗”地一声全吓跑了。等游客走了以后，它们才慢慢地靠近那些食物，品尝起来。

后来，大雁知道游客对它们没有威胁，每当游人丢下食物时便争先恐后地一哄而上。日子久了，大雁就以游客给的食物为生，一个个长得圆滚滚的。秋天来了，大雁们还是过着安逸的生活。它们不再想去南方，因为飞那么远太累。

到了冬天，大雪下个不停，游客日渐稀少。冷风不断地从羽毛里透进去，大雁冻得直发抖，再加上食物越来越少，它们又冷又饿。有几只试图往南方飞，但沉重的身躯和寒冷的天气让它们没飞多远就又折了回来。它们只能紧紧地依偎在一起，怀念去年的这个时候。

贪图安逸的人往往会因小失大。幸福是通过自己不断地努力和奋斗得来的，而不是依靠别人的施舍才有的。

71. 一开始面对游客给的食物，大雁：

A 觉得很可口
B 很悲哀
C 不敢吃
D 觉得难吃

72. 大雁为什么不想回南方了？

A 南方气候变寒冷
B 南方食物稀少
C 北方气候适宜生活
D 它们习惯了舒适的生活

73. 根据第3段，下列哪个正确？

A 大雁过得很艰苦

B 大雁的羽毛很耐寒

C 大雁终于找到了食物

D 有些大雁成功飞到了南方

74. 这个故事主要想告诉我们什么？

A 遇事不要悲观

B 要勇于承担责任

C 幸福要靠自己争取

D 适合自己的才是最好的

75–78.

小时候，一年夏天，我家里来了一个木匠，擅长吹笛子，在我家干了半个月的活儿。一天，我到山上砍了根竹子，请他帮我做一支笛子。他苦笑道："不是每根竹子都能做成笛子的。"我觉得他是在骗我，我找的那根竹子粗细适宜，厚薄均匀，质感光滑，竹节也不明显，是我千挑万选才相中的，为什么不能做成笛子呢?

他解释说："这是今年的竹子，就算做成了笛子，也经不起吹奏。"我更加困惑了：今年的竹子怎么了? 难道非要放旧了再拿来做? 东西不都是越新鲜越好吗? 他看出了我的困惑，接着讲道："你不知道，凡是用来做笛子的竹子都需要经历寒冬。因为竹子在春夏长得太散漫，只有到了冬天，气温骤冷，天天'风刀霜剑严相逼'，它的质地才会改变，做成笛子吹起来才不会走调。而当年生的竹子，没有经过霜冻雪侵，尽管看起来长得不错，然而用来制作笛子的话，不但音色会差许多，而且还会出现小裂痕，虫子也很喜欢蛀这样的竹子。"

其实，人生就好比是这根用来做笛子的竹子，只有历经了风霜雨雪、千锤百炼，才能奏出动人的曲子。

75. 作者请木匠帮什么忙?

A 做笛子
B 砍竹子
C 帮他干活儿
D 辨别竹子的好坏

76. 作者为什么觉得木匠在骗他?

A 木匠擅长吹笛子
B 木匠态度不好
C 他认为自己找的竹子很好
D 他见木匠拒绝了别人的请求

77. 经历过寒冬的竹子：

A 少有裂痕

B 长得散漫

C 质感更光滑

D 不适合做笛子

78. 上文主要想告诉我们什么？

A 要善于听取别人的意见

B 苦难会使人成长

C 不要轻易否定自己

D 不要敢于尝试

79–82.

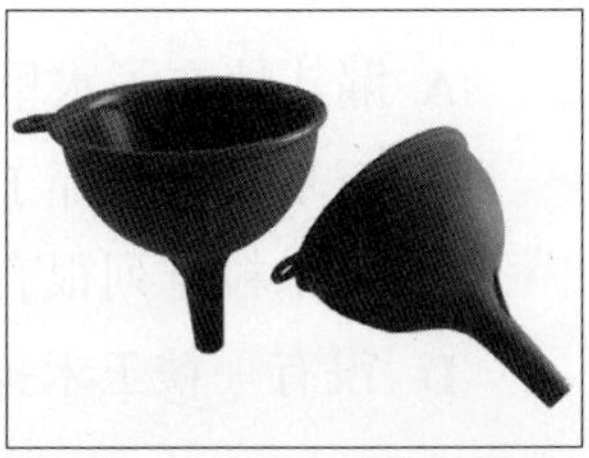

有一位画家，举办过十几次个人展，参加过上百次画展。无论参加者多与否，有没有获奖，他的脸上总是挂着开心的微笑。在一次朋友聚会上，我问他："你为什么每天都这么开心呢?"他微笑着反问我："我为什么要不开心呢?"后来，他给我讲了他儿时经历过的一件事情：

小时候，他的兴趣非常广泛，也很要强。画画儿、游泳、打篮球，必须样样第一才行，但这当然是不可能的。于是，他心灰意冷，学习成绩一落千丈。父亲知道后，找来一个漏斗和一些玉米种子，让他把手放在漏斗下面接着，然后拿起一粒种子投进漏斗，种子顺着漏斗滑到了他的手里。父亲投了十几次，他的手中也就有了十几粒种子。

接着，父亲又抓起满满的一把玉米粒放到漏斗里面，玉米粒相互挤着，竟一粒也没有掉下来。父亲对他说："做事情就像往漏斗中投玉米粒一样。假如你每天都能做好一件事，那你每天都会有一粒种子的收获和快乐。可是，当你把所有的事情都挤到一块儿来做，那你连一粒种子也收获不到。"

每个人都渴望成功，不过，"一口吃不成胖子"，成功需要一步一步来。如果你想同时完成很多事情，同时实现很多愿望，事事都想做，事事都去做，那成功很可能将离你而去，成功对你而言，将可能只是美梦一场。

79. 关于那位画家，可以知道：

A 非常乐观
B 事业上失败了
C 学习成绩一直很优秀
D 小时候就举办过影展

80. 第2段的"心灰意冷"，最可能是什么意思?

A 失望难过
B 心存疑问
C 很委屈
D 极不耐烦

81. 父亲把满满一把玉米粒放到漏斗里时：

A 漏斗掉在了水里
B 玉米粒被破碎了
C 玉米粒排列很有规律
D 没有一粒玉米掉下来

82. 上文主要想告诉我们什么?

A 不努力就会被淘汰
B 要抓住机会
C 成功需要远大的目标
D 应先集中精力做好一件事

83-86.

从前，有个叫公孙仪的人，非常善于弹琴。从他的琴声中能听出泉水涓涓，也能听出大海的怒涛；能听出秋虫的低鸣，也能听出小鸟婉转的歌唱。他弹奏欢快的曲调，会让人眉开眼笑；而悲哀的曲调，又使人心酸不已，甚至跟着琴声呜咽。凡是听过他弹琴的人，没有不被他的琴声打动的。

一次，公孙仪在弹琴时，看见有几头牛在不远处吃草，不由得突发奇想："我的琴声，听了的人都说好，牛会不会也觉得好呢?"

于是，公孙仪就坐到牛旁边，弹了他最拿手的曲子《清角》。他的琴声美妙极了，任何人听了都会发出"此曲只应天上有，人间能得几回闻"的感慨。可是那些牛还是静静地低着头吃草，丝毫没有反应，就好像它们什么都没听到一样。

公孙仪想了想，又重新弹了一曲。这一次曲调变了，音不成音、调不成调，听上去实在不怎么样，像是一群蚊子扇动翅膀发出的"嗡嗡"声，中间似乎还夹杂着小牛"哞哞"的叫声。

这回牛总算有了反应，纷纷竖起耳朵、甩着尾巴听了起来。琴声最终引起了牛的注意，是因为这个声音接近它所熟悉的东西。

后来，人们就用"对牛弹琴"这个成语来比喻有些人说话不看对象，对外行人说内行话，白白浪费了时间。

83. 第1段主要谈的是公孙仪：

A 琴声动人
B 喜欢养动物
C 歌声极美
D 热爱大自然

84. 为什么公孙仪弹第二支曲子时才引起了牛的注意?

A 牛吃光了草
B 他买了一把琴
C 牛听得更清楚了
D 琴声像牛熟悉的声音

85. 根据上文，下列哪项正确？

A 公孙仪太骄傲了
B 公孙仪十分谦虚
C 牛受伤了
D 牛不会欣赏优美的琴声

86. 上文主要想告诉我们什么？

A 不要忽视别人的价值
B 不要不懂装懂
C 做任何事情应该看清对象
D 做事要注意细节

87-90.

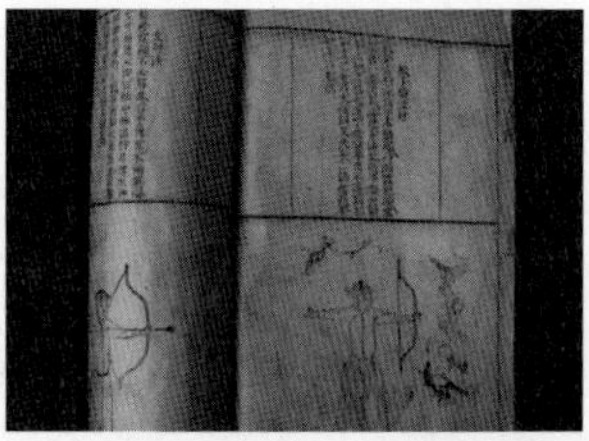

战国后期，有个人叫赵括，他是赵国大将赵奢的儿子。赵括从小受到父亲的影响，熟读兵书，并且还爱跟别人谈论军事，和人争论起来无往不胜，有时甚至连他父亲都说不过他。赵括因此很骄傲，自以为天下无敌。但是赵奢心里明白：自己的儿子虽然对兵书倒背如流，但是没有实际作战的经验，想法很不切实际。他曾私下里对妻子说："儿子虽然对兵书理论都很了解，但是缺乏实际锻炼，不能当大将。如果让他当了大将，只能害了赵国。"

有一年，秦国出兵攻打赵国。那时赵奢已经去世，由老将廉颇负责指挥全军。廉颇年纪虽高，但打仗却很有经验。他根据敌强己弱的形势，采取坚守阵地的做法，绝不主动出击，即使秦军多次挑战，也不出兵迎战，因此使得秦国无法快速取胜。

秦国知道这样拖下去对自己十分不利，不仅士兵会疲惫不堪，粮食也会耗尽，于是就施行了反间计。他们派人到赵国散布谣言，说"秦军最害怕赵括，根本不怕廉颇"。赵王本来就对廉颇的做法不满，听到这些话后，就信以为真，派了赵括去替代廉颇。赵括完全改变了廉颇的作战方案，死搬兵书上的条文，主动攻打秦军，结果中了秦国的圈套，40多万赵军全部被歼灭，他自己也中箭身亡。

这就是成语"纸上谈兵"的故事，现在这个词常用来比喻空谈理论不能解决问题，告诫我们做事一定要理论联系实际。

87. 赵奢是怎么评价儿子的?

A 要学兵书理论
B 不爱争论
C 缺乏作战经验
D 具有指挥才能

88. 根据第2段，可以知道廉颇：

A 年龄不大
B 善于用兵
C 得到了国王的肯定
D 比较胆小

89. 关于上文，下列哪项正确?

A 赵王上了秦国的当
B 赵括十分尊重廉颇
C 赵括积极配合廉颇
D 赵括取得了战争胜利

90. 最适合做上文标题的是：

A 纸上谈兵
B 不战而胜
C 狡猾的廉颇
D 谦虚的赵括

三、书 写

第一部分

第 91–98 题：完成句子。

例如：发表　　　　这篇论文　　　　什么时候　　　　是　　　　的

　　　这篇论文是什么时候发表的?

91. 饼干　　　这些　　　吧　　　过期了　　　已经

92. 客厅　　　人物画　　　一幅　　　墙上　　　着　　　挂

93. 贷款利率　　　又　　　调整　　　做了　　　银行对

94. 请　　　勿在　　　抽烟　　　仓库里

95. 倒了　　　小猫　　　垃圾桶　　　被　　　撞

96. 将　　　他　　　把　　　捐给慈善团体　　　全部　　　个人财产

97. 身体　　　才　　　保持平衡　　　能　　　这样　　　使

98. 数码相机　　　会　　　过长　　　充电时间　　　缩短　　　电池寿命

第二部分

第 99–100 题：写短文。

99. 请结合下列词语(**要全部使用**)，写一篇80字左右的短文。

简历、优点、突出、应聘、面试

100. 请结合这张图片写一篇80字左右的短文。

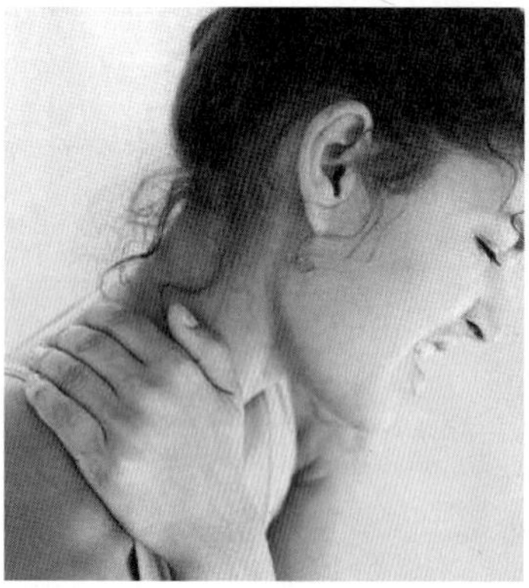

합격 모의고사

3회

国家汉办/孔子学院总部
Hanban/Confucius Institute Headquarters

新汉语水平考试

HSK(五级)

注 意

一、HSK (五级) 分三部分:

1. 听力 (45题，约30分钟)
2. 阅读 (45题，45分钟)
3. 书写 (10题，40分钟)

二、**听力结束后，有5分钟填写答题卡。**

三、全部考试约125分钟(含考生填写个人信息时间5分钟)。

一、听 力

第一部分

第 1–20 题：请选出正确答案。

1. A 工作太忙了
   B 动手术
   C 不感兴趣
   D 临时有事

2. A 没带橡皮
   B 没带身份证
   C 把作业弄丢了
   D 和朋友打架了

3. A 经济不景气
   B 谈判进行得顺利
   C 会尽全力去谈
   D 应该调整方案

4. A 身体不舒服
   B 有点儿紧张
   C 对话题没兴趣
   D 最后一个发言

5. A 着凉了
   B 吃得很清淡
   C 不爱吃点心
   D 嗓子哑了

6. A 东西送错了
   B 收据不见了
   C 男的没带名片
   D 女的收到包裹了

7. A 太谦虚了
   B 头脑灵活
   C 令人佩服
   D 不适合做生意

8. A 文件被删除了
   B 软件升级了
   C 电脑中病毒了
   D 无线网络没信号

9. A 喜欢吃桔子
   B 不会划船
   C 买了纪念品
   D 上周去郊区了

10. A 下暴雨
    B 树叶都掉了
    C 想看报纸
    D 根本没刮风

11. **A** 他们获得了冠军
B 比赛还没结束
C 比赛时间推迟了
D 会议取消了

12. **A** 肝
B 肾脏
C 胃
D 胳膊

13. **A** 洗个澡
B 冲奶粉
C 去看病
D 带孩子去打针

14. **A** 刚下火车
B 还没睡觉
C 太疲劳了
D 在排队买票

15. **A** 要动手术
B 失眠
C 病情恶化了
D 伤口痒

16. **A** 戒指
B 项链
C 耳环
D 扇子

17. **A** 想打车
B 想现在下车
C 拿到驾照了
D 不想再见面

18. **A** 设置用户名
B 复制文件
C 设置密码
D 修改地址

19. **A** 他来打开
B 别买罐头
C 太渴了
D 瓶子打碎了

20. **A** 犹豫不决
B 细节决定成败
C 非常干脆
D 不能坚持到底

第二部分

第21–45题：请选出正确答案。

21. A 取消机票
B 改签
C 退票
D 重买一张

22. A 动画片
B 记录片
C 体育节目
D 访谈节目

23. A 天气恶劣
B 酒后驾车
C 疲劳驾驶
D 超速行驶

24. A 规模大
B 参加人数不多
C 持续10天
D 在举行开幕式

25. A 还没批
B 危险很大
C 需要调整
D 利润很高

26. A 要举办慈善会
B 要做演讲
C 刚升为主任
D 不能出席慈善会

27. A 升职了
B 拿到签证了
C 教材编写完了
D 项目获得批准

28. A 在香港举办
B 只举办一场
C 现在可以买票
D 下个月上旬举办

29. A 租房合同延期了
B 家具很高档
C 他们打算贷款
D 房子还没装修

30. A 小说
B 视频
C 照片
D 日记

31. A 做不少宣传
B 吸引更多资金
C 提高公司股价
D 制定营销方案

32. A 进行结构调整
B 解雇职员
C 总经理要辞职
D 要推出新产品

33. **A** 去做鸟窝
B 给鸟洗澡
C 去收拾卧室
D 先去征得妈妈同意

34. **A** 被狼咬伤了
B 被猫吃了
C 被王安救了
D 被放回大自然了

35. **A** 做事不能犹豫
B 善良是种美德
C 不要轻易放弃
D 严格要求自己

36. **A** 聚会时认识的
B 路上偶然碰见
C 自己去敲门
D 打篮球时认识的

37. **A** 一般
B 很愉快
C 争论不休
D 依然很陌生

38. **A** 要主动沟通
B 不能骄傲自满
C 要多赞美别人
D 避免犯同样的错误

39. **A** 朋友不能进去
B 没有效果
C 朋友丢了鞋子
D 朋友受伤了

40. **A** 把鞋扔进果园
B 脱了衣服爬进去
C 找了一个洞
D 借助旁边的大树

41. **A** 不要逃避挑战
B 得不到的才是最好的
C 切断后路才能激发潜力
D 成长过程中免不了做错事

42. **A** 给我们好的建议
B 促使我们进步
C 让我们不要放弃
D 帮我们达到目的

43. **A** 失败未必是成功之母
B 人生需要敌人
C 成长离不开朋友
D 要公平竞争

44. **A** 看的范围小
B 看得更仔细
C 能看到他人优点
D 能看到他人缺点

45. **A** 尊重别人
B 学会满足
C 批评别人
D 严格要求自己

二、阅 读

第一部分

第 46–60 题：请选出正确答案。

46–48.

智慧是头脑的智能，是迅速、正确地理解事物的能力，是一种洞察力和__46__力。有勇气能改变可以改变的事情，有胸怀能__47__不可改变的事情，而有智慧就能知道何时能改变，何时不能改变，并且知道什么时候“为”，什么时候“不为”。知道自己喜欢做什么样的事，知道自己在做什么事，知道自己能把事情做到何种__48__，这就是智慧。

46. **A** 感觉　　**B** 宽容
    C 判断　　**D** 责任

47. **A** 拒绝　　**B** 接受
    C 担任　　**D** 采取

48. **A** 思维　　**B** 程度
    C 规模　　**D** 角度

49–52.

失败并不是固定不变的。失败只不过是差了点儿火候的成功。这就__49__你把水从1℃加热到99℃，这其间看上去你都是“失败”的，因为你并没有改变水的状态，水仍然是液态的水。但只要你再加一把柴，再添一把火，让水温再升高1℃，水的状态就会__50__发生变化，从液态变成气态。人生也是如此，__51__，也不是人生的绝处，只要你再加一点点热情、一点点信心、一点点__52__，你就有可能从失败走向成功。

49. **A** 例如　　**B** 原来
    C 好像　　**D** 不如

50. **A** 彻底　　**B** 陆续
C 一连　　**D** 究竟

51. **A** 明天也许会更好
B 过去的就让它过去吧
C 失败是成功之母
D 失败并不是最终的定论

52. **A** 风格　　**B** 勇气
C 绝望　　**D** 步骤

53–56.

潜水是一项以水下活动为主要内容，以锻炼身体、休闲娱乐为主要目的的运动，深受广大年轻人的喜爱。__53__潜水运动在全球的流行，走进美妙的水中世界，尽情欣赏五颜六色、千姿百态的海底生物已经不再是一个童话般的__54__，而是一份令人惊喜不已的浪漫。进入互联网时代后，__55__，指在他人不知情的情况下，隐蔽地浏览信息或留言、而不主动表露自己身份的行为，这与潜水时在水下不露头的动作非常__56__。

53. **A** 不论　　**B** 随着
C 按照　　**D** 哪怕

54. **A** 愿望　　**B** 形象
C 风俗　　**D** 秘密

55. **A** "潜水"理论不能得到认可　　**B** "潜水"的风险依然很突出
C 潜水不再有年龄的限制　　**D** "潜水"一词又有了新的意思

56. **A** 仿佛　　**B** 密切
C 相处　　**D** 相似

57-60.

熊猫的学名其实是“猫熊”，意思是“像猫一样的熊”，也就是说它 __57__ 上类似于熊，而外貌却像猫。严格地说，“熊猫”是一种错误的称呼。那么这一错误的称呼是怎么来的呢？原来，早年间重庆市北碚博物馆 __58__ 展出过“猫熊”的标本，它的说明牌自左向右横写着“猫熊”两个字。可是，当时报刊的横标题都是自右向左认读的，所以记者们便在 __59__ 中把“猫熊”误写成了“熊猫”。“熊猫”这一称呼经媒体广泛传播后，被人们熟知。人们说惯了，也就很难再纠正过来了。于是， __60__ ，称“猫熊”为“熊猫”了。

57. A 本质　　B 规矩
　　C 规则　　D 形势

58. A 照常　　B 早晚
　　C 曾经　　D 难怪

59. A 参考　　B 报道
　　C 预报　　D 提倡

60. A 大家都十分慌张　　B 大家就将错就错
　　C 记者立刻改正过来　　D 记者不愿承认自己错了

第二部分

第 61–70 题：请选出与试题内容一致的一项。

61. 在许多商品的外包装上，都有一组黑白相间的条形图，这就是条形码。条形码是一种特殊的图形，里面包含了一些和商品有关的信息，如生产国代码、生产厂商代码和商品名称代码等，这些图形只有计算机才能“看”得懂。

A 条形码分为两种　　B 电脑无法识别条形码
C 条形码提供有些信息　　D 条形码多为彩色

62. 许多人做事常常半途而废，其实，只要再多花一点点力气，再坚持一点点时间，就会胜利。人们之所以容易放弃，主要是因为缺乏毅力。在你遇到困难想放弃时，别忘了提醒自己：人生就像四季的变迁，此刻只不过是人生的冬季而已。冬天来了，春天还会远吗?

A 要乐于帮助别人　　B 要从小事做起
C 坚持就是胜利　　D 做事情不能太盲目

63. 活字印刷术是宋朝一个叫毕昇的普通老百姓发明的。这一发明用可以移动的胶泥字块儿代替传统的手工抄写，大大地节省了人们的时间和精力，为知识和文化的传播与交流创造了条件，称得上是人类历史上最伟大的发明之一。

A 活字印刷术面临失传　　B 活字印刷术成本太高了
C 活字印刷术提高了印刷效率　　D 活字印刷术是唐代最伟大的发明

64. 不要试着改变丈夫或妻子的生活习惯，因为他们已经这样生活二三十年了。正如中国古话所说“江山易改，本性难移”，要他们改变自己，按照你的要求来生活是非常难做到的，你要做的应该是适应对方。

A 性格决定命运　　B 夫妻间要相互信任
C 要了解自己的优缺点　　D 要尊重彼此的生活习惯

65. 很多人认为事先做计划会很浪费时间，事实上，提前做好计划可以减少工作所用的总时间。行动之前先进行头脑热身，构想好要做之事的每个细节，这样当我们行动时，便会得心应手。

A 细节决定成败
B 考虑问题要全面
C 成功离不开行动
D 事先做好计划

66. 《本草纲目》是明代李时珍写的一本医药学著作。书中记录了1892种药物，而且对每一种药物的产地、形态、栽培及功用等都进行了叙述。此外，书中还记载了古代医家和民间流传的药方11096个，并附有1160幅图片。该书现已被翻译成多种语言在国外流传。

A 《本草纲目》由多人合作完成
B 《本草纲目》只有文字没图片
C 《本草纲目》记载了很多动物
D 《本草纲目》记录了药物的功用

67. “一方水土养一方人”是一句俗语，比喻一定的环境会造就一定的人才。每个地区的水土环境、人文环境都不相同，人们的生活方式、风俗习惯和思想观念也就随之而改变。生活在同一环境中的人，性格也会很相似，从而带有一种地域的独特性。

A 心情容易受别人的影响
B 不同地区的饮食习惯差别很大
C 同一环境下的人有共同点
D 要保护环境

68. 重庆多雾天，是由其特殊的地理环境造成的。重庆地处盆地，四面都是高山，而且长江、嘉陵江两大江在此处交汇，江水形成的水汽不易扩散，潮湿的空气很容易结成雾气。重庆一年平均有104天都是雾天，雾景也是重庆的一道特色风景。

A 重庆气候四季如春
B 重庆交通四通八达
C 重庆多雾与其地理环境有关
D 潮湿的空气不利于雾气形成

69. 有些人总是寄希望于明天，等到明天变成昨天，却说：“如果我能重来一次……”太多人被“如果”带走了理想、渴望、荣誉，最终他们一事无成。正确地估计形势，抓住现在，才能有所作为。犹豫一分钟，必将失去60秒。

A 凡事要适度
B 要把握住现在
C 做人要言之必行
D 理论和实践必不可分

70. 企业的发展需要团队，企业管理者必须学会如何组织、掌握及管理团队。企业管理者应以每个员工的专长为思考点，为他们安排适当的位置，并依照他们的优缺点做机动性的调整，使团队发挥最大的效能。

A 企业应加强自我保护
B 管理者应重视员工的意见
C 团队建设对企业管理很重要
D 企业发展需要增强竞争力

第三部分

第 71–90 题：请选出正确答案。

71–74.

每年春天，南雁北归。我们都能看到在天空中大雁或者排成“一”字，或者排成“人”字，总是结伴而行。这是因为，它们编队飞行能够产生“空气动力学”的作用，在同样的能量下，一群大雁排队飞行，要比一只大雁单独飞行多出70%的路程。简单来说，编队飞行比单独飞行距离在相同时间、相同能量下，飞得更远。这就是团队的力量。

但是团队力量讲求的是组成团队的每一个单元都尽心尽力，而不是等团队创造出成绩后自己去捡便宜。试想如果每只大雁都消极怠工，不奋力飞行，那么“一”字形，“人”字形的队形恐怕难以形成，也不会产生协同效应。只有每只大雁在自己的位置上认真飞行，尽职尽责，整个团队才能飞得更高、飞得更远。

71. 大雁编队飞行主要是为了什么?

A 更省力
B 容易躲过寒冷
C 找食物和同伴
D 便于警惕天敌

72. 划线的“消极怠工”最可能是什么意思?

A 不知满足
B 喜欢冒险
C 不积极工作
D 不在乎别人的语言

73. 根据上文，下列哪项正确？

A 大雁的飞行与气候有关
B 大雁很喜欢潮湿的环境
C 幼雁飞在最后面
D 大雁的队形很科学

74. 上文主要想告诉我们什么？

A 团结力量大
B 要敢于尝试
C 要懂得满足
D 个性不能改变

75–78.

世上恐怕没有比“一见钟情”更美的词了。看一眼，就爱上了对方，简直太浪漫了。如果双方都是一见钟情的话，我想这绝不能用“偶然”来形容，用“神奇”才更贴切。

实际上，到目前为止，学者们还没有完全揭开“一见钟情”的秘密。有人经常一见钟情，而有人从未一见钟情过，还有人一生就只一见钟情过一次，结果就和对方结婚厮守到老。这样的例子在现实生活中还很常见。那么，人到底为什么会一见钟情呢?关于这个问题，在目前的心理学界还是众说纷纭。

从认知心理学的角度来看，如果对方的眼睛、鼻子、嘴巴等器官和自己的相似，我们就会对对方产生亲近感，这种亲近感是发展爱情的基础。还有一种说法认为，有人会对和自己免疫类型完全不同的人产生好感，他们能从对方身上感受到一种“传达物质”，这种物质也能促进爱情的发展。有趣的是，前一种说法认为，人会对与自己相似的异性一见钟情；而后一种说法认为，人会对与自己不同的异性一见钟情。

最近又出现了一种新的说法，认为人的大脑具有一种在瞬间找到结论的“适应性无意识”功能。它是人类所具有的一种瞬间判断能力。有些人一生只有一次一见钟情的经历，就能和一见钟情的对象厮守终生。这让我们相信，他们就是在一瞬间找到了这辈子最适合自己的人。因而，一见钟情所产生的爱情并不是暂时的感情，也许这才是爱情的本质。

75. 作者怎么评价“一见钟情”?

A 过于冲动
B 非常奇妙
C 一点儿也没有道理
D 是一种偶然现象

76. 根据上文，属于认知心理学观点的是:

A 更可靠
B 一见钟情与相貌无关
C 一见钟情没有科学依据
D 相似的人容易产生好感

77. 关于“适应性无意识”，可以知道：

A 具有盲目性
B 是女性所特有的
C 是种瞬间判断能力
D 无法判断事物本质

78. 上文主要谈的是：

A 爱情的条件
B 一见钟情的后果
C 爱情比友情更重要
D 一见钟情产生的原因

79–82.

1928年，经徐志摩介绍，中国公学校长的胡适聘用了沈从文做讲师，主讲大学一年级的现代文学选修课。

当时，沈从文已经在文坛上崭露头角，在社会上也小有名气，因此还未到上课时间，教室里就坐满了学生。上课时间到了，沈从文走进教室，看见下面黑压压一片，心里陡然一惊，脑子里变得一片空白，连准备了无数遍的第一句话都堵在嗓子里说不出来了。

他呆呆地站在那里，面色尴尬至极，双手拧来拧去无处可放。上课前他自以为成竹在胸，所以就没带教案和教材。整整10分钟，教室里鸦雀无声，所有的学生都好奇地等着这位新来的老师开口。沈从文深吸了一口气，慢慢平静了下来，原先准备好的东西也重新在脑子里聚拢，然后他开始讲课了。不过由于他依然很紧张，原本预计一小时的授课内容，竟然用了不到15分钟就讲完了。

接下来怎么办？他再次陷入了窘境。无奈之下，他只好拿起粉笔在黑板上写道：我第一次上课，见你们人多，怕了。

顿时，教室里爆发出了一阵善意的笑声，随即一阵鼓励的掌声响起。得知这件事之后，胡适对沈从文大加赞赏，认为他非常成功。

有了这次经历，在以后的课堂上，沈从文都会告诫自己不要紧张，渐渐地，他开始在课堂上变得从容起来。

79. 第2段中，"黑压压一片"指的是：

A 听课的人多
B 压力特别大
C 教室的墙都是黑色的
D 学生的反应很慢

80. 沈从文为什么没拿教材：

A 把它忘在房间里
B 觉得自己准备得很充分
C 校长要求他这样做
D 教材会限制自己的潜力

81. 看见沈从文写的那句话，学生们：

A 批评了他一顿
B 不知道怎么办才好
C 受到了极大的鼓舞
D 表示理解并鼓励了他

82. 上文主要谈的是：

A 要集中精力做重要的事
B 要善于抓住机会
C 沈从文第一次讲课时的情景
D 沈从文如何看待教育问题

83-86.

清朝时，在安徽省一户姓张的人家和一户姓吴的人家相邻。两家中间有三尺空地，由于他们的房子都是祖上留下的产业，时间久远，这三尺空地究竟属于哪家，谁也不清楚。

后来，吴家重修房子，想要占用那三尺空地，张家不同意，说这三尺空地是他们家的，吴家则认为是自己的，两家为此争执不下。在这期间，张家人写了一封信，给在北京当大官的张英，要求张英出面，干涉此事。

张英收到信件后，认为应该谦让邻里，给家里回信中写了四句话："千里修书只为墙，让他三尺又何妨？万里长城今犹在，不见当年秦始皇。"张家人读了信后觉得很惭愧，明白其中意思，主动让出三尺空地。吴家见状，深受感动，也主动让出三尺房基地，这样就形成了一个6尺的巷子。两家礼让之举传为美谈。

六尺巷只有百米长，但留给人们的思考却很多。谦让虽然可能会使我们暂时失去面子，失去利益，但却可以让我们拥有优雅的风度和平和的心境。其实，得与失总是相对平衡的，我们失去的，往往会以另一种形式得到补偿。谦让，是一种修养，是一种美德，也是一种人生的至高境界。

83. 为什么两家不清楚空地该归谁？

A 年代久远
B 皇帝把这块地赏给别人
C 张家丢了房屋合同
D 曾属于两家共有

84. 张英希望张家怎么做？

A 夺取了该空地
B 向吴家道歉
C 把空地卖给吴家
D 让出了

85. 根据上文，下列哪项正确？

A 吴家得到了赔偿
B 张英惩罚他们了
C 张家获得了六尺巷
D 张英的做法受到了人们赞赏

86. 上文主要谈的是：

A 要懂得谦让
B 方法比努力更重要
C 人生难免遇到困难
D 邻里之间要互相帮助

87-90.

甲、乙二人约定时间于某展览馆入口处相见，一同参观展览。甲按时到达；乙在路上遇到一位故友，寒暄了一阵儿，赶到约定地点时，迟到了半小时。乙说："抱歉！迟到了一会儿。"甲说："我等老半天了，腿都站酸了。一会儿，一会儿有多久？"乙说："最多不到十分钟。"甲说："起码一小时。"

客观时间是半小时，乙估计"最多不到十分钟"，甲估计"起码一小时"，是甲有意夸大、乙有意缩小吗？不，他们说的都是自己内心体验的实话。那么为什么会有这种现象呢？这就是时间知觉的特点：相对主观性。

在同样一段时间里，人们为什么会有长短不同的感觉呢？这首先是因为人们所参与的活动的内容影响着人们对时间的估计。在上面的事例中，甲干等着，腿都站酸了，乙与故友久别重逢，寒暄说话。一个活动内容枯燥，一个活动热烈有趣，难免造成时间知觉上的差异。其次，情绪和态度影响人对时间的估计，这正如人们常说的"欢乐恨时短"，"寂寞嫌时长"，"光阴似箭"，"度日如年"等。心理学研究发现，有许多因素影响人们对时间的知觉。实际上，客观时间并不会因为人们的主观感觉而变快或变慢。然而人们却可以运用心理学知识，掌握时间错觉，利用时间错觉，使某些活动产生特殊的心理效应。

87. 根据第1段，可以知道什么？

A 他们取消了约会
B 甲准时到了
C 甲临时有事
D 乙迟到了一个小时

88. 为什么甲觉得时间特别长？

A 他的腿扭伤了
B 很兴奋
C 他善于说大话
D 等待让人觉得无聊

89. "欢乐恨时短"是什么意思?

A 时间很宝贵
B 要采取乐观的态度
C 情绪影响人们的感受
D 应该合理安排时间

90. 上文主要想告诉我们:

A 时间决定命运
B 不要浪费时间
C 时间具有相对主观性
D 时间不会因人而异

三、书写

第一部分

第91–98题：完成句子。

例如：发表　　这篇论文　　什么时候　　是　　的

<u>这篇论文是什么时候发表的？</u>

91. 明显　　效果　　那种　　治疗方法的　　更

92. 关于龙的　　流传着　　很多　　当地　　传说

93. 给他　　我目前　　明确的答案　　不能

94. 诗　　赞美　　这是　　一首　　青春的

95. 大约　　那个　　有　　操场　　8000平方米

96. 调查报告的　　事情　　他在　　为　　发愁

97. 办理时间　　大大　　缩短了　　这　　签证的

98. 飞走了　　挥动　　翅膀　　蝴蝶　　着

第二部分

第 99-100 题：写短文。

99. 请结合下列词语(**要全部使用**)，写一篇80字左右的短文。

决赛、竞争、激烈、熬夜、冠军

100. 请结合这张图片写一篇80字左右的短文。

합격 모의고사

4회

国家汉办/孔子学院总部
Hanban/Confucius Institute Headquarters

新汉语水平考试
HSK(五级)

注　意

一、HSK（五级）分三部分：

1. 听力（45题，约30分钟）
2. 阅读（45题，45分钟）
3. 书写（10题，40分钟）

二、**听力结束后，有5分钟填写答题卡**。

三、全部考试约125分钟(含考生填写个人信息时间5分钟)。

一、听 力

第一部分

第 1–20 题：请选出正确答案。

1. **A** 电视台
   B 报社
   C 贸易公司
   D 学校

2. **A** 改地点
   B 多穿一点
   C 改时间
   D 戴帽子

3. **A** 网上银行
   B 手机银行
   C 设置密码
   D 开通股票账户

4. **A** 女的实力更强
   B 小黄不可能来
   C 取消活动
   D 小黄不一定去

5. **A** 面积太大
   B 交通便捷
   C 风景美
   D 人口密集

6. **A** 收费太贵了
   B 不想安装
   C 男的弄错时间了
   D 男的服务态度特别好

7. **A** 获了大奖
   B 是演员
   C 退休了
   D 正在制作电影

8. **A** 应聘工作
   B 签合同
   C 写简历
   D 买新手机

9. **A** 知名度高
   B 价格低
   C 质量好
   D 容易环保

10. **A** 能力强
    B 很自信
    C 不够熟练
    D 善于交际

11. **A** 房间太大
B 离沙滩很近
C 看不见大海
D 没有空房

12. **A** 擅长绘画
B 工作紧张
C 专门卖窗帘
D 爱做手工

13. **A** 表示歉意
B 通知她开会
C 让她来取简历
D 告诉她考试成绩

14. **A** 男的想歇一会儿
B 台阶太滑了
C 他们还没到山顶
D 女的太渴了

15. **A** 家具展
B 货币展
C 古装展
D 摄影展

16. **A** 商场对面
B 学校宿舍
C 广场北边
D 广场南边

17. **A** 锻炼身体
B 按时服药
C 不能碰到水
D 不能到室外活动

18. **A** 研究范围太大
B 缺乏理论深度
C 缺乏逻辑
D 格式不正确

19. **A** 别看电视
B 离电视远一点儿
C 把声音调低
D 早点儿睡觉

20. **A** 如何登入网站
B 如何在网上订机票
C 如何注册公司
D 如何成为志愿者

第二部分

第 21–45 题：请选出正确答案。

21. A 国庆节后
B 下个月中旬
C 上半年
D 明年

22. A 丢了笔记本
B 钱包被偷了
C 找回了钱包
D 迷路了

23. A 有工作经验
B 年龄21到27岁
C 专科以上的学历
D 语言表达准确

24. A 廉价商品
B 适合干性皮肤的
C 适合敏感皮肤的
D 高档的商品

25. A 付钱
B 注册账户
C 给航空公司打电话
D 拿护照去机场

26. A 瑜伽
B 象棋
C 唱歌
D 乐器

27. A 充满信心
B 有点儿紧张
C 把握不大
D 什么也不想

28. A 很郁闷
B 格外紧张
C 十分激动
D 非常尴尬

29. A 参加会议
B 旅游
C 访问亲戚
D 参观博览会

30. A 大使馆
B 旅行社
C 酒店
D 商场

31. A 种花
B 搬花盆
C 做作业
D 吃花生

32. A 参考资料
B 向他求助
C 动脑筋
D 集中精力

33. **A** 将它作为奖品
B 要卖那些盒子
C 喜欢木盒的气味
D 为了卖出更多珠宝

34. **A** 很朴素
B 相当结实
C 十分精美
D 没有价值

35. **A** 不能只看表面
B 不能只顾眼前
C 要顺其自然
D 不要以貌取人

36. **A** 只有一条
B 很曲折
C 要一步一步走
D 容易到达目的地

37. **A** 不耐烦
B 犹豫不决
C 充满希望
D 特别后悔

38. **A** 要言行一致
B 人生要有目标
C 凡事要适度
D 不怕慢，就怕站

39. **A** 爱坐前排的
B 爱坐后排的
C 喜欢提问的
D 随便坐的

40. **A** 针对教授进行的
B 不少人不喜欢坐前排
C 是教授完成的
D 分三个阶段

41. **A** 不要不懂装懂
B 不要逃避责任
C 快乐其实很简单
D 要保持向上的心态

42. **A** 语速太慢
B 不够幽默
C 声音有些低
D 解说经验丰富

43. **A** 腿受伤了
B 接受过主持训练
C 担任解说嘉宾
D 获奖了

44. **A** 置之不理
B 把洞补好
C 找东西盖上
D 把衣服扔掉

45. **A** 知错要改
B 谦虚使人进步
C 要满足现状
D 眼见不一定为实

二、阅 读

第一部分

第 46–60 题：请选出正确答案。

46–48.

纸币是由国家发行并强制使用的货币，它的发行量以流通中所需要的货币量为限度。纸币的__46__成本低，流通损耗小，易于保管、携带和运输，因此成为当今世界各国__47__使用的货币形式。世界上最早的纸币，__48__于中国北宋时期的成都，名为“交子”。“交子”的产生，弥补了现钱的不足，便利了商业往来，是中国货币史上的一个里程碑。

46. **A** 形成 **B** 制作
C 制定 **D** 建成

47. **A** 广大 **B** 任意
C 普遍 **D** 经典

48. **A** 出现 **B** 构成
C 承认 **D** 对待

49–52.

历史博物馆和科技馆、美术馆不同，它的灯光一般都是冷色调，并且偏暗，而展品会特别打光。这样既能保护文物，又可以__49__展品，营造气氛，而且这种灯光不容易使参观博物馆的观众感到眼部疲劳，__50__。当然，观众也不用担心偏暗的灯光会让人看不清楚，以至于__51__参观。因为博物馆的灯光都是经过__52__设计的，能最大限度地满足观众的参观需求，实现博物馆和观众的沟通和价值。

49. **A** 实现 **B** 突出
C 企图 **D** 适应

50. **A** 从而大大降低门票的成本
B 征求了观众的意见
C 可以延长参观时间
D 具有纪念意义

51. **A** 吃亏　**B** 缩小
C 妨碍　**D** 阻止

52. **A** 均匀　**B** 专门
C 深刻　**D** 合法

53–56.

有一位农夫，日出而作，日落而息，辛勤耕作于田间，日子过得虽说不上富裕，__53__也和美快乐。一天晚上，农夫做了个梦，梦见自己得到了18块儿金子。__54__，第二天，农夫在自己的田野里竟然真的挖到了一块儿金子，他的家人和亲友都为此感到高兴不已，可农夫却闷闷不乐，整天心事重重。别人问他："你已经成为了富翁，还有什么不满意的呢?"农夫回答，"我在想，__55__17块儿金子到哪儿去了?"得到了一块儿金子，却__56__了生活的快乐。看来，有时真正的快乐和金钱无关。贪婪是幸福最大的敌人。

53. **A** 倒　**B** 将
C 便　**D** 趁

54. **A** 说来也巧　**B** 讽刺的是
C 让人遗憾的是　**D** 简直是开玩笑

55. **A** 怪不得　**B** 另外
C 格外　**D** 居然

56. **A** 引起　**B** 享受
C 抓紧　**D** 失去

57–60.

过程是一根线，结果是一个点。就拿登山来说，在登山的过程中，你可以走走停停，欣赏鲜花，__57__美景，享受清风的抚摸，静听小鸟的鸣唱。这一路上的胜景，就好像用一根线串在一起，串成一连串的幸福，系在心间。而登山的结果，就是登上山顶。也许在山顶你能享受到一种征服山峰的幸福，但这种幸福__58__是暂时、瞬间的，因为山顶只是一个点，你终究要从这个点走下来，随着你走下山顶，那种在山顶上的幸福感也就__59__了。

过程是绵长的，结果是短暂的。一根线的幸福，是拥有无数点的幸福，而一个点的幸福，__60__，瞬间就会过去，就会无影无踪。

57. **A** 游览 **B** 强调
 C 提倡 **D** 想象

58. **A** 如何 **B** 毕竟
 C 未必 **D** 随时

59. **A** 消失 **B** 灭绝
 C 衰退 **D** 省略

60. **A** 是长久的 **B** 在征服大自然中
 C 引起了人们的注意 **D** 在漫长的人生旅途中

第二部分

第 61–70 题：请选出与试题内容一致的一项。

61. 许多人都喜欢喝下午茶，下午茶对补充人体能量大有好处。现代社会生活节奏快，上班族的午餐经常吃得太少或者过于仓促，而一份营养均衡的下午茶，不仅能赶走瞌睡，还有助于恢复体力。

A 下午茶不宜每天饮用 **B** 午餐要注意营养均衡
C 喝下午茶有助于补充能量 **D** 喝下午茶不失眠

62. 武术是中国的一项传统体育项目，因为训练的过程很艰苦，所以练武不仅可以提高人的身体素质，还能够磨练人的意志和品格，这也是练武者往往都具有勤奋刻苦、坚强勇敢的品质的原因。

A 练武者以青少年居多 **B** 练武有益于身心健康
C 武术是现代流行运动 **D** 练武对强身健体作用不大

63. 研究表明，用牛奶服药不科学。牛奶会影响人体对药物的吸收速度，还容易在药物表面形成覆盖膜，使牛奶中的矿物质与药物发生化学反应，生成非水溶性物质，这样会降低药效。所以，在服药前后的一到两小时内不宜饮用牛奶。

A 饭前一小时不应服药 **B** 用牛奶服药会降低药效
C 牛奶会破坏药物表面的覆盖膜 **D** 牛奶可促进人体对药物的吸收

64. 被誉为“中华第一街”的王府井大街南起东长安街，北至中国美术馆，全长约1.6公里，是北京一条著名的商业街。从前这条街的北段有很多王府，南段有一口水井，所以人们就称这条街为“王府井大街”。

A 那口井现在还保留着 **B** 王府井大街在长安街的南侧
C 王府井大街在中国很有名 **D** 王府井大街距离中国美术馆较近

65. 冬季气候很干燥，人们的活动也少，出汗不多，保护皮肤的皮脂膜相对比较薄，因此不应常用沐浴皂来洗澡，水温也不能过烫，每周洗两到三次为好，清洁过度反而容易引起皮肤发痒或者敏感等问题。

A 冬季不适合户外活动　　**B** 用较烫的水洗澡舒服

C 不清洁会使皮肤敏感　　**D** 冬季洗澡不要太频繁

66. 关于"吹牛"这个词的来历，有一种有趣的说法，认为它与牧民的生活有关。牧民们最看重的财产就是牲畜，因此人们聚在一起时总喜欢谈论自己的牛啊、马啊，有时难免说大话。"吹牛"这个词渐渐就有了这个意思。

A "吹牛"就是指说大话　　**B** 牛是牧民唯一的财产

C 人们难免会说一些假话　　**D** 不要信任爱吹牛的人

67. 幽默能拉近人与人之间的距离，也能缓和矛盾。在交谈中，一个懂得幽默的人知道如何调节气氛，他会让紧张严肃的谈话变得轻松愉快。而不懂得幽默的人很可能一不小心就让自己变成了无趣、破坏气氛的人。

A 开玩笑要看对象　　**B** 幽默感是天生的

C 幽默的人懂得活跃气氛　　**D** 不要随便评价别人

68. 海南岛风光美丽，历史悠久。它像一只雪梨，横卧在中国南海上，因此叫海南岛。这里气候条件很好，年平均气温在24度左右，没有冬天，一年四季到处鲜花盛开。夏天平均温度只有28.4度，比很多温带地区的夏天还凉快。

A 海南岛上鲜花很多　　**B** 海南岛上梨子很多

C 海南岛气候多变　　**D** 海南岛是温带地区

69. 结婚后随着生活的深入，夫妻双方各自的弱点会逐渐暴露出来，这时很容易出现感情的摩擦。几乎所有的夫妻都要经过这样一个磨合期，这段时期，夫妻双方要相互谅解，不要只看对方的缺点，伤了彼此的和气。

A 恋爱时摩擦会很大
B 婚姻让人变得脆弱
C 婚前不能看到缺点
D 夫妻间要互相体谅

70. 家长都希望孩子用功学习，但孩子一般天性好动，有时家长就会采取强制措施，然而效果并不理想。其实强迫不如引导，家长不妨与孩子定个计划，把娱乐和学习的时间分别固定下来，逐渐培养孩子自觉学习的习惯。

A 孩子应该加强锻炼
B 不要强迫孩子学习
C 让孩子自己定计划
D 学习比娱乐更重要

第三部分

第 71–90 题：请选出正确答案。

71–74.

一个富翁丢了钱包，十分着急，他广贴告示说，如果有人能替他把钱包找回来，他就把钱包里的金币分一半儿给那个人。

几天后，有位农民捡到钱包，立即将钱包交给了富翁。吝啬的富翁见到找回的钱包非常高兴，却又舍不得拿出一半儿金币。他故作惊慌地说："钱包里少了一枚钻石戒指。"那个农夫坚称自己从未见过钻石戒指。两人争吵起来，决定让法官来裁决。

法官早就听闻富翁为人吝啬，便问富翁："你敢肯定钱包里除了100枚金币，还有一枚钻石戒指吗?""是的，我可以发誓！我的戒指就在钱包里!"富翁说。

"那好!"法官接着说，"这个钱包里只有100枚金币，没什么钻石戒指。由此可以断定，这个钱包并不是你丢的那个。你还是去找里边有钻石戒指的钱包吧。"

71. 第2段中，划线词语"吝啬"最可能是什么意思?

A 谨慎
B 性急
C 傲慢
D 小气

72. 富翁看见找回的钱包后：

A 把它送给了法官
B 发现自己被骗了
C 给了那位农民金币
D 谎称里面原来有枚戒指

73. 法官：

A 认为富翁说假话
B 把钱包还给了富翁
C 认为那个农民是小偷
D 要求那个农民赔偿戒指

74. 最适合做上文标题的是：

A 法官的烦恼
B 钱包里的戒指
C 金币去哪儿了
D 不公正的判决

75–78.

有一位成功的女教师讲了这样一个故事：10多年以前，她的女儿正在上幼儿园。有一天，她看到了女儿的一幅绘画作品。当时，她一下子就愣住了。孩子总是充满了想象，孩子的世界也应该是一个充满了想象的世界。可是，在她女儿的一幅名为《陪妈妈逛街》的画中，既没有高楼大厦，也没有马路上的车辆，更没有各种各样的商品，有的只是数不清的大人们的腿。奇怪！她拿着女儿的画沉思了很久，终于解开了疑惑。

原来，孩子只有几岁，身高只能达到大人的腰部，走在大街上，川流不息的人群将孩子遮掩着，孩子除了能看到大人们的腿，还能看到什么呢？女教师如梦初醒。是啊！孩子们上街看到的不是高楼大厦和来往的车辆，而是大人们的腿，这是由他们的身高决定的；学生对很多问题疑惑不解，这是由他们的年龄、智力和见识决定的；企业的员工看到的只是自己的工资待遇和发展前途，而不是公司的整体运行和未来发展，这是由他们所处的位置决定的……并不是每个孩子都能用和大人一样的视角来看待社会；并不是每个学生都能有和老师一样的接受能力和认知能力；并不是每个员工都能和总裁一样站在公司的全局看待问题、分析问题和处理问题。

女教师说，要正确看待别人的“高度”，不要指望别人和你的见识一样。教子、教学、管理一方、为人处世，其实就是这么简单。

75. 刚看到女儿的画时，女教师：

A 感慨不已
B 感到悲痛
C 不太满意
D 难以理解

76. 第2段中“如梦初醒”的意思是：

A 忽然明白了
B 产生了更多的疑惑
C 想到了一个好主意
D 发现了自己的错误

77. 根据上文，女教师认为：

A 女儿缺乏想象力
B 员工一般只关心工资待遇
C 社会没有关心孩子的成长
D 总裁应该多考虑员工的利益

78. 上文主要谈的是：

A 如何培养孩子
B 女教师的成功之路
C 每个人都有自己的特长
D 每个人的“高度”是不一样的

79–82.

有一批老鼠被分成两组，第一组被放入一个盛满不透明液体的池子里，里面有一座小岛，但淹没在液体下面，老鼠看不见它。老鼠们拼命地游，直到发现自己已经游到了一个小岛上、感觉没有了性命之忧才停下来休息。

第二组也被放在装满不透明液体的池子里，但没有小岛。老鼠们也拼命地游，直到筋疲力尽才停下来。然后，这两组老鼠被放入同一个池子里，里面没有小岛。结果第一组老鼠因为满怀着找到小岛的希望，坚持游泳的时间是第二组的两倍。而从来没有见过小岛的老鼠们只游了一会儿就放弃了，它们知道再坚持游下去也没有用，于是选择了在绝望中让自己沉没。换言之，它们学会了某种悲观的思维方式，这导致了其行动上的“无能”。

这个实验说明，如果你曾有通过努力得到成功的经验，就能比较容易地树立起乐观精神。

79. 第1段中，划线句子“没有了性命之忧”是什么意思?

A 无生命危险
B 努力向前进
C 一点儿都不可惜
D 没有了竞争对手

80. 第一次实验时，第二组老鼠：

A 尽力游泳
B 最后到达了小岛
C 懒洋洋地闲着
D 比第一组本领大

81. 第二次实验时，第一组老鼠表现怎么样?

A 发现了小岛
B 没有发挥能力
C 坚持时间更长
D 最终达到了预期的目的

82. 这个实验说明了什么?

A 人生处处有选择
B 团队精神决定成败
C 如何克服自己的弱点
D 成功经历益于建立乐观心态

83-86.

人类习惯躺着睡觉，即使在某些特殊情况下能坐着入睡，但也总会睡得东倒西歪的。与人类不同，鸟类大都是以双足紧扣树枝的方式“坐”在数米高的树上睡觉的，而且从不会跌落下来。这是为什么呢？

一位鸟类学家解释说，人类和鸟类的肌肉作用方式有很大的区别，尤其是在进行“抓”这一动作时，更是完全相反。两者相比较，人类是主动地去抓，鸟类则是被动地去抓。当人类想要抓住东西的时候，需要用力使肌肉紧张起来。而鸟类只有在要松开所抓的物体时，肌肉才会紧张起来。也就是说，当鸟类飞离树枝时，其爪子的肌肉呈紧张状态，而当它“坐”稳之后，肌肉便松弛下来，爪子就自然地抓住树枝了。

这位鸟类学家还介绍说，不同的鸟睡眠时间也不大相同。鸫属的鸟基本上一天只睡一到三个小时；啄木鸟等穴洞孵卵鸟类睡眠时间最长，大约要睡6个小时。另外，他还指出，同人类相比，鸟类没有“深度睡眠”这一阶段，它们所谓的睡眠只是进入了一种“安静的状态”而已， 因为它们必须警惕随时可能出现的天敌，以便及时地飞走逃生。

83. 鸟类大多是怎样睡觉的？

A 躲在洞里
B 倒挂在树枝上
C “坐”在树枝上
D 东倒西歪地躺着

84. 人类和鸟类的睡眠方式不同，是因为：

A 栖息地不同
B 肌肉的形态结构不同
C 大脑发育程度不同
D 肌肉作用方式不同

85. 根据第3段，下列哪项正确？

A 很多鸟只在凌晨睡觉
B 啄木鸟的睡眠时间很长
C 鸫属的鸟每天要睡6小时
D 居住环境决定鸟类的睡眠时间

86. 鸟类为什么没有“深度睡眠”？

A 为了保持身心健康
B 为了保持警觉
C 肌肉常处于紧张状态
D 怕错过睡醒时间

87–90.

有研究人员曾对毕业照进行了专门的研究，他们收集了5000张初中和高中全班同学的毕业合影，从中确定了50000人。经过长达41年的跟踪调查，研究人员发现：从总体上看，那些面带善意微笑的学生，到中年后他们的事业成功率和生活幸福程度，都远远高于那些面部表情不好、郁郁寡欢的人。

没错，微笑能预知你的成功。看看我们的周围，那些愈是愁眉苦脸、牢骚满腹的人，愈是生活得不尽如人意，与成功无缘。相反，那些总是面带微笑的人，似乎好运特别喜欢跟着他们，不管他们的事业还是生活，都比旁人要成功。

为什么？原因很简单，脸上的表情往往反映了一个人的心态。有什么样的心态，往往就有什么样的现在和未来。当一个人以微笑的姿态面对生活，他便拥有了积极的心态，这不仅能让自身的知识能力得到最优化的发挥，充满自信地面对各种挫折，还能让他的人际关系变得越来越融洽，从而在人生道路上形成良性循环，走出一片广阔的天地。

微笑的人并非没有失败、没有痛苦，只是他们勇于面对生命中的起起伏伏，将目光更多地停留在生活美好的一面上。如果一味苛求，怨天尤人，愁苦只会越来越多。给生活一个真诚的微笑，才能拥抱整个世界。这正如一位科学家说的："微笑对于一切痛苦都有超然的力量，甚至能改变人的一生。"

87. 根据第一段，下列哪项正确？

A 研究只针对大学生
B 研究持续了好几年
C 表情与成功率无关
D 喜欢微笑的人幸福感更强

88. 第2段中的"不尽如人意"是什么意思？

A 有点儿后悔
B 不能使人满意
C 不能理解
D 不能理解别人的意思

89. 根据上文，面部表情：

A 不易控制

B 总是被忽视

C 不一定真实

D 能反映人的心态

90. 上文主要讲的是：

A 微笑的积极作用

B 表情在交流中的作用

C 怎样与人相处

D 如何控制感情

三、书写

第一部分

第 91–98 题：完成句子。

例如：发表　　这篇论文　　什么时候　　是　　的

这篇论文是什么时候发表的？

91. 果实　　已经　　树上　　成熟了　　的

92. 需要　　杀毒　　软件　　升级了

93. 孩子的　　养　　培养　　责任心　　宠物　　能

94. 我的　　是否　　观点　　他们　　赞成

95. 根本　　任何问题　　抱怨　　解决　　不能

96. 将　　家具展览会　　在　　举行　　第7届　　上海

97. 国庆节　　本店照常　　营业　　期间

98. 评为　　主持人　　他连续五年　　优秀　　被

第二部分

第 99–100 题：写短文。

99. 请结合下列词语(**要全部使用**)，写一篇80字左右的短文。

实习、虚心、适应、骄傲、能力

100. 请结合这张图片写一篇80字左右的短文。

합격 모의고사

5회

国家汉办/孔子学院总部
Hanban/Confucius Institute Headquarters

新汉语水平考试

HSK(五级)

注　意

一、HSK (五级) 分三部分：

1. 听力 (45题，约30分钟)
2. 阅读 (45题，45分钟)
3. 书写 (10题，40分钟)

二、**听力结束后，有5分钟填写答题卡。**

三、全部考试约125分钟(含考生填写个人信息时间5分钟)。

一、听 力

第一部分

第 1–20 题：请选出正确答案。

1. **A** 射击场
   B 操场
   C 商场
   D 体育馆

2. **A** 买窗帘
   B 拆包裹
   C 去商场
   D 买剪刀

3. **A** 受伤了
   B 着凉了
   C 流鼻涕
   D 对花过敏

4. **A** 晕车了
   B 失眠了
   C 喝酒了
   D 开夜车了

5. **A** 同事
   B 上司
   C 老朋友
   D 邻居王叔叔

6. **A** 项链
   B 围巾
   C 戒指
   D 衣服

7. **A** 他们正在拍照片
   B 女的想买照相机
   C 男的摄影技术好
   D 那张照片是黑白的

8. **A** 那儿景色很美
   B 那儿有很多朋友
   C 那儿气候适宜居住
   D 那儿有很多名胜古迹

9. **A** 升级了
   B 没有声音
   C 中病毒了
   D 上不了网

10. **A** 购买商品
    B 兑换礼品
    C 在网上购买
    D 兑换优惠券

11. **A** 大箱子更结实
B 原来的箱子破了
C 东西太多装不下
D 地下室没有大箱子

12. **A** 要改正错误
B 要等待时机
C 要坚持下去
D 该放弃的就放弃

13. **A** 要注意细节
B 输赢不重要
C 结果还不能确定
D 德国队一定不会输

14. **A** 不能退货
B 可以换车
C 不能取消订单
D 可以取消订单

15. **A** 看病了
B 当爸爸了
C 嗓子疼
D 刚做完手术

16. **A** 太甜了
B 被摔碎了
C 怀疑过期了
D 已经腐烂变质

17. **A** 车次少
B 人太多了
C 遭遇车祸了
D 每次准时到站

18. **A** 杂志
B 古典小说
C 心理书籍
D 计算机书籍

19. **A** 用清水洗
B 再使点儿劲儿
C 搽点儿护肤品
D 在手上涂肥皂水

20. **A** 天晴了
B 下暴雨了
C 气温下降了
D 现在雾很大

第二部分

第 21–45 题：请选出正确答案。

21. **A** 有其他会议
B 遭遇车祸
C 不想发言
D 身体不舒服

22. **A** 医院
B 报社
C 电视台
D 广告公司

23. **A** 戴眼镜
B 在家休息
C 每天服用药水
D 坚持滴眼药水

24. **A** 桌牌没放好
B 小陈临时有事
C 麦克风声音太大
D 嘉宾已经都来了

25. **A** 广受顾客好评
B 厚薄不均匀
C 价格太贵了
D 表面平整

26. **A** 教授
B 员工
C 研究生
D 企业领导

27. **A** 不用天天浇水
B 浇水要适度
C 早晚浇水
D 放在室外

28. **A** 最少存5万
B 收益率较低
C 风险有点大
D 至少存半年

29. **A** 下载字幕
B 下载电影
C 升级软件
D 删除文件

30. **A** 很朴实
B 很华丽
C 带有西方色彩
D 传统与流行相结合

31. **A** 它受伤了
B 一点儿都不饿
C 它已经跑累了
D 那些羊太狡猾

32. **A** 目标要专一
B 要公平竞争
C 明天会更好
D 考虑问题要全面

33. **A** 迷路了
B 摔倒了
C 气球飞走了
D 买不起气球

34. **A** 买个零食
B 带孩子去餐厅
C 重新买一个
D 气球回家了

35. **A** 太小气了
B 善于安慰孩子
C 是著名的演员
D 不理解孩子

36. **A** 如何帮助别人
B 如何教育孩子
C 淘金方法
D 成功之道

37. **A** 游过去
B 绕道过河
C 放弃淘金
D 买船搞营运

38. **A** 失败是成功之母
B 要积极改正错误
C 不要害怕冒险
D 学会换角度考虑问题

39. **A** 竞争激烈
B 人手不够
C 生意不好
D 装修费用高

40. **A** 很合理
B 很奇怪
C 没有道理
D 值得一试

41. **A** 买铃铛
B 指出错误
C 询问价格
D 批评服务态度

42. **A** 便宜多了
B 味道变了
C 比以前的小了
D 种类太少了

43. **A** 很聪明
B 没有礼貌
C 只有一块钱
D 不想买面包了

44. **A** 喜欢数学
B 善于交际
C 字写得漂亮
D 喜欢赞美别人

45. **A** 重要的事
B 快乐的事
C 数学问题
D 不如意的事

二、阅 读

第一部分

第46–60题：请选出正确答案。

46–48.

经常对别人说"谢谢"，不仅会使人__46__有礼貌、有教养，还能促进人们的身心健康发展。科学研究表明，常常心怀感激的人，除了拥有更高的幸福感__47__更加健康的身体外，与人相处得也更为融洽与和谐。同时，拥有一__48__感恩的心，还会使人们保持积极乐观的生活态度，让他们在面对压力与困难时也能做到从容不迫，对未来充满信心。

46. A 等于　　B 值得
    C 属于　　D 显得

47. A 然而　　B 以及
    C 不然　　D 从此

48. A 批　　B 克
    C 副　　D 颗

49–52.

宠物是孩子的好伙伴。它们可以与孩子一起玩耍，同时也能与孩子交流情感。孩子可以对它们说自己的心事，它们虽不会说话，__49__，这能给孩子带来安慰。孩子生病时，宠物会陪伴他们，鼓励他们，帮助他们勇敢地__50__困难。此外，宠物也需要孩子的照顾。照顾宠物的过程可以锻炼孩子实际生活的能力，还能培养孩子的__51__。送只宠物给孩子吧！只要教会他们互相尊重，他们就会__52__得很好，成为亲密的伙伴。

49. A 却是最好的听众　　B 不在乎人的反应
    C 而且能模仿人的动作　　D 享受独自玩儿的快乐

50. **A** 抓紧　　**B** 面对
C 促进　　**D** 面临

51. **A** 功能　　**B** 状态
C 爱心　　**D** 程度

52. **A** 称赞　　**B** 相处
C 发挥　　**D** 忽视

53–56.

写小说的人总是害怕重复，为了不重复自己的作品，创作的时间一次比一次长。但是生活不同于写小说，有时候，__53__。每天跟自己喜欢的人在一起，常常跟他一起去旅行，重复同一个承诺和梦想，听他__54__次提起童年往事，每年的同一天和他__55__生日，每年的情人节、除夕也和他共享。我们所谓的幸福不正是重复地做同一件事情吗？甚至连吵架也会是重复的，为了一些琐事吵架，冷战，然后疯狂思念__56__，最后和好。我们不是一直在重复做着这些相似的事情，然后相信这就是幸福吗?

53. **A** 重复也是种幸福　　**B** 生活不能总是冒险
C 要坚持自己的理想　　**D** 写小说需要的是想象力

54. **A** 一律　　**B** 反复
C 无数　　**D** 其余

55. **A** 参考　　**B** 庆祝
C 强调　　**D** 假装

56. **A** 个人　　**B** 各自
C 对手　　**D** 对方

57–60.

植物学家在考察了某山脉的植被后，发现了一个奇怪的现象：最近100年来，许多应在山底牧场开放的花已经开到了海拔2000米的高山雪带上，而原先雪带上的植物则越过雪带向更高处攀登。植物学家在研究了相关资料后认为，造成这种情况的主要原因是这个__57__的气温在逐渐升高，那些适宜在低温环境下生长的植物为了__58__适宜的温度，不得不向更高处攀登。这一现象说明许多植物都对自然界有灵敏的反应，__59__，不断调整自身的生存__60__。

57. **A** 地区 **B** 形势
C 郊区 **D** 规模

58. **A** 流传 **B** 寻找
C 符合 **D** 满足

59. **A** 植物越来越多 **B** 它们分布广泛
C 由此带来许多环境问题 **D** 并且可以根据环境的变化

60. **A** 性质 **B** 后果
C 状态 **D** 利益

第二部分

第 61–70 题：请选出与试题内容一致的一项。

61. 围棋起源于公元前6世纪的中国。它是一种策略性二人棋类游戏，属于中国古代琴棋书画“四艺”之一，是当时上层人士修身养性的一项必修课。如今，围棋在亚太地区广泛流行，并逐渐受到世界各地人们的欢迎。

A 围棋规则复杂　　**B** 围棋适合一个人玩儿
C 围棋有600多年的历史　　**D** 围棋的影响范围正逐步扩大

62. “压岁钱”是指春节时长辈送给小辈的红包。清朝时，长辈把铜钱串起来，放在孩子的卧室里，表示新年祝贺。到民国时期，有流行用红纸包一百铜元给孩子，意思是希望孩子“长命百岁”。

A 春节时要给长辈压岁钱　　**B** 压岁钱表示了一种祝福
C 压岁钱至少要给一百块　　**D** 压岁钱必须放在卧室里

63. 科学家们发现不同的植物喜欢不同颜色的光。这一发现可应用于农业生产上：在红光照射下，小麦发育快，成熟早，辣椒生长快，结果多；在紫光照射下，西红柿能多产40%以上。随着科学技术的进步，颜色在农业上的应用也将越来越广泛。

A 辣椒喜欢紫色光　　**B** 光照可延长食物生长期
C 阳光越充足农作物产量越高　　**D** 合理利用光照可促进农作物增产

64. 葡萄不仅味美可口，而且营养价值很高。身体虚弱的人，多吃些葡萄或葡萄干，有助于增强体质，这是因为葡萄含有蛋白质、维生素及矿物质等多种营养成分，尤其是葡萄糖，含量较高，而且可被人体直接吸收。

A 葡萄营养丰富　　**B** 葡萄不易运输
C 葡萄糖不好吸收　　**D** 身体健康的人不用吃葡萄

65. 为减轻经济压力，不少白领加入了兼职者的队伍，虽然很辛苦，但他们都认为自己会把兼职当做生活的固定组成部分。不过，如何保持与工作的平衡，如何在巨大的精神压力下保持良好心态，都是这群人应该解决的重要问题。

A 兼职的收入都非常高　　**B** 兼职非常不容易找到
C 兼职可能会影响工作　　**D** 兼职肯定会有好心态

66. 生命是一段旅程，而不是一场竞赛。走得一帆风顺固然值得庆幸，但多走几段弯路也未必不是一种收获。多欣赏几段风景，就会多一些生活体验。人生之旅是否有意义、有价值，不在于起点或终点的输赢，也不在于途中的你追我赶，而在于沿途所见的风景，以及内心的那份感受与领悟。

A 不要走弯路　　**B** 旅行有助于开阔视野
C 只赢不输的人生才精彩　　**D** 人生的意义在于经历与感悟

67. "滔滔不绝"是形容人的口头表达能力非常好，说话像长流的江水一样，不会停顿。但如果一个人只顾自己"滔滔不绝"地讲话，不听别人的看法，也不给别人说话的机会，那只会让人讨厌。

A 善于倾听也非常重要　　**B** 讲话不停顿让人佩服
C 口头表达能力难培养　　**D** "滔滔不绝"是贬义

68. 商场和化妆品店都会准备一些试用装供顾客试用，以便顾客挑选适合自己的产品。但试用装由于被频繁使用，存在着极大的卫生隐患，一不留神就会造成试用者之间的交叉感染。

A 感染时别用试用装　　**B** 用试用装不太环保
C 试用装可能不卫生　　**D** 化妆品最好先试用

69. 洞庭湖位于湖南、湖北省交界处，是中国第二大淡水湖，号称“八百里洞庭”。洞庭湖风光迷人，它最大的特点是湖中有山，湖外有湖，水天一色。湖南省和湖北省中的“湖”字，指的就是洞庭湖。

A 洞庭湖景色优美　　**B** 洞庭湖的水是咸的
C 洞庭湖动植物种类繁多　　**D** 洞庭湖面积在不断扩大

70. 著名书画家郑板桥有句名言叫“难得糊涂”，这句话的内涵其实就是“贵在理解”。人与人相处时，因为年龄、文化水平、个人修养、家庭与生活环境等不同，对一些事物的认识肯定会存在差异，这些都是正常现象，无需过分计较，应给予彼此更多的理解和包容。

A 相处之道重在理解　　**B** 做事情不能太固执
C 要认识到自己的不足　　**D** 文化水平高的人善于理解别人

第三部分

第 71–90 题：请选出正确答案。

71–74.

一辆货车在通过一个天桥时，由于司机没有看清楚天桥的高度标记，结果车被卡住了天桥下面。当时货车上装的货物很重，所以很难一下子把车开出来或者退回去。为了使货车移动，司机想了很多办法，但都无济于事。在等待救援的过程中，一个站在旁边围观的小伙子走了过来，对司机说道：“你把车胎的气放出来点儿不就可以过去了吗?”

司机觉得他说的有道理，便将车胎的气放了一些出来，只见车的高度马上降了下来，最后，货车顺利地通过了天桥。

许多时候，我们无法从眼前的事物和固定的思维模式中脱离出来，所以始终被问题所困扰。而如果换一种思维方式，也许恰好就能发现问题的本质，从而找到解决问题的答案。

71. 那辆货车怎么了?

A 被人偷走了
B 被撞了
C 被警察拦住了
D 被困在天桥下了

72. 小伙子有什么建议?

A 叫人来推车
B 给车胎放气
C 打电话报警
D 把货物搬下来

73. 根据上文，下列哪项正确？

A 小伙子吹牛了
B 司机超速了
C 小伙子的办法很有效
D 司机的驾驶技术很差

74. 上文主要想告诉我们：

A 做事要分轻重缓急
B 避免犯同样的错误
C 要多听别人的意见
D 要学会换角度思考问题

75–78.

一只老鼠向狮子挑战，想要同它一决高低，被狮子拒绝了。老鼠问：“你害怕吗?” “非常害怕。”狮子说，“如果我答应你，你就能得到曾与狮子比武的殊荣；而我呢，则会被所有动物嘲笑，说我竟然和老鼠打架。”

毫无疑问，这只狮子是非常明智的。因为它清楚与老鼠比赛的麻烦在于：即使赢了，对手也只是一只老鼠而已。一般情况下，大人物是不屑与低层次的人竞争的，他们更乐于与旗鼓相当甚至远高于自己的对手较量。

与不是同一重量级的人争执不休，不仅会浪费时间，降低别人对自己的期望，还会在无意中提升对方的层次。其实，生活中最聪明的人往往是那些对无足轻重的事情无动于衷的人，他们清楚该做什么，不该做什么；知道什么事情可以改变命运，什么事情只会浪费青春。这样的人善于把精力花在重要的事情上，而将无关紧要的事情放在一边。

许多时候，做一件正确的事情，要比正确地做10件事情重要得多。在短暂的人生面前，做正确的事情是“延长”生命的最好办法。不要任意挥霍你的精力，把它用在正确的地方吧。

75. 狮子为什么拒绝了老鼠的挑战?

A 没有奖品
B 讨厌打架
C 担心被老鼠打败
D 不屑与老鼠比武

76. 与层次低的人争执，会：

A 浪费时间
B 丢掉权力
C 使自己变笨
D 提高自己的能力

77. 第3段中，“这样的人”指的是哪类人？

A 最聪明的人
B 遇事冷静的人
C 勇于挑战强者的人
D 善于抓住机会的人

78. 根据上文，下列哪项正确？

A 老鼠很狡猾
B 狮子怕挑战
C 要集中精力做重要的事
D 同一层次的人交流更顺畅

79–82.

年幼的儿子说："冬天的感觉真好！"我问："为什么？"儿子高兴地回答："因为冬天有大片大片的雪花，可以堆雪人、打雪仗、在雪地里赛跑。"未及我答话，儿子又问："明年的夏天，要什么时候才到啊？"我说："春天过后，就是夏天。""夏天也真好，能游泳，每天都能吃到雪糕……"儿子喃喃自语，满脸幸福的表情。那一刻，我被儿子的快乐情绪打动了。

我和孩子眼中的世界，差别该有多大啊！冬天，我看到的是北风肆虐、寒气袭人，常常抱怨；夏天，我看到的是骄阳似火、酷暑难耐。同样的世界，孩子看到的，却是一个个鲜活的季节，他们尽情享受生活中的每一个细节，生活中处处写着两个字快乐。

生活也是这样，成人更注重功利和结果，忽视过程和细节。成人的感受，更多的是无奈、愁苦。而孩子眼中更多的是阳光、美好、幸福和快乐。快乐看上去与我们相距甚远，但其实它包含在生活的每一个细节中，触手可及。

79. 儿子觉得冬天怎么样？

A 路面很滑
B 刮北风
C 让人开心
D 没有夏天那么好

80. 第2段中"酷暑难耐"的意思最可能是：

A 攻击性特别强
B 日照时间很长
C 天热得受不了
D 热一点儿不要紧

81. 根据上文，下列哪项正确？

A 孩子讨厌夏天
B 孩子容易忽视细节
C 作者不赞同儿子的观点
D 孩子善于发现生活的美好

82. 上文主要想告诉我们：

A 生活充满挑战
B 快乐无处不在
C 要多和孩子沟通
D 看事情不能只看表面

83–86.

有个女孩儿用一个月的薪水，买了一件心仪已久的衣服。穿上新衣服的她，看着别人惊艳的眼神，心中充满了自信，工作也有了很大的进步。

可是有一天，她发现衣服上的一枚纽扣儿不见了。那是一种形状很奇特的纽扣儿，她翻遍衣柜，也没有找到，于是就穿了另一件衣服去上班。到了公司，她觉得每个人看她的眼神都怪怪的，似乎没有了那件衣服，自己仍然是个极平凡的女孩儿。她心理一直想着那件衣服，一整天都打不起精神，也没有了平日的自信。

下班后，她在家里又找了一遍，依然没有找到。随后她又跑遍了商店，也没有买到同样的纽扣儿，她的心情暗淡到了极点。从此，那件衣服便被束之高阁，女孩儿初穿它时的自信与热情消失得无影无踪，工作也慢慢消极起来。

一天，一个朋友来访，偶然看到了那件衣服，吃惊地问："这么漂亮的衣服你怎么不穿呢?"她说："丢了一枚扣子，又买不到同样的。"朋友微笑着说："那你可以把其他的扣子都换了啊，那不就一样了吗?"女孩儿听了非常高兴，于是选了她最喜欢的扣子，把原来的都换掉了。衣服美丽如初，她重拾了灿烂的心情。

我们常常因为小小的缺憾而放弃一整件事，也常常因为放弃了一件事而使生活变得暗淡。如果我们能用一种全新的心情去替换失望，用笑容填满缺失，那么生命一样是完美无憾的。

83. 那件衣服：

A 颜色鲜艳
B 感觉不舒服
C 给了女孩儿自信
D 使女孩儿显得很苗条

84. 女孩儿为什么打不起精神?

A 衣服弄脏了
B 晚上熬夜了
C 工作不顺心
D 找不到配套的纽扣

85. 朋友给了女孩儿什么建议?

A 关爱自己
B 把衣服送穷人
C 换掉所有纽扣儿
D 找定做纽扣的人

86. 上文主要想告诉我们:

A 要学会放弃
B 不要过于追求完美
C 不要因小失大
D 要保持乐观的态度

87–90.

常坐飞机的人会发现，飞机上并没有配备降落伞，这是为什么呢?

首先，飞机的险情或者故障多出现在起飞和降落的时候，通常都是瞬间发生的，所以，即使每位乘客都有降落伞，也来不及完成跳伞的准备工作。

其次，一般商用客机的飞行高度为10000米左右，而适合跳伞的高度是800米到1000米左右。在飞机飞行的高度，空气十分稀薄，温度极低，人在机舱外根本无法生存。再加上客机的飞行速度很快，即使飞机可以降低至跳伞的高度，但由于空气阻力，乘客跳出机舱后，也会感觉像是重重地撞在了一堵墙上，根本无法承受这种程度的撞击。并且，由于空气阻力，人所有的衣物会被剥离身体。因此，带着降落伞包安全下降9000米，基本上是不可能的。

第三，就算在降落伞没有被剥离身体、并且能够正常打开的情况下，跳伞生还的几率也几乎为零，因为地面条件往往不适合降落。另外，跳伞需要非常专业的技术，并不是未经过特殊训练的一般乘客所能瞬间掌握的。未经训练的人由于不会操纵降落伞，很容易把自己裹到伞包中，然后像一块儿石头一样砸向地面。

最后，如果每个乘客都配备一个降落伞，将会占去很多空间，增加飞机的重量，这将会影响到飞机的营运能力。

87. 飞机险情多出现在:

A 起降时

B 半夜时分

C 受到撞击时

D 遇到恶劣天气时

88. 根据第3段，可以知道:

A 机舱外温度较高

B 机舱门不容易打开

C 飞机无法在低空飞行

D 客机的飞行高度不适合跳伞

89. 关于跳伞，下列哪项正确？

A 专业性特别强
B 谁都能掌握
C 跳伞高度越低越危险
D 对跳伞者年龄有特殊要求

90. 上文主要谈什么？

A 跳伞运动的坏处
B 飞机如何应对险情
C 降落伞的使用方法
D 飞机上为什么没有降落伞

三、书 写

第一部分

第 91–98 题：完成句子。

例如：发表　　这篇论文　　什么时候　　是　　的

这篇论文是什么时候发表的？

91. 有助于　　疲劳　　喝茶　　缓解

92. 演讲　　深受　　她的　　使我　　启发

93. 深刻的　　留下了　　一举一动　　印象　　他的　　给我

94. 亚洲　　这是　　最大的　　面积　　岛屿

95. 在　　他　　海关部门　　退休前　　工作

96. 好评　　表现　　大家的　　获得了　　她的

97. 计算　　再重新　　你把　　数据　　一遍

98. 疲劳　　导致　　眼睛　　长时间使用手机　　容易

第二部分

第 99-100 题：写短文。

99. 请结合下列词语(**要全部使用**)，写一篇80字左右的短文。

退休、日益、寂寞、陪伴、公寓

100. 请结合这张图片写一篇80字左右的短文。

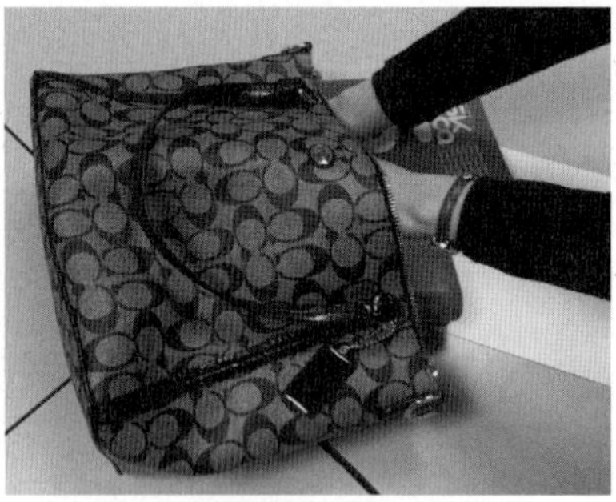

합격 모의고사

정답

전공략 新HSK 합격모의고사 5급 1회 정답

一、听力

第一部分

1. B	2. B	3. C	4. B	5. B	6. C	7. C	8. D	9. D	10. C
11. C	12. C	13. D	14. B	15. C	16. D	17. C	18. C	19. C	20. C

第二部分

21. B	22. A	23. B	24. B	25. D	26. C	27. A	28. B	29. D	30. D
31. B	32. C	33. B	34. D	35. B	36. D	37. A	38. C	39. C	40. D
41. D	42. D	43. D	44. A	45. C					

二、阅读

第一部分

46. D	47. B	48. C	49. A	50. B	51. B	52. C	53. A	54. D	55. D
56. C	57. B	58. A	59. B	60. A					

第二部分

61. C	62. B	63. C	64. D	65. D	66. B	67. A	68. C	69. D	70. C

第三部分

71. D	72. C	73. B	74. C	75. D	76. C	77. D	78. C	79. C	80. C
81. A	82. B	83. D	84. C	85. A	86. D	87. D	88. B	89. D	90. C

三、书写

第一部分

91. 他的乐观精神让大家很佩服。
92. 我曾经做过电视台的主持人。
93. 这个方案得到了专家的认可。
94. 请您填写一下个人信息。
95. 这张照片生动地记录了当时的情景。
96. 历史展览馆正式建成于1978年。
97. 许多动物靠尾巴控制平衡。
98. 公司为员工办理了伤害保险。

第二部分

99.

1

我在上大学的时候，有机会去中国学习汉语。除了掌握外语以外，在生活中遇到这样那样的困难。可是我并不灰心，我继续努力学习。当时我得到了很多中国朋友的鼓励。以后，我的汉语水平终于进步了。

2

我从小就喜欢学习外语，比如英语、汉语等。那些语言都说得很流利。我朋友问我：“怎样才能学好外语？”我鼓励他：“刚开始学习外语时进步很慢，很容易放弃。可是不要灰心！没有困难，就没有收获。”

100.

1

我很喜欢旅行，可是这几年工作很忙，没有时间去旅行。所以我决定请假去意大利旅行。我收拾行李的时候，我很兴奋。可是旅游的时间不短，我的行李太重了。我一个人拿不动行李。

2

明天我要去北京旅行。在去旅行之前也要做好各种准备：除了要了解北京的名胜古迹，学一些简单的旅游汉语以外，还准备随身携带物品，从个人日用品到重要证件都是必不可少的。我希望在北京度过美好的时光。

전공략 新HSK 합격모의고사 5급 2회 정답

一、听力

第一部分	1. B	2. C	3. A	4. A	5. C	6. B	7. C	8. D	9. A	10. A
	11. D	12. D	13. A	14. A	15. D	16. C	17. C	18. D	19. D	20. C
第二部分	21. A	22. A	23. B	24. B	25. D	26. B	27. D	28. C	29. D	30. D
	31. D	32. A	33. C	34. D	35. B	36. D	37. C	38. D	39. A	40. C
	41. D	42. B	43. A	44. B	45. D					

二、阅读

第一部分	46. B	47. C	48. A	49. A	50. C	51. B	52. A	53. B	54. D	55. C
	56. C	57. B	58. C	59. A	60. B					
第二部分	61. A	62. C	63. B	64. D	65. C	66. B	67. A	68. A	69. C	70. B
第三部分	71. C	72. D	73. A	74. C	75. A	76. C	77. A	78. B	79. A	80. A
	81. D	82. D	83. A	84. D	85. D	86. C	87. C	88. B	89. A	90. A

三、书写

第一部分

91. 这些饼干已经过期了吧?
92. 客厅墙上挂着一幅人物画。
93. 银行对贷款利率又做了调整。
94. 请勿在仓库里抽烟。
95. 垃圾桶被小猫撞倒了。
96. 他将把个人财产全部捐给慈善团体。
97. 这样才能使身体保持平衡。
98. 数码相机充电时间过长会缩短电池寿命。

第二部分 99.

1

今年我大学毕业了。有家企业招聘职员，我应聘了。首先，我写了简历，把优点都写在简历上，然后参加面试。虽然我有点儿紧张，但是我平静地发挥自己的能力，我觉得表现得很突出。最终我被录取了。

2

最近，就业问题很严重。很多人应聘一个职位，竞争很激烈。为了就业，应该做好准备。写简历的时候，把其他的经验都写在简历上；参加面试的时候，要突出自己的优点。如果这样准备的话，就能找到工作。

100.

1 昨天下了很大的雪。所以路上堵车堵得太厉害。我很担心迟到，所以下车跑着去上班。可是路上太滑了，我摔倒了。我的腰和脖子很疼，不得不去医院看病。结果不能上班。我希望下次不会发生这样的事情。

2 最近，随着生活节奏的加快，生活中的压力也越来越大。这种压力对人们的身心健康不好。那怎样缓解工作压力？首先，应该每天锻炼身体。其次，平时保持乐观的态度。只有这样才能缓解压力。

전공략 新HSK 합격모의고사 5급 3회 정답

一、听力

第一部分	1. A	2. A	3. C	4. C	5. B	6. D	7. C	8. B	9. D	10. D
	11. B	12. C	13. B	14. A	15. D	16. B	17. B	18. C	19. A	20. D
第二部分	21. B	22. C	23. C	24. A	25. A	26. D	27. D	28. C	29. D	30. C
	31. C	32. C	33. D	34. B	35. A	36. C	37. B	38. A	39. B	40. A
	41. C	42. B	43. B	44. C	45. D					

二、阅读

第一部分	46. C	47. B	48. B	49. C	50. A	51. D	52. B	53. B	54. A	55. D
	56. D	57. A	58. C	59. B	60. B					
第二部分	61. C	62. C	63. C	64. D	65. D	66. D	67. C	68. C	69. B	70. C
第三部分	71. A	72. C	73. D	74. A	75. B	76. D	77. C	78. D	79. A	80. B
	81. D	82. C	83. A	84. D	85. D	86. A	87. B	88. D	89. C	90. C

三、书写

第一部分

91. 那种治疗方法的效果更明显。
92. 当地流传着很多关于龙的传说。
93. 我目前不能给他明确的答案。
94. 这是一首赞美青春的诗。
95. 那个操场大约有8000平方米。
96. 他在为调查报告的事情发愁。
97. 这大大缩短了签证的办理时间。
98. 蝴蝶挥动着翅膀飞走了。

第二部分

99.

1

我的男朋友非常喜欢看足球比赛,连觉都忘了睡。昨晚有韩国队和意大利队的足球决赛，两队展开了激烈的竞争。所以我的男朋友熬夜了。我对他有点儿不满，可是我也希望韩国队能在本次比赛获得冠军。

2

我在中国留学的时候，参加了演讲比赛。当时，我的汉语水平不是那么高的。可是报名参加比赛后，每天训练演讲，经常熬夜。虽然留学生之间竞争很激烈，但是我进入了决赛，终于获得了冠军。

100.

1

周末我跟朋友去百货商店时，发
现了很漂亮的高跟鞋。我想买那双鞋
子，可是价格太贵了。我回家后，在
网上找到了一样的鞋子。价格比百货
商店的便宜得多，所以购买了。今天
我收到了那个商品，我很满意。

2

昨天我在商场排队结账的时候，
接到了妈妈的电话。他说，快递员到
了我们的公寓，但是没人接收包裹。
我先赶快结账，然后回家了。我收到
包裹后，才知道那个包裹是我的中国
朋友送给我的生日礼物。我很感动。

전공략 新HSK 합격모의고사 5급 4회 정답

一、听力

第一部分 1. B 2. A 3. B 4. D 5. C 6. C 7. D 8. A 9. B 10. A
11. B 12. D 13. B 14. C 15. A 16. D 17. D 18. B 19. C 20. D

第二部分 21. A 22. C 23. A 24. C 25. B 26. D 27. C 28. C 29. A 30. C
31. B 32. B 33. D 34. C 35. A 36. C 37. B 38. B 39. A 40. C
41. D 42. C 43. C 44. B 45. A

二、阅读

第一部分 46. B 47. C 48. A 49. B 50. C 51. C 52. B 53. A 54. A 55. B
56. D 57. A 58. B 59. A 60. D

第二部分 61. C 62. B 63. B 64. C 65. D 66. A 67. C 68. A 69. D 70. B

第三部分 71. D 72. D 73. A 74. B 75. D 76. A 77. B 78. D 79. A 80. A
81. C 82. D 83. C 84. D 85. B 86. B 87. D 88. B 89. D 90. A

三、书写

第一部分
91. 树上的果实已经成熟了。
92. 杀毒软件需要升级了。
93. 养宠物能培养孩子的责任心。
94. 他们是否赞成我的观点?
95. 抱怨根本不能解决任何问题。
96. 第7届家具展览会将在上海举行。
97. 国庆节期间本店照常营业。
98. 他连续五年被评为优秀主持人。

第二部分 99.

1

大学毕业以后，我在一家企业实习。我觉得我的工作能力很强，所以总是很骄傲，和同事们的关系也不太好。但是我犯了不少错误后，才明白我应该虚心向别人学习，才能适应公司生活。

2

我在公司实习时，很难适应新环境。我妈妈跟我说："谦虚使人进步，骄傲使人落后。"我的能力不够，所以要虚心听取别人的意见。我不仅学到了很多知识和技能，而且业务也越来越熟练了。

100.

1

		今	天	是	我	和	男	朋	友	认	识	三	周	年	的
纪	念	日	。	我	男	朋	友	给	我	打	电	话	约	我	一
起	吃	晚	饭	，	我	当	然	很	开	心	地	答	应	了	，
可	是	没	想	到	他	来	到	我	家	接	我	的	时	候	，
手	里	拿	着	一	大	束	花	和	礼	物	。	我	觉	得	好
浪	漫	啊	！												

2

		今	天	是	我	的	生	日	，	我	男	朋	友	带	我
去	一	家	装	修	很	豪	华	的	意	大	利	餐	厅	。	当
我	们	晚	饭	吃	到	一	半	的	时	候	，	突	然	拿	出
了	一	大	束	花	和	一	枚	戒	指	向	我	求	婚	，	我
感	动	得	说	不	出	话	来	。	今	天	真	是	一	个	让
我	终	生	难	忘	的	日	子	。							

전공략 新HSK 합격모의고사 5급 5회 정답

一、听力

第一部分 1. A 2. B 3. B 4. B 5. D 6. A 7. C 8. A 9. C 10. B
11. C 12. C 13. C 14. D 15. B 16. C 17. A 18. B 19. D 20. D

第二部分 21. A 22. C 23. D 24. A 25. A 26. D 27. B 28. D 29. A 30. D
31. C 32. A 33. C 34. D 35. B 36. D 37. D 38. D 39. C 40. B
41. B 42. C 43. A 44. C 45. B

二、阅读

第一部分 46. D 47. B 48. D 49. A 50. B 51. C 52. B 53. A 54. C 55. B
56. D 57. A 58. B 59. D 60. C

第二部分 61. D 62. B 63. D 64. A 65. C 66. D 67. A 68. C 69. A 70. A

第三部分 71. D 72. B 73. C 74. D 75. D 76. A 77. A 78. C 79. C 80. C
81. D 82. B 83. C 84. D 85. C 86. C 87. A 88. D 89. A 90. D

三、书写

第一部分
91. 喝茶有助于缓解疲劳。
92. 她的演讲使我深受启发。
93. 他的一举一动给我留下了深刻的印象。
94. 这是亚洲面积最大的岛屿。
95. 他退休前在海关部门工作。
96. 她的表现获得了大家的好评。
97. 你把数据再重新计算一遍。
98. 长时间使用手机容易导致眼睛疲劳。

第二部分 99.

1 我朋友去年退休了。他已经制定好具体的计划：和妻子一起去环游世界。因为没有子女陪伴，在公寓里生活，每天都一样，没有新鲜事儿，日益寂寞，所以他决定去旅行。他看起来很幸福啊！

2 退休后做什么，这是很多人非常关注的问题。有人没有子女陪伴，有人在公寓里没有事情可做，觉得日益寂寞。所以，老人应该培养兴趣，参加一些活动，同时，应该多做户外运动，要保持身体健康。

100.

1

今天早上我离开家不久，发现自
己把作业忘在家里了。于是回家找到
了作业上学。到车站的时候，真不巧
公交车已经出发了，所以我迟到了。
我心情真不好。可是老师说我的作业
非常精彩，感觉很开心。

2

上周我去青岛出差的时候，我丢
了房卡，找了半天也没找到，我不知
如何才好。那时，那个饭店的服务员
帮我找了很长时间后，终于找到了。
她的服务态度非常好，而且很热情。
她给我留下了深刻的印象。

新汉语水平考试

HSK(五级)答题卡

姓名	
中文	

考点代码		[0] [1] [2] [3] [4] [5] [6] [7] [8] [9]
		[0] [1] [2] [3] [4] [5] [6] [7] [8] [9]
		[0] [1] [2] [3] [4] [5] [6] [7] [8] [9]
		[0] [1] [2] [3] [4] [5] [6] [7] [8] [9]
		[0] [1] [2] [3] [4] [5] [6] [7] [8] [9]
		[0] [1] [2] [3] [4] [5] [6] [7] [8] [9]
		[0] [1] [2] [3] [4] [5] [6] [7] [8] [9]

国籍		[0] [1] [2] [3] [4] [5] [6] [7] [8] [9]
		[0] [1] [2] [3] [4] [5] [6] [7] [8] [9]
		[0] [1] [2] [3] [4] [5] [6] [7] [8] [9]

序号		[0] [1] [2] [3] [4] [5] [6] [7] [8] [9]
		[0] [1] [2] [3] [4] [5] [6] [7] [8] [9]
		[0] [1] [2] [3] [4] [5] [6] [7] [8] [9]
		[0] [1] [2] [3] [4] [5] [6] [7] [8] [9]
		[0] [1] [2] [3] [4] [5] [6] [7] [8] [9]

性别	男 [1]	女 [2]

年龄		[0] [1] [2] [3] [4] [5] [6] [7] [8] [9]
		[0] [1] [2] [3] [4] [5] [6] [7] [8] [9]

注意	请用2B铅笔这样写: ▬

一、听力

1. [A] [B] [C] [D]	6. [A] [B] [C] [D]	11. [A] [B] [C] [D]	16. [A] [B] [C] [D]	21. [A] [B] [C] [D]
2. [A] [B] [C] [D]	7. [A] [B] [C] [D]	12. [A] [B] [C] [D]	17. [A] [B] [C] [D]	22. [A] [B] [C] [D]
3. [A] [B] [C] [D]	8. [A] [B] [C] [D]	13. [A] [B] [C] [D]	18. [A] [B] [C] [D]	23. [A] [B] [C] [D]
4. [A] [B] [C] [D]	9. [A] [B] [C] [D]	14. [A] [B] [C] [D]	19. [A] [B] [C] [D]	24. [A] [B] [C] [D]
5. [A] [B] [C] [D]	10. [A] [B] [C] [D]	15. [A] [B] [C] [D]	20. [A] [B] [C] [D]	25. [A] [B] [C] [D]
26. [A] [B] [C] [D]	31. [A] [B] [C] [D]	36. [A] [B] [C] [D]	41. [A] [B] [C] [D]	
27. [A] [B] [C] [D]	32. [A] [B] [C] [D]	37. [A] [B] [C] [D]	42. [A] [B] [C] [D]	
28. [A] [B] [C] [D]	33. [A] [B] [C] [D]	38. [A] [B] [C] [D]	43. [A] [B] [C] [D]	
29. [A] [B] [C] [D]	34. [A] [B] [C] [D]	39. [A] [B] [C] [D]	44. [A] [B] [C] [D]	
30. [A] [B] [C] [D]	35. [A] [B] [C] [D]	40. [A] [B] [C] [D]	45. [A] [B] [C] [D]	

二、阅读

46. [A] [B] [C] [D]	51. [A] [B] [C] [D]	56. [A] [B] [C] [D]	61. [A] [B] [C] [D]	66. [A] [B] [C] [D]
47. [A] [B] [C] [D]	52. [A] [B] [C] [D]	57. [A] [B] [C] [D]	62. [A] [B] [C] [D]	67. [A] [B] [C] [D]
48. [A] [B] [C] [D]	53. [A] [B] [C] [D]	58. [A] [B] [C] [D]	63. [A] [B] [C] [D]	68. [A] [B] [C] [D]
49. [A] [B] [C] [D]	54. [A] [B] [C] [D]	59. [A] [B] [C] [D]	64. [A] [B] [C] [D]	69. [A] [B] [C] [D]
50. [A] [B] [C] [D]	55. [A] [B] [C] [D]	60. [A] [B] [C] [D]	65. [A] [B] [C] [D]	70. [A] [B] [C] [D]
71. [A] [B] [C] [D]	76. [A] [B] [C] [D]	81. [A] [B] [C] [D]	86. [A] [B] [C] [D]	
72. [A] [B] [C] [D]	77. [A] [B] [C] [D]	82. [A] [B] [C] [D]	87. [A] [B] [C] [D]	
73. [A] [B] [C] [D]	78. [A] [B] [C] [D]	83. [A] [B] [C] [D]	88. [A] [B] [C] [D]	
74. [A] [B] [C] [D]	79. [A] [B] [C] [D]	84. [A] [B] [C] [D]	89. [A] [B] [C] [D]	
75. [A] [B] [C] [D]	80. [A] [B] [C] [D]	85. [A] [B] [C] [D]	90. [A] [B] [C] [D]	

三、书写

91. ______________________________

92. ______________________________

93. ______________________________

94. ______________________________

95. ____________________

96. ____________________

97. ____________________

98. ____________________

99.

100.

新汉语水平考试

HSK(五级)答题卡

姓名	
中文	

考点代码		[0] [1] [2] [3] [4] [5] [6] [7] [8] [9]
		[0] [1] [2] [3] [4] [5] [6] [7] [8] [9]
		[0] [1] [2] [3] [4] [5] [6] [7] [8] [9]
		[0] [1] [2] [3] [4] [5] [6] [7] [8] [9]
		[0] [1] [2] [3] [4] [5] [6] [7] [8] [9]
		[0] [1] [2] [3] [4] [5] [6] [7] [8] [9]
		[0] [1] [2] [3] [4] [5] [6] [7] [8] [9]

国籍		[0] [1] [2] [3] [4] [5] [6] [7] [8] [9]
		[0] [1] [2] [3] [4] [5] [6] [7] [8] [9]
		[0] [1] [2] [3] [4] [5] [6] [7] [8] [9]

序号		[0] [1] [2] [3] [4] [5] [6] [7] [8] [9]
		[0] [1] [2] [3] [4] [5] [6] [7] [8] [9]
		[0] [1] [2] [3] [4] [5] [6] [7] [8] [9]
		[0] [1] [2] [3] [4] [5] [6] [7] [8] [9]
		[0] [1] [2] [3] [4] [5] [6] [7] [8] [9]

性别	男 [1]	女 [2]

年龄		[0] [1] [2] [3] [4] [5] [6] [7] [8] [9]
		[0] [1] [2] [3] [4] [5] [6] [7] [8] [9]

注意	请用2B铅笔这样写：▬

一、听力

1. [A] [B] [C] [D]	6. [A] [B] [C] [D]	11. [A] [B] [C] [D]	16. [A] [B] [C] [D]	21. [A] [B] [C] [D]
2. [A] [B] [C] [D]	7. [A] [B] [C] [D]	12. [A] [B] [C] [D]	17. [A] [B] [C] [D]	22. [A] [B] [C] [D]
3. [A] [B] [C] [D]	8. [A] [B] [C] [D]	13. [A] [B] [C] [D]	18. [A] [B] [C] [D]	23. [A] [B] [C] [D]
4. [A] [B] [C] [D]	9. [A] [B] [C] [D]	14. [A] [B] [C] [D]	19. [A] [B] [C] [D]	24. [A] [B] [C] [D]
5. [A] [B] [C] [D]	10. [A] [B] [C] [D]	15. [A] [B] [C] [D]	20. [A] [B] [C] [D]	25. [A] [B] [C] [D]
26. [A] [B] [C] [D]	31. [A] [B] [C] [D]	36. [A] [B] [C] [D]	41. [A] [B] [C] [D]	
27. [A] [B] [C] [D]	32. [A] [B] [C] [D]	37. [A] [B] [C] [D]	42. [A] [B] [C] [D]	
28. [A] [B] [C] [D]	33. [A] [B] [C] [D]	38. [A] [B] [C] [D]	43. [A] [B] [C] [D]	
29. [A] [B] [C] [D]	34. [A] [B] [C] [D]	39. [A] [B] [C] [D]	44. [A] [B] [C] [D]	
30. [A] [B] [C] [D]	35. [A] [B] [C] [D]	40. [A] [B] [C] [D]	45. [A] [B] [C] [D]	

二、阅读

46. [A] [B] [C] [D]	51. [A] [B] [C] [D]	56. [A] [B] [C] [D]	61. [A] [B] [C] [D]	66. [A] [B] [C] [D]
47. [A] [B] [C] [D]	52. [A] [B] [C] [D]	57. [A] [B] [C] [D]	62. [A] [B] [C] [D]	67. [A] [B] [C] [D]
48. [A] [B] [C] [D]	53. [A] [B] [C] [D]	58. [A] [B] [C] [D]	63. [A] [B] [C] [D]	68. [A] [B] [C] [D]
49. [A] [B] [C] [D]	54. [A] [B] [C] [D]	59. [A] [B] [C] [D]	64. [A] [B] [C] [D]	69. [A] [B] [C] [D]
50. [A] [B] [C] [D]	55. [A] [B] [C] [D]	60. [A] [B] [C] [D]	65. [A] [B] [C] [D]	70. [A] [B] [C] [D]
71. [A] [B] [C] [D]	76. [A] [B] [C] [D]	81. [A] [B] [C] [D]	86. [A] [B] [C] [D]	
72. [A] [B] [C] [D]	77. [A] [B] [C] [D]	82. [A] [B] [C] [D]	87. [A] [B] [C] [D]	
73. [A] [B] [C] [D]	78. [A] [B] [C] [D]	83. [A] [B] [C] [D]	88. [A] [B] [C] [D]	
74. [A] [B] [C] [D]	79. [A] [B] [C] [D]	84. [A] [B] [C] [D]	89. [A] [B] [C] [D]	
75. [A] [B] [C] [D]	80. [A] [B] [C] [D]	85. [A] [B] [C] [D]	90. [A] [B] [C] [D]	

三、书写

91. ______________________________

92. ______________________________

93. ______________________________

94. ______________________________

95. ______

96. ______

97. ______

98. ______

99.

100.

新汉语水平考试

HSK(五级)答题卡

姓名	
中文	

考点代码		[0] [1] [2] [3] [4] [5] [6] [7] [8] [9]
		[0] [1] [2] [3] [4] [5] [6] [7] [8] [9]
		[0] [1] [2] [3] [4] [5] [6] [7] [8] [9]
		[0] [1] [2] [3] [4] [5] [6] [7] [8] [9]
		[0] [1] [2] [3] [4] [5] [6] [7] [8] [9]
		[0] [1] [2] [3] [4] [5] [6] [7] [8] [9]
		[0] [1] [2] [3] [4] [5] [6] [7] [8] [9]

国籍		[0] [1] [2] [3] [4] [5] [6] [7] [8] [9]
		[0] [1] [2] [3] [4] [5] [6] [7] [8] [9]
		[0] [1] [2] [3] [4] [5] [6] [7] [8] [9]

序号		[0] [1] [2] [3] [4] [5] [6] [7] [8] [9]
		[0] [1] [2] [3] [4] [5] [6] [7] [8] [9]
		[0] [1] [2] [3] [4] [5] [6] [7] [8] [9]
		[0] [1] [2] [3] [4] [5] [6] [7] [8] [9]
		[0] [1] [2] [3] [4] [5] [6] [7] [8] [9]

性别	男 [1]	女 [2]

年龄		[0] [1] [2] [3] [4] [5] [6] [7] [8] [9]
		[0] [1] [2] [3] [4] [5] [6] [7] [8] [9]

注意	请用2B铅笔这样写：■

一、听力

1. [A] [B] [C] [D]	6. [A] [B] [C] [D]	11. [A] [B] [C] [D]	16. [A] [B] [C] [D]	21. [A] [B] [C] [D]
2. [A] [B] [C] [D]	7. [A] [B] [C] [D]	12. [A] [B] [C] [D]	17. [A] [B] [C] [D]	22. [A] [B] [C] [D]
3. [A] [B] [C] [D]	8. [A] [B] [C] [D]	13. [A] [B] [C] [D]	18. [A] [B] [C] [D]	23. [A] [B] [C] [D]
4. [A] [B] [C] [D]	9. [A] [B] [C] [D]	14. [A] [B] [C] [D]	19. [A] [B] [C] [D]	24. [A] [B] [C] [D]
5. [A] [B] [C] [D]	10. [A] [B] [C] [D]	15. [A] [B] [C] [D]	20. [A] [B] [C] [D]	25. [A] [B] [C] [D]
26. [A] [B] [C] [D]	31. [A] [B] [C] [D]	36. [A] [B] [C] [D]	41. [A] [B] [C] [D]	
27. [A] [B] [C] [D]	32. [A] [B] [C] [D]	37. [A] [B] [C] [D]	42. [A] [B] [C] [D]	
28. [A] [B] [C] [D]	33. [A] [B] [C] [D]	38. [A] [B] [C] [D]	43. [A] [B] [C] [D]	
29. [A] [B] [C] [D]	34. [A] [B] [C] [D]	39. [A] [B] [C] [D]	44. [A] [B] [C] [D]	
30. [A] [B] [C] [D]	35. [A] [B] [C] [D]	40. [A] [B] [C] [D]	45. [A] [B] [C] [D]	

二、阅读

46. [A] [B] [C] [D]	51. [A] [B] [C] [D]	56. [A] [B] [C] [D]	61. [A] [B] [C] [D]	66. [A] [B] [C] [D]
47. [A] [B] [C] [D]	52. [A] [B] [C] [D]	57. [A] [B] [C] [D]	62. [A] [B] [C] [D]	67. [A] [B] [C] [D]
48. [A] [B] [C] [D]	53. [A] [B] [C] [D]	58. [A] [B] [C] [D]	63. [A] [B] [C] [D]	68. [A] [B] [C] [D]
49. [A] [B] [C] [D]	54. [A] [B] [C] [D]	59. [A] [B] [C] [D]	64. [A] [B] [C] [D]	69. [A] [B] [C] [D]
50. [A] [B] [C] [D]	55. [A] [B] [C] [D]	60. [A] [B] [C] [D]	65. [A] [B] [C] [D]	70. [A] [B] [C] [D]
71. [A] [B] [C] [D]	76. [A] [B] [C] [D]	81. [A] [B] [C] [D]	86. [A] [B] [C] [D]	
72. [A] [B] [C] [D]	77. [A] [B] [C] [D]	82. [A] [B] [C] [D]	87. [A] [B] [C] [D]	
73. [A] [B] [C] [D]	78. [A] [B] [C] [D]	83. [A] [B] [C] [D]	88. [A] [B] [C] [D]	
74. [A] [B] [C] [D]	79. [A] [B] [C] [D]	84. [A] [B] [C] [D]	89. [A] [B] [C] [D]	
75. [A] [B] [C] [D]	80. [A] [B] [C] [D]	85. [A] [B] [C] [D]	90. [A] [B] [C] [D]	

三、书写

91. ______________________________

92. ______________________________

93. ______________________________

94. ______________________________

95. ______________________________

96. ______________________________

97. ______________________________

98. ______________________________

99.

100.

新汉语水平考试

HSK(五级)答题卡

姓名	
中文	

考点代码		[0] [1] [2] [3] [4] [5] [6] [7] [8] [9]
		[0] [1] [2] [3] [4] [5] [6] [7] [8] [9]
		[0] [1] [2] [3] [4] [5] [6] [7] [8] [9]
		[0] [1] [2] [3] [4] [5] [6] [7] [8] [9]
		[0] [1] [2] [3] [4] [5] [6] [7] [8] [9]
		[0] [1] [2] [3] [4] [5] [6] [7] [8] [9]
		[0] [1] [2] [3] [4] [5] [6] [7] [8] [9]

国籍		[0] [1] [2] [3] [4] [5] [6] [7] [8] [9]
		[0] [1] [2] [3] [4] [5] [6] [7] [8] [9]
		[0] [1] [2] [3] [4] [5] [6] [7] [8] [9]

序号		[0] [1] [2] [3] [4] [5] [6] [7] [8] [9]
		[0] [1] [2] [3] [4] [5] [6] [7] [8] [9]
		[0] [1] [2] [3] [4] [5] [6] [7] [8] [9]
		[0] [1] [2] [3] [4] [5] [6] [7] [8] [9]
		[0] [1] [2] [3] [4] [5] [6] [7] [8] [9]

性别	男 [1]	女 [2]

年龄		[0] [1] [2] [3] [4] [5] [6] [7] [8] [9]
		[0] [1] [2] [3] [4] [5] [6] [7] [8] [9]

注意	请用2B铅笔这样写: ▬

一、听力

1. [A] [B] [C] [D]	6. [A] [B] [C] [D]	11. [A] [B] [C] [D]	16. [A] [B] [C] [D]	21. [A] [B] [C] [D]
2. [A] [B] [C] [D]	7. [A] [B] [C] [D]	12. [A] [B] [C] [D]	17. [A] [B] [C] [D]	22. [A] [B] [C] [D]
3. [A] [B] [C] [D]	8. [A] [B] [C] [D]	13. [A] [B] [C] [D]	18. [A] [B] [C] [D]	23. [A] [B] [C] [D]
4. [A] [B] [C] [D]	9. [A] [B] [C] [D]	14. [A] [B] [C] [D]	19. [A] [B] [C] [D]	24. [A] [B] [C] [D]
5. [A] [B] [C] [D]	10. [A] [B] [C] [D]	15. [A] [B] [C] [D]	20. [A] [B] [C] [D]	25. [A] [B] [C] [D]
26. [A] [B] [C] [D]	31. [A] [B] [C] [D]	36. [A] [B] [C] [D]	41. [A] [B] [C] [D]	
27. [A] [B] [C] [D]	32. [A] [B] [C] [D]	37. [A] [B] [C] [D]	42. [A] [B] [C] [D]	
28. [A] [B] [C] [D]	33. [A] [B] [C] [D]	38. [A] [B] [C] [D]	43. [A] [B] [C] [D]	
29. [A] [B] [C] [D]	34. [A] [B] [C] [D]	39. [A] [B] [C] [D]	44. [A] [B] [C] [D]	
30. [A] [B] [C] [D]	35. [A] [B] [C] [D]	40. [A] [B] [C] [D]	45. [A] [B] [C] [D]	

二、阅读

46. [A] [B] [C] [D]	51. [A] [B] [C] [D]	56. [A] [B] [C] [D]	61. [A] [B] [C] [D]	66. [A] [B] [C] [D]
47. [A] [B] [C] [D]	52. [A] [B] [C] [D]	57. [A] [B] [C] [D]	62. [A] [B] [C] [D]	67. [A] [B] [C] [D]
48. [A] [B] [C] [D]	53. [A] [B] [C] [D]	58. [A] [B] [C] [D]	63. [A] [B] [C] [D]	68. [A] [B] [C] [D]
49. [A] [B] [C] [D]	54. [A] [B] [C] [D]	59. [A] [B] [C] [D]	64. [A] [B] [C] [D]	69. [A] [B] [C] [D]
50. [A] [B] [C] [D]	55. [A] [B] [C] [D]	60. [A] [B] [C] [D]	65. [A] [B] [C] [D]	70. [A] [B] [C] [D]
71. [A] [B] [C] [D]	76. [A] [B] [C] [D]	81. [A] [B] [C] [D]	86. [A] [B] [C] [D]	
72. [A] [B] [C] [D]	77. [A] [B] [C] [D]	82. [A] [B] [C] [D]	87. [A] [B] [C] [D]	
73. [A] [B] [C] [D]	78. [A] [B] [C] [D]	83. [A] [B] [C] [D]	88. [A] [B] [C] [D]	
74. [A] [B] [C] [D]	79. [A] [B] [C] [D]	84. [A] [B] [C] [D]	89. [A] [B] [C] [D]	
75. [A] [B] [C] [D]	80. [A] [B] [C] [D]	85. [A] [B] [C] [D]	90. [A] [B] [C] [D]	

三、书写

91. ______________________________

92. ______________________________

93. ______________________________

94. ______________________________

95.

96.

97.

98.

99.

100.

新汉语水平考试

HSK(五级)答题卡

姓名	
中文	

考点代码		[0] [1] [2] [3] [4] [5] [6] [7] [8] [9]
		[0] [1] [2] [3] [4] [5] [6] [7] [8] [9]
		[0] [1] [2] [3] [4] [5] [6] [7] [8] [9]
		[0] [1] [2] [3] [4] [5] [6] [7] [8] [9]
		[0] [1] [2] [3] [4] [5] [6] [7] [8] [9]
		[0] [1] [2] [3] [4] [5] [6] [7] [8] [9]
		[0] [1] [2] [3] [4] [5] [6] [7] [8] [9]

国籍		[0] [1] [2] [3] [4] [5] [6] [7] [8] [9]
		[0] [1] [2] [3] [4] [5] [6] [7] [8] [9]
		[0] [1] [2] [3] [4] [5] [6] [7] [8] [9]

序号		[0] [1] [2] [3] [4] [5] [6] [7] [8] [9]
		[0] [1] [2] [3] [4] [5] [6] [7] [8] [9]
		[0] [1] [2] [3] [4] [5] [6] [7] [8] [9]
		[0] [1] [2] [3] [4] [5] [6] [7] [8] [9]
		[0] [1] [2] [3] [4] [5] [6] [7] [8] [9]

性别	男 [1]	女 [2]

年龄		[0] [1] [2] [3] [4] [5] [6] [7] [8] [9]
		[0] [1] [2] [3] [4] [5] [6] [7] [8] [9]

注意	请用2B铅笔这样写：▬

一、听力

1. [A] [B] [C] [D]	6. [A] [B] [C] [D]	11. [A] [B] [C] [D]	16. [A] [B] [C] [D]	21. [A] [B] [C] [D]
2. [A] [B] [C] [D]	7. [A] [B] [C] [D]	12. [A] [B] [C] [D]	17. [A] [B] [C] [D]	22. [A] [B] [C] [D]
3. [A] [B] [C] [D]	8. [A] [B] [C] [D]	13. [A] [B] [C] [D]	18. [A] [B] [C] [D]	23. [A] [B] [C] [D]
4. [A] [B] [C] [D]	9. [A] [B] [C] [D]	14. [A] [B] [C] [D]	19. [A] [B] [C] [D]	24. [A] [B] [C] [D]
5. [A] [B] [C] [D]	10. [A] [B] [C] [D]	15. [A] [B] [C] [D]	20. [A] [B] [C] [D]	25. [A] [B] [C] [D]
26. [A] [B] [C] [D]	31. [A] [B] [C] [D]	36. [A] [B] [C] [D]	41. [A] [B] [C] [D]	
27. [A] [B] [C] [D]	32. [A] [B] [C] [D]	37. [A] [B] [C] [D]	42. [A] [B] [C] [D]	
28. [A] [B] [C] [D]	33. [A] [B] [C] [D]	38. [A] [B] [C] [D]	43. [A] [B] [C] [D]	
29. [A] [B] [C] [D]	34. [A] [B] [C] [D]	39. [A] [B] [C] [D]	44. [A] [B] [C] [D]	
30. [A] [B] [C] [D]	35. [A] [B] [C] [D]	40. [A] [B] [C] [D]	45. [A] [B] [C] [D]	

二、阅读

46. [A] [B] [C] [D]	51. [A] [B] [C] [D]	56. [A] [B] [C] [D]	61. [A] [B] [C] [D]	66. [A] [B] [C] [D]
47. [A] [B] [C] [D]	52. [A] [B] [C] [D]	57. [A] [B] [C] [D]	62. [A] [B] [C] [D]	67. [A] [B] [C] [D]
48. [A] [B] [C] [D]	53. [A] [B] [C] [D]	58. [A] [B] [C] [D]	63. [A] [B] [C] [D]	68. [A] [B] [C] [D]
49. [A] [B] [C] [D]	54. [A] [B] [C] [D]	59. [A] [B] [C] [D]	64. [A] [B] [C] [D]	69. [A] [B] [C] [D]
50. [A] [B] [C] [D]	55. [A] [B] [C] [D]	60. [A] [B] [C] [D]	65. [A] [B] [C] [D]	70. [A] [B] [C] [D]
71. [A] [B] [C] [D]	76. [A] [B] [C] [D]	81. [A] [B] [C] [D]	86. [A] [B] [C] [D]	
72. [A] [B] [C] [D]	77. [A] [B] [C] [D]	82. [A] [B] [C] [D]	87. [A] [B] [C] [D]	
73. [A] [B] [C] [D]	78. [A] [B] [C] [D]	83. [A] [B] [C] [D]	88. [A] [B] [C] [D]	
74. [A] [B] [C] [D]	79. [A] [B] [C] [D]	84. [A] [B] [C] [D]	89. [A] [B] [C] [D]	
75. [A] [B] [C] [D]	80. [A] [B] [C] [D]	85. [A] [B] [C] [D]	90. [A] [B] [C] [D]	

三、书写

91. ______________________________

92. ______________________________

93. ______________________________

94. ______________________________

95. ______________________________

96. ______________________________

97. ______________________________

98. ______________________________

99.

100.

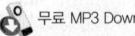

5급

전공략 新HSK 원패스 합격모의고사

1. 최신 출제 경향과 난이도를 최대 반영한 모의고사 5세트
2. 新HSK 전문 강사의 합격 전략 무료 동영상 강의
3. 영역별 맞춤 해설로 학습 시간 down, 학습 효과 up!
4. 명쾌한 비법 합격 전략 D-5
5. 2013 한반(汉办) 개정 단어를 수록한 합격 보카 및 확인 학습
6. 듣기 영역의 문제별·속도별 MP3 파일 제공
7. 취약점 보완을 위한 트레이닝 북 무료 다운로드

특별 부록 듣기 MP3 CD

www.booksJRC.com

값 19,500원

문제집+해설집+합격 전략집+합격 보카+MP3 CD 1장

14720

9 788998 444501

ISBN 978-89-98444-50-1

ISBN 978-89-98444-48-8 (세트)

전공략 新HSK
합격 보카 5급 2500

JRC중국어연구소 기획·저

JRC 북스

전공략 新HSK
합격 보카 5급
2500

기획 · 저	JRC 중국어연구소
발행인	김효정
발행처	JRC 북스
등록번호	제300-2002-42호
편집	최정임 I 이소연 I 김소연 I 조해천
디자인	신은지 I 최여랑
제작	박선희
영업	김영한 I 강민호
홍보	이지연
웹마케팅	오준석 I 김희영

주소	JRC 북스 서울 강남구 테헤란로 109, 3층
전화	구입 문의 02.567.3861 I 02.567.3837
	내용 문의 02.567.3860
팩스	02.567.2471
홈페이지	www.booksJRC.com

합격 보카 5급 2500, 이렇게 학습하세요!

합격 보카는 40일 완성으로, 〈단어 학습 → 확인 학습〉의 학습과 복습이 가능하도록 체계적으로 구성되어 있습니다.

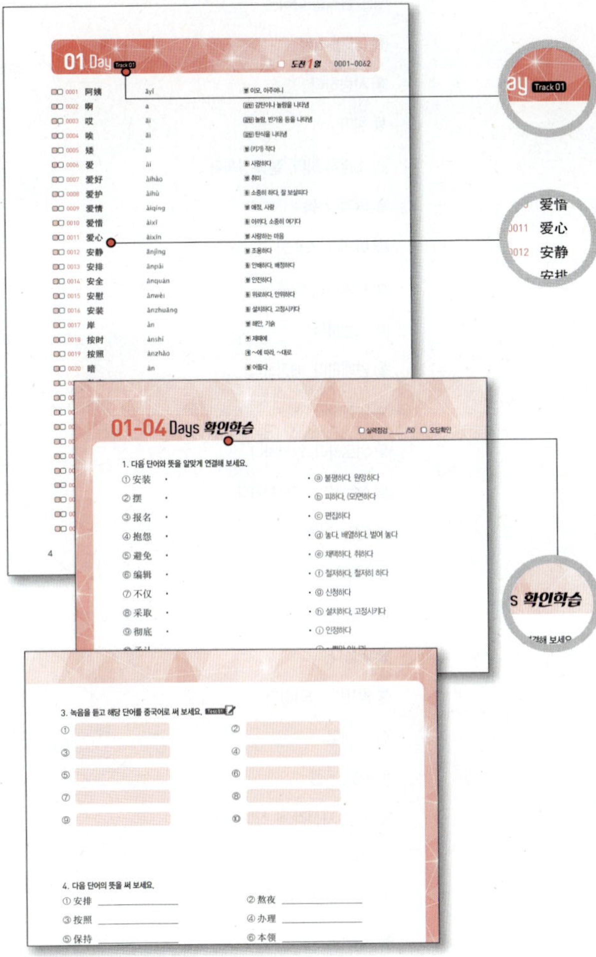

단어 먼저 들어 보기

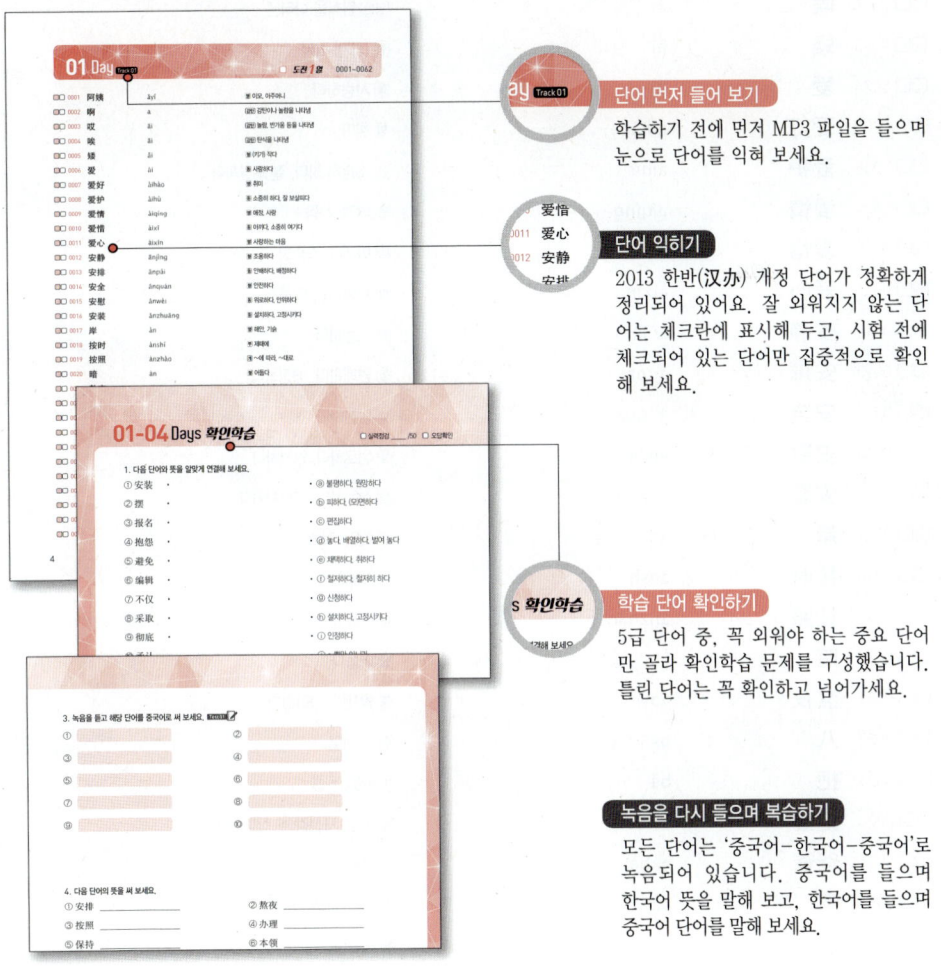

학습하기 전에 먼저 MP3 파일을 들으며 눈으로 단어를 익혀 보세요.

단어 익히기

2013 한반(汉办) 개정 단어가 정확하게 정리되어 있어요. 잘 외워지지 않는 단어는 체크란에 표시해 두고, 시험 전에 체크되어 있는 단어만 집중적으로 확인해 보세요.

학습 단어 확인하기

5급 단어 중, 꼭 외워야 하는 중요 단어만 골라 확인학습 문제를 구성했습니다. 틀린 단어는 꼭 확인하고 넘어가세요.

녹음을 다시 들으며 복습하기

모든 단어는 '중국어-한국어-중국어'로 녹음되어 있습니다. 중국어를 들으며 한국어 뜻을 말해 보고, 한국어를 들으며 중국어 단어를 말해 보세요.

『전공략 新HSK 합격 보카 5급 2500』의 MP3 파일은 JRC북스 홈페이지(www.booksJRC.com)에서 무료로 다운로드 할 수 있습니다.

01 Day Track 01

도전 1 일 0001~0062

0001	阿姨	āyí	명 이모, 아주머니
0002	啊	a	감탄 감탄이나 놀람을 나타냄
0003	哎	āi	감탄 놀람, 반가움 등을 나타냄
0004	唉	āi	감탄 탄식을 나타냄
0005	矮	ǎi	형 (키가) 작다
0006	爱	ài	동 사랑하다
0007	爱好	àihào	명 취미
0008	爱护	àihù	동 소중히 하다, 잘 보살피다
0009	爱情	àiqíng	명 애정, 사랑
0010	爱惜	àixī	동 아끼다, 소중히 여기다
0011	爱心	àixīn	명 사랑하는 마음
0012	安静	ānjìng	형 조용하다
0013	安排	ānpái	동 안배하다, 배정하다
0014	安全	ānquán	형 안전하다
0015	安慰	ānwèi	동 위로하다, 안위하다
0016	安装	ānzhuāng	동 설치하다, 고정시키다
0017	岸	àn	명 해안, 기슭
0018	按时	ànshí	부 제때에
0019	按照	ànzhào	개 ~에 따라, ~대로
0020	暗	àn	형 어둡다
0021	熬夜	áoyè	동 밤새다, 철야하다
0022	八	bā	수 8, 여덟
0023	把	bǎ	개 ~을, ~를
0024	把握	bǎwò	명 확신, 자신감 동 잡다, 쥐다
0025	爸爸	bàba	명 아빠
0026	吧	ba	조 청유, 제의, 추측의 어기를 나타냄
0027	白	bái	형 하얗다
0028	百	bǎi	수 100, 백
0029	百分之	bǎifēnzhī	퍼센트
0030	摆	bǎi	동 놓다, 배열하다, 벌여 놓다
0031	班	bān	명 반, 학급

0032	搬	bān	동 옮기다, 이사하다
0033	办法	bànfǎ	명 방법
0034	办公室	bàngōngshì	명 사무실
0035	办理	bànlǐ	동 처리하다, 취급하다
0036	半	bàn	수 1/2, 절반
0037	帮忙	bāngmáng	동 일을 돕다
0038	帮助	bāngzhù	동 돕다
0039	棒	bàng	형 (수준·성적이) 높다, 좋다
0040	傍晚	bàngwǎn	명 저녁 무렵
0041	包	bāo	동 (물건을) 싸다
0042	包裹	bāoguǒ	명 소포, 보따리
0043	包含	bāohán	동 포함하다
0044	包括	bāokuò	동 포함하다
0045	包子	bāozi	명 만두, 찐빵[소가 들어 있음]
0046	薄	báo	형 엷다, 얇다
0047	饱	bǎo	형 배부르다
0048	宝贝	bǎobèi	명 보배, 보물
0049	宝贵	bǎoguì	형 진귀하다, 귀중하다
0050	保持	bǎochí	동 유지하다, 지키다
0051	保存	bǎocún	동 보존하다, 간수하다
0052	保护	bǎohù	동 보호하다
0053	保留	bǎoliú	동 남겨 두다, 간직하다
0054	保险	bǎoxiǎn	명 보험
0055	保证	bǎozhèng	동 보장하다, 보증하다
0056	报到	bàodào	동 도착하였음을 알리다
0057	报道	bàodào	명 (뉴스 등의) 보도
0058	报告	bàogào	명 보고서, 리포트
0059	报名	bàomíng	동 신청하다
0060	报社	bàoshè	명 신문사
0061	报纸	bàozhǐ	명 신문
0062	抱	bào	동 안다, 포옹하다

0063	抱歉	bàoqiàn	동 미안해하다
0064	抱怨	bàoyuàn	동 불평하다, 원망하다
0065	杯子	bēizi	명 잔, 컵
0066	背	bèi	명 등 동 외우다
0067	悲观	bēiguān	형 비관하다, 비관적이다
0068	北方	běifāng	명 북방, 북부
0069	北京	Běijīng	고유 베이징
0070	背景	bèijǐng	명 배경, 배후
0071	倍	bèi	양 배, 곱절
0072	被	bèi	개 ~에 의해[피동]
0073	被子	bèizi	명 이불
0074	本	běn	양 권[책을 세는 단위]
0075	本科	běnkē	명 (대학교의) 학부 (과정)
0076	本来	běnlái	부 본래, 원래
0077	本领	běnlǐng	명 기량, 능력, 수완
0078	本质	běnzhì	명 본성, 본질
0079	笨	bèn	형 멍청하다, 어리석다
0080	鼻子	bízi	명 코
0081	比	bǐ	개 ~보다 동 비교하다
0082	比较	bǐjiào	부 비교적 동 비교하다
0083	比例	bǐlì	명 비례
0084	比如	bǐrú	접 예를 들어
0085	比赛	bǐsài	명 경기, 시합
0086	彼此	bǐcǐ	대 피차, 상호, 서로
0087	笔记本	bǐjìběn	명 수첩
0088	必然	bìrán	부 분명히, 반드시, 꼭
0089	必须	bìxū	부 반드시, 꼭
0090	必要	bìyào	형 필요하다
0091	毕竟	bìjìng	부 어차피, 결국
0092	毕业	bìyè	동 졸업하다
0093	避免	bìmiǎn	동 피하다, (모)면하다

b

0094	编辑	biānjí	동 편집하다
0095	鞭炮	biānpào	명 폭죽
0096	变化	biànhuà	명 변화 동 변화하다, 달라지다
0097	便	biàn	부 곧, 바로, 즉시
0098	遍	biàn	양 번, 차례
0099	辩论	biànlùn	동 변론하다
0100	标点	biāodiǎn	명 구두점
0101	标志	biāozhì	명 상징, 표지
0102	标准	biāozhǔn	명 표준, 기준
0103	表达	biǎodá	동 나타내다, 표현하다
0104	表格	biǎogé	명 표, 양식, 서식
0105	表面	biǎomiàn	명 표면, 겉, 외관
0106	表明	biǎomíng	동 분명하게 밝히다
0107	表情	biǎoqíng	명 표정
0108	表示	biǎoshì	동 표시하다, 드러내다
0109	表现	biǎoxiàn	동 나타내다, 표현하다
0110	表演	biǎoyǎn	동 공연하다
0111	表扬	biǎoyáng	동 칭찬하다
0112	别	bié	부 ~하지 마라
0113	别人	biéren	명 다른 사람
0114	宾馆	bīnguǎn	명 호텔
0115	冰激凌	bīngjīlíng	명 아이스크림
0116	冰箱	bīngxiāng	명 냉장고
0117	饼干	bǐnggān	명 과자
0118	并且	bìngqiě	접 게다가, 또한
0119	病毒	bìngdú	명 컴퓨터 바이러스
0120	玻璃	bōli	명 유리
0121	播放	bōfàng	동 방영하다, 방송하다
0122	脖子	bózi	명 목
0123	博士	bóshì	명 박사
0124	博物馆	bówùguǎn	명 박물관
0125	补充	bǔchōng	동 보충하다

0126	不	bù	부 부정을 나타냄
0127	不安	bù'ān	형 불안하다, 편안하지 않다
0128	不但…而且…	búdàn…érqiě…	접 ~뿐만 아니라 게다가
0129	不得不	bùdébù	부 부득이하게, 어쩔 수 없이
0130	不得了	bùdéliǎo	형 큰일났다, 야단났다
0131	不断	búduàn	부 계속해서, 끊임없이
0132	不管	bùguǎn	접 ~에 관계없이
0133	不过	búguò	접 그러나, 하지만
0134	不见得	bújiàndé	부 반드시 ~한 것은 아니다
0135	不仅	bùjǐn	접 ~뿐만 아니라
0136	不客气	bú kèqi	천만에요
0137	不耐烦	búnàifán	형 귀찮다, 성가시다
0138	不然	bùrán	접 그렇지 않으면
0139	不如	bùrú	동 ~만 못하다, ~하는 편이 낫다
0140	不要紧	búyàojǐn	형 괜찮다
0141	不足	bùzú	형 부족하다, 충분하지 않다
0142	布	bù	명 천, 베, 포
0143	步骤	bùzhòu	명 순서, 절차
0144	部分	bùfen	명 부분
0145	部门	bùmén	명 부문, 부서
0146	擦	cā	동 닦다, 문지르다
0147	猜	cāi	동 추측하다
0148	材料	cáiliào	명 재료
0149	财产	cáichǎn	명 재산, 자산
0150	采访	cǎifǎng	동 탐방하다, 인터뷰하다
0151	采取	cǎiqǔ	동 채택하다, 취하다
0152	彩虹	cǎihóng	명 무지개
0153	踩	cǎi	동 밟다, 딛다
0154	菜	cài	명 채소, 요리
0155	菜单	càidān	명 메뉴
0156	参观	cānguān	동 참관하다, 시찰하다

0157	参加	cānjiā	동 참가하다
0158	参考	cānkǎo	동 참고하다, 참조하다
0159	参与	cānyù	동 참여하다, 참가하다
0160	餐厅	cāntīng	명 식당
0161	惭愧	cánkuì	형 부끄럽다, 창피하다
0162	操场	cāochǎng	명 운동장
0163	操心	cāoxīn	동 마음을 쓰다
0164	草	cǎo	명 풀
0165	册	cè	양 권, 책[책을 세는 단위]
0166	厕所	cèsuǒ	명 화장실
0167	测验	cèyàn	동 시험하다, 테스트하다
0168	层	céng	양 층[건물의 층을 세는 단위]
0169	曾经	céngjīng	부 일찍이, 이전에
0170	叉子	chāzi	명 포크
0171	差距	chājù	명 격차, 차이, 갭(gap)
0172	插	chā	동 끼우다, 꽂다, 삽입하다
0173	茶	chá	명 차
0174	差	chà	형 나쁘다 동 부족하다
0175	差不多	chàbuduō	형 비슷하다 부 대체로, 거의
0176	拆	chāi	동 뜯다, 떼어 내다
0177	产品	chǎnpǐn	명 생산품, 제품
0178	产生	chǎnshēng	동 생기다, 발생하다
0179	长	cháng	형 길다
0180	长城	Chángchéng	고유 만리장성
0181	长江	Chángjiāng	고유 장강
0182	长途	chángtú	형 장거리의, 먼 거리의
0183	尝	cháng	동 맛보다
0184	常识	chángshí	명 상식, 일반 지식
0185	场	chǎng	양 번, 차례[문예·오락·체육 활동 등에 쓰임]
0186	唱歌	chànggē	동 노래 부르다
0187	抄	chāo	동 베끼다, 베껴 쓰다

0188	超过	chāoguò	동 초과하다
0189	超级	chāojí	형 슈퍼의, 최상급의
0190	超市	chāoshì	명 슈퍼마켓, 마트
0191	朝	cháo	개 ~을 향하여, ~쪽으로
0192	潮湿	cháoshī	형 습하다, 축축하다
0193	吵	chǎo	형 시끄럽다
0194	吵架	chǎojià	동 말다툼하다, 다투다
0195	炒	chǎo	동 볶다
0196	车库	chēkù	명 차고
0197	车厢	chēxiāng	명 객실, 화물칸
0198	彻底	chèdǐ	형 철저하다, 철저히 하다
0199	沉默	chénmò	동 침묵하다
0200	衬衫	chènshān	명 셔츠, 블라우스
0201	趁	chèn	개 ~을 틈타, ~을 이용하여
0202	称	chēng	동 부르다, 칭하다, 일컫다
0203	称呼	chēnghu	동 ~라고 부르다
0204	称赞	chēngzàn	동 칭찬하다
0205	成分	chéngfèn	명 성분, 요소
0206	成功	chénggōng	동 성공하다
0207	成果	chéngguǒ	명 성과, 결과
0208	成绩	chéngjì	명 성적
0209	成就	chéngjiù	명 성취, 성과, 업적
0210	成立	chénglì	동 창립하다, 설립하다
0211	成人	chéngrén	명 성인, 어른
0212	成熟	chéngshú	동 성숙하다, 숙련되다
0213	成为	chéngwéi	동 ~이 되다
0214	成语	chéngyǔ	명 성어, 관용어
0215	成长	chéngzhǎng	동 성장하다, 자라다
0216	诚恳	chéngkěn	형 진실하다, 간절하다
0217	诚实	chéngshí	형 성실하다, 진실하다
0218	承担	chéngdān	동 맡다, 담당하다

0219	承认	chéngrèn	동 인정하다
0220	承受	chéngshòu	동 받아들이다
0221	城市	chéngshì	명 도시
0222	乘坐	chéngzuò	동 (차·배 등을) 타다
0223	程度	chéngdù	명 정도
0224	程序	chéngxù	명 순서, 절차, 단계
0225	吃	chī	동 먹다
0226	吃惊	chījīng	동 놀라다
0227	吃亏	chīkuī	동 손해를 보다, 손해를 입다
0228	池塘	chítáng	명 연못
0229	迟到	chídào	동 지각하다
0230	迟早	chízǎo	부 조만간, 머지않아
0231	持续	chíxù	동 지속하다
0232	尺子	chǐzi	명 자
0233	翅膀	chìbǎng	명 날개
0234	冲	chōng	동 돌진하다, 돌파하다
0235	充电器	chōngdiànqì	명 충전기
0236	充分	chōngfèn	형 충분하다
0237	充满	chōngmǎn	동 충만하다
0238	重复	chóngfù	동 반복하다, 되풀이하다
0239	重新	chóngxīn	부 다시, 재차
0240	宠物	chǒngwù	명 애완동물
0241	抽屉	chōuti	명 서랍
0242	抽象	chōuxiàng	형 추상적이다
0243	抽烟	chōuyān	동 담배를 피우다
0244	丑	chǒu	형 추하다, 못생기다
0245	臭	chòu	형 (냄새가) 지독하다
0246	出	chū	동 (안에서 밖으로) 나다, 내다
0247	出版	chūbǎn	동 출판하다, 발행하다, 출간하다
0248	出差	chūchāi	동 출장 가다
0249	出发	chūfā	동 출발하다
0250	出口	chūkǒu	동 수출하다

01-04 Days 확인학습

☐ 실력점검 ____ /50 ☐ 오답확인

1. 다음 단어와 뜻을 알맞게 연결해 보세요.

① 安装 •	• ⓐ 불평하다, 원망하다
② 摆 •	• ⓑ 피하다, (모)면하다
③ 报名 •	• ⓒ 편집하다
④ 抱怨 •	• ⓓ 놓다, 배열하다, 벌여 놓다
⑤ 避免 •	• ⓔ 채택하다, 취하다
⑥ 编辑 •	• ⓕ 철저하다, 철저히 하다
⑦ 不仅 •	• ⓖ 신청하다
⑧ 采取 •	• ⓗ 설치하다, 고정시키다
⑨ 彻底 •	• ⓘ 인정하다
⑩ 承认 •	• ⓙ ~뿐만 아니라

2. 다음 단어를 중국어로 써 보세요.

① 제때에		② 비관하다, 비관적이다	
③ 예를 들어		④ 공연하다	
⑤ 컴퓨터 바이러스		⑥ 귀찮다, 성가시다	
⑦ 참고하다, 참조하다		⑧ 초과하다	
⑨ 성취, 성과, 업적		⑩ 놀라다	

정답

1. ①ⓗ ②ⓓ ③ⓖ ④ⓐ ⑤ⓑ ⑥ⓒ ⑦ⓙ ⑧ⓔ ⑨ⓕ ⑩ⓘ 2. ① 按时 ② 悲观 ③ 比如 ④ 表演 ⑤ 病毒 ⑥ 不耐烦 ⑦ 参考 ⑧ 超过 ⑨ 成就 ⑩ 吃惊

3. 녹음을 듣고 해당 단어를 중국어로 써 보세요. Test 01

① ____________ ② ____________

③ ____________ ④ ____________

⑤ ____________ ⑥ ____________

⑦ ____________ ⑧ ____________

⑨ ____________ ⑩ ____________

4. 다음 단어의 뜻을 써 보세요.

① 安排 ____________ ② 熬夜 ____________

③ 按照 ____________ ④ 办理 ____________

⑤ 保持 ____________ ⑥ 本领 ____________

⑦ 彼此 ____________ ⑧ 补充 ____________

⑨ 不管 ____________ ⑩ 不然 ____________

⑪ 不如 ____________ ⑫ 踩 ____________

⑬ 曾经 ____________ ⑭ 差距 ____________

⑮ 潮湿 ____________ ⑯ 称赞 ____________

⑰ 承担 ____________ ⑱ 重新 ____________

⑲ 出版 ____________ ⑳ 抱 ____________

정답

3. ① 把握 ② 包括 ③ 抱歉 ④ 鼻子 ⑤ 不断 ⑥ 采访 ⑦ 惭愧 ⑧ 产生 ⑨ 吵架 ⑩ 吃亏 4. ① 안배하다, 배정하다 ② 밤새다, 철야하다 ③ ~에 따라, ~대로 ④ 처리하다, 취급하다 ⑤ 유지하다, 지키다 ⑥ 기량, 능력, 수완 ⑦ 피차, 상호, 서로 ⑧ 보충하다 ⑨ ~에 관계없이 ⑩ 그렇지 않으면 ⑪ ~만 못하다, ~하는 편이 낫다 ⑫ 밟다, 딛다 ⑬ 일찍이, 이전에 ⑭ 격차, 차이, 갭(gap) ⑮ 습하다, 축축하다 ⑯ 칭찬하다 ⑰ 맡다, 담당하다 ⑱ 다시, 재차 ⑲ 출판하다, 발행하다, 출간하다 ⑳ 안다, 포옹하다

0251	出色	chūsè	형 특별히 좋다, 대단히 뛰어나다
0252	出生	chūshēng	동 출생하다
0253	出示	chūshì	동 내보이다, 제시하다
0254	出席	chūxí	동 회의에 참가하다
0255	出现	chūxiàn	동 출현하다, 나타나다
0256	出租车	chūzūchē	명 택시
0257	初级	chūjí	형 초급의
0258	除非	chúfēi	접 오로지 ~하여야 비로소
0259	除了	chúle	개 ~을 제외하고
0260	除夕	chúxī	명 섣달 그믐날 밤
0261	厨房	chúfáng	명 주방
0262	处理	chǔlǐ	동 처리하다, 안배하다
0263	穿	chuān	동 (옷·신발 등을) 입다, 신다
0264	传播	chuánbō	동 널리 퍼뜨리다, 유포하다
0265	传染	chuánrǎn	동 전염하다, 옮다
0266	传说	chuánshuō	명 전설
0267	传统	chuántǒng	명 전통
0268	传真	chuánzhēn	명 팩스
0269	船	chuán	명 배
0270	窗户	chuānghu	명 창문
0271	窗帘	chuānglián	명 커튼
0272	闯	chuǎng	동 돌진하다, 맹렬하게 돌격하다
0273	创造	chuàngzào	동 창조하다, 만들다
0274	吹	chuī	동 바람이 불다
0275	春	chūn	명 봄
0276	词典	cídiǎn	명 사전
0277	词汇	cíhuì	명 어휘
0278	词语	cíyǔ	명 어휘, 단어
0279	辞职	cízhí	동 사직하다, 직장을 그만두다
0280	此外	cǐwài	명 이 외에, 이 밖에
0281	次	cì	양 번, 차례[횟수를 세는 단위]

0282	次要	cìyào	형 부차적인, 다음으로 중요한
0283	刺激	cìjī	동 자극하다
0284	匆忙	cōngmáng	형 매우 바쁘다
0285	聪明	cōngming	형 똑똑하다
0286	从	cóng	개 ~로부터
0287	从此	cóngcǐ	부 지금부터, 이제부터
0288	从而	cóng'ér	접 따라서, 이리하여, 그리하여
0289	从来	cónglái	부 여태껏, 지금까지
0290	从前	cóngqián	명 이전, 종전, 옛날
0291	从事	cóngshì	동 종사하다, 몸담다
0292	粗糙	cūcāo	형 (질감이) 거칠다, (일하는 데 있어) 어설프다
0293	粗心	cūxīn	형 세심하지 못하다
0294	促进	cùjìn	동 촉진하다, 촉진시키다
0295	促使	cùshǐ	동 ~하도록 (재촉)하다
0296	醋	cù	명 식초
0297	催	cuī	동 재촉하다, 독촉하다
0298	存	cún	동 저축하다, 보존하다
0299	存在	cúnzài	동 존재하다
0300	措施	cuòshī	명 조치, 대책
0301	错	cuò	형 틀리다
0302	错误	cuòwù	명 착오, 잘못
0303	答应	dāying	동 대답하다, 응답하다
0304	达到	dádào	동 달성하다, 도달하다
0305	答案	dá'àn	명 답안
0306	打扮	dǎban	동 꾸미다, 단장하다
0307	打电话	dǎ diànhuà	전화를 걸다
0308	打工	dǎgōng	동 아르바이트 하다, 일하다
0309	打交道	dǎ jiāodao	동 왕래하다, 교제하다
0310	打篮球	dǎ lánqiú	농구를 하다
0311	打喷嚏	dǎ pēntì	재채기를 하다
0312	打扰	dǎrǎo	동 방해하다

06 Day Track 06

도전 6 일 0313~0375

0313	打扫	dǎsǎo	동 청소하다
0314	打算	dǎsuan	동 ~할 생각이다, 계획하다
0315	打听	dǎting	동 물어보다, 탐문하다
0316	打印	dǎyìn	동 프린트하다
0317	打招呼	dǎ zhāohu	동 인사하다
0318	打折	dǎzhé	동 할인하다
0319	打针	dǎzhēn	동 주사를 놓다
0320	大	dà	형 크다
0321	大方	dàfang	형 시원시원하다, 거침없다
0322	大概	dàgài	부 대략, 아마
0323	大家	dàjiā	대 모두, 모든 사람
0324	大厦	dàshà	명 빌딩
0325	大使馆	dàshǐguǎn	명 대사관
0326	大象	dàxiàng	명 코끼리
0327	大型	dàxíng	형 대형의
0328	大约	dàyuē	부 대략, 대충
0329	呆	dāi	형 멍청하다, 멍하다
0330	大夫	dàifu	명 의사
0331	代表	dàibiǎo	동 대표하다
0332	代替	dàitì	동 대신하다, 대체하다
0333	带	dài	명 띠, 벨트 동 휴대하다, 데리고 가다
0334	贷款	dàikuǎn	동 대출하다
0335	待遇	dàiyù	명 대우, 대접
0336	戴	dài	동 착용하다, 쓰다, 끼다
0337	担任	dānrèn	동 맡다, 담당하다
0338	担心	dānxīn	동 걱정하다, 염려하다
0339	单纯	dānchún	형 단순하다
0340	单调	dāndiào	형 단조롭다
0341	单独	dāndú	부 단독으로, 혼자서
0342	单位	dānwèi	명 직장, 기관, 단체
0343	单元	dānyuán	명 아파트의 라인, (교재 등의) 단원

0344	耽误	dānwu	동 일을 그르치다, 시기를 놓치다
0345	胆小鬼	dǎnxiǎoguǐ	명 겁쟁이
0346	淡	dàn	형 싱겁다, (색깔이) 연하다
0347	蛋糕	dàngāo	명 케이크
0348	当	dāng	동 되다, 맡다
0349	当地	dāngdì	명 현지, 그 지방
0350	当然	dāngrán	형 당연하다, 물론이다
0351	当时	dāngshí	명 당시, 그때
0352	当心	dāngxīn	동 조심하다, 주의하다
0353	挡	dǎng	동 막다, 저지하다
0354	刀	dāo	명 칼
0355	导演	dǎoyǎn	명 감독
0356	导游	dǎoyóu	명 가이드
0357	导致	dǎozhì	동 야기하다, 초래하다
0358	岛屿	dǎoyǔ	명 섬, 도서
0359	倒霉	dǎoméi	형 재수 없다, 운수 사납다
0360	到	dào	개 ~까지 동 도착하다
0361	到处	dàochù	부 도처에, 곳곳에
0362	到达	dàodá	동 도착하다, 이르다
0363	到底	dàodǐ	부 도대체
0364	倒	dào	부 오히려, 도리어 *dǎo 동 쓰러지다, 넘어지다
0365	道德	dàodé	명 도덕
0366	道理	dàolǐ	명 도리, 규칙
0367	道歉	dàoqiàn	동 사과하다
0368	得意	déyì	형 득의하다, 만족하다
0369	地	de	조 동사 앞에서 부사어를 연결함
0370	的	de	조 명사 앞에서 관형어를 연결함
0371	得	de	조 동사와 형용사 뒤에서 정도와 가능을 보충함
0372	得	děi	조동 마땅히 ~해야 한다
0373	灯	dēng	명 등
0374	登机牌	dēngjīpái	명 탑승권
0375	登记	dēngjì	동 등기하다, 체크인하다

☐☐ 0376	等	děng	조 등, 따위[명사 나열 후 한정을 나타냄]
☐☐ 0377	等	děng	동 기다리다
☐☐ 0378	等待	děngdài	동 기다리다
☐☐ 0379	等于	děngyú	동 (수·수량 등이) 같다
☐☐ 0380	低	dī	형 낮다
☐☐ 0381	滴	dī	동 (액체 등이) 떨어지다
☐☐ 0382	的确	díquè	부 확실히, 정말
☐☐ 0383	敌人	dírén	명 적
☐☐ 0384	底	dǐ	명 바닥, 밑
☐☐ 0385	地道	dìdao	형 진짜의, 본고장의
☐☐ 0386	地点	dìdiǎn	명 지점
☐☐ 0387	地方	dìfang	명 곳, 장소
☐☐ 0388	地理	dìlǐ	명 지리
☐☐ 0389	地球	dìqiú	명 지구
☐☐ 0390	地区	dìqū	명 지역
☐☐ 0391	地毯	dìtǎn	명 양탄자, 카펫
☐☐ 0392	地铁	dìtiě	명 지하철
☐☐ 0393	地图	dìtú	명 지도
☐☐ 0394	地位	dìwèi	명 지위, 위치
☐☐ 0395	地震	dìzhèn	명 지진
☐☐ 0396	地址	dìzhǐ	명 주소
☐☐ 0397	弟弟	dìdi	명 남동생
☐☐ 0398	递	dì	동 전하다, 건네주다
☐☐ 0399	第一	dì-yī	수 첫 번째, 제일
☐☐ 0400	点	diǎn	양 시[시간을 세는 단위] 동 주문하다
☐☐ 0401	点心	diǎnxin	명 디저트
☐☐ 0402	电池	diànchí	명 전지, 배터리
☐☐ 0403	电脑	diànnǎo	명 컴퓨터
☐☐ 0404	电视	diànshì	명 텔레비전
☐☐ 0405	电台	diàntái	명 라디오 방송국
☐☐ 0406	电梯	diàntī	명 엘리베이터

d

0407	电影	diànyǐng	명 영화
0408	电子邮件	diànzǐ yóujiàn	명 전자우편, 이메일
0409	钓	diào	동 낚시하다
0410	调查	diàochá	동 조사하다
0411	掉	diào	동 떨어지다
0412	顶	dǐng	명 꼭대기 부 매우, 극도로
0413	丢	diū	동 잃어버리다
0414	东	dōng	명 동쪽
0415	东西	dōngxi	명 물건, 것
0416	冬	dōng	명 겨울
0417	懂	dǒng	동 알다, 이해하다
0418	动画片	dònghuàpiàn	명 만화영화, 애니메이션
0419	动物	dòngwù	명 동물
0420	动作	dòngzuò	명 동작
0421	冻	dòng	동 얼다
0422	洞	dòng	명 구멍, 동굴
0423	都	dōu	부 모두
0424	豆腐	dòufu	명 두부
0425	逗	dòu	동 놀리다, 약 올리다
0426	独立	dúlì	동 홀로 서다, 독립하다
0427	独特	dútè	형 독특하다
0428	读	dú	동 읽다, 공부하다
0429	堵车	dǔchē	동 교통이 막히다
0430	肚子	dùzi	명 (사람이나 동물의) 배, 복부
0431	度过	dùguò	동 보내다, 지내다
0432	短	duǎn	형 (길이가) 짧다
0433	短信	duǎnxìn	명 문자 메시지
0434	段	duàn	양 (한)동안, 기간, 구간
0435	断	duàn	동 자르다, 끊다
0436	锻炼	duànliàn	동 단련하다
0437	堆	duī	동 쌓이다

08 Day Track 08

☐ 도전 8 일 0438~0500

0438	对	duì	형 맞다, 정확하다
0439	对	duì	개 ~에 대해
0440	对比	duìbǐ	동 대비하다
0441	对不起	duìbuqǐ	동 미안하다, 죄송하다
0442	对待	duìdài	동 대하다
0443	对方	duìfāng	명 상대방, 상대
0444	对话	duìhuà	명 대화
0445	对面	duìmiàn	명 맞은편
0446	对手	duìshǒu	명 (시합) 상대
0447	对象	duìxiàng	명 대상, 결혼 상대
0448	对于	duìyú	개 ~에 대해
0449	兑换	duìhuàn	동 환전하다
0450	吨	dūn	양 톤(ton)
0451	蹲	dūn	동 쭈그려 앉다, 쪼그리고 앉다
0452	顿	dùn	동 잠시 멈추다, 좀 쉬다
0453	多	duō	형 (수량이) 많다
0454	多亏	duōkuī	동 덕분이다, 덕택이다
0455	多么	duōme	부 얼마나[의문문에서 정도를 나타냄]
0456	多少	duōshao	부 얼마나[의문문에서 수량을 나타냄]
0457	多余	duōyú	형 나머지의, 여분의
0458	朵	duǒ	양 송이[구름·꽃 등을 세는 단위]
0459	躲藏	duǒcáng	동 숨기다, 숨다
0460	恶劣	èliè	형 매우 나쁘다, 열악하다
0461	饿	è	형 배고프다
0462	儿童	értóng	명 아동, 어린이
0463	儿子	érzi	명 아들
0464	而	ér	접 그리고, 그러나
0465	耳朵	ěrduo	명 귀
0466	耳环	ěrhuán	명 귀고리
0467	二	èr	수 2, 둘
0468	发	fā	동 보내다, 교부하다

d
e
f

0469	发表	fābiǎo	동 발표하다, 선포하다
0470	发愁	fāchóu	동 골치 아파하다, 걱정하다
0471	发达	fādá	형 발달하다
0472	发抖	fādǒu	동 떨다
0473	发挥	fāhuī	동 발휘하다
0474	发明	fāmíng	동 발명하다
0475	发票	fāpiào	명 영수증, 송장
0476	发烧	fāshāo	동 열이 나다
0477	发生	fāshēng	동 발생하다, 생기다
0478	发现	fāxiàn	동 발견하다
0479	发言	fāyán	동 발언하다, 말하다
0480	发展	fāzhǎn	명 발전 동 발전하다
0481	罚款	fákuǎn	동 벌금을 물리다, 벌금을 부과하다
0482	法律	fǎlǜ	명 법률
0483	法院	fǎyuàn	명 법원
0484	翻	fān	동 뒤집다, 뒤집히다
0485	翻译	fānyì	명 번역(사), 통역(사) 동 번역(통역)하다
0486	烦恼	fánnǎo	형 걱정하다, 고민하다
0487	繁荣	fánróng	형 번영하다, 번창하다
0488	反对	fǎnduì	동 반대하다
0489	反而	fǎn'ér	부 오히려, 도리어
0490	反复	fǎnfù	부 반복하여, 되풀이해서
0491	反应	fǎnyìng	동 반응하다
0492	反映	fǎnyìng	동 반영하다
0493	反正	fǎnzhèng	부 결국, 어차피, 어쨌든
0494	饭店	fàndiàn	명 호텔
0495	范围	fànwéi	명 범위
0496	方	fāng	형 사각형의, 입방체의
0497	方案	fāng'àn	명 방안, 방식, 계획
0498	方便	fāngbiàn	형 편리하다 동 편리하게 하다
0499	方法	fāngfǎ	명 방법
0500	方面	fāngmiàn	명 방면

05-08 Days 확인학습

☐ 실력점검 ____ /50 ☐ 오답확인

1. 다음 단어와 뜻을 알맞게 연결해 보세요.

① 出席 •	• ⓐ 달성하다, 도달하다
② 从事 •	• ⓑ 회의에 참가하다
③ 促进 •	• ⓒ 대출하다
④ 达到 •	• ⓓ 등기하다, 체크인하다
⑤ 贷款 •	• ⓔ 커튼
⑥ 窗帘 •	• ⓕ 촉진하다, 촉진시키다
⑦ 登记 •	• ⓖ 적
⑧ 敌人 •	• ⓗ 보내다, 지내다
⑨ 度过 •	• ⓘ 송이
⑩ 朵 •	• ⓙ 종사하다, 몸담다

2. 다음 단어를 중국어로 써 보세요.

① 바람이 불다		② 사직하다, 직장을 그만두다	
③ 프린트하다		④ 할인하다	
⑤ 대우, 대접		⑥ 도리, 규칙	
⑦ 지구		⑧ 알다, 이해하다	
⑨ 단련하다		⑩ 영수증, 송장	

정답

1. ①ⓑ ②ⓙ ③ⓕ ④ⓐ ⑤ⓒ ⑥ⓔ ⑦ⓓ ⑧ⓖ ⑨ⓗ ⑩ⓘ 2. ① 吹 ② 辞职 ③ 打印 ④ 打折 ⑤ 待遇 ⑥ 道理 ⑦ 地球 ⑧ 懂 ⑨ 锻炼 ⑩ 发票

3. 녹음을 듣고 해당 단어를 중국어로 써 보세요. Test 02

① ______ ② ______

③ ______ ④ ______

⑤ ______ ⑥ ______

⑦ ______ ⑧ ______

⑨ ______ ⑩ ______

4. 다음 단어의 뜻을 써 보세요.

① 出色 ______ ② 传播 ______

③ 粗心 ______ ④ 措施 ______

⑤ 代替 ______ ⑥ 打喷嚏 ______

⑦ 导致 ______ ⑧ 得意 ______

⑨ 等于 ______ ⑩ 钓 ______

⑪ 丢 ______ ⑫ 独立 ______

⑬ 躲藏 ______ ⑭ 恶劣 ______

⑮ 发愁 ______ ⑯ 罚款 ______

⑰ 烦恼 ______ ⑱ 反而 ______

⑲ 发展 ______ ⑳ 方案 ______

정답

3. ① 处理 ② 答应 ③ 打招呼 ④ 代表 ⑤ 道歉 ⑥ 电池 ⑦ 堵车 ⑧ 发挥 ⑨ 发烧 ⑩ 反对 4. ① 특별히 좋다, 대단히 뛰어나다 ② 널리 퍼뜨리다, 유포하다 ③ 세심하지 못하다 ④ 조치, 대책 ⑤ 대신하다, 대체하다 ⑥ 재채기를 하다 ⑦ 야기하다, 초래하다 ⑧ 득의하다, 만족하다 ⑨ (수·수량 등이) 같다 ⑩ 낚시하다 ⑪ 잃어버리다 ⑫ 홀로 서다, 독립하다 ⑬ 숨기다, 숨다 ⑭ 매우 나쁘다, 열악하다 ⑮ 골치 아파하다, 걱정하다 ⑯ 벌금을 물리다, 벌금을 부과하다 ⑰ 걱정하다, 고민하다 ⑱ 오히려, 도리어 ⑲ 발전(하다) ⑳ 방안, 방식, 계획

09 Day Track 09

☐ 도전 9 일 0501~0562

0501	方式	fāngshì	명 방식
0502	方向	fāngxiàng	명 방향
0503	妨碍	fáng'ài	동 방해하다, 지장을 주다
0504	房东	fángdōng	명 집주인
0505	房间	fángjiān	명 방
0506	仿佛	fǎngfú	부 마치 ~과 같다, 마치 ~인 듯하다
0507	放	fàng	동 두다, 놓다, 넣다
0508	放弃	fàngqì	동 포기하다
0509	放暑假	fàng shǔjià	여름 방학을 하다
0510	放松	fàngsōng	동 늦추다, 긴장을 풀다
0511	放心	fàngxīn	동 안심하다, 마음을 놓다
0512	飞机	fēijī	명 비행기
0513	非	fēi	부 반드시, 기필코, 꼭
0514	非常	fēicháng	부 매우, 대단히
0515	肥皂	féizào	명 비누
0516	废话	fèihuà	동 쓸데없는 말을 하다
0517	分	fēn	양 (시간의) 분 동 나누다
0518	分别	fēnbié	동 이별하다, 헤어지다 부 각각
0519	分布	fēnbù	동 분포하다
0520	分配	fēnpèi	동 분배하다
0521	分手	fēnshǒu	동 헤어지다
0522	分析	fēnxī	동 분석하다
0523	分钟	fēnzhōng	명 분[시간의 길이를 나타냄]
0524	纷纷	fēnfēn	부 쉴 새 없이, 잇달아
0525	份	fèn	양 부, 통, 권[문서·신문 등을 세는 단위]
0526	奋斗	fèndòu	동 분투하다, 노력하다
0527	丰富	fēngfù	형 풍부하다
0528	风格	fēnggé	명 태도, 풍격, 품격
0529	风景	fēngjǐng	명 풍경, 경치
0530	风俗	fēngsú	명 풍속
0531	风险	fēngxiǎn	명 위험

☐☐ 0532	疯狂	fēngkuáng	형 미친 듯하다, 미치다
☐☐ 0533	讽刺	fěngcì	동 풍자하다
☐☐ 0534	否定	fǒudìng	동 부정하다
☐☐ 0535	否认	fǒurèn	동 부인하다
☐☐ 0536	否则	fǒuzé	접 그렇지 않으면
☐☐ 0537	扶	fú	동 받치다, 부축하다
☐☐ 0538	服务员	fúwùyuán	명 종업원
☐☐ 0539	服装	fúzhuāng	명 의복, 의상
☐☐ 0540	符合	fúhé	동 부합하다
☐☐ 0541	幅	fú	양 폭[직물·그림 등을 세는 단위]
☐☐ 0542	辅导	fǔdǎo	동 지도하다, 스터디하다
☐☐ 0543	父亲	fùqīn	명 부친, 아버지
☐☐ 0544	付款	fùkuǎn	동 돈을 지불하다
☐☐ 0545	负责	fùzé	동 책임지다, 맡다
☐☐ 0546	妇女	fùnǚ	명 부녀자
☐☐ 0547	附近	fùjìn	명 부근, 근처
☐☐ 0548	复习	fùxí	동 복습하다
☐☐ 0549	复印	fùyìn	동 복사하다
☐☐ 0550	复杂	fùzá	형 복잡하다
☐☐ 0551	复制	fùzhì	동 복제하다
☐☐ 0552	富	fù	형 부유하다
☐☐ 0553	改变	gǎibiàn	동 변화하다, 고치다
☐☐ 0554	改革	gǎigé	동 개혁하다
☐☐ 0555	改进	gǎijìn	동 개선하다, 개진하다
☐☐ 0556	改善	gǎishàn	동 개선하다
☐☐ 0557	改正	gǎizhèng	동 개정하다, 바르게 고치다
☐☐ 0558	盖	gài	동 덮다
☐☐ 0559	概括	gàikuò	동 개괄하다, 요약하다
☐☐ 0560	概念	gàiniàn	명 개념
☐☐ 0561	干杯	gānbēi	동 건배하다
☐☐ 0562	干脆	gāncuì	부 차라리, 아예 형 명쾌하다, 흔쾌하다

f g

0563	干净	gānjìng	형 깨끗하다
0564	干燥	gānzào	형 건조하다, 마르다
0565	赶	gǎn	동 뒤쫓다
0566	赶紧	gǎnjǐn	부 서둘러, 급히, 어서
0567	赶快	gǎnkuài	부 빨리, 어서, 서둘러
0568	敢	gǎn	조동 과감하게 ~하다
0569	感动	gǎndòng	동 감동하다
0570	感激	gǎnjī	동 감격하다, 고마움을 느끼다
0571	感觉	gǎnjué	명 감각 동 느끼다
0572	感冒	gǎnmào	동 감기에 걸리다
0573	感情	gǎnqíng	명 감정
0574	感受	gǎnshòu	동 받다, 느끼다
0575	感想	gǎnxiǎng	명 감상
0576	感谢	gǎnxiè	동 고맙다
0577	感兴趣	gǎn xìngqù	관심이 있다, 좋아하다
0578	干	gàn	동 하다
0579	干活儿	gànhuór	동 일하다
0580	刚	gāng	부 막, 방금
0581	刚才	gāngcái	명 방금 전
0582	钢铁	gāngtiě	명 강철
0583	高	gāo	형 높다
0584	高档	gāodàng	형 고품질의, 고급의
0585	高级	gāojí	형 고급의
0586	高速公路	gāosùgōnglù	명 고속도로
0587	高兴	gāoxìng	형 기쁘다, 유쾌하다
0588	搞	gǎo	동 ~을 하다, 종사하다
0589	告别	gàobié	동 이별을 고하다
0590	告诉	gàosu	동 알리다
0591	哥哥	gēge	명 형, 오빠
0592	胳膊	gēbo	명 팔
0593	格外	géwài	부 특히, 더욱, 유달리

0594	隔壁	gébì	명 이웃, 이웃집
0595	个	gè	양 명, 개[사람이나 사물을 세는 단위]
0596	个别	gèbié	형 개별적인, 개개의
0597	个人	gèrén	명 개인
0598	个性	gèxìng	명 개성
0599	个子	gèzi	명 키
0600	各	gè	대 각, 여러 가지
0601	各自	gèzì	대 각자, 각각의
0602	给	gěi	동 주다
0603	根	gēn	명 (식물의) 뿌리
0604	根本	gēnběn	명 근본
0605	根据	gēnjù	개 ~에 근거하여
0606	跟	gēn	개 ~와, ~과
0607	更	gèng	부 더, 더욱
0608	工厂	gōngchǎng	명 공장
0609	工程师	gōngchéngshī	명 기술자, 엔지니어
0610	工具	gōngjù	명 도구, 공구
0611	工人	gōngrén	명 노동자, 근로자
0612	工业	gōngyè	명 공업
0613	工资	gōngzī	명 월급
0614	工作	gōngzuò	동 일하다
0615	公布	gōngbù	동 공포하다
0616	公共汽车	gōnggòngqìchē	명 버스
0617	公斤	gōngjīn	양 킬로그램(kg)
0618	公开	gōngkāi	동 공개하다
0619	公里	gōnglǐ	양 킬로미터(km)
0620	公平	gōngpíng	형 공평하다
0621	公司	gōngsī	명 회사
0622	公寓	gōngyù	명 아파트
0623	公元	gōngyuán	명 서기(西紀)
0624	公园	gōngyuán	명 공원
0625	公主	gōngzhǔ	명 공주

☐☐ 0626	功夫	gōngfu	명 재주, 시간
☐☐ 0627	功能	gōngnéng	명 기능, 효능, 작용
☐☐ 0628	恭喜	gōngxǐ	동 축하하다
☐☐ 0629	共同	gòngtóng	형 공동의, 공통의
☐☐ 0630	贡献	gòngxiàn	동 공헌하다, 이바지하다
☐☐ 0631	沟通	gōutōng	동 교류하다, 소통하다
☐☐ 0632	狗	gǒu	명 개
☐☐ 0633	构成	gòuchéng	동 구성하다, 형성하다
☐☐ 0634	购物	gòuwù	동 구매하다
☐☐ 0635	够	gòu	동 (수량·기준 등을) 만족시키다 형 충분하다
☐☐ 0636	估计	gūjì	동 추측하다
☐☐ 0637	姑姑	gūgu	명 고모
☐☐ 0638	姑娘	gūniang	명 아가씨, 처녀
☐☐ 0639	古代	gǔdài	명 고대
☐☐ 0640	古典	gǔdiǎn	명 고전
☐☐ 0641	股票	gǔpiào	명 주식
☐☐ 0642	骨头	gǔtou	명 뼈
☐☐ 0643	鼓励	gǔlì	동 격려하다
☐☐ 0644	鼓舞	gǔwǔ	동 격려하다, 분발하게 하다
☐☐ 0645	鼓掌	gǔzhǎng	동 손뼉을 치다, 박수 치다
☐☐ 0646	固定	gùdìng	형 고정적이다
☐☐ 0647	故事	gùshi	명 이야기
☐☐ 0648	故意	gùyì	부 고의로, 일부러
☐☐ 0649	顾客	gùkè	명 고객
☐☐ 0650	刮风	guāfēng	동 바람이 불다
☐☐ 0651	挂	guà	동 걸다
☐☐ 0652	挂号	guàhào	동 등록하다, 수속하다
☐☐ 0653	乖	guāi	형 얌전하다, 말을 잘 듣다
☐☐ 0654	拐弯	guǎiwān	동 방향을 바꾸다, 커브를 돌다
☐☐ 0655	怪不得	guàibude	부 어쩐지
☐☐ 0656	关	guān	동 닫다, 끄다

g

0657	关闭	guānbì	동 닫다
0658	关键	guānjiàn	명 관건
0659	关系	guānxi	명 관계
0660	关心	guānxīn	명 관심 동 관심을 갖다
0661	关于	guānyú	개 ~에 관해서
0662	观察	guānchá	동 관찰하다
0663	观点	guāndiǎn	명 관점, 입장
0664	观念	guānniàn	명 관념, 의식
0665	观众	guānzhòng	명 관중
0666	官	guān	명 관, 정부, 관청
0667	管理	guǎnlǐ	동 관리하다
0668	管子	guǎnzi	명 관, 파이프, 튜브
0669	冠军	guànjūn	명 1등, 챔피언, 우승
0670	光	guāng	명 빛 부 단지, 다만
0671	光滑	guānghuá	형 반들반들하다, 매끄럽다
0672	光临	guānglín	동 왕림하다
0673	光明	guāngmíng	명 광명, 빛
0674	光盘	guāngpán	명 콤팩트디스크
0675	广播	guǎngbō	동 방송하다
0676	广场	guǎngchǎng	명 광장
0677	广大	guǎngdà	형 넓다
0678	广泛	guǎngfàn	형 광범하다, 범위가 넓다
0679	广告	guǎnggào	명 광고
0680	逛	guàng	동 산보하다, 거닐다
0681	归纳	guīnà	동 귀납하다, 종합하다
0682	规定	guīdìng	명 규정 동 규정하다
0683	规矩	guīju	명 표준, 법칙
0684	规律	guīlǜ	명 규율, 법칙
0685	规模	guīmó	명 규모
0686	规则	guīzé	명 규칙
0687	柜台	guìtái	명 카운터, 계산대

0688	贵	guì	형 비싸다
0689	滚	gǔn	동 구르다, 뒹굴다
0690	锅	guō	명 솥, 냄비
0691	国籍	guójí	명 국적
0692	国际	guójì	형 국제적인
0693	国家	guójiā	명 국가
0694	国庆节	Guóqìngjié	명 국경절
0695	国王	guówáng	명 국왕
0696	果然	guǒrán	부 과연
0697	果实	guǒshí	명 과실
0698	果汁	guǒzhī	명 과일 주스
0699	过	guò	동 건너다, 지나가다
0700	过程	guòchéng	명 과정
0701	过分	guòfèn	형 넘어서다, 지나치다
0702	过敏	guòmǐn	동 알레르기 반응을 보이다
0703	过期	guòqī	동 기한을 넘기다, 기한이 지나다
0704	过去	guòqù	명 과거
0705	过	guo	조 동사 뒤에서 경험을 나타냄
0706	哈	hā	동 숨을 내쉬다
0707	还	hái	부 여전히, 아직도
0708	还是	háishi	부 여전히, (아무래도) ~가 낫다
0709	孩子	háizi	명 아이
0710	海关	hǎiguān	명 세관
0711	海鲜	hǎixiān	명 해산물, 해물
0712	海洋	hǎiyáng	명 해양
0713	害怕	hàipà	동 두려워하다, 무서워하다
0714	害羞	hàixiū	형 부끄러워하다, 수줍어하다
0715	寒假	hánjià	명 겨울 방학
0716	喊	hǎn	동 소리치다, 큰 소리로 부르다
0717	汉语	Hànyǔ	명 중국어
0718	汗	hàn	명 땀

□□	0719	行业	hángyè	명 직업, 업계
□□	0720	航班	hángbān	명 (배·비행기의) 정기편
□□	0721	豪华	háohuá	형 호화롭다, 사치스럽다
□□	0722	好	hǎo	형 좋다
□□	0723	好吃	hǎochī	형 맛있다
□□	0724	好处	hǎochu	명 장점, 좋은 점
□□	0725	好像	hǎoxiàng	부 (마치) ~와 같다
□□	0726	号	hào	명 번호, 사이즈, 일[날짜를 나타냄]
□□	0727	号码	hàomǎ	명 번호
□□	0728	好客	hàokè	형 손님 접대를 좋아하다
□□	0729	好奇	hàoqí	형 호기심이 많다, 궁금하다
□□	0730	喝	hē	동 마시다
□□	0731	合法	héfǎ	형 합법적이다
□□	0732	合格	hégé	동 합격하다
□□	0733	合理	hélǐ	형 합리적이다, 도리에 맞다
□□	0734	合适	héshì	형 알맞다, 적합하다
□□	0735	合同	hétong	명 계약, 협정
□□	0736	合影	héyǐng	동 함께 (사진을) 찍다
□□	0737	合作	hézuò	동 협력하다
□□	0738	何必	hébì	부 하필 ~할 필요가 있는가
□□	0739	何况	hékuàng	접 하물며, 더군다나
□□	0740	和	hé	개 ~와, ~과
□□	0741	和平	hépíng	명 평화
□□	0742	核心	héxīn	명 핵심, 중심
□□	0743	盒子	hézi	명 상자
□□	0744	黑	hēi	형 검다, 어둡다
□□	0745	黑板	hēibǎn	명 칠판
□□	0746	很	hěn	부 매우
□□	0747	恨	hèn	동 원망하다, 증오하다
□□	0748	红	hóng	형 붉다
□□	0749	猴子	hóuzi	명 원숭이
□□	0750	后背	hòubèi	명 등

09-12 Days 확인학습

☐ 실력점검 ____ /50 ☐ 오답확인

1. 다음 단어와 뜻을 알맞게 연결해 보세요.

① 仿佛 •	• ⓐ 개선하다
② 风险 •	• ⓑ 마치 ~과 같다, 마치 ~인 듯하다
③ 付款 •	• ⓒ 특히, 더욱, 유달리
④ 改善 •	• ⓓ 기능, 효능, 작용
⑤ 感激 •	• ⓔ 구매하다
⑥ 格外 •	• ⓕ 격려하다
⑦ 功能 •	• ⓖ 위험
⑧ 购物 •	• ⓗ 기한을 넘기다, 기한이 지나다
⑨ 鼓励 •	• ⓘ 감격하다, 고마움을 느끼다
⑩ 过期 •	• ⓙ 돈을 지불하다

2. 다음 단어를 중국어로 써 보세요.

① 포기하다		② 풍부하다	
③ 그렇지 않으면		④ 건조하다, 마르다	
⑤ 이웃, 이웃집		⑥ 공헌하다, 이바지하다	
⑦ 주식		⑧ 어쩐지	
⑨ 규모		⑩ 과정	

정답

1. ①ⓑ ②ⓖ ③ⓙ ④ⓐ ⑤ⓘ ⑥ⓒ ⑦ⓓ ⑧ⓔ ⑨ⓕ ⑩ⓗ 2. ①放弃 ②丰富 ③否则 ④干燥 ⑤邻居 ⑥贡献 ⑦股票 ⑧怪不得 ⑨规模 ⑩过程

3. 녹음을 듣고 해당 단어를 중국어로 써 보세요. Test 03

① ②

③ ④

⑤ ⑥

⑦ ⑧

⑨ ⑩

4. 다음 단어의 뜻을 써 보세요.

① 妨碍 ________ ② 放松 ________

③ 符合 ________ ④ 赶紧 ________

⑤ 干活儿 ________ ⑥ 搞 ________

⑦ 工资 ________ ⑧ 估计 ________

⑨ 故意 ________ ⑩ 关键 ________

⑪ 广泛 ________ ⑫ 果然 ________

⑬ 过敏 ________ ⑭ 喊 ________

⑮ 航班 ________ ⑯ 好像 ________

⑰ 合适 ________ ⑱ 合影 ________

⑲ 分手 ________ ⑳ 核心 ________

정답

3. ① 合作 ② 朴素 ③ 感动 ④ 根本 ⑤ 沟通 ⑥ 挂号 ⑦ 冠军 ⑧ 国际 ⑨ 海鲜 ⑩ 合同 4. ① 방해하다, 지장을 주다 ② 늦추다, 긴장을 풀다 ③ 부합하다 ④ 서둘러, 급히, 어서 ⑤ 일하다 ⑥ ~을 하다, 종사하다 ⑦ 월급 ⑧ 추측하다 ⑨ 고의로, 일부러 ⑩ 관건 ⑪ 광범하다, 범위가 넓다 ⑫ 과연 ⑬ 알레르기 반응을 보이다 ⑭ 소리치다, 큰 소리로 부르다 ⑮ (배·비행기의) 정기편 ⑯ (마치) ~와 같다 ⑰ 알맞다, 적합하다 ⑱ 함께 (사진을) 찍다 ⑲ 헤어지다 ⑳ 핵심, 중심

13 Day Track 13

도전 13 일 0751~0812

0751	后果	hòuguǒ	명 (나쁜) 결과
0752	后悔	hòuhuǐ	동 후회하다
0753	后来	hòulái	명 그 후, 그 다음
0754	后面	hòumiàn	명 뒤, 뒤쪽
0755	厚	hòu	형 두껍다
0756	呼吸	hūxī	동 호흡하다
0757	忽然	hūrán	부 갑자기
0758	忽视	hūshì	동 소홀히 하다
0759	胡说	húshuō	동 헛소리하다
0760	胡同	hútòng	명 골목
0761	壶	hú	명 주전자, 항아리, 냄비
0762	蝴蝶	húdié	명 나비
0763	糊涂	hútu	형 어리석다, 멍청하다
0764	互联网	hùliánwǎng	명 인터넷
0765	互相	hùxiāng	부 서로, 상호
0766	护士	hùshi	명 간호사
0767	护照	hùzhào	명 여권
0768	花	huā	명 꽃
0769	花生	huāshēng	명 땅콩
0770	花	huā	동 (돈·시간 등을) 쓰다, 소비하다
0771	划	huá	동 배를 젓다
0772	华裔	huáyì	명 외국의 중국인 후예
0773	滑	huá	형 미끄럽다, 반들반들하다
0774	化学	huàxué	명 화학
0775	画	huà	명 그림 동 그리다
0776	话题	huàtí	명 화제, 논제
0777	怀念	huáiniàn	동 그리다, 그리워하다
0778	怀疑	huáiyí	동 의심하다
0779	怀孕	huáiyùn	동 임신하다
0780	坏	huài	형 나쁘다 동 상하다, 고장 나다
0781	欢迎	huānyíng	동 환영하다

0782	还	huán	동 돌려주다
0783	环境	huánjìng	명 환경
0784	缓解	huǎnjiě	동 풀어지다, 느슨해지다
0785	幻想	huànxiǎng	동 환상을 가지다
0786	换	huàn	동 교환하다, 바꾸다
0787	慌张	huāngzhāng	형 안절부절못하다, 허둥대다
0788	黄河	Huánghé	고유 황허
0789	黄金	huángjīn	명 황금
0790	灰	huī	명 재
0791	灰尘	huīchén	명 먼지
0792	灰心	huīxīn	동 낙담하다, 낙심하다
0793	挥	huī	동 휘두르다, 흔들다, 내두르다
0794	恢复	huīfù	동 회복하다, 회복되다
0795	回	huí	동 돌다, 되돌아가다
0796	回答	huídá	동 대답하다
0797	回忆	huíyì	동 회상하다
0798	汇率	huìlǜ	명 환율
0799	会	huì	조동 (배워서) ~할 수 있다, ~할 가능성이 있다
0800	会议	huìyì	명 회의
0801	婚礼	hūnlǐ	명 결혼식, 혼례
0802	婚姻	hūnyīn	명 혼인, 결혼
0803	活动	huódòng	명 활동, 행사, 모임
0804	活泼	huópo	형 활발하다
0805	活跃	huóyuè	형 활동적이다, 활기 있다
0806	火	huǒ	명 불
0807	火柴	huǒchái	명 성냥
0808	火车站	huǒchēzhàn	명 기차역
0809	伙伴	huǒbàn	명 동료, 동업자
0810	或许	huòxǔ	부 아마, 어쩌면
0811	或者	huòzhě	접 ~이든가 아니면 ~이다[선택을 나타냄]
0812	获得	huòdé	동 얻다, 획득하다

0813	几乎	jīhū	부 거의, 하마터면
0814	机场	jīchǎng	명 공항
0815	机会	jīhuì	명 기회
0816	机器	jīqì	명 기계, 기기
0817	肌肉	jīròu	명 근육
0818	鸡蛋	jīdàn	명 계란
0819	积极	jījí	형 적극적이다, 긍정적이다
0820	积累	jīlěi	동 쌓이다, 축적하다
0821	基本	jīběn	형 기본의, 기본적인
0822	基础	jīchǔ	명 토대, 기초
0823	激动	jīdòng	동 감격하다, 흥분하다
0824	激烈	jīliè	형 격렬하다, 치열하다, 극렬하다
0825	及格	jígé	동 합격하다
0826	及时	jíshí	부 즉시, 곧바로
0827	极	jí	명 극, 절정 부 극히, 몹시
0828	极其	jíqí	부 매우, 대단히
0829	即使	jíshǐ	접 설령 ~일지라도
0830	急忙	jímáng	부 급히, 황급히, 바삐
0831	急诊	jízhěn	형 응급 진료가 필요한
0832	集合	jíhé	동 집합하다
0833	集体	jítǐ	명 집단, 단체
0834	集中	jízhōng	동 집중하다, 모으다
0835	几	jǐ	수 몇[수를 묻는 데 쓰임]
0836	计划	jìhuà	명 계획 동 계획하다
0837	计算	jìsuàn	동 계산하다, 셈하다
0838	记得	jìde	동 기억하고 있다
0839	记录	jìlù	동 기록하다
0840	记忆	jìyì	동 기억하다, 떠올리다
0841	记者	jìzhě	명 기자
0842	纪录	jìlù	명 기록, 다큐멘터리
0843	纪律	jìlǜ	명 기율, 기강, 법도

0844	纪念	jìniàn	동 기념하다
0845	技术	jìshù	명 기술
0846	系领带	jì lǐngdài	동 넥타이를 메다
0847	季节	jìjié	명 계절
0848	既然	jìrán	접 기왕 이렇게 된 바에야
0849	继续	jìxù	동 계속하다
0850	寄	jì	동 부치다
0851	寂寞	jìmò	형 외롭다, 쓸쓸하다
0852	加班	jiābān	동 초과근무 하다
0853	加油站	jiāyóuzhàn	명 주유소
0854	夹子	jiāzi	명 집게, 클립
0855	家	jiā	명 집
0856	家具	jiājù	명 가구
0857	家庭	jiātíng	명 가정
0858	家务	jiāwù	명 가사, 집안일
0859	家乡	jiāxiāng	명 고향
0860	嘉宾	jiābīn	명 귀빈
0861	甲	jiǎ	명 갑(甲)
0862	假	jiǎ	형 거짓의, 가짜의
0863	假如	jiǎrú	접 만약, 만일, 가령
0864	假设	jiǎshè	동 꾸며 내다
0865	假装	jiǎzhuāng	동 가장하다, ~인 체하다
0866	价格	jiàgé	명 가격
0867	价值	jiàzhí	명 가치
0868	驾驶	jiàshǐ	동 운전하다
0869	嫁	jià	동 시집가다, 출가하다
0870	坚持	jiānchí	동 견지하다, 유지하다
0871	坚决	jiānjué	형 단호하다, 결연하다
0872	坚强	jiānqiáng	형 굳세다, 굳고 강하다, 꿋꿋하다
0873	肩膀	jiānbǎng	명 어깨
0874	艰巨	jiānjù	형 어렵고 힘들다, 막중하다
0875	艰苦	jiānkǔ	형 고달프다, 고생스럽다

j

0876	兼职	jiānzhí	명 겸직 동 겸직하다
0877	捡	jiǎn	동 줍다, 습득하다
0878	检查	jiǎnchá	동 검사하다
0879	减肥	jiǎnféi	동 살을 빼다
0880	减少	jiǎnshǎo	동 감소하다
0881	剪刀	jiǎndāo	명 가위
0882	简单	jiǎndān	형 간단하다
0883	简历	jiǎnlì	명 약력, 이력
0884	简直	jiǎnzhí	부 그야말로, 너무나, 전혀
0885	见面	jiànmiàn	동 만나다
0886	件	jiàn	양 건, 개[옷·사건 등을 세는 단위]
0887	建立	jiànlì	동 창설하다, 건립하다
0888	建设	jiànshè	동 창립하다, 건설하다
0889	建议	jiànyì	동 건의하다
0890	建筑	jiànzhù	명 건축물
0891	健康	jiànkāng	명 건강 형 건강하다
0892	健身	jiànshēn	동 신체를 건강하게 하다
0893	键盘	jiànpán	명 건반, 키보드
0894	将来	jiānglái	명 장래
0895	讲	jiǎng	동 말하다
0896	讲究	jiǎngjiu	동 중요시하다, 소중히 여기다
0897	讲座	jiǎngzuò	명 강좌
0898	奖金	jiǎngjīn	명 상금, 보너스
0899	降低	jiàngdī	동 내려가다
0900	降落	jiàngluò	동 착륙하다
0901	酱油	jiàngyóu	명 간장
0902	交	jiāo	동 건네다, 제출하다
0903	交换	jiāohuàn	동 교환하다
0904	交际	jiāojì	동 교제하다, 서로 사귀다
0905	交流	jiāoliú	동 교류하다
0906	交通	jiāotōng	명 교통

j

□□ 0907	交往	jiāowǎng	동 왕래하다, 교제하다
□□ 0908	郊区	jiāoqū	명 변두리, 시외, 외곽
□□ 0909	浇	jiāo	동 (액체를) 뿌리다
□□ 0910	骄傲	jiāo'ào	형 오만하다, 거만하다
□□ 0911	胶水	jiāoshuǐ	명 풀
□□ 0912	教	jiāo	동 가르치다
□□ 0913	角	jiǎo	명 뿔, 각
□□ 0914	角度	jiǎodù	명 각도
□□ 0915	狡猾	jiǎohuá	형 교활하다, 간교하다
□□ 0916	饺子	jiǎozi	명 만두
□□ 0917	脚	jiǎo	명 발
□□ 0918	叫	jiào	동 부르다
□□ 0919	教材	jiàocái	명 교재
□□ 0920	教练	jiàoliàn	명 감독, 코치
□□ 0921	教室	jiàoshì	명 교실
□□ 0922	教授	jiàoshòu	명 교수
□□ 0923	教训	jiàoxùn	동 교훈하다
□□ 0924	教育	jiàoyù	명 교육
□□ 0925	阶段	jiēduàn	명 단계, 계단
□□ 0926	结实	jiēshi	형 굳다, 단단하다, 견고하다
□□ 0927	接	jiē	동 받다, 연결하다
□□ 0928	接触	jiēchù	동 닿다, 접촉하다
□□ 0929	接待	jiēdài	동 접대하다, 응접하다
□□ 0930	接近	jiējìn	동 접근하다, 가까이하다
□□ 0931	接受	jiēshòu	동 받아들이다
□□ 0932	接着	jiēzhe	부 이어서, 뒤따라
□□ 0933	街道	jiēdào	명 거리
□□ 0934	节	jié	명 기념일, (식물의) 마디 양 여러 개로 나누어진 것을 세는 단위
□□ 0935	节目	jiémù	명 프로그램
□□ 0936	节日	jiérì	명 기념일, 경축일
□□ 0937	节省	jiéshěng	동 아끼다, 절약하다

16 Day Track 16

☐ 도전 16 일 0938~1000

0938	节约	jiéyuē	동 절약하다
0939	结构	jiégòu	명 구성, 구조, 조직
0940	结果	jiéguǒ	명 결과, 성과
0941	结合	jiéhé	동 결합하다, 결부하다
0942	结婚	jiéhūn	동 결혼하다
0943	结论	jiélùn	명 결론
0944	结束	jiéshù	동 끝나다
0945	结账	jiézhàng	동 장부를 결산하다, 계산하다
0946	姐姐	jiějie	명 누나, 언니
0947	解决	jiějué	동 해결하다
0948	解释	jiěshì	동 설명하다, 해명하다
0949	介绍	jièshào	동 소개하다
0950	戒	jiè	동 (좋지 못한 습관을) 끊다
0951	戒指	jièzhi	명 반지
0952	届	jiè	양 회[회의 등을 세는 단위]
0953	借	jiè	동 빌리다, 빌려주다
0954	借口	jièkǒu	명 구실, 핑계
0955	今天	jīntiān	명 오늘
0956	金属	jīnshǔ	명 금속
0957	尽管	jǐnguǎn	접 비록 ~라 할지라도
0958	尽快	jǐnkuài	부 되도록 빨리
0959	尽量	jǐnliàng	부 가능한 한, 최대한
0960	紧急	jǐnjí	형 긴급하다, 절박하다
0961	紧张	jǐnzhāng	형 긴장하다
0962	谨慎	jǐnshèn	형 신중하다, 조심스럽다
0963	尽力	jìnlì	동 온 힘을 다하다
0964	进	jìn	동 나아가다
0965	进步	jìnbù	동 진보하다 형 진보적이다
0966	进口	jìnkǒu	동 수입하다
0967	进行	jìnxíng	동 진행하다
0968	近	jìn	형 가깝다

□□ 0969	近代	jìndài	명 근대, 근세
□□ 0970	禁止	jìnzhǐ	동 금지하다
□□ 0971	京剧	jīngjù	명 경극
□□ 0972	经常	jīngcháng	부 자주, 빈번히
□□ 0973	经典	jīngdiǎn	명 경전, 고전
□□ 0974	经过	jīngguò	동 경과하다, 겪다
□□ 0975	经济	jīngjì	명 경제
□□ 0976	经理	jīnglǐ	명 사장, 매니저
□□ 0977	经历	jīnglì	동 겪다
□□ 0978	经商	jīngshāng	동 장사하다
□□ 0979	经验	jīngyàn	명 경험
□□ 0980	经营	jīngyíng	동 경영하다
□□ 0981	精彩	jīngcǎi	형 뛰어나다
□□ 0982	精力	jīnglì	명 정력
□□ 0983	精神	jīngshén	명 정신 *jīngshen 형 활기차다
□□ 0984	景色	jǐngsè	명 풍경
□□ 0985	警察	jǐngchá	명 경찰
□□ 0986	竞争	jìngzhēng	명 경쟁 동 경쟁하다
□□ 0987	竟然	jìngrán	부 뜻밖에도
□□ 0988	镜子	jìngzi	명 거울
□□ 0989	究竟	jiūjìng	부 도대체
□□ 0990	九	jiǔ	수 9, 아홉
□□ 0991	久	jiǔ	형 (시간이) 오래다
□□ 0992	酒吧	jiǔbā	명 술집, 바
□□ 0993	旧	jiù	형 낡다, 오래다
□□ 0994	救	jiù	동 구하다, 구제하다
□□ 0995	救护车	jiùhùchē	명 구급차
□□ 0996	就	jiù	부 바로, 곧
□□ 0997	舅舅	jiùjiu	명 외숙, 외삼촌
□□ 0998	居然	jūrán	부 뜻밖에, 의외로, 예상 외로
□□ 0999	桔子	júzi	명 귤
□□ 1000	举	jǔ	동 들다

13-16 Days 확인학습

☐ 실력점검 ____ /50 ☐ 오답확인

1. 다음 단어와 뜻을 알맞게 연결해 보세요.

① 滑 •	• ⓐ 격렬하다, 치열하다, 극렬하다
② 缓解 •	• ⓑ 쌓이다, 축적하다
③ 获得 •	• ⓒ 가장하다, ~인 체하다
④ 积累 •	• ⓓ 얻다, 획득하다
⑤ 激烈 •	• ⓔ 겸직(하다)
⑥ 即使 •	• ⓕ 미끄럽다, 반들반들하다
⑦ 假装 •	• ⓖ 내려가다
⑧ 兼职 •	• ⓗ 설령 ~일지라도
⑨ 降低 •	• ⓘ 설명하다, 해명하다
⑩ 解释 •	• ⓙ 풀어지다, 느슨해지다

2. 다음 단어를 중국어로 써 보세요.

① 후회하다		② 소홀히 하다	
③ 인터넷		④ 회복하다, 회복되다	
⑤ 기본의, 기본적인		⑥ 초과근무 하다	
⑦ 살을 빼다		⑧ 약력, 이력	
⑨ 오만하다, 거만하다		⑩ 구실, 핑계	

정답

1. ① ⓕ ② ⓙ ③ ⓓ ④ ⓑ ⑤ ⓐ ⑥ ⓗ ⑦ ⓒ ⑧ ⓔ ⑨ ⓖ ⑩ ⓘ 2. ① 后悔 ② 忽视 ③ 互联网 ④ 恢复 ⑤ 基本 ⑥ 加班 ⑦ 减肥 ⑧ 简历 ⑨ 骄傲 ⑩ 借口

3. 녹음을 듣고 해당 단어를 중국어로 써 보세요. Test 04

①	②
③	④
⑤	⑥
⑦	⑧
⑨	⑩

4. 다음 단어의 뜻을 써 보세요.

① 后果 ________	② 忽然 ________
③ 怀疑 ________	④ 灰心 ________
⑤ 积极 ________	⑥ 激动 ________
⑦ 及格 ________	⑧ 寂寞 ________
⑨ 假如 ________	⑩ 驾驶 ________
⑪ 坚持 ________	⑫ 捡 ________
⑬ 减少 ________	⑭ 简直 ________
⑮ 郊区 ________	⑯ 节省 ________
⑰ 结构 ________	⑱ 尽管 ________
⑲ 经验 ________	⑳ 居然 ________

정답

3. ① 糊涂 ② 护照 ③ 环境 ④ 机会 ⑤ 基础 ⑥ 及时 ⑦ 检查 ⑧ 讲究 ⑨ 竞争 ⑩ 精彩　4. ① (나쁜) 결과 ② 갑자기 ③ 의심하다 ④ 낙담하다, 낙심하다 ⑤ 적극적이다, 긍정적이다 ⑥ 감격하다, 흥분하다 ⑦ 합격하다 ⑧ 외롭다, 쓸쓸하다 ⑨ 만약, 만일, 가령 ⑩ 운전하다 ⑪ 견지하다, 유지하다 ⑫ 줍다, 습득하다 ⑬ 감소하다 ⑭ 그야말로, 너무나, 전혀 ⑮ 변두리, 시외, 외곽 ⑯ 아끼다, 절약하다 ⑰ 구성, 구조, 조직 ⑱ 비록 ~라 할지라도 ⑲ 경험 ⑳ 뜻밖에, 의외로, 예상 외로

17 Day Track 17

도전 17 일 1001~1062

1001	举办	jǔbàn	동 거행하다
1002	举行	jǔxíng	동 거행하다
1003	巨大	jùdà	형 아주 크다
1004	句子	jùzi	명 문장
1005	拒绝	jùjué	동 거절하다
1006	具备	jùbèi	동 갖추다, 구비하다
1007	具体	jùtǐ	형 구체적이다
1008	俱乐部	jùlèbù	명 클럽, 동호회
1009	据说	jùshuō	동 말하는 바에 의하면 ~라 한다
1010	距离	jùlí	명 거리 동 (~로부터) 떨어지다
1011	聚会	jùhuì	명 모임
1012	捐	juān	동 헌납하다, 기부하다
1013	决定	juédìng	동 결정하다
1014	决赛	juésài	명 결승
1015	决心	juéxīn	동 결심하다, 결의하다
1016	角色	juésè	명 배역, 역, 역할
1017	觉得	juéde	동 ~라고 여기다
1018	绝对	juéduì	형 절대적인, 무조건적인
1019	军事	jūnshì	명 군사
1020	均匀	jūnyún	형 균등하다, 균일하다
1021	咖啡	kāfēi	명 커피
1022	卡车	kǎchē	명 트럭
1023	开	kāi	동 열다, 켜다
1024	开发	kāifā	동 개발하다
1025	开放	kāifàng	동 개방하다, 해제하다
1026	开幕式	kāimùshì	명 개막식
1027	开始	kāishǐ	동 시작하다
1028	开水	kāishuǐ	명 끓인 물
1029	开玩笑	kāi wánxiào	동 농담하다
1030	开心	kāixīn	형 기쁘다, 즐겁다
1031	砍	kǎn	동 줄이다, 삭감하다, (도끼 등으로) 패다

j k

1032	看	kàn	동 보다
1033	看不起	kànbuqǐ	동 얕보다, 깔보다
1034	看法	kànfǎ	명 견해, 생각
1035	看见	kànjiàn	동 보다
1036	看望	kànwàng	동 찾아가 뵙다
1037	考虑	kǎolǜ	동 고려하다
1038	考试	kǎoshì	명 시험 동 시험을 치다
1039	烤鸭	kǎoyā	명 오리구이
1040	靠	kào	동 기대다, 닿다, 대다
1041	科学	kēxué	명 과학
1042	棵	kē	양 그루
1043	颗	kē	양 알[과립 모양의 물건을 세는 단위]
1044	咳嗽	késou	동 기침하다
1045	可爱	kě'ài	형 귀엽다
1046	可见	kějiàn	접 ~을 알 수 있다, ~을 볼 수 있다
1047	可靠	kěkào	형 믿을 만하다, 믿음직하다
1048	可怜	kělián	형 불쌍하다
1049	可能	kěnéng	형 가능하다 부 아마도, 어쩌면
1050	可怕	kěpà	형 두렵다, 무섭다
1051	可是	kěshì	접 그러나
1052	可惜	kěxī	형 아쉽다, 섭섭하다
1053	可以	kěyǐ	조동 ~할 수 있다
1054	渴	kě	형 목마르다
1055	克	kè	양 그램(g)
1056	克服	kèfú	동 극복하다, 이겨내다
1057	刻	kè	동 새기다
1058	刻苦	kèkǔ	형 몹시 애를 쓰다
1059	客观	kèguān	형 객관적인
1060	客人	kèrén	명 손님
1061	客厅	kètīng	명 객실
1062	课	kè	명 수업

18 Day Track 18

□ 도전 18 일 1063~1125

1063	课程	kèchéng	명 교과 과정, 교육 과정, 커리큘럼
1064	肯定	kěndìng	부 분명, 확실히
1065	空	kōng	형 (속이) 비다, 텅 비다
1066	空间	kōngjiān	명 공간
1067	空气	kōngqì	명 공기
1068	空调	kōngtiáo	명 에어컨
1069	恐怕	kǒngpà	부 아마도
1070	空闲	kòngxián	형 시간적 여유가 있다, 한가하다
1071	控制	kòngzhì	동 통제하다, 제어하다
1072	口	kǒu	명 입 양 식구
1073	口味	kǒuwèi	명 (음식의) 맛
1074	哭	kū	동 울다
1075	苦	kǔ	형 (맛이) 쓰다
1076	裤子	kùzi	명 바지
1077	夸	kuā	동 과장하다, 칭찬하다
1078	夸张	kuāzhāng	동 과장하여 말하다
1079	会计	kuàijì	명 회계
1080	块	kuài	양 조각, 덩어리, 위안[중국의 화폐 단위]
1081	快	kuài	형 빠르다 부 빨리
1082	快乐	kuàilè	형 즐겁다
1083	筷子	kuàizi	명 젓가락
1084	宽	kuān	형 넓다
1085	矿泉水	kuàngquánshuǐ	명 광천수
1086	昆虫	kūnchóng	명 곤충
1087	困	kùn	형 졸리다
1088	困难	kùnnan	명 곤란, 어려움 형 곤란하다, 어렵다
1089	扩大	kuòdà	동 확대하다, 넓히다
1090	垃圾桶	lājītǒng	명 쓰레기통
1091	拉	lā	동 끌다, 당기다
1092	辣	là	형 맵다
1093	辣椒	làjiāo	명 고추

1094	来	lái	동 오다
1095	来不及	láibují	동 늦다, 시간에 댈 수 없다
1096	来得及	láidejí	동 늦지 않다
1097	来自	láizì	동 ~(으로)부터 오다, ~에서 나오다
1098	拦	lán	동 막다, 가로막다
1099	蓝	lán	형 파란색의
1100	懒	lǎn	형 게으르다
1101	烂	làn	형 부식되다, 썩다
1102	朗读	lǎngdú	동 낭독하다
1103	浪费	làngfèi	동 낭비하다
1104	浪漫	làngmàn	형 낭만적이다
1105	劳动	láodòng	명 노동, 일
1106	劳驾	láojià	동 실례합니다[인사말]
1107	老	lǎo	형 늙다
1108	老百姓	lǎobǎixìng	명 일반인, 민간인, 국민
1109	老板	lǎobǎn	명 주인, 사장
1110	老虎	lǎohǔ	명 호랑이
1111	老婆	lǎopo	명 아내, 처
1112	老师	lǎoshī	명 선생님
1113	老实	lǎoshi	형 진실하다, 솔직하다
1114	老鼠	lǎoshǔ	명 쥐, 생쥐
1115	姥姥	lǎolao	명 외할머니, 외조모
1116	乐观	lèguān	형 낙관적이다
1117	了	le	조 동작의 완료나 상태의 변화를 나타냄
1118	雷	léi	명 우레, 천둥
1119	类型	lèixíng	명 유형
1120	累	lèi	형 피곤하다
1121	冷	lěng	형 춥다
1122	冷淡	lěngdàn	형 냉담하다, 냉정하다
1123	冷静	lěngjìng	형 조용하다, 침착하다, 냉정하다
1124	厘米	límǐ	양 센티미터(cm)
1125	离	lí	개 ~로부터

19 Day Track 19

☐ 도전 19 일 1126~1187

1126	离婚	líhūn	동 이혼하다
1127	离开	líkāi	동 떠나다
1128	梨	lí	명 배, 배나무
1129	礼拜天	lǐbàitiān	명 일요일
1130	礼貌	lǐmào	형 예의 바르다
1131	礼物	lǐwù	명 선물
1132	里	lǐ	명 안 양 리[길이의 단위, 1리는 500미터]
1133	理发	lǐfà	동 이발하다
1134	理解	lǐjiě	동 이해하다, 알다
1135	理论	lǐlùn	명 이론
1136	理想	lǐxiǎng	명 이상, 꿈
1137	理由	lǐyóu	명 이유, 까닭
1138	力量	lìliàng	명 힘, 역량
1139	力气	lìqi	명 힘
1140	历史	lìshǐ	명 역사
1141	厉害	lìhai	형 대단하다, 심각하다
1142	立即	lìjí	부 즉시, 즉각, 바로
1143	立刻	lìkè	부 즉시, 당장, 곧
1144	利润	lìrùn	명 이윤
1145	利息	lìxī	명 이자
1146	利益	lìyì	명 이익
1147	利用	lìyòng	동 이용하다
1148	例如	lìrú	동 예를 들다
1149	俩	liǎ	두 개, 두 사람
1150	连	lián	개 ~조차
1151	连忙	liánmáng	부 서둘러, 급히
1152	连续	liánxù	동 연속하다, 계속하다
1153	联合	liánhé	동 연합하다, 단결하다
1154	联系	liánxì	동 연락하다
1155	脸	liǎn	명 얼굴
1156	练习	liànxí	동 연습하다

□□	1157	恋爱	liàn'ài	동 연애하다
□□	1158	良好	liánghǎo	형 양호하다, 만족스럽다
□□	1159	凉快	liángkuai	형 시원하다
□□	1160	粮食	liángshi	명 곡물, 양식
□□	1161	两	liǎng	수 2, 둘
□□	1162	亮	liàng	형 밝다, 빛나다
□□	1163	辆	liàng	양 대, 량[차량을 세는 단위]
□□	1164	聊天	liáotiān	동 이야기를 나누다, 한담하다
□□	1165	了不起	liǎobuqǐ	형 대단하다, 평범하지 않다
□□	1166	了解	liǎojiě	동 이해하다
□□	1167	列车	lièchē	명 열차
□□	1168	邻居	línjū	명 이웃, 이웃집
□□	1169	临时	línshí	부 임시로, 때가 되어서
□□	1170	灵活	línghuó	형 민첩하다, 융통성이 있다
□□	1171	铃	líng	명 방울, 벨
□□	1172	零	líng	수 0, 영
□□	1173	零件	língjiàn	명 부속품
□□	1174	零钱	língqián	명 잔돈, 용돈
□□	1175	零食	língshí	명 군것질, 주전부리
□□	1176	领导	lǐngdǎo	명 지도자, 영도자 동 이끌다, 지도하다
□□	1177	领域	lǐngyù	명 영역
□□	1178	另外	lìngwài	접 그밖에, 게다가
□□	1179	浏览	liúlǎn	동 인터넷에서 사이트를 훑어보다
□□	1180	留	liú	동 남다, 머무르다
□□	1181	留学	liúxué	동 유학하다
□□	1182	流传	liúchuán	동 전하다, 퍼지다
□□	1183	流泪	liúlèi	동 눈물을 흘리다
□□	1184	流利	liúlì	형 (말·문장이) 유창하다
□□	1185	流行	liúxíng	동 유행하다
□□	1186	六	liù	수 6, 여섯
□□	1187	龙	lóng	명 용

20 Day Track 20

도전 20 일 1188~1250

1188	楼	lóu	양 층
1189	漏	lòu	동 새다
1190	陆地	lùdì	명 육지
1191	陆续	lùxù	부 끊임없이, 계속해서
1192	录取	lùqǔ	동 선정하다, 뽑다
1193	录音	lùyīn	동 녹음하다
1194	路	lù	명 길
1195	旅行	lǚxíng	동 여행하다
1196	旅游	lǚyóu	동 여행하다
1197	律师	lǜshī	명 변호사
1198	绿	lǜ	형 초록색의
1199	乱	luàn	형 어지럽다 부 함부로
1200	轮流	lúnliú	동 교대로 하다, 돌아가면서 하다
1201	论文	lùnwén	명 논문
1202	逻辑	luójí	명 논리
1203	落后	luòhòu	동 뒤처지다
1204	妈妈	māma	명 엄마
1205	麻烦	máfan	형 귀찮다, 번거롭다
1206	马	mǎ	명 말
1207	马虎	mǎhu	형 부주의하다, 조심성이 없다
1208	马上	mǎshàng	부 바로, 곧
1209	骂	mà	동 욕하다
1210	吗	ma	조 문장 끝에서 의문의 어기를 나타냄
1211	买	mǎi	동 사다
1212	麦克风	màikèfēng	명 마이크
1213	卖	mài	동 팔다
1214	馒头	mántou	명 만두, 찐빵[소가 없는 것을 말함]
1215	满	mǎn	형 가득 차다
1216	满意	mǎnyì	형 만족하다
1217	满足	mǎnzú	동 만족하다, 흡족하다, 만족시키다
1218	慢	màn	형 느리다

l
m

1219	忙	máng	형 바쁘다
1220	猫	māo	명 고양이
1221	毛	máo	명 털
1222	毛病	máobìng	명 고장, 문제점
1223	毛巾	máojīn	명 수건
1224	矛盾	máodùn	명 모순
1225	冒险	màoxiǎn	동 모험하다, 위험을 무릅쓰다
1226	贸易	màoyì	명 무역, 교역
1227	帽子	màozi	명 모자
1228	没关系	méi guānxi	괜찮다, 문제없다
1229	没有	méiyǒu	동 없다 부 ~하지 않다[과거 부정]
1230	眉毛	méimao	명 눈썹
1231	媒体	méitǐ	명 대중매체, 매스컴
1232	煤炭	méitàn	명 석탄, 매탄
1233	每	měi	대 매, 각, ~마다
1234	美丽	měilì	형 아름답다
1235	美术	měishù	명 미술
1236	妹妹	mèimei	명 여동생
1237	魅力	mèilì	명 매력
1238	门	mén	명 문
1239	梦	mèng	명 꿈
1240	梦想	mèngxiǎng	명 꿈, 이상
1241	迷路	mílù	동 길을 잃다
1242	米	mǐ	명 쌀 양 미터(m)
1243	米饭	mǐfàn	명 밥, 쌀밥
1244	秘密	mìmì	형 비밀의
1245	秘书	mìshū	명 비서
1246	密码	mìmǎ	명 비밀번호
1247	密切	mìqiè	형 가깝다, 밀접하다
1248	蜜蜂	mìfēng	명 꿀벌
1249	免费	miǎnfèi	동 무료로 하다
1250	面包	miànbāo	명 빵

17-20 Days 확인학습

□ 실력점검 _____ /50 □ 오답확인

1. 다음 단어와 뜻을 알맞게 연결해 보세요.

① 具备 •	• ⓐ 기대다, 닿다, 대다
② 靠 •	• ⓑ 이혼하다
③ 控制 •	• ⓒ 이상, 꿈
④ 来得及 •	• ⓓ 즉시, 즉각, 바로
⑤ 离婚 •	• ⓔ 이익
⑥ 理想 •	• ⓕ 통제하다, 제어하다
⑦ 立即 •	• ⓖ 임시로, 때가 되어서
⑧ 利益 •	• ⓗ 갖추다, 구비하다
⑨ 临时 •	• ⓘ 늦지 않다
⑩ 领域 •	• ⓙ 영역

2. 다음 단어를 중국어로 써 보세요.

① 거절하다

② 결정하다

③ 아쉽다, 섭섭하다

④ (음식의) 맛

⑤ 곤란, 어렵다

⑥ 낙관적이다

⑦ 예의 바르다

⑧ 연애하다

⑨ 모순

⑩ 무료로 하다

정답

1. ① ⓗ ② ⓐ ③ ⓕ ④ ⓘ ⑤ ⓑ ⑥ ⓒ ⑦ ⓓ ⑧ ⓔ ⑨ ⓖ ⑩ ⓙ 2. ① 拒绝 ② 决定 ③ 可惜 ④ 口味 ⑤ 困难 ⑥ 乐观 ⑦ 礼貌 ⑧ 恋爱 ⑨ 矛盾 ⑩ 免费

3. 녹음을 듣고 해당 단어를 중국어로 써 보세요. Test 05

①	②
③	④
⑤	⑥
⑦	⑧
⑨	⑩

4. 다음 단어의 뜻을 써 보세요.

① 举行 ______	② 聚会 ______
③ 肯定 ______	④ 恐怕 ______
⑤ 宽 ______	⑥ 来不及 ______
⑦ 离开 ______	⑧ 理解 ______
⑨ 力量 ______	⑩ 厉害 ______
⑪ 邻居 ______	⑫ 灵活 ______
⑬ 零食 ______	⑭ 漏 ______
⑮ 落后 ______	⑯ 满足 ______
⑰ 冒险 ______	⑱ 魅力 ______
⑲ 梦想 ______	⑳ 媒体 ______

정답

3. ① 决赛 ② 开心 ③ 克服 ④ 空间 ⑤ 快乐 ⑥ 浪费 ⑦ 理由 ⑧ 了解 ⑨ 流行 ⑩ 满意 4. ① 거행하다 ② 모임 ③ 분명, 확실히 ④ 아마도 ⑤ 넓다 ⑥ 늦다, 시간에 댈 수 없다 ⑦ 떠나다 ⑧ 이해하다, 알다 ⑨ 힘, 역량 ⑩ 대단하다, 심각하다 ⑪ 이웃, 이웃집 ⑫ 민첩하다, 융통성이 있다 ⑬ 군것질, 주전부리 ⑭ 새다 ⑮ 뒤처지다 ⑯ 만족하다, 흡족하다 ⑰ 모험하다, 위험을 무릅쓰다 ⑱ 매력 ⑲ 꿈, 이상 ⑳ 대중매체, 매스컴

1251	面对	miànduì	동 대면하다, 당면하다
1252	面积	miànjī	명 면적
1253	面临	miànlín	동 직면하다
1254	面条	miàntiáo	명 국수
1255	苗条	miáotiao	형 가느다랗다, 가냘프다
1256	描写	miáoxiě	동 묘사하다
1257	秒	miǎo	양 초[시간의 단위]
1258	民族	mínzú	명 민족
1259	敏感	mǐngǎn	형 민감하다
1260	名牌	míngpái	명 유명 상표
1261	名片	míngpiàn	명 명함
1262	名胜古迹	míngshèng gǔjì	명 명승고적
1263	名字	míngzi	명 이름
1264	明白	míngbai	동 이해하다, 알다
1265	明确	míngquè	형 명확하다
1266	明天	míngtiān	명 내일
1267	明显	míngxiǎn	형 선명하다, 뚜렷하다
1268	明星	míngxīng	명 스타
1269	命令	mìnglìng	동 명령하다
1270	命运	mìngyùn	명 운명
1271	摸	mō	동 만지다, 어루만지다
1272	模仿	mófǎng	동 모방하다, 흉내 내다
1273	模糊	móhu	형 모호하다, 뚜렷하지 않다
1274	模特	mótè	명 모델
1275	摩托车	mótuōchē	명 오토바이
1276	陌生	mòshēng	형 낯설다, 생소하다
1277	某	mǒu	대 어느, 모(某), 아무개
1278	母亲	mǔqīn	명 모친
1279	木头	mùtou	명 목재
1280	目标	mùbiāo	명 목표물, 과녁, 표적
1281	目的	mùdì	명 목적

■□	1282	目录	mùlù	[명] 목록
■□	1283	目前	mùqián	[명] 지금, 현재
■□	1284	拿	ná	[동] 쥐다, 잡다
■□	1285	哪	nǎ	[대] 무엇, 어느
■□	1286	哪儿	nǎr	[대] 어디
■□	1287	哪怕	nǎpà	[접] 설령, 가령, 혹시
■□	1288	那	nà	[대] 그, 저
■□	1289	奶奶	nǎinai	[명] 할머니
■□	1290	耐心	nàixīn	[형] 인내심 있다
■□	1291	男	nán	[명] 남자 [형] 남자의
■□	1292	南	nán	[명] 남쪽
■□	1293	难	nán	[형] 어렵다
■□	1294	难道	nándào	[부] 설마 ~란 말인가?
■□	1295	难怪	nánguài	[부] 어쩐지, 과연
■□	1296	难过	nánguò	[형] 괴롭다, 참을 수 없다, 힘들다
■□	1297	难免	nánmiǎn	[동] ~하게 마련이다, 불가피하다
■□	1298	难受	nánshòu	[형] 아프다, 참을 수 없다, 괴롭다
■□	1299	脑袋	nǎodai	[명] 머리
■□	1300	呢	ne	[조] 문장 끝에서 의문의 어기를 나타냄
■□	1301	内	nèi	[명] 내부, 안
■□	1302	内部	nèibù	[명] 내부
■□	1303	内科	nèikē	[명] 내과
■□	1304	内容	nèiróng	[명] 내용
■□	1305	嫩	nèn	[형] 부드럽다, 연하다
■□	1306	能	néng	[조동] ~할 수 있다
■□	1307	能干	nénggàn	[형] 유능하다, 재능이 있다
■□	1308	能力	nénglì	[명] 능력
■□	1309	能源	néngyuán	[명] 에너지원
■□	1310	嗯	ǹg	[감탄] 응, 그래
■□	1311	你	nǐ	[대] 너, 당신
■□	1312	年	nián	[명] 년, 해

22 Day Track 22

□ 도전 22일 1313~1375

1313	年代	niándài	명 시대, 시기, 시간
1314	年级	niánjí	명 학년
1315	年纪	niánjì	명 나이, 연세
1316	年龄	niánlíng	명 연령
1317	年轻	niánqīng	형 젊다
1318	念	niàn	동 그리워하다, 생각하다, (소리 내어) 읽다
1319	鸟	niǎo	명 새
1320	您	nín	대 당신
1321	宁可	nìngkě	접 차라리
1322	牛奶	niúnǎi	명 우유
1323	牛仔裤	niúzǎikù	명 청바지
1324	农村	nóngcūn	명 농촌
1325	农民	nóngmín	명 농민
1326	农业	nóngyè	명 농업
1327	浓	nóng	형 짙다, 진하다
1328	弄	nòng	동 하다
1329	努力	nǔlì	동 노력하다
1330	女	nǚ	명 여자 형 여성의
1331	女儿	nǚ'ér	명 딸
1332	女士	nǚshì	명 여사
1333	暖和	nuǎnhuo	형 따뜻하다
1334	欧洲	Ōuzhōu	명 유럽
1335	偶尔	ǒu'ěr	부 때때로, 가끔
1336	偶然	ǒurán	형 갑작스럽다, 뜻밖이다
1337	爬山	páshān	동 등산하다
1338	拍	pāi	동 때리다, 치다
1339	排队	páiduì	동 줄 서다
1340	排列	páiliè	동 배열하다
1341	派	pài	동 파견하다
1342	盘子	pánzi	명 접시, 쟁반
1343	判断	pànduàn	동 판단하다

☐☐ 1344	盼望	pànwàng	동 절실히 기대하다, 간절히 바라다
☐☐ 1345	旁边	pángbiān	명 옆, 곁
☐☐ 1346	胖	pàng	형 뚱뚱하다
☐☐ 1347	跑步	pǎobù	동 달리다
☐☐ 1348	陪	péi	동 모시다
☐☐ 1349	培训	péixùn	동 양성하다, 육성하다
☐☐ 1350	培养	péiyǎng	동 기르다, 양성하다
☐☐ 1351	赔偿	péicháng	동 물어 주다, 변상하다
☐☐ 1352	佩服	pèifu	동 감탄하다, 탄복하다
☐☐ 1353	配合	pèihé	동 협력하다, 협동하다
☐☐ 1354	盆	pén	명 그릇
☐☐ 1355	朋友	péngyou	명 친구
☐☐ 1356	碰	pèng	동 부딪치다
☐☐ 1357	批	pī	동 승인하다, 의견을 적다
☐☐ 1358	批评	pīpíng	동 비평하다
☐☐ 1359	批准	pīzhǔn	동 비준하다, 허가하다
☐☐ 1360	披	pī	동 걸치다, 감싸다
☐☐ 1361	皮肤	pífū	명 피부
☐☐ 1362	皮鞋	píxié	명 구두
☐☐ 1363	疲劳	píláo	형 고단하다, 지치다
☐☐ 1364	啤酒	píjiǔ	명 맥주
☐☐ 1365	脾气	píqi	명 성격
☐☐ 1366	匹	pǐ	양 필[말이나 소를 세는 단위]
☐☐ 1367	篇	piān	양 편[글을 세는 단위]
☐☐ 1368	便宜	piányi	형 싸다
☐☐ 1369	片	piàn	양 조각, 편[조각난 물건을 세는 단위]
☐☐ 1370	片面	piànmiàn	형 일방적이다, 단편적이다
☐☐ 1371	骗	piàn	동 속이다
☐☐ 1372	飘	piāo	동 날리다, 나부끼다
☐☐ 1373	票	piào	명 표, 티켓
☐☐ 1374	漂亮	piàoliang	형 예쁘다
☐☐ 1375	拼音	pīnyīn	명 병음

n o p

1376	频道	píndào	명 채널
1377	乒乓球	pīngpāngqiú	명 탁구
1378	平	píng	형 평평하다
1379	平安	píng'ān	형 평안하다
1380	平常	píngcháng	명 평소, 평상시, 보통 때
1381	平等	píngděng	형 평등하다, 대등하다
1382	平方	píngfāng	명 제곱, 평방미터
1383	平衡	pínghéng	형 균형이 맞다
1384	平静	píngjìng	형 평온하다, 차분하다
1385	平均	píngjūn	동 균등하게 하다, 고르게 하다 형 평균의
1386	平时	píngshí	명 평소, 평상시
1387	评价	píngjià	동 판단하다, 평가하다
1388	苹果	píngguǒ	명 사과
1389	凭	píng	개 ~을 근거로 해서, ~에 따라
1390	瓶子	píngzi	명 병
1391	迫切	pòqiè	형 절박하다, 절실하다
1392	破	pò	동 찢어지다, 깨지다
1393	破产	pòchǎn	동 파산하다, 도산하다
1394	破坏	pòhuài	동 파괴하다, 훼손하다
1395	葡萄	pútáo	명 포도
1396	普遍	pǔbiàn	형 보편적인
1397	普通话	pǔtōnghuà	명 보통화, 표준어
1398	七	qī	수 7, 일곱
1399	妻子	qīzi	명 아내
1400	期待	qīdài	동 바라다, 기대하다
1401	期间	qījiān	명 기간
1402	其次	qícì	대 다음, 그 다음
1403	其实	qíshí	부 사실
1404	其他	qítā	대 기타, 그 외
1405	其余	qíyú	대 나머지, 여분
1406	其中	qízhōng	명 그중

□□ 1407	奇怪	qíguài	형 이상하다, 기이하다
□□ 1408	奇迹	qíjì	명 기적
□□ 1409	骑	qí	동 (자전거·말 등을) 타다
□□ 1410	企业	qǐyè	명 기업
□□ 1411	启发	qǐfā	동 일깨우다, 깨닫게 하다
□□ 1412	起床	qǐchuáng	동 일어나다
□□ 1413	起飞	qǐfēi	동 이륙하다
□□ 1414	起来	qǐlái	동 일어나다
□□ 1415	气氛	qìfēn	명 분위기
□□ 1416	气候	qìhòu	명 기후
□□ 1417	汽油	qìyóu	명 휘발유
□□ 1418	千	qiān	수 1,000, 천
□□ 1419	千万	qiānwàn	부 절대, 결코
□□ 1420	铅笔	qiānbǐ	명 연필
□□ 1421	谦虚	qiānxū	형 겸허하다, 겸손하다
□□ 1422	签	qiān	동 서명하다, 사인하다
□□ 1423	签证	qiānzhèng	명 비자
□□ 1424	前面	qiánmian	명 앞쪽
□□ 1425	前途	qiántú	명 앞길, 발전성
□□ 1426	钱	qián	명 돈
□□ 1427	浅	qiǎn	형 얕다
□□ 1428	欠	qiàn	동 빚지다
□□ 1429	枪	qiāng	명 창
□□ 1430	强调	qiángdiào	동 힘주어 주장하다, 강조하다
□□ 1431	强烈	qiángliè	형 세차고 강하다, 강렬하다
□□ 1432	墙	qiáng	명 벽, 담
□□ 1433	抢	qiǎng	동 빼앗다, 약탈하다
□□ 1434	悄悄	qiāoqiāo	부 은밀하게, 살짝, 조용히
□□ 1435	敲	qiāo	동 두드리다, 치다
□□ 1436	桥	qiáo	명 다리
□□ 1437	瞧	qiáo	동 보다

24 Day Track 24

도전 24 일 1438~1500

1438	巧克力	qiǎokèlì	명 초콜릿
1439	巧妙	qiǎomiào	형 교묘하다, 약삭빠르다
1440	切	qiē	동 썰다, 자르다
1441	亲爱	qīn'ài	형 깊은, 밀접한, 가까운
1442	亲戚	qīnqi	명 친척
1443	亲切	qīnqiè	형 친근하다, 친절하다
1444	亲自	qīnzì	부 자기 스스로, 몸소
1445	勤奋	qínfèn	형 근면하다
1446	青	qīng	형 푸르다
1447	青春	qīngchūn	명 청춘
1448	青少年	qīngshàonián	명 청소년
1449	轻	qīng	형 가볍다
1450	轻视	qīngshì	동 경시하다, 얕보다
1451	轻松	qīngsōng	형 수월하다, 편안하다
1452	轻易	qīngyì	형 경솔하다, 함부로 하다
1453	清楚	qīngchu	형 분명하다, 뚜렷하다
1454	清淡	qīngdàn	형 은은하다, 담백하다
1455	情景	qíngjǐng	명 상황, 정경
1456	情况	qíngkuàng	명 상황
1457	情绪	qíngxù	명 정서, 기분
1458	晴	qíng	형 하늘이 맑다
1459	请	qǐng	동 부탁하다
1460	请假	qǐngjià	동 휴가를 신청하다
1461	请求	qǐngqiú	동 요구하다, 부탁하다
1462	庆祝	qìngzhù	동 축하하다
1463	穷	qióng	형 빈곤하다
1464	秋	qiū	명 가을
1465	球迷	qiúmí	명 축구팬
1466	区别	qūbié	명 구별, 차이
1467	趋势	qūshì	명 추세, 경향
1468	取	qǔ	동 찾다, 취하다

q
r

1469	取消	qǔxiāo	동 취소하다
1470	娶	qǔ	동 장가가다, 아내를 얻다
1471	去	qù	동 가다
1472	去年	qùnián	명 작년
1473	去世	qùshì	동 세상을 떠나다, 서거하다
1474	圈	quān	명 권, 범위, 둘레[한정된 범위를 뜻함]
1475	权力	quánlì	명 권력, 권한
1476	权利	quánlì	명 권리
1477	全部	quánbù	형 전부의
1478	全面	quánmiàn	명 전면, 각 방면
1479	劝	quàn	동 설득하다, 복종하게 하다
1480	缺点	quēdiǎn	명 결점
1481	缺乏	quēfá	동 부족하다, 모자라다
1482	缺少	quēshǎo	동 모자라다, 부족하다
1483	却	què	부 도리어, 오히려
1484	确定	quèdìng	동 확정하다 형 확정적이다
1485	确认	quèrèn	동 확인하다, 확실히 인정하다
1486	确实	quèshí	형 확실하다, 분명하다
1487	裙子	qúnzi	명 치마
1488	群	qún	명 무리, 떼
1489	然而	rán'ér	접 그러나
1490	然后	ránhòu	접 그런 후에
1491	燃烧	ránshāo	동 연소하다
1492	让	ràng	동 ~하게 시키다
1493	绕	rào	동 감다, 휘감다
1494	热	rè	형 덥다
1495	热爱	rè'ài	동 열렬히 사랑하다
1496	热烈	rèliè	형 열렬하다
1497	热闹	rènao	형 번화하다
1498	热情	rèqíng	명 열정 형 친절하다
1499	热心	rèxīn	형 열렬한, 열심의
1500	人	rén	명 사람

21-24 Days 확인학습

☐ 실력점검 ____ /50 ☐ 오답확인

1. 다음 단어와 뜻을 알맞게 연결해 보세요.

① 面对 •	• ⓐ 에너지원
② 陌生 •	• ⓑ 대면하다, 당면하다
③ 难怪 •	• ⓒ 양성하다, 육성하다
④ 能源 •	• ⓓ 어쩐지, 과연
⑤ 培训 •	• ⓔ 부딪치다
⑥ 碰 •	• ⓕ 파괴하다, 훼손하다
⑦ 平衡 •	• ⓖ 낯설다, 생소하다
⑧ 破坏 •	• ⓗ 분위기
⑨ 气氛 •	• ⓘ 요구하다, 부탁하다
⑩ 请求 •	• ⓙ 균형이 맞다

2. 다음 단어를 중국어로 써 보세요.

① 모호하다, 뚜렷하지 않다 ______
② 목표물, 과녁, 표적 ______
③ 연령 ______
④ 때때로, 가끔 ______
⑤ 피부 ______
⑥ 채널 ______
⑦ 비자 ______
⑧ 상황 ______
⑨ 취소하다 ______
⑩ 속이다 ______

정답

1. ① ⓑ ② ⓖ ③ ⓓ ④ ⓐ ⑤ ⓒ ⑥ ⓔ ⑦ ⓙ ⑧ ⓕ ⑨ ⓗ ⑩ ⓘ 2. ① 模糊 ② 目标 ③ 年龄 ④ 偶尔 ⑤ 皮肤 ⑥ 频道 ⑦ 签证 ⑧ 情况 ⑨ 取消 ⑩ 骗

3. 녹음을 듣고 해당 단어를 중국어로 써 보세요. Test 06

① ________ ② ________

③ ________ ④ ________

⑤ ________ ⑥ ________

⑦ ________ ⑧ ________

⑨ ________ ⑩ ________

4. 다음 단어의 뜻을 써 보세요.

① 描写 ________ ② 敏感 ________

③ 哪怕 ________ ④ 耐心 ________

⑤ 难道 ________ ⑥ 难免 ________

⑦ 派 ________ ⑧ 培养 ________

⑨ 佩服 ________ ⑩ 疲劳 ________

⑪ 评价 ________ ⑫ 期待 ________

⑬ 企业 ________ ⑭ 千万 ________

⑮ 轻视 ________ ⑯ 情绪 ________

⑰ 劝 ________ ⑱ 缺乏 ________

⑲ 然而 ________ ⑳ 让 ________

정답

3. ① 目的 ② 难过 ③ 年轻 ④ 排队 ⑤ 批评 ⑥ 脾气 ⑦ 其实 ⑧ 轻松 ⑨ 热情 ⑩ 能干 4. ① 묘사하다 ② 민감하다 ③ 설령, 가령, 혹시 ④ 인내심 있다 ⑤ 설마 ~란 말인가? ⑥ ~하게 마련이다, 불가피하다 ⑦ 파견하다 ⑧ 기르다, 양성하다 ⑨ 감탄하다, 탄복하다 ⑩ 고단하다, 지치다 ⑪ 판단하다, 평가하다 ⑫ 바라다, 기대하다 ⑬ 기업 ⑭ 절대, 결코 ⑮ 경시하다, 얕보다 ⑯ 정서, 기분 ⑰ 설득하다, 복종하게 하다 ⑱ 부족하다, 모자라다 ⑲ 그러나 ⑳ ~하게 시키다

25 Day Track 25

□ 도전 25 일 1501~1562

□□ 1501	人才	réncái	명 인재
□□ 1502	人口	rénkǒu	명 인구
□□ 1503	人类	rénlèi	명 인류
□□ 1504	人民币	rénmínbì	명 인민폐
□□ 1505	人生	rénshēng	명 인생
□□ 1506	人事	rénshì	명 인사
□□ 1507	人物	rénwù	명 인물
□□ 1508	人员	rényuán	명 인원
□□ 1509	忍不住	rěnbuzhù	동 참을 수 없다, 억누르지 못하다
□□ 1510	认识	rènshi	동 알다, 인식하다
□□ 1511	认为	rènwéi	동 ~라 여기다
□□ 1512	认真	rènzhēn	형 진지하다, 성실하다
□□ 1513	任何	rènhé	대 어떠한, 무슨
□□ 1514	任务	rènwu	명 임무
□□ 1515	扔	rēng	동 던지다
□□ 1516	仍然	réngrán	부 여전히, 변함없이
□□ 1517	日	rì	명 날, 일
□□ 1518	日常	rìcháng	형 일상적인, 일상의
□□ 1519	日程	rìchéng	명 일정
□□ 1520	日记	rìjì	명 일기
□□ 1521	日历	rìlì	명 일력(日曆)
□□ 1522	日期	rìqī	명 날짜
□□ 1523	日用品	rìyòngpǐn	명 일용품
□□ 1524	日子	rìzi	명 날, 기간, 생계
□□ 1525	容易	róngyì	형 쉽다
□□ 1526	如果	rúguǒ	접 만약
□□ 1527	如何	rúhé	대 어떻다, 어떠하다
□□ 1528	如今	rújīn	명 현재, 지금
□□ 1529	入口	rùkǒu	명 입구
□□ 1530	软	ruǎn	형 부드럽다, 연하다
□□ 1531	软件	ruǎnjiàn	명 소프트웨어

1532	弱	ruò	형 약하다
1533	洒	sǎ	동 뿌리다, 살포하다
1534	三	sān	수 3, 셋
1535	伞	sǎn	명 우산
1536	散步	sànbù	동 산보하다
1537	嗓子	sǎngzi	명 목구멍
1538	色彩	sècǎi	명 색채, 성향
1539	森林	sēnlín	명 삼림
1540	杀	shā	동 죽이다, 해치다
1541	沙发	shāfā	명 소파
1542	沙漠	shāmò	명 사막
1543	沙滩	shātān	명 모래톱, 사주
1544	傻	shǎ	형 어리석다, 둔하다
1545	晒	shài	동 비추다, 쬐다
1546	删除	shānchú	동 삭제하다, 지우다
1547	闪电	shǎndiàn	명 번개
1548	扇子	shànzi	명 부채
1549	善良	shànliáng	형 선량하다, 착하다
1550	善于	shànyú	동 잘하다, ~에 능숙하다
1551	伤害	shānghài	동 상하게 하다
1552	伤心	shāngxīn	동 상심하다, 슬퍼하다
1553	商店	shāngdiàn	명 상점
1554	商量	shāngliang	동 상의하다
1555	商品	shāngpǐn	명 상품
1556	商务	shāngwù	명 상업상의 용무, 비즈니스
1557	商业	shāngyè	명 상업
1558	上	shàng	명 위, 위쪽
1559	上班	shàngbān	동 출근하다
1560	上当	shàngdàng	동 속다, 속임수에 빠지다
1561	上网	shàngwǎng	동 인터넷에 접속하다
1562	上午	shàngwǔ	명 오전

1563	稍微	shāowēi	부 약간, 조금
1564	勺子	sháozi	명 숟가락, 국자
1565	少	shǎo	형 적다
1566	蛇	shé	명 뱀
1567	舍不得	shěbude	동 아쉬워하다, 아까워하다
1568	设备	shèbèi	동 배치하다, 갖추다
1569	设计	shèjì	동 설계하다, 디자인하다
1570	设施	shèshī	명 시설
1571	社会	shèhuì	명 사회
1572	射击	shèjī	동 사격하다
1573	摄影	shèyǐng	동 촬영하다
1574	谁	shéi	대 누구
1575	申请	shēnqǐng	동 신청하다
1576	伸	shēn	동 펴다, 펼치다, 내밀다
1577	身材	shēncái	명 몸매, 체격
1578	身份	shēnfèn	명 신분
1579	身体	shēntǐ	명 몸, 건강
1580	深	shēn	형 깊다
1581	深刻	shēnkè	형 (인상이) 깊다, 강렬하다
1582	什么	shénme	대 무슨, 어떤
1583	神话	shénhuà	명 신화
1584	神秘	shénmì	형 불가사의하다, 신비하다
1585	甚至	shènzhì	접 심지어
1586	升	shēng	동 올리다, 높이다
1587	生病	shēngbìng	동 병이 나다
1588	生产	shēngchǎn	동 만들다, 생산하다
1589	生动	shēngdòng	형 생기발랄하다
1590	生活	shēnghuó	명 생활
1591	生命	shēngmìng	명 생명
1592	生气	shēngqì	동 화내다
1593	生日	shēngrì	명 생일

☐☐	1594	生意	shēngyi	명 장사, 사업
☐☐	1595	生长	shēngzhǎng	동 성장하다, 자라다
☐☐	1596	声调	shēngdiào	명 말투, 어조, 성조
☐☐	1597	声音	shēngyīn	명 소리
☐☐	1598	绳子	shéngzi	명 노끈, 밧줄
☐☐	1599	省	shěng	명 성[지방 행정 단위] 동 아끼다, 절약하다
☐☐	1600	省略	shěnglüè	동 생략하다
☐☐	1601	胜利	shènglì	동 싸워서 이기다, 승리하다
☐☐	1602	剩	shèng	동 남다
☐☐	1603	失败	shībài	동 실패하다
☐☐	1604	失眠	shīmián	명 불면(증)
☐☐	1605	失去	shīqù	동 잃다, 잃어버리다
☐☐	1606	失望	shīwàng	동 실망하다
☐☐	1607	失业	shīyè	동 직업을 잃다, 실업하다
☐☐	1608	师傅	shīfu	명 기사님, 스승
☐☐	1609	诗	shī	명 시
☐☐	1610	狮子	shīzi	명 사자
☐☐	1611	湿润	shīrùn	형 습윤하다, 촉촉하다
☐☐	1612	十	shí	수 10, 열
☐☐	1613	十分	shífēn	부 매우, 굉장히
☐☐	1614	石头	shítou	명 돌
☐☐	1615	时差	shíchā	명 시차
☐☐	1616	时代	shídài	명 시대
☐☐	1617	时候	shíhou	명 시간, 때
☐☐	1618	时间	shíjiān	명 시간
☐☐	1619	时刻	shíkè	명 시각, 시간
☐☐	1620	时髦	shímáo	형 유행이다, 현대적이다
☐☐	1621	时期	shíqī	명 시기, 특정한 때
☐☐	1622	时尚	shíshàng	명 유행
☐☐	1623	实话	shíhuà	명 실화, 참말
☐☐	1624	实际	shíjì	형 실제의
☐☐	1625	实践	shíjiàn	동 실천하다, 이행하다

27 Day Track 27

□ 도전 27일 1626~1687

1626	实习	shíxí	통 실습하다, 견습하다
1627	实现	shíxiàn	통 실현하다, 달성하다
1628	实验	shíyàn	명 실험
1629	实用	shíyòng	형 실용적이다
1630	实在	shízài	부 정말, 참으로
1631	食物	shíwù	명 음식물
1632	使	shǐ	통 (~에게) ~하게 시키다
1633	使劲儿	shǐjìnr	통 힘을 쓰다
1634	使用	shǐyòng	통 사용하다
1635	始终	shǐzhōng	부 줄곧, 시종일관
1636	士兵	shìbīng	명 사병, 병사
1637	世纪	shìjì	명 세기
1638	世界	shìjiè	명 세계
1639	市场	shìchǎng	명 시장
1640	似的	shìde	조 비슷하다, ~과 같다
1641	事情	shìqing	명 일
1642	事实	shìshí	명 사실
1643	事物	shìwù	명 사물
1644	事先	shìxiān	명 사전(事前)
1645	试	shì	통 시도하다
1646	试卷	shìjuàn	명 시험 답안지
1647	是	shì	형 맞다, 옳다 통 ~이다
1648	是否	shìfǒu	부 ~인지 아닌지
1649	适合	shìhé	통 적합하다
1650	适应	shìyìng	통 적응하다
1651	收	shōu	통 받다
1652	收获	shōuhuò	통 거두어들이다, 수확하다
1653	收据	shōujù	명 영수증, 수취증
1654	收入	shōurù	명 수입
1655	收拾	shōushi	통 정리하다, 치우다
1656	手表	shǒubiǎo	명 손목시계

■□	1657	手工	shǒugōng	[명] 수공
■□	1658	手机	shǒujī	[명] 휴대전화
■□	1659	手术	shǒushù	[명] 수술
■□	1660	手套	shǒutào	[명] 글러브, 장갑
■□	1661	手续	shǒuxù	[명] 수속, 절차
■□	1662	手指	shǒuzhǐ	[명] 손가락
■□	1663	首	shǒu	[명] 우두머리
■□	1664	首都	shǒudū	[명] 수도
■□	1665	首先	shǒuxiān	[부] 가장 먼저, 우선
■□	1666	寿命	shòumìng	[명] 목숨, 생명
■□	1667	受不了	shòubuliǎo	참을 수 없다
■□	1668	受到	shòudào	[동] 얻다, 받다, 견디다
■□	1669	受伤	shòushāng	[동] 상처를 입다, 부상을 당하다
■□	1670	售货员	shòuhuòyuán	[명] 판매원
■□	1671	瘦	shòu	[형] 마르다
■□	1672	书	shū	[명] 책
■□	1673	书架	shūjià	[명] 책꽂이, 서가
■□	1674	叔叔	shūshu	[명] 숙부, 아저씨
■□	1675	梳子	shūzi	[명] 빗
■□	1676	舒服	shūfu	[형] 편안하다
■□	1677	舒适	shūshì	[형] 기분이 좋다, 쾌적하다
■□	1678	输	shū	[동] 패배하다, 지다
■□	1679	输入	shūrù	[동] 입력하다
■□	1680	蔬菜	shūcài	[명] 채소
■□	1681	熟练	shúliàn	[형] 숙련되어 있다, 능숙하다
■□	1682	熟悉	shúxī	[동] 숙지하다, 잘 알다
■□	1683	属于	shǔyú	[동] ~에 속하다
■□	1684	鼠标	shǔbiāo	[명] 마우스
■□	1685	数	shǔ	[동] 세다, 헤아리다 *shù [명] 수, 숫자
■□	1686	树	shù	[명] 나무
■□	1687	数据	shùjù	[명] 데이터, 수치

1688	数量	shùliàng	명 수량
1689	数码	shùmǎ	명 숫자, 디지털
1690	数学	shùxué	명 수학
1691	数字	shùzì	명 숫자
1692	刷牙	shuāyá	동 이를 닦다
1693	摔倒	shuāidǎo	동 넘어지다, 엎어지다
1694	甩	shuǎi	동 흔들다, 휘두르다
1695	帅	shuài	형 멋지다
1696	双	shuāng	양 쌍, 켤레[짝을 이룬 물건을 세는 단위]
1697	双方	shuāngfāng	명 쌍방
1698	水	shuǐ	명 물
1699	水果	shuǐguǒ	명 과일
1700	水平	shuǐpíng	명 수준, 능력
1701	税	shuì	명 세, 세금
1702	睡觉	shuìjiào	동 자다
1703	顺便	shùnbiàn	부 ~하는 김에, 겸사겸사
1704	顺利	shùnlì	형 순조롭다
1705	顺序	shùnxù	명 순서, 차례
1706	说	shuō	동 말하다
1707	说不定	shuōbudìng	단언하기 어렵다, ~일지 모른다
1708	说服	shuōfú	동 설복하다, 설득하다
1709	说话	shuōhuà	동 말하다
1710	说明	shuōmíng	동 설명하다
1711	硕士	shuòshì	명 석사
1712	司机	sījī	명 운전기사
1713	丝绸	sīchóu	명 비단, 견직물
1714	丝毫	sīháo	명 추호, 극히 적은 수량
1715	私人	sīrén	형 사적인, 개인의
1716	思考	sīkǎo	동 사고하다, 사색하다
1717	思想	sīxiǎng	명 사상, 의식
1718	撕	sī	동 찢다, 째다

1719	死	sǐ	통 죽다
1720	四	sì	수 4, 넷
1721	似乎	sìhū	부 마치 ~인 것 같다, 마치 ~인 듯하다
1722	送	sòng	통 보내다, 증정하다
1723	搜索	sōusuǒ	통 (인터넷에) 검색하다
1724	速度	sùdù	명 속도
1725	宿舍	sùshè	명 기숙사
1726	塑料袋	sùliàodài	명 비닐봉지
1727	酸	suān	형 시다
1728	虽然…但是…	suīrán…dànshì…	접 비록 ~하지만, 그러나 ~
1729	随便	suíbiàn	부 마음껏, 하고 싶은 대로
1730	随身	suíshēn	통 휴대하다
1731	随时	suíshí	부 수시로, 언제나
1732	随手	suíshǒu	부 ~하는 김에
1733	随着	suízhe	개 ~에 따라
1734	岁	suì	양 살[나이를 세는 단위]
1735	碎	suì	통 부서지다, 깨지다
1736	孙子	sūnzi	명 손자
1737	损失	sǔnshī	통 손실하다, 손해 보다
1738	缩短	suōduǎn	통 줄이다, 단축하다
1739	所	suǒ	명 장소, 곳 조 ~하는 바
1740	所有	suǒyǒu	형 모든, 일체의
1741	锁	suǒ	명 자물쇠 통 잠그다
1742	他	tā	대 그, 그 사람
1743	它	tā	대 그것, 저것
1744	她	tā	대 그녀, 그 여자
1745	台	tái	양 대[기계·설비·기구 등을 세는 단위]
1746	台阶	táijiē	명 층계, 섬돌
1747	抬	tái	통 맞들다
1748	太	tài	부 매우, 아주
1749	太极拳	tàijíquán	명 태극권
1750	太太	tàitai	명 아주머니, 부인

25-28 Days 확인학습

☐ 실력점검 ____ /50 ☐ 오답확인

1. 다음 단어와 뜻을 알맞게 연결해 보세요.

① 忍不住 •	• ⓐ 잃다, 잃어버리다
② 如何 •	• ⓑ 잘하다, ~에 능숙하다
③ 善于 •	• ⓒ 실습하다, 견습하다
④ 稍微 •	• ⓓ 어떻다, 어떠하다
⑤ 失去 •	• ⓔ (인터넷에) 검색하다
⑥ 湿润 •	• ⓕ ~에 따라
⑦ 实习 •	• ⓖ 참을 수 없다, 억누르지 못하다
⑧ 搜索 •	• ⓗ 줄이다, 단축하다
⑨ 随着 •	• ⓘ 습윤하다, 촉촉하다
⑩ 缩短 •	• ⓙ 약간, 조금

2. 다음 단어를 중국어로 써 보세요.

① 인생		② 던지다	
③ 비추다, 쬐다		④ 삭제하다, 지우다	
⑤ 상의하다		⑥ 심지어	
⑦ 생활		⑧ 실망하다	
⑨ 적합하다		⑩ 참을 수 없다	

정답

1. ① ⓖ ② ⓓ ③ ⓑ ④ ⓙ ⑤ ⓐ ⑥ ⓘ ⑦ ⓒ ⑧ ⓔ ⑨ ⓕ ⑩ ⓗ 2. ① 人生 ② 扔 ③ 晒 ④ 删除 ⑤ 商量 ⑥ 甚至 ⑦ 生活 ⑧ 失望 ⑨ 适合 ⑩ 受不了

3. 녹음을 듣고 해당 단어를 중국어로 써 보세요. Test 07

① ________ ② ________

③ ________ ④ ________

⑤ ________ ⑥ ________

⑦ ________ ⑧ ________

⑨ ________ ⑩ ________

4. 다음 단어의 뜻을 써 보세요.

① 认为 ________ ② 任何 ________

③ 仍然 ________ ④ 伤害 ________

⑤ 设计 ________ ⑥ 深刻 ________

⑦ 生意 ________ ⑧ 时尚 ________

⑨ 实际 ________ ⑩ 实现 ________

⑪ 始终 ________ ⑫ 是否 ________

⑬ 适应 ________ ⑭ 舒适 ________

⑮ 属于 ________ ⑯ 顺便 ________

⑰ 说不定 ________ ⑱ 随便 ________

⑲ 损失 ________ ⑳ 所有 ________

정답

3. ① 伤心 ② 上网 ③ 舍不得 ④ 生产 ⑤ 失败 ⑥ 收获 ⑦ 受伤 ⑧ 摔倒 ⑨ 顺利 ⑩ 速度 4. ① ~라 여기다 ② 어떠한, 무슨 ③ 여전히, 변함없이 ④ 상하게 하다 ⑤ 설계하다, 디자인하다 ⑥ (인상이) 깊다, 강렬하다 ⑦ 장사, 사업 ⑧ 유행 ⑨ 실제의 ⑩ 실현하다, 달성하다 ⑪ 줄곧, 시종일관 ⑫ ~인지 아닌지 ⑬ 적응하다 ⑭ 기분이 좋다, 쾌적하다 ⑮ ~에 속하다 ⑯ ~하는 김에, 겸사겸사 ⑰ 단언하기 어렵다, ~일지 모른다 ⑱ 마음껏, 하고 싶은 대로 ⑲ 손실하다, 손해 보다 ⑳ 모든, 일체의

☐☐ 1751	太阳	tàiyáng	명	태양
☐☐ 1752	态度	tàidu	명	태도
☐☐ 1753	谈	tán	동	말하다, 이야기하다
☐☐ 1754	谈判	tánpàn	동	대화하다, 협상하다
☐☐ 1755	弹钢琴	tán gāngqín		피아노를 치다
☐☐ 1756	坦率	tǎnshuài	형	솔직하다
☐☐ 1757	汤	tāng	명	국
☐☐ 1758	糖	táng	명	설탕, 사탕
☐☐ 1759	躺	tǎng	동	눕다
☐☐ 1760	烫	tàng	동	데다, (머리카락을) 파마하다
☐☐ 1761	趟	tàng	양	번, 차례[왕복의 횟수를 세는 단위]
☐☐ 1762	逃	táo	동	달아나다, 도망치다
☐☐ 1763	逃避	táobì	동	도피하다
☐☐ 1764	桃	táo	명	복숭아, 복숭아나무
☐☐ 1765	淘气	táoqì	형	장난이 심하다
☐☐ 1766	讨价还价	tǎo jià huán jià	성	값을 흥정하다
☐☐ 1767	讨论	tǎolùn	동	토론하다
☐☐ 1768	讨厌	tǎoyàn	동	싫어하다
☐☐ 1769	套	tào	양	세트를 세는 단위
☐☐ 1770	特别	tèbié	부	특히, 각별히
☐☐ 1771	特点	tèdiǎn	명	특징
☐☐ 1772	特色	tèsè	명	특징, 특색
☐☐ 1773	特殊	tèshū	형	특수하다, 특별하다
☐☐ 1774	特征	tèzhēng	명	특징
☐☐ 1775	疼	téng	형	아프다
☐☐ 1776	疼爱	téng'ài	동	애지중지하다
☐☐ 1777	踢足球	tī zúqiú		축구를 하다
☐☐ 1778	提	tí	동	들어올리다, 제기하다
☐☐ 1779	提倡	tíchàng	동	제창하다, 부르짖다
☐☐ 1780	提纲	tígāng	명	대강, 제요, 요지
☐☐ 1781	提高	tígāo	동	높이다

1782	提供	tígōng	동 제공하다
1783	提前	tíqián	동 앞당기다
1784	提问	tíwèn	동 질문하다
1785	提醒	tíxǐng	동 일깨우다
1786	题	tí	명 제목, 문제
1787	题目	tímù	명 제목, 표제, 테마
1788	体会	tǐhuì	명 체득 동 체험하다
1789	体贴	tǐtiē	동 자상하게 돌보다, 극진하게 보살피다
1790	体现	tǐxiàn	동 구현하다, 체현하다
1791	体验	tǐyàn	동 경험하다, 체험하다
1792	体育	tǐyù	명 체육, 스포츠
1793	天空	tiānkōng	명 하늘, 공중
1794	天气	tiānqì	명 날씨
1795	天真	tiānzhēn	형 천진하다, 순진하다
1796	甜	tián	형 달다
1797	填空	tiánkòng	동 빈칸을 채우다, 공란을 메우다
1798	条	tiáo	양 가늘고 긴 것을 세는 단위
1799	条件	tiáojiàn	명 조건
1800	调皮	tiáopí	형 장난스럽다, 짓궂다
1801	调整	tiáozhěng	동 조정하다, 조절하다
1802	挑战	tiǎozhàn	동 도전하다
1803	跳舞	tiàowǔ	동 춤을 추다
1804	听	tīng	동 듣다
1805	停	tíng	동 정지하다, 멈추다
1806	挺	tǐng	부 매우, 아주
1807	通常	tōngcháng	형 통상적인, 일반적인
1808	通过	tōngguò	동 통과하다 개 ~을 통하여
1809	通知	tōngzhī	동 통지하다, 알리다
1810	同情	tóngqíng	동 동정하다
1811	同时	tóngshí	부 동시에
1812	同事	tóngshì	명 동료

1813	同学	tóngxué	명 학우
1814	同意	tóngyì	동 동의하다
1815	统一	tǒngyī	동 통일하다
1816	痛苦	tòngkǔ	형 고통스럽다, 괴롭다
1817	痛快	tòngkuài	형 통쾌하다, 유쾌하다
1818	偷	tōu	동 훔치다, 도둑질하다
1819	头发	tóufa	명 머리카락
1820	投入	tóurù	동 몰두하다, 투자하다
1821	投资	tóuzī	동 투자하다
1822	透明	tòumíng	형 투명하다
1823	突出	tūchū	동 뚫고 나가다, 돌파하다
1824	突然	tūrán	부 갑자기
1825	图书馆	túshūguǎn	명 도서관
1826	土地	tǔdì	명 땅, 토지
1827	土豆	tǔdòu	명 감자
1828	吐	tù	동 내뱉다, 토하다
1829	兔子	tùzi	명 토끼
1830	团	tuán	명 단체, 집단
1831	推	tuī	동 밀다
1832	推迟	tuīchí	동 뒤로 미루다, 연기하다
1833	推辞	tuīcí	동 거절하다, 사퇴하다
1834	推广	tuīguǎng	동 널리 보급하다, 확충하다
1835	推荐	tuījiàn	동 추천하다
1836	腿	tuǐ	명 다리
1837	退	tuì	동 후퇴하다, 물러서다
1838	退步	tuìbù	동 퇴보하다, 후퇴하다
1839	退休	tuìxiū	동 퇴직하다
1840	脱	tuō	동 벗다
1841	袜子	wàzi	명 양말
1842	歪	wāi	형 기울다, 비스듬하다, 비뚤다
1843	外	wài	명 바깥쪽, 외부

1844	外公	wàigōng	명 외할아버지
1845	外交	wàijiāo	명 외교
1846	完	wán	동 끝나다
1847	完成	wánchéng	동 완성하다
1848	完美	wánměi	형 결함이 없다, 완벽하다
1849	完全	wánquán	부 완전히
1850	完善	wánshàn	형 완전하다, 완벽하다
1851	完整	wánzhěng	형 온전하다, 완벽하다
1852	玩	wán	동 놀다
1853	玩具	wánjù	명 완구, 장난감
1854	晚上	wǎnshang	명 저녁, 밤
1855	碗	wǎn	명양 사발, 그릇
1856	万	wàn	수 10,000, 만
1857	万一	wànyī	접 만일, 만약
1858	王子	wángzǐ	명 왕자
1859	网络	wǎngluò	명 인터넷, 네트워크
1860	网球	wǎngqiú	명 테니스
1861	网站	wǎngzhàn	명 웹사이트
1862	往	wǎng	개 ~쪽으로, ~을 향하여
1863	往返	wǎngfǎn	동 왕복하다, 갔다가 돌아오다
1864	往往	wǎngwǎng	부 왕왕, 흔히
1865	忘记	wàngjì	동 잊어버리다
1866	危害	wēihài	동 손상시키다, 손해를 주다
1867	危险	wēixiǎn	형 위험하다
1868	威胁	wēixié	동 협박하다
1869	微笑	wēixiào	동 미소를 짓다
1870	违反	wéifǎn	동 위반하다
1871	围巾	wéijīn	명 목도리, 스카프
1872	围绕	wéirào	동 돌다, 둘러싸다
1873	唯一	wéiyī	형 유일한, 유일무이한
1874	维修	wéixiū	동 보수하다, 수리하다
1875	伟大	wěidà	형 위대하다, 매우 훌륭하다

31 Day Track 31

□ 도전 31일 1876~1937

1876	尾巴	wěiba	명 (동물의) 꼬리
1877	委屈	wěiqū	형 억울하다, 속상하고 분하다
1878	卫生间	wèishēngjiān	명 화장실
1879	为	wèi	개 ~을 위하여, ~때문에
1880	为了	wèile	개 ~을 하기 위해, ~을 위하여
1881	为什么	wèishénme	대 왜
1882	未必	wèibì	부 반드시 ~한 것은 아니다
1883	未来	wèilái	형 미래의, 앞으로의
1884	位	wèi	양 분[사람을 세는 단위]
1885	位于	wèiyú	동 ~에 위치하다
1886	位置	wèizhì	명 위치, 자리
1887	味道	wèidao	명 맛
1888	胃	wèi	명 위
1889	胃口	wèikǒu	명 식욕
1890	喂	wéi	감탄 여보세요
1891	温度	wēndù	명 온도
1892	温暖	wēnnuǎn	형 온화하다, 따뜻하다
1893	温柔	wēnróu	형 온유하다, 따뜻하고 부드럽다
1894	文化	wénhuà	명 문화
1895	文件	wénjiàn	명 문건, 공문서, 서류
1896	文具	wénjù	명 문구, 문방구
1897	文明	wénmíng	명 문명, 문화
1898	文学	wénxué	명 문학
1899	文章	wénzhāng	명 글, 문장
1900	文字	wénzì	명 문자, 글자
1901	闻	wén	동 듣다, 냄새를 맡다
1902	吻	wěn	동 입맞춤하다
1903	稳定	wěndìng	형 안정되다, 변동이 없다
1904	问	wèn	동 묻다
1905	问候	wènhòu	동 안부를 묻다, 문안을 드리다
1906	问题	wèntí	명 문제

W
X

□□ 1907	我	wǒ	[대] 나
□□ 1908	我们	wǒmen	[대] 우리
□□ 1909	卧室	wòshì	[명] 침실
□□ 1910	握手	wòshǒu	[동] 악수하다
□□ 1911	污染	wūrǎn	[명] 오염 [동] 오염시키다
□□ 1912	屋子	wūzi	[명] 방
□□ 1913	无	wú	[동] 없다
□□ 1914	无聊	wúliáo	[형] 무료하다, 지루하다
□□ 1915	无论	wúlùn	[접] ~에도 불구하고
□□ 1916	无奈	wúnài	[동] 어쩔 수 없다, 방법이 없다
□□ 1917	无数	wúshù	[형] 무수하다, 셀 수 없이 많다
□□ 1918	无所谓	wúsuǒwèi	상관없다
□□ 1919	五	wǔ	[수] 5, 다섯
□□ 1920	武术	wǔshù	[명] 무술
□□ 1921	勿	wù	[부] ~하지 마라
□□ 1922	物理	wùlǐ	[명] 물리
□□ 1923	物质	wùzhì	[명] 물질
□□ 1924	误会	wùhuì	[명] 오해 [동] 오해하다
□□ 1925	雾	wù	[명] 안개
□□ 1926	西	xī	[명] 서쪽
□□ 1927	西瓜	xīguā	[명] 수박
□□ 1928	西红柿	xīhóngshì	[명] 토마토
□□ 1929	吸取	xīqǔ	[동] 받아들이다, 흡수하다
□□ 1930	吸收	xīshōu	[동] 흡수하다, 빨아들이다
□□ 1931	吸引	xīyǐn	[동] 끌어당기다
□□ 1932	希望	xīwàng	[명] 희망 [동] 희망하다
□□ 1933	习惯	xíguàn	[명] 습관 [동] 습관이 되다
□□ 1934	洗	xǐ	[동] 씻다
□□ 1935	洗手间	xǐshǒujiān	[명] 화장실
□□ 1936	洗澡	xǐzǎo	[동] 샤워하다
□□ 1937	喜欢	xǐhuan	[동] 좋아하다

32 Day Track 32

도전 32 일 1938~2000

1938	戏剧	xìjù	명 연극, 극, 희극
1939	系	xì	명 학과, 계열
1940	系统	xìtǒng	명 계통, 체계, 시스템
1941	细节	xìjié	명 세부, 자세한 부분, 세목
1942	瞎	xiā	동 실명하다, 시력을 잃다
1943	下	xià	명 밑, 아래
1944	下午	xiàwǔ	명 오후
1945	下雨	xiàyǔ	동 비가 오다
1946	下载	xiàzài	동 다운로드 하다
1947	吓	xià	동 놀래다, 놀라게 하다
1948	夏	xià	명 여름
1949	夏令营	xiàlìngyíng	명 여름 캠프
1950	先	xiān	부 우선, 먼저
1951	先生	xiānsheng	명 선생[남자를 부르는 호칭]
1952	鲜艳	xiānyàn	형 선명하고 아름답다, 밝고 곱다
1953	咸	xián	형 짜다
1954	显得	xiǎnde	동 드러나다, ~처럼 보이다
1955	显然	xiǎnrán	형 명백하다, 명확하다
1956	显示	xiǎnshì	동 드러내 보이다
1957	县	xiàn	명 현(縣)
1958	现代	xiàndài	명 현대
1959	现金	xiànjīn	명 현금
1960	现实	xiànshí	명 현실
1961	现象	xiànxiàng	명 현상
1962	现在	xiànzài	명 지금
1963	限制	xiànzhì	동 제안하다, 규제하다
1964	羡慕	xiànmù	동 부러워하다
1965	相处	xiāngchǔ	동 함께 지내다, 함께 살다
1966	相当	xiāngdāng	동 서로 어슷비슷하다, 맞먹다 부 상당히
1967	相对	xiāngduì	형 상대적인
1968	相反	xiāngfǎn	형 상반되다

☐☐ 1969	相关	xiāngguān	동	상관되다, 관련되다
☐☐ 1970	相似	xiāngsì	형	서로 닮다, 서로 비슷하다
☐☐ 1971	相同	xiāngtóng	형	서로 같다
☐☐ 1972	相信	xiāngxìn	동	믿다
☐☐ 1973	香	xiāng	형	(냄새가) 좋다, 향기롭다
☐☐ 1974	香肠	xiāngcháng	명	소시지
☐☐ 1975	香蕉	xiāngjiāo	명	바나나
☐☐ 1976	详细	xiángxì	형	상세하다
☐☐ 1977	享受	xiǎngshòu	동	만족을 얻다, 누리다
☐☐ 1978	响	xiǎng	동	(소리가) 울리다
☐☐ 1979	想	xiǎng	조동	~하고 싶다
☐☐ 1980	想念	xiǎngniàn	동	그리워하다, 간절히 생각하다
☐☐ 1981	想象	xiǎngxiàng	명	상상
☐☐ 1982	向	xiàng	개	~쪽으로, ~을 향하여
☐☐ 1983	项	xiàng	양	항목
☐☐ 1984	项链	xiàngliàn	명	목걸이
☐☐ 1985	项目	xiàngmù	명	항목, 조목
☐☐ 1986	象棋	xiàngqí	명	중국식 장기
☐☐ 1987	象征	xiàngzhēng	동	상징하다
☐☐ 1988	像	xiàng	동	닮다 부 마치 (~와 같다)
☐☐ 1989	橡皮	xiàngpí	명	지우개
☐☐ 1990	消费	xiāofèi	동	쓰다, 소비하다
☐☐ 1991	消化	xiāohuà	동	소화하다
☐☐ 1992	消极	xiāojí	형	소극적이다, 부정적이다
☐☐ 1993	消失	xiāoshī	동	없어지다, 사라지다
☐☐ 1994	消息	xiāoxi	명	소식, 뉴스
☐☐ 1995	销售	xiāoshòu	동	팔다, 판매하다
☐☐ 1996	小	xiǎo	형	작다
☐☐ 1997	小吃	xiǎochī	명	간단한 음식, 간식
☐☐ 1998	小伙子	xiǎohuǒzi	명	젊은이
☐☐ 1999	小姐	xiǎojiě	명	아가씨
☐☐ 2000	小麦	xiǎomài	명	밀, 소맥

29-32 Days 확인학습

☐ 실력점검 _____ /50 ☐ 오답확인

1. 다음 단어와 뜻을 알맞게 연결해 보세요.

① 谈判 •	• ⓐ 유일한, 유일무이한
② 提醒 •	• ⓑ 반드시 ~한 것은 아니다
③ 通过 •	• ⓒ ~에도 불구하고
④ 唯一 •	• ⓓ 일깨우다
⑤ 未必 •	• ⓔ 끌어당기다
⑥ 无论 •	• ⓕ 세부, 자세한 부분, 세목
⑦ 吸引 •	• ⓖ 대화하다, 협상하다
⑧ 细节 •	• ⓗ 통과하다, ~을 통하여
⑨ 限制 •	• ⓘ 서로 어슷비슷하다, 상당히
⑩ 相当 •	• ⓙ 제안하다, 규제하다

2. 다음 단어를 중국어로 써 보세요.

① 태도		② 제공하다	
③ 조건		④ 도전하다	
⑤ 갑자기		⑥ 추천하다	
⑦ 완전히		⑧ 위험하다	
⑨ 오해(하다)		⑩ 습관, 습관이 되다	

정답

1. ① ⓖ ② ⓓ ③ ⓗ ④ ⓐ ⑤ ⓑ ⑥ ⓒ ⑦ ⓔ ⑧ ⓕ ⑨ ⓙ ⑩ ⓘ 2. ① 态度 ② 提供 ③ 条件 ④ 挑战 ⑤ 突然 ⑥ 推荐 ⑦ 完全 ⑧ 危险 ⑨ 误会 ⑩ 习惯

3. 녹음을 듣고 해당 단어를 중국어로 써 보세요. Test 08

① ______ ② ______

③ ______ ④ ______

⑤ ______ ⑥ ______

⑦ ______ ⑧ ______

⑨ ______ ⑩ ______

4. 다음 단어의 뜻을 써 보세요.

① 逃避 ______ ② 提高 ______

③ 提前 ______ ④ 调整 ______

⑤ 投资 ______ ⑥ 突出 ______

⑦ 推辞 ______ ⑧ 退休 ______

⑨ 委屈 ______ ⑩ 为了 ______

⑪ 位于 ______ ⑫ 无奈 ______

⑬ 下载 ______ ⑭ 鲜艳 ______

⑮ 现实 ______ ⑯ 相处 ______

⑰ 相似 ______ ⑱ 享受 ______

⑲ 向 ______ ⑳ 销售 ______

정답

3. ① 讨论 ② 同意 ③ 推迟 ④ 忘记 ⑤ 问题 ⑥ 无所谓 ⑦ 希望 ⑧ 显得 ⑨ 相信 ⑩ 消息　4. ① 도피하다 ② 높이다 ③ 앞당기다 ④ 조정하다, 조절하다 ⑤ 투자하다 ⑥ 뚫고 나가다, 돌파하다 ⑦ 거절하다, 사퇴하다 ⑧ 퇴직하다 ⑨ 억울하다, 속상하고 분하다 ⑩ ~을 하기 위해, ~을 위하여 ⑪ ~에 위치하다 ⑫ 어쩔 수 없다, 방법이 없다 ⑬ 다운로드 하다 ⑭ 선명하고 아름답다, 밝고 곱다 ⑮ 현실 ⑯ 함께 지내다, 함께 살다 ⑰ 서로 닮다, 서로 비슷하다 ⑱ 만족을 얻다, 누리다 ⑲ ~쪽으로, ~을 향하여 ⑳ 팔다, 판매하다

33 Day Track 33

도전 33 일 2001~2062

2001	小气	xiǎoqi	동 인색하다, 쩨쩨하다
2002	小时	xiǎoshí	명 시간
2003	小说	xiǎoshuō	명 소설
2004	小心	xiǎoxīn	동 조심하다
2005	孝顺	xiàoshùn	동 효도하다
2006	校长	xiàozhǎng	명 학교장, 교장
2007	笑	xiào	동 웃다
2008	笑话	xiàohua	명 농담, 우스갯소리
2009	效果	xiàoguǒ	명 효과
2010	效率	xiàolǜ	명 효율
2011	些	xiē	양 조금, 약간, 몇몇
2012	歇	xiē	동 쉬다, 휴식하다
2013	斜	xié	형 비스듬하다, 기울다, 비뚤다
2014	写	xiě	동 글씨를 쓰다
2015	写作	xiězuò	동 글을 짓다
2016	血	xiě, xuè	명 피, 혈액
2017	谢谢	xièxie	동 감사합니다
2018	心理	xīnlǐ	명 심리
2019	心情	xīnqíng	명 심정
2020	心脏	xīnzàng	명 심장, 염통
2021	辛苦	xīnkǔ	형 고생스럽다
2022	欣赏	xīnshǎng	동 음미하여 즐기다, 감상하다
2023	新	xīn	형 새롭다
2024	新闻	xīnwén	명 뉴스
2025	新鲜	xīnxiān	형 신선하다
2026	信封	xìnfēng	명 편지 봉투
2027	信号	xìnhào	명 신호
2028	信任	xìnrèn	동 신뢰하다, 신임하다
2029	信息	xìnxī	명 정보, 소식
2030	信心	xìnxīn	명 자신, 확신
2031	信用卡	xìnyòngkǎ	명 신용 카드

2032	兴奋	xīngfèn	형 흥분하다
2033	星期	xīngqī	명 주, 주일
2034	行	xíng	동 가다 형 좋다, 괜찮다
2035	行动	xíngdòng	명 행동 동 행동하다
2036	行李箱	xínglǐxiāng	명 트렁크, 여행용 가방
2037	行人	xíngrén	명 행인, 통행인
2038	行为	xíngwéi	명 행위
2039	形成	xíngchéng	동 이루다, 형성하다
2040	形容	xíngróng	동 형용하다
2041	形式	xíngshì	명 형식
2042	形势	xíngshì	명 지세, 형세
2043	形象	xíngxiàng	명 형상, 이미지
2044	形状	xíngzhuàng	명 형상, 외관
2045	醒	xǐng	동 깨다
2046	幸福	xìngfú	형 행복하다
2047	幸亏	xìngkuī	부 다행히, 운 좋게
2048	幸运	xìngyùn	형 행운이다
2049	性别	xìngbié	명 성별
2050	性格	xìnggé	명 성격
2051	性质	xìngzhì	명 성질
2052	姓	xìng	명 성, 성씨
2053	兄弟	xiōngdì	명 형제
2054	胸	xiōng	명 가슴
2055	熊猫	xióngmāo	명 판다
2056	休息	xiūxi	동 휴식하다
2057	休闲	xiūxián	동 휴식하다, 한가롭게 보내다
2058	修改	xiūgǎi	동 바로잡다, 고치다
2059	修理	xiūlǐ	동 수리하다
2060	虚心	xūxīn	형 겸허하다
2061	需要	xūyào	동 필요하다
2062	许多	xǔduō	형 매우 많다

2063	叙述	xùshù	동 서술하다, 진술하다
2064	宣布	xuānbù	동 선포하다, 공표하다
2065	宣传	xuānchuán	동 선전하다
2066	选择	xuǎnzé	동 선택하다
2067	学历	xuélì	명 학력
2068	学期	xuéqī	명 학기
2069	学生	xuésheng	명 학생
2070	学术	xuéshù	명 학술
2071	学问	xuéwèn	명 학문
2072	学习	xuéxí	동 공부하다
2073	学校	xuéxiào	명 학교
2074	雪	xuě	명 눈
2075	寻找	xúnzhǎo	동 찾다
2076	询问	xúnwèn	동 질문하다, 묻다
2077	训练	xùnliàn	동 훈련하다
2078	迅速	xùnsù	형 신속하다, 재빠르다, 날쌔다
2079	压力	yālì	명 스트레스
2080	呀	yā	감탄 아!, 야![놀람이나 경이로움을 나타냄]
2081	押金	yājīn	명 보증금
2082	牙齿	yáchǐ	명 이, 치아
2083	牙膏	yágāo	명 치약
2084	亚洲	Yàzhōu	명 아시아
2085	延长	yáncháng	동 늘이다, 연장하다
2086	严格	yángé	형 엄격하다
2087	严肃	yánsù	형 근엄하다, 엄숙하다
2088	严重	yánzhòng	형 심각하다, 위급하다
2089	研究	yánjiū	동 연구하다
2090	盐	yán	명 소금
2091	颜色	yánsè	명 색
2092	眼睛	yǎnjing	명 눈
2093	眼镜	yǎnjìng	명 안경

2094	演出	yǎnchū	명 공연
2095	演讲	yǎnjiǎng	명 강연, 연설
2096	演员	yǎnyuán	명 배우
2097	宴会	yànhuì	명 연회, 파티
2098	羊肉	yángròu	명 양고기
2099	阳光	yángguāng	명 햇빛
2100	阳台	yángtái	명 발코니, 베란다
2101	养成	yǎngchéng	동 양성하다, 기르다
2102	痒	yǎng	형 가렵다, 좀이 쑤시다
2103	样式	yàngshì	명 형식, 양식, 모양
2104	样子	yàngzi	명 모양, 모습
2105	要求	yāoqiú	동 요구하다
2106	腰	yāo	명 허리
2107	邀请	yāoqǐng	동 초청하다
2108	摇	yáo	동 흔들다, 흔들어 움직이다
2109	咬	yǎo	동 물다, 깨물다
2110	药	yào	명 약
2111	要	yào	조동 ~하려고 하다 동 요구하다, 원하다, 필요하다
2112	要不	yàobù	접 그렇지 않으면, 안 그러면
2113	要是	yàoshi	접 만약 ~라면
2114	钥匙	yàoshi	명 열쇠
2115	爷爷	yéye	명 할아버지
2116	也	yě	부 또한, 역시
2117	也许	yěxǔ	부 아마도, 어쩌면
2118	业务	yèwù	명 업무
2119	业余	yèyú	명 여가
2120	叶子	yèzi	명 잎, 찻잎
2121	页	yè	양 쪽, 페이지
2122	夜	yè	명 밤
2123	一	yī	수 1, 하나
2124	一般	yìbān	형 일반적이다, 보통이다
2125	一辈子	yíbèizi	명 한평생, 일생

2126	一边	yìbiān	명 한쪽, 한 편
2127	一旦	yídàn	부 일단 ~한다면
2128	一点儿	yìdiǎnr	양 조금, 약간
2129	一定	yídìng	부 분명히, 반드시
2130	一共	yígòng	부 모두, 전부
2131	一会儿	yíhuìr	명 잠시, 짧은 시간 내
2132	一律	yílǜ	부 예외 없이, 모두
2133	一起	yìqǐ	부 함께, 같이
2134	一切	yíqiè	대 일체, 전부, 모든
2135	一下	yíxià	좀 ~하다[동사 뒤에 놓여 동작을 간단히 해본다는 의미]
2136	一样	yíyàng	형 같다, 동일하다
2137	一再	yízài	부 거듭, 수차
2138	一直	yìzhí	부 줄곧, 계속
2139	一致	yízhì	동 일치하다
2140	衣服	yīfu	명 옷
2141	医生	yīshēng	명 의사
2142	医院	yīyuàn	명 병원
2143	依然	yīrán	형 여전하다, 의연하다, 전과 같다
2144	移动	yídòng	동 옮기다, 움직이다
2145	移民	yímín	동 이민하다
2146	遗憾	yíhàn	동 유감이다, 섭섭하다
2147	疑问	yíwèn	명 의문, 의혹
2148	乙	yǐ	명 을(乙)
2149	已经	yǐjing	부 이미
2150	以	yǐ	개 ~을, ~로써
2151	以及	yǐjí	접 및, 그리고, 아울러
2152	以来	yǐlái	명 이래, 동안
2153	以前	yǐqián	명 과거, 이전
2154	以为	yǐwéi	동 ~라 여기다
2155	椅子	yǐzi	명 의자
2156	亿	yì	수 억

2157	义务	yìwù	명 의무
2158	艺术	yìshù	명 예술
2159	议论	yìlùn	동 의논하다, 논의하다
2160	意见	yìjiàn	명 견해, 의견
2161	意思	yìsi	명 의미, 뜻
2162	意外	yìwài	형 의외다, 뜻밖이다
2163	意义	yìyì	명 의의, 의미
2164	因此	yīncǐ	접 이로 인하여
2165	因而	yīn'ér	접 그러므로, 그런 까닭에
2166	因素	yīnsù	명 요소, 성분
2167	因为…所以…	yīnwèi…suǒyǐ…	접 ~이기 때문에 그래서 ~
2168	阴	yīn	형 흐리다
2169	音乐	yīnyuè	명 음악
2170	银	yín	명 은
2171	银行	yínháng	명 은행
2172	引起	yǐnqǐ	동 야기하다, 일으키다
2173	饮料	yǐnliào	명 음료
2174	印刷	yìnshuā	동 인쇄하다
2175	印象	yìnxiàng	명 인상
2176	应该	yīnggāi	조동 마땅히 ~해야 한다
2177	英俊	yīngjùn	형 재능이 출중하다, 영준하다
2178	英雄	yīngxióng	명 영웅
2179	迎接	yíngjiē	동 영접하다, 마중하다
2180	营养	yíngyǎng	명 영양
2181	营业	yíngyè	동 영업하다
2182	赢	yíng	동 이기다
2183	影响	yǐngxiǎng	명 영향 동 영향을 주다
2184	影子	yǐngzi	명 그림자
2185	应付	yìngfu	동 대응하다, 대처하다
2186	应聘	yìngpìn	동 초빙에 응하다, 지원하다
2187	应用	yìngyòng	동 이용하다, 사용하다, 응용하다

2188	硬	yìng	형 단단하다
2189	硬件	yìngjiàn	명 하드웨어
2190	拥抱	yōngbào	동 포옹하다, 껴안다
2191	拥挤	yōngjǐ	동 한데 모이다, 한곳으로 몰리다
2192	永远	yǒngyuǎn	부 언제나, 영원히
2193	勇敢	yǒnggǎn	형 용감하다
2194	勇气	yǒngqì	명 용기
2195	用	yòng	동 쓰다
2196	用功	yònggōng	동 노력하다, 열심히 공부하다
2197	用途	yòngtú	명 용도
2198	优点	yōudiǎn	명 장점
2199	优惠	yōuhuì	형 특혜의, 우대의
2200	优美	yōuměi	형 우미하다, 우아하고 아름답다
2201	优势	yōushì	명 우세
2202	优秀	yōuxiù	형 우수하다, 뛰어나다
2203	幽默	yōumò	명 유머 형 유머러스하다
2204	悠久	yōujiǔ	형 유구하다, 장구하다
2205	尤其	yóuqí	부 더욱이, 특히
2206	由	yóu	개 ~가, ~이, ~(으)로서
2207	由于	yóuyú	접 ~때문에
2208	邮局	yóujú	명 우체국
2209	犹豫	yóuyù	형 머뭇거리다, 주저하다
2210	油炸	yóuzhá	동 기름에 튀기다
2211	游览	yóulǎn	동 유람하다
2212	游戏	yóuxì	명 오락, 게임
2213	游泳	yóuyǒng	동 수영하다
2214	友好	yǒuhǎo	형 우호적이다
2215	友谊	yǒuyì	명 우정, 우의
2216	有	yǒu	동 가지고 있다
2217	有利	yǒulì	형 유리하다, 이롭다
2218	有名	yǒumíng	형 유명하다

2219	有趣	yǒuqù	형 재미있다
2220	又	yòu	부 또, 다시
2221	右边	yòubian	명 오른쪽
2222	幼儿园	yòu'éryuán	명 유치원, 유아원
2223	于是	yúshì	접 이리하여, 그래서
2224	鱼	yú	명 물고기
2225	娱乐	yúlè	동 오락하다, 즐겁게 소일하다
2226	愉快	yúkuài	형 유쾌하다, 기쁘다
2227	与	yǔ	개 ~와, ~과
2228	与其	yǔqí	접 ~하기보다는 차라리
2229	羽毛球	yǔmáoqiú	명 배드민턴
2230	语法	yǔfǎ	명 어법
2231	语气	yǔqì	명 어투, 말투
2232	语言	yǔyán	명 언어, 말
2233	玉米	yùmǐ	명 옥수수, 강냉이
2234	预报	yùbào	동 미리 알리다, 예보하다
2235	预订	yùdìng	동 예약하다, 예매하다
2236	预防	yùfáng	동 예방하다, 미리 방비하다
2237	预习	yùxí	동 예습하다
2238	遇到	yùdào	동 만나다, 마주치다
2239	元	yuán	양 위안[돈을 세는 단위]
2240	元旦	Yuándàn	명 원단, 정월 초하루
2241	员工	yuángōng	명 직원, 종업원
2242	原来	yuánlái	명 원래, 본래
2243	原谅	yuánliàng	동 용서하다
2244	原料	yuánliào	명 원료
2245	原因	yuányīn	명 원인
2246	原则	yuánzé	명 원칙
2247	圆	yuán	형 둥글다
2248	远	yuǎn	형 멀다
2249	愿望	yuànwàng	명 염원, 바람
2250	愿意	yuànyì	동 바라다, 동의하다

33-36 Days 확인학습

☐ 실력점검 ____ /50 ☐ 오답확인

1. 다음 단어와 뜻을 알맞게 연결해 보세요.

① 孝顺 •	• ⓐ 효도하다
② 形成 •	• ⓑ 여가
③ 虚心 •	• ⓒ 일단 ~한다면
④ 摇 •	• ⓓ 야기하다, 일으키다
⑤ 业余 •	• ⓔ 이루다, 형성하다
⑥ 一旦 •	• ⓕ 겸허하다
⑦ 引起 •	• ⓖ 흔들다, 흔들어 움직이다
⑧ 优惠 •	• ⓗ 이리하여, 그래서
⑨ 优秀 •	• ⓘ 특혜의, 우대의
⑩ 于是 •	• ⓙ 우수하다, 뛰어나다

2. 다음 단어를 중국어로 써 보세요.

① 인색하다, 쩨쩨하다		② 고생스럽다	
③ 신선하다		④ 수리하다	
⑤ 선전하다		⑥ 심각하다, 위급하다	
⑦ 요구하다		⑧ 잠시, 짧은 시간 내	
⑨ 이기다		⑩ 용감하다	

정답

1. ①ⓐ ②ⓔ ③ⓕ ④ⓖ ⑤ⓑ ⑥ⓒ ⑦ⓓ ⑧ⓘ ⑨ⓙ ⑩ⓗ 2. ① 小气 ② 辛苦 ③ 新鲜 ④ 修理 ⑤ 宣传 ⑥ 严重 ⑦ 要求 ⑧ 一会儿 ⑨ 赢 ⑩ 勇敢

3. 녹음을 듣고 해당 단어를 중국어로 써 보세요. Test 09

① ______ ② ______

③ ______ ④ ______

⑤ ______ ⑥ ______

⑦ ______ ⑧ ______

⑨ ______ ⑩ ______

4. 다음 단어의 뜻을 써 보세요.

① 欣赏 ______ ② 醒 ______

③ 幸亏 ______ ④ 寻找 ______

⑤ 延长 ______ ⑥ 要不 ______

⑦ 要是 ______ ⑧ 依然 ______

⑨ 以及 ______ ⑩ 营业 ______

⑪ 应聘 ______ ⑫ 拥挤 ______

⑬ 优点 ______ ⑭ 优势 ______

⑮ 悠久 ______ ⑯ 尤其 ______

⑰ 由于 ______ ⑱ 犹豫 ______

⑲ 原谅 ______ ⑳ 愿望 ______

정답

3. ① 心情 ② 需要 ③ 选择 ④ 压力 ⑤ 研究 ⑥ 遗憾 ⑦ 意见 ⑧ 因为…所以… ⑨ 应该 ⑩ 影响 4. ① 음미하여 즐기다, 감상하다 ② 깨다 ③ 다행히, 운 좋게 ④ 찾다 ⑤ 늘이다, 연장하다 ⑥ 그렇지 않으면, 안 그러면 ⑦ 만약 ~라면 ⑧ 여전하다, 의연하다, 전과 같다 ⑨ 및, 그리고, 아울러 ⑩ 영업하다 ⑪ 초빙에 응하다, 지원하다 ⑫ 한데 모이다, 한곳으로 몰리다 ⑬ 장점 ⑭ 우세 ⑮ 유구하다, 장구하다 ⑯ 더욱이, 특히 ⑰ ~때문에 ⑱ 머뭇거리다, 주저하다 ⑲ 용서하다 ⑳ 염원, 바람

2251	约会	yuēhuì	명 약속
2252	月	yuè	명 월, 달
2253	月亮	yuèliang	명 달
2254	乐器	yuèqì	명 악기
2255	阅读	yuèdú	동 읽다, 보다
2256	越	yuè	부 한층 더
2257	晕	yūn	동 어지럽다, 어질어질하다
2258	云	yún	명 구름
2259	允许	yǔnxǔ	동 허락하다, 허가하다
2260	运动	yùndòng	명 운동 동 운동하다
2261	运气	yùnqi	명 운, 운수, 운세
2262	运输	yùnshū	동 운송하다, 수송하다
2263	运用	yùnyòng	동 활용하다, 응용하다
2264	杂志	zázhì	명 잡지
2265	灾害	zāihài	명 재해, 화, 재난
2266	再	zài	부 다시, 재차
2267	再见	zàijiàn	안녕, 또 뵙겠습니다
2268	再三	zàisān	부 재삼, 거듭, 여러 번
2269	在	zài	개 ~에서 동 ~에 있다, 존재하다
2270	在乎	zàihu	동 신경 쓰다, 개의하다
2271	在于	zàiyú	동 ~에 있다, ~에 달려 있다
2272	咱们	zánmen	대 우리(들)
2273	暂时	zànshí	명 잠시, 잠깐
2274	赞成	zànchéng	동 찬성하다, 찬동하다
2275	赞美	zànměi	동 찬미하다, 찬양하다
2276	脏	zāng	형 더럽다
2277	糟糕	zāogāo	동 못 쓰게 되다, 엉망이 되다, 망치다
2278	早上	zǎoshang	명 아침
2279	造成	zàochéng	동 초래하다, 조성하다
2280	则	zé	접 오히려, 그러나
2281	责备	zébèi	동 책하다, 탓하다, 책망하다

2282	责任	zérèn	명 책임
2283	怎么	zěnme	대 어떻게, 어째서
2284	怎么样	zěnmeyàng	대 어떠한가
2285	增加	zēngjiā	동 증가하다
2286	摘	zhāi	동 따다, 꺾다, 뜯다
2287	窄	zhǎi	형 좁다
2288	粘贴	zhāntiē	동 붙이다, 바르다
2289	展开	zhǎnkāi	동 펴다, 펼치다
2290	展览	zhǎnlǎn	동 전람하다
2291	占	zhàn	동 (어떤 위치에) 처하다, 놓이다
2292	占线	zhànxiàn	동 통화 중이다
2293	战争	zhànzhēng	명 전쟁
2294	站	zhàn	명 정류장, 역 동 서다
2295	张	zhāng	양 장[종이·침대 등을 세는 단위]
2296	长	zhǎng	동 자라다, 생기다
2297	长辈	zhǎngbèi	명 손윗사람, 어른
2298	涨	zhǎng	동 (수위나 물가 등이) 오르다
2299	掌握	zhǎngwò	동 숙달하다, 정통하다, 파악하다
2300	丈夫	zhàngfu	명 남편
2301	账户	zhànghù	명 예금 계좌
2302	招待	zhāodài	동 접대하다, 환대하다
2303	招聘	zhāopìn	동 모집하다, 채용하다
2304	着火	zháohuǒ	동 불나다
2305	着急	zháojí	동 조급해하다, 걱정하다
2306	着凉	zháoliáng	동 감기에 걸리다
2307	找	zhǎo	동 찾다
2308	召开	zhàokāi	동 열다, 개최하다, 소집하다
2309	照	zhào	동 (거울 등에) 비추다
2310	照常	zhàocháng	동 평소대로 하다
2311	照顾	zhàogù	동 보살피다, 돌보다
2312	照片	zhàopiàn	명 사진

38 Day Track 38

□ 도전 38 일 2313~2375

□□ 2313	照相机	zhàoxiàngjī	명 사진기, 카메라
□□ 2314	哲学	zhéxué	명 철학
□□ 2315	这	zhè	대 이, 이것
□□ 2316	着	zhe	조 동사 뒤에서 동작의 진행이나 상태의 유지를 나타냄
□□ 2317	针对	zhēnduì	동 겨누다, 조준하다
□□ 2318	珍惜	zhēnxī	동 진귀하게 여겨 아끼다, 귀중히 여기다
□□ 2319	真	zhēn	부 진짜, 참으로
□□ 2320	真实	zhēnshí	동 진실하다
□□ 2321	真正	zhēnzhèng	형 진정한, 참된
□□ 2322	诊断	zhěnduàn	동 진단하다
□□ 2323	阵	zhèn	명 진지, 진영
□□ 2324	振动	zhèndòng	동 진동하다, 흔들리다
□□ 2325	争论	zhēnglùn	동 변론하다, 쟁론하다
□□ 2326	争取	zhēngqǔ	동 쟁취하다, 구하다
□□ 2327	征求	zhēngqiú	동 탐방하여 구하다
□□ 2328	睁	zhēng	동 (눈을) 크게 뜨다
□□ 2329	整个	zhěnggè	명 완정한 것, 모든 것
□□ 2330	整理	zhěnglǐ	동 정리하다
□□ 2331	整齐	zhěngqí	형 가지런하다, 단정하다
□□ 2332	整体	zhěngtǐ	명 전부, 전체, 총체
□□ 2333	正	zhèng	형 바르다, 곧다
□□ 2334	正常	zhèngcháng	형 정상이다
□□ 2335	正好	zhènghǎo	부 딱 마침
□□ 2336	正确	zhèngquè	형 정확하다
□□ 2337	正式	zhèngshì	형 정식의
□□ 2338	正在	zhèngzài	부 지금 ~하고 있다
□□ 2339	证件	zhèngjiàn	명 증명서, 증거 서류
□□ 2340	证据	zhèngjù	명 증거
□□ 2341	证明	zhèngmíng	동 증명하다
□□ 2342	政府	zhèngfǔ	명 정부
□□ 2343	政治	zhèngzhì	명 정치

2344	挣	zhèng	동 (돈을) 벌다
2345	之	zhī	조 ~의
2346	支	zhī	양 자루, 개피[막대 모양의 물건을 세는 단위]
2347	支持	zhīchí	동 지지하다
2348	支票	zhīpiào	명 수표
2349	只	zhī	양 마리[짐승을 세는 단위], (쌍으로 된 것 중) 한 짝, 한 쪽
2350	知道	zhīdào	동 알다
2351	知识	zhīshi	명 지식
2352	执照	zhízhào	명 면허증, 허가증
2353	直	zhí	형 곧다
2354	直接	zhíjiē	형 직접적인
2355	值得	zhídé	동 ~할 만한 가치가 있다
2356	职业	zhíyè	명 직업
2357	植物	zhíwù	명 식물
2358	只	zhǐ	부 단지, 다만
2359	只好	zhǐhǎo	부 부득이, 어쩔 수 없이
2360	只要	zhǐyào	접 ~하기만 하면
2361	只有…才…	zhǐyǒu…cái…	접 ~해야만 비로소 ~이다
2362	指	zhǐ	동 가리키다
2363	指导	zhǐdǎo	동 지도하다, 가르치다
2364	指挥	zhǐhuī	동 지휘하다
2365	至今	zhìjīn	부 지금까지, 현재까지
2366	至少	zhìshǎo	부 적어도, 최소한
2367	至于	zhìyú	동 ~에 이르다 접 ~에 대해서
2368	志愿者	zhìyuànzhě	명 자원 봉사자
2369	制定	zhìdìng	동 제정하다, 세우다
2370	制度	zhìdù	명 제도
2371	制造	zhìzào	동 제조하다
2372	制作	zhìzuò	동 제작하다, 만들다
2373	质量	zhìliàng	명 품질
2374	治疗	zhìliáo	동 치료하다
2375	秩序	zhìxù	명 질서

39 Day Track 39

□ 도전 39 일 2376~2437

□□	2376	智慧	zhìhuì	명 지혜
□□	2377	中国	Zhōngguó	고유 중국
□□	2378	中间	zhōngjiān	명 중간, 가운데
□□	2379	中介	zhōngjiè	명 매개, 중개
□□	2380	中文	Zhōngwén	명 중문, 중국어
□□	2381	中午	zhōngwǔ	명 정오
□□	2382	中心	zhōngxīn	명 중심, 한가운데, 센터
□□	2383	中旬	zhōngxún	명 중순
□□	2384	终于	zhōngyú	부 결국, 마침내
□□	2385	种	zhǒng	양 종류, 부류, 가지
□□	2386	种类	zhǒnglèi	명 종류
□□	2387	重	zhòng	형 무겁다
□□	2388	重大	zhòngdà	형 중대하다
□□	2389	重点	zhòngdiǎn	명 중점, 핵심
□□	2390	重量	zhòngliàng	명 중량, 무게
□□	2391	重视	zhòngshì	동 중시하다
□□	2392	重要	zhòngyào	형 중요하다
□□	2393	周到	zhōudào	형 주도면밀하다, 빈틈없다
□□	2394	周末	zhōumò	명 주말
□□	2395	周围	zhōuwéi	명 주위
□□	2396	猪	zhū	명 돼지
□□	2397	竹子	zhúzi	명 대, 대나무
□□	2398	逐步	zhúbù	부 한 걸음씩, 점차, 단계적으로
□□	2399	逐渐	zhújiàn	부 점차, 점점
□□	2400	主持	zhǔchí	동 주관하다, 주재하다
□□	2401	主动	zhǔdòng	동 주도적이다, 자발적이다
□□	2402	主观	zhǔguān	형 주관적인
□□	2403	主人	zhǔrén	명 주인
□□	2404	主任	zhǔrèn	명 주임
□□	2405	主题	zhǔtí	명 주제
□□	2406	主席	zhǔxí	명 의장, 위원장

2407	主要	zhǔyào	형 주요한, 중요한
2408	主意	zhǔyi	명 의견, 방법
2409	主张	zhǔzhāng	동 주장하다
2410	煮	zhǔ	동 삶다, 끓이다
2411	住	zhù	동 살다, 거주하다
2412	注册	zhùcè	동 등록하다, 등기하다
2413	注意	zhùyì	동 주의하다
2414	祝福	zhùfú	동 축복하다, 기원하다
2415	祝贺	zhùhè	동 축하하다
2416	著名	zhùmíng	형 유명하다, 저명하다
2417	抓	zhuā	동 (손가락이나 발톱으로) 꽉 쥐다
2418	抓紧	zhuājǐn	동 꽉 쥐다, 단단히 잡다
2419	专家	zhuānjiā	명 전문가
2420	专门	zhuānmén	부 특별히, 일부러, 전문적으로
2421	专心	zhuānxīn	형 전심전력하다, 전념하다
2422	专业	zhuānyè	명 전공
2423	转	zhuàn	동 돌다
2424	转变	zhuǎnbiàn	동 바꾸다, 바뀌다
2425	转告	zhuǎngào	동 전언하다, 전(달)하다
2426	赚	zhuàn	동 돈을 벌다
2427	装	zhuāng	동 싣다, 꾸리다, 포장하다
2428	装饰	zhuāngshì	동 장식하다
2429	装修	zhuāngxiū	동 인테리어 하다
2430	状况	zhuàngkuàng	명 상황, 형편
2431	状态	zhuàngtài	명 상태
2432	撞	zhuàng	동 부딪치다
2433	追	zhuī	동 뒤쫓다, 쫓아가다
2434	追求	zhuīqiú	동 추구하다, 탐구하다
2435	准备	zhǔnbèi	동 준비하다
2436	准确	zhǔnquè	형 확실하다
2437	准时	zhǔnshí	부 제때에, 정시에

40 Day Track 40

☐ 도전 40일 2438~2500

2438	桌子	zhuōzi	명 탁자
2439	咨询	zīxún	동 자문하다, 상의하다
2440	姿势	zīshì	명 자세, 모양
2441	资格	zīgé	명 자격
2442	资金	zījīn	명 자금
2443	资料	zīliào	명 자료
2444	资源	zīyuán	명 자원
2445	仔细	zǐxì	형 세심하다, 자세하다
2446	紫	zǐ	형 자색의, 자줏빛의
2447	自从	zìcóng	개 ~에서부터
2448	自动	zìdòng	형 자발적인, 자진하여, 자동적인
2449	自豪	zìháo	형 스스로 자랑스럽게 생각하다
2450	自己	zìjǐ	대 자기, 스스로, 혼자
2451	自觉	zìjué	동 자각하다, 스스로 느끼다
2452	自然	zìrán	명 자연
2453	自私	zìsī	형 이기적이다
2454	自信	zìxìn	명 자신(감) 형 자신감 있다
2455	自行车	zìxíngchē	명 자전거
2456	自由	zìyóu	형 자유롭다
2457	自愿	zìyuàn	동 자원하다, 스스로 원하다
2458	字	zì	명 글자, 문자
2459	字母	zìmǔ	명 알파벳, 자모
2460	字幕	zìmù	명 자막
2461	综合	zōnghé	동 통괄하다, 총괄하다
2462	总裁	zǒngcái	명 총재, 총수
2463	总共	zǒnggòng	부 모두, 전부, 합쳐서
2464	总结	zǒngjié	명 총결, 결산
2465	总理	zǒnglǐ	명 총리
2466	总是	zǒngshì	부 늘, 항상
2467	总算	zǒngsuàn	부 마침내, 드디어, 결국
2468	总统	zǒngtǒng	명 대통령

Z

2469	总之	zǒngzhī	접 한마디로 말하면, 총괄하자면
2470	走	zǒu	동 걷다, 떠나다
2471	租	zū	동 임대하다, 세내다
2472	阻止	zǔzhǐ	동 저지하다, 가로막다
2473	组	zǔ	명 조, 팀
2474	组成	zǔchéng	동 구성하다
2475	组合	zǔhé	동 조합하다, 조립하다
2476	组织	zǔzhī	동 조직하다
2477	嘴	zuǐ	명 입
2478	最	zuì	부 최고의, 제일
2479	最初	zuìchū	명 최초, 처음
2480	最好	zuìhǎo	부 가장 좋기로는, ~가 제일이다
2481	最后	zuìhòu	명 최후
2482	最近	zuìjìn	명 최근
2483	醉	zuì	동 취하다, 빠지다
2484	尊敬	zūnjìng	동 존경하다
2485	尊重	zūnzhòng	동 존중하다
2486	遵守	zūnshǒu	동 준수하다, 지키다
2487	昨天	zuótiān	명 어제
2488	左边	zuǒbian	명 왼쪽
2489	左右	zuǒyòu	명 쯤, 가량[수량사 뒤에서 어림수를 나타냄]
2490	作家	zuòjiā	명 작가
2491	作品	zuòpǐn	명 작품
2492	作为	zuòwéi	동 ~의 신분으로서, ~로 여기다
2493	作文	zuòwén	동 문장을 쓰다, 작문하다
2494	作业	zuòyè	명 숙제
2495	作用	zuòyòng	명 작용
2496	作者	zuòzhě	명 작가
2497	坐	zuò	동 앉다, 타다
2498	座	zuò	명 좌석, 자리 양 좌, 동, 채[건축물·다리·산 등을 세는 단위]
2499	座位	zuòwèi	명 좌석, 자리
2500	做	zuò	동 만들다, 하다

37-40 Days 확인학습

☐ 실력점검 ____ /50 ☐ 오답확인

1. 다음 단어와 뜻을 알맞게 연결해 보세요.

① 暂时 •	• ⓐ 변론하다, 쟁론하다
② 造成 •	• ⓑ 부득이, 어쩔 수 없이
③ 着凉 •	• ⓒ 주도면밀하다, 빈틈없다
④ 争论 •	• ⓓ 잠시, 잠깐
⑤ 只好 •	• ⓔ 초래하다, 조성하다
⑥ 周到 •	• ⓕ 꽉 쥐다, 단단히 잡다
⑦ 逐步 •	• ⓖ 감기에 걸리다
⑧ 抓紧 •	• ⓗ 돈을 벌다
⑨ 赚 •	• ⓘ 저지하다, 가로막다
⑩ 阻止 •	• ⓙ 한 걸음씩, 점차, 단계적으로

2. 다음 단어를 중국어로 써 보세요.

① 찬성하다, 찬동하다		② 책임	
③ 딱 마침		④ 적어도, 최소한	
⑤ 인테리어 하다		⑥ 늘, 항상	
⑦ 자원		⑧ 존중하다	
⑨ 쯤, 가량		⑩ 조직하다	

정답

1. ① ⓓ ② ⓔ ③ ⓖ ④ ⓐ ⑤ ⓑ ⑥ ⓒ ⑦ ⓙ ⑧ ⓕ ⑨ ⓗ ⑩ ⓘ 2. ① 赞成 ② 责任 ③ 正好 ④ 至少 ⑤ 装修 ⑥ 总是 ⑦ 资源 ⑧ 尊重 ⑨ 左右 ⑩ 组织

3. 녹음을 듣고 해당 단어를 중국어로 써 보세요. Test 10

①

②

③

④

⑤

⑥

⑦

⑧

⑨

⑩

4. 다음 단어의 뜻을 써 보세요.

① 允许 ________

② 在乎 ________

③ 增加 ________

④ 招聘 ________

⑤ 照常 ________

⑥ 珍惜 ________

⑦ 征求 ________

⑧ 挣 ________

⑨ 执照 ________

⑩ 值得 ________

⑪ 智慧 ________

⑫ 重视 ________

⑬ 逐渐 ________

⑭ 注册 ________

⑮ 著名 ________

⑯ 装 ________

⑰ 追求 ________

⑱ 咨询 ________

⑲ 总之 ________

⑳ 遵守 ________

정답

3. ① 糟糕 ② 掌握 ③ 支持 ④ 只有…才… ⑤ 治疗 ⑥ 主持 ⑦ 专门 ⑧ 准时 ⑨ 资格 ⑩ 作为　4. ① 허락하다, 허가하다 ② 신경 쓰다, 개의하다 ③ 증가하다 ④ 모집하다, 채용하다 ⑤ 평소대로 하다 ⑥ 진귀하게 여겨 아끼다, 귀중히 여기다 ⑦ 탐방하여 구하다 ⑧ (돈을) 벌다 ⑨ 면허증, 허가증 ⑩ ~할 만한 가치가 있다 ⑪ 지혜 ⑫ 중시하다 ⑬ 점차, 점점 ⑭ 등록하다, 등기하다 ⑮ 유명하다, 저명하다 ⑯ 싣다, 꾸리다, 포장하다 ⑰ 추구하다, 탐구하다 ⑱ 자문하다, 상의하다 ⑲ 한마디로 말하면, 총괄하자면 ⑳ 준수하다, 지키다

MEMO